U0575811

国家物流与供应链系列报告

中国陆港发展报告
2023—2024

中国开发区协会陆港分会　编

中国财富出版社有限公司

图书在版编目（CIP）数据

中国陆港发展报告.2023－2024 / 中国开发区协会陆港分会编．－－北京：中国财富出版社有限公司，2024.10. －－（国家物流与供应链系列报告）．－－ ISBN 978－7－5047－8236－6

Ⅰ．F54

中国国家版本馆 CIP 数据核字第 2024UR5489 号

策划编辑	宋水秀	责任编辑	贾紫轩　宋水秀	版权编辑	李　洋
责任印制	梁　凡	责任校对	张营营	责任发行	杨恩磊

出版发行　中国财富出版社有限公司

社　　址　北京市丰台区南四环西路 188 号 5 区 20 楼　　邮政编码　100070

电　　话　010－52227588 转 2098（发行部）　　010－52227588 转 321（总编室）

　　　　　010－52227566（24 小时读者服务）　　010－52227588 转 305（质检部）

网　　址　http：//www.cfpress.com.cn　　排　　版　宝蕾元

经　　销　新华书店　　印　　刷　宝蕾元仁浩（天津）印刷有限公司

书　　号　ISBN 978－7－5047－8236－6/F · 3723

开　　本　787mm×1092mm　1/16　　版　　次　2024 年 10 月第 1 版

印　　张　41.5　彩　页　0.25　　印　　次　2024 年 10 月第 1 次印刷

字　　数　840 千字　　定　　价　390.00 元

编　委　会

前　言

　　2023 年，是"一带一路"倡议提出十周年。在 2023 年 10 月 18 日举办的第三届"一带一路"国际合作高峰论坛上，国家主席习近平发表主旨演讲，宣布中国支持高质量共建"一带一路"的八项行动，其中第一项就是"构建'一带一路'立体互联互通网络"。强调中方将加快推进中欧班列高质量发展，参与跨里海国际运输走廊建设，办好中欧班列国际合作论坛，会同各方搭建以铁路、公路直达运输为支撑的亚欧大陆物流新通道。积极推进"丝路海运"港航贸一体化发展，加快陆海新通道、空中丝绸之路建设。

　　共建"一带一路"十年来，"一带一路"沿线国家设施联通初具规模。经济走廊和国际通道建设卓有成效，国际多式联运大通道持续拓展。随着共建"一带一路"的深入开展，中国陆港建设迎来高质量发展的新时期。

　　共建"一带一路"十年来，中国陆港逐渐发展成为我国内陆地区新的业态和发展高地。十年间，陆港业界加快畅通国内国际双循环，引领内陆发展新优势，大力推进中欧班列、西部陆海新通道、中老铁路班列等快速发展，不断助力我国高水平对外开放。数据显示，十年间，中欧班列开行数量呈逐年大幅递增趋势。2013 年全年开行 80 列，2023 年全年开行数量已超过 1.7 万列。截至 2024 年 5 月 25 日，中欧班列累计开行突破 9 万列，发送货物超 870 万标箱、货值超 3800 亿美元，保持安全稳定畅通运行。截至今年 6 月 21 日，西部陆海新通道铁海联运班列累计发运货物突破 40 万标箱。

　　共建"一带一路"十年来，中国陆港产业在推进全球产业结构升级、产业链优化布局中发挥着越来越重要的基础性支撑作用。十年间，"一带一路"产业合作深入推进，共建国家致力于打造协同发展、互利共赢的合作格局，有力促进了各国产业结构升级、产业链优化布局。作为全球供应链产业链的重要一环，陆港产业在重塑全球产业链供应链、保障全球产业链供应链稳定、推动世界经济复苏方面做出了积极贡献。据中国开发区协会陆港分会不完全调研统计，截至 2023 年 8 月，全国陆港数量达到了326 个。目前，陆港型国家物流枢纽入选数量已达 33 个，是所有国家物流枢纽中入选数量最多的类型。2023 年，我国首个陆港行业团体标准《陆港分类与评估指标》对外发布，"中国陆港 50 人"正式揭晓，中国（新疆）自由贸易试验区获批设立，中国陆港十年发展步入新的征程。

为贯彻落实"一带一路"倡议，推进中国陆港和物流枢纽建设，由中国开发区协会陆港分会 2021 年编撰、中国财富出版社有限公司出版的《中国陆港发展报告 2020》，已纳入"国家物流与供应链系列报告"丛书，为指导陆港规划建设、运营管理，促进行业规范发展奠定了良好的理论基础。

为进一步展示我国陆港建设历程，把脉陆港产业发展规律，剖析陆港产业链翔实数据，推广陆港产业发展实践成果，全面呈现陆港产业发展新特点、新模式、新趋势，大力推动陆港产业科学规划建设，促进行业可持续健康发展，满足业界专家、学者、企业等学习研究、交流合作的需求，陆港分会决定继续联合各会员单位，各地政府、陆港、港口、口岸、综保区、保税物流中心、物流企业、供应链公司、研究院所和高校等单位，共同编制《中国陆港发展报告 2023—2024》（以下简称《报告》）。

《报告》将在 2020 版基础上，全面升级成为指导企业实战发展、经验借鉴、交流合作的大型工具书。《报告》系统地对我国陆港产业自 2021 年以来的高质量发展进程、创新经营模式及未来趋势进行了全面总结和分析，对 2021 年至 2023 年陆港、口岸、国际货运班列、综保区（保 B）、跨境电商综试区、自贸区等运营数据进行了深度剖析，是政府、企业推动陆港建设和运营的重要参考，对推动陆港科学发展具有重要价值和意义。

《报告》内容具体分为权威论述、陆港综述、数据统计分析、实践案例与创新实践成果、附录五篇。第一篇为权威论述。海关总署原党组成员、国家口岸办原主任叶剑，国家发展改革委综合运输研究所所长、研究员汪鸣，中国国际发展知识中心副主任、研究员魏际刚，商务部国际贸易经济合作研究院美洲与大洋洲研究所副所长周密，全国政协委员、河北陆港集团董事长、陆港分会轮值会长刘瑞领五位重量级行业专家、领导对陆港产业发展情况进行独家论述。第二篇为陆港综述。包括我国陆港发展现状及未来趋势、我国智慧陆港与"单一窗口"建设现状与未来展望、陆港标准发展现状与未来展望、强化物流枢纽功能与推进多式联运发展、我国陆港多式联运发展现状及未来趋势、我国中欧班列集结中心发展现状及未来趋势、俄罗斯陆港现状和中蒙俄经济走廊与物流大通道建设等内容。第三篇为数据统计分析。包括全国陆港、全国保税物流中心（B 型）、全国综合保税区、国际货运班列、全国口岸、我国跨境电商综试区、我国自由贸易试验区等的发展情况与运营数据统计分析。第四篇为实践案例与创新实践成果。包括成都国际陆港、合肥国际陆港、新疆国际陆港等优秀陆港创新实践成果以及捷时特物流中吉乌公铁多式联运示范工程、兰州新区路港多式联运等创新实践案例介绍。最后一篇为附录。包括陆港大事记、全国陆港情况统计、全国保税物流中心（B 型）基本情况统计、全国海关特殊监管区域统计、我国跨境电商综试区情况统计、全国对外开放口岸分地区情况统计、我国自由贸易试验区基本情况统计、2021—2023 年陆港产业相关重要政策、国内首个陆港领域团体标准《陆港分类与评估指标》、我国口岸设施设置的法理依据等。

《报告》各章节内容得到了业内相关领域专家的大力帮助和支持。其中，第一章撰稿人：叶剑；第二章撰稿人：汪鸣；第三章撰稿人：魏际刚；第四章撰稿人：周密、刘子辰；第五章撰稿人：刘瑞领；第六章撰稿人：邢虎松、栾迪；第七章第一节撰稿人：李志辉、王云鸾、李常弘，第二节撰稿人：熊涛；第八章撰稿人：刘颖；第九章撰稿人：陆成云；第十章撰稿人：纪寿文、陈磊、杨钦；第十一章撰稿人：袁卫东、李豪强；第十二章撰稿人：房玲玲、董瑞玲、夏海生、赵美娟、马海燕、王心菊、于翠、郑磊、邵迎捷、杨双羽、叶海涛、张瑞、秦瑞波、王蕾、燕超宇、孔媛媛。

数据统计分析部分由李笑红、胡傲雪完成。

《报告》在编写过程中得到了相关政府部门、科研院所、高校、行业协会、广大陆港企业的大力支持，对此，编委会衷心表示感谢！

2023 年是"一带一路"倡议提出十周年，也是中国陆港取得快速发展的十年。在这十年发展历程中，涌现出一大批优秀的陆港企业和建设者，陆港产业进入高质量发展的新阶段。为记录我国陆港建设的创新发展历程，总结陆港企业建设发展的成功经验，展望行业未来趋势，自 2022 年开始，陆港分会就开始筹备编撰 2023—2024 版中国陆港行业发展报告。在海关总署原党组成员、国家口岸办原主任叶剑先生，国家发展改革委综合运输研究所汪鸣所长，中国国际发展知识中心副主任、研究员魏际刚的大力支持下，陆港分会邀请国内具有广泛影响力的行业专家和陆港企业主要负责人加入《报告》编委会，搭建架构，细分章节，整理行业数据，编撰《报告》内容。

在此，特别感谢叶剑先生、汪鸣先生、魏际刚先生，海关总署加贸司原司长张皖生先生，海关总署自贸区与特殊区域发展司原一级巡视员李志辉先生，商务部国际贸易经济合作研究院原副院长李钢先生，商务部国际贸易经济合作研究院美洲与大洋洲研究所副所长周密先生，交通运输部科学院副总工程师徐萍女士，中国电子口岸数据中心技术副总监熊涛先生，国家发展改革委综合运输研究所物流室副主任陆成云先生，交通运输部水运科学研究院物流中心副主任邢虎松先生，中国中元国际工程有限公司物流院顾问总工李志辉先生，中国中元国际工程有限公司王云鸾先生、李常弘先生，交通运输部科学研究院综合运输研究中心刘颖女士，北京交通大学教授纪寿文先生，中铝物流公司陈磊先生，北京交通大学副教授李笑红女士，河南国际数字贸易研究院袁卫东先生、李豪强先生，满洲里俄语职业学院房玲玲、董瑞玲、夏海生、赵美娟、马海燕、王心菊、于翠、郑磊、邵迎捷、杨双羽、叶海涛、张瑞、秦瑞波、王蕾、燕超宇、孔媛媛等，辽宁省规划咨询与公共政策研究中心程永军、唐玲丽、王磊、程海童等，在《报告》编撰过程中给予的支持和帮助！

由于《报告》编撰周期长，涉及内容多，部分数据来源于网络公开信息和各相关企业提供，统计分析工作量大，难免会有瑕疵，请各位读者批评指正。

编委会

二〇二四年六月

目 录

中国陆港发展报告
2023—2024

第一篇　权威论述

第一章　"一带一路" 与陆港产业 ………………………………………………… 003

第二章　依托内陆港加快完善综合运输网络　更好服务现代流通体系高效运行 … 006

第三章　以更优战略、 更好体制　推进基础设施现代化 ………………… 011

第四章　2023 年中国 "一带一路" 贸易发展报告 …………………………… 018

第五章　以 "新质生产力" 驱动开放发展新高地建设 ……………………… 026

第二篇　陆港综述

第六章　我国陆港发展现状及未来趋势 ………………………………………… 033

　第一节　我国陆港发展现状 ………………………………………………… 033

　第二节　陆港发展存在的主要问题及未来发展趋势 …………………… 040

　第三节　地方政府对陆港的政策支持 …………………………………… 043

第七章　我国智慧陆港与 "单一窗口" 建设现状与未来展望 …………… 052

　第一节　我国智慧陆港发展现状与未来展望 ………………………… 052

　第二节　2023 年国际贸易 "单一窗口" 建设成果及发展介绍 ………… 062

第八章　陆港标准发展现状与未来展望 …………………………………… 066

第九章 强化物流枢纽功能与推进多式联运发展 ············· 071

第十章 我国陆港多式联运发展现状及未来趋势 ············· 074
第一节 我国陆港多式联运发展现状与趋势 ············· 074
第二节 我国陆港多式联运"一单制"发展现状与趋势 ············· 087

第十一章 我国中欧班列集结中心发展现状及未来趋势 ············· 099
第一节 我国中欧班列集结中心发展特点与趋势 ············· 100
第二节 我国五大中欧班列集结中心建设案例解析 ············· 104

第十二章 俄罗斯陆港现状和中蒙俄经济走廊与物流大通道建设 ············· 116
第一节 俄罗斯陆港发展现状 ············· 116
第二节 中蒙俄经济走廊与物流大通道建设 ············· 126

第三篇 数据统计分析

第十三章 我国陆港发展回顾与数据统计分析 ············· 143
第一节 2023 年我国陆港发展主要特点 ············· 143
第二节 我国陆港运营数据分析 ············· 150

第十四章 全国保税物流中心（B 型）运营数据分析 ············· 171
第一节 2021 年至 2023 年全国保税物流中心（B 型）发展概述 ············· 171
第二节 2021 年至 2023 年全国保税物流中心（B 型）运营
数据分析 ············· 172

第十五章 全国综合保税区运营数据分析 ············· 181
第一节 2021 年至 2023 年全国综合保税区发展概述 ············· 181
第二节 2021 年至 2023 年全国综合保税区运营数据分析 ············· 182

第十六章 国际货运班列运营数据分析 ············· 194
第一节 2021 年至 2023 年中欧（中亚）发展概述及运营数据 ············· 194
第二节 西部陆海新通道发展概况及运营数据分析 ············· 198
第三节 中老铁路发展概况及中老铁路运营数据分析 ············· 200

第十七章　全国口岸运营数据分析 ········· 203

第一节　2021 年至 2023 年全国口岸概述 ········· 203

第二节　2021 年至 2023 年我国口岸运营数据分析 ········· 207

第十八章　我国跨境电商综试区运营数据分析 ········· 215

第一节　2021 年至 2023 年我国跨境电商综试区发展概述 ········· 215

第二节　2021 年至 2023 年我国跨境电商综试区运营数据分析 ········· 224

第十九章　我国自由贸易试验区运营数据分析 ········· 227

第一节　2021 年至 2023 年我国自由贸易试验区发展概述 ········· 227

第二节　2021 年至 2023 年我国自由贸易试验区运营数据分析 ········· 237

第四篇　实践案例与创新实践成果

第二十章　优秀实践案例分析 ········· 251

案例 1　成都国际铁路港智慧陆港创新实践案例 ········· 251

案例 2　武威保税物流中心中欧班列创新实践案例 ········· 259

案例 3　合肥国际陆港建设运营创新实践案例 ········· 262

案例 4　中铁十四局集团物流有限公司智慧物流大数据平台创新实践 ········· 269

案例 5　上海文景信息科技有限公司数字供应链创新实践 ········· 276

案例 6　平方科技陆港建设产品解决方案创新实践案例 ········· 283

案例 7　同方威视国际陆运智慧监管创新实践案例 ········· 290

案例 8　新疆国际陆港（集团）有限责任公司创新实践案例 ········· 299

案例 9　捷时特物流中吉乌公铁多式联运示范工程创新实践案例 ········· 303

案例 10　兰州新区路港多式联运创新实践案例 ········· 312

案例 11　徐州淮海国际陆港建设运营创新实践案例 ········· 317

案例 12　德阳国际铁路物流港两港合作一体化共建　创新打造国际双陆港

优秀实践案例 ········· 325

案例 13　中新建物流集团多式联运国际综合物流港创新实践 ········· 331

案例 14　贵阳国际陆港创新实践案例 ········· 340

案例 15　辽宁省陆港布局与建设创新实践 ········· 349

第二十一章　优秀企业展示 ………………………………………………… 357

附　录

附录一　陆港大事记 ………………………………………………………… 395

附录二　全国陆港基本情况统计 …………………………………………… 397

附录三　我国保税物流中心（B型）情况分布统计 ………………………… 413

附录四　全国海关特殊监管区域分布及名单统计 ………………………… 416

附录五　我国跨境电商综试区基本情况统计 ……………………………… 422

附录六　全国口岸一览表 …………………………………………………… 428

附录七　我国自贸区基本情况统计 ………………………………………… 432

附录八　进境冰鲜水产品指定监管场地名单 ……………………………… 443

附录九　进境粮食指定监管场地名单 ……………………………………… 455

附录十　进境肉类指定监管场地名单 ……………………………………… 482

附录十一　进境食用水生动物指定监管场地名单 ………………………… 504

附录十二　进境水果指定监管场地名单 …………………………………… 517

附录十三　进境原木指定监管场地名单（A类）…………………………… 536

附录十四　进境原木指定监管场地名单（B类）…………………………… 539

附录十五　进境植物种苗指定监管场地名单 ……………………………… 551

附录十六　2021年至2023年我国陆港部分相关政策一览表 ……………… 559

附录十七　陆港分类与评估指标 …………………………………………… 621

附录十八　我国口岸设施设置的法理依据 ………………………………… 632

参考文献 ……………………………………………………………………… 650

第一篇

权威论述

中国陆港发展报告 2023—2024

第一章 "一带一路"与陆港产业

海关总署原党组成员、国家口岸办原主任 叶剑

陆港，作为一个新兴的行业，自陆港分会成立之后得以大力推广，进而被大家熟知。

2014年，全国有47个依托铁路、公路规划建设物流园区、海关监管区和综合服务区，并开始运营中欧、中亚班列线路。我国各地政府开始重视发展陆港产业，规划建设陆港园区，重点聚焦对外物流通道，陆港领域迎来新发展机遇。

2015年3月28日，国际陆港建设写入了国家发展改革委、外交部、商务部联合发布的《推动共建丝绸之路经济带和21世纪海上丝绸之路的愿景与行动》，陆港越来越被我国政府和相关部门所重视。

2016年6月23日，中蒙俄三国元首共同见证签署了《建设中蒙俄经济走廊规划纲要》，这是共建"一带一路"框架下的首个多边合作规划纲要。在三方的共同努力下，规划纲要已进入具体实施阶段。随着中蒙俄经济走廊的确定，我国六大经济走廊成为助力全国、区域合作乃至全球发展的推进剂。

六大经济走廊，是指中国与"一带一路"共建国家共同规划的一个经济带。"六廊六路多国多港"是共建"一带一路"的主体框架，为各国参与"一带一路"合作提供了清晰的导向。其中，"六廊"指新亚欧大陆桥、中蒙俄、中国—中亚—西亚、中国—中南半岛、中巴和孟中印缅六大国际经济合作走廊，即六大经济走廊。六大经济走廊是"一带一路"的战略支柱，也是区域经济合作网络的重要框架。

2016年6月8日，中国铁路正式启用中欧班列统一品牌。统一中欧班列品牌建设、班列命名、品牌标识、品牌使用和品牌宣传，有利于集合各地力量，增强市场竞争力，将中欧班列打造成为具有国际竞争力和信誉度的国际知名物流品牌。这一刻，是陆港人的骄傲，经过多年发展，国际班列按照国家要求统一命名、统一发展并拥有统一平台，这是划时代的改革，是我国对外高水平发展的重要时刻。

2017年，中欧班列快速发展，全年开行3673列，中欧班列已成为"一带一路"的标志性项目，各地政府更是大力推动。中欧班列和国际陆港的组合使内陆城市在国际

物流上有了与沿海地区相类似的条件，"沿海化"的内陆城市成为中欧班列发展的重要战略载体。自此，中欧班列和陆港在国民经济中的影响力越来越大。

2018 年 12 月 21 日，国家发展改革委、交通运输部印发了《国家物流枢纽布局和建设规划》，确立了：陆港型、港口型、空港型、生产服务型、商贸服务型、陆上边境口岸型六大类物流枢纽，陆港型国家物流枢纽排在首位。

2020 年 4 月 10 日，在中央财经委员会第七次会议上，习近平总书记强调要构建以国内大循环为主体、国内国际双循环相互促进的新发展格局。2020 年 5 月 14 日，中共中央政治局常委会会议首次提出"深化供给侧结构性改革，充分发挥我国超大规模市场优势和内需潜力，构建国内国际双循环相互促进的新发展格局"，之后新发展格局在多次重要会议中被提及，而陆港成为双循环新发展格局的重要载体。

2020 年，随着中欧班列五大集结中心的确立，我国陆港发展驶入快车道。目前，300 多个陆港在各地建设，常态运营 80 多条中欧班列线路。

作为国内陆港领域唯一的全国性行业组织，2020 年，陆港分会与业界知名专家交流，与国内陆港头部企业负责人对接后，开始编撰《中国陆港发展报告 2020》。历时一年多，经过数十位编委的共同努力，《中国陆港发展报告 2020》于 2021 年年底出版发行。共计出版 2000 余册，受到业界广泛关注与好评。

2024 年年初，陆港分会会长办公会上审议通过了编撰《中国陆港发展报告 2023—2024》的请示。编撰该报告旨在剖析和展示近几年陆港和中欧班列在我国对外开放经济中承担的重要责任，在社会活动中作出的突出贡献，进一步梳理 2020 版《中国陆港发展报告》中不尽完善的部分，展望我国陆港产业和中欧班列的发展趋势，为行业高质量发展提供借鉴。

经过近一年的编制，在各地政府、陆港、港口、口岸、综保区、保税物流中心、物流企业、供应链公司、研究院所和高校等单位的大力支持下，《中国陆港发展报告 2023—2024》顺利编撰完成，并由中国财富出版社进行出版。全书共 90 余万字，是陆港分会为进一步展示我国陆港建设历程，把脉陆港产业发展规律，剖析陆港产业链翔实数据，推广陆港产业发展实践成果，全面呈现陆港产业发展新特点、新模式、新趋势，大力推动陆港产业科学规划建设，促进行业可持续健康发展，满足业界专家、学者、企业等学习研究、交流合作需求而编制。

《中国陆港发展报告 2023—2024》由权威论述、陆港综述、数据统计分析、实践案例与创新成果、附录六篇组成，系统地对我国陆港产业自 2021 年以来的高质量发展进程、创新经营模式及未来趋势进行了全面总结和分析，对 2021 至 2023 年陆港、口岸、国际货运班列、B 保、综保区、跨境电商综试区、自由贸易试验区等运营数据进行了深度剖析，对推动行业科学发展具有重要价值。

《中国陆港发展报告2023—2024》将继续纳入"国家物流与供应链系列报告"丛书,为指导陆港规划建设、运营管理,促进行业规范发展奠定良好的理论基础。

今年是实施"十四五"规划的关键一年,各地政府做好实体经济工作意义重大。习近平总书记在中央财经委员会第四次会议上强调,物流是实体经济的"筋络",联接生产和消费、内贸和外贸,必须有效降低全社会物流成本,增强产业核心竞争力,提高经济运行效率。

在国家战略和经济发展大局中,陆港产业一直发挥着重要的基础性支撑作用。随着《中国陆港发展报告2023—2024》的出版发行,陆港分会也将继续践行行业组织肩上的职责,为中国陆港产业高质量发展贡献新的力量。

报告内容较多,编委会希望能够全面展示我国陆港发展历程,以飨读者!

第二章　依托内陆港加快完善综合运输网络更好服务现代流通体系高效运行

国家发展改革委综合运输研究所所长、研究员　汪鸣

在习近平总书记主持召开的中央财经委第八次会议上，习近平总书记明确指出，流通体系在国民经济中发挥着基础性作用，构建新发展格局，必须把建设现代流通体系作为一项重要战略任务来抓。在社会再生产过程中，流通效率与生产效率同等重要，是提高国民经济总体运行效率的重要方面。高效流通体系能够在更大范围把生产和消费联系起来，扩大交易范围，推动分工深化，提高生产效率，促进财富创造。国内循环和国际循环都离不开高效的现代流通体系。现代流通体系建设内涵丰富，既包含综合运输体系建设的内容和任务，又要求加快建设现代综合运输体系，形成统一开放的交通运输市场，优化完善综合运输通道布局，加强高铁货运和国际航空货运能力建设，加快形成内外联通、安全高效的物流网络。近些年，内陆港设施建设和运行系统发展迅速，已经成为构建新发展格局的重要支撑力量，在推进现代流通体系建设和强化综合运输体系的支撑作用中扮演着重要角色，应依托内陆港构建起干线支线有机结合的综合运输服务网络运行系统。

一、必须加快建设现代流通体系基础保障环境和条件

（一）重要的构成要件

运输服务以货物位移为基本服务产品，在生产和消费流通体系建设中，运输服务是满足生产和消费的重要基础条件。内陆港应作为运输网络组织的重要支点。运输服务是派生需求，来自现代经济活动实现过程中环节货物的位移，并因此将生产中各个环节有机联系起来，既满足基于规模化生产的产业集群化发展所需要的短距离运输和即时配送服务的需要，又因运输能力和成本的比较优势，在更大的范围内进行产业链衔接，成为现代产业链构建的重要组成部分。运输服务是实现最终消费的重要手段，不仅可以满足各种不同类型和区域的消费需求，而且也是消费新模式的重要支撑和引领。

（二）高效的运行保障

现代流通具有越来越鲜明的国际化、区域化特征，生产和消费活动均可以在更大的范围内进行。陆港延伸了海港的功能，能更好支撑流通活动半径扩张。由铁路、公路、水运、航空和管道运输构成的现代综合运输体系，各种不同运输方式的技术经济特性和运输服务组合方式、组织形态，实现运输服务所需要的基础设施布局，以及运输技术装备的不断更新，以运输成本、效率和服务三元素为基础，不断支撑流通范围的扩大和流通服务的创新，已经成为现代流通体系运行的重要保障。流通模式的创新，又反过来促进了运输服务创新和效率的不断攀升，尤其是电商的发展，加快了快递服务的发展和基于网络化规模化效率的提升。

（三）循环的布局条件

产业链、供应链协同已经成为现代生产的重要方式，并成为终端产品消费服务的基本组织形态和模式。陆港可以承担产业链、供应链的载体功能。产业链、供应链组织方式的创新与运作模式的变革，在生产主导或消费引导下，必将形成基于新规模经济途径的各种区域性循环布局。综合运输服务条件的不断完善和运输、物流服务获得的便利性，促进了各种区域经济、产业、消费循环系统的形成和发展，使现代流通逐步具有了在特定的区域内运行的特征。同时，区域资源禀赋差异带来了分工深化、生产效率、财富创造路径与机遇的不同，在对应的产业链、供应链构建中，需要得到更为精准的、具有较强适应性的运输、物流服务支撑。现代综合运输体系效率、服务的创新能力，为差异化的区域生产、消费循环提供了服务和系统构建引领。

二、必须加快网络化运行为特征的综合运输体系重构

（一）完善国内综合运输网络布局

建设以国内大循环为主体的新发展格局，是我国经济发展迈入现代化阶段后，发挥我国经济规模红利的必然选择。鉴于内陆成为大循环的重要场所，内陆港的网络价值得到提升。一是自改革开放以来，我国积极参与经济全球化发展，经济发展规模和水平不断上台阶，不仅使我国成为世界第二大经济体，而且，生产和消费均进入世界级规模阶段，成为国际产业链、供应链组织的重要力量，足以影响国际流通体系建设发展走向。尤其是我国在强大的消费能力基础上进行的现代化建设，将我国推向了国际最大买方市场的地位，善用消费规模红利，打造由我国生产、消费构成的经济大循环体系，不仅可以最大限度提升流通效率，还将形成我国新动能、新机遇支撑的新发

展格局。二是大循环发展新格局需要确立综合运输发展的新方向，加快调整综合运输趋向于沿海港口的陆海布局，向发挥内陆地区优势的海陆逆向布局，以及内陆地区之间的陆陆布局转向，形成不同层次、不同流通系统的综合运输网络，为经济后发地区提供生产、消费循环体系建设所需要的综合运输服务环境条件和能力。三是按照大循环流通体系进行国内综合运输网络体系重构，在提高国家区域战略实施所需要的综合运输能力建设的同时，按照地区资源禀赋和生产、消费辐射格局，进行多模式、多范围综合运输体系布局建设，以不同区域的大循环和全国大循环为目标，打造强辐射、高效率、低成本的综合运输服务系统。

（二）强化国际综合运输网络辐射

构建国内国际双循环相互促进的新发展格局，是我国现代化发展进程中适应强大国内市场需求更为开放的新全球化引领。内陆港有利于推动"大循环""双循环"网络衔接。一是以国内大循环系统为基础，充分发挥我国消费红利和生产规模的优势，以更加开放的经济政策为前提，积极打通大循环辐射方向的国际大通道，构建多层次、多网络对接的新开放格局。二是按照外向型、内需型、内外需混合型等不同区域开放组合模式需求，建设陆海、海陆、陆陆多层次国际综合运输网络，并为不同服务功能的综合运输通道赋能，尽快形成国内国际双向流通的新发展格局，丰富国际流通层次和产业内涵，引领我国生产、消费产业迈向全球价值链中高端。三是培育我国面向"一带一路"重要辐射方向的国际运输通道，形成更为紧密的基于国际产能合作和贸易合作、具有流通体系内在需求的运输服务组织格局，启动我国内需与国际经贸合作之间的高度耦合运行的通道经济发展格局，为现代流通体系建设赋予全新的国际内涵和全球化发展新动能。

（三）精准区域综合运输网络衔接

大循环、双循环的全国产业布局、消费布局重构，推动区域战略实施达到新水平，内陆港建设将为经济发展新高地、新增长极提供强大支撑。一是以中国现代化建设为大场景，发挥区域资源禀赋优势，挖掘要素价值潜能，从大循环、双循环着手，不断优化全国产业和消费布局，为京津冀协同发展、长江经济带发展、粤港澳大湾区建设、海南全面深化改革开放、长三角一体化发展、黄河流域生态保护和高质量发展等重大国家战略赋能。提高国家战略实施能力和水平，为大循环、双循环流通体系建设提供新内容，将其作为精准完善国家战略实施中综合运输建设发展的基本规则，提高综合运输服务体系支撑和引领区域现代流通体系建设发展的能力。二是依托不同层次的大循环、双循环综合运输体系和运输、物流服务网络，加快区域经济要素向中心城市聚集，加快中心城市产业布局和现代化发展步伐，打造不同区域经济发展新高地，构建区域现代流通体系新格局。三是依托区域产业布局发展系统，发挥区域综合运输服务系统的成本和效率优势，提高大循环、双循环流通体系发展效能，培育区域流通体系、生产消费新的增长点，为产业重构、消费布局提供具有增量价值的产业发展支撑。

三、加快建设布局优化和运行高效的综合交通体系

（一）完善综合运输通道和综合交通枢纽布局

依托内陆港建设，完善运输通道和枢纽布局。一是加快完善综合运输通道布局，按照现代流通体系建设对各个层次综合运输通道的要求，加快推进既有通道缺失路段、延伸路段建设，加强西部地区通道建设，提升进出疆、出入藏以及贫困地区对外通道能力，加强主要城镇化地区对外多向联通能力，为内陆地区现代流通体系建设提供重要支撑。二是加快完善综合交通枢纽，尤其是内陆港布局。进一步优化国家综合交通枢纽功能层级和空间布局，加快构建层级分明、功能清晰的综合交通枢纽体系，加快国家物流枢纽和口岸枢纽建设，为打造依托中心城市的新增长极奠定坚实的流通要素基础。

（二）提升城市群、都市圈高效运输服务网络

从支撑大循环、双循环经济增长，促进区域协调发展，提高区域参与国际竞争合作能力出发，加快完善都市圈超大特大城市的辐射带动功能，为流通产业布局发展和骨干企业培育提供核心聚集载体。构建与都市圈国土空间相吻合、有效支撑都市圈现代流通产业高质量发展的综合交通枢纽体系，推进区域枢纽、城际枢纽、市域枢纽和城市枢纽等不同层次综合交通枢纽"多级协同"发展，促进都市圈各种运输方式高效衔接。以都市圈为产业载体和服务平台，培育高铁货运、空港国际运输服务功能，强化服务现代流通体系的高效运输组织能力。

（三）超前布局谋划新时代新型交通基础设施

加快交通运输领域5G网络、大数据、物联网、人工智能、云计算、区块链等技术手段的应用。把握新一轮科技进步浪潮，依托新技术探索布局下一代新型交通基础设施，超前实现交通基础设施数字化、网络化、智慧化，为流通体系现代化和提高流通效率、降低流通成本提供基础设施新功能。规划建设智慧公路及城市智能交通基础设施，结合新一代国家交通控制网和智慧公路试点，开展"智能＋网联"的自动驾驶汽车道路技术应用示范。加强港航和民航交通新型基础设施布局应用，鼓励大中型港口

根据实际需求部署不同等级的自动化码头系统,提升港口装卸、转场、调度等作业效率,全面推动智能港口建设,实现港口泊位联动运营。推动新一代空管系统部署,规划数字化放行和自动航站情报服务系统,实现飞行任务四维航迹管理,促进民航飞机起降效率和安全性达到世界先进水平。研究部署面向区域物流的大型无人机起降点。

(四)积极完善交通运输信息化基础设施建设

加快完善国家综合交通运输信息平台、国家物流公共信息平台、国家交通地理空间信息平台、国家交通基础设施大数据平台等一系列国家级信息平台。面向未来智能汽车发展,统一部署、协同共建智能汽车大数据云控基础平台,逐步实现车辆、基础设施、交通环境等领域的基础数据融合应用。推动交通定位导航、出行服务、物流电商、交易结算等交通运输平台融合发展。鼓励集约布局交通运输和物流行业大数据中心,建立国家交通运输战略数据安全灾备基地。

(五)提升存量交通基础设施的运行服务效能

坚持质量第一、效益优先,以供给侧结构性改革为主线,提升交通基础设施网络效应和规模效益,推动既有设施扩能改造和提质升级,推进交通基础设施支撑现代流通体系的质量、效率、动力变革。提升交通基础设施网络效应和规模效益,围绕适应中高端运输和大众运输的差异化需求,着力提升既有交通基础设施的网络效应和规模效益,更好服务现代流通体系建设。加强交通基础设施扩能改造和提质升级,全面推进既有交通基础设施扩能改造,以技术创新为牵引,推动交通基础设施更新换代。提高综合交通枢纽运行效率和服务品质,着力提升综合交通枢纽有效供给能力,进一步明确枢纽功能层级,围绕综合交通枢纽促进各种运输方式高效衔接,提高综合交通运输整体运行效率和服务质量,支撑引领经济社会高质量发展,有效拓展区域发展空间,培育形成增长新动能。

(六)注重综合一体衔接提高运输服务的效率

加强内陆港网络设施建设,推动交通运输网络衔接协调,大力发展一体化运输组织,着力提高交通运输整体运行效率和发展效益。完善综合交通枢纽布局衔接,推动"一票制""一单制""一站式"发展。加快国家物流枢纽网络、骨干冷链物流基地、末端配送节点等多层级物流基础设施建设,提高干支配衔接效率和水平,为流通体系高效运行提供良好的网络运行环境。

第三章 以更优战略、更好体制推进基础设施现代化

中国国际发展知识中心副主任、研究员 魏际刚

党的二十届三中全会审议通过的《中共中央关于进一步全面深化改革、推进中国式现代化的决定》（以下简称《决定》）提出，"健全现代化基础设施建设体制机制"。这无疑为交通强国建设指明了方向。

改革开放之初，中国基础设施体系不完善，结构不合理，能力薄弱，质量不高。经过改革开放40多年，特别是新时代以来的持续快速发展，中国基础设施规模由小到大，从瓶颈制约到总体适应，人民普遍享受到基础设施发展带来的红利，中国已成为具有全球影响力的基础设施大国。中国基础设施建设发展成就的取得，得益于正确的发展战略与持续深化的体制机制改革。在新的历史时期，中国要从基础设施大国迈向基础设施强国，需要有更好的战略与体制机制保障。

中国高度重视基础设施发展

改革开放之初，中国发展面临严重的结构性问题，除了农业工业比例、轻重工业比例不合理，基础设施也十分薄弱，基础设施成为工农业发展的瓶颈制约。1979年4月，中央工作会议提出了12条调整比例关系的原则和措施，其中一条是"在重工业中要突出地加强煤、电、油、运和建筑材料工业的生产建设"。1979年6月，《政府工作报告》提出搞好国民经济的"调整、改革、整顿、提高"八字方针。

20世纪80年代，中国十分重视基础设施建设。比如1982年9月，党的十二大报告指出，"在今后20年内，一定要牢牢抓住农业、能源和交通、教育和科学这几个根本环节，把它们作为经济发展的战略重点。"1988年3月，《政府工作报告》指出，"基础工业的建设，首先要加快以电力为中心的能源建设……积极发展综合运输，把铁路、公路、水路、航空和管道等运输设施有机结合起来，适当分工，合理分流，努力提高运输的综合效率。"1982—1989年，国家共安排重点建设项目319个，其中能源、

基础原材料工业和交通运输等基础设施项目 261 个，占全部重点建设项目的 94.2%。

20 世纪 90 年代，实施社会主义市场经济体制以来，中国一方面在战略上高度重视基础设施发展，另一方面在实践中运用更多的市场机制推进基础设施发展。比如，1992 年 3 月，《政府工作报告》指出，"固定资产投资，主要用于能源、交通、通信、原材料和农业、水利等基础产业。"1993 年 3 月，《政府工作报告》指出，"加强农业基础设施建设""加快基础设施和基础工业建设"，特别强调"随着经济增长速度加快，基础设施尤其是交通运输已经成为国民经济发展的主要制约因素。要重点加快铁路建设……加强对现有铁路的挖潜和改造……重点建设一批港口，改造一批老港口，增加吞吐能力。加快高等级公路建设，发展内河航运，增加远洋和沿海运输能力""加快邮电通信事业发展，加强邮政和城乡电话建设，采用卫星、光缆和程控等新技术，逐步建成四通八达、连接国内外的通讯网络""基础设施和基础工业建设需要大量资金，要通过改革形成新的投资机制，多渠道筹集"。1990—2002 年，国债资金对基础产业和基础设施投资的拉动作用非常突出。特别是从 1998 年起，在严峻的国际国内经济环境下，国家为启动内需，实施积极的财政政策，1998—2002 年 5 年内共发行 6600 亿元特别国债，用于基础产业和基础设施投资。中国一大批基础设施建成投产，发挥了重要的经济拉动作用。这一时期，神府东胜矿区、新疆塔里木油田、大亚湾核电站、岭澳核电站一期工程、黄河小浪底水利枢纽工程、二滩水电站等重大工程缓解了能源紧张；京九铁路、北京西客站、上海浦东和广州白云新机场、上海地铁二号线等项目投产，沈大高速建成通车，高速公路建设如火如荼，现代化交通网络开始形成。

2003—2008 年，中国基础设施进入全面快速发展阶段。一方面，国家在政策、资金上注重加强对中西部的扶持，中西部地区基础产业和基础设施投资快速增长。另一方面，鼓励外资和民营资本对基础产业和基础设施项目投资，基础产业和基础设施的投资主体和资金来源渠道开始多样化。中国基础产业和基础设施水平又有了大幅提高，先后建成了一批关系国计民生的项目。其中，百亿元以上项目就有西气东输管道基建项目、西电东送工程、大庆油田开发产能建设工程、中海油海上油气田勘探开发投资项目等。

2008 年年初，南方地区发生冰雪灾害，暴露了中国基建情况不够合理、基础设施滞后于社会发展的状况。2008 年 3 月，《政府工作报告》指出，"要以电网恢复重建为重点抓紧修复基础设施""要从这次特大自然灾害中，认真总结经验教训""加强电力、交通、通信等基础设施建设，提高抗灾和保障能力"。针对国际金融危机愈演愈烈，对中国经济负面影响日益加重的情况，中央果断提出实行积极的财政政策和适度宽松的货币政策，迅速研究出台了一系列政策措施。其中，一项重要举措是加强重大基础设施建设，重点推进一批煤运通道、客运专线、西部干线等铁路建设和城市电网改造，重点解决高速公路网连通问题。

2011 年 3 月，"十二五"规划纲要提出，"构建安全、稳定、经济、清洁的现代能源产业体系""构建综合交通运输体系。按照适度超前原则，统筹各种运输方式发展，基本建成国家快速铁路网和高速公路网，初步形成网络设施配套衔接、技术装备先进适用、运输服务安全高效的综合交通运输体系""全面提高信息化水平。加快建设宽带、融合、安全、泛在的下一代国家信息基础设施，推动信息化和工业化深度融合，推进经济社会各领域信息化"。

2016 年 3 月，"十三五"规划纲要提出，"拓展基础设施建设空间，加快完善安全高效、智能绿色、互联互通的现代基础设施网络，更好发挥对经济社会发展的支撑引领作用"。

在 2018 年 12 月召开的中央经济工作会议上，"新基建"第一次被提出，要求加快 5G 商用步伐，加快人工智能、产业互联网、物联网等新型基础设施建设。

2020 年 3 月召开的中共中央政治局常务委员会会议指出，要加快新型基础设施建设的进度，主要包括 5G、特高压、城际高速铁路和城际轨道交通、新能源汽车充电桩、大数据中心、人工智能、工业互联网七大领域。

2020 年 5 月，《政府工作报告》提出"两新一重"。新基建短期目的是对冲经济下滑，通过投资刺激经济；长远目的是通过高科技产业重构人流、物流、电流、信息流在传输、计算、存储、输出环节的价值，推动经济转型升级。

2020 年 6 月，国家发展改革委明确新基建范围，提出的目标是"以新发展理念为前提、以技术创新为驱动、以信息网络为基础，面向高质量发展的需要，打造产业升级、融合、创新的基础设施体系"。

2021 年 3 月，"十四五"规划纲要提出，"统筹推进传统基础设施和新型基础设施建设，打造系统完备、高效实用、智能绿色、安全可靠的现代化基础设施体系"。同年 9 月召开的国务院常务会议提出，"'十四五'时期科学布局和推进建设以信息网络为基础、技术创新为驱动的新型基础设施"。

2022 年 1 月，国务院印发的《"十四五"数字经济发展规划》提出，"建设高速泛在、天地一体、云网融合、智能敏捷、绿色低碳、安全可控的智能化综合性数字信息基础设施""稳步构建智能高效的融合基础设施，提升基础设施网络化、智能化、服务化、协同化水平"。

2023 年 3 月，《政府工作报告》在部署 2024 年工作任务时指出，要"适度超前建设数字基础设施，加快形成全国一体化算力体系，培育算力产业生态""加快重大科技基础设施体系化布局，推进共性技术平台、中试验证平台建设"。

2024 年 7 月召开的党的二十届三中全会明确提出，"健全现代化基础设施建设体制机制"。《决定》主要提及以下几个方面：构建新型基础设施规划和标准体系，健全新型基础设施融合利用机制，推进传统基础设施数字化改造，拓宽多元化投融资渠道，健全重大基础设施建设协调机制。深化综合交通运输体系改革，推进铁路体制改革，发展通用航空和低空经济，推动收费公路政策优化。提高航运保险承保能力和全球服务水平，推进海事仲裁制度规则创新。健全重大水利工程建设、运行、管理机制。

中国基础设施发展取得卓著成效

经过改革开放 40 多年来持续快速发展，中国已经成为全球基础设施大国，基础设施规模庞大、技术水平不断提高、综合效益不断显现，部分领域有较强竞争力，基础设施整体水平实现跨越式提升，对国民经济支撑保障能力显著增强。

综合立体交通网总里程超过 600 万公里，"6 轴 7 廊 8 通道"主骨架已经基本成形，覆盖全国超过 80% 的县（市、区），服务全国 90% 左右的经济和人口。截至 2023 年年底，中国铁路营业里程 15.9 万公里，其中高铁营业里程 4.5 万公里；全国公路里程 543.68 万公里，其中高速公路里程 18.36 万公里；民用运输航空机场总数 259 个，千万人次及以上的运输机场数量达到 38 个。中国已建成全球最大的高速铁路网、高速公路网、邮政快递网和世界级港口群。

现代信息通信体系全球领先。宽带网络实现了从十兆到百兆再到千兆的快速增长，实现了"市市通千兆"，千兆用户全球占比超过 70%。建成 383.7 万个 5G 基站，实现了"县县通 5G"，5G 用户普及率目前已经超过 60%。实施电信普遍服务，全国行政村实现"村村通宽带"，通 5G 行政村占比目前超过 90%。网络资源供给持续丰富，互联网国家顶级域名注册量近 2000 万，位居全球第一；IPv4 地址和 IPv6 地址资源总量在全球排名第二；算力总规模达到 230EFLOPS，居世界前列。

能源领域横跨东西、纵贯南北、覆盖全国、联通海外的天然气"全国一张网"，以及西北、东北、西南、海上四大战略通道持续完善，基本形成了"四大战略通道＋五纵五横"的干线管网格局，以及煤、油、气、电、核、新能源和可再生能源多轮驱动的能源生产体系，能源供应保障能力不断增强。

水利基础设施建设日趋完备。国家水网主骨架和大动脉加快构建，省级水网先导区建设持续推进，市县级水网先导区接续启动。首个数字孪生流域建设重大项目开工建设、首单水土保持碳汇交易成功实现。中国已成为全世界污水处理量最大的国家。

基础设施技术水平不断提升。中国已拥有完备、成套的铁路技术，形成了一大批具有自主知识产权的技术创新成果，成功实现了不同等级列车的混合运行以及高速铁路与普速铁路的互联互通。信息通信业在程控交换等一批关键通信技术上取得重大突破。油气管道工业在管道设计、建设、运行、管理等领域取得了多项具有自主知识产权的核心成果。油气管道工程建设水平跨入世界先进行列。

部分基础设施领域发展水平跃居世界前列。高速铁路、既有线提速、高原铁路、高寒铁路、重载铁路等技术均达到世界先进水平。特大桥隧、离岸深水港、巨型河口航道整治及大型机场工程等建造技术迈入世界先进或领先行列。5G 实现技术、产业、应用全面领先，高性能计算保持优势，北斗导航卫星全球覆盖并规模应用；芯片自主研发能力稳步提升，国产操作系统性能大幅提升；人工智能、云计算、大数据、区块链、量子信息等新兴技术跻身全球第一梯队。在重大科技基础设施领域，中国在散裂中子源、高海拔宇宙线观测站等领域取得重大突破，产出了一大批有国际影响力的重大科学成果。

在基础设施规模化、网络化发展的同时，服务能力与水平也持续提升。铁路旅客周转量与货运量、公路客货运输量及周转量、水路货运量及周转量，全国港口完成货物吞吐量和集装箱吞吐量，快递年业务量均居世界第一，民航运输总周转量、旅客周转量、货邮周转量均居世界第二；水利设施防汛减灾作用日益凸显，供水保障能力显著提升；能源供给能力稳步提升，资源运输安全保障作用进一步强化。

作为负责任大国，中国认真落实联合国 2030 年可持续发展议程，积极参与全球交通治理，加强国际交流合作，为促进全球可持续发展、推动构建人类命运共同体贡献中国智慧、中国力量。在有关国家积极参与和共同努力下，"六廊六路多国多港"的互联互通架构基本形成。以铁路、公路、航运、航空为重点的全方位、多层次基础设施网络正在加快形成，区域间商品交易、流通成本逐渐降低，促进了跨区域资源要素的有序流动和优化配置。通过共建"一带一路"倡议，加强了与共建国家的基础设施建设规划和技术标准体系的对接，推动了国际骨干通道建设，促进了不同国家、不同地区间的紧密联系。

中国基础设施发展面临新形势新要求

未来较长一段时期，中国的工业化、数智化、市场化、城市化、全球化、绿色化将进一步深化，基础设施发展的需求、供给、制度、资源、环境及国际形势均面临重大变化。

新型工业化强调科技创新引领带动，要求打造自主可控、安全可靠的产业体系，进一步强调了新基础设施建设的重要性。同时，新型工业化全方位、立体式推进，迈向工业 4.0 和工业 5.0，驱动以往的单一、各自发展的基础设施向联接、联合、联动、共利、共赢、共享的基础设施一体化转变。

新一轮科技革命和产业变革推动着中国从消费互联网大国向产业互联网大国最终向"人—物—服务"互联网大国迈进，加之消费升级和市场不断细分，高质量基础设施服务需求不断增加。

数据驱动将成为基础设施发展的新动能。要大力发展5G通信、数据中心、计算中心、工业互联网、新型平台等新型基础设施建设，构建数字智能产业基础设施体系，以支持产业的数字化转型和智能化改造。要加快建设高速泛在、天地一体、云网融合、智能敏捷、绿色低碳、安全可控的智能化综合性数字信息基础设施，打通经济社会发展的信息"大动脉"。

土地、资源环境、安全约束加强，对绿色基础设施提出更多需求。中国基础设施行业还处在新旧产业接续期和新旧动能转换期，对旧动能的依赖还比较强，面临资源消耗巨大和绿色转型发展的压力。贯彻绿色发展理念，加快基础设施绿色化发展，要求在基础设施规划建设中，统筹人类发展进度与自然环境承载力，科学规划、合理布局、适度开发，重塑人、空间与健康的和谐共生关系。

在构建人类命运共同体与全球发展倡议指引下，中国推动着东西方互动、普惠包容、合作共赢的全球化，"一带一路"基础设施互联互通建设将持续深化。让"一带一路"共建国家感受到基础设施互联互通带来的便利与对经济社会发展的促进作用；不断提升科技创新水平，完善技术和标准体系，提升中国技术和中国标准在全球的话语权和影响力。

以强国建设为引领，统筹推进基础设施现代化

中国已站在新的历史起点，基础设施发展需要回应时代要求，以构建现代化基础设施体系为目标，充分运用新科技，开发新模式，满足新需求，促进新消费，形成新动力，夯实基础，消除短板与瓶颈，完善体系，优化结构，提档升级，提质增效，以创造更大价值，为经济社会发展与中华民族伟大复兴做好战略支撑。贯彻落实党的二十届三中全会精神，推动以更优战略更好体制推进基础设施现代化，应坚持如下七条原则。

一是以人为本，需求导向。坚持以人为本，充分发挥基础设施对生产生活的支撑作用。基础设施的规划、设计、施工和运行应紧紧围绕实际需求，充分考虑各类弱势群体的诉求。

二是战略引领，适度超前。统筹增量和存量、传统和新型基础设施发展，优化基础设施空间布局、功能配置、规模结构，创新规划、设计、建设、运营、维护、更新等各环节发展模式。增强基础设施服务国家重大战略、满足人民日益增长的美好生活

需要的保障能力。

三是完善体系，优化结构。科学规划、总体设计。统筹点线面网、城市农村、东中西、沿海内陆、发达地区与落后地区、国内与周边国家、国内与国际等。做好总体规划与专项规划的衔接。既要避免重复建设导致经济结构失衡，又要补齐短板，提升发展质量。聚焦关键领域和薄弱环节，着重提高基础设施的供给质量和效率，更好地发挥基础设施的协同效应。特别是加强以运用新科技、满足新需求、促进新消费、创造新模式、形成新动能为重点的新型基础设施建设。

四是促进协同，融合发展。充分发挥新一代信息技术的牵引作用，推动新型基础设施与传统基础设施融合发展。正确处理基础设施间替代、互补、协调、制约关系，强化资源共享、空间共用、互联互通。加强面向服务对象的需求分析，以方便适用为导向，推进精细化管理，丰富优质服务供给，提升人性化服务水平。

五是绿色智能，安全可靠。集约高效利用土地、廊道、岸线、地下空间等资源，加强生态环保技术应用。加强人工智能技术在基础设施领域的应用，加快形成适应智能经济和智能社会需要的基础设施体系。加强基础设施风险管控、安全评估和安全设施设备配套，提升基础设施保障国家战略安全、人民群众生命财产安全以及应对自然灾害等的能力。

六是政府主导，市场主体。建立健全推动基础设施高质量发展的规划体系。构建以财税政策、金融政策、产业政策、科技政策、环保政策等组合的基础设施发展政策体系。基础设施的发展离不开社会资本的参与。要健全中央与地方投资联动机制，优化政府投资方式。推动政府和社会资本合作。政府需要从市场的角度帮助投资主体减少相应的风险。

七是深化改革，营造环境。着力解决制约基础设施发展的制度性瓶颈，畅通社会资本进入基础设施投资的渠道，形成基础设施高质量发展的强大动力。界定好基础设施的建设、投资、运营、维护等不同环节的属性，明确政府与市场的边界。传统网络型物理基础设施如何实现自然垄断业务与竞争性业务的分离，以及新型数智基础设施如何监管等，均是亟待深入研究与破解的课题，这要求加快完善基础设施领域的法律框架以及监管体系，为相关市场主体营造公平、公正、开放、透明的良好商业环境。

第四章　2023年中国"一带一路"贸易发展报告

商务部研究院　周密　刘子辰

2023年，受到通胀高企、高利率、公共债务上升以及俄乌战争和地缘政治冲突等多重因素的影响，全球主要经济体的经济复苏放缓，需求疲软，贸易额有所下降。2023年也是"一带一路"倡议发布10周年。"一带一路"共建国家（以下简称"共建国"）凝心聚力，深化合作，合作领域进一步拓展、合作形式进一步多元、合作机制化水平进一步提升。共建国资源流动更为便利，经贸合作潜力和红利进一步释放，中国与共建国的进出口贸易总额在全球经济下行的趋势下依然成绩斐然，贸易规模保持增长。共建国之间的贸易对各方发挥资源优势、满足发展需求提供了重要选择，也为沿线国家的互联互通和经济增长提供了稳定可靠的平台。

一、2023年中国与共建国贸易保持稳定增长

2023年，中国与共建国之间的贸易不仅年度贸易额规模持续增加，月度贸易额也基本保持在较高水平。

（一）"一带一路"贸易在中国对外贸易中的占比保持高位，贸易额持续提升

中国海关数据显示，2023年，虽然许多国家仍在努力从新冠感染的影响中恢复，全球经济增长动力不足，但中国的对外贸易仍然实现了小幅增长，比上年增长了0.2%。其中，中国与共建国的进出口贸易额的增幅更快，较去年增幅为2.7%。2023年，中国与共建国的贸易占中国对共建国贸易的比重达到46.6%，较2022年提升1.2个百分点。2023年，中国对共建国贸易顺差增至19807.4亿元人民币，同比增长75.0%（见表4-1）。对共建国的出口占中国对外出口总量的45.1%，成为外需疲软、外贸环境恶化背景下稳定中国出口的重要力量。

表 4 − 1　　　　　　　2022 年和 2023 年中国与共建国贸易进出口情况　　　单位：亿元人民币

类型	2022 年	2023 年	累计比去年同期 ± %
进口	89075.7	87400.1	− 1.9%
出口	100395.4	107207.5	6.8%
进出口	189471.1	194607.6	2.7%
贸易顺差	11319.7	19807.4	75.0%

资料来源：中国海关总署

注：进出口是中国对共建国的进出口贸易总额，为绝对额数据，即进口额加上出口额，反映总贸易量。

（二）2023 年月度贸易保持稳定较高水平，2 月有暂时回落

2023 年中国与共建国的月度贸易数据保持稳定。除受春节假期影响的 2 月以外，其他月份贸易均保持较高水平。2023 年中国从共建国的进口呈现前低后高的状态，下半年的进口总额高于上半年进口总额，其中在 10 月达到进口额峰值，为 7908.4 亿元人民币，与 9 月 7803.1 亿元人民币和 12 月 7890.1 亿元人民币的进口额差异不大。2 月进口额为 6496.54 亿元人民币，是全年进口额最低的月份。中国对共建国的出口基本保持稳定。春节因素使得 2 月的出口额明显较低，较 1 月下跌 27.2%，下跌幅度最大，也是 2023 年出口额最低的月份。此后 3 月的出口额出现骤升，同比增长 49.0%，达到 9654.7 亿元人民币的规模。从 3 月开始出口额企稳在 9000 亿元人民币规模上下，最终在 12 月达到出口峰值 9978.7 亿元人民币。

在 2 月出现较低水平后，对共建国的出口迅速增长，拉动进出口总额快速回升，达到 17044.4 亿元人民币，同比增长 31.4%。在 3 月以后，无论是进口额还是出口额均处于平稳的高位，进出口总额于 12 月达到最高值 17868.7 亿元人民币。

二、2023 年中国与共建国国别商品结构贸易保持稳定

2023 年，中国与亚洲区域共建国贸易合作最为紧密，排名前十的贸易国家均为亚洲国家。中国与重点共建国的贸易保持稳定，传统优势产品继续保持较高市场份额。

（一）亚洲是中国与共建国贸易的主要区域

2023 年，亚洲依然是中国与共建国对外贸易的主要区域，对亚洲共建国全年贸易额为 125699.7 亿元人民币，占中国与共建国贸易总额的 64.6%。相对近邻的地理位置、相似的文化传统和消费习惯，以及更多的信任关系成为中国与亚洲共建国贸易的保障。欧洲是中国与共建国贸易的第二大区域，全年贸易总额为 34579.0 亿元人民币，占比为 17.8%。尽管欧洲受俄乌冲突地缘政治的较大冲击，但中欧双方的较强经济互

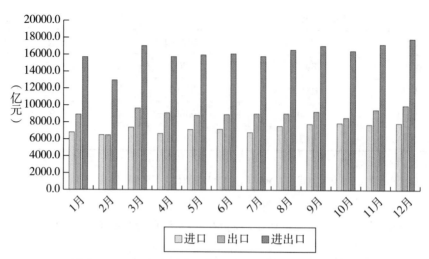

图 4 - 1　2023 年中国"一带一路"贸易月度进出口情况

资料来源：中国海关总署

补性和一系列有助于降低成本的贸易便利化措施，为双边贸易的稳定增长创造了更好条件。相比而言，中国对北美洲、南美洲、大洋洲共建国的出口总额累计 14341. 3 亿元人民币，占"一带一路"出口贸易额的 6.1%，地理距离较远、不稳定的政治局势，贸易保护主义和市场供需关系相对较弱是这一市场占比不高的原因。

从贸易平衡的角度，中国与大多数贸易伙伴存在贸易顺差或逆差，但各个区域也有不同的特点。资源禀赋、产业发展阶段和市场需求的差异是影响中国与共建国贸易平衡的主要因素。从地区分布看，2023 年，中国对亚洲共建国的贸易顺差最大，达到 10953. 9 亿元人民币。中国的工业制成品为这些国家的产业提供了大量的原材料和中间品，也满足了消费者的需求。中国对非洲、欧洲和北美洲共建国的对外贸易同样保持顺差，贸易顺差分别为 4346. 2 亿元、5618. 2 亿元和 1325. 8 亿元人民币，中国制造的产品成为这些经济体满足社会需求、稳定物价的重要因素。与之对应，中国对南美洲与大洋洲共建国的贸易是逆差，逆差额分别为 2215. 8 亿元和 500. 9 亿元人民币。共建国丰富的资源禀赋成为其拓展对华贸易的优势，伴随物流服务体系的改进，对华出口保持稳定增长。

表 4 - 2　　　　　2023 年中国对不同区域共建国进出口情况　　　单位：亿元人民币

区域	进口	出口	进出口	贸易顺差
亚洲	57372. 9	68326. 8	125699. 7	10953. 9
非洲	7680. 7	12026. 9	19707. 7	4346. 2
欧洲	14480. 4	20098. 6	34579. 0	5618. 2

续 表

区域	进口	出口	进出口	贸易顺差
北美洲	465.4	1791.2	2256.6	1325.8
南美洲	6180.1	3964.3	10144.4	-2215.8
大洋洲	1220.6	719.7	1940.3	-500.9

（二）与韩俄越马四国双边贸易额超万亿元

海关数据显示，除俄罗斯外，中国与共建国间贸易额排名前十位的国家都位于亚洲。如表4-3所示，2023年，与中国贸易额最大的共建国是韩国，双边进出口贸易额达到21847.3亿元人民币。俄罗斯多年来与中国保持紧密的贸易关系，在2023年与中国的双边贸易额达到了16918.1亿元人民币，仅次于韩国。而且，中俄进出口贸易额的增速较快，同比增幅达到了32.7%。2023年，中国与越南的进出口贸易额增速仅次于俄罗斯，进出口贸易额为16182.1亿元人民币，同比增长了4.9%。近年来，在中美贸易摩擦影响和中越双边经贸联系持续加强的大背景下，越南吸引了不少来自中国的投资。不过，也并非所有的贸易都保持增长。从表4-3中可以看出，前十位的国家中有一半出现了双边贸易额的下降。2023年，中国与韩国和菲律宾的贸易额均出现了大幅下降的趋势，同比分别下降8.7%和11.6%。

表4-3　　　　2022年和2023年中国前十大共建国进出口贸易情况

单位：亿元人民币

国家	2022年进出口贸易额	2023年进出口贸易额	同比增长±%
韩国	23921.5	21847.3	-8.7%
俄罗斯	12748.1	16918.1	32.7%
越南	15420.8	16182.1	4.9%
马来西亚	13401.5	13385.6	-0.1%
印度尼西亚	9898.5	9800.7	-1.0%
泰国	8856.8	8874.2	0.2%
新加坡	7453.5	7616.7	2.2%
沙特阿拉伯	7693.9	7531.0	-2.1%
阿联酋	6584.7	6679.0	1.4%
菲律宾	5710.9	5049.9	-11.6%

资料来源：中国海关总署

三、2023 年中国与共建国贸易商品结构明显

伴随经济产业的持续发展，中国进出口商品呈现出明显的结构性特点。2023 年，中国主要出口商品品类为技术密集型产品，主要进口商品品类为资源型产品。

（一）技术密集型产品成为出口导向

2023 年中国对共建国出口的前十大类商品中，电气设备、音频和视频设备及其零件、附件出口金额高达 63070.3 亿元人民币，占前十大出口产品的 39.5%。相对完整的工业体系、质量控制和产能保障使得相关商品获得了共建国市场的青睐。韩国、越南和马来西亚为中国出口该品类最多的国家，全年出口额为 3225.8 亿元、3215.3 亿元和 1480.3 亿元人民币，东盟国家对该品类进口需求大。核反应堆、锅炉、机器、机械器具及零件是第二大出口产品品类，其出口贸易额为 35898.5 亿元人民币，占前十大出口产品的 22.5%。其中，俄罗斯、韩国和越南是中国出口该品类的前三大国家，出口额分别为 1777.4 亿元、1049.4 亿元和 1025.3 亿元人民币。车辆及其零件、附件出口额为 13556.9 亿元人民币，占比 8.5%。针织或钩编的服装及衣着附件、有机化学品和非针织或非钩编的服装及衣着附件为前十大出口产品贸易额最小的三个品类，其出口贸易额分别为 5798.0 亿元、5468.8 亿元和 4939.7 亿元人民币，占比为 3.6%、3.4%

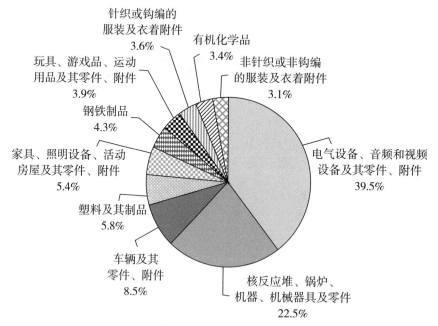

图 4 - 2　2023 年中国与共建国贸易主要商品出口占比情况

资料来源：中国海关总署

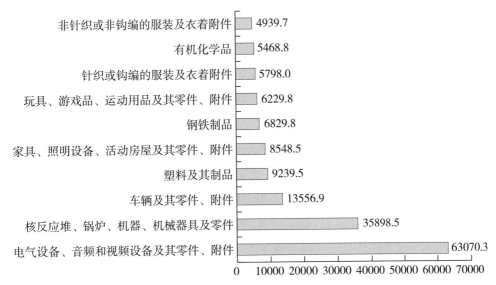

图4-3　2023年中国与共建国贸易主要商品出口情况（单位：亿元人民币）

资料来源：中国海关总署

和3.1%，出口优势并不明显。可见，中国对共建国前三大出口品类均为技术密集型产品品类，展现出中国在全球贸易网络中的比较优势。

（二）电气设备和资源型产品是进口的主要品类

从进口来看，2023年，电气设备、音频和视频设备及其零件、附件品类进口金额高达38631.5亿元人民币，占十大进口产品的28.1%。其中，韩国是中国进口该品类最大的国家，进口额为6163.5亿元人民币。矿物燃料、矿物油及其蒸馏产品是第二大出口产品品类，其进口贸易额为36275.9亿元人民币，占前十大进口产品的26.4%，较第一进口品类低1.7个百分点。俄罗斯、沙特和马来西亚这三个国家是中国进口矿物燃油、矿物油及其蒸馏产品最多的来源国，进口额分别为6674.3亿元、3862.9亿元和3235.6亿元人民币。矿砂、矿渣及矿灰品类的进口贸易额为16721.9亿元人民币，占前十大进口产品的12.2%。澳大利亚、巴西和秘鲁是主要的进口来源国，2023年的进口额分别为6330.0亿元、2111.0亿元和1521.7亿元人民币。矿物燃料、矿物油及其蒸馏产品和矿砂、矿渣及矿灰这两种资源型产品在中国从共建国前十大进口产品品类中的占比达到38.6%。含油子仁及果实、工业用或药用植物、稻草、秸秆及饲料，铜及其制品和塑料及其制品为前十大进口产品贸易额最小的三个品类，其出口贸易额分别为4827.1亿元、4414.8亿元和4357.1亿元人民币，占比分别为3.5%、3.2%和3.2%。

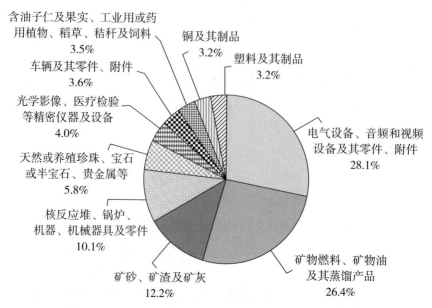

图 4 – 4　2023 年中国与共建国贸易主要商品进口占比情况

资料来源：中国海关总署

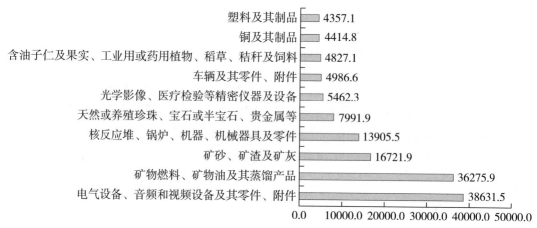

图 4 – 5　2023 年中国与共建国贸易主要商品进口情况（单位：亿元人民币）

资料来源：中国海关总署

四、评价与展望

2023 年，中国调整了新冠疫情防控政策，全球都在艰难地从外部冲击中复苏，经济面临着海外高通胀、需求收缩、供应链重组、地缘政治紧张以及贸易摩擦等一系列不确定因素。与全球经济的表现不佳相比，中国的进出口贸易额和与共建国的贸易额均保持了小幅增长，说明了中国对外贸易的韧性和在全球贸易体系的重要地位。共建国是中国对外贸易的重要合作伙伴，双边贸易在规模和质量上保持改善。2023 年，中国对共建国主要商品出口品类为技术密集型商品，而主要进口品类为矿产等资源型商品，中国的科技实力正在不断增强，中国制造已获得全球各地的认可，资源出口国也通过对中国的出口获得更多的发展收益。

展望 2024 年，在各方的协同与努力下，中国与共建国之间的贸易有望继续保持稳定增长。经济复苏的挑战依旧巨大，共建国的经济尚未复苏，市场需求持续低迷。根据世界银行发布的《全球经济展望》，2024 年全球预期增速仅为 2.4%，发展中经济体的预计增长 3.9%，均低于过去十年的平均水平。一些国家的经济状况甚至可能比 2019 年新冠疫情暴发前更为严峻。地缘政治紧张局势愈演愈烈，从俄乌冲突到中东的多个热点，显著增加了国际贸易活动的成本。贸易保护主义的抬头、全球产业链供应链的重构以及各国贸易政策的变动，都在不同程度上对国际贸易带来挑战，而共建国受到的外部风险冲击也直接影响了其开展国际贸易的意愿与能力。

尽管面临种种不确定性，但中国与共建国之间的贸易仍有不少积极因素。基础设施建设合作的深化、经贸合作协议的签订以及可持续发展和绿色贸易的推进，都为中国与共建国贸易提供了正面影响。技术创新，如电子商务、在线支付和物联网的应用，也有利于共建国贸易可实现程度和贸易效率的提升。新的全球经济格局对国际贸易提出新的要求，技术进步为这种变化提供了支持。企业需要不断寻找新的贸易伙伴，优化可贸易商品结构，提升商品的附加值。中国积极推进经济的高质量发展，产业结构优化和转型，特别是向高科技和高附加值产业的升级，也将对中国与共建国的贸易产生深远的影响。

发展国际贸易不能坐等需求复苏，而是应该促进积极因素发挥更大作用、降低负面因素的影响，这需要中国与共建国共同行动。对于中国与共建国双边贸易中的重要商品，应做到稳定贸易环境、用好贸易便利化措施，保持供应链的韧性，使得相关方可以从贸易中获得稳定的回报。共建国的贸易网络在互联互通的推动下也有持续优化的空间，区域网络整合有利于有效提高要素资源使用效率，促进贸易结构稳定可持续。结合共建国经济社会发展需求和目标，以国际贸易为依托，强化优势、扭转弱势、降低物流成本、提升社会福利，各方将得以更好地从国际贸易中获得更大发展利益。鼓励贸易创新，提高贸易网络效率，减少贸易活动对环境的负面影响。用好技术创新，发挥市场在配置资源中的决定性作用，为市场需求的有效满足创造更好的条件。

第五章　以"新质生产力"驱动开放发展新高地建设

全国政协委员、河北陆港集团董事长、陆港分会轮值会长　刘瑞领

习近平总书记指出："发展新质生产力是推动高质量发展的内在要求和重要着力点。"随着全球化进程和国际贸易发展，国际陆港逐渐成为配置国际资源、聚集临港产业和扩大对外开放的重要平台，也成为新质生产力赋能的主要领域和发展的重要载体，通过资源要素集聚、构建产业生态、优化产业空间，为畅通国内国际双循环提供强大支撑，夯实我国在全球国际贸易版图中的强劲实力。

近年来，石家庄国际陆港围绕发展新质生产力，取得了长足进步，先后获批国家一级铁路物流基地、陆港型国家物流枢纽、国家多式联运示范工程、国家综合货运枢纽补链强链项目、二手车出口业务地区，已成为京津冀地区最大的国际陆港，中欧班列开行量连年增长，稳居京津冀第一，在更好服务京津冀协同发展和抓好支持高质量共建"一带一路"八项行动落实落地中发挥出重要作用。

当前，石家庄国际陆港从产业实际出发，用新质生产力赋能，在优化产业布局、深化数智融合等方面强化发力，稳健运行中欧班列、提升园区基础设施、招引培育临港产业，发挥多重叠加的国家级平台资源优势，全力创建京津冀中欧班列集结中心，做足枢纽经济大文章，探索出一条"畅通道、强口岸、建枢纽、促贸易、聚产业"的发展路径，打造对外开放新高地，争做河北建设全国现代商贸物流重要基地的样板，展现河北高水平对外开放的崭新姿态。

一、下好"先手棋"优化布局，赋能临港产业发展

新质生产力的主要载体在产业。物流是实体经济的"筋络"，连接生产和消费、内贸和外贸，是现代化产业体系的重要组成部分。石家庄国际陆港始终秉承"产业报国践行者"的初心使命，立足本地资源禀赋、产业基础，高标准建设、高质量发展，在做强班列运营、做大口岸经济、培育临港产业等方面下功夫，实现产业规模扩大、产业结构升级，构建起临港适铁产业生态圈。

坚持规划引领。建设发展石家庄国际陆港是河北省融入国家"一带一路"倡议、落实京津冀协同发展战略、打造全国现代商贸物流重要基地的具体实践。在建设的理念上，全面贯彻新发展理念，坚持高质量发展要求，通过前瞻性、引领性的规划设计，筹划好陆港发展目标及路径，努力创造新时代高质量发展的标杆。石家庄国际陆港聘请一流规划研究机构高标准完成《石家庄国际陆港发展规划（2022—2035）》，规划建设陆港核心区、临港产业区和产城融合区。目前已在核心区建成 6 条铁路专用线、35 万平方米标准化仓库、26 万平方米汽车中转基地、2 万平方米国际集装箱服务中心、10 万平方米集装箱堆场，场站作业能力位居京津冀首位、全国前列，成为京津冀地区最大的国际陆港，形成与北京空港、天津海港错位发展、互补发展的京津冀港口集群陆港"第三极"。

夯实发展根基。中欧班列通道优势是国际陆港发展的基础。石家庄国际陆港是京津冀地区唯一常态化开行中欧班列的国际陆港，依托京广铁路，融入全国"八纵八横"铁路网，与西部陆海大通道、陆桥通道、沿江通道相连通，东接海上丝路、西连陆上丝路、南向 RCEP（《区域全面经济伙伴关系协定》）、北上中蒙俄经济走廊，成为坐拥亚欧大陆桥东、中、西通道的"一带一路"重要节点，构建起"四向八通道"陆港出境网络，联通 8 个出境口岸，运行的 17 条国际线路覆盖欧洲、中亚和东盟 50 多个国家和地区。特别是在京津冀地区，重点开行"＋石欧"班列，为"冀货出海"提供了高效便捷的物流通道服务。中欧班列开行量稳居京津冀第一，是近年来全国常态化开行中欧班列增长最快的国际陆港，去回程班列实现均衡发展，班列重箱率始终保持100%。海铁班列通达全球各大港口，实现"陆丝"与"海丝"无缝衔接，共同形成联通全国、辐射亚欧、陆海互济的国际物流大通道。

拓展口岸空间。石家庄国际陆港根据产业定位、目标市场，积极完善各类口岸功能，全力创建中欧班列集结中心，夯实向国际一流陆港迈进的关键基础，推动由"通道经济"向"口岸经济""产业经济"转型，在服务和融入新发展格局中厚积成势。进境粮食指定监管场地和保税物流中心（B 型）成功获批，可实现内陆集疏运、仓储、保税、通关、港口服务等多环节于一体，形成规模化、全链条、高效运营的功能口岸经济体系。获批国家二手车出口业务地区，开行商品车出口专列和二手车出口专列，带动新能源汽车、光伏组件等外贸"新三样"出口，成为拉动经济发展的新增长极。积极申报自由贸易试验区联动创新区，推动与自由贸易区的政策联动、产业联动、人才联动和创新联动。

培育产业新局。石家庄国际陆港明确以现代物流、国际贸易和适铁临港产业为主导发展方向，吸引优质企业和项目入驻陆港，推动陆港产业向更高层次、更宽领域发展，形成产业集群，带动区域经济发展。目前，依托完善的仓储物流设施体系，与中远海运建设纯碱期货交割库，纯碱仓储年周转量超过80万吨；与中铁特货建设汽车中转基地，年度中转商品车超过8万辆。依托粮食指定监管场地和保税物流中心功能优势，延伸拓展粮油饲料、跨境电商、大宗商品贸易等上下游产业集聚配套，增强国际陆港产业集聚效应，逐步构建起临港产业生态圈。目前，在陆港内累计注册市场贸易主体近100家。

二、打好"协同战"合作提效，加速融入双循环格局

发展新质生产力，重要内容之一就是要推动产业链供应链优化升级。石家庄国际陆港围绕产业链供应链优化提升，延伸物流服务，深化产业链上下游企业紧密衔接和深度融合，推动资源要素优化配置和高效利用，形成优势互补、共赢发展的经济布局，为陆港发展创造更多机遇，带来更大发展空间，全面提升石家庄国际陆港影响力。

加强区域紧密协作。主动服务和融入京津冀协同发展战略，助力区域经济高质量发展。京津冀区域产业基础雄厚、对外贸易发达、物流需求旺盛，石家庄国际陆港发挥物流通道优势与周边产业优势相结合，与北京、天津和河北省各设区市紧密合作，合作开行"＋石欧"线路。与中国－中东欧（沧州）中小企业合作区等外贸产业基地、107个特色产业集群对接合作，协同货源组织，开行跨境电商专列、光伏专列、中东欧班列等，带动京津冀区域特色产业汽车配件、机械设备、轴承、丝网、医药等高附加值的特色优质产品加速走向海外。这些合作，不仅推动了京津冀区域的物流一体化进程，增强了国际陆港区域集结效应，拓展了中欧班列稳定货源，也有效降低了物流成本，增强产业核心竞争力，提高经济运行效率，在为实体经济运行"舒筋活络"，促进经济运行循环更顺畅的过程中发挥出重要作用。

积极拓展海外市场。以"一带一路"共建国家和《区域全面经济伙伴关系协定》（RCEP）成员国为重点，加快布局海外仓。石家庄国际陆港在俄罗斯、中东欧、中亚和东盟等地布局海外仓，与俄罗斯、白俄罗斯、匈牙利、越南、马来西亚等国家的知名企业缔结合作伙伴关系，在铁路运输、货源组织、跨境贸易等领域加强合作，开展大宗品类进口、特色产业出口、实现运贸一体。通过合作，石家庄国际陆港在国际物流通道拓展、班列开行频次加密等方面取得了显著成效，不仅为石家庄国际陆港带来了更多的货源和物流需求，也增强了石家庄国际陆港在国内外市场中的资源配置能力，推动了河北高水平对外开放，为区域经济发展注入了新的活力。

推动业务创新合作。石家庄国际陆港加强与海关、铁路和船公司等业务部门合作，提升通关效率，降低企业成本，进一步优化营商环境。利用已建成的海关监管场地，实现了"一体化报关""属地报关"。运用"铁路快通"新模式，实现了"一次申报、全程无忧"，整体运行时间缩短了1.5天，每列节省费用1万元左右，通关便利化水平

显著提高。与沿海港口合作，同黄骅港、青岛港、北部湾港等港口建立海铁联运机制，开启了海铁联运全程单物流新模式，实现了"一单到底"。与马士基、地中海航运、法国达飞、中远海运、赫伯罗特等世界前十的海运公司合作，成为航运公司在河北内陆的起运港和提还箱点，搭建通往全球的海运贸易线，海铁联运"主通道"地位更加凸显。

三、构建"信息网"数字赋能，推动提升陆港竞争力

随着石家庄国际陆港建设发展的不断加速推进，港区地域范围广、生产要素集聚、生产场景复杂，通过新质生产力赋能枢纽建设，促进数据、信息、技术等要素高效应用，构建多式联运数字信息化平台，以数字化、智能化升级提升陆港的运营效率，实现更高质量发展显得尤为必要。

数字技术融合赋能。为顺应数智化和低碳化融合发展的新趋势，石家庄国际陆港积极推进"数字陆港"建设。目前，石家庄国际陆港引进装备有 T - BOX 智能车载终端的新能源牵引车，一方面推广新能源交通装备、践行绿色低碳运输方式，另一方面谋划通过车联网技术应用，建设网络货运平台，实现车辆远程控制和信息互联互通，提升陆港运输效率和服务质量。同时，石家庄国际陆港积极关注物联网、云计算、AI 等新一代信息技术，建设集装箱管理系统、运输管理系统、智能化仓储功能、数据传输系统，全面提升陆港运营效率效益和智能化统筹决策水平，打造数字陆港和数字班列，布局新的竞争力。

建立互联数智平台。促进多式联运数字化发展，需要筑牢数字基础设施的"底座基石"，而建立智能化平台是关键一招，推动信息互联互通高效共享。河北陆港集团提出"四化一协同一共享"数智平台建设目标——"四化"是指物流数智化、服务信息化、监管可视化、市场数据化；"一协同"是指在整个多联环节中信息化协同水平，提高联运的协同效率以及物流的运转效率；"一共享"则是指信息共享，打通各个部门、各个企业的业务系统，实现数据的互联互通。由此，实现公路、铁路和海港各单位高效协同，不仅成为多式联运信息物流服务的平台，也成为生态效益提升、聚合共创的平台和陆港多式联运产业数智化平台。

构建数字化产业生态。大数据、人工智能等技术的发展和应用，不仅推动了劳动工具数字化，更深刻优化了生产方式和生产关系，不断催生着新业态、新模式，创造发展新空间、开拓产业新赛道。发挥多式联运数智化平台作用，将融入、引领、带动当地数字化的基础设施建设，不仅可以降低当地企业数字化建设成本，还可以使其享受到加入数智生态系统带来的效率提升和模式创新。通过"生态产业体系"，带动其他物流企业、供应链企业、制造类企业、仓储类企业和电商企业融入"陆港信任产业链

体系"，不仅可以提升当地物流业产值，还能提升相关生态伙伴业务空间。发挥商品信用作用，协同相关外部资源，通过"M×1×N"业务模式，推进弱核化、数智化、生态化的供应链金融发展，助力政策落地落实，有效为金融机构控制风险、为客户降低融资成本，实现行业价值和社会价值同步提升。

开放的石家庄正加速驰骋，国际陆港高质量发展战鼓已擂响。石家庄国际陆港"攀高"目标明确，"逐新"步伐坚实，全力创建中欧班列集结中心，加快陆港型国家物流枢纽建设，推进国家综合货运枢纽补链强链，以新质生产力推动陆港产业生态的数字化提质焕新，为河北乃至京津冀高水平对外开放作出积极贡献。

第二篇

陆港综述

中国陆港发展报告 2023—2024

第六章　我国陆港发展现状及未来趋势

第一节　我国陆港发展现状

一、2021 至 2023 年陆港发展现状

自 2019 年启动国家物流枢纽建设以来，截至 2023 年，陆港型国家物流枢纽入选数量已达 33 个，是所有国家物流枢纽中入选数量最多的类型，为各地陆港的发展提供持续稳定的政策支持，如表 6 - 1 所示。2021 年至 2023 年，陆港型国家物流枢纽建设呈现平稳向上发展态势，全国共有 20 个城市的陆港园区入选陆港型国家物流枢纽，覆盖华北地区、东北地区、华东地区、华中地区、西南地区、西北地区的 16 个省区市，占陆港型国家物流枢纽承载城市比例为 48.8%，为加快建设"通道＋枢纽＋网络"的现代物流运行体系，支撑构建新发展格局奠定了坚实基础。

表 6 - 1　　　　　　　　陆港型国家物流枢纽入选情况

区域	省份	2021—2023 年入选陆港型国家物流枢纽	2019—2020 年入选陆港型国家物流枢纽
华北地区	河北省	石家庄陆港型国家物流枢纽	—
	山西省	大同陆港型国家物流枢纽、临汾陆港型国家物流枢纽	太原陆港型（生产服务型）国家物流枢纽
	内蒙古自治区	呼和浩特陆港型国家物流枢纽	乌兰察布—二连浩特陆港型（陆上边境口岸型）国家物流枢纽
东北地区	吉林省	长春陆港型国家物流枢纽	—
	黑龙江省	哈尔滨生产服务型（陆港型）国家物流枢纽	—

续　表

区域	省份	2021—2023 年 入选陆港型国家物流枢纽	2019—2020 年 入选陆港型国家物流枢纽
华东 地区	江苏省	徐州陆港型国家物流枢纽	—
	安徽省	合肥陆港型国家物流枢纽	—
	江西省	南昌陆港型国家物流枢纽、鹰潭 陆港型国家物流枢纽	—
	山东省	潍坊陆港型国家物流枢纽	—
华中 地区	河南省	郑州陆港型国家物流枢纽、安阳 陆港型国家物流枢纽	—
	湖北省	武汉陆港型国家物流枢纽	—
	湖南省	衡阳陆港型国家物流枢纽	长沙陆港型国家物流枢纽
华南 地区	广西壮族自治区	—	南宁陆港型国家物流枢纽
西南 地区	重庆市	—	重庆陆港型国家物流枢纽
	四川省	—	成都陆港型国家物流枢纽、遂宁陆 港型国家物流枢纽
	贵州省	—	贵阳陆港型国家物流枢纽
	云南省	昆明 – 磨憨陆港型（陆上边境口 岸型）国家物流枢纽	—
	西藏自治区	拉萨陆港型国家物流枢纽	—
西北 地区	陕西省	—	西安陆港型国家物流枢纽、延安陆 港型国家物流枢纽
	甘肃省	酒泉陆港型国家物流枢纽	兰州陆港型国家物流枢纽
	青海省	—	格尔木陆港型国家物流枢纽
	新疆维吾尔 自治区	哈密陆港型国家物流枢纽、库尔 勒陆港型国家物流枢纽	乌鲁木齐陆港型国家物流枢纽
合计数量（个）		20	13

2021 年至 2023 年，在双循环新发展格局的引领和各项政策的支持下，我国各地政府克服新冠疫情等多方面困难，持续推进陆港建设。其中有 9 个陆港的投入运营最为典型，华南地区数量最多，有 4 个陆港投入运营，集中在广东佛山与梅州，以及广西柳州与桂林等地；其次是华中地区，共有 3 个陆港投入运营，集中在湖南长沙、郴州

与怀化等地；西南地区与华东地区也有一定的发展，各有 1 个陆港投入运营，分别位于贵州省贵阳与江西省鹰潭。

从政策资源来看，上述新建成陆港普遍具备国家级政策资源的配置优势，如表 6 – 2 所示。位于国家物流枢纽承载城市的陆港共有 7 个，其城市的枢纽定位涵盖了陆港型、生产服务型和商贸服务型三种类型。其中，位于生产服务型国家物流枢纽承载城市的陆港最多，共有 5 个；位于国家物流枢纽承载城市同时又归属国家物流枢纽建设工程的陆港，共有 4 个。归属生产服务型国家物流枢纽建设工程的陆港和归属陆港型国家物流枢纽建设工程的陆港各占 50%。

表 6 – 2　　　　　　　　新投用陆港及所在城市的物流枢纽定位

陆港名称	所在城市的物流枢纽定位	归属国家物流枢纽的定位
佛山国际陆港	生产服务型国家物流枢纽承载城市	生产服务型国家物流枢纽
贵阳国际陆港	陆港型国家物流枢纽承载城市、空港型国家物流枢纽承载城市、生产服务型国家物流枢纽承载城市、商贸服务型国家物流枢纽承载城市	陆港型国家物流枢纽
郴州国际陆港	生产服务型国家物流枢纽承载城市	—
鹰潭国际陆港	陆港型国家物流枢纽承载城市	—
怀化国际陆港	商贸服务型国家物流枢纽承载城市	—
中南国际陆港集装箱拼箱基地	陆港型国家物流枢纽承载城市、空港型国家物流枢纽承载城市、生产服务型国家物流枢纽承载城市、商贸服务型国家物流枢纽承载城市	陆港型国家物流枢纽
梅州国际无水港	—	—
柳州铁路港	陆港型国家物流枢纽承载城市、生产服务型国家物流枢纽承载城市	生产服务型国家物流枢纽
桂林苏桥无水港	—	—

从陆运通道资源及其利用情况来看，上述新建成陆港区位优势显著，积极发挥了国际、国内物流大通道的辐射带动作用，推动开展了各类班列业务，如表 6 – 3 所示。

在陆运通道资源方面，华中地区建成的陆港可依托的陆运通道资源最为丰富，其国际物流通道资源集中在中欧国际班列中部通道、中老国际铁路通道和中越国际铁路通道，其国内物流通道资源涵盖了西部陆海新通道、京港澳（台）物流大通道和沪昆物流大通道；中欧国际班列西部通道是辐射新建成陆港数量最多的国际通道，对华东地区、华南地区与西南地区的 3 个陆港都有辐射作用；西部陆海新通道是辐射新建陆港数量最多的国内通道，辐射范围涵盖华中地区、华南地区与西南地区的 4 个陆港。

表 6 – 3　　　　　　　　新建成陆港的陆运通道资源及开行班列

区域	陆港名称	陆运通道资源	开行班列
华东地区	鹰潭国际陆港	中欧国际班列西部通道、沪昆物流大通道	中欧班列
华中地区	郴州国际陆港	中欧国际班列中部通道、京港澳（台）物流大通道	中欧班列、湘粤非铁海联运班列
华中地区	怀化国际陆港	京港澳（台）物流大通道、中老国际铁路通道、中越国际铁路通道、西部陆海新通道	中老班列、中越班列、西部陆海新通道海铁联运班列
华中地区	中南国际陆港集装箱拼箱基地	沪昆物流大通道、京港澳（台）物流大通道、中欧国际班列中部通道	中欧班列
华南地区	佛山国际陆港	—	—
华南地区	梅州国际无水港	南北沿海物流大通道	—
华南地区	柳州铁路港	中欧国际班列西部通道、西部陆海新通道、中越国际铁路通道	中欧班列、中越班列、西部陆海新通道海铁联运班列
华南地区	桂林苏桥无水港	西部陆海新通道	—
西南地区	贵阳国际陆港	西部陆海新通道、中欧国际班列西部通道、中老国际铁路通道	中欧班列、中老班列、西部陆海新通道海铁联运班列、黔粤班列

　　在通道运输产品方面，具备陆路通道资源的 8 个陆港中，除了定位相邻港口内陆无水港的两个陆港，其余的 6 个陆港均开通运营了国际班列或国内班列。其中，国际班列涵盖了中欧班列、中老班列以及海铁联运班列等四个类型。中欧班列是国际班列中开通最多的类型，对应了 5 个陆港，分布在贵州省、湖南省、江西省以及广西壮族自治区四省（自治区）；海铁联运班列也是近期班列业务的热点，包括西部陆海新通道海铁联运班列和湘粤非铁海联运班列，对应了 4 个陆港，集中在贵州省、湖南省以及广西壮族自治区三省（自治区）。从开行班列的陆港来看，开行了两个以上类型班列的陆港居多，共有 4 个；贵阳国际陆港开通的国际班列最多，不仅包括中欧班列、中老班列与西部陆海新通道海铁联运班列等 3 类国际班列，还包括黔粤班列这一国内班列。

　　从陆港功能上看，上述新建陆港普遍具备保税功能，部分陆港还具备较高等级的保税资源，比如综合保税区和保税物流中心（B型）。新建陆港在仓储、货物集拼中转等传统业务的基础上，推动开展了国际多式联运、跨境电商平台、国际商贸服务、国际快件监管和冷链物流等外向型业务，如图6-1所示。其中，国际多式联运、跨境电商平台与班列服务这三类服务受到高度重视，开展这三项业务的陆港分别有7个、6个和6个。

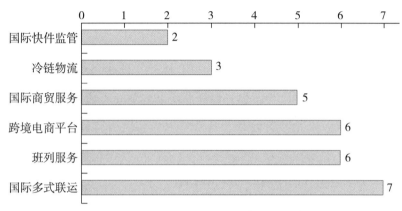

图6-1　新建成陆港外向型业务的开展情况

二、陆港运营组织新特点

近年来，在持续对外开放的政策环境支持下，我国陆港发展迅速。从"通道＋枢纽＋网络"的现代物流体系的发展方向来看，我国陆港持续推动基础设施建设、功能体系完善、信息化提升和产业吸引，取得了显著成效，基本形成了对区域有明显辐射带动作用的枢纽经济，开始向综合网络阶段进行探索。

总体而言，2021年至2023年，我国陆港运营组织方面呈现出以下新特点。

（一）经贸合作深化，带来国际陆港发展新机遇

政府强化顶层设计，引领经贸合作新格局，提供陆港发展新机遇。党的二十大报告把"推动共建'一带一路'高质量发展"作为"推进高水平对外开放"的重要内容，我国与"一带一路"共建国家经贸合作的持续深化，将为国际陆港带来发展新机遇。2023年5月19日，习近平总书记在中国-中亚峰会上提出要深化我国与中亚国家间的互联互通，明确我国将在跨境运输过货量提升，里海国际运输走廊建设，公路、铁路、口岸、中欧班列集结中心、中亚海外仓建设等基础设施通过能力提升与项目建设、综合数字服务平台构建等方面与中亚各国深化合作，共建合作共赢、相互成就的共同体。2022年，习近平总书记视察乌鲁木齐国际陆港区，强调要把新疆的区域性开

放战略纳入国家向西开放的总体布局中，加快建设对外开放大通道，更好利用国际国内两个市场、两种资源。2022年1月，《区域全面经济伙伴关系协定》正式生效，标志着全球人口最多、经贸规模最大、最具发展潜力的自由贸易区进入全面实施的新阶段，将助力我国推进高水平对外开放，支撑扩大货物贸易，带动相应的服务贸易和投资开放，促进贸易便利化和营商环境改善。

交通运输部数据显示，截至2023年9月，我国已与21个国家开展了国际道路运输合作，共签署17个双边、5个多边国际道路运输协定，建立了21个双边、多边事务级会谈机制，有68个口岸开通国际道路运输业务；中欧班列已被"一带一路"共建国家广泛接纳和使用，通达欧洲25个国家的218个城市，截至2023年9月底，累计开行超过7.8万列，运输超过740万标箱。构建起了全天候、大运量、绿色低碳、畅通安全的亚欧物流新通道，让内陆地区变成开放前沿，中国市场与世界市场的联系更加紧密。

（二）多方聚力，引导国际陆港高质量发展

行业主管部门加大政策保障，推动破除行业痛点、难点、堵点，指引国际陆港深化融入现代综合交通运输体系的发展新方向。各部委从国家物流枢纽与国际大通道、商贸流通体系、对外贸易投资便利化、运输结构调整、服务创新等方面，出台了政策体系框架，助力发挥国际陆港对内陆地区深度融入共建"一带一路"大格局的支撑作用。2023年8月，交通运输部等八部门联合印发《关于加快推进多式联运"一单制""一箱制"发展的意见》，提出要加快推进多式联运"一单制""一箱制"发展，引导陆港运营方、各运输方式承运人、货运代理人在内的货运市场主体推广应用"托运人一次委托、费用一次结算、货物一次保险、多式联运经营人全程负责的'一单制'服务模式"和"集装箱运输'不换箱、不开箱、一箱到底'的'一箱制'服务模式"。

行业协会牵头标准化建设，组织各类行业主体共研共商，谋划行业规范化发展新阶段。近年来，中国开发区协会陆港分会联合行业智库、市场经营主体和服务对象群体，聚焦行业发展实际，在对陆港发展现状、需求和发展方向进行大量实地调研与分析研究的基础上，牵头编制了《陆港分类与评估指标》团体标准，该团体标准于2023年10月17日对外发布，支撑了行业健康、有序、可持续发展。

（三）服务融合，助力国际陆港保障产业链供应链畅通

近年来，以陆港型国家物流枢纽为代表的国际陆港呈现出物流枢纽服务与生产服务逐步融合的趋势。当前，部分陆港型国家物流枢纽在传统"干—支—配—仓"一体化物流枢纽服务模式的基础上，进行功能体系升级，探索将服务链条向企业生产端延

伸，开展了库存管理、生产物流和仓配一体化等生产服务功能，形成了推动产业链与供应链协同发展的融合型服务体系。在此过程中，陆港服务链对承载城市乃至区域产业的吸引力进一步加强，吸引生产制造产业在港内或临港区域集聚，并通过网络化服务，推动区域内企业进行供应链布局调整和流通渠道扩展，进而带动产业链重塑与规模化扩张，打造形成具有一定国际竞争力的产业集群。

成都国际铁路港是成都中欧班列集结中心示范工程的主要承载地，依托以自由贸易试验区、国家多式联运海关监管中心、汽车整车进口口岸、进境肉类指定监管场地、进境粮食指定监管场地等对外开放口岸为核心的物流枢纽资源优势，形成了以整车贸易、跨境电商等为特色的进口贸易产业集群，形成了动力电池、新材料、高端轴承等产业的先进制造业产业集聚高地。

（四）区关合作，推动国际陆港服务提质增效

2021 年以来，我国相继颁布了《关于印发〈商贸物流高质量发展专项行动计划（2021—2025 年）〉的通知》《关于印发长三角国际一流营商环境建设三年行动方案的通知》等政策文件，围绕跨境通关便利化，相继提出深入推进口岸通关一体化改革，推进"铁路进出境快速通关业务模式""两步申报""提前申报"、长三角区域内直属海关一体协同工作机制、"单一窗口"服务功能全链条拓展等便利化措施，推介口岸提质增效好经验好做法，促进各口岸和地方互学互鉴，提高通关效率。各地陆港利用政策窗口期，积极协调地方海关，探索便捷高效的通关模式。

贵阳国际陆港在当地政府协调下，联合贵阳海关和异地海关探索通关便利化措施，取得了显著成效：成为全省首个在综合保税区（贵阳综保区）内设立海关监管作业场所；合作建立"监管互认、极速通关"模式，实现陆港"一次查验、全国放行"，压缩企业通关时间达 40% 以上；支持在海关监管作业场所开展组货业务和内外贸货物混编运输，小批量货物企业可"集拼集运"，节约企业运输成本多达 70% 以上；贵阳海关还与广州海关强化跨关区、跨省合作，率先探索推出"内陆 – 港口"联动通关模式，无须重复报关。在怀化，怀化海关相继与广西钦州港、凭祥以及云南勐腊等海关分别签订了合作协议，开展"四关如一关"通关新模式。加强了怀化与云、桂边境海关的合作，推进怀化国际陆港开行中老、中越等跨境班列，进一步发挥其西部陆海新通道东线主通道上中部省份唯一节点城市的优势。

（五）陆海联动，引导国际陆港网络化发展

以往由于普遍距离海港较远，我国大多数陆港与欧洲之间的大宗物资运输主要通过点对点的国际班列来完成。这种单一化的运输组织方式，使得各个陆港独立运行，

相互之间的经济联系和协作很少，甚至往往为了抢夺货源还会出现竞相压价的现象，缺乏信息等资源要素共享的动力机制，制约了各要素的充分整合与高效利用。当前，在中欧班列西中东三大通道、西部陆海新通道、中吉乌通道等国际物流大通道的推动下，中西部陆港大力推动铁海联运班列，新开辟启运"陆港－沿海港口－国外目的地港"的南向或东向国际物流新通道，形成海陆双向物流网络，打造对外开放新格局。这种多元化、网络化的物流网络，能够通过规模效益和最优物流线路组合大幅降低陆港的物流成本，同时在业务驱动下刺激陆港与陆港、陆港与海港间组建通道发展合作联盟，促使海陆双向资源要素的优化分配和有效整合，更有益于陆港整体的可持续发展。

郴州国际陆港通过"郴长欧"中欧班列与湘粤非铁海联运班列分别形成了西向物流通道与南向物流通道，畅通与欧洲、东盟、非洲等地的贸易往来，打通郴州买卖全球有色金属市场的国际物流网络，为打造成为国际有色金属集散交易中心提供有力保障。

（六）海外仓建设，推动国际陆港嵌入全球价值链

近年来，海外仓作为跨境电商的重要境外节点，对我国跨境电商这一外贸新业态的发展有着至关重要的作用，受到越来越多的重视。2021 年以来，国务院和商务部等部门相继出台了《关于加快发展外贸新业态新模式的意见》《关于促进内外贸一体化发展的意见》等政策文件，达 15 个以上，明确提出要完善跨境电商发展支持政策，支持跨境电商海外仓发展，提升专业化、规模化、智能化水平，进一步发挥对跨境电商的带动作用，助力外贸保稳提质。2023 年，商务部发布《中国商贸物流发展报告（2022年）》，指出 2022 年我国跨境电商快速发展，海外仓建设扎实推进，建设运营海外仓超过 2400 个，面积超过 2500 万平方米。海外仓解决了国际物流国外段的服务问题，将陆港国际物流服务链延伸到国外段的供应链管理服务和物流仓配配送服务，减少跨境运输环节中的中间环节和费用，可以更快地将商品送达消费者手中，缩短交货时间，提高陆港跨境电商物流服务的国际竞争力。

目前，郴州、武威、霍尔果斯、成都、莆田、重庆、石家庄、怀化、兰州等地国际陆港在建或投用了海外仓，为本地跨境电商的发展提供了有力支撑。

第二节　陆港发展存在的主要问题及未来发展趋势

近年来，我国陆港围绕高水平建设与高质量运营做了大量探索工作，围绕"通道＋枢纽＋网络"的现代物流体系，打造对外开放平台，提升各地的跨境物流能力，助力外向型经济嵌入全球产业体系。

一、陆港发展存在的主要问题

整体上，我国陆港仍处在理论与实践的探索阶段，针对推动更高水平地对外开放与更深度融入全球经济的要求，仍存在以下问题。

（一）陆港运营体系不协调制约了整体作业效率的提升

从对外通道的实际运营情况来看，各大通道干线运输的效率基本持平，陆港作为通道节点的作业效率往往是影响跨境物流整体效率的关键要素。近年来，各大陆港围绕提升整体效率，在基础设施设备、信息化与服务模式创新等方面开展了一系列工作，但是由于缺乏一体化的顶层设计，在设施设备、信息系统、业务流程等要素之间存在显著的不协调问题，未能充分发挥各要素的效能优势。一方面，线下设施设备的功能特点与线上一体化生产管理平台的"上网"要求不协调。当前，龙门吊、正面吊、闸口等广泛应用的设施设备，普遍不具备较高的物流感知能力，难以将自身定位、载运状态、作业效率等实时信息通过物联网传输到线上生产管理平台，不能支持生产调度、设备管理、应急调度等生产管理平台在场景可视化、业务管理电子化等方面的功能。另一方面，信息系统的功能与实际业务要求不协调。以陆港集装箱物流监控为例，当前已建信息系统的监控功能，仍以局部环节零散静态信息为主，而在实际业务中，需要对集装箱从闸口到出港全链条状态进行跟踪。此外，传统的业务流程与新建信息系统不协调，需要立足信息系统高效化的信息流转逻辑，对原有流程进行优化重组。

（二）多式联运网络衔接效率有待提升

目前，我国陆港均已开展了多式联运服务，成了跨境物流网络中的主要节点，但仍没有实现真正意义上的顺畅衔接。一方面，我国多式联运装备在实践中未建立统一标准，限制了各种运输工具间衔接作业的效率。上述多式联运装备不仅包括场站等基础设施和集装箱等单元化载具，还包括在联运环节配置的半挂车及相应的吊具、平车等运载单元。另一方面，多式联运过程中信息互联互通的难度仍旧很大。其中最大的影响因素，就是信息交换过程中的数据异构问题，即不同机构对于信息交换的标准和要求很可能不同，这就使得多式联运的运营方需要开发和维护符合各类标准及要求的接口，极大地增加了信息交互成本，降低了衔接效率。

（三）通关便利化体系有待完善

为了应对跨境电商等外贸新业态和企业"全球采购""大规模定制"等经营方式的演变，在各地海关等监管部门的政策支持下，我国陆港陆续享受到通关便利化的政策优势。但是，受限于起步较晚，陆港通关便利化体系仍有待完善。一是信息共享仍需破除体制机制障碍。例如，在对外贸易"单一窗口"建设方面，外贸业务涉及的监管部门仍将归管信息作为部门话语权的代表。虽然在系统对接、数据改造等技术层面已经不存在问题，但由于部门间利益难以平衡，信息共享在部分地区仍旧以涉密为由难以得到实质性推进，未能实现"单一窗口"的预期效果，企业完成外贸监管手续还需"多个窗口"。二是信息化支撑技术仍待提升。仍以"单一窗口"为例，不同于美国、新加坡等国集中研发测试和自上而下部署的过程，我国各地"单一窗口"平台存在技术水平不均衡、不稳定等缺陷，在实际操作过程中存在服务器等因素导致的申报过程缓慢甚至中断等问题。三是通关过程实货监管环节的技术支撑不足。实货监管是一线通关过程的核心，要在陆港内海关监管场所中对货物进行检查，需要兼顾便利化与安全保障。但与其工作量不匹配的是，实货监管手段全面信息化的工作进展缓慢，以电子地磅、智能卡口为代表的远程监管技术尚未广泛应用，无线射频标签技术、条码自动识别技术等物流行业的成熟技术也未完全普及，极大地降低了现场监管的作业效率。

（四）陆港供应链服务体系缺乏统筹规划

目前，部分陆港陆续推进物流枢纽功能与城市产业相关的商贸服务、生产服务等服务功能的融合，构建融合型供应链服务体系。但在实际运营中，很多陆港仍然以第三方物流的认识构建供应链服务体系，服务体系缺乏整体规划，主要存在以下两个问题：一是在服务某一类型货物或企业的单个供应链服务链条层面，各环节的服务主体仍以分散独立经营为主，缺乏协调与统筹的合作机制，未能发挥供应链的协调优势提升整体竞争力，整体上应对市场风险的能力较弱；二是供应链服务链条的组建与运营缺乏标准化体系框架，不能将已有供应链服务链的模式或过程复制、推广到其他类型货物或企业的服务场景，难以发挥供应链服务链条集群化的规模效益。这种单一化的供应链服务体系，容易导致同质化竞争格局，制约陆港难以成为基于供应链服务标准和规则的对外开放服务高地。

二、未来发展趋势

未来，我国陆港发展将呈现以下几方面的特征。

（一）设备标准化与无人化

在陆路通道能力饱和的背景下，通过设备的标准化与无人化提高生产作业效率，将是我国陆港在追求高规模与高质量阶段的重要发力点。在设备标准化方面，将围绕联运设施、单元化载具、运载单元、信息交互和运营管理，逐步建立健全跨境物流标准体系，推动陆港跨境物流向标准化、规范化、专业化发展；在设备无人化方面，将逐渐推广应用智能闸口、无人仓库、无人堆场、智慧口岸、无人机和 AGV（自动导引运输车）等物流前沿无人化集成技术，推动陆港设备的智能化、绿色化与网络化升级改造，提升陆港生产作业效率。

（二）经营数字化

随着进出口货物"轻量化""碎片化"与"快速化"的变化，跨境贸易数字化将助推陆港这一贸易网络节点的经营数字化。一方面，陆港将通过数字化体系，构建信息感知—数据收集与处理—数据融合—业务决策分析的一体化管控体系，实现陆港全域物流全流程的透明化和决策自动化，提高生产经营的速度、效率和质量，降低经营成本；另一方面，依托服务链各主体信息系统间的互联互通，陆港将通过业务协同联盟，围绕跨境货物和周转载具等核心物流要素，规范信息数据格式、信息交互管理同台及机制，以市场化手段推动业务信息在服务链上下游间协同共享。

（三）服务融合化与生态化

陆港供应链服务的融合化与生态化，是从国家政策推动、技术发展趋势与市场要求三个方面推动的发展趋势。陆港将进一步推动自身物流枢纽功能与商贸服务、生产服务等功能的融合，通过融合型服务供应链，陆港服务纵向延伸到上游生产端的生产服务，横向扩展到基于贸易数据集成资源为企业提供高端咨询和金融服务等高级增值服务，为企业个性化生产提供决策依据。与此同时，陆港将立足腹地产业的集群优势，推动形成供应链服务链条的生态体系：在单个供应链服务链条上，推动各环节服务主体的协同发展，降低交易成本，提高精细化经营水平，建立起面向某类货物或行业国际供应链服务的竞争优势；在多个供应链服务链条间，推动商务、物流、金融等方面国际服务标准、规则和约束等资源要素的共享共用，构建陆港国际化供应链服务链条的生态体系，支撑腹地外向型企业"集群化"走出去。

第三节 地方政府对陆港的政策支持

近年来，世界经历百年未有之大变局，国际经济格局正在深度调整，党中央、国务院作出重大战略决策，要加快构建以国内大循环为主体、国内国际双循环相互促进的新发展格局。2020年，《中共中央关于制定国民经济和社会发展第十四个五年规划和二〇三五年远景目标的建议》提出加快构建新发展格局，是"对'十四五'和未来更长时期我国经济发展战略、路径作出的重大调整完善"。构建新发展格局，在对外开放方面，要求推动更高水平地对外开放，更深度融入全球经济，强调要进一步扩大市场准入，加快推进贸易创新发展，推进共建"一带一路"高质量发展，推动建设开放型世界经济，推动构建人类命运共同体。2021 年 9 月，习近平总书记在参加 2021 年中国国际服务贸易交易会全球服务贸易峰会时，宣布了中国深化改革、扩大开放的新举措，强调将提高开放水平、扩大合作空间、加强服务领域规则建设。同年 11 月，习近平总书记在第四届中国国际进口博览会上，提出将构建现代物流体系，提升跨境物流能力。

2021 年至 2023 年上半年，我国政府各相关部门围绕更高水平的对外开放，从国家物流枢纽与国际大通道、商贸流通体系、对外贸易投资便利化、运输结构调整、服务创新等方面，出台了政策体系框架，为我国扩大开放提供了有力支撑。我国政府支持陆港建设的部分政策文件如表 6 - 4 所示。

表 6 - 4　　　　　　　　　中央政府支持陆港建设的部分政策文件

发布时间	发布部门	文件名称	文件号
2021 年 2 月	国务院	《国家综合立体交通网规划纲要》	—
2021 年 7 月	国家发展改革委	《国家物流枢纽网络建设实施方案（2021—2025 年)》	发改经贸〔2021〕956 号
2021 年 7 月	国务院办公厅	《关于加快发展外贸新业态新模式的意见》	国办发〔2021〕24 号
2021 年 8 月	商务部、国家发展改革委、交通运输部、海关总署等	《关于印发〈商贸物流高质量发展专项行动计划（2021—2025 年）〉的通知》	商流通函〔2021〕397 号
2021 年 9 月	国务院	《关于推进自由贸易试验区贸易投资便利化改革创新若干措施的通知》	国发〔2021〕12 号
2021 年 9 月	国家发展改革委	《关于印发〈"十四五"推进西部陆海新通道高质量建设实施方案〉的通知》	发改基础〔2021〕1197 号
2021 年 9 月	交通运输部	《关于印发〈交通运输领域新型基础设施建设行动方案（2021—2025 年)〉的通知》	交规划发〔2021〕82 号
2021 年 9 月	交通运输部	《关于印发〈基于区块链的进口集装箱电子放货平台建设指南〉的通知》	交办水函〔2021〕1525 号
2021 年 9 月	海关总署	《关于全面推广跨境电子商务零售进口退货中心仓模式的公告》	海关总署公告2021 年第 70 号

续　表

发布时间	发布部门	文件名称	文件号
2021 年 11 月	商务部	《关于印发〈"十四五"对外贸易高质量发展规划〉的通知》	—
2022 年 1 月	国务院办公厅	《推进多式联运发展优化调整运输结构工作方案（2021—2025 年)》	国办发〔2021〕54 号
2021 年 11 月	交通运输部、国家铁路局、中国民用航空局、国家邮政局、中国国家铁路集团有限公司	《现代综合交通枢纽体系"十四五"发展规划》	交规划发〔2021〕113 号
2022 年 1 月	商务部、发展改革委、工业和信息化部、人民银行、海关总署、市场监管总局	《关于高质量实施〈区域全面经济伙伴关系协定〉（RCEP）的指导意见》	商国际发〔2022〕10 号
2022 年 1 月	交通运输部	《关于印发〈绿色交通"十四五"发展规划〉的通知》	交规划发〔2021〕104 号
2022 年 4 月	中共中央　国务院	《国务院办公厅关于加快建设全国统一大市场的意见》	国务院公报2022 年第 12 号
2022 年 5 月	交通运输部办公厅	《关于开展冷藏集装箱港航服务提升行动的通知》	交办水函〔2022〕675 号
2022 年 5 月	国务院办公厅	《关于推动外贸保稳提质的意见》	国办发〔2022〕18 号
2022 年 7 月	财政部、交通运输部	《关于支持国家综合货运枢纽补链强链的通知》	财建〔2022〕219 号
2022 年 9 月	原中国银保监会办公厅、商务部办公厅	《关于开展铁路运输单证金融服务试点更好支持跨境贸易发展的通知》	银保监办发〔2022〕82 号
2022 年 12 月	国务院	《关于印发"十四五"现代物流发展规划的通知》	国办发〔2022〕17 号
2023 年 2 月	人民银行、交通运输部、原银保监会	《关于进一步做好交通物流领域金融支持与服务的通知》	银发〔2023〕32 号
2023 年 3 月	财政部、税务总局	《关于继续实施物流企业大宗商品仓储设施用地城镇土地使用税优惠政策的公告》	财政部税务总局公告2023 年第 5 号

发布时间	发布部门	文件名称	文件号
2023 年 3 月	交通运输部、自然资源部、海关总署国家铁路局、中国国家铁路集团有限公司	《关于印发〈推进铁水联运高质量发展行动方案（2023—2025 年)〉的通知》	交水发〔2023〕11 号
2023 年 3 月	商务部、中央编办、外交部、发展改革委等	《关于服务构建新发展格局　推动边（跨）境经济合作区高质量发展若干措施的通知》	商资发〔2023〕18 号

在此基础上，为贯彻落实国家的决策部署，各地政府积极响应，针对制约陆港发展的各类要素，围绕多式联运与海外仓等基础设施"硬联通"与升级改造、国际规则标准"软联通"、外向型企业培育、跨境服务平台搭建、服务组织模式创新、惠企纾困补贴政策等方面，出台了一系列政策措施，引导推动陆港的高质量发展。各省、市、自治区和计划单列市出台的代表性政策如表 6-5 所示。

表 6-5　　　　　　　　地方政府支持陆港建设的部分政策措施

省区市	发布时间	文件名称
北京市	2020 年 12 月	《北京市进一步优化营商环境更好服务市场主体实施方案》
重庆市	2021 年 4 月	《关于印发加快发展新型消费释放消费潜力若干措施的通知》
厦门市	2021 年 4 月	《关于印发加快境外航空货运高质量发展若干措施的通知》
江苏省	2021 年 8 月	《江苏省"十四五"现代物流业发展规划》
福州市	2021 年 10 月	《关于印发促进现代物流业加快发展八条措施的通知》
贵州省	2021 年 11 月	《贵州省推进交通强国建设实施纲要》
广东省	2021 年 12 月	《关于推进跨境电商高质量发展若干政策措施的通知》
河北省	2022 年 1 月	《关于印发支持中国（河北）自由贸易试验区创新发展若干措施的通知》
四川省、重庆市	2022 年 1 月	《关于印发〈成渝地区双城经济圈优化营商环境方案〉的通知》
湖南省	2022 年 2 月	《关于印发〈长株潭共建国家综合物流枢纽实施方案〉的通知》
深圳市	2022 年 4 月	《关于印发深圳市建设营商环境创新试点城市实施方案的通知》
宁夏回族自治区	2022 年 7 月	《关于印发推进多式联运发展优化调整运输结构实施方案（2022—2025 年）的通知》
河南省	2022 年 8 月	《关于印发河南省推进多式联运高质量发展优化调整运输结构工作方案（2022—2025 年）的通知》

续 表

省区市	发布时间	文件名称
辽宁省	2022 年 9 月	《关于印发辽宁省推进多式联运高质量发展优化调整运输结构行动方案（2022—2025 年）的通知》
山东省	2023 年 1 月	《关于印发〈中国（山东）自由贸易试验区深化改革创新方案〉的通知》
江西省	2023 年 2 月	《江西省综合立体交通网规划》
山西省	2023 年 2 月	《山西省关于加快电子商务体系和快递物流配送体系贯通发展行动计划的通知》
安徽省	2023 年 3 月	《关于印发以数字化转型推动制造业高端化智能化绿色化发展实施方案及支持政策的通知》
广西壮族自治区	2023 年 4 月	《广西智慧交通试点工作实施方案》
甘肃省	2023 年 4 月	《关于印发〈全省交通运输行业深化"放管服"改革优化营商环境 3.0 升级方案〉的通知》

2020 年 12 月，北京市出台《北京市进一步优化营商环境更好服务市场主体实施方案》，提出要进一步提高进出口通关效率，具体措施包括：一是实现进口、出口整体通关时间分别压缩至 30 小时以下和 11 小时以下；二是深入推进"提前申报""两步申报"，保障企业进口货物"船边直提"作业效率，压缩整体通关时间；三是优化风险布控规则，降低守法企业和低风险商品查验率；四是创新推进京津海关高级认证企业便利化措施互认，实现两地高级认证企业免担保等优惠待遇跨关区共享；五是提高本市航空货运中转效率，提升国际邮件分拣能力。同时，在拓展国际贸易"单一窗口"功能方面，指出要加快"单一窗口"功能由口岸通关执法向物流、贸易服务等全链条扩展。

2021 年 4 月，重庆市出台《加快发展新型消费释放消费潜力若干措施的通知》，提出要支持跨境电商发展。具体措施包括：严格落实跨境电商零售进口商品清单和相关监管政策，鼓励市内跨境电商平台线上实现境内外商品同款同价；建设跨境电商综合试验区，支持电商企业建设出口商品"海外仓"和海外运营中心；支持推广跨境电商"前店后仓 + 快速配送"模式。

2021 年 4 月，厦门市出台《关于印发加快境外航空货运高质量发展若干措施的通知》，指出要优化境外航空货运通关条件。一是支持开展口岸创新业务，实施航空快件国际中转集拼业务，将境外货物经境外航班运抵厦门机场，实现中转货物"电子申报、数据核放"，根据不同国家或地区目的地中转；二是推进口岸保障能力建设，适时推进厦门机场货运实施"7×24 小时加班制",提升航空口岸空运服务能力,降低快件及跨境电商货物分拨转运的时间成本和物流成本。

2021 年 8 月,江苏省发布《江苏省"十四五"现代物流业发展规划》,提出要完善"通道＋枢纽＋网络"物流运行体系和安全可靠的现代供应链体系这两大支撑体系,加快智慧物流创新高地、产业物流融合高地和民生物流品质高地建设。其中,在产业物流融合方面,指出要大力提升产业物流服务实体经济能力,加速高端化、品牌化、高附加值化,形成产业物流融合发展的示范效应;提升制造业供应链协同发展水平,大力发展以柔性化生产、资源高度共享为特征的精细化、高品质现代供应链服务,形成引领行业发展、具有典型示范效应的融合模式和标杆主体,增强物流业核心竞争力,促进产业升级、消费规模及品质双升级。

2021 年 10 月,福建省福州市发布《促进现代物流业加快发展八条措施的通知》,提出 8 条措施,分别是支持物流设施现代化、完善物流管理信息化、推广物流标准化、鼓励创建品牌、加快冷链物流发展、加快电商物流发展、推进农村物流发展、全力推进现代物流城建设,并明确了具体的补助政策。其中,在物流设施现代化方面,指出要支持物流企业购置或租赁应用物流机器人、快递无人机、自动、半自动分拣设备及其配套的立体货架、穿梭车、X 光机等新型智能化设施设备,提高自动化水平,支持物流企业购置新能源货车、轻量化车辆、自建物流专用充电桩等绿色物流装备,还明确了补助标准。

2021 年 11 月,贵州省印发《贵州省推进交通强国建设实施纲要》。该文件在完善货运发展体系方面,提出要完善航空货运网络,拓展国内国际航空货运航线,依托航空枢纽建设电商、快递区域分拨中心,发展全货机运输。在国际物流方面,提出要加快建设空港、铁路港口货运口岸(海关监管区),开发国际物流运输,积极发展国际航空物流,加快融入"一带一路";推广铁路"一单制"提单和"一站式"通关,积极对接蓉新欧、渝新欧国际物流大通道,按需开行中欧班列;推进主要陆港开展国际物流运输业务,融入长江经济带、粤港澳大湾区、北部湾港口区域一体化大通关;进一步完善口岸功能,合理布局保税物流中心(B 型),加密和增开国际客货航班航线。

2021 年 12 月,广东省发布《关于推进跨境电商高质量发展若干政策措施的通知》,明确提出要支持跨境电商海外仓建设,到 2025 年,争取海外建仓数达到 500 个、建仓总面积超过 400 万平方米,逐步形成专业化、智能化海外仓网络。在具体举措方面指出,鼓励企业在"一带一路"共建国家、RCEP 成员国开展海外仓建设,扩大欧美市场海外仓布局;支持海外仓企业研发智能仓储技术、拓展航空货运业务;对被商务部遴选为优秀海外仓实践案例的省级公共海外仓给予财政政策支持;鼓励金融机构加强对海外仓企业综合情况评估的信息储备,为符合条件的企业提供融资服务等。

2022 年 1 月，河北省发布《关于印发支持中国（河北）自贸试验区创新发展若干措施的通知》，指出支持河北自贸区发展现代物流，包括：支持曹妃甸片区发挥唐山港口型（兼生产服务型）国家物流枢纽作用，正定片区发挥石家庄陆港型国家物流枢纽作用，优化产业布局，完善配套服务设施，发展供应链集成业务，积极争取中央预算内资金支持多式联运、海关监管查验、冷链物流等基础设施建设，通过市场化手段促进枢纽间业务集成、运行协作，在更大范围、更深层次促进物流提质增效降本。

2022 年 1 月，四川省、重庆市联合发布《关于印发〈成渝地区双城经济圈优化营商环境方案〉的通知》，指出要推动贸易物流便利互通，主要包括：健全成渝地区双城经济圈大通关合作机制，进一步增强口岸集疏运效能，促进川渝港口联动发展；聚焦打造"通道＋枢纽＋网络"现代物流运行体系，推动成渝地区双城经济圈国家物流枢纽共建共享共用和一体化衔接；开展国际贸易"单一窗口"合作，推行一站式、集约化服务，推进成渝地区双城经济圈口岸物流信息共享和业务协同；合力推进中欧班列（成渝）品牌建设，推广多式联运"一单制"和集拼集运模式，加快推进重庆、成都中欧班列集结中心建设；共同完善进出口商品质量安全风险监测机制，在出入境检验检疫、实验室检测和口岸疫情防控等方面加强合作等。

2022 年 2 月，湖南省发布《关于印发〈长株潭共建国家综合物流枢纽实施方案〉的通知》，要求以长沙陆港型、空港型、商贸服务型、生产服务型国家物流枢纽承载城市为依托，以物流枢纽一体化、高质量建设为目标，促进长株潭城市群内部开展国家物流枢纽合作共建，充分发挥国家物流枢纽的资源集聚和辐射带动作用，形成"两轴两区多点"物流枢纽发展新格局。在政策扶持力度方面，提出要强化物流用地保障，对列入该方案的项目，所在区（市、县）政府要优先安排用地指标予以保障；发挥预算内专项资金作用，重点支持国家物流枢纽铁路专用线、多式联运转运设施、公共信息平台等公益性较强的基础设施，适当向株洲、湘潭倾斜等。

2022 年 4 月，广东省深圳市发布《关于印发深圳市建设营商环境创新试点城市实施方案的通知》，要求推进粤港澳大湾区港口协同联动，具体措施包括：强化粤港澳大湾区关区协同，依托 5G、区块链、物联网等底层技术加强全链条物流管控，打破关区壁垒，推广"粤港澳大湾区组合港"模式，打造高效便捷的湾区海上物流大通道；建立完善口岸单位间的信息共享机制，加强铁路信息系统与海关信息系统的数据交换共享，推进水铁空公多式联运信息共享；以推进深港贸易数据互通互认为切入点，为进出口企业提供单证"一次录入、两地申报"服务，缩短通关时间；在国家部委指导下，推动实现与东亚地区主要贸易伙伴口岸间相关单证联网核查。

2022 年 7 月，宁夏回族自治区发布《关于印发推进多式联运发展优化调整运输结构实施方案（2022—2025 年）的通知》，要求完善多式联运骨干通道，要强化规划统筹引领，提高交通基础设施一体化布局和建设水平。要协同推进高速铁路、普速铁路、铁路专用线三网融合，形成"三纵三横"骨架铁路网布局，不断提升包兰、太中银、宝中、干武等传统通道运输能力；要全方位推进航空枢纽建设，构建空地一体运输体系，"一干两支"机场基础设施保障能力显著提升；要充分发挥银川国际航空港综合交通枢纽优势，加快推进空铁联运试点建设等。

2022 年 8 月，河南省发布《关于印发河南省推进多式联运高质量发展优化调整运输结构工作方案（2022—2025 年）的通知》，提出要培育大企业、搭建大平台、创新联运服务、优化运输结构。在企业培育方面，指出要围绕空陆联运、国际陆路运输、高铁快运、冷链物流、内河航运等领域，培育 4 个以上旗舰型多式联运龙头企业，提出推动中远海运、马士基、地中海航运、招商集团、中国物流集团等国内外知名企业与本土企业加强合作。在联运服务方面，指出要通过加强对"航空＋高铁"联运形式、卡车航班业务、"门到门"跨境电商物流、集装箱高效循环共用、增设集装箱提还箱点等探索，进一步丰富该省多式联运服务供给，满足托运人多样化、个性化联运需求。

2022 年 9 月，辽宁省发布《关于印发辽宁省推进多式联运高质量发展优化调整运输结构行动方案（2022—2025 年）的通知》，要求强化"硬连接"，将以大连港、营口港为海向枢纽，其他港口为重要节点，以沈阳为陆路枢纽和中欧班列集结中心，以干线铁路为主干，连接满洲里、绥芬河、丹东等边境口岸和别雷拉斯特物流中心等海外中转中心，构建连通日韩、东南亚与蒙俄、中亚等国家和地区的"北上西进"东北海陆联运大通道；加快大连东北亚国际航运中心、沈阳生产型及营口港口型国家物流枢纽城市建设，优化内陆无水港布局。在创新多式联运组织模式方面，该方案提出将推动多式联运智能化信息化，推广应用先进技术装备，优化"软联通"，创新以港口为枢纽的"货运一单制，信息一网通"物流服务体系。

2023 年 1 月，山东省发布《关于印发〈中国（山东）自由贸易试验区深化改革创新方案〉的通知》，提出要强化贸易物流互联互通、推动航空物流超级货站建设、建立绿色供应链管理体系、深化与日韩产业链供应链对接。在贸易物流方面，指出要加强互联互通，完善海铁联运、河海联运和集装箱"多式联运"模式，深化海港、河港、陆港、空港"四港联动"发展；加强"智慧海关"、物流监管一体化等联动创新，开展黄河流域"一港通"等区域通关便利化改革。在航空物流方面，提出要推动航空物流超级货站建设，探索创新联运物流模式；支持综合保税区创新服务中欧班列集装箱集结模式，推动运贸一体化服务。

2023 年 2 月，江西省印发《江西省综合立体交通网规划》，要求拓展铁路货运枢纽物流服务功能和推进交通与现代物流深度融合。在枢纽物流服务方面，指出要以南昌国际陆港、赣州国际陆港为核心，以其他二级以上铁路物流基地为支撑，打造一批铁路综合货运枢纽，服务国际、省际大批次货物转运及分拨等物流活动；按照"无缝化"衔接要求，完善铁路货运枢纽多式联运、邮快件运输、集疏运等"一站式"服务设施，提升枢纽集散能力和服务效率。在交通与现代物流融合方面，指出要优化省内物流大通道和枢纽布局，加强赣州国际陆港、南昌国际陆港等全国性物流枢纽建设，畅通物流大通道与城市配送网络交通线网连接，提高干支衔接能力和转运分拨效率。加快发展集装箱多式联运，发展壮大赣欧班列，加快发展商品汽车滚装运输。

2023 年 2 月，山西省发布《山西省关于加快电子商务体系和快递物流配送体系贯通发展行动计划的通知》，提出到 2025 年年底，电子商务与快递物流服务体系有效贯通，建立起普惠城乡、通达国际、产业协同、便捷高效的服务体系。该计划提出，要统筹国家物流枢纽建设和快递物流枢纽布局，制定全省快递物流枢纽网络布局的配套政策，重点支持临空经济区、高铁站点、高速公路收费站附近建设省级快递物流园区，打造以太原为省级主中心，大同、临汾、长治为区域中心，其他市、县为节点的快递物流枢纽网络，构建"通道 + 枢纽 + 网络"快递物流体系。

2023 年 3 月，安徽省发布《关于印发以数字化转型推动制造业高端化智能化绿色化发展实施方案及支持政策的通知》。该通知提出，支持龙头骨干企业围绕强基础、建平台、延链条开展集成应用创新、建设"数字领航"企业，牵头建设行业工业互联网平台，支持上下游企业上链用平台，基于平台开展协同采购、协同制造、协同配送等应用，提高产业链协作效率和供应链一体化协同水平。该通知要求，要开展"一区一业一样板"试点引领，引导省级及以上工业园区联合工业互联网平台和数字化转型服务商，制定"一区一业一样板"的数字化转型总体工作方案；要完善绿色制造体系，坚持数字化引领和绿色化协同，推动数字赋能绿色制造，发布工业节能环保"五个一百"推介目录，打造一批绿色产品、绿色工厂、绿色园区、绿色供应链管理企业。

2023 年 4 月，广西壮族自治区印发《广西智慧交通试点工作实施方案》，明确了依托综合立体交通网络，将打造一批智慧公路、智慧航道、智慧港口、智慧物流、智慧枢纽、智慧铁路和智慧机场等智慧交通重点领域试点项目，充分利用 5G、北斗卫星导航、物联网、云计算、大数据、人工智能、区块链等新一代信息技术赋能传统交通基础设施，有效提升交通运输基础设施运行效率、安全水平和服务质量，促进行业数字化、网络化、智能化转型升级。

2023 年 4 月，甘肃省发布《关于印发〈全省交通运输行业深化"放管服"改革优化营商环境 3.0 升级方案〉的通知》，明确了深化"放管服"改革优化营商环境工作的总体要求和主要任务，在 2022 年 2.0 升级方案的基础上，从深化简政放权、推进放管结合、优化政务服务、推进数字政府建设和提升涉企服务水平五个方面提出了 22 项具体措施。

第七章 我国智慧陆港与"单一窗口"
建设现状与未来展望

第一节 我国智慧陆港发展现状与未来展望

一、陆港信息系统的功能及作用

近年来，5G、大数据、云计算、物联网、移动互联网和人工智能等信息化技术的不断发展和升级，在陆港等各行业有着丰富和深入的落地实践。陆港建设与信息技术发展不断融合，实现了统筹资源、深度感知、高效协同等业务能力，有效促进和提升陆港业务的发展。互联网信息技术与陆港之间的交互融合总体经历两个阶段：信息化陆港阶段与数字化陆港阶段。信息化陆港阶段以初步利用计算机系统为特点，仅针对业务信息的信息化过程，并未实现系统的智能化。数字化陆港阶段，通过数字化手段，复用业务过程信息数据，加强数据互联互通能力，支撑陆港运营管理与战略决策。

智慧陆港不仅是信息技术的应用解决方案，更是一种创新发展的理念和建设模式。在此驱动下，智慧陆港信息系统建设能力快速发展，建设过程不断趋于标准化、规范化，信息系统的功能更加贴近园区实际的管理需求。信息系统作为智慧陆港的智能中枢，是智慧陆港物联网架构的重要组成部分，在陆港园区的管理和运营过程中实现信息数据交互共享，加强了各方协同能力，为陆港企业业务稳定运行起到坚实的保障作用。

根据中国开发区协会陆港分会对成都国际陆港、新疆国际陆港、义乌国际陆港等国内部分陆港的调研显示，智慧陆港信息系统的主要应用通常包含三个方面。

园区管理方面，人员管理系统实现对工作人员的信息化管理。车辆管理和调度系统（TMS）与仓储管理系统（WMS）共同支撑园区业务运行。车辆管理系统从"入港－卸货－出港"对运输车辆进行全过程全生命周期管控，提升通关效率的同时，也保障了装卸过程的安全性。在车辆卸货后，智能仓储管理系统配合智能搬运机器人进行园区内部的仓储管理和物流调度。

经营决策方面，运营管理系统支撑管理决策，加强园区统筹能力和管理效率。运营管理系统实时收集各生产业务系统和终端检测监控设备反馈过来的信息，一般将相关内容以大屏的方式展示出来，为管理者提供清晰直观的信息情况展示，方便相关业务人员及时处理和解决相关问题。并与海关数据互通，确保业务的垂直稳定。

商贸生态方面，客户管理系统提供自助交互服务。将信息服务下沉到具体使用的客户中，通过移动互联网进行协同运作、信息共享。在加强信息服务能力的同时，也能够加强陆港园区产业链供应链管理，有效追踪商贸服务数据。

二、国际陆港信息系统建设目标与应用组成

陆港信息系统建设一般需要考虑以下几个方面。

全面信息化：全面信息化是陆港系统建设的首要考虑部分。系统要实现对陆港的全面信息化管理，需要覆盖收集陆港各业务环节的信息流，包括货物进出港、仓储管理、运输调度、人员管理、客户服务等。全业务、全环节地收集业务数据，确保数据收集工作的全面覆盖。

平台集成化：信息系统应建立一个中央管控的集成化平台，将各个环节的信息流集中管理和共享，确保数据及时反馈到对应的工作人员。

跨部门协同：实现跨部门间的协同工作，促进信息的共享与流通，提高工作效率和服务质量。

数据安全保障：陆港信息系统需要确保数据的机密性、完整性和可用性，防止信息泄露和恶意攻击。

智能化应用：陆港信息系统建设要整合智能化技术应用，如物联网、人工智能等，提升陆港运营的智能化水平和效率。

标准化与互联互通：陆港信息系统需要遵循行业标准和规范，与其他港口、物流企业及海关等的信息系统实现互联互通，促进信息的无障碍流通和协同发展。

在信息化具体应用方面，陆港信息系统一般包括以下几个核心模块。

陆港园区物流管理：包括车辆进出港管理、货物装卸和堆场仓储管理、车辆调度等。

陆路运输管理应用：涵盖公路、铁路等不同运输方式的管理，包括运输计划、调度、跟踪等。

货物追踪与监控：通过物联网和传感器技术实现对货物的实时追踪和监控，确保货物安全和稳定运输。

客户服务与电子商务：提供在线预订、查询、报关等一站式客户服务，支持电子商务交易。

数据分析与运营决策支持体系：通过数据分析和业务智能化技术，提供陆港运营数据的分析和决策支持。

三、智慧陆港建设情况

目前国内智慧陆港各类平台建设整体仍处于发展阶段，尚存在一些问题与挑战。如设施建设不完善、信息传递不畅、运营效率有待提升等。为了应对这些问题，国内陆港企业大力推动智慧化建设进程，一方面，一部分陆港企业进行组织升级，开展人才储备工作，发挥自主创新精神，自研陆港数字化智慧平台；另一方面，华为、京东、科大讯飞、中国移动等外部厂商以及同方威视、平方科技等行业技术提供商广泛参与到陆港企业数智化建设过程中进行技术赋能支持，对设备与业务运营方面进行强化。

目前，国内智慧陆港建设一般以外部辅助建设为主，越来越多的陆港借助外部厂商的专业知识与经验，实现智慧陆港建设目标。在具体实施上，一般由外部的软件厂商提供技术支持，对陆港具体情况进行调研，提供可行性研究、规划设计、建设咨询、技术支持等专业服务。整合行业内优秀的解决方案，结合自身技术优势，进行陆港数字化、智能化建设。这种合作形式可以有效地打破信息壁垒，弥补陆港建设中的不足。分享先进的设备与技术，在设计、建设与运维过程中发挥重要作用。

除了依托系统外部厂商进行智慧陆港建设外，部分陆港企业也加大自主研发力度，并着手开发国际陆港数字化平台。这些企业通过技术创新和自主开发，搭建了具备行业特点的数字化平台。这些平台能够整合各类信息资源，提供智能化管理、在线监测和综合服务等功能。通过自研能力的打造，少部分陆港企业成为数字化转型的领航者，并为行业提供了示范和带动效应。

中国开发区协会陆港分会于 2023 年上半年对国内 23 家陆港头部企业的信息化建设情况进行了问卷调查。从调研结果上看，智慧陆港建设总体呈现出基础管理能力较为健全，互联互通能力较弱的特点。

调研数据显示，大部分的陆港园区普遍具备人员管理、车辆管理与调度的基础管理能力，园区内部管理能力比较充分。但仅有部分园区实现了数据共享、线上交易、多式联运、班列信息互通的功能。数据融合互联还处在建设阶段，数据互联功能还未形成基于行业特点的标准化产品。根据本次调研结果，现阶段各类陆港功能应用实现比例具体如图 7-1 所示。

四、智慧陆港建设总体特点

随着移动互联网和物联网技术的普及，陆港信息系统逐渐向网络化、智能化方向

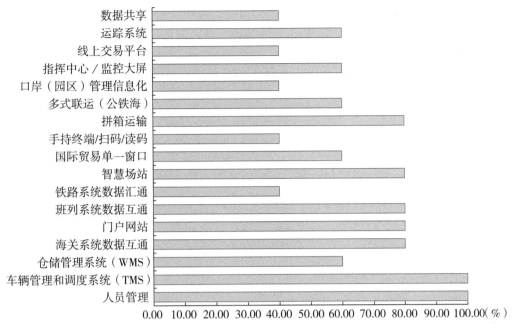

图 7-1　现阶段各类陆港功能应用实现比例

发展。通过互联网技术实现与供应链各环节之间数据的实时交换和共享，利用物联网技术将感知能力延伸到业务末端，实现智能化监控和管理。同时，人工智能的应用也为陆港信息系统带来更多潜力。未来还将引入更多创新技术以实现高效、可持续的港口管理。

目前，在 5G、云计算、区块链、北斗通信等新一代信息技术的支持下，国际陆港不单单是商流与物流的枢纽，开始探索提供以信息流和资金流为基础的数字化延伸服务，推动陆港向智慧化发展，逐步成为兼具信息化、网络化与敏捷化的综合服务中心。我国陆港的智慧化建设整体上还处在探索阶段，呈现出以下特点。

（一）面向场站生产的一体化管控系统功能初显

从枢纽智慧化发展规律来看，陆港场站全域生产作业的智慧化建设，要经历信息化、数字化和智能化的演变过程。目前，我国陆港普遍处在从信息化向数字化过渡的发展阶段，能够基于物联网感知、5G、GIS 技术和物联网等技术开展对场站生产全过程的信息化管控；少部分陆港在生产场景信息化的基础上探索进行部分场景的智能化，能够基于大数据、人工智能、数字孪生、无人驾驶等技术对场景作业进行智能辅助决策。

例如，乌鲁木齐国际陆港区打造的"丝路智港"港域万物互联平台，构建了集空间约束、资源展现、时间追溯、层次关联、事件预测五维一体的港域信息模型框架体系，已经初步具备对生产过程的一体化管控功能：该平台基于对港域内人员、设施设备、事件的感知数据，可进行场站内跨生产部门、跨单元的即时数据处理与业务协同，支持数据层面的互联互通与异构融合；能通过视频的 AI 分析对场站安全隐患进行识别预警，支持生产监管层面的流程可视化；还能够通过大数据算法研判货运班列的到发时间，支持业务决策层面的智慧化辅助。

（二）基于业务与数字化融合的班列服务日见成效

随着国际贸易数字化的不断发展，班列服务作为陆港的核心产品，正在探索基于智慧平台、物联网、人工智能等新一代新技术的数字化升级，通过数字化班列服务，推动数字化与实际业务的融合，实现提质增效。目前，数字化班列服务已经可以基于北斗通信等技术对货物运输进行全过程轨迹监测，实现了实时追踪和监控。部分陆港的数字化班列服务已经在商务营销、清关、交付、多式联运衔接、金融等环节实现了数字化功能落地，沿着班列活动的业务链逐步打通数字化服务链，探索中欧班列全流程全场景的数字化服务生态。

比如，西安国际陆港自 2020 年以来，依托国内首个班列订舱 APP 打造长安号"数字班列"服务链，探索推出客户全程"一次委托"、运单"一单到底"、结算"一次收取"的服务模式，支持客户签约、班列订舱、线上舱位调整、地面服务等全过程班列服务，实现运营管理高效化与精细化，提升客户体验。成都国际铁路港于 2022 年开启"智慧陆港"项目，在成都海关的支持和指导下，围绕通关环节的监管业务和企业服务，重点发力进口转关货物核销自动化和进出口货物智能化，通过"陆港智慧平台"数字化服务，为海关、中欧班列公司、监管场所、货代经营人等关联单位提供支撑。

（三）数据互联融合程度逐步提升

数据互联是智慧陆港建设的重要趋势，也是推动智慧陆港发展的核心要素之一。在智慧陆港建设过程中，对数据的打通和融合越来越重视，数据的互联和融合可以帮助实现信息的全面共享、高效利用，有效地解决"数据孤岛""数据烟囱"问题。智慧陆港建设中的数据互联包括陆港内部的数据打通，即不同部门、企业和机构之间的数据共享和互通，也包括陆港之间的数据互联，即不同陆港之间的数据共享和交互，还有与海关等监管部门的数据共享与交互等。通过建立统一的数据标准和接口，构建数据共享平台，可以实现陆港内外各方信息的快速流动和共享，提升运营效率，降低成本，为用户提供更好的服务。

比如，苏州综保区通过与东航操作系统的对接，打通物流系统间的数据壁垒，打破了上海物流信息的"黑匣子"，使得园区内企业能够全程掌控货物的实时动态，并支持异常节点的货物追溯，实现物流系统的一体化管控；通过与区外港口码头的信息平台对接，实现线上订舱、船期发布、船期查询、舱单查询的功能。将船舶信息、舱单信息等数据信息通过系统辐射至园区内企业，让各企业与区外企业和各码头之间的协同合作更加便捷；与海关查验系统进行对接，进一步提升海关查验监管效能，维护现场秩序，加强风险控制。进一步提升通关时效，缩短了通关时间。

（四）深化管理经营能力，提高决策效率

运营管理系统，是陆港园区管理和决策的中枢。陆港运营系统提升了园区信息的整合和共享能力。通过运营管理系统，陆港内的各个环节之间的数据互联互通，各部门之间实现了数据的共享和同步。例如，货物进出港、车辆动态、仓储管理、车辆调度等关键信息都可以通过系统进行实时查看，提高了运营效率和信息的准确性。管理人员可以通过系统获取实时的数据和指标，全面了解陆港的运营情况，为决策提供依据。此外，陆港运营系统也提供了多样化的管理工具和功能模块，以满足不同需求。比如，系统可以包括仓储管理、运输调度、财务管理、人力资源等多个模块，针对陆港运营的各个方面进行管理和监控。管理人员可以根据具体的需要，选择合适的功能进行使用，提高运营效率和管理水平。

比如，乌鲁木齐国际陆港区通过"数字孪生"技术，构建乌鲁木齐集结中心万物互联的"场站超脑"。叠加集结中心各类场景，包括安全类、管理类、决策类、外围应用设备等方面，形成具有成长能力的中央管理平台，为中欧班列集结中心管理全面赋能，实现中欧班列集结中心全景全要素的数字化再造，实现了更高效的运营水平、更安全的园区环境、更精细的管理服务。通过陆港集团管理协同的创新、集成的智慧，构建一个持续迭代、进化、成长的智能化中欧班列集结中心综合治理平台，推动中欧班列集结中心治理体系与治理能力的现代化。

（五）客户服务交互体验不断优化

客户管理与服务业务在现代物流行业中是不可忽视的一个重要部分。这些面向用户的系统加强了物流园区与客户之间的协同沟通，并在客户服务质量和管理效率方面发挥重要作用。

以成都国际陆港为例，成都国际陆港通过智慧平台构建出一个基于整个铁路港的全流程全角色的生态圈。把客户与物流企业、货代企业、贸易企业，以及海关、国铁和班列公司、运营企业等相关业务信息数据统一到一个平台上，实现了全流程协同作业，成都国际铁路港的营商环境与服务质量得到极大提升。

五、智慧陆港建设存在的问题

（一）信息系统功能未被充分利用

从总体上看，由于发展过程速度较快，信息化建设机制不够健全。整体规划与实际建设过程之间存在一定偏差，从而导致建设过程中出现各类信息系统种类繁多、功能重复、系统之间相互矛盾的问题。各个系统各司其职，相互独立，业务系统间数据互联互通水平较低，数据交互开发效率低下，成本较高，数据交互能力较差，依旧存在"信息孤岛"的问题。在建设过程中缺乏战略考量，各系统之间独立采购，缺乏顶层设计，导致系统架构混乱，业务扩展能力较弱等。

在具体应用的过程中，缺乏相应的制度保障和体系化培训指导，无法形成系统功能使用和业务运行之间的融合闭环，很难最大限度发挥系统现有功能的优势。有些系统功能和传统业务处理流程存在差异，在缺乏系统培训的情况下，加大了学习和使用的难度，一些传统业务依旧依靠原来人工的形式进行。久而久之，很多以辅助业务运行、提升业务效率为目的而研发的系统功能被搁置，很难发挥其实际的用途。

从系统硬件配置的角度看，系统终端设备缺失，无法将感知触觉延伸到末端。在缺乏硬件支撑的情况下，无法充分发挥系统的物联网感知监控能力。在后期运营过程中，二次建设和开发相关的功能时，设备采购的品牌、质量参差不齐，与原生系统之间缺乏适配和兼容，开发协调成本较高，系统预设功能由于硬件支持能力的不同也无法被充分启用。

大多数智慧陆港园区的信息系统是由专业的软件厂商承建的。软件厂商侧重于新兴技术的实现和应用，在开发过程中，存在系统功能与实际业务逻辑脱节的问题，导致很多信息系统功能无法服务实际工作人员。

（二）建设方与实际运营方需求存在差异

在陆港信息系统的建设过程中，建设方和实际运营方侧重点各不相同。建设方通常由技术专家和系统开发人员组成，其关注重点更偏重于技术上对某一些业务表象的实现，而缺乏对业务的深入理解，很容易陷入仅将线下业务搬运到线上的误区。但实际运营方在注重陆港系统的稳定性和业务实现的可控性与连贯性的同时，也更加注重在信息化智能应用过程中的创新性，这需要系统建设相关人员有着丰富的业务实践和转换能力。同时，实际需求方需要确保系统的稳定运行，并能够适应实际操作的需求扩展并快速响应，而对一些新兴的技术保持谨慎的态度。

建设方和实际运营方之间的紧密合作关系是解决这种差异性问题的一种方法。双方可以通过共同参与需求分析、系统设计和测试验证等过程来确保各自的需求得到充分考虑。建设方可以与实际运营方一起参观现场，了解实际操作的流程和痛点，加强与业务人员之间的深度沟通，并将这些信息纳入系统设计中。同时，实际运营方可以提供实践经验和反馈，指导建设方深入了解业务，更加关注系统建设的稳定性和易用性，以实现更全面和持续化的陆港信息系统建设。

（三）系统国产化能力较弱

现阶段智慧陆港信息系统的国产化程度较低，从基础硬件到核心业务软件严重依赖于国外的软硬件厂商。尽管近年来在国内已经涌现出一批陆港信息系统的供应商，但与国外的产品相比，国产系统研发业务经验不足，在技术创新、功能丰富性和用户交互方面也存在一定的差距。一些关键技术和核心模块仍然依赖进口，无法做到真正的自主研发和生产。此外，国产陆港信息系统在系统稳定性、安全性和可靠性方面也需要进一步提高，以确保系统在长时间高强度环境下的平稳运行。

为了推动陆港信息系统的国产化进程，需要继续加大技术攻关力度、不断加强合作创新，提高研发投入，建立健全技术人员培养体系，提升国产陆港信息系统的整体水平，为陆港运营提供更稳定可靠、更具竞争力的解决方案。

（四）数据感知覆盖不全，与海关系统之间互通不充分

陆港园区的设施设备在物流感知能力方面存在不足。由于建设过程的阶段性，硬件感知设备存在差异和不兼容的情况，感知触觉无法有效地深入到业务末端。对货物运输过程中的实时位置、状态以及相关数据并没有完全收集汇聚。这意味着监管人员有时难以准确了解货物的实际情况，无法及时掌握货物的运输状态和预判可能的风险。

海关监管作业和陆港作业中的设施设备之间的数据信息交互也存在问题。全国完成数据共享互通的陆港园区仅占40%，数据融合工作还处在发展阶段。这意味着陆港与海关之间共享和传递数据信息依旧存在障碍，监管人员在获取相关信息时面临困难。这种数据信息的不对称可能会导致沟通过程不同步、时间上存在延误，从而使得监管人员无法及时进行有效的监管和信息反馈。

（五）智慧陆港相关标准化工作仍然滞后

近年来，我国政府相关部门高度重视智慧物流发展，并出台了多项政策引导各地陆港、物流园区等提速智能化升级，推动智慧物流、智慧港口、智慧园区、智慧陆港等快速发展。2022年12月，国务院办公厅印发的《"十四五"现代物流发展规划》明确指出，推进物流智慧化改造。深度应用第五代移动通信（5G）、北斗、移动互联网、

大数据、人工智能等技术，分类推动物流基础设施改造升级，加快物联网相关设施建设，发展智慧物流枢纽、智慧物流园区、智慧仓储物流基地、智慧港口、数字仓库等新型物流基础设施。2022 年 1 月出台的《"十四五"现代流通体系建设规划》也提出，加快发展智慧物流，积极应用现代信息技术和智能装备，提升物流自动化、无人化、智能化水平。在此背景下，国内陆港物流企业不断致力于推动智慧化建设进程。但不容忽视的是，由于缺乏与智慧陆港相关的标准化体系，企业在智慧陆港建设过程中，仍然存在缺乏系统规划、科学布局等现象以及技术标准不统一、应用效果不足等问题。

六、陆港信息系统及智能技术的应用展望

（一）人工智能与大数据分析的深度应用

数据驱动的决策支持。人工智能和大数据分析将为陆港信息系统提供更全面、准确的数据分析和决策支持。通过智能算法和机器学习技术，系统可以分析海量的陆港运营数据，包括货物流动、运输状况、装卸效率等，并提供实时的数据分析报告和预测模型。这将帮助陆港管理者制定更明智的决策和优化运营策略。

运输网络优化。通过分析物流数据，信息系统可以识别瓶颈、优化车辆路线并调度，从而提高运输效率、降低成本，帮助优化陆港运输网络的规划和管理。智能算法可以实时调整运输路径，以适应交通拥堵、天气变化等因素，确保货物按时到达目的地。

预测分析和需求预测。利用深度学习算法和对历史数据的分析，信息系统可以预测货物需求、运输需求等。这有助于陆港进行准确的运营计划，避免资源浪费和货物滞留，提高整体运输效率。

安全和风险管理。分析海量的监控数据和实时传感器数据，信息系统可以及时识别潜在的安全隐患和风险，如货物破损、设备故障等。同时，系统还可以利用智能算法和机器学习来预测潜在的安全风险，并提供相应的预防和应对措施，从而提高港口的安全性和可靠性。

设备智能维护和异常检测。通过实时监测设备传感器数据，系统可以分析设备的运行状态和使用寿命，提前预测设备的故障和维护需求。利用智能算法和机器学习技术，系统可以识别异常情况并自动触发报警和维修程序，以保证设备的正常运行和停工时间的缩短。

人工智能和大数据分析技术将在陆港信息系统中扮演越来越重要的角色。通过数据驱动的决策支持、运输网络优化、需求预测、安全和风险管理、智能维护和异常检测等方面的应用，人工智能和大数据分析将为陆港运营提供更高效、安全和可持续的

解决方案，促进陆港管理能力、响应效率的提升。随着技术的不断发展，这些应用将进一步完善和创新，推动陆港信息系统的智能化水平迈上新的台阶。

（二）区块链技术的落地应用，加强数据的可追溯性

区块链技术未来将逐步落地到陆港业务过程中。结合区块链和电子提单可以实现多家货主进行凑整发货的方式，解决单个需求方货物的运输量不足问题。区块链技术的去中心化特点可以建立一个共享平台，让多家货主和承运商能够在同一个系统中共享运输需求和容量信息。通过在区块链上建立智能合约，参与方可以透明地提交货物运输需求，并同时查看其他参与方的运力资源。在区块链平台上生成电子提单，并将其与货物信息相关联，确保相关信息和交易记录的不可篡改性和可追溯性。通过电子提单，各个参与方可以实时共享和跟踪货物的状态和位置。

区块链系统还可以根据提供的容量信息自动匹配其他货主的货物，以凑整发车。这种匹配和凑整的过程可以通过区块链的智能合约来实现，确保交易的公平和透明性。当凑整发车后，区块链系统会自动更新货物运输状态，并将有关的支付和结算信息记录在区块链上。参与方可以通过区块链系统实时查看货物的运输进展和支付状态，减少信息不对称和延迟，提高合作的效率和信任。

陆港可以通过提供一个共享平台结合智能合约机制，实现多家货主进行凑整发货。这样既可以避免货物运输量不足带来的成本浪费，也可以通过区块链的可追溯性和电子提单的实时共享与跟踪，确保交易的安全和可靠性。

（三）网络安全与数据安全重视程度不断加强

随着信息技术的快速发展和智慧陆港的建设，陆港信息系统在未来的发展中将面临日益复杂的网络安全和数据安全挑战，要加强对网络安全和数据安全的重视程度。

网络安全防护能力应不断强化，持续完善网络安全策略和防护体系，加强网络边界防御，建立入侵检测和响应机制。同时，要加强人员的安全意识培训，培养专业的网络安全技术团队。提高陆港信息系统内部网络安全防护能力。

数据安全保护能力逐步提升。可以采用先进的加密技术确保数据的安全性和完整性，对数据进行加密存储和加密传输，确保只有授权人员可以解密访问和操作敏感数据。另外，结合区块链技术进行数据安全审计方面的落地实践，提高数据的可信度、安全性和可追溯性。加强数据合规性与隐私保护也是数据安全保护的重要组成部分，陆港信息系统将不断加强对敏感数据的重视程度，并确保数据传输和共享过程中的隐私保护。

人工智能技术也将应用于强化网络安全和数据安全。实时监测并识别防范安全威

胁，对外发的文件内容进行审计监管，避免数据外泄事件的发生。这些措施的综合应用可以有效加强陆港信息系统的安全防护能力，确保数据的安全性和可靠性。

（四）国产化水平不断提高

现阶段的陆港信息系统软硬件依赖国外厂商和国外产品程度较高。在以后的发展过程中，国产技术的占有比例将会不断提升，国产化软硬件比例会不断提高。目前已有很多的陆港园区在建设过程中与国内的厂商进行合作，从硬件服务器到业务软件开发都有各类与国内厂商合作的案例。虽然国内厂商依旧存在关键核心模块部件依赖国外产品的情况，但在业务应用层面已经迈出了重要的一步。在未来，国内厂商将会提供更多具有竞争力的解决方案，满足国内需求并在国际市场上获得更多认可。

第二节　2023 年国际贸易"单一窗口"建设成果及发展介绍

一、建设背景

党中央、国务院高度重视国际贸易"单一窗口"建设。党的十八大以来，先后对国际贸易"单一窗口"建设作出了一系列部署，要求立足电子口岸加快国际贸易"单一窗口"建设，将其作为促进贸易便利化、改善口岸营商环境的重要举措和平台。国际贸易"单一窗口"建设连续三年写入政府工作报告。

中央层面通过国务院口岸工作部际联席会议统筹推进"单一窗口"建设，统一有关标准规范，制定"单一窗口"标准版并推广应用。由海关总署（国家口岸管理办公室）牵头，25 家口岸相关单位组成"单一窗口"建设工作组，实行共建、共管、共享，中国电子口岸数据中心负责技术承办。地方层面由各级人民政府牵头形成地方协调推进机制，在推广应用"单一窗口"标准版基础上，积极拓展地方特色服务功能。

二、建设情况

一是口岸执法服务板块（B2G）。目前实现了与公安部、生态环境部、交通运输部、商务部等 27 个部门系统对接和信息共享，建成上线了货物申报、舱单申报、运输工具申报、检验检疫、许可证件、原产地证、企业资质办理、税费办理、出口退税、加工贸易、跨境电商、物品通关、口岸物流、金融服务、服务贸易、查询统计、移动应用、收费公示、上合经贸综合服务等 22 大类服务功能，提供服务事项 823 项。服务覆盖全国所有口岸和各类监管区域，基本满足跨境贸易"一站式""全链路"业务办理需求。截至 2023 年 8 月，总用户数 462 万，月活跃用户数 100 万，每日互联网服务请求 1.4 亿以上，日均业务数据交换量 1.2 亿以上，日均申报业务单量 1500 万单以上，主要申报业务（货物、舱单和船舶申报）全国应用率 100%，网络可用率达到 100%，系统可用率达到 99.99% 以上。

二是口岸管理部门"三互"板块（GG）。建立数据资源共享目录，汇集了 17 个成员单位提供的 71 类 3429 个共享数据项，累计交换数据超 34 亿条，发挥了数据共享应用效益。推进进出口环节监管证件"单一窗口"一口受理和联网核查，进出口环节涉及的 41 种监管证件中，除 3 种涉及安全保密等特殊情况的监管证件外，其余 38 种全部依托"单一窗口"实现联网核查并可通过"单一窗口"一口受理。

三是国际互联互通板块（N2N）。与港澳台地区开展原产地和货物信息交换，香港海关 ECFA 中转证明联网及葡萄酒联网监管。与韩国、巴基斯坦、新西兰、智利等国家开展原产地电子信息交换。与欧盟国家关于 AEO（经认证的经营者）监管结果互认、安全智能贸易航线试点计划（安智贸）信息联网共享。会同澳门依托"单一窗口"建设粤澳货物"一单两报"功能，实现内地出口澳门货物申报信息通过系统自动转译为澳门进口申报信息。与新加坡开展"单一窗口"货物申报数据交换和海运集装箱通关物流信息交换试点项目；签署合作备忘录，推进中新"单一窗口"互联互通联盟链建设，后续还将积极引入其他国家和地区加入联盟链。

四是跨境贸易大数据服务板块（B2B）。推出"单一窗口"金融服务功能，对接 20 家大型金融机构，提供跨境结算、授信融资贷款、出口信用保险等一批普惠金融服务，破解中小微企业融资难、融资贵问题，惠及外贸企业近 24 万家。会同民航局依托"单一窗口"试点建设航空物流公共信息平台，推进市场主体间标准融合、单证电子流转、流程优化和业务协同。试点地区空运进出口物流时间压缩 70%—90%。试点应用口岸通关物流全程评估系统、接入港口、码头、场站等通关物流信息，为压缩整体通关时间提供决策支持。上线口岸收费及服务信息发布系统，汇集展示口岸收费主体、名目及标准，提升口岸收费透明度，便于企业自主选择。上线"掌上单一窗口"移动应用，方便企业掌上办事、随时随地掌握业务办理状态。试点应用企业跨境贸易档案功能，提供企业一体化视图展示服务，辅助企业经营分析。

三、取得的成效

"单一窗口"将国际贸易业务办理流程由"串联"改为"并联"，实现接入、提交、查验、跟踪、办理"五个一"的功能特色。

一点接入：数据多跑路，企业少跑腿。整合各部门申报系统，企业通过互联网随时随地接入办理各项业务。除办理海关、边检、海事等基础通关业务，还可一次性申领涉及农业农村部、商务部、林草局等13个部门的38种监管证件，联网核查和自助打印证书；可一次提交企业备案数据，并行办理进出口所需各类资质申请；可线上缴纳税费、担保支付，收付汇电子联网核销；可线上办理出口退税业务，自动调用和匹配报关单数据，方便快捷；可应用金融服务功能，线上结算、办理融资贷款和投保等，足不出户享受国家普惠金融政策。"单一窗口"还与国家电子政务平台实现了"总对总"对接，在该平台设立了专区。

一次提交：数据一次提交，多次调用。以往企业办理货物出口时，合同、箱单、发票等同一份贸易单据需分别向海关、税务、外汇、银行、运输、仓储、监管场所等提交至少8次，现在通过"单一窗口"企业无须重复提交。推行船舶进出境"一单多报"及全流程无纸化作业，取消了44类70余种共计150页左右的纸质申报材料，办事所需时间由原先累计16小时压缩至2小时，原来跑现场9次以上改为最多跑1次。出口退税功能通过复用报关单数据，可减少企业90%录入工作量，仅上海每月即减少重复录入近2000万项。

一次查验：联合登临，一次查验。依托"单一窗口"平台汇集口岸管理相关部门各类查验信息，实行指令对碰、预约交互、联合登临、一次查验，通过国际航行船舶联合登临检查工作机制，将以往口岸各部门分别实施查验的"串联"作业变为现在的"并联"作业，大大提高了通关效率。依托"单一窗口"海关查验信息推送功能，企业、码头、场站等第一时间获取查验通知信息，有效提高通关和物流衔接效率。

一键跟踪：一键订阅，全程跟踪，有序调度。查询统计功能实现了进出口贸易全流程通关状态查询，企业可以通过手机APP一键订阅，实时推送相关运输工具、货物通关等状态，便于企业实时跟踪、全程掌握，合理安排订舱订位、装箱上船等作业环节的时间，有序开展企业生产运营活动，有效提高贸易透明度，缩短通关时间。

一站办理：企业便利，监管高效，环境优化。企业可通过"单一窗口"一站式线上办理申报、查验、放行业务，并延伸到许可办理、出口退税、网上支付等贸易管理和金融服务等环节。据重庆口岸办测算，通过实施"单一窗口"，水运口岸进出口19个环节优化了8个，优化率42%；抵港到提货时间平均压减率25%；企业成本下降10%以上。

党中央、国务院高度重视，各级领导对"单一窗口"建设给予了高度肯定，认为"单一窗口"建设"五个一"走出了便利通关的很好一步，海关总署会同有关部门继续对标国际先进水平，针对企业需要，加快推出更多有利于改善营商环境的举措。在自由贸易试验区建设五周年座谈会上，指出国际贸易"单一窗口"不断取得新突破，基本形成了与国际通行规则接轨的贸易监管体系。在口岸工作部际联席会议第四次全体会议上，指出我国国际贸易"单一窗口"建设起步晚，但发展很快，在国际上总体处于前列。

2023 年中国国际大数据产业博览会期间，经组委会组织专家推荐，中国国际贸易"单一窗口"被推选为我国数字政府领域卓越贡献类案例。

四、下一步建设发展

构建跨境贸易一站式服务平台。深入挖掘跨部门、跨地区、跨行业应用潜力，持续优化拓展"单一窗口"服务功能，打造集大通关、大物流、大外贸和大数据于一体的"一站式"跨境贸易服务平台。推进进口配额管理等口岸和国际贸易领域相关业务通过"单一窗口"一窗通办。进一步精简口岸领域业务单证，协调简化申报数据项。加强政府部门、相关行业机构、企业之间合作，共同打造集交易、结算、通关、物流、金融、风险控制、品质管理、信息交流于一体的数字化、全链条跨境贸易服务体系。支持跨境电商、市场采购、外贸综合服务、"两头在外"的保税维修、离岸贸易等外贸新业态新模式，促进数字赋能产业创新，助力数字贸易发展，形成经济发展新动能。探索推动境外海关通关、国际物流、境外港口装卸等信息汇聚共享，提供离岸贸易真实性核验服务。建立完善整合跨境贸易领域相关政策要求、法律法规和标准规范的贸易信息门户，提高政策法规透明度和可获得性。探索创新智能感知、智能搜索、智能推送、智能聚类、智能撮合等服务，进一步优化提升"单一窗口"信息采集、互动和共享方式，增强用户体验，提升便利化、智能化服务水平。支持各地结合自身区位优势和外贸发展特点，深入挖掘本地特色服务需求，丰富完善"一站式"服务。

打造智慧口岸一体化数字底座。基于国际贸易"单一窗口"现有数字化基础设施，集约化建设以大数据、云计算、人工智能、区块链、物联网、5G 等多种新技术为基础的智慧口岸数字底座。构建基于微服务、容器等技术的新一代 IT 技术架构，形成设计、开发、集成、测试、运维全流程一体化的数字服务能力和数字管理能力。构建完善数据交换共享平台，增强跨区域、跨层级、跨部门、跨系统的数据交换服务支撑能力。构建完善跨境贸易大数据平台，打造具有全球影响力的口岸大数据中心，推进大数据治理体系建设，提升大数据智能分析支撑能力。构建跨境贸易开放生态系统，赋能口岸各行业创新发展，探索公共数据安全、有序开放。

加强运行安全管理。强化系统运行及数据安全管理，确保"单一窗口"安全、稳定、高效运行。建立监、管、控一体化自动运维平台，提升故障快速响应处置能力。构建应用数字化运维视图和关键业务全链路监控，提升业务运行态势感知能力，推进运维服务数字化、自动化、智能化转型。构建完善标准化客服体系，规范服务流程和话术，提高智能化服务水平，提升服务质量和用户体验。构建完善网络安全防护和数据安全管理体系，严格落实网络安全等级保护、商用密码应用安全、关键信息基础设施安全保护、个人信息保护、数据出境安全等要求，确保系统运行安全稳定、数据管理安全合规。

第八章　陆港标准发展现状与未来展望

陆港对拓宽海港出口，增强内陆地区与全球经济的联系，促进我国中西部地区外向型经济与产业发展具有十分重要的意义。21 世纪初，陆港开始在我国各地建设形成，并保持着较快的发展速度，截至目前，我国已有 300 多个陆港投入建设和运营。当前，我国陆港正处于快速发展阶段，陆港的规划、建设和运行尚未形成成熟模式，存在物流设施规模小、功能简单、增值服务少等问题。陆港的规范运营需要政府部门和行业组织的引导以及陆港企业自身管理的提升，陆港相关标准作为一种技术手段，在陆港规范运营和服务水平提升方面能发挥其独特的基础作用。

一、国际陆港标准发展现状

《政府间陆港协定》是联合国多个国家政府之间签署的协议，对促进跨境贸易和货物运输具有重要作用，特别是涉及内陆港口或物流中心的地区。该协定主要包括：内陆港口定义和范围，明确定义内陆港口的概念，包括其功能、地理位置和服务范围等；简化跨境贸易程序，减少官僚主义，促进货物流通的顺畅性；鼓励各国政府在内陆港口的标准、程序和操作上进行协调，以确保一致性和高效性；有关内陆港口基础设施的投资和发展的内容；鼓励各国海关之间的合作，以确保货物顺畅通关和跨境监管。涵盖与内陆港口运营和货物流通相关的法规和法律框架，以支持内陆港口的有效运营；鼓励国际和国内合作项目，以支持内陆港口的发展和合作。其附件涵盖了全球具有国际重要性的部分陆港及关于发展和运营陆港的指导原则，缔约各方在建设、升级改造和营运陆港时应尽一切可能遵循这些原则。

UNCTAD（联合国贸易和发展会议）制定的 Dry Port Toolkit 陆港工具包主要包括陆港的规划和运营、建设和管理、监测和评估。其提供了有关陆港的规划和设计的地理位置、设施布局和运输接驳等建议，涵盖了陆港运营和管理的各个方面，包括货物装卸、仓储、物流管理、信息技术应用和安全措施等，更提供了可供参考借鉴的世界各地的成功实践案例。

UNCTAD 还发布了 *Handbook on the management and operation of dry ports*（《陆港管

理操作手册》)，该手册旨在为普遍适用建立陆港所涉及的一般程序提供规划指南。出于规划目的，不仅讨论了陆港选址原则、选址考虑因素和规模问题，还描述了陆港的典型特征，特别是其设施和布局。列出了它们的潜在好处，并分析了它们在联运系统中的作用。最后总结了集装箱化对陆港运营的影响，包括多式联运运营商的责任。涵盖了有关陆港的海关公约和程序，概述了陆港的行政和管理结构，讨论了旨在确保此类设施长期盈利的营销策略建议。

UNCTAD 还发布了 *Building Capacity to Manage Risks and Enhance Resilience：A Guidebook for Ports* (《管理风险和韧性提升能力建设：港口指南》)，给出了提升供应链韧性的方法。规定了风险识别、评估和管理工具及技术，并描述了港口的韧性建设流程。该指南针对的是整个海运供应链中参与建设港口韧性的利益相关者，更具体的是针对在运营、管理或监管与港口相关的运输和物流链时参与港口生态系统的关键参与者和利益相关者，比如内陆承运人和内陆物流运营商 (陆港、内陆集装箱堆场、仓库、物流和配送中心)。

UNECE (联合国欧洲经济委员会) 发布了一些关于多式联运和陆港的条约来促进国际贸易和货物运输的便捷性，减少货物损失和货物运输中的不确定性。CMR (国际公路货物运输合同公约) 是关于国际道路运输的法律框架，它规定了在国际货物运输中的责任和义务，适用于在合同下进行的国际道路运输。陆港通常涉及货物从道路运输到其他运输方式 (如铁路、水路或空运) 的转运，该公约通常用于规范货物的道路运输，与陆港有较好相关性。CIM (国际铁路货物运输公约) 是关于国际铁路货物运输的法律框架，它规定了不同运输方式 (如铁路、公路、水路和空运) 之间的合同关系和责任，其通常用于跨运输方式的货物运输，例如从陆港到港口或其他目的地。

陆港标准的制定主要受到各地区的地理、经济、法规和发展需求的影响，联合国主要从促进不同地区间货物流通、减少环境污染和提高可持续性角度统一陆港约定和规范。联合国在促进陆港国际标准和规范发展方面做了比较多的工作，欧盟和北美针对陆港的专项工作较少。

二、国内陆港标准发展现状

目前国内关于陆港的标准也比较少，我国现行的陆港相关行业标准为 2018 年发布的《陆港设施设备配置和运营技术规范》(JT/T 1213—2018)，此标准按照 GB/T 1.1—2009 规则起草，由全国港口标准化技术委员会 (SAC/TC 530) 提出并归口。该标准规定了陆港设施设备配置和运营技术规范。

2023 年 5 月 25 日，中国开发区协会《中国开发区协会关于〈陆港分类与评估指标〉团体标准立项的通知》正式下发了《陆港分类与评估指标》团体标准立项通知。

归口单位为中国开发区协会标准化工作管理委员会，牵头单位为中国开发区协会陆港分会、交通运输部科学研究院。该标准依据陆港所具备的主要交通基础设施类型将陆港分为多式联运型陆港及公路型陆港。主要涵盖了六类指标，具体如下：设施设备含 9 项指标，主要反映陆港基础设施建设情况，考量陆港的承载能力。口岸服务含 2 项指标，主要反映陆港的通关报检等口岸服务情况，考量陆港的口岸服务能力与效率。信息化建设含 3 项指标，主要反映陆港信息化建设与信息互联互通情况，考量陆港的信息化发展水平。配套服务含 2 项指标，主要反映陆港为服务企业提供配套服务及增值服务的情况，考量陆港的综合配套服务能力。运行管理含 8 项指标，主要反映陆港主体功能业务培育情况，考量陆港实际运行水平。高质量发展含 4 项指标，主要反映陆港在创新工艺、研发设施设备以及示范引领情况，考量陆港创新发展水平。

该标准于 2023 年 10 月 17 日正式对外发布。通过该标准的实施，有利于推进我国陆港规划、建设与运营的规范化进程，促进陆港功能的发挥。该标准陆港评估的重点在于明确政府部门和行业组织所要鼓励的陆港的发展模式，并为行业提供可学习的标杆陆港。

与此同时，由中国开发区协会陆港分会、交通运输部科学研究院联合编制的陆港相关行业标准也在交通运输部进行申报中。

三、国内陆港标准存在的问题

当前，我国陆港正处于快速发展阶段，陆港已成为现代物流系统的重要组成部分，而陆港标准发展仍处于起步阶段，其规划、建设和运行尚未形成理想的模式。推进陆港标准化发展，对于规范陆港规划、建设、运营和提升服务水平方面具有重要意义。通过国内外陆港标准发展情况的梳理，可以发现如下问题。

（一）陆港相关标准非常缺乏

陆港是物流行业适应国际、国内经济发展的专业化转型产物，是沿海港口向内陆延伸的核心支撑。但以陆港为研究对象的标准相对较少，目前已发布实施的陆港行业标准仅有 1 项《陆港设施设备配置和运营技术规范》（JT/T 1213—2018），团体标准《陆港分类与评估指标》对外发布不久。而与陆港业务相关的物流、港口、口岸等各级标准中涉及分类、编码、代码的就达到 800 多项，相对来说陆港标准的种类和数量远低于其他标准。

（二）陆港基础标准亟待解决

近些年，在"一带一路"倡议背景下，我国陆港发展面临井喷之势。陆港和陆港产业的快速、持续增长，使我国陆港建设进入高质量发展时期，为更好地将内陆港与海港、空港紧密联系，并在国际贸易与运输体系中有效区分陆港、海港、空港，强化陆港标准化是基础工作之一。及时开展陆港国际对标工作，开展分类编码标准、评估指标研究工作等是亟待解决的问题之一。

（三）陆港标准体系需要建立

"多式联运"的蓬勃发展，为纵深的内陆带来了新的机遇，陆港以其快速灵活、城市融合、产业化等特点得到迅速发展，同时陆港的发展也遇到了很多问题。为国际陆港建立统一完善的标准体系，不仅可以使当前行业存在的问题得到解决，而且有利于管理和引导国际陆港取得更快、更好发展。通过研究陆港要素和功能，将分散、孤立的各类陆港统一到标准体系框架中进行管理，建立对标国际、适应国内的陆港建设、运营、管理、评估标准体系，这样才能更好地推进和引导陆港规范健康发展。

四、工作展望

立足国内外陆港标准发展现状、特点及存在的问题，对我国陆港标准下一步重点工作提出以下展望。

重点标准先行先试。我国现阶段陆港相关标准比较缺乏，可择机将分类、编码、指标等重点标准先行制定并进行推广，以指导现阶段陆港发展，边推广边实践边修正，以点带面促进陆港标准化工作有序进行。

建立陆港标准体系。标准有不同维度的划分方式，既有国家标准、行业标准、地方标准、团体标准和企业标准的五级标准纵向划分体系，同时从陆港本身发展又涉及陆港全生命周期的不同阶段，未来可依托有关协会、学会、联盟或科研机构等建立陆港标准体系，广泛借鉴其他标准体系发展经验，从建设、运营、评估等角度建立标准体系，设定标准研究领域，指导陆港标准健康发展。

规范团体标准发展。2023 年 3 月 1 日，由国家市场监督管理总局最新修订的《国家标准管理办法》正式开始施行。该办法第十六条指出，对具有先进性、引领性，实施效果良好，需要在全国范围推广实施的团体标准，可以按程序制定为国家标准。这一团体标准相关政策一经发布，立刻引起全社会广泛关注，标准化需求得以充分释放。根据全国团体标准信息平台的统计数据，截至 2021 年年底，在该平台上注册的社会团体达 5661 个。近年来尽管在该平台上注册的社会团体增速有所放缓，但仍达到 30% 的增速。截至 2021 年年底，我国共发布团体标准 33693 项。尽管增速放缓，但我国团体标准发布数量仍保持 50% 以上的高速增长。但目前团体标准发展很不均衡，标准化制度不健全，标准质量参差不齐，缺乏制定标准的严谨性。如何促进团体标准规范优质发展，提出并制定具有原创性、高质量的团体标准，引导社会团体标准化良好行为，加强团体标准的监督，将成为今后团体标准发展的重点工作。

标准制定科研先行。"十三五"以来，我国加大了国家重点研发计划的实施力度，大量科研成果不断涌现，一方面可鼓励社会团体将国家重点研发项目、科技奖励获奖项目等主要研究成果形成或纳入标准规范，另一方面可鼓励社会团体设立团体标准研究项目，条件成熟时可将标准研究成果转化为标准，科研与标准制修订工作同步进行，推进陆港标准发展。

内优外联国际对标。在"一带一路"倡议体系下建设陆港体系，最重要的是实现标准、法律、规则之间的协调联动。目前"一带一路"共建国家的技术标准和规则存在很大差异，同时，陆港尚未引入国际贸易术语，对国际物流体系的形成造成了阻碍。需加强"一带一路"倡议下相关标准的协调，利用境外项目合作机会，对我国陆港建设的相关标准进行宣介，有针对性地提高基础设施建设、运输装备、运输组织等标准在相关国家的采标率，增加我国标准的国际影响力，做好我国与国际标准的对接工作，把握好国内陆港相关标准的修订时机，在有实施条件的情况下，提高国际标准的采用比例，为提高陆港运营效率，降低运营成本，更好地参与"一带一路"倡议下的陆港合作提供有效支撑。

第九章 强化物流枢纽功能与推进多式联运发展

近些年，多式联运发展受到高度重视，政策和市场维度均取得积极发展成效，在优化我国运输结构，促进降低全社会物流成本中发挥着重要作用。为加快构建我国现代产业体系，多式联运发展推进需要突破单纯的行业视角，深化供给侧结构性改革主线，聚焦多式联运的产业服务价值，增强联运服务对产业运行的适配性，提高联运服务产品的市场竞争力，形成新的发展路径。国家物流枢纽等物流顶层节点设施既是区域产业组织的供应链集成平台，也是物流要素的集聚和运作载体，在精准策划形成联运服务、培育有竞争力的联运服务产品中发挥着关键作用。经过 2018 年以来持续推进国家物流枢纽建设成网，串接枢纽的运输通道逐步形成，围绕枢纽推进多式联运具备了通道化、网络化发展的良好基础。强化枢纽有关功能，推进运输组织与产业组织有机统筹，将进一步发掘多式联运服务经济发展的功效，推动联运高质量发展。

一、强化物流枢纽服务地区经济发展平台功能，推动形成供需适配的多式联运服务体系

多式联运作为一种服务产品，反映需求、适配需求是其存在和发展的根基，必须将多式联运置于行业供给和区域经济需求的整体框架下统筹推进。单纯从运输和行业视角推进联运发展，容易导致服务供给无法适配经济运行需求的潜在结构性问题。实践中，阻碍联运发展困难的瓶颈往往并不在于设施能力不足或设施联通不够，而在于服务产品不能很好满足地区产业组织和运行的需要。如不少运输场站即使具备了多式联运开展的设施联通条件，但因缺乏符合地区经济联系特定方向要求的网络服务，缺乏适应现代产业组织特征的稳定、高效通道网络服务，最终难以将潜在的需求转化为真正的市场需求。服务供给难以适应和集成需求，导致联运组织中的规模运作不足，进而削弱了联运服务产品的成本和效率竞争力，市场动力偏弱。随着我国加快推进产业升级，提升产业链供应链现代化水平，这一问题日益凸显，无论是多式联运自身的发展，还是多式联运对经济发展的支持，均需要寻求合理发展路径。

高质量推进多式联运发展，首先应从底层的供需逻辑出发，统筹好行业组织载体

与地区经济产业组织平台之间的发展关系，解决好多式联运服务的适配性问题，形成具有供给侧结构性改革特征的发展新路径。国家物流枢纽是地区供应链集成平台，与传统运输视角、场站维度推进联运发展不同，物流枢纽具有反映地区经济产业发展需求，生成包括多式联运在内各项物流服务的基础功能，这将成为统筹供需双侧、培育高度适配的联运服务体系的关键。应聚焦更好发挥枢纽衔接供需功能，推进多式联运高质量发展，强化国家物流枢纽运营主体功能，发挥通道网络运营关键主体作用，紧扣地区经济需求，科学集成服务指向，精准培育干、支通道网络服务，做好联运衔接组织方案，高水平打造多式联运服务体系。

二、发挥物流枢纽要素集聚优势条件，推动建立具有竞争力的多式联运服务生态

形成多式联运产品成本、效率角度的竞争力，将是在市场维度有效推进联运发展的现实基础。多式联运具有利用低成本、高效率干线通道的优势，要将通道环节优势放大为现实中的干支网络全程服务优势，就必须营造物流规模经济、网络经济格局和联运服务支持产业增量价值实现的生态，促进联运组织功能融合、运作一体、服务创新。因此，在强化物流枢纽发现需求、指向性构建联运服务体系的基础上，还应发挥好国家物流枢纽集聚交通要素、物流要素、产业服务要素的条件，加快培育具有成本效率竞争力的服务产品，发掘多式联运推广的市场内驱动力。

首先，应依托国家物流枢纽拓展多式联运规模运作空间。需要认识到，多式联运仅仅是产业组织需求的一种运输组织形态，除此之外，还存在大量的以仓储为依托，改变时、空的产业供应链组织需求，直接干线转支线的联运需求，往往不足以支持形成规模化的组织条件。将多式联运服务置于运输服务和干支仓配供应链服务的整体框架下，进行统筹组织，将形成服务经济产业的多种组织范式选择。拓展多式联运组织业务规模，有利于提升包括多式联运在内的干支仓配物流组织的经济性。为此，国家物流枢纽需整合多式联运的运输系统和干支仓配的供应链系统，在扩大业务规模基础上，构建规范运作、稳定服务的多种网络产品，以降低成本、提高效率、优化服务，培育联运服务产品市场竞争力。其次，应依托国家物流枢纽，强化全程组织的一体化水平。在设施功能、空间布局、运营组织等方面，支持不同环节运输服务有效对接，推动运输与关联的供应链服务的有机融合，形成干线通道、支线网络、场站业务的一体化方案。缩短组织环节，提高组织效率，生成一体化业务和服务。此外，在扩大规模组织、推进全程一体组织的基础上，着眼将多式联运服务嵌入供应链，形成运输、仓储、商贸、金融、信息、通关等整体服务，创造服务对象产业价值，增强市场需求动力。

三、发挥物流枢纽主体作用，系统科学营造多式联运高质量发展环境

多式联运发展中的设施互联、信息对接、标准衔接等，是多式联运发展的重要支撑，也是长期以来推进多式联运的工作重点和难点。通过构建具有供需适配指向的服务体系，形成具有市场竞争力的服务产品，可以使上述基础工作的推进具有更强的针对性、更有效的内在逻辑。必须发挥好国家物流枢纽在统筹交通与物流、物流与经济、行业与地方中的关键作用，推动形成良好的多式联运硬件、软件发展环境。

应依托国家物流枢纽，聚焦重点、注重创新，推进多式联运基础工作。一是有指向地推进设施互联互通。改变泛泛地推进铁路专用线进港区、进园区的做法，结合不同地区、不同节点的产业组织结构，统筹交通场站、物流枢纽、产业空间等，进一步细化物流和多式联运空间布局、运作组织设计，科学精准推动铁路专用线等设施和能力建设。二是强化功能融合建设。深化资源整合和体制机制创新，推进铁路场站、港区等设施与市场化的仓储物流、供应链服务设施等有效整合，促进功能融合，加快多式联运融入供应链系统，更好地服务地区经济效能。三是建立业务逻辑下的信息互联互通机制。在不同主体协作培育共同服务业务、共同创造服务新价值基础上，强化枢纽对主体间信息互联互通的平台支撑功能，建立健全信息联通机制，提高信息交换安全水平，增强接口标准化处理能力，营造信息联通的市场驱动生态和技术支撑环境。四是主动促进标准对接。以具有规模特征、上下游串接特征的枢纽业务体系为基础，以共同的业务盈利为驱动，建立企业协商机制，共同形成枢纽内不同运输方式之间、运输与仓储物流企业之间、物流与工贸企业之间的标准优化路径。

第十章 我国陆港多式联运发展现状及未来趋势

第一节 我国陆港多式联运发展现状与趋势

一、我国多式联运通道建设情况

当前，我国多式联运基础设施进一步畅通。"6轴7廊8通道"国家综合立体交通网加快推进。根据《国家综合立体交通网规划纲要》，国家综合立体交通网主骨架实体线网里程29万公里左右，其中国家高速铁路5.6万公里、普速铁路7.1万公里，国家高速公路6.1万公里、普通国道7.2万公里，国家高等级航道2.5万公里。6条主轴：京津冀、长三角、粤港澳大湾区、成渝地区双城经济圈4极之间的综合性、立体化、大容量、快速化的交通运输主轴。7条走廊：京哈、京藏、大陆桥、西部陆海、沪昆、成渝昆和广昆多方式、多通道、便捷化的交通运输走廊，形成多中心、网络化的主骨架结构。8条通道：绥满、京延、沿边、福银、二湛、川藏、湘桂、厦蓉交通通道，促进内外连通、通边达海，扩大中西部和东北地区交通运输网络覆盖，如表10-1所示。

围绕陆海内外联动、东西双向互济的开放格局，我国着力形成功能完备、立体互联、陆海空统筹的运输网络。发展多元化国际运输通道，重点打造新亚欧大陆桥、中蒙俄、中国–中亚–西亚、中国–中南半岛、中巴、中尼印和孟中印缅7条陆路国际运输通道。强化国际航运中心辐射能力，完善经日韩跨太平洋至美洲，经东南亚至大洋洲，经东南亚、南亚跨印度洋至欧洲和非洲，跨北冰洋的"冰上丝绸之路"等4条海上国际运输通道，保障原油、铁矿石、粮食、液化天然气等国家重点物资国际运输，拓展国际海运物流网络，加快发展邮轮经济。依托国际航空枢纽，构建四通八达、覆盖全球的空中客货运输网络。建设覆盖五洲、连通全球、互利共赢、协同高效的国际干线邮路网。

表 10-1　　　　　　　　　国家综合立体交通网主骨架布局

类型	名称	路径
6 条主轴	京津冀－长三角主轴	路径 1：北京经天津、沧州、青岛至杭州。
		路径 2：北京经天津、沧州、济南、蚌埠至上海。
		路径 3：北京经天津、潍坊、淮安至上海。
		路径 4：天津港至上海港沿海海上路径。
	京津冀－粤港澳主轴	路径 1：北京经雄安、衡水、阜阳、九江、赣州至香港（澳门）。
		支线：阜阳经黄山、福州至台北。
		路径 2：北京经石家庄、郑州、武汉、长沙、广州至深圳。
	京津冀－成渝主轴	路径 1：北京经石家庄、太原、西安至成都。
		路径 2：北京经太原、延安、西安至重庆。
	长三角－粤港澳主轴	路径 1：上海经宁波、福州至深圳。
		路径 2：上海经杭州、南平至广州。
		路径 3：上海港至湛江港沿海海上路径。
	长三角－成渝主轴	路径 1：上海经南京、合肥、武汉、万州至重庆。
		路径 2：上海经九江、武汉、重庆至成都。
	粤港澳－成渝主轴	路径 1：广州经桂林、贵阳至成都。
		路径 2：广州经永州、怀化至重庆。
7 条走廊	京哈走廊	路径 1：北京经沈阳、长春至哈尔滨。
		路径 2：北京经承德、沈阳、长春至哈尔滨。
		支线 1：沈阳经大连至青岛。
		支线 2：沈阳至丹东。
	京藏走廊	路径 1：北京经呼和浩特、包头、银川、兰州、格尔木、拉萨至亚东。
		支线：秦皇岛经大同至鄂尔多斯。
		路径 2：青岛经济南、石家庄、太原、银川、西宁至拉萨。
		支线：黄骅经忻州至包头。
	大陆桥走廊	路径 1：连云港经郑州、西安、西宁、乌鲁木齐至霍尔果斯/阿拉山口。
		路径 2：上海经南京、合肥、南阳至西安。
		支线：南京经平顶山至洛阳。

续　表

类型	名称	路径
7条走廊	西部陆海走廊	路径1：西宁经兰州、成都/重庆、贵阳、南宁、湛江至三亚。
		路径2：甘其毛都经银川、宝鸡、重庆、毕节、百色至南宁。
	沪昆走廊	路径1：上海经杭州、上饶、南昌、长沙、怀化、贵阳、昆明至瑞丽。
		路径2：上海经杭州、景德镇、南昌、长沙、吉首、遵义至昆明。
	成渝昆走廊	路径1：成都经攀枝花、昆明至磨憨/河口。
		路径2：重庆经昭通至昆明。
	广昆走廊	路径1：深圳经广州、梧州、南宁、兴义、昆明至瑞丽。
		路径2：深圳经湛江、南宁、文山至昆明。
8条通道	绥满通道	绥芬河经哈尔滨至满洲里。
		支线1：哈尔滨至同江。
		支线2：哈尔滨至黑河。
	京延通道	北京经承德、通辽、长春至珲春。
	沿边通道	黑河经齐齐哈尔、乌兰浩特、呼和浩特、临河、哈密、乌鲁木齐、库尔勒、喀什、阿里至拉萨。
		支线1：喀什至红其拉甫。
		支线2：喀什至吐尔尕特。
	福银通道	福州经南昌、武汉、西安至银川。
		支线：西安经延安至包头。
	二湛通道	二连浩特经大同、太原、洛阳、南阳、宜昌、怀化、桂林至湛江。
	川藏通道	成都经林芝至樟木。
	湘桂通道	长沙经桂林、南宁至凭祥。
	厦蓉通道	厦门经赣州、长沙、黔江、重庆至成都。

资料来源：《国家综合立体交通网规划纲要》

　　联网、补网、强链、不断深化，多式联运大动脉、微循环进一步畅通。中欧班列、中欧陆海快线、西部陆海新通道、连云港—霍尔果斯新亚欧陆海联运等国际多式联运稳步发展。中欧班列通达欧洲200多个城市，86条时速120公里的运行线路穿越亚欧腹地主要区域，物流配送网络覆盖欧亚大陆。西部陆海新通道铁海联运班列覆盖中国中西部10个省区市，货物流向通达100多个国家的300多个港口。其中：黑龙江、宁夏等地加快铁路干线瓶颈路段扩能改造，提升衔接保障能力；安徽积极发挥水运优势，依托引江济淮工程加快完善通江达海水运通道，推动铁水联运、江海联运快速发展；上海加快芦潮港铁路中心站建设升级，启用铁水联运专用堆场；广西推动港口集疏运铁路建设，北部湾港三大港区均已实现铁路进港，推动铁水联运一体化运行。江苏省新增"南京－上海"等 7 条海铁（铁水）联运线路，"徐州－无锡"等 3 条公铁联运线路，共开行 100 余条稳定运行的多式联运线路。

二、我国多式联运发展情况

（一）多式联运质效逐步提升，服务构建新发展格局和建设现代化产业体系的能力进一步增强

联运规模稳步提升，推动产业体系提质增效。多式联运与生产制造、商贸流通深入融合，以高效的物流链，推动优化供应链、提升价值链、完善创新链，为更好地服务超大规模市场、推动现代化产业体系建设提供有力支撑。2022 年多式联运量达 38.19 亿吨，较 2021 年增加 3.83 亿吨，同比增长 11.15%，如图 10－1 所示。铁水联运是多式联运的形式之一，2022 年中国港口集装箱铁水联运量达 875 万标箱，较 2021 年增加了 121 万标箱，同比增长 16%，远高于全国货运量的增长速度，如图 10－2 所示。

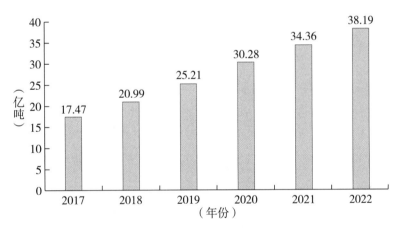

图 10－1　2017—2022 年中国多式联运量

资料来源：交通运输部网站、《人民日报》等公开资料整理

2023 年 1—9 月，我国港口完成集装箱铁水联运量 753 万标箱，同比增长 14.7%。货物运输"公转铁""公转水"深入推进，沿海主要港口通过疏港铁路、水路、封闭式皮带廊道、新能源汽车等方式运输煤炭、铁矿石的比例分别提升至 91.6%、78.1%。

2016—2022 年，交通运输部与国家发展改革委联合组织开展了多式联运示范工程四批 116 个示范项目。2021 年，前三批 70 个多式联运示范工程项目开通联运线路 450 余条，完成集装箱多式联运量约 620 万标箱，较 2020 年增加了 140 万标箱，开通联运

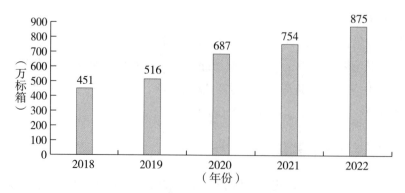

图 10 - 2　2018—2022 年中国港口集装箱铁水联运量
资料来源：交通运输部网站、《人民日报》等公开资料整理

线路基本覆盖国家综合交通枢纽城市和立体交通网主骨架，带动上下游超过 1000 家企业协同联动。

对内更好支撑区域重大战略实施。京津冀、长三角、长江经济带、粤港澳大湾区、黄河流域等重点区域将多式联运一体化发展作为率先突破领域，以多式联运为纽带进一步缩小区域发展差距，带动区域协调发展。2023 年，西部陆海新通道班列全年发送 86 万标箱、同比增长 14%。西部陆海新通道铁海联运班列货物运输网络持续拓展，铁海联运班列辐射我国 18 个省份 70 个市 144 个铁路站点，货物流向通达全球 120 个国家和地区的 473 个港口。铁水联运、跨境铁路联运已成为西部陆海新通道战略实施的坚实底盘。

对外努力推进"一带一路"高质量发展。依托多式联运持续提升中欧班列开行质量。2023 年，中欧班列全年开行 1.7 万列、发送 190 万标箱，同比分别增长 6%、18%，截至 2023 年 9 月，中欧班列通达欧洲 25 个国家的 200 多个城市，86 条时速 120 公里的运行线路穿越亚欧腹地主要区域，物流配送网络覆盖欧亚大陆。着力打造中老铁路"一带一路"标志性工程，2023 年中老铁路进出口货运量超 400 万吨。截至 2023 年 9 月，我国已与 21 个国家开展了国际道路运输合作，共签署 17 个双边、5 个多边国际道路运输协定。持续畅通跨里海多式联运通道，为高质量共建"一带一路"提供坚强支撑保障。

（二）创新驱动深化实化，引领联运发展的内生动力进一步增强

服务模式不断创新。宁波舟山港集团拓展铁水联运"门到门"全程一体化服务，推动班轮公司实现 36 条铁水联运线路"一单制"全覆盖；重庆、成都、义乌、武汉等地依托中欧班列开展铁路运单物权凭证功能和融资模式探索；江苏探索 45 英尺内贸集装箱公铁联运，鄂州、郑州加快发展空陆联运模式；中外运、成都青白江铁路港等加强与货主企业、金融保险机构合作，积极探索多式联运"一单制"新模式。

智能技术不断推广应用。国铁集团探索建设数字化、自动化集装箱场站系统，实施中国铁路 95306 改版升级；中远海运集团推动基于区块链的全球航运服务网络建设；中远海运集团、新海丰、中外运集团公司推进基于物联网的冷藏集装箱港航服务提升。重庆、广西建设区块链多式联运单证平台，推进电子提单金融化发展；青岛、宁波、钦州等一批自动化码头投入使用。

联运数据信息进一步联通。制定发布集装箱多式联运电子运单等标准规范，发挥交通运输数据资源共享交换系统"数据枢纽"作用，促进多式联运各环节信息互联共享。浙江升级打造"四港联动"智慧物流云平台，整合打通 1600 余个系统，汇集超 90 亿条数据，推动多式联运订舱操作效率提升 40%；湖北建设"云上多联"智慧供应链综合服务平台，推动与铁路、多个港口实现数据对接；河南制定发布多式联运服务合同示范文本，明确多式联运全环节各方权利、义务，引导多式联运服务规范发展。

（三）发展环境不断优化，多式联运可持续发展能力进一步增强

支持政策不断完善。国务院办公厅 2021 年印发《推进多式联运发展优化调整运输结构工作方案（2021—2025 年）》，统筹部署、高位推进。2022 年 2 月，财政部、海关总署、税务总局联合印发《关于陆路启运港退税试点政策的通知》，明确从 3 月 1 日起，对符合条件的出口企业从西安国际港务区铁路场站启运，通过广西北部湾港、新疆阿拉山口口岸、霍尔果斯口岸离境的货物，实行启运港退税，助推陆路启运港退税试点政策铁海联运班列（西安—北部湾港）的开通。2023 年 3 月，交通运输部联合自然资源部、海关总署、国家铁路局、国铁集团印发《推进铁水联运高质量发展行动方案（2023—2025 年）》，推动沿海和内河港口集装箱、大宗散货等铁水联运高质量发展；交通运输部联合财政部开展国家综合货运枢纽补链强链，2022 年至今，已下达 120 亿元支持两批共 25 个枢纽城市，推动约 300 个货运枢纽项目和 100 余个集疏运项目建设。国家发展改革委和交通运输部联合有关部门印发《关于加快推进铁路专用线建设的指导意见》，简化铁路专用线接轨条件。自然资源部出台《关于做好占用永久基本农田重大建设项目用地预审的通知》，解决了铁路专用线项目占用基本农田审批"卡脖子"难题。海关总署深化 AEO（经认证的经营者）合作，搭建共建"一带一路"发展平台。国铁集团出台《货运市场化定价管理办法》，加快推进铁路货运价格市场化改革。

实施工作举措逐步实化。全国 20 个省区市，6 家企业将运输结构调整优化和多式联运发展作为交通强国建设试点重要内容。江苏、云南、天津、内蒙古、黑龙江、湖北、广西 7 省区市出台了"公转铁""公转水"、铁水联运发展专项资金支持政策，安

徽、山东、河南、广东等地积极开展省级多式联运示范工程建设，山东、辽宁、福建等地组织开展省级多式联运"一单制"试点，加大政策支持力度。

联运标准规范逐步健全。交通运输部印发实施《铁水联运标准化行动方案（2023—2025）》，先后制定发布《多式联运运载单元标识》《多式联运货物分类与代码》等多式联运标准规范 39 项。2022 年新增综合交通运输国家标准 1 项、行业标准 4 项，标准规范覆盖综合交通基础标准、联运技术装备、数据交换等方面。

三、我国陆港企业开展多式联运情况

2022 年，中国开发区协会陆港分会对国内近百家陆港企业多式联运情况进行了调研，收回 23 家陆港企业多式联运有效信息。调研数据显示，多数陆港企业都开展了多式联运业务，只有 6 家企业没有开展多式联运业务，占比为 26%。开展多式联运的陆港企业占比为 74%。以下为国内典型陆港企业多式联运发展情况。

（一）成都国际陆港

成都国际陆港自 2015 年开始发展多式联运，目前总体业态情况呈现出较为成熟的发展模式。

一是搭建了较为完善的多式联运网络。联通了境外 100 余个城市和国内 30 个城市，业务范围涵盖了欧洲、东南亚及中亚地区，搭建了较为完善的多式联运网络布局。

二是成功获批国家第一批多式联运示范工程项目。2016 年 6 月申报国家第一批多式联运示范工程，2017 年申报获得通过，示范建设期三年，2019 年 12 月在北京正式获批全国首批多式联运示范工程。

三是多式联运"一单制"初见成效。为解决铁路运单规则不统一、无物权属性、无金融功能等制约贸易畅通的痛点堵点问题，自 2017 年成都自由贸易区挂牌以来，成都国际陆港围绕多式联运"一单制"物权凭证属性功能开展探索创新。落地首个基于多式联运"一单制"的跨境区块链平台，"中欧 e 单通"在第二届进博会发布。多式联运一单制集成改革作为四川省经济领域唯一案例、全国自由贸易区唯一案例纳入中组部案例。

成都国际陆港多式联运在支撑其业务运行中发挥了重要作用，具有广泛深远的意义。

一是提高了物流效率。成都国际陆港多式联运充分发挥陆港平台优势，通过结合及发挥不同运输方式的独特优势，实现货物从出发地到目的地的无缝衔接。与单一运输方式相比，陆港多式联运可以有效提高物流效率。

二是降低了物流成本。由于不同运输方式之间各有优劣势及价格差异，陆港多式联运可以通过比较各种方案选择性价比最高的组合运输方式，从而降低客户的物流运

输成本，提升企业的竞争力。

三是优化资源配置。陆港多式联运可以通过多方面组织和协调优化资源配置，提高资源利用率，实现物流资源的最优配置。

与中欧班列业务量相比，多式联运业务量是陆港多式联运打的运输组合拳，充分发挥了各种运输工具优势，取长补短，形成合力。多式联运业务与中欧班列业务形成了优势互补、相辅相成的关系。对于中欧班列而言，主要是站到站的运输方式，想要实现"门到门"运输，离不开多式联运。相比中欧班列业务，成都陆港多式联运业务将货源组织范围和送达范围进一步扩大，形成了横贯东西、联结南北的对外经贸的重要抓手，切实增强了国际班列的辐射力，强化了货源集结力。多式联运解决了中欧班列"最后一公里"的疑难问题并有效降低了物流成本。

（二）新疆国际陆港

新疆国际陆港在多式联运发展方面，以资源共享、优势互补、合作共赢为原则，以畅通道、搭平台、引流量、活存量为目标，进一步完善境内外通道网络，依托运营和信息化平台，集聚进出口货源流量，充分将通道优势和资源优势转变为发展动能。切实发挥陆海内外联动的枢纽作用，助力建设"一中枢三支点"中欧班列枢纽体系，为维护国际产业链供应链稳定畅通、高质量共建"一带一路"提供有力支撑。此外，乌鲁木齐国际陆港区持续加强与天津港、青岛港等的合作，还开启了铁海联运"一单到底"全程物流新模式。

一是全力打造中欧班列跨里海精品线路。

进一步强化枢纽服务水平和承载能力，助力产业集聚，推动区域外向型经济增长，新疆国际陆港着力打造中欧班列跨里海精品线路，由霍尔果斯口岸出境至哈萨克斯坦阿克套跨里海经阿塞拜疆到达格鲁吉亚波季港，并根据业务实际需求，通过海、公、铁多种联运方式辐射高加索、西亚、欧洲南部的国家和地区。

打造跨里海精品班列线路能够充分发挥新疆中欧班列跨里海至西亚、欧洲线路运营的天然比较优势，形成集约化、差异化发展路径，力争将乌鲁木齐国际陆港区打造成为面向跨里海区域货物的集结、分拨、仓储、交易中心，切实推动区域产业结构升级和外向型经济增长。目前该线路双向对开、重去重回的开行格局已初步形成。

二是协力共助西部陆海新通道高质量发展。

按照"统一品牌、统一规则、统一运作"原则，秉承共商共建共享，立足于新疆，服务于新疆和通道建设全局的定位，新疆国际陆港与陆海新通道运营有限公司共同出资成立陆海新通道运营新疆有限公司，以降低物流成本，提高物流效率，提升便利化水平为着力点，以开行陆海新通道新疆班列为切入点，以区域、行业合作形成合力为立足点，发挥规模经济效益，承担跨地区省市联动及国内干线运输，服务并促进全疆物流和商贸经济发展。

依托乌鲁木齐国际陆港区资源要素，用足、用好新疆通道优势、产业优势、物流资源优势及沿边优势等，充分发掘新疆与 RCEP 各国之间的贸易物流需求，积极推进新疆经重庆至广西钦州港出口至 RCEP 成员国的铁海联运班列业务，线路常态化运营后可充分发挥"枢纽＋通道"优势互补作用，实现"一带一路"和长江经济带的协同衔接，有效助力新疆的产品出疆、出国。

三是积极推进中吉乌通道公铁联运业务开展。

作为丝绸之路经济带核心区标志性工程，乌鲁木齐国际陆港区的繁荣发展是新疆对外开放水平的重要体现。新疆国际陆港积极参与中吉乌通道建设，切实联动"一港"与"两区""口岸经济带"，通过高效输出陆港区在物流枢纽建设、通道建设、线路铺化、场站运营、信息化服务中的经验和人才资源，带动口岸和腹地协同发展，集中力量打造有影响力的国际货运综合服务平台，增强新疆向西开放的吸引力和竞争力。

（三）河北陆港集团

河北陆港集团在旗下各陆港构筑面向"一带一路"的国际多式联运大通道，与天津港、秦皇岛港、唐山港、黄骅港等众多沿海港口合作开行海铁联运班列；与新疆霍尔果斯和阿拉山口口岸、内蒙古满洲里和二连浩特口岸、中老铁路云南磨憨口岸、广西东兴口岸形成国际货运合作。

2022 年 10 月，以河北陆港集团旗下石家庄国际陆港为核心、以定州国际陆港和衡水国际陆港为支撑的"石家庄打造京津冀内陆物流中枢的'一核驱动、多点支撑、内外联动、点轴辐射'集装箱公铁海多式联运示范工程"入选交通运输部与国家发展改革委公示的第四批多式联运示范工程创建项目名单。该集装箱公铁海多式联运示范工程，以石家庄国际陆港为核心联运中转节点、定州和衡水国际陆港节点为支撑，聚集运输、场站、口岸等物流资源与要素，通过体制机制创新、合作模式创新、服务模式创新、信息整合创新，构建内外贸一体化的集装箱多式联运平台，实现"一核驱动、多点支撑、内外联动、点轴辐射"的联运新布局。

2022 年，石家庄国际陆港海铁联运实现新突破，开启了全程单物流新模式，是京津冀首个实现"一单到底"国际海铁联运的内陆城市。2022 年，共发运海铁联运班列102 列，同比增长 48％。通过强化"一单到底""铁路快速通关"等便利化措施，开通西部陆海新通道班列，石家庄国际陆港创新发展的"公铁海"多式联运新模式，让陆上丝路与海上丝路全面融合，全面保障了中欧班列平稳运行。

四、国际陆港开展多式联运存在的问题及发展趋势

（一）陆港开展多式联运存在的问题

一是运输组织协同水平不高。陆港枢纽场站"邻而不接""连而不畅"和"中间一公里"等现象依然存在，具有跨方式运营、全程负责能力的多式联运经营人较少，部门间、方式间、企业间、区域间信息互联共享机制还不健全。

二是市场治理机制仍需发力。道路货运过度竞争、低价竞争等现象普遍存在，铁路与公路运价"倒挂"问题依然突出，且铁路运输中转环节多、转运效率低，定价机制不灵活，影响了企业"公转铁"的积极性。

三是政策措施有待进一步创新。管用、好用的政策措施不足，铁路专用线建设投融资渠道不畅，资金筹措压力较大。专用线用地、用海和占用基本农田审批环节多、周期长。

（二）陆港开展多式联运未来趋势

一是在综合枢纽体系建设上持续发力，加快推进交通基础设施互联互通。

推进综合货运枢纽一体规划。认真贯彻《国家综合立体交通网规划纲要》，以实施综合货运枢纽补链强链为契机，切实打造一批基础设施衔接紧密、多式联运网络发达、合作机制灵活顺畅、运营组织高效规范的综合货运枢纽，全面提升运输结构调整承载能力和产业链供应链服务保障水平。

强化各种运输方式协同衔接。各主要港口在编制规划时，明确联通铁路要求，确定铁路集疏运目标，推动铁路港前站、铁路专用线向港口堆场延伸，努力消除铁水联运物理阻断和管理壁垒。进一步推动铁路站场向港口、机场、产业集聚区延伸，鼓励铁路站场向社会开放、共建共享。

加快推进铁路专用线建设。以主要港口、重点园区、民航机场和铁路货站等为重点，加快集疏运体系建设。重要港口港区，新建或迁建大宗货物年运量 150 万吨以上的物流园区、工矿企业等，原则上都要接入铁路专用线或管道。

二是在创新运输组织模式上持续发力，加快提升多式联运服务质量。

加快推进信息互联互通。亟须打通多式联运的数据壁垒、实现信息共享，加强有关各方的沟通协调，借鉴上海铁路局与宁波舟山港集团路港信息共享的成功经验，推动多式联运各领域的信息共享，实现货物全流程在途信息跟踪，推动提升多式联运作业效率。

大力发展集装箱运输"一箱制"。"一箱制"是实现集装箱运输"不换箱、不掏箱"的制度性解决方案。各地要围绕发展铁水联运，引导扩大"散改集"规模，推动铁路 35 吨宽体箱下水。推动铁路、航运企业加快集装箱提还箱点网络化布局，鼓励集

装箱资源共享；培育专业化装备运营市场，实现集装箱高效循环利用；研究推进多式联运货物分类与代码、运载单位标识、数据交换技术要求等规则协同衔接，提升集装箱流转效率，力争在一些重点领域、关键环节加快实现突破。

三是在健全完善法规制度上持续发力，加快推进多式联运规范发展。

加快推进法律法规建设。以开展交通运输法立法研究为契机，统筹推进铁路法、民用航空法、海商法、海事条例、道路运输条例、国际海运条例等制修订工作。鼓励各地积极探索，通过研究制定地方法规、制度规范等方式，针对当前行业发展急需和法律规制短板，加强各种运输方式法规制度的协调衔接和综合配套，进一步明确多式联运基本条件、管理要求、赔偿责任等关键要素，为多式联运健康发展提供坚实法治保障。

加快标准制修订和推广应用。进一步加快综合货运领域标准制修订进程，抓紧制修订一批行业急需、制约明显、切实管用的标准规范，特别是发挥企业在标准研究制定和推广应用中的主力军作用，推动标准尽快出台、落地实施。

五、我国陆港多式联运示范工程案例分析

自 2015 年起，交通运输部联合国家发展改革委启动多式联运示范工程申报工作，示范项目围绕集疏运体系建设、运输组织创新、作业流程优化、多式联运信息共享、技术装备创新应用、标准规范统一等重点任务，强化改革创新，积极探索新路径、新举措，为我国多式联运发展提供借鉴经验和示范引领。截至 2022 年年底，已开启四批多式联运示范工程建设，共确定 116 个多式联运示范工程创建项目。

案例：

"打通大宗物资供应链经济走廊，构建'陆港一体'
多式联运示范工程"

【摘要】该示范工程围绕大宗物资供应链物流需求，新建、改建了两个内陆和三个港口物流基地，开通包含塑化、煤炭、铁合金、铝锭、铝棒、粮食、钢材等多品类运输业务的 10 条多式联运示范线路，打造以仓储服务为基础的供应链生态圈，打造"仓储+"供应链生态圈，发展"储运一体"的多式联运业务模式，探索大宗散货运输集装化和"一单制"试点，取得良好示范成效。

（一）示范工程概况

1. 基本情况

"打通大宗物资供应链经济走廊，构建'陆港一体'多式联运示范工程"（简称

"陆港一体"示范工程）入选第三批多式联运示范工程创建项目名单，2023 年被授予"国家多式联运示范工程"称号。

"陆港一体"示范工程围绕大宗物资供应链物流需求，在大宗物资集散、中转地，新建、改建了两个内陆和三个港口物流基地，打造以仓储服务为基础的供应链生态圈，并将中国物流集团的网络货运平台升级改造为多式联运平台，开展多式联运业务，打造多式联运示范线路。

2. 示范线路

示范工程依托西北能源外运及出海物流通道、陆桥物流通道、青银物流通道、二连浩特至北部湾南北物流通道、沿长江及沿海等国内物流通道和中欧、中亚、南向通道等国际物流通道，按计划开通了包含塑化、煤炭、铁合金、铝锭、铝棒、粮食、钢材等多品类运输业务的 10 条多式联运示范线路。

3. 联运规模

"陆港一体"示范工程建设期内（2019—2021 年）共完成联运总量 1442.11 万吨，其中，集装箱多式联运量为 17.21 万标箱，分别完成实施方案预测量的 168% 和 161%。

4. 站场设施及装备配备情况

"陆港一体"示范工程五个物流基地占地面积总计 2270 亩，年规划设计吞吐能力 1960 万吨，实际完成总投资 25.12 亿元，总投资完成率达到 110%，其中多式联运站场设施、装备设备、信息化建设分别完成投资 21.22 亿元、0.95 亿元、2.95 亿元，投资完成率分别达到 108%、105%、123%。截至 2022 年 12 月底，全部正常运营。其中，南京物流基地依托长江码头而建，天津新港、青岛、洛阳、西安四个物流基地均有铁路专用线接入园区，并配备了相应装卸、转运设施和装备，与周边铁路车站、码头、物流枢纽形成了密切的联动关系。

（二）经验做法

1. 强化内陆、港口物流基地建设，为开展多式联运提供坚实基础

中国物流集团在国内 20 多个省区市建有物流基地，占地面积达 2400 万平方米，铁路专用线 120 余条，初步实现了依托国家干线铁路和主要水运航道等国内物流大通道和国家物流枢纽的网络布局。"陆港一体"示范工程进一步强化了内陆、港口物流基地建设，持续完善"通道＋枢纽＋网络"现代物流运行体系，为开展多式联运业务奠定了坚实基础。

2. 打造"仓储＋"供应链生态圈，发展"储运一体"的多式联运业务模式

"以储带运"，打造"仓储＋"供应链生态圈。打造集期货交割、运输配送、流通加工、现货市场、国际货代、保税仓储、物流金融、信息服务等综合服务于一体的

"仓储+"大宗物资供应链生态圈，满足上下游客户各种需求，为多式联运发展提供稳定货源基础和终端市场。

"储运一体"，取得多式联运实际成效。通过开展多式联运进一步延伸仓储服务链条，减少了货物装卸作业环节、提高运输效率，为客户降低物流成本，促进仓储量的提升，从而形成了"储运一体"的多式联运业务发展模式。同时将多式联运融入大宗物资供应链一体化服务体系。联合铁路和海运公司等相关方共同打造多式联运示范线路，为客户提供更优质、高效、完整的供应链物流服务。

3. 探索大宗散货运输集装化和"一单制"试点

采用 20 英尺 35 吨敞顶箱开展粮食、煤炭公铁联运。一是将玉米从东北白城等地的发运站装箱，经铁路运输至洛阳物流基地，走公路整箱配送到周边粮食加工基地，实现了"一箱到底"，大幅提高粮食转运效率，有效支持了粮食流通散装、散运、散卸、散存"四散化"。二是将洛阳、西安周边的炭块、煤炭在煤场装箱经公路短途运输至物流基地集结成列，再分别发运至广元、贵阳等地，提高煤炭流通效率、减少环境污染。

关于"一单制、一箱制"的探索。依托天津新港物流基地的煤炭多式联运示范线路，采用租用海运集装箱方式，实现了公铁海联运的"一箱制"，促进货物安全性和集疏运效率的提升。同时，中国物流集团作为多式联运经营人与客户签订一个总包合同，与客户一次结算，实现了"一单到底"。

4. 升级改造网络货运平台为"智慧多式联运平台"

中国物流集团的网络货运平台（中储智运），已整合公路货运车辆 300 余万辆、船舶 2 万多条，年运输大宗物资 3 亿吨左右，年运输收入突破 400 亿元。在此基础上开发的智慧多式联运平台已正式上线并投入使用，平台依托整合的全国运力资源；通过"智慧组网路由"物流大数据算法，为客户提供"时效优先""价格优先"的多套物流解决方案；通过"一次委托、一单到底、一次收费"，为客户提供门到门的国内、国际多式联运物流服务与解决方案。

（三）主要成效

1. 践行央企使命担当，助力现代流通高质量发展

以推进"陆港一体"示范工程为抓手，开展了塑化、煤炭、粮食等大宗物资多式联运业务，形成了多条相对稳定的国内多式联运线路；通过依托主要海运航线、中欧、中亚班列等国际物流大通道，积极拓展棉花、纸浆、塑化等大宗物资进出口海铁联运业务，不断完善"通道+枢纽+网络"现代物流运营体系，助力构建"大循环、双循环"新发展格局和现代流通体系高质量发展。

2. 示范工程取得了明显的经济和社会效益

多式联运平台降本增效效果明显。货主企业运输成本平均降低 10%，货主企业物流成本降低超 80 亿元，司机找货时间压缩 69%，运输车辆利用效率提高近 40%。

多式联运示范线路降本增效明显。塑料粒子从陕西榆林经天津新港至广州公铁水联运价格与全程公路运输价格相比，每吨货物运输成本降低了 23%。示范工程 6 条集装箱多式联运线路，每吨货物公里运价平均降幅 36%。

装卸设备创新与应用取得初步成果。一是创新研发了一套由钢板制作的叉车辅助工具，使铝棒等有色金属掏装箱时间由 1 小时缩短为 10 分钟，大大提升了作业效率，铝棒破损率由 30.77% 降低至 0%。二是选用自动测偏龙门吊，有效避免了纠偏费用、重复作业和箱体及货物受损等问题。

标准规范的制定取得进展。根据企业自身业务发展需要，制定并发布了 3 个企业标准：《跨境公铁联运多式联运合同范本》《公铁联运物流园区运营服务准则》《多式联运信息交换平台功能服务规范》，三个标准已经运用到了实际工作中。

第二节　我国陆港多式联运"一单制"发展现状与趋势

一、陆港多式联运"一单制"发展现状分析

（一）政策支持多式联运"一单制"发展

"一单制"是指在多式联运全过程中，托运人一次委托、费用一次结算、货物一次保险、多式联运经营人全程负责的一体化运输服务模式。

多式联运"一单制"是构建现代综合交通运输体系的必然要求，为推进多式联运"一单制"发展，近年来国家有关部门和地方政府有关部门出台了一系列政策。

在国家层面，2022 年 1 月，国务院办公厅印发《推进多式联运发展优化调整运输结构工作方案（2021—2025 年)》，提出要推动建立与多式联运相适应的规则协调和互认机制，深入推进多式联运"一单制"，探索推进国际铁路联运运单、多式联运单证物权化；2021 年 8 月，国务院印发《关于推进自由贸易试验区贸易投资便利化改革创新的若干措施》，提出加快推进多式联运"一单制"发展，探索赋予多式联运单证物权凭证功能，开展赋予铁路运输单证物权属性探索等要求。

2021 年 1 月，《交通运输部关于服务构建新发展格局的指导意见》正式印发，提出要深化多式联运示范工程，推广多式联运运单，推进多式联运"一单制"。2022 年 3 月，交通运输部印发《交通强国建设评价指标体系》，将多式联运"一单制"应用比

例作为货物多式联运水平的表征指标之一；2022 年 7 月，财政部与交通运输部发布
《关于支持国家综合货运枢纽补链强链的通知》，指出要加快推动多种运输方式的信息
平台互联互通，应用全程"一单制"联运服务；2023 年 1 月，交通运输部等部门印发
《推进铁水联运高质量发展行动方案（2023—2025 年）》，提出要推动铁水联运"一单
制"，推进铁水联运业务单证电子化和业务线上办理；2023 年 3 月，交通运输部等部门
发布《加快建设交通强国五年行动计划（2023—2027 年）》，提出要开展货物多式联运
专项行动，积极推进多式联运"一单制"发展，组织开展多式联运"一单制"试点；
2023 年 8 月，交通运输部等单位印发《关于加快推进多式联运"一单制""一箱制"
发展的意见》，指出要拓展多式联运"一单制"服务功能，健全多式联运"一单制"
标准，鼓励各地因地制宜组织开展多式联运"一单制"试点。

在地方层面，2021 年 4 月，福建省交通运输厅印发《福建省多式联运"一单制"
实施方案》，该方案明确要培育"平台型"多式联运经营主体，制定标准统一的单证规
则，对实施"一单制"的企业给予重点支持。2021 年 11 月，贵州省委、省政府印发
《贵州省推进交通强国建设实施纲要》，提出到 2035 年要建成一站式、一单制、一小时
集疏运服务的现代化货运物流体系。2021 年 12 月，山东省交通运输厅印发《山东省
"十四五"多式联运发展规划》，提出要全面推进多式联运"一单制"，统一多式联运
"一单制"标准规范，打造多式联运"一单制"试点工程。

2022 年 3 月，河北省现代服务业发展领导小组印发《河北省"十四五"现代流通
体系建设方案》，提出要培育多式联运经营主体，推进"一单制"，发展公铁空水多式
联运。2022 年 8 月，重庆市人民政府办公厅印发《重庆市推进多式联运发展优化调整
运输结构工作方案（2021—2025 年）》，提出深入推进国家级多式联运示范工程建设，
加快多式联运"一单制"应用，完善多式联运单证标准规则和法律体系。2022 年 8 月，
海南省人民政府印发《海南省碳达峰实施方案》，提出在物流领域，海南将加速发展货
物多式联运，探索多式联运"一单制"。2022 年 8 月，广东省人民政府办公厅印发
《广东省推进多式联运发展优化调整运输结构实施方案》，提出要推进多式联运"一单
制"，引导开展粤港澳大湾区货运"一单制"应用试点。2022 年 9 月，辽宁省人民政
府办公厅印发《辽宁省推进多式联运高质量发展优化调整运输结构行动方案（2022—
2025 年）》，提出开展多式联运"一单制"试点行动，提升多式联运运作效率和服务
水平。

2023 年 4 月，江苏省交通运输厅印发《2023 年全省交通运输结构调整优化攻坚专
项行动方案》，提出要推动大宗货物"公转水""公转铁"，加快推进多式联运"一单
制"发展。2023 年 6 月，广西推进交通强国建设领导小组办公室印发《广西推进交通
强国建设 2023 年工作要点》，指出要推动国际多式联运发展，探索国际多式联运"一

单制"，发展跨境公路物流信息化服务。2023年9月，江西省交通运输厅印发《交通运输服务打造"三大高地"实施"五大战略"的行动方案》，其中提出要加强各种运输方式有效衔接，推行多式联运"一单制"，提升公铁、公水、陆空等一体化联运服务供给水平。2023年10月，河南省交通运输厅印发《河南省交通运输厅贯彻落实省优化营商环境重点任务分工方案》，提出河南将依托多式联运示范工程建设，积极探索公铁、铁水、空陆等重点领域"一单制"。

随着相关政策的出台，各地已陆续开展了一系列"一单制"试点工作并取得显著成效。其中，2023年4月，江西省首列马士基铁海联运"一单制"班列从南昌国际陆港始发，经厦门港直运海外市场，极大地缩短了物流运输时间。2023年4月，宁夏首列"一单制"铁海联运的集装箱班列满载微硅粉从银川货运中心发车，经天津港海运至迪拜杰贝阿里港，标志着宁夏—天津港—迪拜"一单制"铁海联运国际货运出口通道正式开通。2023年5月，四川省首列汽车散件"一单制"融资出口专列从成都国际铁路港发车，驶向白俄罗斯热季诺，这是多式联运"一单制"融资首次应用于出口班列。

（二）陆港多式联运"一单制"实践情况

由陆港及其代理签发的多式联运提单分为铁海联运提单和国际铁路联运提单，其中重庆、成都、郑州、石家庄、济南、西安等陆港均开通了海铁联运业务，同时也签发了海铁联运提单。

从成都、重庆、郑州等地的原有实践看，各地签发的国际货物联运"一单制"单证分为两类：一类是由铁路运输企业即实际承运人签发的国际货物联运"一单制"运单；另一类是由联运经营人、货物运输代理公司签发的国际货物联运"一单制"提单，其中提单又可以分为由货运代理公司自己签发的和由中国国际货运代理协会（CIFA）推出的多式联运提单。

1. 基于铁路运单的国际货物联运"一单制"运单实践

近年来，中国铁路成都局集团有限公司（以下简称成都局）不断通过试点，打破传统不同铁路货运规则以及铁路与公路、航空、水运不同规则间造成的制度壁垒，以"一单制"运单的方式建立新的国际货物联运规则体系。成都局深化与国内外大型航空、港航、公路及物流企业合作，将设计试用"铁空联运单""铁海联运单"等作为突破口，取消了原来由航空、海运、高铁等不同运输区段承运人各自分别签发运单的方式，减少中间环节，提高运输效率，多式联运全程使用"铁空联运单""铁海联运单"，推动不同运输方式之间信息、标准、安检一体化逐步实现，探索联合承运人互通互信互用机制，同步建设铁、公、水、空多式联运物流枢纽、还箱点等基础设施，有效解决物流效率低、成本高等问题，推动铁路有机融入并主导多式联运网络。

2017年8月、9月，成都局联合四川航空、四川机场、中铁快运等单位，分别完成了从绵阳经成绵乐高铁和成都双流机场空运至上海的国内快件（全程9小时），以及香港入境经成都双流机场和成绵乐高铁送至绵阳长虹工厂的国际快件"空铁联运"试运。此次试点使用了相关企业自行设计的"空铁联运单"和包装箱，在国内首次采取高铁加航空无缝接驳，货物只在开始运输时经历一次装箱，中途变换运输方式时不再换装，并且取消原有航空、高铁运单，全程使用"铁空联运单"。

在"一单制"运单发挥运输物流作用的基础上，成都局基于承运人控货的现实，开展铁路运单的国内国际信用证结算规则试点，意在挖掘铁路运单的金融价值。2017年9月，成都局与中国银行四川分行（锦江支行）联合设计了基于铁路运单的国内信用证"一单制"交易模式试点规则流程（国内版"铁银通"）。按此规则，2017年9月15日，将西昌经铁公联运发往成都的钢材（攀钢卷钢），以铁路运单作为国内信用证跟单凭证，并发文明确铁路运单作为唯一的领货凭证有效交付凭证，银行基于控货权为客户提供国内信用证结算服务的全国首单试点。2018年12月25日，成都局在国内首单铁路运单信用功能拓展规则案例基础上，联合中国银行四川分行设计发布了基于国际铁路联运运单的国际信用证"一单制"交易模式试点规则流程（国际版"铁银通"），依托俄罗斯伊尔库茨克到成都的中欧班列（木材商品），2019年1月完成了全球首单"国际信用证＋人民币结算"的货物贸易金融化创新试点。

2. 由货运代理公司签发的"一单制"提单实践

"一单制"提单是由货运代理公司、货运经营人签发的。货物托运人只需要在货运代理公司、货运经营人处办理一次委托运输手续，并据此办理一次结算，由货运代理公司、货运经营人向托运人出具一张全程运输单证，托运人凭此单证在货运代理公司、货运经营人处提货，免除了托运人在原来模式下陆运、海运、空运分段委托结算的麻烦。值得注意的是，涉及铁路运输的"一单制"提单，是市场经营主体参照海运提单之名自行创设的运输服务单据，在现行法律规定中并无明确界定。按照其规则制定的主体不同，又可以分为由货运代理公司、货运经营人自己制定规则的普通"一单制"提单，NVOCC（无船承运人）海铁联运提单，以及由中国国际货运代理协会（CIFA）推出的CIFA提单。

无船承运人提单是当前以海运为主的多式联运提单主要类型之一，受《统一提单的若干法律规定的国际公约》《中华人民共和国海商法》《中华人民共和国国际海运条例》《中华人民共和国铁路法》《中华人民共和国合同法》《中华人民共和国保险法》《英国伦敦协会海运货物保险条款》等多种法律保护。中远海运物流有限公司签发无船承运人提单，通过背靠背的形式推动多式联运"一单制"。2013年，首单应用在渝深铁海联运上。

中国国际货运代理协会推出的 CIFA 提单是响应《"十三五"现代综合交通运输体系发展规划》的创新尝试。CIFA 提单严格按照商务部《中华人民共和国国际货物运输代理业管理规定实施细则》，经过多次征求听取最高人民法院、海事仲裁委员会等相关部委、企事业单位、专家的意见建议，符合中华人民共和国国内贸易行业标准 SB/T10800－2012/ISO 所规定的多式联运提单规范，有助于进一步提升跨境多式联运一体化服务水平，是中国国际货运代理协会推进实现跨境多式联运物权化工作的创新成果。

为发挥 CIFA 提单在促进以中欧班列为代表的"一带一路"国际经贸通道建设、助力外贸企业提质降本增效、保障服务于中欧班列的国际货运代理企业权益等方面的积极作用，加快 CIFA 提单的推广使用，中国国际货运代理协会在重庆、成都、郑州、连云港、哈尔滨、深圳等地区具备条件的中欧班列上进行试点使用。

为了满足进口企业的融资需求，同时也为了提升国际铁路联运业务的运量，让国际铁路联运能够继续发展壮大，货代公司在铁路运单之外还创新签发了"提单"，通过合同约定将"提单"作为唯一提货凭证并由货代公司全程"控货"，托运人凭"提单"向银行办理议付、结汇、押汇等融资服务，进口方履行相关义务后从开证行取走"提单"并据此向签发人提货。CIFA 提单的操作模式与海运提单基本一致，但是实践中，进口企业要使用 CIFA 提单开出信用证，必须有金融机构为其提供担保或者保险，融资成本较高。

二、陆港多式联运"一单制"发展存在的主要问题分析

（一）单证格式缺乏标准规范

目前已有的多式联运提单格式各异，均是因为对于多式联运提单格式缺乏统一的标准规范，单证格式的混乱容易造成市场行为不规范，市场不当竞争，以及较高的风险性。交通运输部针对多式联运的单证标准仅是针对国内多式联运的运单，并不能满足日益增长的国际多式联运的需求。单证格式标准的缺乏导致一些多式联运经营人签发的提单得不到其他主体的认可，甚至在发生货损时增加了多式联运的时间和成本。企业制定的多式联运提单具有一定的针对性，是否能在行业或者通道上进行大范围推广有待研究。

（二）保险制度不够完善

目前国内物流责任险的缺乏，导致多式联运经营人在为客户提供全程保险时需要额外购买保险，成本增加。国内对于多式联运的风险评估和防范研究较少，导致现有

保险制度难以全面覆盖。国际集装箱多式联运保险理赔无法与我国铁路、公路运输保险理赔规则对接，我国铁路、公路运输保险只适用于我国的《中华人民共和国保险法》《中华人民共和国铁路法》，而经国际海运的外贸箱使用《伦敦保险协会货物保险条款》只适用于英国法律。

（三）法律保障不够清晰

目前国内法律法规和管理条例缺乏对多式联运提单及签发人的管理规范，导致单证在使用过程中容易产生风险和法律纠纷。国际上《联合国国际货物多式联运公约》并未生效，《1991 年联合国贸易和发展会议/国际商会多式联运单证规则》的效力不足，若以此为依据制定的单证规则未来大规模推广会遇到阻碍。目前国内和国际都没有机构对多式联运单证签发进行审核备案，法律层面还无法确立内陆多式联运"一单制"的物权属性，在推进"一单制"过程中还需要用合同条款作为约束条件，特别是金融机构或出资方需考虑极端情况下货物处置问题，法律和行业未形成惯例的潜在风险，导致"一单制"相关贸易金融服务推进缓慢。

（四）金融体系有待健全

目前使用 NVOCC 海铁联运提单的物权属性存在争议，导致无船承运人的成本和风险增加。国内金融机构对于中小型企业的信用保障机制不完善，导致中小型企业在取得信用资质的过程中较困难。目前试运行的多式联运提单主要依赖中国银行、工商银行等在海外有充分资源和分支机构的银行，但与国外金融机构的合作还未展开，加大了赋予提单物权属性的难度。银行对于货物情况掌握不全面导致风险高，银行对于"一单制"参与积极性低。

（五）数据信息不共享

行业间"信息孤岛"现象严重，不同运输方式之间、政府与企业之间、不同企业之间仍然存在信息壁垒，特别是港口、铁路、海关等单位业务系统难开放、信息共享不完善、单证电子化水平低。铁路、港口、船公司等出于利益和安全风险考虑，业务系统开放不充分，在途信息共享不完善，多式联运经营人要重复登录系统、重复填报数据，无法实现系统数据直联推送；同时，货物在途信息全程跟踪仍不完善。目前国内还没有一个覆盖范围广的多式联运信息平台，电子提单的运行和推广缺乏平台依托。

（六）制度规则不衔接

在多式联运单证签发交接流程、使用规范、服务标准、法律风险等实践层面，缺乏相关标准。多式联运涉及的装载设备、场地设施、运营服务、信息平台和监控监管等有一定的冲突。单证互认流转难，目前多式联运单证应用不广泛、单证格式、单证功能、格式条款不统一，特别是单证物权属性没有明确，单证流转和融资需求难以满足。

（七）保障机制不健全

目前运输领域保险还是分段投保，各段负责，没有全程负责的功能设计，货运代理人仍有控货风险，进口商也可能面临持有提单但不能收到货物的风险。保障机制的不健全制约了多式联运模式推广。

三、陆港多式联运"一单制"未来发展建议

（一）明确推荐使用的多式联运提单

参照海运提单，结合已投入实践的提单样本，推广可应用于铁海联运、江海联运、国际铁路联运的多式联运提单模板，覆盖铁路、内河和海运等多种运输方式，提单需充分描述货物及运输信息，清晰划分各方责任，推荐多式联运经营主体参考使用。制定提单使用规则和流转流程，明确从提单印制、签发、境内外流转等一系列过程中涉及的签发人、银行、承运人、代理、托运人、收货人等主体职责，明确不同结算方式下提单的流转方式。

（二）加快多式联运提单的试点应用

依托通道开展多式联运提单试点应用。协调西部陆海新通道平台企业及沿线省、区选定试验线路，开展多式联运提单在铁海联运上的试点应用；协调长江水运通道平台企业及沿线省、市选定试验线路，开展多式联运提单在江海联运上的试点应用；协调中欧陆路通道平台企业及沿线地区选定试验线路，开展多式联运提单在国际铁路联运上的应用；明确各试验线路的起点、终点和途经主要场站，加强场站相关人员培训，促进提单在公路、铁路、港口等节点的应用和认可。建立多式联运"一单制"试点企业名库。选定通道运营平台企业、多式联运经营企业、银行、保险公司、担保机构、承运企业、货运代理等入选试点企业名库，作为参与多式联运提单试点推行可选企业，对名库内企业加强管理，在多式联运提单试点应用过程中给予一定政策保障和倾斜。

（三）促进提单物权属性发展完善

提升金融机构在多式联运提单发展中的参与度。吸引中国银行、工商银行、建设

银行、农业银行四大国有银行为使用多式联运提单的企业提供授信、融资、供应链金融、国际结算等服务；借助四大国有银行境内外合作基础，吸引境外银行为国际多式联运提供金融服务；推动银行参照海运提单经验提供多式联运提单物权属性配套服务，降低和防控提单使用风险；吸引其他有实力银行、担保公司、保险公司等参与多式联运"一单制"发展应用，促进境内境外金融机构的合作与交流。推动多式联运提单在国际贸易中的使用。推动多式联运提单在国际贸易中替代实际货物交付和货物转让，缓解企业资金压力，为通道沿线中小型贸易企业提供符合通道和产品特色的便利金融服务。

（四）鼓励多式联运保险制度创新

推进多式联运领域保险改革创新。组织保险领域行业组织和企业开展货物运输保险、物流责任险、货运代理人责任险等险种在多式联运领域的运用研讨，推动保险机构制定多式联运相应险种中关于保险责任、责任免除、投保人及被保险人义务等条款，探索研发针对试点通道的全程保险模式。推动物流责任险在多式联运提单中的应用。组织有实力的保险公司参与多式联运提单责任条款的设计，加强保险机构和提单签发主体之间的合作，推动有条件的保险公司在西部陆海新通道、长江水运通道或中欧陆路通道上试行责任险险种，保障提单签发主体的权益；鼓励多式联运经营人提供先期赔付服务，依托多式联运提单试点开展先期垫付后期追偿。

（五）推进多式联运电子提单发展

打造多式联运电子提单模块。依托单一窗口平台基础打造电子提单模块，实现电子提单信息录入、提单监管、提单交易、提单注销等功能；预留电子提单模块与其他模块或平台的对接接口，进一步实现与口岸信息、物流订单、储运能力、货物追踪等信息的共享。推动电子提单的发展应用。制定电子提单与纸质提单流转兼容机制，明确电子提单流转节点，联合通道运营平台企业、多式联运经营企业、承运人、托运人、金融机构、海关等完成电子提单签发、转让等操作；选取试点企业名库中的企业先行试用电子提单模块，不断完善电子单证的流转流程。引入先进技术提供风控保障。促进物联网、区块链等先进技术在电子提单中的应用，为电子提单的签发流转提供信息集成和平台技术依据，为提单的安全使用提供保障。

（六）落实多式联运"一单制"发展意见

交通运输部会同国家发展改革委出台了加快推动多式联运"一单制""一箱制"发展的意见，要抓好贯彻落实，在前期试点基础上，聚焦信息互联共享、标准化运单推广应用、铁路运输单证物权化等重点难点问题，学习借鉴重庆、四川、山东、浙江等"铁水联运一单制""内陆港一单制""铁水联运全程联运提单"服务模式，进一步加大创新力度，力争取得更多实质性成果，加快多式联运"一单制"发展。

（七）组织开展"一单制、一箱制"试点

交通运输部已启动开展了首批综合运输服务"一票制、一单制、一箱制"交通强国专项试点。"一单制"方面，重点围绕多式联运单证电子化、标准化、物权化，拓展"一单制"服务功能等方面，探索具有中国特色的多式联运"一单制"发展模式。

（八）加快推动中国制度规则"走出去"

认真总结前期多式联运"一单制"试点经验，推动联合国贸法会研究制定《可转让多式联运单证》公约。在风险可控的基础上积极探索，以丰富成熟的实践案例，支撑中国主导的多式联运单证规则"走出去"，为深化多式联运全球治理贡献"中国智慧"和"中国方案"。

总之，多式联运"一单制"是交通与贸易融合的创新，需要交通主管部门和商务主管部门共同努力，依托信息化、数字化和国家、地方的"单一窗口"平台，以地方枢纽形成联盟，建立衔接中欧班列和海铁多式联运上下游的供应链和金融融资平台，将货物交付前的保税仓储、转运、短驳等环节涵盖在内，不仅在运输效率上实现最大化和成本的最优解，而且对于银行、保险等金融机构对于小微企业融资和培育提供大数据支撑，通过区块链把每一个环节每一个业务实时上链，最终形成"通道＋网络＋枢纽"的全新供应链、价值链、产业链融合的新"一带一路"贸易生态圈。

四、多式联运"一单制"示范工程开展情况

交通运输部坚持以发展多式联运为突破口，加快提升基础设施联通水平，促进运输组织模式创新，推进运输服务规则衔接，积极发展多式联运"一单制"，充分发挥各种运输方式的比较优势和组合效率。在交通运输部政策倡导下，部分省市开始"一单制"示范工程试点建设。

（一）山东省多式联运"一单制"示范工程

山东省从 2020 年起选择具备开展多式联运"一单制"基础的企业先行先试，以试点企业为依托，积极鼓励多式联运"一单制"业态模式创新，不断提升企业"一单制"服务能力，完善法律法规、服务规则和标准体系，鼓励多式联运企业推进"一单制"联盟合作。通过以点带面的试点创新，为多式联运"一单制"建设积累经验，发

挥试点带动作用，加快形成一批可复制、可推广的试点成果，推动全省多式联运整体水平全面提升。为建设交通强国山东示范区，持续推动多式联运高质量发展，提升山东省多式联运运作效率和服务水平打下坚实基础。

截至 2023 年 4 月，山东已组织开展三批多式联运"一单制"试点工程建设，共立项 32 项多式联运"一单制"试点项目。

（二）内蒙古多式联运"一单制"试点工程

内蒙古自治区于 2022 年年底在全区首次开展多式联运"一单制"试点工程申报工作，目前已立 10 项多式联运"一单制"试点项目。该试点工程将在全区选择初步开展多式联运"一单制"业务的部分企业，围绕基础设施提升、运输组织优化、信息互联共享等重点任务，通过以点带面的试点创新，促进多式联运协同机制逐步完善、服务标准逐步规范、推动全区多式联运整体水平进一步提升。

（三）辽宁省多式联运"一单制"先行先试工作

辽宁省交通运输厅于 2022 年 10 月开展全省多式联运"一单制"先行先试工作，试点实施主要方向集中于：大力推进多式联运信息化智能化、积极推进国际多式联运提单探索创新、提升多式联运"一单制"服务能力三个方面。首批确定 5 家企业为多式联运"一单制"试点单位。

（四）福建省多式联运"一单制"试点情况

福建省交通运输厅印发《福建省多式联运"一单制"实施方案》通过借力福建省交通运输服务业产业集群蓬勃发展态势，以网络货运资源整合优势，嵌入公路、水路、航空、铁路等运输方式，探索试点创新，打造具有福建省特色的多式联运"一单制"货物运输模式。主要做法包括：一是培育"平台型"多式联运经营主体，推动省内具备条件的网络货运企业转型成为具备多种运输方式整合能力的"平台型"多式联运经营；二是制定标准统一的单证规则，制定推行科学合理的单证标准，形成具有统一编码规则的多式联运运单，关联物流运输全过程信息；三是优化完善服务规范，通过"时间最优""价格最优""路线最优"的可配置运输方案以及"一份合同、一张单证、一次付费、一单到底"的全程运输模式，全力提升群众在物流运输领域的满足感和获得感。

2021 年 8 月，厦门开始探索实施多式联运"一单制"业务试点，并签发福建首票多式联运"一单制"出口提单，探索多式联运"一单制"运单金融化，实现提单物权赋能。至 2023 年年初，福建省已形成 6 条多式联运"一单制"线路，主要包括：厦门港务控股集团有限公司"江西－厦门－东南亚"公铁水联运线路；"漳州－厦门－美加线"公水联运线路；福建好运联联信息科技有限公司"宁德福安（赛岐港）－广州、宁波、海口"公水联运线路；福建卡车集市科技发展有限公司"南安（石湖港）－江西九江"公水联运线路；福建大道成物流科技有限公司"山西（内蒙古）－秦皇岛－长乐松下－福清"公铁水联运线路；南平圣农集团"光泽－邵武－重庆（冷链）"公铁联运线路。

五、典型陆港"一单制"案例分析

案例：

成都国际陆港多式联运"一单制"创新实践案例

成都国际陆港将"OCR＋数字身份＋区块链"场景化应用，推出全国首个基于多式联运"一单制"的跨境贸易金融区块链平台，依托该平台以多式联运"一单制"电子单证为核心，将业务流程产生的合同、信用证、报关单等信息串联，打通数据孤岛，有效管控风险服务实体，打造跨境贸易生态圈。

（一）企业基本情况

成都国际陆港运营有限公司（以下简称成都国际陆港）是成都国际铁路港国有运营平台公司，是四川省首批由交通运输部、发展改革委授予"多式联运示范工程"称号企业，目前已构建起以成都为主枢纽、西进欧洲、北上蒙俄、东联日韩、南拓东盟、链接全球的亚蓉欧陆海联运大通道。

（二）主要做法

技术创新方面。一是利用科技、新技术驱动，创新跨境贸金产品。将"OCR＋数字身份＋区块链"场景化应用，推出全国首个基于多式联运"一单制"的跨境贸易金融区块链平台。将多式联运"一单制"的签发由传统模式创新为采用区块链线上签发、签名的方式，有效解决了线下开立纸质单据、单据线下来回邮递，传递效率低、单据易篡改的痛点问题。二是打通数据孤岛，有效管控风险服务实体。贸易参与方包括企业客户，商业银行需要验证贸易背景真实性，平台将业务流程产生的银行开证信息、信用证通知信息、交单信息、单据传输等信息共享，实现了进出口企业、物流、银行、港口之间数据的安全高效流转，很好地解决了贸易背景真实性审核等难点与问题。相关信息也为授信建模等提供数据支持，可向企业输出自助贸易融资等金融服务，在有效防控风险的同时切实服务实体经济和贸易。

模式创新方面。增强跨境跨市场金融服务能力，利用区块链技术多方共识、公开透明、不可篡改和可追溯的特点，审查银行单据传递的真实性，提高业务办理效率，引入合作方加入，丰富业务数据，建立信贷模型，完成线上融资。

目标为打造跨境贸易生态圈，具体分为三步走：第一阶段，以多式联运"一单制"提单为核心，将业务流程产生的银行开证信息、信用证通知信息、交单信息、单据传输等信息上链。第二阶段，以平台信息替代实物单据来提高业务处理效率，从贸易参与方、参与国和参与银行三个维度对平台节点进行扩展。参与方扩展至业务所涉及的进出口企业、国内外运输企业以及供应链金融公司、海关、监管机构、保险公司、中欧班列沿线各国以及境内外同业其他银行。第三阶段，依托该平台以多式联运"一单制"电子单证为核心，将业务流程产生的合同、信用证、报关单等信息串联，通过多维信息核对和关键业务控制，为授信建模提供数据支持，并以此提供线上自助贸易融资服务。

流程创新方面。一是信息维护流程创新。原有流程中，境外出口商与境内进口商签订合同，委托境外货运代理将货物发往国内，境外货运代理将货物交付成都国际陆港，成都国际陆港根据客户实际多式联运物流需求受理业务，签发多式联运"一单制"单证。纸质单证在境内外交单邮寄等耗时费力，借助本平台，客户只需要登录中欧 e 单通平台，通过"OCR 扫描＋人工核对"的方式录入单证信息，将单证信息上链存证，通过"中欧 e 单通"平台传输运输信息，逐步将线下操作线上化，保证信息的准确性、真实性。二是贸易融资流程创新。原业务流程中，通过中欧班列进口的贸易型企业和货运代理，规模不大，自有资产不多，较难获得银行授信，申请融资只能通过传统渠道申请。借助本平台，银行可将多式联运"一单制"的货运信息、进出口海关报关数据和企业税务信息，通过一定规模的大数据分析、建模，判断进口企业能够拥有一定规则核定线上的授信额度，达到融资的目的。

（三）实践成果

跨境贸易金融区块链平台"中欧 e 单通"实现了物流、银行、企业、港口等多方对贸易中单据信息的互信互认，以区块链技术作为应用平台的底层基础设施，采用联盟链建设方式，主要参与方单独拥有一个节点并拥有完整的数据账本，贸易中各方信息通过区块链实现信息共享。其中贸易相关的单据信息可实现链上开立登记与验证，通过链上单据信息的存证实现数据的不可篡改和可追溯。"中欧 e 单通链"与多式联运物流链的交互实现"一单制"信息的核对和验证，与工行的数字身份链交互实现单据信息签发人的数字签名及签名验证，平台基于多式联运"一单制"信息验证、签发身份核对，提供了基于贸易背景真实性的跨境贸易中小企业线上融资等金融服务。

第十一章 我国中欧班列集结中心发展现状及未来趋势

2016年，推进"一带一路"建设工作领导小组办公室印发《中欧班列建设发展规划（2016—2020年)》，确定了中欧班列发展的整体框架。按照铁路"干支结合、枢纽集散"的班列组织方式，在内陆主要货源地、主要铁路枢纽、沿海重要港口、沿边陆路口岸等地规划设立一批中欧班列枢纽节点，对我国与欧洲及"一带一路"共建国家铁路运输渠道发展具有重要推动作用。2018年12月，我国出台《国家物流枢纽布局和建设规划》，将国家物流枢纽分为陆港型、港口型、空港型、生产服务型、商贸服务型、陆上边境口岸型等6种类型。其中，陆港型是指依托铁路、公路等陆路交通运输大通道和场站（物流基地）等，衔接内陆地区干支线运输，主要为保障区域生产生活、优化产业布局、提升区域经济竞争力，提供畅通国内、联通国际的物流组织和区域分拨服务。目前，我国陆港型国家物流枢纽承载城市共41个。

由于各地区发展水平、财政投入、重视程度等多种因素的影响，各陆港建设发展阶段不同，部分地区已经成为我国重要的国际物流枢纽，对拉动区域经济增长、破解内陆地区对外开放难题有着巨大的促进作用。伴随着"丝绸之路经济带"的深入推进，中西部地区对外开放重心逐渐转移到中亚、西亚、欧洲等地区，持续加强与"丝绸之路经济带"沿线国家的贸易联系，逐步深化国际合作，对促进中西部城市崛起和构建"双循环"发展格局有战略意义。当前，中欧班列建设突飞猛进，已成为"一带一路"倡议的重要构成，2011年3月，首趟中欧班列从重庆发出开往德国杜伊斯堡，开启中欧班列创新发展的篇章。十多年来，中欧班列开行累计突破4万列。尤其进入2020年，面对新冠疫情在全球的肆虐，中欧班列发挥出国际铁路联运的优势，大力承接海运、空运转移货物，全年突破了"万列"大关，开行12406列，合计货值超过2000亿美元，2021年保持强势增长，全年开行超1.5万列，同比增长22%，2022年开行中欧班列1.6万列，同比增长5%。截至2023年10月，中欧班列已开通运行86条线路，通达欧洲25个国家的200多个城市，2023年，中欧班列全年开行1.7万列、发送190万标箱，同比分别增长6%、18%（见图11-1）。已与欧洲、中亚、南亚、东南亚等多个

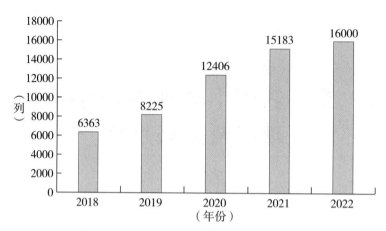

图 11 - 1　2018—2022 年我国中欧班列开行量

资料来源：网络

国家实现业务往来，成为"一带一路"共建国家互利共赢的桥梁、纽带。

第一节　我国中欧班列集结中心发展特点与趋势

一、我国中欧班列集结中心发展特点

中欧班列是我国"丝绸之路经济带"的重要贸易渠道，多条畅通的国际大通道绘制成辐射亚欧非的铁路网络。《中欧班列建设发展规划（2016—2020 年）》中详细描述了中欧铁路运输通道、枢纽节点和运输线路的空间布局，将中欧铁路通道划分为西、中、东三大物流通道。目前，开行中欧班列的城市分布广泛，多数城市已初步形成中欧班列多线路、多口岸发运和往返"双向"开行模式，目的站点以辐射欧洲、中亚、南亚等地区为主，去程货品以机械设备、电子设备、服装等工业制品为主。

2020 年 7 月，国家发展改革委下达中央预算内投资 2 亿元，支持郑州、重庆、成都、西安、乌鲁木齐等 5 个中欧班列枢纽节点城市开展中欧班列集结中心示范工程建设，2022 年五大集结中心中欧班列的开行量均超过了 1000 列（见表 11 - 1），约占全国的 80%，在中欧班列开行城市中占据主导地位，是中欧班列创新发展的重要推动者。通过重点支持五大中欧班列集结中心建设，探索创新中欧班列物流枢纽建设路径，促进中欧班列开行由"点对点"向"枢纽对枢纽"转变，加快形成"干支结合、枢纽集散"的高效集疏运体系。

（一）开行路线和班次持续增加，成为国际贸易的重要集疏中心

西安、成都、重庆、郑州、乌鲁木齐五大中欧班列集结中心辐射力和影响力持续

攀升，持续挖掘开往欧洲、中亚、东南亚等地区的新线路，线路和班次越来越多，中欧班列路网也越织越密，持续拓展贯通欧亚各国的多边贸易通道，不断提升中欧班列市场竞争力和抗风险能力，逐渐实现东南西北多线协同。同时中欧班列积极衔接各地特色产业，量身定制运输方案，将自身"通道优势"与地方"资源优势"充分叠加，为各地增添高效、安全、经济、绿色的国际物流新通道，通过培育二级集结网点，积极开展多点发运、阶梯集结、集拼集运等业务合作，有效促进区域间资源互补、产业共兴、互惠共赢。同时积极完善集结中心基础设施建设，提升铁路货物装卸能力，增强中欧班列物流通道通行能力，如西安通过 3 次站点扩能改造，促使西安国际港站装卸能力提升了 30%，实现了班列到发装卸直进直出。郑州规划建设中欧班列（郑州）集结中心示范工程国际陆港第二节点，提升集结中心物流服务能力。

（二）产品多样化，为更多货物种类提供更加优质的运输服务

为满足中欧班列多样化产品、多元化企业的不同需求，五大集结中心不断优化平台功能、完善配套服务，持续提升中欧班列运输质量和保障国际物流通道畅通。积极推动冷链物流、大件等特种业务建设，依托市场需要发展定制班列、精品班列，为"一带一路"共建国家的冷鲜产品、汽车、大型装备等提供安全可靠的国际运输服务，为双向集结带来发展空间。强化货物运输全流程监管，通过数字化、智能化建设可实现全程跟踪定位和在线监测，实时监控货物状态，实现从工厂到最终买家的全程可控安全运输。丰富多种运输方式相结合的物流模式，大力发展多式联运，整体上有效降低物流成本，提高流通的效率和效益，有效完善集结中心基础设施建设集散服务功能，提高货物集结分拨能力。逐渐建立起服务跨国企业的全球货运配送体系，加快推进中欧班列国际物流大通道建设，进一步完善国家物流枢纽体系，优化国内、国际集装箱业务分工，提升国际铁路港枢纽能级。

（三）示范创新作用显现，探索中欧班列更多发展新模式

通过不断探索创新，五大中欧班列集结中心迎来更多发展机遇。一是大幅提升经济效益，推进业务多元化。例如，郑州中欧班列集结中心积极拓展拼箱、冷链等高附加值班列运输业务，联合中国邮政、阿里巴巴菜鸟科技、UPS、DHL 等国际邮快件巨头，打造国内"班列＋跨境电商"品牌龙头。二是提高营运效率，打造"数字班列"。通过建设高水准的信息化综合服务管理系统，不断迭代数据沉淀优势，实现订舱、通关、作业、配送、结算高效能运作。三是创新运营模式，提升国际班列市场竞争力。五大中欧班列集结中心通过创新具有特色的班列运营组织模式，确保中欧班列集结中心多元化通道稳定畅通，着力提升运行质效，西安遵循市场化竞争规律，每条运行线

路的运营主体各具优势，郑州与河南其他地区联合统一中欧班列（中豫号）标志，有力提升共建"一带一路"服务保障能力，重庆与成都合作共建中欧班列（成渝），集成两地特色优势。

表 11 - 1　　　　　　　2018—2022 年五大集结中心中欧班列开行量

集结中心	2018 年	2019 年	2020 年	2021 年	2022 年
郑州	752	1000	1126	1546	2800（中豫号）
重庆	1442	1500	2603	成渝 4800	成渝 5000
成都	1591	1600	2600		
西安	1235	2133	3720	3841	4639
乌鲁木齐	1000	1102	1068	1000	1165

资料来源：根据网络公开资料整理

二、我国中欧班列集结中心发展趋势

（一）整合区域资源，辐射更大范围

中欧班列集结中心积极扩大国内外"朋友圈"，增加并丰富了进出口货物品类，掌握了更多国际物流资源。一是扩大国内城市合作伙伴。西安的"＋西欧"模式联动厦门、徐州、常州、贵阳、蚌埠、南阳等城市，辐射中东部主要商品生产基地，获取更多国内地区的集货来源，满足更多的出口企业对跨境物流的需求，共享中欧班列对外开放资源。二是积极开展境外物流港口、枢纽、城市合作。中欧班列开行城市持续新增更多国际物流通道，增加境外货物集散地，扩大中欧班列境外辐射区域的同时保障中欧铁路线路运输安全性，增强中欧班列抗风险能力。三是加强开行城市间的协同发展。重庆、成都共同发展中欧班列（成渝），在国际物流通道上形成互联互补，统一铁路运输规范标准，促进优势产业互补，提升国际消费市场潜力。四是中欧班列与当地特色产业联动发展。中欧班列（重庆）的汽摩及配件、电子设备，开行城市依托当地特色产业，形成对外出口商品比较优势，促进中欧班列开行数快速发展，同时中欧班列拉动地区特色产品走向国际市场，加速区域品牌的国际化建设，推动区域供应链产业链升级。

（二）运营模式多元化发展

近年来，中欧班列的发展呈现暴发式增长，在运行方式、开行线路、数字化技术、运输组织模式等方面实现了多元化发展。一是运行方式的多元化。针对不同企业的不

同市场需求，多地中欧班列采用公共班列、定制班列等多种班列运行方式，帮助企业解决疫情下物流通道阻塞的困境，有效承接海运、空运的运输压力。二是开行线路的多元化。除了常规的陆上铁路运输的中欧班列，部分城市正进一步开发铁海联运、东南亚路线及能与日韩联结的新线路，不断开发的新线路能丰富对外开放渠道、增加外贸收益、提升运输时效、降低运输成本。例如，西安的斯瓦夫库夫宽轨直达线路，能够减少换轨次数，降低运输时间和成本，多线路运行还能减少国外不稳定因素对班列的影响，保障中欧班列的通畅。三是数字化技术应用的多元化。数字化技术在通关、物流、贸易、金融等多方面发挥作用，与中欧班列的结合更加紧密，如能有效改善货物装卸、通关等环节，增强班列物流溯源能力，有利于冷链物流、零担物流等新型模式的发展。四是运输组织模式的多元化。中欧班列采用"图定临时结合""干支结合"的运输组织模式，"图定临时结合"既可以保障常规班列稳定运行，又可以满足企业对中欧班列的临时需求，优化中欧班列运行线路，保障出口企业在疫情时代不确定因素影响下的运输需求；"干支结合"既充分利用了铁路运输能力，又降低了其他非枢纽城市开行中欧班列的门槛，促进国内中欧班列的快速发展。

（三）全链条数字化，提升服务效率

"数字"赋能中欧班列高质量发展成为必然趋势。一是应用数字技术降低班列运输管理成本，提升运输效率和服务水平。通过运用人工智能、计算机视觉识别、云计算、大数据等前沿关键性技术，实时动态化收集整理、评估处理、反馈控制运输数据，实现中欧班列物流运输的合规性、稳定性、安全性。二是推动建设跨境综合信息服务平台，统筹中欧班列全流程监管。推动实现通关无纸化、业务流程电子化、多部门协同共享等功能，打造信息发布、境内外全程业务、客户服务的重要窗口，实现与中欧班列相关主体间信息互联互通，推动口岸物流、单证流、资金流、信息流高效运转，有效推动班列运营全程可视化，增强中欧班列运输的灵敏度、时效性和统筹能力。三是拓宽数字人民币结算渠道，提升中欧班列金融服务水平和效率。与周边国家及地区加强合作并推动数字货币标准制定，探索建立跨国家多主体共同参与的数字化金融生态体系，在数字经济活动中为用户提供稳定、安全和便利的支付体验，进一步拓宽数字人民币在中欧班列物流费用结算等方面的使用渠道，提升国际班列服务水平与结算便捷程度，为推动高水平对外开放提供有力支撑。

（四）拓展物流服务功能，建设综合国际物流服务体系

伴随着中欧班列开行数量和质量的不断提升，运输的条件、要求更加多样化，需不断优化创新中欧班列服务功能，提高班列运营时效，建设国际物流供应链体系，助

推中欧班列高质量发展。一是推动平台公司向综合物流服务公司转变。要转变"重铁路运输、轻国际物流组织"的思维模式，推进铁路、公路、海运等多式联运一体化全过程物流服务，逐渐从"站到站"扩展为"门对门""门对仓"服务，做好前后"1公里"无缝衔接，实现"一次委托、一口报价、一单到底、一票结算"。二是积极抢抓国家战略发展机遇，叠加"一带一路"、RCEP 协定等国家战略，精准对接国际国内供应链产业链发展需要，进一步统筹相关区域协同化发展，推动以中欧班列为核心的国际多式联运物流服务网络建设。三是持续推进"集""疏"平衡。国内段要加快集结中心建设，形成有层级的集货网络体系，欧洲端要在集货方面进一步开拓市场，同时持续推动物流和产业协同发展，融入跨国公司的生产管理和供应链优化服务，共建成熟稳定的国际供应链服务体系。

第二节　我国五大中欧班列集结中心建设案例解析

中欧班列发展日新月异，国际班列开行数量呈暴发式增长。中欧班列运输通道的快速发展源于各地政府的高度重视，也离不开班列运营平台精心组织和运营。以下为五大中欧班列集结中心（郑州、西安、重庆、成都、乌鲁木齐）具体建设情况。

一、郑州：中部唯一的中欧班列集结中心

为紧抓郑州市被选为集结中心示范工程试点城市的重大机遇，2021 年 4 月，郑州新丝路国际港务投资有限公司正式成立，形成"政府主导＋企业运营"的服务模式，该公司全面负责郑州集结中心的规划、建设、运营、发展，积极统筹班列管理，构建多主体运营模式，目前，郑州中原新丝路国际多式联运有限公司、郑州国际陆港开发建设有限公司、河南越通供应链管理有限公司为中欧班列（郑州）的主要班列运营公司。2022 年 4 月 16 日，河南境内的"中欧班列"统一命名为"中豫号"，多趟班列同时开行，标志着中欧班列扩量提质又进一步，河南陆上丝绸之路建设迈向新的里程碑。

多个运营平台的持续发展，推动中欧班列（郑州）多主体、多线路、多模式、多元化运营，有利于促进中欧班列（郑州）的高质量发展。中欧班列（郑州）已成为郑州对外开放的重要渠道，郑州中原新丝路于 2021 年 11 月成功开行郑州至土耳其欧洲新线路（海铁联运），12 月开行郑州 – 加里宁格勒新线路，标志着郑州始发中欧班列境外目的站点增至 12 个。截至目前，郑州构建了连接欧洲（德国汉堡/德国慕尼黑/比利时列日/俄罗斯莫斯科/俄罗斯加里宁格勒/芬兰赫尔辛基/波兰卡托维兹/意大利米兰）、中亚（哈萨克斯坦阿拉木图/乌兹别克斯坦塔什干）、东盟（越南河内）、亚太（日韩等）等的国际物流大通道，逐步实现由"点对点"到"枢纽对枢纽"的转变，基本形

成"干支结合、枢纽集散"的高效集疏运体系，其运营效率不断提高，开行数量连年增加，班列质量持续提升。2014年5月至今，郑欧班列开行频次由每周1班增长到每周去程16班、回程18班的高频次往返均衡对开。2020年，中欧班列（郑州）全年开行1126列、同比增长13%，货值43.11亿美元、同比增长27%，货重72.49万吨、同比增长31%。2021年，中欧班列（郑州）累计开行1546班次，班次、货值、货重同比分别增长37.6%、40.1%、41.2%，2022年累计开行近8000班。

（一）构建"多站点、多通道、多式联运、双向满载、均衡对开"开行模式

中欧班列（郑州）主体运行线路为中国－欧洲，目的站有12个，基本构建了河南连通欧洲、中亚和东盟及亚太（日韩等）的多线路国际物流大通道。同时中欧班列（郑州）是国内实现高频次往返均衡对开的班列之一，中欧班列（郑州）实现每周16列去程、18列回程的高频次往返对开，货值、货重均名列前茅的班列，业务范围辐射40多个国家140多个城市，境内外合作伙伴已逾6000家。中欧班列（郑州）向东与沿海港口对接，并通过空运与韩日等亚太国家和中国台港和地区实现空铁、海铁联运，在境外向西形成以哈萨克斯坦阿拉木图、蒙古扎门乌德等辐射亚洲周边国家和以汉堡、慕尼黑为枢纽，以巴黎、米兰、布拉格、华沙以及沿途换装车站点的波兰马拉舍维奇、白俄布列斯特等欧洲国家为二级集疏中心，中途上下货常态开展，并持续实现多点密布。

（二）数字化技术夯实中欧班列（郑州）综合物流平台优势

持续强化班列数字化建设，郑州中原新丝路与国铁集团合作共建信息平台，积极打造成为数字班列行业标杆和服务全国中欧班列的公共信息服务平台。郑州国际陆港开发建设了中欧多式联运综合服务信息平台，该平台支持中、德、俄、英四种语言版本同时在线并自动转换，实现中欧班列（郑州）在线订舱、跟踪等服务。中欧班列（郑州）冷藏箱智能远程控制系统，可实现1万多公里长运距远程操控，箱内温度控制在10℃—20℃，可连续运行30天，箱内温度可远程操控。集装箱GPS系统，提供货物与集装箱的全球跟踪定位服务，拥有强大的物联网平台和信息系统，最大化保证货物运输安全及全程可视化。物流园智能化系统、集成车辆管理系统、人员管理系统、信息发布、查询系统，实现了车辆的进出管理、车辆行驶定位跟踪等功能，同时对物流仓库中货物的重量、体积等数据进行对接联动，为物流企业提供完整、安全、高效的物流管理服务。

（三）持续打造"运贸一体化"新型通道经济

中欧班列（郑州）不断拓展辐射范围，依托欧洲、中亚和日韩等地的业务网络，

大力发展"运贸一体化",通过"直采、直运、直营"和全程溯源,与"一带一路"共建国家制造商建立直接合作关系。同时实现线上线下销售网络同步发展,国内销售网络已覆盖31个省份,形成"以运带贸、以贸促运"产业互补良性发展格局,促进由物流枢纽向产业中心转变。2020年11月,银行、保险、担保机构、国际贸易商代表与郑州国际陆港开发建设有限公司共同签订了《河南省国际陆路运贸互济发展战略合作协议》,多方将在战略合作框架协议下开展多式联运提单的签发、流转、结算和融资等业务。

二、西安:开行数量排名第一的中欧班列集结中心

2022年,西安国际港务区加快建设总投资206亿元的18个中欧班列(西安)集结中心支撑项目,西安国际港站历经三次改造,货物线增加9条,堆场扩充11万平方米,装卸能力提高30%,成为全国首个拥有3束6线18条到发线的铁路场站,可满足每年一万列开行需求,形成贯通线、环抱式布局,实现整列装卸、直进直出,堆存、装卸、编发能力得到显著提升。目前共有6家单位负责西安中欧班列、中亚班列、铁海联运班列运营,多元化的运营主体拓展了中欧班列长安号运行线路,为中欧班列市场提供更多服务产品,有效提升中欧班列西安集结中心的国际竞争力,如表11-2所示。

表11-2　　　　　　　　　中欧班列长安号运营单位

序号	运营单位	运营线路	备注
1	西安国际陆港多式联运有限公司	负责中欧国际班列运营。	西安国际港务区管委会出资设立国有独资公司西安国际陆港投资发展集团有限公司。西安国际陆港多式联运有限公司为其下属三级子公司。
2	西安自贸港建设运营有限公司	主要负责中亚国际班列运营。	为西安国际陆港投资发展集团下属三级子公司。
3	招商局新丝路供应链管理有限公司	主要负责中亚回程班列及出口俄罗斯线路运营;负责宁波港线路运营。	招商局集团下属企业。
4	西安陆港大陆桥国际物流有限公司	主要负责中东线路运营,同时参与中欧、中亚班列。	由西安陆港大陆桥、西安国际港务区和连云港港口集团三方组建。
5	瑞昂国际物流有限公司	主要负责汉堡、杜伊斯堡中欧班列线路运营。	—
6	中远海运国际货运有限公司	负责青岛港线路运营。	—

资料来源:根据网络公开资料整理

中欧班列长安号重要的国际运输通道有：一是北欧线路，由霍尔果斯边境口岸出境，途经哈萨克斯坦、俄罗斯、白俄罗斯、立陶宛，到达俄罗斯的加里宁格勒港，在此港口分拨至北欧各地；二是斯瓦夫库夫宽轨直达线路，由阿拉山口边境口岸出境换轨，途经哈萨克斯坦、俄罗斯、乌克兰，从乌克兰与波兰的边境口岸赫鲁别舒夫入境，进入波兰境内后搭乘波兰宽轨直达欧洲腹地，较传统马拉舍维奇入境欧洲线路减少一次换装；三是跨里海土耳其线路，由霍尔果斯边境口岸出境，到达哈萨克斯坦的阿克套港，通过滚装船跨越里海，运至阿塞拜疆巴库港，途经阿塞拜疆、格鲁吉亚，到达土耳其伊斯坦布尔，分拨至欧洲各地。西安通过多方向、多线路的国际铁路合作，保障中欧班列的顺利运行，2020 年，中欧班列长安号全年开行 3720 班次，是上年的 1.7 倍，创历史新高，运送货物总重达 281.1 万吨，是上年的 1.6 倍，班列开行量、重箱率、货运量等核心指标稳居全国第一，全年中欧班列质量评价指标全国第一。2021 年中欧班列长安号开行量突破 3800 列，保持全国领先地位。2022 年中欧班列长安号开行总量 4639 列，增幅 20.8%，在全国 72 个开行城市中开行量稳居第一。同时为支持物流企业评级升级，进一步做大做强，近两年对首次获评 3A 级以上的物流企业实行"免申即享"政策兑现模式，为 52 家物流企业兑现奖励资金 1047 万元。

（一）产业带动效应增强，实现了由运输通道到产业集聚

依托中欧班列（西安）集结中心，创新"物流＋贸易＋产业"发展模式。联合大型央企建设现代物流产业示范区、临港金融贸易园，打造国际化大宗商品交易中心和跨境电商集结中心。同时，西安国际港务区拥有西北规模最大的综合保税区，形成了中欧班列"长安号""西安港"、开放口岸、多式联运监管中心、跨境电商综试区等基础的对外开放格局和临港经济、现代商贸物流、电子商务、新金融、文体健康等五大主导产业体系。西安港紧抓苏陕协作、承接东部产业转移等机遇，积极构建港贸、港产、港城一体化发展新格局，截至 2022 年年底，已聚集外贸类企业 360 余家、物流企业 300 余家、电商企业 1200 余家。近年来，隆基、陕汽、比亚迪、法士特等本土企业借助长安号拓展国际市场，中欧班列助力陕西省与"一带一路"共建国家进出口额首次突破千亿元，达 1128.9 亿元，增长 41%（全国 19.4%），占全省进出口总额的 23.3%。

（二）"干支结合"扩大辐射范围，构建"＋西欧"体系

截至目前，长安号国际班列向西、向北常态化开行西安至中亚五国、伊朗（阿富汗）、德国汉堡、德国曼海姆、波兰马拉舍维奇、捷克布拉格、荷兰蒂尔堡、芬兰科沃拉、匈牙利布达佩斯、比利时根特、白俄罗斯明斯克及俄罗斯等 17 条干线通道，基本

覆盖中亚、中东及欧洲主要货源地，同时通过"干支结合"的方式构建了"＋西欧"集结体系，向东常态化开行西安至青岛、宁波、上海等国际海铁联运通道，辐射长三角、珠三角、京津冀、晋陕豫黄河三角洲等主要货源地，已累计开行 19 条"＋西欧"国内集结线路。中欧班列西安集结中心坚持市场化运作，创新实施了"全面开放平台，一企一线运营"的思路，引进有实力的物流企业以承包运营线路的方式共同参与班列运营，已与招商局集团、中远海运集团等大型物流企业展开深度合作，全力促进班列高频次常态化开行，共同打造"一带一路"最大的内陆型国际中转枢纽港。

（三）重视高质量发展，实现双向互济的转变

西安持续重视中欧班列往返平衡发展，2020 年实现西安至欧洲往返的公共班列每天开行 2 去 2 回，回程班列开行列数逐年稳步上升，2022 年欧洲方向回程达到了 2003 列，中亚方向回程达到了 148 列，其中综合重箱率始终保持 100％。首创"舱单归并"申报模式，压缩企业进口申报时间和成本 90％以上。开通"德国快线"，并将班列全程运输时间压缩至 10～12 天。加强海关和铁路互联互通，将货物运抵信息反馈时间压缩至 5 分钟内，形成了自身特色与竞争优势。

（四）融入文化底蕴，再造中欧班列新特色

西安积极举办国内外大型体育赛事和文艺演出，推动"中欧班列＋文化产业"融合发展，助力"一带一路"文化交流中心建设。推动成立"丝路作家联盟"，探索开行"旅游班列""文化交流班列"等人文班列。2023 年 4 月 9 日，满载手绘丝巾、皮影、手工剪纸、麦秆画等非遗作品的中欧班列长安号文化班列首发，将承载中国传统文化的作品运达哈萨克斯坦北哈州地区，通过逐步链接"一带一路"共建国家城市，扩大国际旅游、文化交流等人文班列通行范围，打造独具西安特色的中欧班列标志品牌。

三、重庆：中欧班列的开创者

中欧班列重庆集结中心建设依托于早期开行中欧班列的先发经验，其中欧班列运行主体渝新欧（重庆）物流有限公司成立于 2012 年 4 月 12 日，是目前唯一的由中国、哈萨克斯坦、俄罗斯、德国四国铁路部门和重庆交运控股有限公司"四国五方"共同合资组建的铁路物流企业，如图 11－2 所示，属于国有企业，是专营亚欧国际铁路联运大通道的平台公司，主要开展重庆与欧洲沿线双向的铁路货物运输代理业务，为客户提供集装箱公共班列服务、国际铁路运输服务、定制化多式联运物流服务、拼箱集运服务、中欧拖车服务等多元化服务，全面保障中欧班列服务质量。

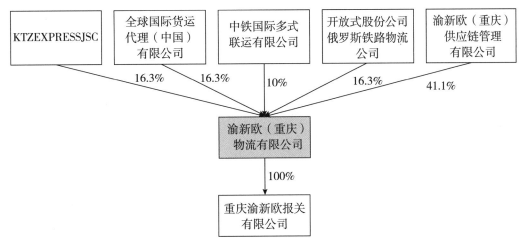

图 11-2　渝新欧（重庆）物流有限公司股权结构图

"渝新欧"国际铁路联运大通道包含一条主线和"N"条支线，一条主线是重庆至德国杜伊斯堡，利用南线欧亚大陆桥国际铁路通道进行运输，从重庆出发，经西安、兰州、乌鲁木齐，向西过北疆铁路，到达边境口岸阿拉山口，进入哈萨克斯坦，途经俄罗斯、白俄罗斯、波兰等国家及地区，至德国的杜伊斯堡，全长 11179 公里，由沿途六个国家铁路、海关部门共同协调建立的铁路运输通道，在中欧班列中占据重要地位。"N"条支线包括：中亚线：重庆经霍尔果斯到阿拉木图再转运至中亚五国主要城市；俄罗斯线：重庆经满洲里、二连浩特、绥芬河抵达莫斯科等俄罗斯主要城市；越南线：重庆经凭祥直达越南河内，再中转至中南半岛等国。2020 年中欧班列（重庆）共开行 2603 班，同比增长 72%，运输货值超 900 亿元，同比增长 65%，同时开辟重庆到立陶宛维尔纽斯、德国不来梅哈芬、捷克帕尔杜比采、匈牙利布达佩斯等 7 条新线路，提升线路比例近 30%。2021 年，重庆和成都合作共创中欧班列（成渝）号，不再单列开行数据。

作为中欧班列开创者，渝新欧积极创新拓展国际铁路联运大通道的运营模式，在公共班列开行、铁路货源组织、"1+N"的渝新欧分拨体系建设、国际多式联运、汽车整车进口、国际邮包运输、跨境电商、"关铁通"电子关锁、班列提速降费、便捷化通关等诸多方面均有重大突破，并且通过多元化发展，不断夯实"渝新欧"品牌的国际影响力，成为重庆走出去的亮丽名片。

（一）定制化专列不断增加，"通道经济"向"产业经济"转型

中欧班列（重庆）以定制化专列不断满足客户多元化需求，提升中欧班列（重庆）品牌影响力和客户信赖度，为中欧班列（重庆）提供了源源不断的货源保障。中欧班列（重庆）重庆－布达佩斯直达班列、中国邮政号等定制化专列的不断增加，为重庆区域产业发展带来改变，同时汽车整车进口口岸、国际邮件处理中心、首次进口药品和生物制品口岸、进境肉类指定监管场地等功能的获批，两个国家级保税区的创建发展，吸引惠普、得斯威等世界500强企业近300家落地，助力本土企业快速嵌入全球供应链体系，拉动外贸进出口总货值超4000亿元，带动国际贸易产业实现年均13.9%左右增长，进一步促进重庆由"通道经济"向"产业经济"转型。

（二）融入新业态，大力发展"中欧班列＋跨境电商"新模式

2020年9月，中欧班列（重庆）成功开行全国首列跨境电商B2B出口专列，得益于海关总署在2020年9月将重庆增加为跨境电商B2B出口监管试点，跨境电商B2B出口企业可享受优先查验、简化申报等便利政策，专列极大提升通关时效、降低通关成本，能够满足跨境电商物流需求，截至2022年年底，已累计发送跨境电商货物超1万标箱。《关于当前更好服务稳外贸工作的通知》等多项国家政策鼓励中欧班列与跨境电商企业开展商业合作，形成中欧班列和跨境电商外贸新业态协同联动发展的新局面。通过带动进口奶粉、红酒等"保税＋"业务有效拓展，加速跨境电商、药品进口等业态萌芽发展，实现重庆与沿线国家经贸往来更为多元，货物流转更为高效。

（三）打通"中国邮政号"专列，促进小额贸易发展

2020年4月，全国首趟中欧班列（重庆）"中国邮政号"专列从重庆出发前往立陶宛。自新冠疫情暴发以来，国际航线大幅减少，国际邮件运能不足，"中国邮政号"专列的开行既拓展了国际邮件的运输渠道、缓解了运能问题，又及时保障了防疫物资和生活必需品的运输畅通，维持国际供应链稳定。中国邮政在海关总署的大力支持下，建立了临时转关邮路，制定转关新流程，实现了属地海关一次施封，后续经转节点使用安全智能关锁全程通关的高效操作。同时，中国邮政与立陶宛邮政积极协商，邮件抵达立陶宛后，将由其配合直接分拨发往西班牙、丹麦、瑞士、法国、塞浦路斯等36个欧洲国家，转运效率大幅提升。

（四）延伸物流服务链条，完善海外分拨体系

重庆持续聚焦交通基础设施、物流枢纽布局等建设，拓展境外主要物流节点海外仓建设，推动"中欧班列＋海外仓"协同发展，完善海外物流服务体系建设。渝新欧公司于2017年收购德国杜伊斯堡仓库，杜伊斯堡海外仓是国内首个拥有自主产权的中欧班列海外仓，另外在德国、波兰、匈牙利、老挝、越南、泰国等多个欧亚国家设立海外仓，国际物流枢纽园区与挪威纳尔维克港、不来梅哈芬港签订战略合作协议，互

为海外分拨仓，进一步增强海外集结分拨辐射能力。

四、成都：四通八达的国际通道布局

自中欧班列集结中心示范工程获批以来，成都一直高度重视中欧班列发展，不断完善"干支结合、枢纽集散"高效集疏运体系，加快打造"运营网络、运行效率、服务体验"最优的中欧班列品牌，2021 年 6 月成都中欧班列集结中心示范工程纳入国家"十四五"时期中欧班列重点项目清单。以助力打造"内陆亚欧门户、国际化青白江"为使命，提质增效降本，成都市政府先后出台《关于支持成都国际铁路港经济技术开发区高水平开放的若干政策措施》《成都市推进中欧班列高质量发展实施方案》等支持政策，为货物提供更加优质高效、便捷稳定的国际铁路运输服务，进一步推动产业集聚和产业发展，以港聚产，以产兴城，为成都"走出去"和"引进来"提供更便捷高效的运输通道，有效推动城市产业供应链生态发展，助推成都建设全面体现新发展理念的国家中心城市。其中，成都国际铁路班列有限公司是成都中欧班列的重要运营单位，主要负责中欧、中亚、中俄、蓉桂马等国际班列的运营和管理。

中欧班列（成都）初步形成以中线成都到罗兹、蒂尔堡、纽伦堡等欧洲城市双向稳定开行为主，北线成都至俄罗斯（覆盖独联体及其他东欧国家）、南线成都至中亚（衍生至土耳其伊斯坦布尔，覆盖中亚、西亚、南亚及南欧地区）为辅的"三线并行"格局。从 2013 年的 31 列到 2020 年超 2400 列，再到 2022 年成都中欧班列累计开行量突破 1.1 万列、占全国开行总量约 20%、单日发送量超过 30 列、2500 标箱，中欧班列（成都）不断带动成都及周边区域经济发展和对外开放水平。

（一）多种班列运行模式，满足市场的多元化需求

中欧班列（成都）形成公共班列、精品班列、定制班列三种不同类型的运行模式，满足市场的多元化需求。公共班列是定时定点开行的班列，保障班列常态化运行，具备价格优惠、集拼集运等特点，目前中欧班列（成都）的公共班列运行情况如表 11 - 3 所示。精品班列是根据客户对时效、质量等个性化需求开行的班列，具备快速直达、时效精准等特点；定制班列是根据特定货物品类专属定制的班列，如平行进口车、肉类进口、木材进口等，具备个性服务、量大优惠的特点，目前中欧班列（成都）的定制班列运行情况如表 11 - 4 所示。同时，创新开行加工贸易、跨境电商、运邮、市场采购贸易等特色班列，成功完成中欧班列运邮首批测试、首发中欧班列新能源汽车出口测试。

表 11 – 3　　　　　　　　　中欧班列（成都）的公共班列运行情况

名称	路线	距离（km）	时间（天）
中欧线	成都 – 罗兹	9826	12
	成都 – 纽伦堡	10546	14
	成都 – 蒂尔堡	10858	14
中俄线	成都 – 莫斯科	9572	12
中亚线	成都 – 霍尔果斯	3509	3—4
	成都 – 阿拉木图	9572	8—10
东盟海铁联运线	成都 – 钦州港（铁路）– 东盟（海运）	1669（铁路距离）	钦州港全程 55 小时；海铁联运全程 8—10 天

表 11 – 4　　　　　　　　　中欧班列（成都）的定制班列运行情况

线路			
托木斯克 – 成都	根特 – 成都	米兰 – 成都	塔什干 – 成都
成都 – 明斯克	成都 – 马拉	成都 – 斯莫根	成都 – 布拉格
成都 – 维也纳	成都 – 伊斯坦布尔	成都 – 阿拉木图	……

（二）"中欧班列运费分段结算估价管理改革"入选"最佳实践案例"

在中欧班列运费分段结算估价管理改革中，将国内国外两个阶段运输产生的费用分开单独计算，科学解析国际铁路运输成本构成，推进重构运费机制、优化物流组织、完善单证格式、规范贸易术语等集成改革措施，同时根据《海关审定进出口货物完税价格办法》，货物运抵境内输入地点起卸后发生的运输及相关费用不计入货物完税价格，班列国内段运费从货物完税价格中扣除，有效降低了企业成本。据成都海关统计，成都自由贸易试验区该项改革试点自开展以来，商品范围已从汽车整车扩大到进口肉类、红酒、矿石等产品，从单箱试点扩大到整列应用，线路从荷兰蒂尔堡、波兰罗兹扩展至中欧班列全线，2021 年上半年共有 1405 票班列回程进口货物实现境内运费扣减，货值 7.1 亿元，为企业减征税款 93 万元，通过创新班列运费分摊机制，实现降本增效。该案例入选国务院自由贸易试验区工作部际联席会议办公室发布 18 个自由贸易试验区第四批"最佳实践案例"。

（三）"干支结合、枢纽集散"的集疏运体系，全面建设中欧班列集结中心

通过不断建设成都国际铁路港的基础设施，提升集装箱配套能力，完善多式联运

体系，增强枢纽集散能力，建成"干支结合、枢纽集散"的高效集疏运体系。实现从点对点到枢纽对枢纽的提升。成都国际铁路港一方面畅通国内通道，提高集散能力；另一方面建成投用马拉运控中心，提升境外换装站异常情况处理能力和换装效率，以波兰马拉舍维奇为主节点拓展至欧洲内陆支线网络，最短8天到达欧洲腹地。同时与中远海运、顺丰国际等龙头企业合作，构建空铁公水多式联运体系。截至2022年年底，成都中欧班列已连通境外100个城市以及境内30个城市，在荷兰蒂尔堡、德国纽伦堡、德国汉堡等关键节点设立5个联络处，中欧班列与西部陆海新通道连接畅通，建立起以成都为主枢纽的国际班列线路网络和陆海货运配送体系。

（四）强化基础设施建设，增强物流枢纽能级

中欧班列成都集结中心积极推动物流基础设施建设，高标准建成成都国际铁路港综合保税区配套工程、成都城厢站新增国际集装箱功能区工程、集装箱共享运营基地、新增装卸线南侧片区道路项目4个中欧班列集结中心示范工程，新增8490标箱容量的集装箱堆场，集装箱作业能力达到150万标箱，不断提升中欧班列枢纽承载能力。

专栏　中欧班列（成渝）——两地集结中心的竞合发展

2022年成渝中欧班列合计开行超5000列，重庆国际物流枢纽园区和成都国际铁路港以合作共赢为出发点，在两港通道互联、港区互通、产业互补等方面达成合作。2021年1月1日上午，重庆、成都两地同时发出2021年首列中欧班列（成渝）号列车，这是由重庆和成都共同创立的全新中欧班列品牌，也是全国首个两地合作开行的中欧班列品牌，将为成渝地区双城经济圈建设注入新动力。2021年全年，中欧班列（成渝）开行超过4800列。

（1）采用"枢纽集散+干线直达+多式联运"的运营模式

目前，成渝两地采用"枢纽集散+干线直达+多式联运"模式，可覆盖欧洲全域，辐射"一带一路"共建国家，把我国内陆腹地与欧洲中心腹地紧密地串联起来。在中欧班列开展全面合作的基础上，深化西部陆海新通道、航空及水运等国际物流大通道的合作，形成辐射欧亚、串联东盟、多向互联的国际物流体系，扩大川渝两地国际物流大通道影响力和品牌力。

（2）整合资源，实施一体化发展道路

成渝两地围绕中欧班列（成渝）统一品牌，共同宣传、打造、推广，努力促使其成为全国中欧班列第一品牌。两地将统筹配置成渝每月开行计划，共同以中欧班列（成渝）对外公布数据，建立协同机制。针对客户的需求，建立统一的价格联盟及订舱

接单机制，优化运输配送线路，共享场站、集装箱等物流资源，发挥整体配置资源要素的优势，为客户提供高效、便捷、全面的物流服务。同时积极探索开展行业标准化建设，深化国际社会班列运输合作，提升中欧班列（成渝）品牌国际影响力。

五、乌鲁木齐：西部国际通道重要的中欧班列集结中心

乌鲁木齐中欧班列集结中心依托国际物流大通道优势，推动丝绸之路经济带核心区建设，其枢纽作用和辐射功能日趋增强。为高质量建设乌鲁木齐集结中心，新疆国际陆港（集团）有限责任公司与中铁乌鲁木齐局集团全资子公司（新疆大陆桥集团有限责任公司）合资成立了乌鲁木齐国际陆港有限责任公司，全面负责中欧班列集结中心的投资、建设及场站运营工作。乌鲁木齐国际陆港区规划建设面积 67 平方公里，位于国家级开发区——乌鲁木齐经济技术开发区，是承东启西的重要核心节点，拥有中欧班列西通道最后一个编组站，是我国西出通道中距离中亚、西亚、欧洲最近的铁路枢纽。2020 年 4 月新疆发布《中欧班列（乌鲁木齐）集结中心建设方案（2020—2024年）》，明确加快推进中欧班列乌鲁木齐集结中心配套服务设施建设，提升集结中心国际货运综合服务能力及乌鲁木齐枢纽能力，成为建设丝绸之路经济带商贸物流中心和交通枢纽中心的主要支撑。

2022 年乌鲁木齐国际陆港区首次开行了陆海新通道海铁联运班列和中吉乌公铁联运国际货运班列，并与成都双流空铁国际联运港携手共推"空铁公海"多式联运模式，中欧班列（乌鲁木齐）集结中心已开辟了乌鲁木齐至汉堡（德国）、乌鲁木齐至鹿特丹（荷兰）、乌鲁木齐至波尔塔瓦（乌克兰）等 21 条线路，已初步形成中欧班列（乌鲁木齐）集结中心（乌西）—哈萨克斯坦（阿腾科里）"枢纽对枢纽"班列组织模式，实现常态化开行乌西—塔什干、乌西—阿拉木图集装箱"站到站"班列，通达中亚及欧洲 19 个国家的 26 个城市。2022 年，乌鲁木齐国际陆港区累计开行中欧（中亚）班列 1165 列，较上年增长 16.5%。

（一）"四场站四中心四园区"，构建区域一体化的发展道路

"四场站"包括乌鲁木齐火车西站（含八钢铁路场站）、火车北站、乌鲁木齐铁路集装箱中心站、国际机场，构成陆港区硬件载体基础；"四中心"包括铁路口岸服务中心、多式联运海关监管中心、中欧班列乌鲁木齐集结中心、铁路国际快件中心，构成陆港区先导核心区和重要功能平台；"四园区"包括综合保税区、北站商贸物流聚集区、国际纺织品服装商贸中心综合配套服务区、铁路口岸服务聚集区，构成陆港区未来产业发展格局。

（二）推动内外大联动，统筹班列运输

乌鲁木齐国际陆港区坚持内外联动、海陆统筹，积极推进物流网络布局。国外方面，开通班列线路21条，通达19个国家、26个城市。2019年开行至俄罗斯、白俄罗斯、格鲁吉亚及意大利的五定班列，通过合资、合作方式，布局境外分拨、仓储、物流及集货场站、海外仓等，在全国率先开行跨"两海"（里海、黑海）的国际海铁联运特色班列线路，成功发运"中吉乌"公铁联运货运班列，充分发挥了乌鲁木齐对中亚、西亚及中东沿线地区的经济辐射能力。国内方面，推进与新疆石河子、喀什、阿拉山口、霍尔果斯等地的合作，加强与长三角、珠三角及成渝等地物流合作，强化与天津港、青岛港等东部沿海港口协同合作，积极与内地重要物流节点城市、行业协会、企业等合作，大力发展东西双向的海铁联运线路。乌鲁木齐陆港区通过中欧班列集拼集运物流组织模式，使班列在乌鲁木齐由"过路"变为"集结"，主要运载货物是日用百货、服装产品、机械设备、水暖建材等200多个品类，本地货物约占比50%。

（三）推动中欧班列数字化发展，打造智慧化国际陆港

乌鲁木齐集结中心加快推进数字化、智慧化进程，推动数字班列和智慧口岸建设，提升中欧班列运行效率。一是研发建设以场站运营和班列发运为核心的智慧化信息平台，全面应用于中欧班列（乌鲁木齐）集结中心和多式联运中心的场站业务、集装箱公共放箱、仓配一体化、公铁集疏运和通关综合服务管理。二是依托5G网络、物联网、AI算法、大数据等技术，建立智能化场站管理体系，促进场站内人、车、货、场、信息流等资源高效协同运作，有效提高场站资源整合效率和数字化水平。三是推进数字技术深度应用。实时采集设备运行状态、视频监控结果、场区作业情况以及车辆、人员信息等数据，通过大数据平台深度加工处理，为管理指挥调度和辅助决策提供科学依据。各项信息化数字化项目的加速推进，优化了中欧班列（乌鲁木齐）集结中心跨境物流组织，提高了跨区域通关一体化便利化水平。

第十二章　俄罗斯陆港现状和中蒙俄经济走廊与物流大通道建设

第一节　俄罗斯陆港发展现状

一、俄罗斯陆港发展现状

（一）俄罗斯陆港分布与特点

2013 年 11 月 7 日，俄罗斯在曼谷举行的第二届亚太交通部长论坛签署了《政府间陆港协定》。签署该协定是俄罗斯物流基础设施发展迈出的重要一步。该协定由包括俄罗斯在内的 14 个联合国亚洲及太平洋经济社会委员会（亚太经社会）成员国签署。该协定列出各成员国具有国际重要性的陆港清单。其中俄罗斯潜在的陆港详见表 12 - 1：

表 12 - 1　　　　　　　　　　俄罗斯陆港名称及所在地

陆港名称	所在地
德米特罗夫斯基多式联运中心	莫斯科州
Дмитровский мультимодальный центр	Московская область
"普里莫尔斯基南站" 多式联运物流园区	普里莫尔斯基
Мультимодальный логистический комплекс "Южный приморский терминал"	Приморский край
乌苏里斯克（双城子）"普里莫尔斯基" 铁路港	普里莫尔斯基
Железнодорожный порт "Приморский" Уссурийска	Приморский край
"塔曼斯基" 铁路港	克拉斯诺达尔州
Железнодорожный порт "Таманский"	Краснодарский край
"布朗卡" 货运站物流中心	圣彼得堡

续　表

陆港名称	所在地
Терминально – логистический центр "Бронка"	Санкт – Петербург
"谢杰利尼科沃" 货运站物流中心	斯维尔德洛夫斯克州
Терминально – логистический центр "Седельниково"	Свердловская область
"奇克" 货运站物流中心	新西伯利亚州
Терминально – логистический центр "Чик"	Новосибирская область
"基涅利" 火车站货运站物流中心 Терминально – логистический центр "Кинель" на железнодорожной станции Кинель	萨马拉州 Самарская область
"塔利齐" 货运站物流中心	布里亚特
Терминально – логистический центр "Тальцы"	Бурятия
"帕什科夫斯基" 交通运输物流中心	克拉斯诺达尔州
Транспортно – логистический центр "Пашковский"	Краснодарский край
"乌拉尔斯基" 交通运输物流中心	叶卡捷琳堡
Транспортно – логистический центр "Уральский"	Екатеринбург
—	外贝加尔斯克 Забайкальск 伏尔加格勒 Волгоград 叶卡捷琳堡 Екатеринбург 喀山 Казань

资料来源：https：//www.unescap.org/resources/intergovernmental – agreement – dry – ports

　　由于交通运输工具短缺、各部门之间的手续不一致以及关税壁垒等一系列原因造成俄罗斯各地区的运输承载能力参差不齐。并且交通运输系统长期未得到有效改善，从而使得货物从港口到目的地运输时间较长，费用成本较高。2018 年 5 月 7 日，俄罗斯联邦颁布的《俄罗斯联邦到 2024 年发展的民族战略目标和任务》中第 15 条明确提出，建立一个统一的国家多式联运枢纽网并加强各枢纽间的货物流动。陆港成为海港和内河港口与铁路、公路运输相互作用的多式联运枢纽，从而提高了港口城市的运输能力。陆港是降低运输成本和提高物流效率的重要一环。

（二）俄罗斯陆港行业运营概况

　　俄罗斯的陆港正处在发展阶段。俄罗斯陆港通过铁路和公路交通与俄罗斯各大港口货运站紧密联系在一起。随着中国 "一带一路" 倡议与俄罗斯提出的 "欧亚经济联盟"顺利对接，中国连续多年成为俄罗斯第一大贸易伙伴，中俄之间的运输需求量倍增。特别是当前，在俄罗斯将货物运输重点从西方重新定位到东方的情况下，对俄罗斯国家铁路公司而言，发展中欧集装箱班列运输是优先任务之一。俄罗斯方向的中欧班列（也称中俄班列，China – Russia Railway Line）确保了欧亚空间物流系统尽可能高的稳定性。作为中欧班列口岸站的满洲里铁路口岸，地处中俄边境，是中国规模最大以及运力最高的铁路口岸站，是中国通往俄罗斯、中亚及欧洲各国最重要的国际通道之一。作为向北开放的"桥头堡"，满洲里铁路口岸与俄罗斯后贝加尔口岸站通过两条宽轨线路和一条准轨线路相连，为畅通国内国际双循环发挥着积极作用。

从2007年以来，满洲里铁路口岸不断进行扩能改造，根据中国国家铁路集团有限公司的计划，在接下来的几年，基础设施将得到进一步完善。在2021年，经满洲里铁路口岸的中欧班列数量达4235列，同比增长达18%。另外，俄罗斯后贝加尔口岸站也在不断提升运营能力，并且基于俄罗斯集装箱运输公司的信息，该口岸的集装箱列车数量可以达到原来的三倍。

与此同时，俄罗斯各地区积极实施可行性方案助力陆港发展。陆港内进出口货物整合将有助于在俄罗斯和中国建立定期铁路、河流、公路和航空路线。

斯维尔德洛夫斯克州是俄罗斯地理的正中心建设的最大物流枢纽，斯维尔德洛夫斯克州将建立新的运输和物流中心（TLC），据运输物流市场参与者称，中乌拉尔有潜力成为俄罗斯最大的配送中心之一，将北纬铁路和西伯利亚大铁路与中国西部和里海连接起来。根据初步估计，到2030年，陆港货物吞吐量将达到6000万吨。目前正在进行大规模的工作，启动了其中一个主要设施——叶卡捷琳堡附近的乌拉尔天空运输和物流中心，该中心根据俄罗斯联邦总统的指示建立，并被列入俄罗斯运输综合体的骨干名单。

2023年，俄罗斯远东第三大城市布拉戈维申斯克（海兰泡）准备筹建陆港。"布拉戈维申斯克（海兰泡）陆港"码头将与布拉戈维申斯克（海兰泡）—黑河跨境大桥的运营相连。最初阶段，该综合体建设将确保每年处理120万吨货物，之后将达250万吨货物。在布拉戈维申斯克（海兰泡）－黑河跨境大桥运营的5个月内，已有4900多辆汽车沿该桥跨境。随着阿穆尔河通航期结束，该桥渡将成为阿穆尔州和中国黑龙江省之间唯一的运输走廊。

俄罗斯发展陆港基础设施是确保其长期效率和可持续性的关键因素。包括公路、铁路、集装箱码头和仓库综合体的现代化建设，以及引进现代数字技术。由于基础设施的不断完善，未来也将不断扩大俄罗斯陆港航线的地理范围，这使俄罗斯更多的地区将能够利用这一有效的运输系统。

二、俄罗斯陆港建设特点、存在问题和未来趋势分析

（一）俄罗斯陆港建设的特点

随着全球贸易的快速发展，陆港作为全球物流体系的重要节点，其地位日益凸显。俄罗斯第一个陆港于 2011 年在列宁格勒州开放，它是为圣彼得堡的大港口而建的，面积为 50 公顷。近年来俄罗斯陆港建设呈现出以下几个主要特点。

1. 陆港建设需求增长

俄罗斯陆港建设的发展与其经济发展和贸易需求密切相关，对陆港建设的需求也随之增长。俄罗斯政府不断加大投入，提升陆港设施的现代化水平，并给予一系列优惠政策。例如，在"俄罗斯城市－2030"论坛上，俄罗斯联邦经济发展部提议在叶卡捷琳堡市内建立一个特殊的经济港区以及一个自由关税区，并给予税收优惠，以提高本地陆港的效率。在其他几次相关的论坛上，"谋求制定港口新地位的可能性，将陆港不仅仅视为一个单独的地区发展平台，而是作为一种融入全俄物流系统的新形势"的理念被多次提出，反映出俄罗斯各界对陆港建设的新认识。

2. 创新与可持续发展

俄罗斯陆港建设中重视技术创新，在建设中，采用自动化装卸系统、物联网等技术以及绿色能源、环保材料等，推动了俄罗斯陆港建设的可持续发展。如滨海边疆区在建的阿尔乔姆港，作为当地未来最大的运输物流中心，在建设的初始阶段就率先启动了与之配套的电力中心、工程网络连接工程等先期设施的建设，并在草案中重点突出了"将所有站点与通用的智能管理系统相连接""绿色环保"等理念。

3. 打造国际运输走廊

俄罗斯加强与中亚、东亚等地区的贸易合作，北极航线的开放为俄罗斯国际陆港的发展带来了新的机遇。例如，斯维尔德洛夫斯克州地区当局正在筹建叶卡捷琳堡周边陆港项目，目的就是开发南海航线的替代方案，以防止通过俄罗斯西南部地区的货物运输由于俄乌冲突带来的风险。俄罗斯政府计划打造南北国际运输走廊，建设通往里海的新铁路段，将该走廊与通过叶卡捷琳堡的北海航线连接起来，使得从乌拉尔联邦区和邻近地区向亚洲国家出口货物成为可能。

4. 多元化投资来源

为了加快陆港建设，俄罗斯政府积极吸引国内外投资，形成了多元化的投资来源。这其中包括政府预算、国有企业、私人企业以及国际合作项目等。为了筹集更多的资金用于陆港建设，俄罗斯政府加大了对陆港建设的预算投入，鼓励国有企业和私人企业参与投资，积极吸引外资参与陆港建设，形成了政府与市场共同推动的建设格局。

5. 重视区域协同协作

俄罗斯陆港建设注重与周边地区的协同发展。通过与内陆城市、产业园区等的合作，共同打造区域物流体系和产业链。为了实现区域协同，俄罗斯陆港建设与内陆城市、产业园区等进行了深度合作。通过共同打造区域物流体系和产业链，提高了整个区域的经济发展水平和竞争力。此外，俄罗斯还加强了与其他国家的合作，共同推动跨国物流通道的建设和发展。

（二）俄罗斯陆港建设存在的问题

目前，俄罗斯陆港的规划和建设还处于起步和探索阶段，在陆港基础设施、环境等方面还存在一些问题，制约着俄罗斯陆港的发展。

1. 陆港建设缺乏政策协调

俄罗斯陆港的规划和建设起步较晚，涉及部门多，因此俄罗斯陆港的发展受到诸多法律限制，不仅在联邦法框架内规范陆港建设，还涉及俄罗斯土地、水、运输、城市规划、民事、行政和其他领域的法律。在陆港建设中，俄罗斯需要在国家层面上加强宏观规划布局、发展指导和政策协调。例如，陆港项目的建设受联邦和地区行政当局以及地方政府机构是否能及时作出相关决定影响较大，如果有的部门未能及时采取决策，可能会导致某些建设计划无法执行。

2. 对陆港建设规划认识不足

由于俄罗斯区域经济发展不平衡，陆港建设发展时间短，各联邦主体、核心城市、口岸等部门对陆港发展的认识水平也不相同，对陆港的相关知识、功能定位、布局规划、运营规律以及相关协调体系掌握不充分，未充分发挥其促进区域经济发展的作用。例如，对税收制度变化、税率调整、税收优惠、租金水平变更等估算不足；经济技术开发区、工业园区、自由经济区特殊优惠和奖励制度的政策发力不明显，导致实际运行绩效未能达到设计初衷。

3. 陆港多式联运发展相对滞后

目前，与其他发达国家相比，俄罗斯多式联运相对落后、发展缓慢。在多式联运方面，铁路和港口等运输方式专业化程度不高、作业效率低下，不能充分发挥铁路和水路运量大、成本低的优势；同时，各种运输方式之间尚未形成有效衔接，不能充分发挥多式联运整体优势，这主要体现在陆港衔接不匹配，港口作为海铁联运的中间节点，不仅吞吐任务重，而且作业环节多，当前国际环境下，俄罗斯港口设施配套不均衡，导致港口业务阻塞现象时有发生。

4. 资金短缺及投资政策需要完善

目前俄罗斯陆港建设投资方相对较少，投资方式相对单一、缺乏多元化的建设投资渠道，是制约陆港发展的重要因素。俄罗斯在陆港基础设施建设中广泛使用多种形式的公私伙伴关系，通过吸引私人投资者的资源来减轻预算资金的压力，在合作伙伴之间合理分配风险，同时降低风险发生的可能性，通过高素质管理人员参与项目和加强国家控制，达到最有效的资金利用。但投资活动框架内公私伙伴关系的法律方面需要完善，当前给出的投资规则更多是声明性的，没有提供一个完整的机制来保护投资者在实施公私伙伴关系项目时的利益。缺乏远见和规划，在资源和资金短缺的情况下，土地浪费的情况可能出现，导致出现区域封闭的情况，使区域物流运输效率下降。

5. 陆港物流信息化水平有待提高

采用现代信息技术，能够推动陆港实现快速发展。目前，俄罗斯陆港物流信息化水平参差不齐，整体发展缓慢，平台之间缺乏有效的沟通，有的陆港服务项目局限于提供简单的仓储、运输、装卸、配送服务，无法完成附加值较高的物流服务。俄罗斯陆港与海运码头连接起来时，首先必须确保所进行的货物在客户和政府监管机构面前的安全、可靠和透明。运输物流链的众多参与者使不同运输方式的运输过程复杂化，因此，有必要建立和完善运输综合体的统一信息系统。

为了解决这些问题和其他新出现的问题，俄罗斯政府必须采取系统的办法：在国家直接参与陆港建设的情况下，提供强制性的预算资金；改善法律和监管框架，特别是在土地和财产法律关系方面，并引入新的信息技术；加强人才引进和技能培训；等等。此外，最重要的任务是在平衡发展俄罗斯运输基础设施和建立统一的欧亚运输网络的基础上形成俄罗斯统一的运输空间。在解决了这些问题之后，俄罗斯的运输和物流基础设施将达到更高的水平，以满足国家经济不断增长的需求。

（三）俄罗斯陆港建设的未来趋势

为了使俄罗斯经济能够更有效地融入全球运输和物流，俄罗斯陆港建设未来应从以下几方面入手。

1. 开设新的运输物流中心

物流成本和多式联运物流中心的容量仍然是重要指标，其特点是税收和海关手续方面的优惠监管。这将大大缩短货运时间，同时降低服务成本。叶卡捷琳堡运输码头董事会主席亚历山大·卡基泽在叶卡捷琳堡"乌拉尔斯基"运输物流中心一期落成典礼上表示：俄罗斯计划在 2026 年开设 9 个运输物流中心。新的物流中心将出现在莫斯科、佩尔姆、叶卡捷琳堡、鄂木斯克、新西伯利亚、克拉斯诺亚尔斯克、哈巴罗夫斯克（伯力）等地。所有设施建设的投资额将达 1000 亿卢布左右。他还补充说，考虑到横贯西伯利亚铁路的大负荷，俄罗斯铁路与交通运输部正在实施一个"陆港"的建设，该陆港将能够接收敞车集装箱并将货物运往西部。"陆港"将成为北纬航道和跨西伯利亚高速公路通往里海和北海航线的多式联运环节。这将达到与印度、伊朗、巴基斯坦和其他国家建立双边货物过境的效果。

2. 持续增强技术创新

俄罗斯2023年陆港建设呈现出多元化发展的特点，包括北极港口建设的加速推进以及打造多元化能源港口等特点。这些特点的形成受到经济发展与贸易需求、地缘政治与国际合作以及技术创新与可持续发展等因素的影响。展望未来，俄罗斯陆港建设将继续保持快速发展的势头。未来5年，俄罗斯计划在其物流网络中积极引入各种创新，随着俄罗斯国内外投资的不断增加和技术的不断创新，俄罗斯陆港的规模和水平将得到进一步提升。

3. 加强物流基础设施建设

俄罗斯政府提出了"2030年前运输战略"发展计划，根据该计划，预计将优化现有的运输和物流基础设施，并形成新的运输和物流基础设施，为不同运输方式和运输物流过程参与者之间的技术互动创造一个统一的信息环境，这将有助于有效地融入国际物流环境，增强创新能力，提升物流水平，优化基础设施建设。系统正确地解决了这些问题，有助于使俄罗斯铁路运输更高效，更具竞争力。

三、中俄陆港物流与贸易合作发展现状与未来前景

（一）中俄陆港物流与贸易合作发展现状

2018年，中俄双边贸易额首次突破1000亿美元，中俄两国领导人随后共同确定到2024年双边贸易额达到2000亿美元的目标。中国海关总署在2023年1月13日公布的最新数据显示，2022年中俄两国贸易额增长29.3%，达到1902.71亿美元。面对全球疫情起伏反复和经济复苏乏力的双重考验，中俄经贸合作逆势增长，双边贸易额再创历史新高，中国连续13年稳居俄罗斯第一大贸易伙伴国。中国海关总署2023年12月7日发布的数据显示，中俄2023年1月至11月贸易额增长26.7%，中俄两国贸易总额达2181.76亿美元，历史首次突破2000亿美元。

1. 战略合作稳步推进

十年多以来，在两国元首战略指引下，中俄两国经贸合作日益深化，成果丰硕，成为国与国互利共赢的典范。2013年，习近平总书记出访俄罗斯，开启中俄关系新篇章。2015年，双方签署《关于丝绸之路经济带建设与欧亚经济联盟建设对接合作的联合声明》。2019年，在中俄两国元首的推动下，两国关系提升为"新时代中俄全面战略协作伙伴关系"，中俄两国关系提升到新高度。2021年，习近平总书记与普京总统共

同宣布决定《中俄睦邻友好合作条约》延期，推动两国在更高起点、更大范围、更深层次上合作。2023 年，中俄双方签署了《中华人民共和国和俄罗斯联邦关于深化新时代全面战略协作伙伴关系的联合声明》和《中华人民共和国主席和俄罗斯联邦总统关于 2030 年前中俄经济合作重点方向发展规划的联合声明》，中俄新时代全面战略协作伙伴关系进入新的发展阶段。

2. 中欧班列通行量稳步增长

中欧班列持续稳定开行，为中俄陆港物流与贸易合作发展奠定了良好基础。如表 12-2 及图 12-1 所示，2015 年，中欧班列去程 550 列，回程 265 列，总计 815 列。2020 年，中欧班列去程 6982 列，回程 5424 列，总计 12406 列，首次突破 10000 列。2021 年、2022 年尽管受疫情影响，中欧班列通行量仍稳步增长。

表 12-2　　　　　　　　　2015—2022 年中欧班列历年运量　　　　　　　　单位：列

年份	2015	2016	2017	2018	2019	2020	2021	2022
去程	550	1130	2399	3696	4525	6982	8364	8881
回程	265	572	1274	2667	3700	5424	6819	7681
总计	815	1702	3673	6363	8225	12406	15183	16562

资料来源：中欧班列官网

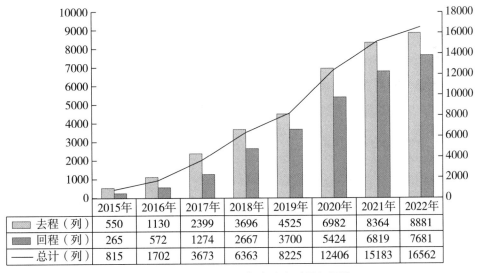

	2015年	2016年	2017年	2018年	2019年	2020年	2021年	2022年
去程（列）	550	1130	2399	3696	4525	6982	8364	8881
回程（列）	265	572	1274	2667	3700	5424	6819	7681
总计（列）	815	1702	3673	6363	8225	12406	15183	16562

图 12-1　2015—2022 年中欧班列历年运量

资料来源：中欧班列官网

3. 中俄物流通道建设

"一带一路"倡议为中俄经济发展和区域合作提供了一个历史性的机遇和广阔平台。相关基础设施不断完备，2022 年 6 月 10 日，中俄首座跨黑龙江公路大桥黑河-布拉戈维申斯克（海兰泡）公路桥正式通车；2023年3月1日，中国铁建股份有限公司承建西南段项目的莫斯科地铁大环线实现全线开通运营，成为全球最长地铁环线。在"一带一路"框架下，得益于中欧班列的开通，中欧班列官网数据显示，2022年中欧班列开行总计超过16000列，同比增长9%，其中满洲里口岸累计监管进出境中欧班列超过4400列，且每年过岸量都在上升，中俄跨境铁路运输保持快速发展。

（1）中俄过境口岸通道：在中俄之间直接相连的中方主要开放口岸有黑龙江的绥芬河口岸（铁路和公路）、黑河口岸（公路）、东宁口岸（公路），吉林省的珲春口岸（铁路和公路），内蒙古的满洲里口岸（铁路）。上述口岸处于对俄经贸合作的最前沿，是中国陆路联通俄罗斯的陆路贸易通道，具备中俄贸易往来的"窗口"和"桥梁"地位。

（2）中俄陆上物流通道：一是西伯利亚大铁路。俄罗斯西伯利亚大铁路被称作第一亚欧大陆桥，连接莫斯科和符拉迪沃斯托克（海参崴），全长9288千米，是世界上最长的铁路线。西伯利亚大铁路曾经被称为俄罗斯的"脊柱"、连接欧亚文明的纽带，对俄罗斯乃至欧亚两大洲的经济、文化交流产生过举足轻重的影响。二是连接俄罗斯各港口的货运铁路。俄罗斯港口一大优势就是铁路与港口的无缝连接，西伯利亚大铁路支线将远东港口群各个港口码头串联起来，铁道线直接进到码头前沿，火车直接与船舶装卸对接，可以省去二次装卸，具有极大的效率与效益潜力。该铁路线通过铁路换装站直接与中国对俄口岸对接，形成完整的中俄陆路铁路连接线。三是连接口岸、港口的公路集疏运通道。在中方一侧，口岸通道建设不断完善，其规模、质量、管理已经远远超过俄方。在绥芬河口岸建设有公路直接对接的中俄互市保税区、中俄铁路直接对接的边贸口岸交易区、铁路集装箱双轨换装站。俄罗斯口岸一侧尽管设施还显不足，但也已具备基本对接基础，中俄如果有效加以利用和改进，未来可成为较大规模和具有较为完善功能的中俄物流大通道。

（二）中俄陆港物流与贸易合作未来前景

在新时期国家综合交通运输体系，"一带一路"倡议进一步深化，"中欧班列"加快布局、沿海港口、国际新通道、枢纽中心、物流基地以及"交通强国"等多领域高质量发展政策驱动和战略引领下，要不断完善中俄经贸合作机制，构建中俄经贸合作的交通网络体系等，全方位制定系统可操作的实施路径。

1. 打造战略性重点合作项目

在近些年俄持续扩大经贸合作之下，为适应中俄经贸合作快速发展趋势和俄罗斯远东开发战略，中俄合作打造远东物流大通道具有多重意义。俄罗斯远东物流通道作为战略通道，是相对稳定、具有规模、商业可行、风险可控的可依赖的贸易通道。中俄远东物流通道由中国沿海地区港口、沿边地区陆路口岸与俄罗斯远东地区口岸、铁路、港口构成，外界对其直接影响小。在复杂多变的全球局势下，在中俄贸易规模持续扩大、大宗贸易品种增加的情况下，为保证供应链安全、夯实中俄战略合作基础，中俄合作打造一条相对安全、稳定的远东物流大通道极具战略意义。

2. 推动构建互联互通物流体系

中俄之间在基础设施方面已经具有一定合作基础。经过中俄双方的共同努力，在公路、航道、能源基础设施、通信基础设施、口岸集疏运等方面取得了很大进展。中蒙俄经济走廊、中欧班列等互联互通项目在稳步推进中。展望未来，中俄两国将会在基础设施、交通物流等多个交通运输领域全面加强合作，对现有的跨境基础设施进行改造，加大新建基础设施的力度；推动通关便利化基础设施建设，提高通关能力和效率。加大中俄蒙经济走廊沿线基础设施建设，逐渐形成物流聚集，形成"一带一路"区域跨境物流产业链，实现交通基础设施和运输便利化全面合作，推动构建互联互通的物流体系。

3. 加强物流人才培养

在中俄边境贸易物流体系构建时，除了要提高物流本身的运行效率以外，还应提高对物流服务意识的重视，始终将中俄企业客户的利益放在首位。结合国内外先进的物流管理经验，根据中俄边境贸易的实际情况，提供更有可行性的管理方案。此外，中俄边境贸易物流要获得长足健康的发展，离不开专业人才的有力支撑。因此，两国都必须不断提升并创新物流人才的培养方案。在物流人才的培养方面，高校应进一步建设物流专业，根据细分的领域有主次地在人才培养方案中加入跨国物流、边贸物流等专业知识模块，着力培养一批具有较高物流理论知识素养的专业型边贸物流高端人才。此外，高校在进行理论教学时，也要积极鼓励学生参与跨国公司以及外贸公司的物流实践活动，将理论内容逐渐转化为实践操作，不断地积累并提升实践能力，实现理论知识与实践操作的融合驱动，提升学生的理论素养和实践水平，为中俄边贸物流的长远发展提供雄厚的人才储备。

4. 全面创新中俄通关模式

加快通关便利化改革，积极研究中俄"两国一检"新型通关模式。探索由中俄双方在各自公路口岸两侧划定特定的区域，在保持现有铁丝围网的情况下，在口岸区域设立便捷通道。利用物联网、云计算、"互联网＋海关"等新技术，提高贸易便利化水平，全面建成"单一窗口"，推进大通关建设改革，推动实现口岸管理部门"信息互换、监管互认、执法互助"。优化货物贸易进出口管理方式和政策，动态优化进口税收政策及调整保免税货物清单。规范进出口环节经营性服务和收费，完善外贸企业进出口通关代办制，为企业提供一站式代办报关、报检、仓储、货运、结汇、退税、信保、融资等服务。

第二节 中蒙俄经济走廊与物流大通道建设

一、中蒙俄经济走廊建设的历史背景和发展现状

（一）中蒙俄经济走廊建设的历史背景

2013 年，国家主席习近平提出"一带一路"倡议即"丝绸之路经济带"和"21世纪海上丝绸之路"倡议，将"丝绸之路经济带"与俄罗斯"跨欧亚大铁路"和蒙古国"草原之路"进行战略对接，与蒙俄共同打造中蒙俄经济走廊。中蒙俄经济走廊作为中国与周边国家共同建设的六大经济走廊之一，具有重要战略地位。

国家主席习近平提出的倡议，得到俄蒙两方的积极回应，经过多次磋商，中蒙俄三国元首在 2015 年 7 月 9 日的会晤中明确了《建设中蒙俄经济走廊规划纲要》的总体框架。《建设中蒙俄经济走廊规划纲要》于 2016 年 9 月 13 日由中国国家发展改革委正式公布，这是"一带一路"框架内实施的第一项多边合作项目。

建设中蒙俄经济走廊，既是中国的主张，也是俄罗斯与蒙古国的共识。蒙古国地处中俄中间，东临中国，西接俄罗斯，具有十分显著的地缘优势。蒙古国拥有极为丰富的天然资源，如矿物、畜牧等。俄罗斯地处欧亚之间，东靠东北亚，西靠西欧发达地区，建设中蒙俄经济走廊能够充分发挥俄罗斯在欧亚之间的桥梁和纽带作用，促进三国经济发展。

中蒙俄经济走廊的建设，有助于"一带一路"与俄罗斯欧亚经济圈和蒙古国的"草原之路"等国家战略的对接，促进中蒙俄三国互利共赢。中蒙俄经济走廊最根本的目的就是拉动我国国内经济增长和开拓国内资本的境外投资市场。大力推进中蒙俄经济通道的建设，不仅为三国经贸合作开辟了一条新的交通通道，也为国内生产能力强的企业开拓了新的国际市场。中蒙俄经贸走廊的建成，有利于中、蒙、俄三个国家的共同利益，促进俄蒙同乘中国快速发展之车，共享中国的经济发展成果，增强中、蒙、俄之间的经贸往来更加紧密。

（二）中蒙俄经济走廊建设的发展现状

2014 年由国家主席习近平提出中蒙俄经济走廊这一概念至今已经有十年的时间。这十年的时间内，中蒙俄三国协同努力，在经贸合作、基础设施建设等领域取得积极进展和成果。

1. 贸易情况

截至 2020 年年底，中国已经连续 10 年成为蒙俄最大的贸易伙伴。表 12－3 中俄贸易统计数据显示，中国对俄罗斯的进出口贸易额从 2018 年开始出现贸易逆差，这主要是受矿产品、贱金属及其制品等产品的影响。中蒙贸易统计数据显示，中蒙贸易规模较小，但贸易态势基本平稳。蒙古对俄罗斯的出口额很小，蒙古与俄罗斯的进出口贸易额远低于与中国的进出口贸易额，说明蒙古对中国的贸易依赖度更强。

表 12－3　　　　　　　　　　2014—2022 年中蒙俄贸易情况　　　　　　　单位：亿美元

年份	中对俄出口	中对俄进口	中对蒙出口	中对蒙进口	蒙对俄出口	蒙对俄进口
2014	536.77	375.10	22.16	51.02	0.62	14.60
2015	347.57	286.00	15.71	37.95	0.77	11.72
2016	373.40	280.20	9.89	36.20	0.56	11.08
2017	428.31	389.20	12.36	51.67	0.68	16.47
2018	522.18	560.80	16.47	63.40	0.86	16.09
2019	494.85	602.57	18.30	62.67	0.34	17.35
2020	505.04	576.85	16.18	51.25		
2021	675.51	796.09	22.33	68.99		
2022	761.00	1142.00	19.21	62.86		

资料来源：根据联合国贸易数据库、中国统计年鉴数据整理

2. 交通建设情况

（1）铁路建设情况

交通建设是中蒙俄经济走廊建设的重点，也是难点所在。由于三国之间均是陆地接壤，所以运输成本低的铁路运输成为建设的重点。中俄同江铁路大桥于 2014 年 2 月开工，2021 年 8 月铺轨贯通，2022 年正式通车；2017 年年底，滨洲铁路电气化改造工程全线开通运营，全面进入电气化时代；2022 年 7 月，"中欧班列—上海号"班列境内东通道（满洲里口岸）、中通道（二连浩特口岸）等主要通道全打通，联通境外城市与站点超 40 个，并通过这些场站发往欧亚其他国家；2022 年 8 月 11 日，二连浩特铁路口岸新增、改建的 12 条宽准轨接发列车线路投入使用。

自 2016 年起中国和俄罗斯开始实施"滨海 1 号"和"滨海 2 号"国际交通运输走廊建设。其中"滨海 1 号"国际交通走廊是指：哈尔滨－牡丹江－绥芬河－格拉捷阔沃（或东宁－波尔塔夫卡）－乌苏里斯克（双城子）－符拉迪沃斯托克（海参崴）港（东方港、纳霍德卡港）－海上航线，主要是针对黑龙江省；"滨海 2 号"国际交通走廊是指：长春－吉林－珲春－克拉斯基诺（珲春－马哈力诺、珲春－卡梅绍娃娅）－

扎鲁比诺港－海上航线，主要是针对吉林省。

新疆维吾尔自治区一直以来也在积极参与中蒙俄经济走廊建设。和田－若羌铁路于2018年开工，2022年6月16日开通运营，为作为丝绸之路经济带四大经济走廊交汇地的新疆打通交通大动脉。

（2）公路建设情况

相比铁路建设施工时间长、难度大、成本高，公路建设具有成本低，使用便捷的优势。打造一张互联互通的公路网是中俄蒙经济走廊建设的当务之急。2016年12月，黑河－布拉戈维申斯克（海兰泡）界河公路大桥开工建设，2022年6月10日正式开通货运；甘临高速公路，即甘其毛都至临河一级公路是中国向北开放通往蒙古国的重要口岸通道，2018年完工，2019年正式通车；2021年，二连浩特公路口岸货运通道智能卡口和旅检通道自助通关系统投入使用，矿产品专用通道项目开工建设。新疆南、北、中三大高速通道全面建成，环准噶尔盆地和塔里木盆地高速公路建成，以乌鲁木齐为核心，东联甘肃，南往西藏，西通中亚、西亚各国，北至蒙古国，公路网络畅达。2023年9月，中蒙俄沿亚洲公路网4号线（AH4）国际道路运输试运行活动发车仪式在乌鲁木齐举行。2016年中蒙俄三方举行了中蒙俄沿亚洲公路网3号线（AH3）国际道路运输试运行活动。2019年，三方启动沿亚洲公路网3号线的常态化国际道路运输。本次沿亚洲公路网4号线路试运行成功后，成为中蒙俄三方之间第二条国际道路直达运输通道。

3. 投资情况

近二十年，中国对俄罗斯的净投资额整体呈上升趋势，主要集中于能源方面投资，如2014年俄罗斯北极LNG（液化天然气）出口设施亚马尔LNG和西伯利亚管道、2015年俄罗斯最大的石油化学企业西布尔、2017年东部西伯利亚的石油和天然气生产企业俄罗斯石油、2019年拥有北极LNG2过半数股份的诺瓦泰克和俄罗斯远东地区的天然气化学园区等。投资范围广，服装、农业、矿产资源、家电、建材等领域均有涉猎。

截至2023年6月，中国对蒙古国直接投资近17亿美元，涉及采矿、制造业、畜产品加工、建筑、餐饮等领域，并逐渐向矿产品深加工、绿色能源等领域拓展。

二、"一带一路"十年来中蒙俄经济走廊通道与陆港物流发展现状和新特点

（一）陆港物流发展现状

随着中蒙俄经济走廊建设的不断推进，内蒙古作为中蒙俄经济走廊的重要节点之一，积极推动相关陆港物流的发展。目前，已经有多家企业入驻内蒙古各陆港物流园区，开展货物集散、仓储、配送等服务。未来，还将继续完善陆港物流设施，提高物流服务水平，促进区域贸易往来。具体现状分析如下。

1. 辐射范围不断扩大

满洲里铁路口岸作为"一带一路"倡议的重要节点，欧亚贸易的桥梁纽带，承担着对俄贸易 60% 以上的陆路运输任务，其他国家则包括蒙古、智利、新加坡及日本等 60 多个国家和地区。而与之类似的口岸城市二连浩特则是对蒙古国开放的最大陆路口岸城市，两座城市都成为我国向北开放的重要战略支点和"一带一路"重要节点。

十多年来，满洲里铁路口岸运输发生了巨大变化，自 2013 年首列"苏满欧"班列开行以来，满洲里铁路口岸多部门紧密配合，建立"保通保畅"协调机制，使得通关环境更加便捷、监管流程优化、企业成本降低，保障中欧班列稳增长，由此，满洲里铁路口岸中欧班列提量增速，成为中国联系世界的重要触手，更是成为贯穿欧亚大陆的国际贸易"大动脉"。目前途经满洲里的货运线路从开始的 12 条线增加至 57 条线，发到站由 15 个增加至 104 个。最远距离甚至到达波兰，运输距离达到 11200 公里。满洲里口岸过境中欧班列辐射国内 60 个城市，始发地遍布苏州、天津、大连、武汉、长沙、哈尔滨等，包括营满欧、苏满欧、赣满欧、义满欧、津满欧、粤满欧等线路，在国外则到达欧洲 11 个国家 28 个城市，辐射德国、波兰、俄罗斯等国。主要往返城市有：白俄罗斯明斯克、波兰华沙、捷克布拉迪斯拉发、比利时泽布鲁日以及德国汉堡和杜伊斯堡、荷兰鹿特丹等欧洲城市，以及叶卡捷琳堡、莫斯科、伊尔库斯克、圣彼得堡、车里雅宾斯克等俄罗斯地区。进出口商品则主要包括矿产品、纸浆、木材、机械零件、电子产品、果蔬、板材、汽车配件、日用品等。

2023 年 9 月 15 日，二连浩特口岸中欧班列进出境运行线路由最初的 2 条到达目前的 69 条。截至 2023 年 12 月 4 日，进出境中欧班列由最初的 2 列增为 14119 列，货重也大幅增长，由最初的 991 吨增至 2023 年 12 月 11 日的 1627.2 万吨，通达蒙古国、波兰、德国等 10 余个国家。运载货物范围涵盖机电产品、服装鞋帽、汽车整车及配件、葵花籽等千余种商品，中蒙俄经济发展越发向好。

2. 基础设施投入不断增加

陆港型国家物流枢纽尤其需要突出以铁路为核心的关联资源整合发展，着力将整合服务资源和设施资源向枢纽进行集聚。满洲里铁路运输进口额占所有运输方式总额的 90%，成为我国规模最大、年通过能力最高的铁路口岸，在与西伯利亚大铁路连接的同时，也疏通了欧洲铁路大动脉。该铁路口岸场站布局合理、查验设备先进、功能完备、科技化程度高，使得年综合换装能力达 8000 万吨。公路运输出口额占所有运输方式总额的 80%；"公路口岸智能化通关系统"以及"岸速通"APP 的运用，实现了无纸化通关，大幅度提高了通关效率。

目前伊泰铁路互市贸易区位于满洲里市国际物流产业园区内，总投资约 3200 万元。该互市贸易平台拥有多种功能，如分销加工、仓储物流、边民互贸等。2022 年 11 月，边民互市贸易管理 2.0 系统出现，边民互市贸易管理系统得到再次升级。此外，满洲里铁路口岸建设完成了集装箱场二线扩建工程，并改建了机场粮食换装场地，大大增加粮食作物运输能力。此外为配合跨境电商发展，满洲里完成综保区监管分拨中心设施建设，优化查验、配套仓储以及分拣线，开展"1210"保税进出口业务；建成面积 1052 平方米的快件监管场所，可开展各项货物包装、分拣、查验等功能。建设满洲里跨境电商综试区线上公共服务平台，完成海关数据中心二级节点建设，以此满足多项业务需求。并出台 2022 年度《满洲里市外经贸发展专项资金支持跨境电子商务发展实施方案》，在支持进出口通关服务项目建设、扩大业务规模、支持企业建设公共海外仓储设施等。

截至 2019 年，二连浩特市共建有 8 个物流园区，总占地面积达 250 多万平方米。其中具有代表性的物流园有环宇公路出口物流园和汇通公路进口物流园，主要发展公路进出口物流。

汇通公路进口物流园区设有检验检疫查验区、海关查验区、物流专项库区及矿产品库区 4 个功能区，提供仓储、物流、清关、运输等服务。在 2016 年，建设储存和冷链查验一体化设施，使得对蒙贸易得到了进一步发展。而环宇公路出口物流园则主要针对公路出口物流业务。内设 3 个功能区域，即检验检疫局集中查验区、海关监管区和出口监管仓库，提供出口货物的货运代理服务，出口的货物以生活用品为主，以及建筑用品和其他设备等。两大物流园区相邻而设方便货物转运，缩短货车周转时间。

此外，中蒙正在不断推进建设二连浩特至扎门乌德跨境经济合作区。规划面积 18 平方公里，跨越两国各占 9 平方公里，发展国际贸易、电子商务、旅游娱乐及金融服务等产业。

2022 年 3 月 17 日，乌兰察布·二连浩特国家物流枢纽园区挂牌成立，成为内蒙古自治区唯一一家跨盟市开发区。园区规划面积 72.77 平方公里，产业定位为进出口落地加工和商贸物流，构建三位一体综合交通体系，即以铁路、公路和航空共同构成多式联运，实现集产业落地加工和口岸功能相融合的"一园六区"发展新格局。

（二）陆港物流发展新特点

"一带一路"十年来，中蒙俄经济走廊通道的建设取得了多项重大成就。其中，中蒙跨境铁路的建设尤为引人注目。这条铁路连接中国和蒙古国，全长约 460 公里，该铁路建成通车后，从中国到蒙古国的运输时间将大幅缩短，物流效率也将得到大幅提升。此外，中蒙俄经济走廊还加强了与周边国家和地区的互联互通，为区域经济发展提供了有力支撑。

近年来，随着中蒙俄经济走廊的不断发展，陆港物流逐渐成为推动国际贸易的重要力量，其发展呈现出以下特点。

1. 智能化发展

智能化发展是陆港物流的重要趋势之一。随着人工智能、物联网等技术的不断发展，陆港物流开始逐步实现智能化。智能化技术的应用使得陆港物流在货物追踪、仓储管理、运输协调等方面更加高效，同时也提高了运输安全性与准确性。未来智能化技术将在陆港物流中得到更广泛的应用，如自动驾驶技术、无人机配送等。

2. 绿色化转型

随着全球环保意识的不断提高，绿色化转型成为陆港物流的重要发展方向。绿色化转型主要表现在以下几个方面：一是减少运输过程中的碳排放，通过优化运输路线、提高运输效率等方式减少车辆排放；二是推广清洁能源，如使用电动车辆进行运输。

3. 多元化服务

多元化服务是陆港物流的重要发展趋势之一。随着客户需求的不断变化，陆港物流需要提供更加多元化的服务以满足客户的需求。例如，提供跨境电商物流服务、冷链物流服务、国际快递服务等。这些多元化的服务能够更好地满足客户的需求，提高客户的满意度。同时，多元化服务也能够提高陆港物流企业的竞争力，拓展企业的市场份额。

三、中蒙俄经济走廊贸易与陆港物流数据分析

（一）中蒙俄经济走廊贸易数据分析

根据国家统计局数据，如图 12 - 2 所示，2013—2022 年，中蒙贸易总额从 59.59 亿美元上涨到 121.98 亿美元，增长 104.70%；中俄贸易总额从 892.59 亿美元上涨到 1900.21 亿美元，增长 112.89%，中俄、中蒙贸易总额近十年增幅大致接近。

根据国家统计局数据，如图 12 - 3 所示，2013—2022 年中国向蒙古出口额从 24.50 亿美元上涨到 28.66 亿美元，增长 16.98%；中国从蒙古进口额从 35.10 亿美元上涨到 93.32 亿美元，增长 165.87%。近十年，中国从蒙古的进口增速远远大于出口增速。

根据国家统计局数据，如图 12 - 4 所示，2013—2022 年中国向俄罗斯出口额从 495.91 亿美元上涨到 756.41 亿美元，增长 52.53%；2013—2022 年中国从俄罗斯进口额从 396.68 亿美元上涨到 1143.80 亿美元，增长 188.34%。近十年，中国从俄罗斯的进口增速远远大于出口增速。

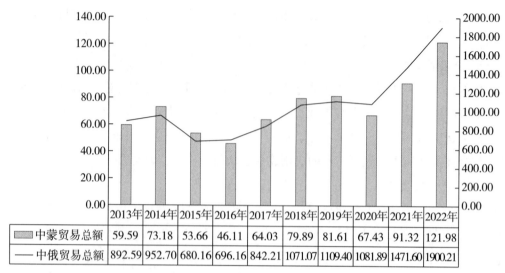

图 12 - 2　中蒙俄贸易总额情况（亿美元）

资料来源：国家统计局

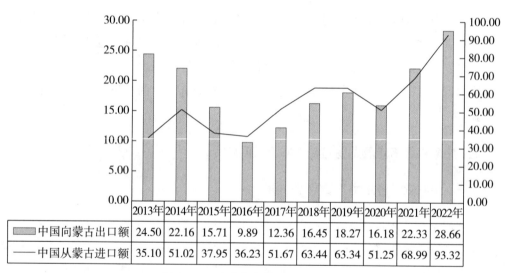

图 12 - 3　中蒙贸易情况（亿美元）

资料来源：国家统计局

　　根据国家统计局数据，如表 12 - 4 所示，从贸易的国内省份分布来看，2022 年对蒙贸易规模较大的是内蒙古，进口规模达到 407. 97 亿元，远大于出口规模 55. 82 亿元；对俄贸易规模较大的是黑龙江，进口规模达到 1680. 38 亿元，远大于出口规模 172. 87 亿元。总体来看，国内对俄蒙贸易活跃的省份主要是以进口贸易为主，出口占贸易总额比例较小。

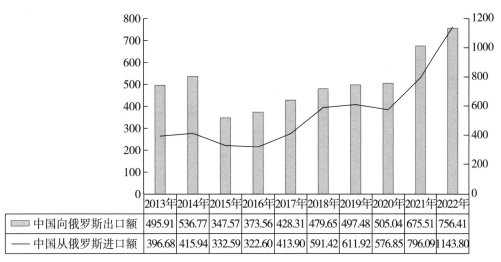

图 12 - 4　中俄贸易情况（亿美元）

资料来源：国家统计局

	2013年	2014年	2015年	2016年	2017年	2018年	2019年	2020年	2021年	2022年
中国向俄罗斯出口额	495.91	536.77	347.57	373.56	428.31	479.65	497.48	505.04	675.51	756.41
中国从俄罗斯进口额	396.68	415.94	332.59	322.60	413.90	591.42	611.92	576.85	796.09	1143.80

表 12 - 4　　　　　　　　　2022 年中蒙俄走廊省份贸易数据

注册地编码	注册地名称	贸易伙伴编码	贸易伙伴名称	出口金额（亿元）	进口金额（亿元）	贸易总额（亿元）
15	内蒙古	124	蒙古	55.82	407.97	463.79
22	吉林	124	蒙古	0.18	7.48	7.66
23	黑龙江	124	蒙古	6.06	0.86	6.92
65	新疆	124	蒙古	3.66	23.60	27.26
15	内蒙古	344	俄罗斯	53.47	141.98	195.45
22	吉林	344	俄罗斯	65.56	107.77	173.33
23	黑龙江	344	俄罗斯	172.87	1680.38	1853.25
65	新疆	344	俄罗斯	106.50	14.30	120.80

资料来源：海关总署数据库（HS 编码规则）

（二）陆港物流数据分析

中蒙俄经济走廊建设与重点口岸经济发展相辅相成、互相促进。中蒙俄经济走廊本质上属于一种跨边境次区域合作，是途经国家少、通关成本低且穿越蒙古境内联通亚欧大陆的最短路线，自天津、大连经二连浩特、满洲里，通过蒙古、俄罗斯抵达欧洲（波罗的海），主要节点城市包括北京、天津、大连、沈阳、长春、哈尔滨及乌兰巴托、伊尔库茨克、叶卡捷琳堡、圣彼得堡等，重点产业园区有满洲里和二连浩特重点开发开放试验区、蒙古赛音山达工业园区、俄罗斯喀山经济特区等，综合分析各口岸城市的发展基础、地理区位、资源禀赋及政策平台等情况，满洲里、二连浩特、绥芬河等口岸是中蒙俄经济走廊最为关键的口岸节点城市。

从口岸贸易数据情况来看，如表12-5所示，满洲里贸易额规模最大且增速较快，2022年满洲里海关口径贸易规模为631.96亿元。从绥芬河中欧班列运量情况来看，如表12-6所示，截至2023年11月末，绥芬河中欧班列进出口合计达到78156标准集装箱，这一数值已经超过2022年全年的75662标准集装箱。

表12-5　　　　　　　　　　部分口岸城市贸易数据　　　　　　　　　单位：亿元

年份	绥芬河	二连浩特	满洲里
2014	468.62	79.62	306.84
2015	219.11	68.42	301.22
2016	216.21	56.91	318.72
2017	178.68	63.73	376.15
2018	144.39	78.65	394.31
2019	161.49	101.25	398.59
2020	133.73	106.00	353.13
2021	163.18	117.15	424.80
2022	185.35	92.47	631.96

资料来源：海关总署数据库（按境内目的地/货源地）

表12-6　　　　　　　　　　绥芬河中欧班列统计情况

年份	进口（列数）	进口（TEU）	出口（列数）	出口（TEU）
2019	114	9632	6	492
2020	187	16388	31	2834
2021	495	45120	54	5182
2022	779	71862	38	3800
2023（截至11月30日）	727	72796	49	5360

资料来源：满洲里口岸管理办公室

从部分口岸班列统计情况来看，如表12-7所示，2022年霍尔果斯、满洲里、绥芬河班列数合计分别为3150列、4838列、884列，对应发送箱（TEU）分别为299889TEU、465328.25TEU、81620TEU；2023年1至11月霍尔果斯、满洲里、绥芬河班列数合计分别为3019列、4616列、810列，对应发送箱（TEU）分别为318154TEU、

498744TEU、81114TEU，其中满洲里班列数量和发送箱（TEU）最多，2022 年满洲里比霍尔果斯班列多 1688 列，2023 年 1 至 11 月差距收窄至 1597 列，对应的发送箱（TEU）差距由 165439. 25TEU 升至 180590TEU，满洲里增长速度较快。

表 12 - 7   部分口岸班列统计情况

口岸站	班列方向	2022 年				2023 年 1 至 11 月			
		列数		发送箱（TEU）		列数		发送箱（TEU）	
		累计	同比 ±	累计	同比 ±	累计	同比 ±	累计	同比 ±
霍尔果斯	去程	2317	333	223166. 75	26339. 5	1970	- 149	206564	2713
	回程	833	107	76722. 25	14296. 75	1049	301	111590	43314
	合计	3150	440	299889	40636. 25	3019	152	318154	46027
满洲里	去程	2069	71	204662. 25	5130. 25	1987	90	216066	28432
	回程	2769	519	260666	50614	2629	94	282678	44816
	合计	4838	590	465328. 25	55744. 25	4616	184	498744	73248
绥芬河	去程	47	- 9	4694	- 688	50	9	5460	1366
	回程	837	339	76926	31556	760	- 18	75654	3912
	合计	884	330	81620	30868	810	- 9	81114	5278

资料来源：中欧班列网

如表 12 - 8 所示，新疆阿拉山口 2018—2022 年口岸货运量均在 2200 万吨以上，主要以进口为主，历年进口货运量在 2000 万吨左右。2022 年整体进出口货运量为 2531. 0 万吨，其中进口货物 2212. 6 万吨，出口货物 318. 4 万吨。2023 年 1 至 10 月，阿拉山口口岸货运量 2159. 5 万吨，同比增长 10. 7%，其中进口货物 1872. 9 万吨，同比增长 11%，出口货物 286. 6 万吨，同比增长 9%，进出口货运量呈现出较好的增长趋势。

表 12 - 8   阿拉山口口岸货运量   单位：万吨

年份	进口	出口	进出口
2018	1966. 9	323. 6	2290. 5
2019	2108. 2	328. 1	2436. 3
2020	2219. 4	352. 1	2571. 5
2021	1920. 8	297. 6	2218. 4
2022	2212. 6	318. 4	2531. 0
2023 年 1—10 月	1872. 9	286. 6	2159. 5

资料来源：满洲里口岸管理办公室

（三）满洲里贸易物流数据分析

目前满洲里口岸过境中欧班列国内辐射 20 个省 34 个城市，国外达到欧洲 11 个国家 28 个城市。2022 年经满洲里口岸进出境中欧班列 4819 列，约占全国班列开行总量的 27%。

从满洲里班列统计情况来看，如表 12 - 9 所示，2018—2022 年满洲里进出口班列持续上行，对应标准集装箱 TEU 也呈现持续上行趋势，2023 年 1 至 11 月进出口班列数、标准集装箱 TEU 数量都已经大致接近 2022 年水平。

表 12 - 9　　　　　　　　　　　　满洲里班列统计情况

年份	进口（列数）	进口（标准集装箱 TEU）	出口（列数）	出口（标准集装箱 TEU）
2018	672	29539	1002	53217
2019	1023	38224	1521	67344
2020	1758	57899	1790	88332
2021	2138	196168	2003	199946
2022	2767	261180	2052	204516
2023（截至 11 月 30 日）	2568	277504	1957	214384

资料来源：中国铁路哈尔滨局满洲里站

从满洲里口岸总运量来看，如表 12 - 10 所示，2018—2022 年总体呈现下滑趋势。2018—2022 年满洲里铁路运量呈现波动下滑趋势，总量从 2018 年的 1827.6 万吨下滑到 2022 年的 1556.5 万吨；2018—2022 年满洲里公路运量呈现波动下滑趋势，2020 年公路运量出现断崖式下滑，总量从 2019 年的 158.6 万吨下滑到 2020 年的 40.8 万吨，2022 年有所回升，但全部为出口运量，进口运量为 0。

表 12 - 10　　　　　　　　　　　满洲里口岸运量　　　　　　　　单位：万吨

年份	运量总数	铁路			公路		
		总数	进口	出口	总数	进口	出口
2018	2002.7	1827.6	1563.9	263.7	175.1	35.4	139.8
2019	2048.2	1889.5	1568.8	320.7	158.6	40	118.6
2020	1973.7	1932.8	1548.3	384.5	40.8	10.7	30.1

续　表

年份	运量总数	铁路			公路		
		总数	进口	出口	总数	进口	出口
2021	1871.2	1831.2	1457.6	373.6	40	0	40
2022	1618.3	1556.5	1350.2	206.3	61.8	0	61.8

资料来源：满洲里口岸管理办公室

四、内蒙古、黑龙江、吉林、新疆等省（自治区）陆港物流发展新机遇及建设新成果

（一）带来的新机遇

在百年未有之大变局加速演进，局部地区冲突不断的时代背景下，我国的"一带一路"倡议，必然促进中蒙俄经济走廊的加速建设。2020 年，我国提出了构建"双循环"发展格局，国内国际双循环的导向，使得陆港物流建设成为融入中蒙俄经济走廊建设的必由之路。在此发展机遇下，要求内蒙古、黑龙江、吉林、新疆等省（自治区）加快陆港物流建设，为中蒙俄三国经贸合作增速、提效，共享中国经济高速发展带来的外部性成果。

自 2016 年发布《建设中蒙俄经济走廊规划纲要》以来，各类推进中蒙俄经济走廊建设的政策相继出台，《中国与欧亚经济联盟经贸合作协定》《内蒙古自治区创新同俄罗斯、蒙古国合作机制实施方案》《中蒙俄（二连浩特）工商界高峰论坛合作共识》《内蒙古自治区人民政府办公厅关于促进外经贸和口岸发展的实施意见》等系列政策持续为中蒙俄经济走廊建设发力。国务院印发的《关于推动内蒙古高质量发展奋力书写中国式现代化新篇章的意见》中指出，支持内蒙古按程序申请设立中国（内蒙古）自由贸易试验区，申请成功将推动中蒙俄经济走廊向中蒙俄自贸区（FTA）快速发展，为内蒙古国际陆港建设提供更多机遇。

由于俄乌冲突等原因，俄罗斯不得不考虑重新构建国际物流通道。2022 年 9 月，中蒙俄三国首脑达成一致，将《建设中蒙俄经济走廊规划纲要》期限延长五年。作为内陆国的蒙古国，跨境物流通道建设更是其热切盼望的。2023 年，香港《南华早报》报道称蒙古国正在规划 7 个陆港，均为铁路口岸，其中扎门乌德－二连浩特线使得蒙古国可以通过中国的天津港、黄骅口岸、秦皇岛、大连等出海，建成后中蒙俄经济走廊基础设施将更为完备。

随着中蒙俄经济走廊的建设，内蒙古、黑龙江、吉林、新疆等省（自治区）与蒙古国和俄罗斯的贸易往来将更加密切，其陆港物流也带来更多的发展机会。进一步促进贸易的便利化，提高物流服务水平，从而吸引更多的货物通过其陆港进行运输，实

现规模经济，这将为陆港物流的发展提供更好的条件。

（二）取得建设新成果

在"一带一路"倡议和中蒙俄经济走廊建设的影响下，目前已开通的"津满欧""苏满欧""粤满欧""沈满欧"等"中俄欧"铁路国际货物班列，全部实现常态化运营。2023年9月22日，中蒙俄再添国际道路运输通道——中蒙俄沿亚洲公路网4号线（AH4）。这是继AH3号线路后，开通的第二条连接中蒙俄三国的国际道路运输通道。内蒙古、黑龙江、吉林、新疆等省（自治区）也在物流畅通、路港建设方面取得丰硕成果。

1. 内蒙古陆港物流建设取得新成果

近年来，内蒙古自治区在中蒙俄经济走廊建设中取得了一系列重要成就。目前获批国家重点开发开放试验区2个，综合保税区和保税物流中心各3个，边境合作区2个，边民互市贸易区6个，经济合作区1个，中蒙俄合作先导区1个，跨境电商综试区2个，国家级对外展会1个。基础设施建设稳步推进。积极推动铁路、公路、航空、管道、电网等重点基础设施建设，满洲里－俄罗斯外贝加尔斯克以及赤塔铁路的电气化改造完成，滨洲铁路电气化改造完成，满洲里至阿拉坦额莫勒公路建成通车。各口岸基础设施和查验配套设施逐步完善，口岸通关效率大幅提升。口岸数字化建设成绩突出，"数字口岸"系统在中铁公司二连口岸站正式投入应用，口岸便利化程度显著提升。满洲里率先成为国家首批进境粮食指定口岸，并积极向国家申请牛肉、羊肉进口权。

2. 黑龙江陆港物流建设取得新成果

2019年，中俄两国首座跨江公路桥梁黑龙江大桥建成，2022年4月，作为中俄两国第一座跨界河铁路大桥的同江铁路大桥正式开通，该桥运营时速100公里，年过货能力2100万吨。进一步完善的基础设施建设将为陆港物流的发展提供更好的条件。

牡丹江陆港物流综合仓储集散中心项目，该项目总投资26亿元，规划用地面积99万平方米，计划分三期实施。预计项目全面建成并投入使用后，年集装箱吞吐量将达到15万标准箱，年储存货物400万吨。同时，八五〇内陆港作为国家级粮食现代物流建设示范单位和全省百万吨级物流节点，实现了汽运、铁运、海运相结合，门对门、点对点一站式精准服务。目前，内陆港拥有80万吨物流吞吐能力，发运量已达到26万吨，这些新的成果展示了黑龙江陆港物流建设的稳步发展和持续创新的能力。

3. 吉林陆港物流建设取得新成果

随着中蒙俄经济走廊的建设，吉林省在物流基础设施建设方面取得了显著成果。

2020 年 12 月，位于吉林长岭至河北永清的中俄天然气管道中段正式投产运营；2022 年 9 月，珲春与俄罗斯正式开通清洁能源班列，珲春铁路口岸正式开通"7 天 24 小时"通关模式；2023 年 5 月，海关总署联合三部委同意在原有吉林省内贸货物跨境运输业务范围的基础上，增加俄罗斯符拉迪沃斯托克（海参崴）港为内贸货物跨境运输中转口岸，增加浙江省舟山甬舟集装箱码头和嘉兴乍浦港 2 个港口为内贸货物跨境运输入境口岸。

通过对铁路、公路、水路和航空等多种运输方式的整合，形成了以陆港为中心的多式联运物流网络体系。同时，加强了对物流园区、仓储设施等关键节点的建设，提高了物流基础设施的覆盖面和服务水平。吉林省地处中俄边境，拥有得天独厚的区位优势和跨境物流合作条件。吉林省积极与俄罗斯开展跨境物流合作，推动中俄物流大通道建设。通过与俄罗斯开展口岸合作、建立跨境经济合作区等方式，实现了跨境物流的快速发展和互利共赢。

4. 新疆陆港物流建设取得新成果

新疆处在亚欧大陆的腹地，陆港物流建设尤为重要。中欧班列作为陆港物流建设的重要桥梁与载体，其高速、高质量发展将带动陆港物流建设。2014—2021 年在新疆过境的中欧班列数持续上涨，截至 2023 年 3 月，途经阿拉山口口岸的中欧班列开行路线累计达到 100 条，截至 2023 年 5 月，途经霍尔果斯铁路口岸的中欧班列开行路线达 77 条，通行该口岸的中欧班列突破 3000 列。

乌鲁木齐近年陆港物流建设快速发展。早在 2018 年，乌鲁木齐就被确定为陆港型、空港型和商贸服务型国家，物流枢纽承载城市。凭借区位优势以及中欧班列集结中心的集结功能，陆港区以中欧班列为主要抓手，持续推进铁路、公路、海铁联运、公铁联运等物流组织高效运行。并积极打造跨"两海"至西亚、高加索地区、欧洲等方向的特色精品班列，加快陆海新通道建设。

第三篇

数据统计分析

中国陆港发展报告 2023—2024

第十三章 我国陆港发展回顾与数据统计分析

本章对 2023 年我国陆港发展特点予以分析，对全国陆港的分布、建设、投资、企业性质等基本情况作了阐述。并根据实际发放的调查问卷，对全国范围内陆港的经营情况进行了数据分析。

第一节 2023 年我国陆港发展主要特点

一、国家和地方政府大力支持陆港高质量发展

近年来，习近平总书记高度重视我国陆港的建设与发展，多次到陆港调研并作出重要指示。

2022 年 7 月 12 日至 15 日，习近平总书记在新疆考察时，调研乌鲁木齐国际陆港区，听取有关情况介绍。习近平总书记强调，随着我国扩大对外开放、西部大开发、共建"一带一路"等深入推进，新疆从相对封闭的内陆变成对外开放的前沿，要推进丝绸之路经济带核心区建设，把新疆的区域性开放战略纳入国家向西开放的总体布局中，创新开放型经济体制，加快建设对外开放大通道，更好利用国际国内两个市场、两种资源，积极服务和融入新发展格局。

2023 年 5 月 19 日，习近平总书记在陕西省西安市主持首届中国–中亚峰会。期间，习近平总书记强调要拓展经贸关系。中方将出台更多贸易便利化举措，升级双边投资协定，实现双方边境口岸农副产品快速通关"绿色通道"全覆盖，举办"聚合中亚云品"主题活动，打造大宗商品交易中心。同时强调深化互联互通。中方将全面提升跨境运输过货量，支持跨里海国际运输走廊建设，推进航空运输市场开放，发展地区物流网络。加强中欧班列集结中心建设，鼓励优势企业在中亚国家建设海外仓，构建综合数字服务平台。同时，国务院和各相关部门出台了多重利好政策支持促进陆港发展。

2023 年 3 月，交通运输部办公厅、财政部办公厅印发《关于做好 2023 年国家综合

货运枢纽补链强链申报工作》的通知，提出推动国家综合货运枢纽补链强链城市扩面提质，形成综合货运枢纽体系建设合力。

2023 年 4 月，国务院办公厅印发《关于推动外贸稳规模优结构的意见》指出，要提升贸易便利化水平。深入推进"单一窗口"建设，扩大"联动接卸""船边直提"等措施应用范围，提高货物流转效率等。

2023 年 6 月，国家发展改革委印发《关于做好 2023 年国家骨干冷链物流基地建设工作的通知》，发布新一批 25 个国家骨干冷链物流基地建设名单，要求相关省、自治区、直辖市和新疆生产建设兵团发展改革委要指导承载城市人民政府、基地建设运营主体高质量推进国家骨干冷链物流基地建设，切实发挥基地带动引领作用，整合集聚冷链物流资源，促进冷链物流与相关产业深度融合、集群发展，为构建新发展格局创造更好条件。

2023 年 8 月，交通运输部等八部门印发《关于加快推进多式联运"一单制""一箱制"发展的意见》。该意见明确，力争在 3—5 年内实现"一单制""一箱制"法规制度体系进一步完善，多式联运信息加快开放共享、单证服务功能深化拓展、龙头骨干企业不断发展壮大；"一单制"和"一箱制"服务模式加快推广，全面提升综合运输服务质量和效率。

此外，各地方政府部门也出台了大量政策支持陆港发展。2023 年 2 月，成都市政府印发《推进成都自由贸易试验区贸易投资便利化改革创新若干措施》；2023 年 6 月，昆明市商务局印发《昆明市现代物流业发展三年行动计划（2023—2025 年)》；江苏省政府办公厅印发《关于推动外贸稳规模优结构的若干措施》；重庆市人民政府口岸和物流办公室等三部门印发《重庆市 2023 年促进跨境贸易便利化工作措施》；2023 年 10 月，金华市政府印发《加快金华市现代物流业高质量发展十条措施》；等等。

二、"一带一路"十周年中欧班列实现高质量发展

2023 年是"一带一路"倡议提出十周年，作为共建"一带一路"的拳头产品，中欧班列的开行让沿线内地陆港一下子站到了开放前沿，各地陆港以此为契机，大力推进中欧班列高质量发展。

近年来，在"一带一路"倡议推动下，中欧班列充分发挥其在时效、价格、运能、安全性等方面的比较优势，逐渐被中欧广大客户所接受，成为中欧间除海运、空运外的第三种物流方式，开行数量和质量持续稳步提升。

2022 年 10 月 26 日，首趟全程时刻表中欧班列开行，截至 2023 年 8 月底已开通 5 条线路、开行 80 列。其中西安至杜伊斯堡每周三、六开行，全程用时 12.5 天，压缩 3.4 天。成都至罗兹每周六开行，全程用时 10.5 天，压缩 4.6 天。杜伊斯堡至西安每

周二开行，全程用时 11.3 天，压缩 4.8 天。罗兹至成都每周四开行，全程用时 11.4 天，压缩 4.1 天。中欧班列全程时刻表运行时间更加稳定，平均压缩 30% 以上。

在广大陆港企业的大力推动下，中欧间已形成了西、中、东三大铁路运输通道。西通道主要吸引西南、西北、华中、华北、华东等地区进出口货源，在新疆阿拉山口、霍尔果斯铁路口岸与哈萨克斯坦铁路相连，途经俄罗斯、白俄罗斯、波兰等国铁路，通达欧洲其他各国。中通道主要吸引华中、华北等地区进出口货源，在内蒙古二连浩特铁路口岸与蒙古国铁路相连，途经俄罗斯、白俄罗斯、波兰等国铁路，通达欧洲其他各国。东通道主要吸引华东、华南、东北地区进出口货源，在内蒙古满洲里铁路口岸、黑龙江绥芬河铁路口岸与俄罗斯铁路相连，途经白俄罗斯、波兰等国铁路，通达欧洲其他各国。

与此同时，海铁、公铁、空铁多式联运快速发展，这让中欧班列效能更好释放。国家发展改革委数据显示，目前，以大连港、天津港、青岛港、连云港等沿海港口为起点的中欧班列线路已达 29 条；广州、成都等城市已依托中欧班列打造了"空铁联运"跨境电商出口新模式，推动"铁海公空邮"综合运输一体化融合发展。

目前，我国境内已铺画时速 120 公里的中欧班列运行线 86 条，联通我国境内 112 个城市，途经 11 个亚洲国家和地区的 100 多座城市，通达欧洲 25 个国家和地区的 217 个城市，开辟了亚欧大陆供应链的新通道。2023 年，中欧班列全年开行 1.7 万列、发送 190 万标箱，同比分别增长 6%、18%。

三、多式联运"一单制"取得重大进展

2023 年，多式联运"一单制"进入新的发展阶段。

2023 年 8 月 21 日，交通运输部、商务部、海关总署、国家金融监督管理总局、国家铁路局、中国民用航空局、国家邮政局和中国国家铁路集团有限公司等 8 家单位联合印发《关于加快推进多式联运"一单制""一箱制"发展的意见》（以下简称《意见》），指明了当前和未来一段时期，多式联运"一单制""一箱制"发展的总体思路、发展目标和主要任务，对于构建现代综合交通运输体系、更好地服务构建新发展格局、加快建设交通强国具有重要意义。

《意见》明确，将力争通过 3—5 年的努力，实现"一单制""一箱制"法规制度体系进一步完善，多式联运信息加快开放共享，多式联运单证服务功能深化拓展，多式联运龙头骨干企业不断发展壮大，托运人一次委托、费用一次结算、货物一次保险、多式联运经营人全程负责的"一单制"服务模式和集装箱运输"不换箱、不开箱、一箱到底"的"一箱制"服务模式加快推广，全面提升综合运输服务质量和效率，更好地服务构建新发展格局。

2023 年 10 月，首列"中欧班列 – 进博号"列车首次实现了铁路电子提单的应用。这标志着中国建设银行上海市分行作为上海地区首家商业银行，与中铁集装箱上海分公司、上海海关、上海东方丝路多式联运有限公司携手实现了一次在铁路运输单证物权化上的有益探索。

此笔铁路电子提单由中铁国际多式联运有限公司在中铁集装箱公司与中国建设银行共同开发的铁路多式联运提单数字化平台中签发，随后电子提单可通过平台实现全程线上流转，最终流转至收货人并实现提货。

而早在 2017 年，基于四川自贸区青白江片区挂牌和实践国家第一批多式联运示范工程试点，成都国际陆港运营有限公司就签发了全国首张多式联运"一单制"，通过整合物流资源、金融资源，促进以多式联运"一单制"作为跨境贸易的主要议付单据，从而逐步推行贸易方和金融方都认可的"一单到底""一票结算"的模式。

随着国家相关政策的不断完善，多式联运"一单制""一箱制"有望进入发展快车道。

四、TIR 跨境公路运输快速发展

2023 年，TIR 跨境公路运输取得了快速发展。

TIR 即为《国际公路运输公约》，TIR 系统是建立在联合国公约基础上的国际跨境货物运输领域的全球性海关便利通关系统，旨在通过简化通关程序，提高通关效率，推进多边贸易和国际运输的便利化和安全性。目前全球有 70 多个缔约国，其中大多数位于丝绸之路经济带沿线重要地区。

为了推进"一带一路"建设，我国于 2016 年 7 月 5 日正式加入联合国《国际公路运输公约》（简称"TIR"公约，应用此公约的跨境公路运输成为 TIR 运输），2018 年 5 月公约正式在中国落地实施。2019 年 5 月，海关总署宣布，将全面实施《国际公路运输公约》。获得 TIR 运输资质的企业，可以仅凭一张单据就在同样实施 TIR 公约的多个国家间畅通无阻，只需要接受始发地和目的地国家的海关检查，途经国一般情况下不再开箱查验。

目前，重庆市西部陆海新通道主要运输方式之一即为跨境公路班车。据有关数据统计，2023 年前三季度，重庆西部陆海新通道跨境公路班车共计发车 3532 车次，同比上升 72%；发运国际标准箱 7947TEU，同比上升 72%；总重约 6.26 万吨，同比上升 86%；总货值约 23.22 亿元，同比上升 95%。自 2016 年 4 月 28 日首次运营至 2023 年 9 月 30 日，西部陆海新通道跨境公路班车共计发车 15205 车次，发运国际标准箱 34211TEU，总重约 25.57 万吨，总货值约 94.53 亿元。

重庆公路物流基地是国家发展改革委批复重庆设立的"三基地三港区"物流总体

规划中的公路物流基地。西部陆海新通道跨境公路班车主要在重庆公路物流基地南彭公路保税物流中心（B型）发出。目前重庆公路物流基地跨境公路班车主要取得了大湄公河次区域（GMS）直通车牌照和国路国际公路运输（TIR）批准证明书，即从物流基地出发开到口岸，无须"掏箱"便能直接运送至东盟国家。

而在2023年5月召开的第七届全球跨境电子商务大会"丝路电商"国际合作郑州论坛上，郑州航空港区签署"TIR国际公路运输"等5个项目，为郑州航空港区跨境电商产业生态结构发展提供了重要项目支撑。

其中，"郑州－莫斯科"TIR国际公路货运线路郑州新郑综合保税区口岸作业区早在2023年2月就已正式开通，在全国率先完成了TIR跨境公路运输双向联通。目前，TIR项目已实现每周两班的发车班次。截至2023年10月31日，TIR运输累计发车73辆次，完成跨境进出口货物1018.26吨66879件，货值7703.57万元。预计到2023年年底，可发车150班次，进出口货值1.5亿元人民币。

2023年8月，由长春兴隆综合保税区组织的，由吉林省本省企业开展的国际道路运输（TIR）实现首发。本次首发运输企业丝路国际物流（珲春）有限公司是全国第19家，也是吉林省本省唯一的TIR持证人企业，依托长春兴隆综合保税区成熟的海关监管、物流设施、第三方服务等条件，使用中国证、中国车，货物为一汽品牌车，填补了吉林省企业自主开展TIR国际公路运输的空白。

2023年10月，2辆TIR车辆自巴基斯坦始发，由中国红其拉甫口岸入境，经吐尔尕特口岸出境，途经吉尔吉斯斯坦，最终抵达哈萨克斯坦，这是全国首票巴基斯坦至哈萨克斯坦途经四国的TIR国际公路运输业务。

充分发挥国际道路运输的灵活优势，用足用好"一带一路"向西开放前沿优势，未来跨境公路运输将迎来更大的发展机遇。

五、陆港企业整合发展

2023年，国内部分城市开始探索加快建设陆港枢纽，积极构建大物流体系路径。

2023年2月16日，合肥产投集团旗下合肥物流控股集团有限公司（以下简称"合肥物流集团"）揭牌活动举办，拉开了合肥市国有物流资源整合、做大做强的序幕。按照合肥市委、市政府构建大物流体系的工作部署，合肥国际内陆港发展有限公司整体划转到新成立的合肥物流集团。

合肥物流集团以"畅通城市物流、保障城市民生、服务城市产业"为发展定位，聚集产业物流、智慧物流、安全物流等板块，以全市空、铁、水、公、跨境电商等国有企业及相关资源资产为基础，统筹负责全市国有物流园区、保税物流中心、铁路场站、航空口岸、水运港口、跨境电商等产业项目的投资、建设、管理、运营，打造集水陆空及跨境电商和商贸服务于一体的物流运营投资集团、现代物流综合服务方案集成运营商、供应链组织者。

2023年8月14日，新疆商贸物流（集团）有限公司重组整合新疆国际陆港（集团）有限责任公司签约仪式在乌鲁木齐市国资委举行，这意味着统筹推进新疆维吾尔自治区商贸物流产业转型升级工作迈出重要一步。新疆商贸物流集团整合新疆国际陆港集团，能够实现新疆商贸物流企业主责主业更加聚焦，产业结构更加清晰，整体资源配置效率明显提升。同时，能够充分发挥新疆"东联西出""西引东来"的区位优势，围绕构建联通内外、贯通东西的现代商贸物流体系，积极打造亚欧黄金通道和向西开放的桥头堡，加快推进大物流、大商贸、大通道建设。完成对新疆国际陆港集团的整合，有助于丝绸之路经济带核心区商贸物流中心建设，凸显新疆向西开放桥头堡的作用。

六、我国陆港领域首个团体标准诞生

推进陆港产业高质量发展，完善标准化体系建设至关重要。

近年来，在"一带一路"建设、国家物流枢纽布局和建设规划、西部陆海新通道等国家战略和重大决策部署的大力推动下，我国陆港取得快速发展。随着陆港型国家物流枢纽的不断建设和中欧班列运行经验的逐步积累，我国陆港在定义分类、功能作用等方面都有了新的内涵，在发展模式、规划建设上不断提档升级，陆港产业进入高质量发展的新阶段。

然而，与陆港产业的快速发展相比，目前我国陆港领域尚无完善统一的标准化体系，缺乏从国家到地方经济发展、产业布局与市场协作、功能建设与运营指标、口岸服务与保税物流、物流设施与技术等方面的系统性思考和顶层设计。

2023年10月17日，首个陆港行业团体标准《陆港分类与评估指标》在"第十届中国国际陆港与枢纽经济发展峰会"上正式对外发布，对规范陆港领域发展具有十分重要的意义。

该标准由中国开发区协会陆港分会和交通运输部科学研究院共同开展标准编制工作。由深圳市平方科技股份有限公司、成都国际陆港运营有限公司、合肥国际内陆港发展有限公司、苏州工业园区航港物流有限公司、奎屯新亚科工贸有限公司、山西鑫东港物流有限公司、中建投物流有限公司、冠县土地发展集团有限公司等8家陆港行业头部企业共同完成。

该标准对陆港提出了全新的定义：陆港是依托铁路、公路等陆路交通，以提供货物集散和口岸服务为基础，可聚合商贸物流、生产加工等功能的物流组织区域。该标准还将陆港分为多式联运型陆港和公路型陆港，并依据陆港类型，按照设施设备、口岸服务、信息化、配套服务、运行管理、高质量发展六个方面设置评估指标。两种类

型的陆港分别按照不同评估指标分为 AAAAA、AAAA、AAA、AA、A 五个等级。

随着该标准在全行业进行标准的宣贯和实施，将推进我国陆港规划、建设与运营的规范化进程，促进陆港功能的发挥。同时，陆港评估的重点在于明确政府部门和行业组织所要鼓励的陆港的发展模式，并为行业提供可学习的标杆陆港。

七、"一带一路"大通道不断完善，提速陆港和区域经济发展

设施联通是共建"一带一路"的优先领域。共建"一带一路"以来，国际大通道建设卓有成效，为提速陆港枢纽发展，进而促进经贸和产能合作奠定了坚实基础。

在国际大通道建设方面，2023 年 10 月发布的《共建"一带一路"：构建人类命运共同体的重大实践》白皮书指出，中巴经济走廊方向，重点项目稳步推进，白沙瓦 – 卡拉奇高速公路（苏库尔至木尔坦段）、喀喇昆仑公路二期（赫韦利扬 – 塔科特段）、拉合尔轨道交通橙线项目竣工通车。新亚欧大陆桥经济走廊方向，匈塞铁路塞尔维亚贝尔格莱德 – 诺维萨德段于 2022 年 3 月开通运营，匈牙利布达佩斯 – 克莱比奥段启动轨道铺设工作；克罗地亚佩列沙茨跨海大桥迎来通车一周年；双西公路全线贯通；黑山南北高速公路顺利建成并投入运营。中国 – 中南半岛经济走廊方向，中老铁路全线建成通车且运营成效良好，黄金运输通道作用日益彰显；作为中印尼共建"一带一路"的旗舰项目，时速 350 公里的雅万高铁开通运行；中泰铁路一期（曼谷 – 呵叻）签署线上工程合同，土建工程已开工 11 个标段（其中 1 个标段已完工）。中蒙俄经济走廊方向，中俄黑河公路桥、同江铁路桥通车运营，中俄东线天然气管道正式通气，中蒙俄中线铁路升级改造和发展可行性研究正式启动。中国 – 中亚 – 西亚经济走廊方向，中吉乌公路运输线路实现常态化运行。孟中印缅经济走廊方向，中缅原油和天然气管道建成投产，中缅铁路木姐 – 曼德勒铁路完成可行性研究，曼德勒 – 皎漂铁路启动可行性研究，中孟友谊大桥、多哈扎里至科克斯巴扎尔铁路等项目建设取得积极进展。在非洲，蒙内铁路、亚吉铁路等先后通车运营，成为拉动东非乃至整个非洲国家纵深发展的重要通道。

同时，国际多式联运大通道持续拓展。中欧班列、中欧陆海快线、西部陆海新通道、连云港 – 霍尔果斯新亚欧陆海联运等国际多式联运稳步发展。目前，中欧班列通达欧洲 25 个国家的 200 多个城市，86 条时速 120 公里的运行线路穿越亚欧腹地主要区域，物流配送网络覆盖欧亚大陆；2023 年，中欧班列全年开行 1.7 万列、发送 190 万标箱，同比分别增长 6%、18%；西部陆海新通道班列全年发送 86 万标箱，同比增长 14%。中欧陆海快线从无到有，成为继传统海运航线、陆上中欧班列之外中欧间的第三条贸易通道，2022 年全通道运输总箱量超过 18 万标箱，火车开行 2600 余列。

八、数智化助力陆港产业高质量发展

随着数字技术的发展，应用程度的快速提高，数智化陆港园区建设也在不断创新发展。科技公司持续赋能，行业企业积极创新实践。

近年来，以华为、京东等为代表的科技公司等也开始深耕陆港园区数智化建设。2021年10月，华为正式成立海关和港口军团。其业务愿景即是把数字世界带入每个口岸、每个海关、每个港口、每个码头、每个综贸区、每条船、每个箱、每辆车、每台设备；联通综合物流、商贸相关的组织和人。目前，华为参与的全球港口项目涉及20多个国家，服务了全球50多个港口，交付了100多个项目。2022年4月13日，华为公司与北部湾港集团举办"全面数字化转型，引领未来智慧港口"专题演讲分享会暨深化数字化转型战略合作签约仪式。双方将重点围绕深化数字化转型，共建绿色港口、港口生产自动化、智能化三个方面展开建设合作。

广大陆港企业在建设数智陆港方面也不遗余力。

2021年注册成立的华远陆港智慧物流科技有限公司，定位于智慧物流与产业数字化发展方向，主要承担华远国际陆港"iH19智慧物流综合运营平台"、信息技术服务、物流科技赋能、科技产业孵化等建设。除此之外，华远国际陆港联运生态数字产业园已经建成并将投入使用。该数字产业园将发挥华远国际陆港集团"链主""链核"企业优势，提升资源共享水平，引导产业、资本、技术、人才、数据等要素向园区集聚，形成智慧物流人才集聚区、联运生态集聚区、供应链金融集聚区。

为实现港域全景全要素的数字化再造，新疆国际陆港基于"数字孪生"技术，以业务为驱动，以数据为底座，通过万物互联的感知应用，实现业务与数据紧密对接、多式联运业务一体化；同时实现贸易、物流、通关等信息共享交换。通过构建"场站超脑"为业务全场景赋能：形成具有自成长能力的"场站超脑"，推进智慧化场景示范应用；实现可视化、智慧化科学管理体系，为中欧班列（乌鲁木齐）集结中心提供更高效的运营水平、更安全的园区环境和更精细的管理服务。

第二节　我国陆港运营数据分析

一、陆港基本情况分析

根据中国开发区协会陆港分会对全国陆港的不完全调研统计，截止到2023年8月，全国陆港数量达到了326个。

（一）区域分布

根据上述统计，全国陆港企业数量由高到低分布情况如表 13 - 1 所示。

表 13 - 1　　　　　　全国陆港企业数量分布（截至 2023 年 8 月）

地区	陆港企业数量（个）	地区	陆港企业数量（个）
河南省	28	广西壮族自治区	9
山东省	22	重庆市	9
内蒙古自治区	22	辽宁省	8
浙江省	19	云南省	8
四川省	16	甘肃省	8
黑龙江省	16	新疆维吾尔自治区	7
河北省	15	吉林省	6
广东省	14	宁夏回族自治区	6
山西省	13	北京市	4
江苏省	12	青海省	3
安徽省	12	天津市	2
贵州省	12	上海市	2
江西省	11	海南省	1
陕西省	11	西藏自治区	1
福建省	10	台湾省	0
湖北省	10	香港特别行政区	0
湖南省	9	澳门特别行政区	0

近年来，我国陆港企业数量逐步增多。从表 13 - 1 可以看出，河南省的陆港企业数量最多，达到了 28 个，山东省和内蒙古自治区的陆港企业数量较多，各有 22 个；浙江省、四川省、黑龙江省及河北省的陆港企业数量达到了 15 个以上。根据我国地理区域分布对陆港数量进行的统计结果如表 13 - 2 所示。

表 13 - 2　　　　　　我国七大地理区域陆港数量分布

地区	陆港数量（个）	比重（%）
华东地区（上海市、江苏省、浙江省、安徽省、江西省、山东省、福建省）	88	26.99%

续　表

地区	陆港数量（个）	比重（%）
华北地区（北京市、天津市、山西省、河北省、内蒙古自治区）	56	17.18%
华中地区（河南省、湖北省、湖南省）	47	14.42%
西南地区（重庆市、四川省、贵州省、云南省、西藏自治区）	46	14.11%
西北地区（陕西省、甘肃省、青海省、宁夏回族自治区、新疆维吾尔自治区）	35	10.74%
东北地区（黑龙江省、吉林省、辽宁省）	30	9.20%
华南地区（广东省、广西壮族自治区、海南省、香港特别行政区、澳门特别行政区、台湾省）	24	7.36%

从表 13－2 可以看出，华东地区陆港数量最多，占总数的 26.99%；华南地区数量较少，仅占到总数的 7.36%；内陆地区是陆港发展的主要区域。具体陆港信息如表 13－3 至表 13－9 所示。

表 13－3　　　　　　　　　　华东地区陆港分布信息

省区市	陆港名称	时间		投资金额（亿元）	园区性质	规划总面积（亩）
		规划	运营			
江苏	徐州淮海国际陆港	2019 年	2020 年	425	国有	45000
	苏州工业园综合保税区	2007 年	2009 年	0.7	国有	7920
	江苏（苏州）国际铁路物流中心	—	—	51.32	国有	3331
	常熟国际物流园	2007 年	—	—	国有	1817.1
	徐州空港物流园	2017 年	—	—	国有	1593.75
	连云港徐圩新区综合物流园	2010 年	2012 年	—	国有	1514.4
	江苏万发国际物流园	—	2014 年	4.5	国有	191.85
	常熟国际贸易物流港	2018 年	—	—	—	1106.55
	江苏海安商贸物流产业园	—	2013 年	—	国有	16200
	新沂保税物流中心（B 型）（新沂北盟物流园内）	2017 年	2019 年	12	私企	425.25
	南京空港保税物流中心（B 型）	—	2020 年	—	国有	303
	靖江保税物流中心（B 型）	2018 年	2020 年	3.86	国有	246.3

续　表

省区市	陆港名称	时间		投资金额（亿元）	园区性质	规划总面积（亩）
		规划	运营			
浙江	台州智慧陆港新区	2021 年	—	54	国有	1700
	丽水无水港	2013 年	2017 年	2	国有	83
	浙西铁路物流园区	2020 年	—	12.02	国有	640
	金华无水港	2002 年	2003 年	0.1	国有	93
	衢州无水港	2006 年	2009 年	1.2	国有	190
	义乌国际陆港	—	2014 年	134.15	国有	2500
	萧山无水港	2012 年	2013 年	5	国有	200
	绍兴无水港	—	2002 年	0.2	国有	120
	慈溪无水港	—	2006 年	6	国有	1000
	柯桥无水港	2008 年	2010 年	4	国有	110
	永康无水港	2014 年	2015 年	0.1	股份	45
	绍兴轻纺数字物流港	2022 年	—	48	国有	468
	金华华东国际联运港	2021 年	2022 年	130	国有	5031
	江山无水港	2019 年	2019 年	2.8	民营	—
	义乌（苏溪）国际枢纽港项目	2020 年	—	27.67	国有	1039
	杭州保税物流中心（B 型）	2009 年	2011 年	5	国有	381.75
	湖州保税物流中心（B 型）	2018 年	—		国有	152
	湖州德清保税物流中心（B 型）	—	2021 年	3.3	国有	120
	宁波栎社保税物流中心（B 型）	—	2009 年		国有	247
上海	上海西北物流园区（保税物流中心）	—	2010 年		国有	203
	虹桥商务区保税物流中心		2019 年		国有	78.6
安徽	合肥国际内陆港	2017 年	2018 年	10	国有	449
	蚌埠（皖北）铁路无水港	2013 年	2014 年	0.51	国有	53
	淮北青龙山铁路无水港	2015 年	2020 年	1	国有	550
	亳州港多式联运综合物流园	2023 年	—	25	国有	1500
	黄淮海（宿州）国际陆港	2021 年	2022 年	300	国有	6266

续　表

省区市	陆港名称	时间		投资金额（亿元）	园区性质	规划总面积（亩）
		规划	运营			
安徽	安徽（阜阳）铁路国际物流港	2022 年	—	60	国有	5000
	宁波舟山港宣城国际陆港	—	2022 年	5	国有	292
	合肥空港保税物流中心（B 型）	—	2018 年	2.6	国有	175
	安徽皖东南保税物流中心（B 型）	2017 年	2019 年	2.78	民营	159.53
	铜陵（皖中南）保税物流中心（B 型）	—	2020 年	2.35	国有	101.64
	皖江江南保税物流中心（B 型）	—	2023 年	3.5	国有	202
	安庆综合保税区	—	2020 年	—	特殊区域	3345
福建	福建泉州晋江陆地港	—	2009 年	70	民营	2500
	龙岩陆地港	2013 年	—	1.2	国有	123
	三明陆地港	2012 年	—	20	国有	979
	福建武夷山陆地港	—	2010 年	50	民营	1500
	福建翔孚国际物流园	—	2015 年	18	民营	516
	莆田国际陆港	2022 年	2022 年	0.15	国有	52.5
	宁德陆港	—	2020 年	6.12	国有	320
	平潭金井跨境电商物流园	—	2020 年	10	国有	198
	建宁（闽赣）国际陆港	2019 年	2023 年	21	股份	1000
	厦门火炬（翔安）保税物流中心	2008 年	2009 年	2.8	国有	512.25
江西	南昌向塘国际陆港	2020 年	—	115.5	国有	50730
	赣州国际陆港	2014 年	2014 年	100	国有	5500
	鹰潭无水港	—	2008 年	1	国有	200
	上饶国际陆港	2008 年	2009 年	0.35	国有	249
	吉安陆地港	—	2014 年	3	国有	250
	鹰潭市现代物流园区	—	2012 年	40	国有	10135
	萍乡赣西国际陆港	2020 年	—	39.2	国有	2165
	赣闽国际陆港	2022 年	2024 年	10	国有	450
	瑞金国际陆港	2022 年	2025 年	11	国有	1500
	鹰潭国际陆港	—	2022	16.8	国有	20100
	龙南保税物流中心	—	2018 年	1.59	国有	154

续 表

省区市	陆港名称	时间		投资金额（亿元）	园区性质	规划总面积（亩）
		规划	运营			
山东	临沂国际陆港	2019 年	—	191	国有	39900
	聊城冠州国际陆港	2020 年		65	国有	3380
	阳信县陆港物流园区	2019 年		10	国有	200
	枣庄内陆港	2018 年	2019 年	1	国有	250
	济宁内陆港	2016 年	2019 年	5.2	国有	235
	鲁中国际陆港	2020 年	—	38	国有	32310
	港汇国际物流园	2020 年	2021 年	20.5	股份	1200
	德州内陆港	2013 年	2016 年	1	民营	156
	青岛国际陆港	2016 年	2017 年	50	国有	90000
	济南国际内陆港	2018 年	—	300	国有	85500
	滨州（博兴）内陆港	2019 年	2020 年	0.89	合资	79
	兖州国际陆港	2018 年	2020 年	20	国有	2850
	潍坊国际陆港	2016 年	2019 年	8.36	民营	690
	菏泽陆港（产业新城）	2019 年	2025 年	50	国有	55500
	泰安陆港	—	2019 年	10	国有	750
	菏泽广源陆港	2020 年	2022 年	6	国有	348.97
	泰山内陆港	—	—	5.37	国有	1000
	青州国际陆港	2016 年	2017 年	4.5	国有	528
	山东高速临空综合保税物流园	2019 年	2022 年	4.385	国有	125.2
	鲁西国际陆港	2022 年	2023 年	2.558	国有	94 亩
	烟台福山回里保税物流中心（B 型）	—	2020 年	—	民营	657
	鲁中运达保税物流中心（B 型）	—	2015 年	16.8	国有	604.5

表 13 - 4 华北地区陆港分布信息

省区市	陆港名称	时间		投资金额（亿元）	园区性质	规划总面积（亩）
		规划	运营			
北京	北京平谷国际陆港	2008 年	2010 年	5.45	国有	126
	北京通州物流产业园区（含通州口岸）	2002 年	2003 年	10	国有	7556

续　表

省区市	陆港名称	时间		投资金额（亿元）	园区性质	规划总面积（亩）
		规划	运营			
北京	北京外运陆运公司（丰台口岸）	1994 年	—	—	国有	549
	北京亦庄保税物流中心（B 型）	—	2011 年	90	国有	300
河北	石家庄内陆港	—	2003 年	1.6	国有	300
	石家庄国际陆港（河北陆港集团）	—	2018 年	52	国有	22500
	邯郸国际陆港	—	2011 年	11.4	国有	635
	武安保税物流中心（B 型）	—	2014 年	26.3	国有	1600
	邢台内陆港	2010 年	2013 年	10	国有	140
	保定陆港物流产业园	—	2009 年	0.5	民营	57
	张家口内陆港	2010 年	2011 年	5.24	国有	300
	承德内陆港物流产业聚集区	—	2011 年	10.72	国有	7500
	衡水内陆港	2013 年	2014 年	6.6	国有	2600
	衡水国际陆港（河北陆港集团）	2020 年	—	37	民营	4388
	青岛保税港区邯郸（鸡泽）功能区	—	2016 年	25	国有	9750
	正定国际物流园	2009 年	2010 年	12.6	国有	1500
	定州国际陆港（河北陆港集团）	2020 年	—	20.6	民营	2000
	京津保国际智慧港	—	2020 年	22	民营	710
	辛集保税物流中心（B 型）	—	2019 年	6	国有	390
天津	蓟州保税物流中心（B 型）	—	2009 年	6.9	国有	455
	天津陆路港物流装备产业园	2009 年	—	—	国有	14775
山西	大同国际陆港（华远国际陆港集团）	2017 年	2018 年	56	—	6707
	侯马宝特无水港	2017 年	2019 年	1.26	合资	1100
	五台陆港	2020 年	2021 年	21	民营	2000
	方略保税国际陆港	2018 年	2020 年	56.34	民营	3000
	朔州枢纽型内陆港综合物流园	2017 年	2018 年	17	民营	—

续　表

省区市	陆港名称	时间		投资金额（亿元）	园区性质	规划总面积（亩）
		规划	运营			
山西	中鼎物流园	2016年	2018年	60	国有	4000
	山东港口集团中铁集介休无水港	2019年	2019年	—	国有	100.5
	山西能投蔡家崖无水港	2019年	2019年	8.8	国有	600
	晋北铁路物流园	2019年	2021年	23	国有	2500
	孝义现代物流园无水港	2019年	2019年	10	国有	1174
	阳泉国际陆港（河北陆港集团）	2020年	—	5	民营	800
	长治陆港国际物流园区（华远国际陆港集团）	—	2022年	22.26	国有	1788
	兰花国际物流园区	—	2009年	30	国有	2000
内蒙古	北方陆港国际物流园	2015年	2017年	11.35	国有	3000
	呼和浩特铁通物流园	2003年	2006年	1.2	民营	705
	沙良物流园	2014年	2015年	16.7	国有	1830
	乌兰察布万益综合物流园区	2015年	2017年	9.7	国有	2000
	乌兰察布综合物流产业园区（兴和县）	2011年	2017年	16	国有	19440
	七苏木国际物流园区	—	2016年	9.76	国有	28000
	赤峰国际陆港（红山物流园）	2006年	2012年	1.13	国有	450
	包头国际陆港物流园区	2009年	2011年	12	国有	2000
	九原（国际）物流园区多式联运中心	2014年	2019年	2.4	国有	24
	二连浩特公路口岸汇通进口物流园	2011年	2018年	9.86	国有	709
	二连浩特铁路国际物流园	2010年	2017年	30	国有	10350
	巴彦淖尔陆港（现代农畜产品物流园区）	2016年	2017年	1	国有	103
	阿拉善国际陆港	2015年	2019年	1.87	国有	675
	乌海国际陆港	2014年	2017年	0.78	民营	330

省区市	陆港名称	时间		投资金额（亿元）	园区性质	规划总面积（亩）
		规划	运营			
内蒙古	科尔沁工业园区陆港保税物流园	2015 年	2015 年	0.1	国有	40.5
	蒙东国际物流港	2018 年	2021 年	32	国有	7050
	蒙俄国际物流港（多伦内陆港）	2022 年	—	—	国有	1386.74
	乌拉特后旗国际陆路港	2022 年	2023 年	7.5	民营	1000
	盘锦港通辽内陆港	2010 年	2017 年	2.6	国有	225
	甘其毛都国际陆港区	—	—		国有	6900
	鄂尔多斯空港物流园区	—	2009 年		国有	38100
	包头市保税物流中心（B 型）	—	2019 年	1.9	国有	192

表 13－5   华中地区陆港分布信息

省区市	陆港名称	时间		投资金额（亿元）	园区性质	规划总面积（亩）
		规划	运营			
河南	郑州国际陆港	2013 年	2016 年	22.3	国有	600
	郑州上街中部陆港	2019 年	—	180	国有	23088
	郑州国际陆港航空港片区	2022 年	—	508.5	国有	83778
	开封国际陆港	2019 年	—	5	国有	636
	东方红（洛阳）国际陆港	2017 年	2017 年	10	国有	2738
	南阳国际陆港	2018 年	2020 年	15	国有	1500
	西峡县公铁联运物流园	2019 年	—	56	国有	3450
	商丘国际陆港	2020 年	2023 年	45	国有	2390
	鹤壁国际陆港	2010 年	2011 年	6	民营	336
	平顶山国际物流产业新城（原平顶山国际陆港）	2020 年	—	50	国有	18186
	万庄安阳物流园	—	2019 年	30	民营	3105
	安阳象道无水港	2019 年	—	12	民营	883
	新乡国际陆港	2017 年	2018 年	17.8	国有	7500
	巩义无水港	—	2019 年	—	股份	300

续　表

省区市	陆港名称	时间		投资金额（亿元）	园区性质	规划总面积（亩）
		规划	运营			
河南	濮阳无水港	2018 年	—	20.2	国有	300
	濮阳台前无水港	—	2022 年	50	国有	7500
	豫中陆路口岸综合物流港	2020 年	2023 年	26	国有	1240
	三门峡铁路综合枢纽物流园	2020 年	2022 年	26	国有	2107
	信阳金牛物流产业集聚区	—	2011 年	52.4	国有	21540
	兰考国际陆港	2023 年	—	34	国有	3540.45
	宝武焦作现代综合物流园	—	2019 年	25	国有	1000
	河南德众保税物流园	—	2014 年	15	国有	1500
	焦作市内陆港	2022 年	2023 年	1	国有	400
	濮阳工业园区濮东铁路无水港集装箱物流园	2019 年	—	9	民营	600
	郑东集装箱中心无水港	—	2023 年		国有	—
	河南商丘保税物流中心（B 型）	2016 年	2017 年	3	国有	199.5
	河南民权保税物流中心（B 型）	2019 年	2020 年	—	国有	375.09
	河南许昌保税物流中心（B 型）	2020 年	2021 年	—	国有	150
湖北	汉口北商贸物流枢纽区	2012 年	2020 年	400	国有	75000
	汉口北国际多式联运物流港	2020 年	2021 年	30	国有	1080
	武汉汉欧国际综合物流园	2016 年	2023 年	8.6	国有	215
	咸宁国际陆港（河北陆港集团）	2022 年	—	40	民营	5000
	潜江无水港	2019 年	—	2	股份	100
	襄阳国际陆港	2015 年	2017 年	5.1	国有	421
	荆门国际内陆港	2018 年	2022 年	18.12	国有	21000
	武汉东西湖保税物流中心（武汉新港空港综合保税区）	2008 年	2009 年	56	国有	740
	吴家山铁路物流基地（武汉铁路集装箱中心站）	2009 年	2010 年	7.06	国有	2019
	仙桃保税物流中心（B 型）	—	2019 年		国有	354

省区市	陆港名称	时间		投资金额（亿元）	园区性质	规划总面积（亩）
		规划	运营			
湖南	长沙国际铁路港	2015 年	2018 年	47	国有	1279
	中南国际陆港集装箱拼箱基地	2020 年	2022 年	4.3	国有	178
	怀化国际陆港	2019 年	2021 年	98	国有	4500
	衡阳铁路口岸综合物流园	2014 年	2018 年	7	民营	655
	郴州湘南国际物流园（无水港）	2008 年	2022 年	200	国有	39570
	娄底湘中国际物流园	2014 年	2016 年	120	国有	2500
	湖南金霞现代物流园	—	2009 年	110	国有	78450
	永州国际陆港	2021 年	—	500	国有	9900
	株洲中车物流基地	2018 年	2018 年	3.6	国有	572

表 13 – 6　　　　　　　　西南地区陆港分布信息

省区市	陆港名称	时间		投资金额（亿元）	园区性质	规划总面积（亩）
		规划	运营			
重庆	重庆国际物流枢纽园区（重庆铁路口岸）	—	2010 年	120	国有	53250
	重庆东盟国际物流园	2014 年	2017 年	38	国有	1100
	重庆两路寸滩保税港区（果园港）	—	2019 年	500	国有	12555
	重庆公路物流基地	—	2011 年	100	国有	18000
	重庆（万盛）内陆无水港	2022 年	—	200	国有	27450
	大足国际商贸物流园	2022 年	—	100	国有	4586
	荣昌川南渝西综合物流园	—	2022 年	2.5	国有	390
	秀山（武陵）现代物流园区	—	2014 年	98	国有	9000
	泸州港务荣昌无水港	—	2015 年	15	国有	80
四川	成都国际铁路港		2013 年	500	国有	47550
	西南（自贡）国际陆港	2020 年	—	360	国有	61110
	德阳国际铁路物流港	2017 年	—	95	合资	10700
	西部铁路物流园（四川威斯腾物流有限公司）	2013 年	2014 年	30	国有	2000
	秦巴（达州）国际无水港	2020 年	—	260	国有	38400

续　表

省区市	陆港名称	时间		投资金额（亿元）	园区性质	规划总面积（亩）
		规划	运营			
四川	广安无水港	2019 年	—	60	国有	3000
	峨眉山市无水港（燕岗货运站无水港）	2021 年	—	—	—	—
	雅安市无水港凤鸣物流园	2019 年	—	4	国有	202.76
	内江国际物流港	2020 年	—	50	国有	18750
	广元国际铁路物流园	2021 年	—	24	国有	810
	攀枝花国际铁路物流港	2023 年	—	—	—	—
	眉山国际铁路港	2022 年	2022 年	115	国有	10180
	南充现代物流园	2012 年	—	320	国有	18240
	成都空港保税物流中心（B 型）	—	2014 年	—	国有	135
	天府新区成都片区保税物流中心（B 型）	2018 年	2019 年	5	国有	199.5
	成都高新综合保税区	2010 年	2011 年	—	特殊区域	7020
贵州	贵阳改貌铁路口岸	2018 年	2021 年	5.18	国有	2403
	清镇陆海国际物流港	2020 年	—	40	国有	2000
	贵州铁投都拉营国际陆海通物流港（贵阳国际陆港）	2018 年	2021 年	25	国有	910
	贵州昌明国际陆港	2015 年	2018 年	15	国有	3800
	福泉无水港（国际陆港）	2015 年	2022 年	5	国有	430
	贵州毕节国际内陆港	2016 年	—	63	国有	6860
	贵州东部陆港	2016 年	2017 年	2.2	股份	262
	黔东南州陆港	2014 年	2017 年	3.5	股份	94
	贵州黔北现代物流新城	2016 年	—	152	国有	9400
	贵州（安顺）国际商旅陆港	—	2018 年	23	国有	15000
	贵州（麻尾）国际物流内陆港	2021 年	—	24	国有	493.50
	六盘水（钟山）智慧型公铁多式联运陆港（贵州西部陆港）	2022 年	—	10	国有	1200

续　表

省区市	陆港名称	时间		投资金额（亿元）	园区性质	规划总面积（亩）
		规划	运营			
云南	滇西祥云国际物流港	2018年	—	160	合资	24420
	昆明南亚国际陆港物流园	2014年	2020年	72.29	国有	19500
	昆明宝象万吨冷链港	2019年	—	25	国有	700
	腾俊国际陆港	2012年	2019年	90.6	民营	3669
	磨憨口岸国际物流园	2014年	—	9.98	国有	618
	瑞丽国际陆港（新城）	2020年	—	6.12	国有	72600
	昆明高新保税物流产业园	—	—	90	国有	2800
	大理沧龙综合物流园	2022年	—	1.5	国有	77
西藏	西藏领峰物流园	2019年	—	35	国有	1126.6

表13－7　　　　　　　　　　西北地区陆港分布信息

省区市	陆港名称	时间		投资金额（亿元）	园区性质	规划总面积（亩）
		规划	运营			
陕西	西安国际港务区	2008年	2010年	900	国有	180000
	宝鸡港务区	—	2019年	31.6	国有	137100
	延安高新区现代物流园区	2020年	2022年	12	国有	60
	商洛陆港（商山物流园）	2009年	2015年	11	国有	800
	靖边现代综合物流园区（西北国际陆港）	2012年	2020年	300	国有	30000
	榆林陆港口岸海荣物流园区	2016年	2021年	10.35	民营	1500
	安康上港无水港	—	2020年	16	国有	800
	榆林象道现代物流园	2017年	2019年	45	国有	5600
	延安陆港型国家物流枢纽（李渠片区）	2020年	—	—	国有	1285.65
	延安陆港型国家物流枢纽（青化砭片区）	2020年	—	—	国有	2221.5
	渭南国际现代物流港	2021年	—	50	国有	2500
甘肃	巨龙农业物流港	2013年	—	18.4	民营	850
	甘肃（兰州）国际陆港	—	2016年	367	国有	109500

续 表

省区市	陆港名称	时间		投资金额（亿元）	园区性质	规划总面积（亩）
		规划	运营			
甘肃	兰州新区中川北站物流园	—	2014 年	20	国有	12000
	甘肃（天水）国际陆港	2017 年	—	167.4	民营	27195
	甘肃（武威）国际陆港	2016 年		43	国有	22800
	甘肃（岷州）国际陆港	2018 年	—	83.4	国有	18750
	酒泉国际港务区	2021 年	—	200	国有	5100
	嘉峪关国际港务区	2014 年		140	国有	31500
青海	格尔木陆港	2020 年	—	141.1	国有	16425
	青海双寨丝绸之路（国际）物流城	2016 年		96.98	国有	2160
	青海物产曹家堡保税物流园	—	2016 年	—	国有	520
宁夏	银川国际公铁物流港	2009 年	2020 年	0.76	国有	123
	灵武陆港物流园区	2008 年	2019 年	3.04	民营	1300
	银川陆港物流中心金桥物流园区	—	2008 年	0.05	民营	344
	中卫国际陆港		2017 年	1	民营	1701
	惠农陆港口岸		2009 年	0.1	民营	90
	石嘴山保税物流中心（B 型）（富海物流）	2016 年	2019 年	4.16	民营	507
新疆	霍尔果斯公铁联运国际物流园	2022 年	2025 年	55	国有	3000
	南疆国际陆港（库尔勒）	2013 年	2018 年	0.5	国有	65.24
	乌鲁木齐国际陆港区	—	2018 年		国有	100500
	哈密国际陆港	2020 年	—	50	国有	9225
	霍尔果斯国际陆港	—	2022 年	1.7	国有	278.8
	吐尔尕特口岸物流园	2020 年	—	2	国有	7500
	奎屯保税物流中心（B 型）	2013 年	2014 年	3.5	国有	1009

表 13－8　　　　　　　　　　　　　东北地区陆港分布信息

省区市	陆港名称	时间		投资金额（亿元）	园区性质	规划总面积（亩）
		规划	运营			
辽宁	沈阳国际陆港	2018 年	—	500	国有	27000
	营口港法库内陆港	2011 年	—	10	国有	450
	东北（铁岭）国际陆港	2018 年	2022 年	0.6	国有	150
	沈阳东站陆港	—	2014 年	1.5	国有	84
	鞍山陆港	2021 年	2025 年	50.4	国有	2700
	辽宁西柳国际易货贸易园区	2022 年	—	5	国有	99
	沈阳综合保税区近海园区	2011 年	2011 年	23	国有	3328
	铁岭保税物流中心（B 型）	—	2016 年	—	国有	150
吉林	通化国际内陆港务区		2016 年	53	国有	450
	长春国际陆港	—	2015 年	202	民营	81000
	四平内陆港	—	2016 年	100	国有	1800
	珲春国际港	2019 年	—	10	国有	1275
	吉林市保税物流中心（B 型）	—	2017 年	2.8	国有	114
	延吉国际空港经济开发区保税物流中心（B 型）	2018 年	2019 年	4.27	国有	200.4
黑龙江	哈尔滨国际陆港	2016 年	2018 年	7.35	国有	540
	齐齐哈尔国际陆港	2020 年	2023 年	6.2	国有	4140
	黑河保税物流中心（B 型）	2017 年	2020 年	5.1	民营	450
	牡丹江保税物流中心（B 型）	2017 年	2019 年	5.3	国有	720
	黑河月星中俄跨境物流枢纽	2019 年	—	30	民营	1500
	营口港绥化陆港（北林物流内陆港）	2012 年	—	4.2	国有	300
	牡丹江陆港物流园区	2020 年		23	国有	1224
	绥芬河国际综合物流园区	2020 年	2021 年	4	国有	272
	绥芬河广域国际物流园区	2023 年	—	3	国有	1459
	齐齐哈尔国际物流园区	2020 年	—	7.2	国有	1336
	绥芬河富民铁路互市贸易物流园区	2020 年	2020 年	0.8	国有	61
	东宁互市贸易物流园区	2020 年	2021 年	2	国有	210

续 表

省区市	陆港名称	时间		投资金额（亿元）	园区性质	规划总面积（亩）
		规划	运营			
黑龙江	黑河国际综合物流园区	2021 年	2023 年	7.2	国有	1245
	同江公铁换装联运物流园区	2021 年	2025 年	8.54	国有	1530
	中农批冷链（牡丹江）东北亚国际物流产业园	2019 年	2021 年	21	国有	1200
	哈尔滨国际空港物流园区	2021 年	2025 年	3.9	国有	225

表 13 - 9 华南地区陆港分布信息

省区市	陆港名称	时间		投资金额（亿元）	园区性质	规划总面积（亩）
		规划	运营			
广东	广州国际港（广州铁路集装箱中心站）	—	2021 年	76	国有	2593
	梅州国际无水港（松棚铁路物流基地）	2017 年	2023 年	5.65	国有	1011
	韶关无水港	—	2015 年	15	国有	4448
	佛山国际陆地港	2019 年	2023 年	15	合资	198
	鹤山珠西国际陆港（原名鹤山国际陆港）	2020 年	—	4.73	国有	1000
	廉江陆港物流产业园区	2020 年	—	20	国有	2728
	广东（石龙）铁路国际物流基地	—	2015 年	23	国有	1576
	中欧班列融合创新产业园（广东广物）	2023 年	—	10	国有	174
	中国南部物流枢纽园区	—	2019 年	73	国有	1500
	盐田国际平湖南内陆港（平湖南铁路物流园）	—	2022 年	64	国有	1350
	国通物流城	2004 年	2005 年	22	混和所有	2300
	广州东部公铁联运枢纽	—	2023 年	—	国有	13710
	中山保税物流中心（B 型）	2008 年	2010 年	—	国有	777
	深圳机场物流园（深圳机场保税物流中心）	2009 年	2010 年	—	国有	626.13

续　表

| 省区市 | 陆港名称 | 时间 | | 投资金额（亿元） | 园区性质 | 规划总面积（亩） |
		规划	运营			
广西	南宁国际铁路港	2018 年	—	130	国有	8140
	中新南宁国际物流园	2018 年	2020 年	100	合资	4273
	南宁国际综合物流园	2008 年	2010 年	25	国有	5490
	南丹陆港保税物流园区	2020 年	—	21.02	国有	2724.7
	柳州铁路港	2019 年	—	142.91	国有	11000
	河池无水港	2011 年	—	30	民营	3000
	桂林苏桥无水港	2020 年	—	10	民营	1200
	玉林国际陆港	2021 年	—	—	—	555.13
	广西崇左（东盟）国际物流园	—	2012 年	30	民营	2200
海南	三亚保税物流中心（B 型）	2020 年	2021 年	—	国有	73.64

（二）投资情况

据中国开发区协会陆港分会对全国陆港的不完全统计，约 34.12% 的陆港企业投资金额在十亿元以下，约 65.88% 的陆港企业投资金额在十亿元以上，其中，约 20.51% 的企业投资额在百亿元以上。投资金额最大的陆港为西安国际港务区，投资额达到 900 亿元，于 2010 年投入运营。

（三）企业性质

在企业性质方面，约 80.98% 的陆港企业属于国有企业；约 11.96% 的企业属于民营企业；7.06% 的企业属于其他企业。

（四）规划总面积

在陆港面积方面，42.37% 的陆港企业规划总面积在千亩以下，约 57.63% 的陆港企业规划总面积在千亩以上，其中，约 29.73% 的企业规划总面积在万亩以上，西安国际港务区、宝鸡港务区甘肃（兰州）国际陆港及乌鲁木齐国际陆港区规划总面积达到十万亩以上，规划面积最大的是西安国际港务区，规划总面积为180000 亩。

二、陆港建设情况

为了深入了解全国陆港经营情况，中国开发区协会陆港分会与北京交通大学交通运输学院共同设计了调查问卷，一对一地向国内陆港发放，从陆港功能区设置、信息化水平、增值服务及金融服务情况等方面对陆港做了深入调查。下面是根据这些调查结果做的数据分析。

（一）各陆港所属性质

调查问卷所调查的陆港，包括国有企业、民营企业、事业单位、政府部门及其他企业，其中，一半以上属于国有企业，占 55.56%，少部分陆港为民营企业等。陆港不同性质占比情况如图 13 - 1 所示。

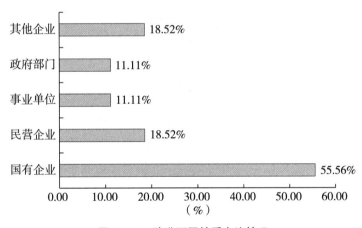

图 13 - 1　陆港不同性质占比情况

（二）功能区分析

功能区的建设占比情况如图 13 - 2 所示。

根据调查问卷结果可以看出，我国的陆港功能区建设较为齐全，60% 以上的陆港建设有铁路港、分拨配送、多式联运、集装箱或散货作业区及货运代理等功能。其中，多式联运是大多数陆港选择的运输方式，80% 以上的陆港建设有多式联运功能区。电子商务交易中心、综合保税区及跨境电商综试区等功能区在我国陆港中建设较少，不及 30%。

（三）信息化水平分析

互联网时代下，全行业面临新一轮产业转型，陆港也不例外，纷纷拥抱数字化，

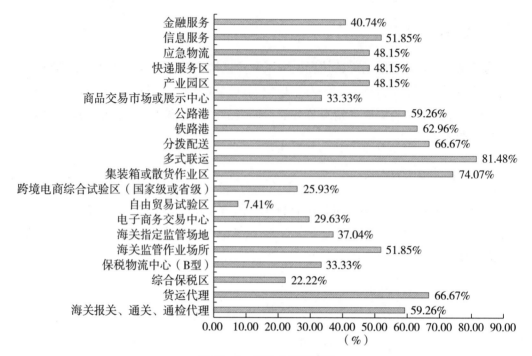

图13-2　陆港功能区情况

数智陆港成为显著特点。据统计，目前我国陆港在无车承运人、智慧平台、电子单证管理、无人设备应用、智慧卡口、货物物流状态跟踪及办公信息化等方面实现了信息化管理。其中，60%以上的陆港具备智慧卡口、货物物流状态跟踪及办公信息化，而无人设备应用还有待发展，不足30%。我国陆港信息化情况如图13-3所示。

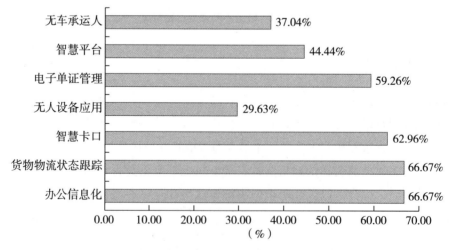

图13-3　陆港信息化情况

（四）增值服务分析

在为客户提供增值服务方面，发展较好的如供应链服务、贸易代理及市场交易等增值服务，覆盖达50%左右的陆港。同时，也提供了法律咨询及期货交割仓库等增值服务，但提供此服务的陆港不到15%，还有待发展。我国陆港增值服务情况如图13-4所示。

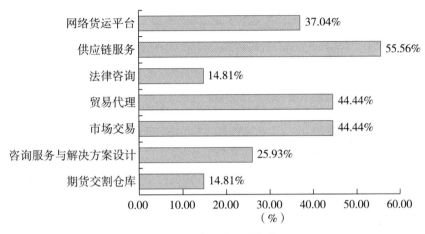

图13-4　陆港增值服务情况

（五）金融服务分析

金融服务是陆港提供的服务中的重要部分，可通过搭建服务共享、资源互补、产业互联的综合性金融服务平台，提供整合金融、物流、贸易资源的服务。根据调查情况来看，有50%以上的陆港能够提供多式联运"一单制"服务，保险理赔、提单质押及仓单质押等服务提供较少，不足20%。陆港金融服务中保兑仓服务占比不足5%。我国陆港金融服务情况如图13-5所示。

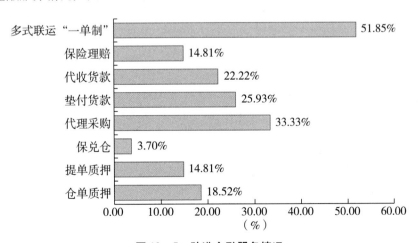

图13-5　陆港金融服务情况

（六）进出口量分析

针对进出口量的数据，共收到 12 份有效答卷。其中 2022 年进出口量不到 1 万 TEU 的陆港占 50%，进出口量在 1 万—10 万 TEU 及 10 万—40 万 TEU 的陆港均占 25%。2022 年我国陆港进出口量情况如图 13 −6 所示。

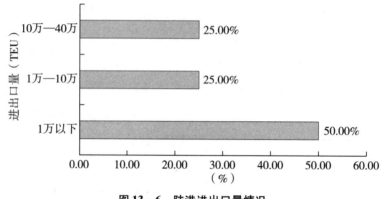

图 13 −6　陆港进出口量情况

第十四章 全国保税物流中心（B型）运营数据分析

第一节 2021年至2023年全国保税物流中心（B型）发展概述

一、发展情况

保税物流中心（B型）是指经海关批准，由中国境内一家企业法人经营，多家企业进入并从事保税仓储物流业务的保税监管场所。保税物流中心（B型）不仅对企业有着成本优化、效率提升、业务升级的有利作用，同时也是促进地方外向型经济发展的强势动力源。2021年3月18日，商务部、发展改革委、财政部、海关总署、税务总局、市场监管总局六部门联合印发《关于扩大跨境电商零售进口试点、严格落实监管要求的通知》（商财发〔2021〕39号），明确指出将跨境电商零售进口试点范围扩大至所有自由贸易试验区、跨境电商综试区、综合保税区、进口贸易促进创新示范区、保税物流中心（B型）所在城市（及区域）。自此，可以依托保税物流中心（B型）开展跨境电商业务，使保税物流中心（B型）服务范围进一步扩大。

近年来，全国各地踊跃申报保税物流中心（B型），以发挥其对区域经济尤其是对外贸易经济的引领和推动作用。今后，符合条件的保税物流中心（B型）将扩容升级为功能更多更具优势的综合保税区。截至2023年上半年，全国共有84个保税物流中心（B型），分布在28个省、自治区、直辖市。这84个保税物流中心（B型）的分布情况如图14-1所示。

二、服务功能与作用

根据《中华人民共和国海关对保税物流中心（B型）的暂行管理办法》（海关总署第130号令）规定，经海关批准可以存入物流中心的货物有：一是国内出口货物，二是转口货物和国际中转货物，三是外商暂存货物，四是加工贸易进出口货物，五是供

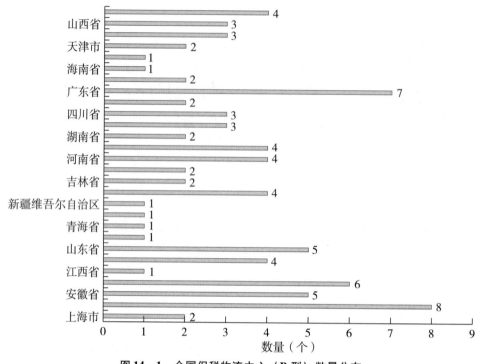

图 14 - 1 全国保税物流中心（B 型）数量分布

应国际航行船舶和航空器的物料、维修用零部件，六是供维修外国产品所进口寄售的零配件，七是未办结海关手续的一般贸易进口货物，八是经海关批准的其他未办结海关手续的货物。

保税物流中心（B 型）的主要作用：一是解决一般贸易出口商品入中心退税问题，二是解决一般贸易进口商品保税问题，三是解决加工贸易中的深加工和结转货物问题。在实际运转中，主要提供以下功能服务，例如义乌保税物流中心开展了跨境电商保税进口（1210）、保税存储、一日游、简单加工、转口贸易、国际中转、全球采购拼箱等业务，推出公共保税仓储业务，拓展分类监管等功能，进一步完善业态功能，降低企业运营成本。

第二节 2021 年至 2023 年全国保税物流中心（B 型）运营数据分析

一、分布数据分析

保税物流中心是助力我国外向型经济发展的重要一环，其对企业发展也有一定的优势。在税收方面，进入保税物流中心（B 型）的货物享有进口保税、出口退税等政策，可以帮助企业降低资金占有成本、盘活企业资金流。

截至 2023 年上半年，我国共有 84 个保税物流中心（B 型），其分布及名单如表 14-1 所示。

表 14-1　　　　　　　　我国保税物流中心（B 型）分布及名单

序号	省区市	项目名称
1	北京	北京亦庄保税物流中心
2	天津	天津经济技术开发区保税物流中心
3		蓟州保税物流中心
4	河北	河北武安保税物流中心
5		唐山港京唐港区保税物流中心
6		辛集保税物流中心
7	山西	山西方略保税物流中心
8		山西兰花保税物流中心
9		大同国际陆港保税物流中心
10	内蒙古	巴彦淖尔市保税物流中心
11		包头市保税物流中心
12		七苏木保税物流中心
13		赤峰保税物流中心
14	辽宁	营口港保税物流中心
15		盘锦港保税物流中心
16		铁岭保税物流中心
17		锦州港保税物流中心
18	吉林	吉林市保税物流中心
19		延吉国际空港经济开发区保税物流中心
20	黑龙江	黑河保税物流中心
21		牡丹江保税物流中心
22	上海	上海西北物流园区保税物流中心
23		虹桥商务区保税物流中心
24	江苏	连云港保税物流中心
25		徐州保税物流中心
26		如皋港保税物流中心
27		大丰港保税物流中心

序号	省区市	项目名称
28	江苏	江苏海安保税物流中心
29		新沂保税物流中心
30		靖江保税物流中心
31		南京空港保税物流中心
32	浙江	杭州保税物流中心
33		义乌保税物流中心
34		湖州保税物流中心
35		湖州德清保税物流中心
36		宁波栎社保税物流中心
37		宁波镇海保税物流中心
38	安徽	蚌埠（皖北）保税物流中心
39		合肥空港保税物流中心
40		安徽皖东南保税物流中心
41		铜陵（皖中南）保税物流中心
42		皖江江南保税物流中心
43	福建	厦门火炬（翔安）保税物流中心
44		漳州台商投资区保税物流中心
45		泉州石湖港保税物流中心
46		翔福保税物流中心
47	江西	龙南保税物流中心
48	山东	青岛西海岸新区保税物流中心
49		烟台福山回里保税物流中心
50		菏泽内陆港保税物流中心
51		鲁中运达保税物流中心
52		青岛保税港区诸城功能区保税物流中心
53	河南	河南德众保税物流中心
54		河南商丘保税物流中心
55		河南民权保税物流中心
56		河南许昌保税物流中心

续 表

序号	省区市	项目名称
57	湖北	黄石棋盘洲保税物流中心
58		宜昌三峡保税物流中心
59		仙桃保税物流中心
60		荆门保税物流中心
61	湖南	长沙金霞保税物流中心
62		株洲铜塘湾保税物流中心
63	广东	佛山国通保税物流中心
64		东莞保税物流中心
65		东莞清溪保税物流中心
66		深圳机场保税物流中心
67		中山保税物流中心
68		湛江保税物流中心
69		江门大广海湾保税物流中心
70	广西	防城港保税物流中心
71		柳州保税物流中心
72	海南	三亚市保税物流中心
73	重庆	重庆铁路保税物流中心
74		重庆南彭公路保税物流中心
75		重庆果园保税物流中心
76	四川	成都空港保税物流中心
77		天府新区成都片区保税物流中心
78		南充保税物流中心
79	云南	昆明高新保税物流中心
80		腾俊国际陆港保税物流中心
81	甘肃	武威保税物流中心
82	青海	青海曹家堡保税物流中心
83	宁夏	石嘴山保税物流中心
84	新疆	奎屯保税物流中心

中国保税物流中心（B 型）的区域分布如表 14 - 2 所示。

表 14 - 2　　　　中国保税物流中心（B 型）区域分布

地区	省区市	个数（个）	地区	省区市	个数（个）
华东	上海市	2	华中	河南省	4
	江苏省	8		湖北省	4
	安徽省	5		湖南省	2
	浙江省	6	西南	重庆市	3
	江西省	1		四川省	3
	福建省	4		云南省	2
	山东省	5	华南	广东省	7
西北	甘肃省	1		广西壮族自治区	2
	青海省	1		海南省	1
	宁夏回族自治区	1	华北	北京市	1
	新疆维吾尔自治区	1		天津市	2
东北	辽宁省	4		河北省	3
	吉林省	2		山西省	3
	黑龙江省	2		内蒙古自治区	4

各地区的保税物流中心（B 型）所占百分比如图 14 - 2 所示。

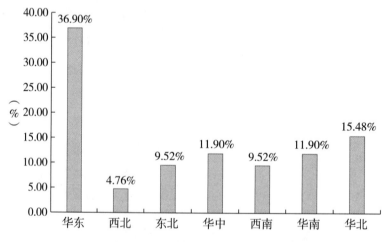

图 14 - 2　各地区的保税物流中心（B 型）所占百分比

保税物流中心（B 型）的选址与类型定位与地方产业特色以及交通物流条件有密切的关系，结合保税物流中心（B 型）的设立条件，选址主要考虑两个点：一是物流便利性，要选择在大型交通物流枢纽附近。二是产业支撑。产业支撑有两方面理解，一方面是设立在国家级或省级开发区内，另一方面是满足产业发展要求，设立在具有保税物流需求的产业集聚区附近。

从图14-2可以看出，我国保税物流中心（B型）主要集中分布在东部地区，其中华东地区占比36.90%，而中东部地区占比与2020年相比有所下降。这与物流中心建设条件相符，即物流中心选址时应选择在靠近海港、空港、陆路交通枢纽，以及内陆国际物流需求量较大、交通便利、设有海关机构便于海关集中监管的地方，且发展较快。西北地区开设数量最少，仅占总数的4.76%。

二、运营数据分析

2018年至2022年保税物流中心（B型）的进出口额总体呈现增长趋势。2021年有所下降，因为新冠疫情，物流受到影响，需求量下降。而从2022年开始以22%的增速稳步回升。

2018—2022年保税物流中心（B型）的出口额总体呈现波浪式增长的趋势，2018年为负增长，而出口总额从2018年的240.79亿元增长到2020年的756.85亿元。2021年出口额骤降，增长率为-38.70%，2022年开始稳步回升接近2019年的出口额。

2018—2022年保税物流中心（B型）的进口额总体呈现波浪式增长趋势，2020年增长幅度有所下降。2021年由于新冠疫情呈负增长，2022年增速为33.50%，进口额增长至1027.37亿元，达到近五年最高。

2018年至2022年保税物流中心（B型）的进出口额及增速、出口额及增速以及进口额及增速如图14-3至图14-5所示。

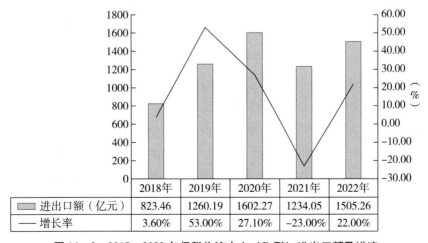

	2018年	2019年	2020年	2021年	2022年
进出口额（亿元）	823.46	1260.19	1602.27	1234.05	1505.26
增长率	3.60%	53.00%	27.10%	-23.00%	22.00%

图14-3　2018—2022年保税物流中心（B型）进出口额及增速

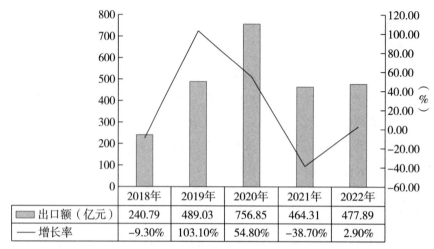

	2018年	2019年	2020年	2021年	2022年
出口额（亿元）	240.79	489.03	756.85	464.31	477.89
增长率	−9.30%	103.10%	54.80%	−38.70%	2.90%

图 14 − 4　2018—2022 年保税物流中心（B 型）出口额及增速

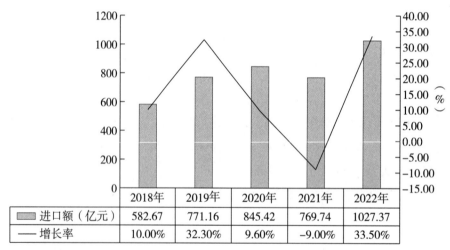

	2018年	2019年	2020年	2021年	2022年
进口额（亿元）	582.67	771.16	845.42	769.74	1027.37
增长率	10.00%	32.30%	9.60%	−9.00%	33.50%

图 14 − 5　2018—2022 年保税物流中心（B 型）进口额及增速

2023 年上半年，保税物流中心（B 型）进出口额总体呈增长态势，进出口总额同比增长 25.00%，进口总额同比增长 33.70%，出口总额同比增长 21.40%。2023 年上半年保税物流中心（B 型）进出口额及其同比增长如图 14 − 6 所示。

在进出口表现方面，根据海关数据显示，2023 年上半年，全国保税物流中心进出口总值呈正增长的共 50 家，占比 59.5%；其中进口总值呈正增长的共 42 家，出口总值呈正增长的共 39 家。进出口总值排在前 20 名的具体数据如表 14 − 3 所示。

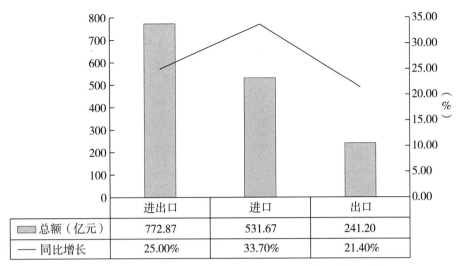

总额（亿元）	772.87	531.67	241.20
同比增长	25.00%	33.70%	21.40%
	进出口	进口	出口

图 14－6　2023 年上半年保税物流中心（B 型）进出口额

表 14－3　　　　2023 年上半年保税物流中心（B 型）进出口总值前 20 名　　　单位：万元

序号	名称	进出口		出口		进口		累计比去年同期±%		
		6月	1至6月	6月	1至6月	6月	1至6月	进出口	出口	进口
1	深圳机场保税物流中心	137886	720107	91472	348489	46414	371618	78.9	67.9	90.6
2	东莞清溪保税物流中心	69188	637689	26407	310611	42781	327079	7.1	14	1.3
3	北京亦庄保税物流中心	85917	609460	967	4429	84950	605031	−11	−70.7	−9.7
4	义乌保税物流中心	98324	470325	3172	24710	95152	445615	0.3	−16.5	1.4
5	天津经济技术开发区保税物流中心	77236	462075	278	864	76958	461211	−9.4	−91.4	−7.7
6	连云港保税物流中心	69240	397006	1793	4549	67447	392457	120.6	−91.6	211.7
7	江苏新沂保税物流中心	59056	267831	711	2860	58344	264971	154	−49.7	165.6
8	重庆果园保税物流中心	5289	255441	112	29123	5177	226318	16.4	−51.6	42.2
9	防城港保税物流中心	60319	241420	60	658	60259	240762	3.8	346.6	3.6

续　表

序号	名称	进出口		出口		进口		累计比去年同期 ± %		
		6月	1至6月	6月	1至6月	6月	1至6月	进出口	出口	进口
10	重庆铁路保税物流中心	25267	227715	13824	108741	11442	118974	149.3	168.2	134.2
11	漳州台商投资区保税物流中心	20717	206201	20477	189986	240	16216	−11.5	0.2	−62.6
12	河南商丘保税物流中心	12497	183796	12338	101764	158	82032	9	−16	72.8
13	天府新区成都片区保税物流中心	16697	157221	462	88271	16235	68951	14.9	354.7	−41.3
14	唐山港京唐港区保税物流中心	17300	133229	2494	35140	14807	98089	55.3	−35.1	210.1
15	青岛西海岸新区保税物流中心	15046	131223	28	1079	15018	130144	−2.5	−63.6	−1.2
16	中山保税物流中心	19200	130680	5493	45251	13707	85429	−27.5	−48.4	−7.6
17	上海西北物流园区保税物流中心	23504	123891	2643	12281	20861	111610	15.8	35.5	13.9
18	成都空港保税物流中心	23522	114877	59	13394	23463	101483	−35.4	7502	−42.9
19	南京空港保税物流中心	22837	112431	10254	56488	12584	55943	129.1	87.6	195.2
20	锦州港保税物流中心	31003	102440	0	0	31003	102440	1469.9	−100	1482.8

第十五章 全国综合保税区运营数据分析

第一节 2021年至2023年全国综合保税区发展概述

一、基本情况

作为我国开放型经济的重要平台，综合保税区对我国发展对外贸易、吸引外商投资、促进产业转型升级发挥着重要作用。根据2021年及2022年全国海关特殊监管区域分布情况及数量来看，不断有新的综合保税区通过国务院批复设立，综合保税区数量不断增加，同时，其他类型的海关监管区域相对减少。相较于2020年12月底的统计情况，2021年至2023年，综保区数量呈快速增长趋势。

例如，2021年1月至12月，国务院批复同意设立襄阳综合保税区、重庆万州综合保税区、陕西杨凌综合保税区、海口空港综合保税区、重庆永川综合保税区、黄石棋盘洲综合保税区、梧州综合保税区、台州综合保税区。2022年2月，国务院批复同意设立青岛空港综合保税区。

2022年也整合了部分综保区，如国务院批复同意天津港保税区与天津港综合保税区整合优化为新的天津港综合保税区，逐步整合海关特殊监管区域保税功能，使其具有服务外向型经济发展和改革开放，连接国际国内两个市场、支持企业创新发展、满足产业多元化需求、发挥集约用地和要素集聚辐射带动作用等基本功能。

截至2022年12月底，全国31个省、自治区、直辖市现有海关特殊监管区域168个，其中，保税区8个，出口加工区1个，跨境工业园区1个，保税港区2个，综合保税区156个。综合保税区占全部168个海关特殊监管区域的92.9%。截至2023年上半年，全国31个省、自治区、直辖市共设综合保税区达160个。

二、发展特点

2022年1月，海关总署发布《中华人民共和国海关综合保税区管理办法》（海关总署令第256号文，简称《综保区管理办法》），自4月1日起施行，进一步提升了综合保税区管理的规范化、法制化水平，优化综合保税区营商环境。《综保区管理办法》的出台实施是综合保税区迈入高质量发展新阶段的一个重要标志，将为推动开放型经济高质量发展形成新优势，我国综合保税区进入全新的发展时期。

《综保区管理办法》共六章四十七条，体现了继承创新等五个方面的特点：一是继承《中华人民共和国海关保税港区管理暂行办法》核心内容；二是固化综合保税区的政策措施，集成近年来海关总署出台的多个规范性文件中的监管举措；三是体现机构改革后海关新职能，增加检验检疫相关规定要求；四是预留发展空间，适应综合保税区双循环发展实际需求；五是强调协同治理，海关在综合保税区依法实施监管不影响地方政府和其他部门依法履行其相应职责。《综保区管理办法》规定，区内企业可以依法开展十二项业务：一是研发、加工、制造、再制造，二是检测、维修，三是货物存储，四是物流分拨，五是融资租赁，六是跨境电商，七是商品展示，八是国际转口贸易，九是国际中转，十是港口作业，十一是期货保税交割，十二是国家规定可以在区内开展的其他业务。此外，在最受企业关注的税收政策方面，综合保税区涉及的税收政策主要有保税、免税、退税、征税等规定。

第二节　2021年至2023年全国综合保税区运营数据分析

一、运营主体及分布

截至2023年上半年，全国31个省、自治区、直辖市共有综合保税区160个。综合保税区在各省、自治区、直辖市的分布如表15-1所示。

表15-1　　　截至2023年上半年全国现有综合保税区分布情况名单

序号	省区市	名称
1	北京	北京天竺综合保税区
2		北京大兴国际机场综合保税区
3		北京中关村综合保税区
4	天津	天津东疆综合保税区
5		天津滨海新区综合保税区
6		天津港综合保税区
7		天津泰达综合保税区
8		天津临港综合保税区

续 表

序号	省区市	名称
9	河北	曹妃甸综合保税区
10		秦皇岛综合保税区
11		廊坊综合保税区
12		石家庄综合保税区
13		雄安综合保税区
14	山西	太原武宿综合保税区
15	内蒙古	呼和浩特综合保税区
16		鄂尔多斯综合保税区
17		满洲里综合保税区
18	辽宁	大连大窑湾综合保税区
19		大连湾里综合保税区
20		营口综合保税区
21		沈阳综合保税区
22	吉林	长春兴隆综合保税区
23		珲春综合保税区
24	黑龙江	绥芬河综合保税区
25		哈尔滨综合保税区
26	上海	洋山特殊综合保税区
27		上海浦东机场综合保税区
28		上海外高桥港综合保税区
29		松江综合保税区
30		金桥综合保税区
31		青浦综合保税区
32		漕河泾综合保税区
33		奉贤综合保税区
34		嘉定综合保税区
35	江苏	苏州工业园综合保税区
36		昆山综合保税区
37		苏州高新技术产业开发区综合保税区
38		无锡高新区综合保税区

序号	省区市	名称
39	江苏	盐城综合保税区
40		淮安综合保税区
41		南京综合保税区
42		连云港综合保税区
43		镇江综合保税区
44		常州综合保税区
45		吴中综合保税区
46		吴江综合保税区
47		扬州综合保税区
48		常熟综合保税区
49		武进综合保税区
50		泰州综合保税区
51		南通综合保税区
52		太仓港综合保税区
53		江阴综合保税区
54		徐州综合保税区
55	浙江	宁波梅山综合保税区
56		宁波北仑港综合保税区
57		宁波前湾综合保税区
58		舟山港综合保税区
59		杭州综合保税区
60		嘉兴综合保税区
61		金义综合保税区
62		温州综合保税区
63		义乌综合保税区
64		绍兴综合保税区
65		台州综合保税区
66	安徽	芜湖综合保税区
67		合肥经济技术开发区综合保税区
68		合肥综合保税区
69		马鞍山综合保税区
70		安庆综合保税区

序号	省区市	名称
71	福建	厦门海沧港综合保税区
72		泉州综合保税区
73		厦门象屿综合保税区
74		福州综合保税区
75		福州江阴港综合保税区
76	江西	九江综合保税区
77		南昌综合保税区
78		赣州综合保税区
79		井冈山综合保税区
80		上饶综合保税区
81	山东	潍坊综合保税区
82		济南综合保税区
83		东营综合保税区
84		章锦综合保税区
85		淄博综合保税区
86		青岛前湾综合保税区
87		烟台综合保税区
88		威海综合保税区
89		青岛胶州湾综合保税区
90		青岛西海岸综合保税区
91		临沂综合保税区
92		日照综合保税区
93		青岛即墨综合保税区
94		青岛空港综合保税区
95	河南	郑州新郑综合保税区
96		郑州经开综合保税区
97		南阳卧龙综合保税区
98		洛阳综合保税区
99		开封综合保税区

续　表

序号	省区市	名称
100	湖北	武汉东湖综合保税区
101		武汉经开综合保税区
102		武汉新港空港综合保税区
103		宜昌综合保税区
104		襄阳综合保税区
105		黄石棋盘洲综合保税区
106	湖南	衡阳综合保税区
107		郴州综合保税区
108		湘潭综合保税区
109		岳阳城陵矶综合保税区
110		长沙黄花综合保税区
111	广东	广州南沙综合保税区
112		广州白云机场综合保税区
113		深圳前海综合保税区
114		深圳盐田综合保税区
115		深圳坪山综合保税区
116		广州黄埔综合保税区
117		东莞虎门港综合保税区
118		珠海高栏港综合保税区
119		汕头综合保税区
120		梅州综合保税区
121		湛江综合保税区
122	广西	钦州综合保税区
123		广西凭祥综合保税区
124		北海综合保税区
125		南宁综合保税区
126		梧州综合保税区
127	海南	海口综合保税区
128		海口空港综合保税区

续 表

序号	省区市	名称
129	重庆	重庆西永综合保税区
130		重庆两路果园港综合保税区
131		重庆江津综合保税区
132		重庆涪陵综合保税区
133		重庆万州综合保税区
134		重庆永川综合保税区
135	四川	成都高新综合保税区
136		成都高新西园综合保税区
137		绵阳综合保税区
138		成都国际铁路港综合保税区
139		泸州综合保税区
140		宜宾综合保税区
141	贵州	贵阳综合保税区
142		贵安综合保税区
143		遵义综合保税区
144	云南	昆明综合保税区
145		红河综合保税区
146	陕西	西安综合保税区
147		西安关中综合保税区
148		西安高新综合保税区
149		西安航空基地综合保税区
150		宝鸡综合保税区
151		陕西西咸空港综合保税区
152		陕西杨凌综合保税区
153	甘肃	兰州新区综合保税区
154	宁夏	银川综合保税区
155	新疆	阿拉山口综合保税区
156		乌鲁木齐综合保税区
157		霍尔果斯综合保税区
158		喀什综合保税区

序号	省区市	名称
159	青海	西宁综合保税区
160	西藏	拉萨综合保税区

我国现有综合保税区在各行政地区的分布情况如表 15 - 2 及图 15 - 1 所示。从综合保税区的分布情况来看，华东地区数量最多，为 69 个，占现有综合保税区的 43.13%，东北地区数量最少，仅占 5.00%，这与综合保税区作为海关特殊监管区域的主体，推进我国外向型经济发展相关。可以看出，外向型经济发展较好的区域建设的综合保税区较为密集，而对外开放程度相对较低的区域较为稀少。外向型经济高速发展，所产生的进出口保税业务需求较大，推动了各地综合保税区的设立，同时，保税场所的建设也促进了区域内的进出口业务量的增加。

表 15 - 2　　　　截至 2023 年上半年全国现有综合保税区各地区分布情况

行政区划	各地区数量（个）	总计（个）	占比（%）
华东地区	上海 9、江苏 20、浙江 11、江西 5、安徽 5、福建 5、山东 14	69	43.13%
华南地区	广东 11、广西 5、海南 2	18	11.25%
华北地区	北京 3、天津 5、河北 5、山西 1、内蒙古 3	17	10.63%
华中地区	河南 5、湖北 6、湖南 5	16	10.00%
西南地区	重庆 6、四川 6、贵州 3、云南 2、西藏 1	18	11.25%
西北地区	陕西 7、甘肃 1、青海 1、宁夏 1、新疆 4	14	8.75%
东北地区	辽宁 4、吉林 2、黑龙江 2	8	5.00%

二、2021 年至 2023 年上半年全国综合保税区运营数据分析

根据海关统计数据，2021 年综合保税区进出口总值为 59010.2 亿元，其中出口总值 32498.7 亿元，进口总值 26511.5 亿元；2022 年综合保税区进出口总值为 65643.2 亿元，其中出口总值 37061.4 亿元，进口总值 28581.7 亿元；2023 年上半年进出口总值为 29378.8 亿元，其中出口总值 16291.7 亿元。2018 年至 2023 年上半年综合保税区进出口总值及变化情况如图 15 - 2、图 15 - 3 及图 15 - 4 所示。

根据进出口总值及变化情况来看，2018 年至 2022 年全年内进出口总值呈增长趋势，并且每年增长情况有所不同。2021 年进出口值在五年内增长相对较为迅猛，实现进出口值 5.9 万亿元，同比增长 23.8%，占同期全国外贸进出口值的 15.1%，对我国

外贸的贡献率达16.5%。

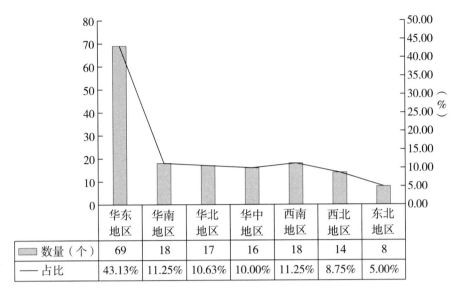

图15-1 截至2023年上半年全国现有综合保税区各地区分布情况

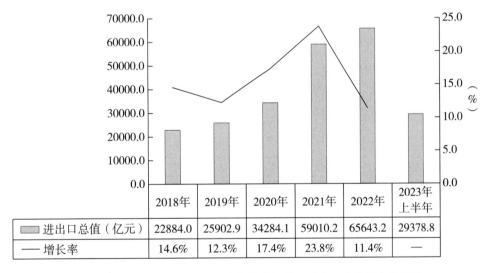

图15-2 2018年至2023年上半年综合保税区进出口总值及变化情况

根据海关统计情况，2021—2023年上半年，进出口值排名前20的综合保税区如表15-3、表15-4及表15-5所示。成都高新综合保税区、郑州新郑综合保税区、昆山综合保税区及重庆西永综合保税区位于前列，中西部承接产业转移效果显著，四川、重庆、河南等地的综合保税区吸引一批高端产业及配套制造企业落户，实现了加工贸易向中西部地区梯度转移，也成为所在省份发展外向型经济的重要平台。

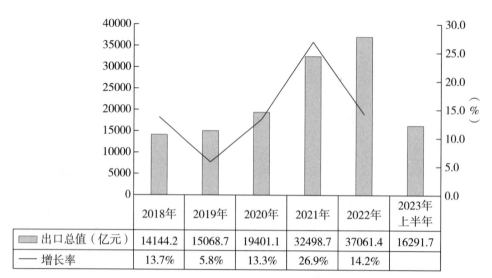

图 15 - 3　2018 年至 2023 年上半年综合保税区出口总值及变化情况

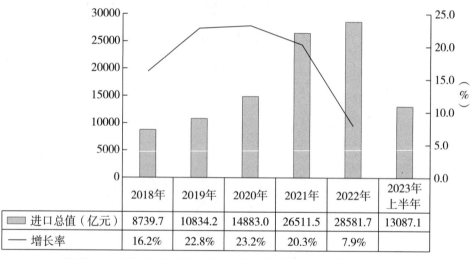

图 15 - 4　2018 年至 2023 年上半年综合保税区进口总值及变化情况

表 15 - 3　　　　　2021 年排名前 20 的综合保税区进出口情况　　　　单位：亿元

排名	名称	进出口总值	出口总值	进口总值	累计比上年同期（±%）		
					进出口	出口	进口
1	成都高新综合保税区	5819.0	3188.5	2630.6	6.0	6.5	5.4
2	郑州新郑综合保税区	4739.2	2782.2	1957.0	15.5	18.7	11.2
3	昆山综合保税区	3957.3	2824.7	1132.6	11.1	11.4	10.5
4	重庆西永综合保税区	3301.1	2347.5	953.5	15.5	19.5	6.7
5	松江综合保税区	2311.1	1552.5	758.6	12.3	2.6	38.9

续　表

排名	名称	进出口总值	出口总值	进口总值	累计比上年同期（±%）		
					进出口	出口	进口
6	苏州工业园综合保税区	1995.4	1335.1	660.2	14.2	29.6	-7.9
7	重庆两路寸滩综合保税区	1943.2	1114.3	828.9	28.3	21.6	38.8
8	西安关中综合保税区	1660.4	923.5	736.9	23.1	33.3	12.3
9	深圳前海综合保税区	1581.1	682.4	898.7	8.0	89.3	-18.5
10	无锡高新区综合保税区	1509.1	866.4	642.7	-4.1	8.4	-17.0
11	西安高新综合保税区	1353.6	668.5	685.1	19.2	25.5	13.7
12	洋山特殊综合保税区	1294.9	592.2	702.7	28.5	72.0	6.0
13	苏州高新技术产业开发区综合保税区	1262.4	737.7	524.6	5.4	2.0	10.7
14	青岛前湾综合保税区	1201.2	215.3	985.9	49.9	14.7	60.7
15	天津东疆综合保税区	1190.9	317.2	873.6	8.9	6.0	10.0
16	烟台综合保税区	1188.6	669.5	519.1	33.0	33.0	33.1
17	广西凭祥综合保税区	1071.3	592.0	479.3	36.5	45.4	26.8
18	深圳盐田综合保税区	889.0	671.6	217.4	11.0	15.2	-0.5
19	北京天竺综合保税区	855.6	45.9	809.7	37.6	102.0	35.1
20	广州南沙综合保税区	820.4	347.6	472.9	46.8	130.7	15.8

表 15-4　　　　　　2022 年排名前 20 的综合保税区进出口情况　　　　单位：亿元

排名	名称	进出口总值	出口总值	进口总值	累计比上年同期（±%）		
					进出口	出口	进口
1	成都高新综合保税区	5329.4	2992.3	2337.1	-8.4	-6.2	-11.2
2	郑州新郑综合保税区	4659.6	2625.6	2033.9	-1.7	-5.6	3.9
3	昆山综合保税区	3911.0	2849.3	1061.7	-1.2	0.9	-6.2
4	重庆西永综合保税区	3195.6	2194.8	1000.9	-3.2	-6.5	5.0
5	松江综合保税区	2491.1	1638.1	853.0	7.8	5.5	12.4
6	深圳前海综合保税区	2352.2	1114.9	1237.3	48.8	63.4	37.7
7	洋山特殊综合保税区	2089.5	1122.7	966.8	61.4	89.6	37.6
8	苏州工业园综合保税区	2022.9	1306.1	716.8	1.4	-2.2	8.6
9	重庆两路寸滩综合保税区	1870.9	1144.9	725.9	-3.7	2.8	-12.5

续　表

排名	名称	进出口总值	出口总值	进口总值	累计比上年同期（±%）		
					进出口	出口	进口
10	西安关中综合保税区	1619.8	1087.3	532.4	−2.4	17.7	−27.7
11	无锡高新区综合保税区	1469.5	947.4	522.0	−2.6	9.4	−18.8
12	广州南沙综合保税区	1320.4	537.5	782.9	61.0	54.6	65.7
13	烟台综合保税区	1309.2	707.4	601.8	10.2	5.7	16.0
14	苏州高新技术产业开发区综合保税区	1284.2	791.6	492.6	1.7	7.3	−6.1
15	天津东疆综合保税区	1253.1	343.6	909.5	5.2	8.4	4.1
16	青岛前湾综合保税区	1103.3	253.3	850.1	−8.0	19.1	−13.8
17	西安高新综合保税区	1048.4	628.6	419.8	−22.5	−6.0	−38.7
18	上海浦东机场综合保税区	1036.0	549.1	486.9	47.9	60.5	35.7
19	深圳盐田综合保税区	1001.7	816.3	185.4	12.7	21.5	−14.7
20	东莞虎门港综合保税区	953.2	403.9	549.3	48.8	69.7	36.5

表 15 – 5　　　　2023 年上半年排名前 20 的综合保税区进出口情况　　　单位：亿元

排名	名称	进出口总值	出口总值	进口总值	累计比去年同期（±%）		
					进出口	出口	进口
1	成都高新综合保税区	1873.9	1093.0	780.9	−28.2	−23.8	−33.6
2	郑州新郑综合保税区	1810.9	1160.9	649.9	−13.7	−6.2	−24.5
3	昆山综合保税区	1662.3	1186.4	476.0	−2.8	−4.1	0.5
4	重庆西永综合保税区	1357.3	925.0	432.3	−16.6	−19.4	−9.7
5	洋山特殊综合保税区	1281.3	803.8	477.5	54.6	139.3	−3.2
6	深圳前海综合保税区	1096.7	595.7	501.0	13.9	66.8	−17.2
7	重庆两路寸滩综合保税区	782.4	473.1	309.4	−18.9	−15.3	−23.9
8	松江综合保税区	751.1	480.4	270.7	−30.5	−29.1	−32.7
9	苏州工业园综合保税区	728.4	408.8	319.6	−33.3	−42.7	−15.7
10	无锡高新区综合保税区	637.1	419.7	217.5	−15.3	−8.7	−25.6
11	北京天竺综合保税区	634.3	21.5	612.7	31.3	5.6	32.4
12	烟台综合保税区	625.4	364.4	261.0	9.2	29.8	−10.6
13	青岛前湾综合保税区	613.1	123.7	489.4	15.8	4.9	18.9
14	广州南沙综合保税区	611.2	239.8	371.4	18.6	7.9	26.7

续　表

排名	名称	进出口总值	出口总值	进口总值	累计比上年同期（±%）		
					进出口	出口	进口
15	天津东疆综合保税区	604.7	177.2	427.5	37.7	56.7	31.1
16	广西凭祥综合保税区	601.3	475.1	126.2	170.3	152.2	270.5
17	上海浦东机场综合保税区	588.0	383.3	204.7	52.9	89.3	12.5
18	东莞虎门港综合保税区	553.6	246.7	306.9	13.5	24.7	5.9
19	西安关中综合保税区	540.5	333.9	206.6	-38.8	-44.9	-25.5
20	苏州高新技术产业开发区综合保税区	535.7	372.2	163.4	-20.3	-5.1	-41.6

新兴业态对综合保税区高质量发展的支撑作用不断提升，全国综合保税区内产业在稳步升级。

第十六章　国际货运班列运营数据分析

截至 2023 年上半年，我国已与 152 个国家、32 个国际组织签署了 200 多份共建"一带一路"合作文件。

基础设施互联互通合作持续推进，中老铁路全线建成通车且运营成效良好，黄金运输通道作用日益彰显，中泰铁路、匈塞铁路、雅万高铁等项目建设取得新成果。

中欧班列通达欧洲 25 个国家的 200 多个城市，86 条时速 120 公里的运行线路穿越亚欧腹地主要区域，物流配送网络覆盖欧亚大陆；截至 2023 年 6 月底，中欧班列累计开行 7.4 万列，运输近 700 万标箱，货物品类达 5 万多种，涉及汽车整车、机械设备、电子产品等 53 大门类，合计货值超 3000 亿美元。

西部陆海新通道铁海联运班列覆盖中国中西部 18 个省区市，货物流向通达 100 多个国家的 300 多个港口。

第一节　2021 年至 2023 年中欧（中亚）发展概述及运营数据

一、中欧（中亚）班列发展概述

中欧班列最早于 2011 年在重庆试点开行。自 2013 年习近平主席提出"一带一路"倡议以来至 2023 年，中欧班列历经 10 年快速发展，已经"连点成线""织线成网"，具备了相当的规模，显现了新功能、新优势、新价值，成为"一带一路"经贸合作最具成效的贸易通道和发展载体，是百年未有之大变局下最具活力和韧性的国际公共物流产品。

中欧班列是由中国铁路总公司（现国铁集团）组织，按照固定车次、线路、班期和全程运行时刻开行，运行于中国与欧洲以及"一带一路"共建国家间的集装箱等铁路国际联运列车，是深化国家与沿线国家经贸合作的重要载体和推进"一带一路"建设的重要抓手。

中亚班列指自中国或经中国发往中亚五国以及西亚、南亚等国家的快速集装箱直达班列，列车编组不少于 50 车。目前中亚班列口岸有 5 个，分别是连接中亚、西亚的阿拉山口、霍尔果斯口岸，连接蒙古的二连浩特口岸，以及连接南亚的山腰、凭祥口岸。中亚班列货物主要分为两类：一类是中国的进出口货物，一类是经日本、韩国、东南亚等国过境中国的过境货物（反向亦然）。

近年来，中欧（中亚）班列日夜奔驰，凭借运时短、成本低、运能大、零接触、经济环保、安全高效等优势受到企业的青睐。

在中国铁路的倡议和推动下，2017 年 4 月，中国、白俄罗斯、德国、哈萨克斯坦、蒙古、波兰、俄罗斯正式签署《关于深化中欧班列合作协议》，该协议被纳入第一届"一带一路"国际合作高峰论坛成果清单。2017 年 5 月，由中国国家铁路集团有限公司倡议，中铁集装箱运输有限责任公司与重庆、成都、郑州、武汉、苏州、义乌、西安 7 家班列平台公司共同发起，成立了由各地中欧班列经营管理相关企业和单位及研究机构广泛参与的议事协调组织——中欧班列运输协调委员会，搭建了企业层面的统一运输协调平台，推动中欧班列优质可持续发展，让更多地区人民、更多企业客户共享中欧班列发展成果。2017 年 10 月，中国、白俄罗斯、德国、哈萨克斯坦、蒙古、波兰、俄罗斯铁路成立了中欧班列运输联合工作组，下设运输组织和营销、信息协作两个专家工作组，建立了中欧班列国际铁路合作机制。

经过 10 多年发展，目前中欧班列的开行方式加快转变。一是高密度、高时效开行渐成常态，二是从分散开行转向集中开行。2020 年以来，国家支持西安、成都、重庆、郑州和乌鲁木齐等开展中欧班列集结中心示范工程建设，五个集结中心开行量占全部班列的比重达 80%，初步实现开行方式从"点对点"开行向"枢纽对枢纽"方式的转变。

虽然中欧班列开行取得了良好的成效，但口岸拥堵、依赖补贴、沿线国家口岸换装作业和通行能力不强、合作协调机制等有待完善的问题仍然存在，亟待推进改革创新，加快高质量发展。

未来，要不断加强对中欧班列发展规律和成效的研究，充分发挥中欧班列五大集结中心的集聚辐射作用，加快培育和建设中欧班列枢纽，形成"枢纽对枢纽"的班列开行新格局。加快完善班列支持政策体系，由补运价转向降成本、补短板能力提升。此外，还要加强境外合作并鼓励"走出去"，进一步聚集国际货源和促进班列双向协调发展。

二、中欧班列运营数据分析

（一）中欧班列开行列数及运量不断增长

2017 年至 2023 年上半年，中欧班列开行列数及运量呈增长趋势，2017 年增长较为显著，开行列数及运量增长率分别达到 115.80% 及 126%。2018 年起，开行列数及运量增长率有所下降，直到 2022 年，开行列数及运量增长率仅分别为 9.08% 及 10%。2023 年上半年，中欧班列累计开行 8641 列，发送货物 93.6 万标箱，同比分别增长 16%、30%。2017 年至 2023 年上半年，我国中欧班列开行列数、运量及增长率如图 16 - 1、16 - 2 所示。

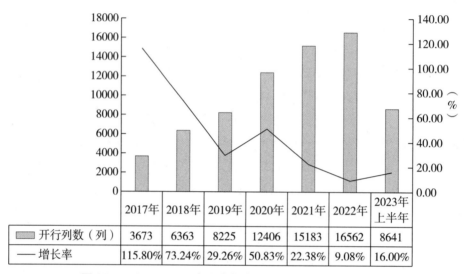

	2017年	2018年	2019年	2020年	2021年	2022年	2023年上半年
开行列数（列）	3673	6363	8225	12406	15183	16562	8641
增长率	115.80%	73.24%	29.26%	50.83%	22.38%	9.08%	16.00%

图 16 - 1　2017—2023 年上半年中欧班列开行总数及增长率

资料来源：中欧班列网、人民网、新浪网等

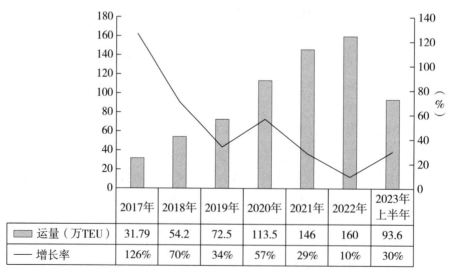

	2017年	2018年	2019年	2020年	2021年	2022年	2023年上半年
运量（万TEU）	31.79	54.2	72.5	113.5	146	160	93.6
增长率	126%	70%	34%	57%	29%	10%	30%

图 16 - 2　2017—2023 年上半年中欧班列总运量及增长率

资料来源：中欧班列网、人民网、新浪网等

（二）国内部分城市中欧班列开行数据

10 年来，中欧班列与西部陆海新通道班列两翼齐飞，运量持续大幅增长，跑出合作共赢新速度，为全球经济贡献中国力量。中欧班列作为便利快捷、安全稳定、绿色经济的新型国际运输组织方式，成为中国参与全球开放合作、共建"一带一路"的重要平台，截至 2023 年 6 月底，中欧班列累计开行 7.4 万列，运输近 700 万标箱，货物品类达 5 万多种，涉及汽车整车、机械设备、电子产品等 53 大门类，合计货值超 3000 亿美元。截至 2023 年 9 月底，中欧班列已通达欧洲 25 个国家 217 个城市，累计开行超过 7.8 万列，运输货物 5 万多种，合计货值超过 3400 亿美元，在产业、贸易、投资、就业等方面为共建国带来大量发展机遇。

2023 年 1—5 月，中欧班列（武汉）、中欧班列（齐鲁号）、中欧班列（西安）、中欧班列（成渝）、"义新欧"中欧班列、江苏中欧班列开行列数分别同比增长 149.53%、108%、53.4%、52%、19.78%、3.4%。

其中，成渝地区和西安中欧班列开行列数远超其他城市，成都和重庆于 2021 年统一中欧班列品牌"成渝"号，两地联合西部陆海新通道、航空及水运等物流通道，共同扩大两地在多式联运国际物流大通道上的影响力。而西安发展势头迅猛，2017 年开行量仅为 194 列，2018 年突破 1000 列，2019 年突破 2000 列，2020 年突破 3000 列，2021 年达到 3841 列，2022 年成为国内首个突破 4000 列城市，达到 4600 列，截至 2023 年 5 月 12 日，西安中欧班列累计开行 17859 列，运送货物总重 1529 万吨，货值超过 2000 亿美元。截至 2023 年 8 月 31 日，中欧班列（西安）累计开行 19531 列，占全国中欧班列累计开行总量的四分之一。

2023 年以来，北京、天津、河南安阳、广东中山等多个城市都开行首趟中欧班列。中欧班列既有线路也在增添新点位，中欧班列路网越织越密，运输通道不断扩宽。与此同时，中欧班列所承运的货物日益丰富，运送货物已逐步扩大到汽车及配件、木材、家具、化工品、机械设备、化肥等品类。得益于国内新能源汽车产业的蓬勃发展，新能源汽车成为不少中欧班列运量新增长点。

三、南亚班列发展概况

南亚国际货运班列是通往南亚地区，运输方式最便捷、运输过程最安全、运输模式最创新的品质路线。南亚国际货运班列运行最为成功的是甘肃（兰州）国际陆港。其发运的南亚国际班列几乎占甘肃省始发南亚班列的 100%，占全国始发南亚班列的 95% 以上，在业内影响力越来越大。

2019 年，兰州南亚国际班列公铁联运示范工程被评为全国首批 12 个多式联运示范工程之一，并被正式命名为"国家多式联运示范工程"。甘肃（兰州）国际陆港成为国家指定的对尼泊尔开放的三个内陆港之一，并连续 4 年被评为全国优秀物流园区。兰州—日喀则—吉隆/樟木—加德满都公铁联运班列由兰州陆港始发，以铁路运输方式沿兰青线、青藏线至西藏日喀则，再由日喀则出发汽运至吉隆口岸出关，抵达终点尼泊尔加德满都，全程运距约 3053 公里。该班列于 2016 年 5 月 11 日开通，现已实现常态化发运，货源以广州、义乌、泉州等地的日用百货和家用电器为主，以"陇货"为辅。

2018 年 10 月 23 日，甘肃（兰州）国际陆港开通了兰州—喀什—伊斯兰堡公铁联运班列。该班列从兰州陆港东川铁路物流中心始发，先由铁路运输至喀什综合保税区，再接驳公路运输，经红其拉甫口岸出境，最终运抵巴基斯坦首都伊斯兰堡，全长 4303 公里，其中铁路运输里程 3300 公里，公路运输里程 1200 公里，用时 13 天。货品主要包括机械设备、汽车配件、日用百货、融雪剂等。该班列对畅通 16 亿人口的南亚市场、促进相关地区边境贸易、推动"一带一路"和中巴经济走廊建设具有重要意义。

近两年，西部陆海新通道及青海等省份也加速开通南亚国际班列。

2022 年 6 月，陆海新通道国际联运测试班列（重庆—西藏—南亚）从重庆团结村中心站缓缓驶出，这是陆海新通道首趟开往南亚国家的国际货运班列，为重庆与南亚国家的贸易开辟了一条新通道。

2022 年 12 月 15 日，"青海海东—西藏日喀则—尼泊尔"公铁联运南亚班列首发仪式在青海省海东市平安区平安驿铁路货场举行。"青海海东—西藏日喀则—尼泊尔"公铁联运南亚班列从海东市平安驿铁路货场发车，抵达尼泊尔热索瓦，全程约 2800 公里。

2023 年 2 月 22 日，"兰州东川—拉萨西—吉隆口岸—加德满都"公铁联运西部陆海新通道南亚班列首发仪式在兰州陆港举行。从甘肃（兰州）国际陆港东川铁路货运中心缓缓驶出，全程 3175 公里，运输时效为 9 至 10 天，最终抵达尼泊尔加德满都，较以往海运方式可节约 15 天，对于搭建西部陆海新通道南亚班列运输平台具有重要意义。

第二节　西部陆海新通道发展概况及运营数据分析

一、西部陆海新通道发展概况

西部陆海新通道以中国重庆为运营中心，各西部省区市为关键节点，利用铁路、海运、公路等运输方式，向南经广西、云南等沿海沿边口岸通达世界各地，比经东部地区出海所需时间大幅缩短。

2021年9月，国家发展改革委印发《"十四五"推进西部陆海新通道高质量建设实施方案》，西部陆海新通道进入高质量建设新阶段。

2022年10月，党的二十大报告提出"加快建设西部陆海新通道"，把在新时代新征程上加快推进西部陆海新通道建设提到了前所未有的新高度，西部陆海新通道迎来了高质量发展的重要战略机遇。

西部陆海新通道的主通道分别从重庆、成都，分东、中、西三个方向接至北部湾入海口，北接丝绸之路经济带、南连21世纪海上丝绸之路，协同衔接长江经济带。已形成铁海联运班列、国际铁路班列、跨境公路班车3种物流形态。

重庆作为西部陆海新通道物流和运营组织中心，近年来，在国家发展改革委指导下，重庆牵头会同西部12省区市，即重庆、广西、贵州、甘肃、青海、新疆、云南、宁夏、陕西、四川、内蒙古、西藏等西部地区12省区市、海南和广东湛江建立了"13+1"省际协商合作联席会议制度。

2022年7月，省际联席会二次会议的召开，标志着湖南省怀化市正式成为西部陆海新通道"朋友圈"成员之一，也标志着西部陆海新通道形成"13+2"的共建新格局。2023年5月5日，重庆海关与南宁海关签署了《共同支持西部陆海新通道建设合作备忘录》，合推14项具体措施进一步助力西部陆海新通道建设。

近年来，广西将西部陆海新通道作为加快服务和融入新发展格局的牵引工程扎实推进，以"一盘棋"思想统筹推进西部陆海新通道高质量发展。2019年至2022年，广西壮族自治区财政累计统筹资金980多亿元支持通道建设，金融系统综合运用货币政策工具为通道建设提供资金支持近6000亿元。

在社会各方的共同推动下，西部陆海新通道建设取得显著成效。统计数据显示，2023年上半年，已加入西部陆海新通道"13+2"合作机制的沿线省区市经新通道进出口货值达3500亿元人民币，同比增长约40%；跨境铁海联运班列开行4510列，同比增长9%；跨境公路运输120.27万辆次，同比增长84.18%；国际铁路班列开行4091列，增长18.51%。

截至2023年10月，西部陆海新通道海铁联运班列从当初仅有的1条线路拓展至如今的北部湾港至重庆、四川、云南等12条常态化开行线路，服务范围已辐射至中国18个省份、69个城市、138个站点，"一口价"线路增至152条，对外可通达120个国家（地区）的473个港口。使中国西部省区市向南经广西、云南等沿海沿边口岸通达世界各地，比经东部地区出海所需时间大幅缩短。运输品类由最初的陶瓷、板材等几十种，增加至目前粮食、汽配、新材料等940多个品类。实现了从"一条线"到"一张网"的转变，成为连接东南亚国家和亚欧内陆国家的陆桥纽带，成为我国对外贸易发展的重要支撑。

二、西部陆海新通道运营数据分析

西部陆海新通道自 2017 年首次开通至 2022 年六年间呈现稳步增长，其中，开通后的第二年通行班列数量飞速增长，增长率达 548.31%。2022 年，西部陆海新通道铁海联运班列开行超过 8800 列，北部湾港完成货物吞吐量 3.71 亿吨，集装箱吞吐量 702 万标箱。截至 2023 年 5 月 19 日，西部陆海新通道铁海联运班列运输货物 31.8 万标箱，同比增幅 14%。

据海关统计，2023 年上半年，西部陆海新通道沿线省区市经新通道进出口货值约 3500 亿元，同比增长约 40%；进出口货重约 7300 万吨，同比增长 16%，展现出强劲发展势头，对西部地区外贸拉动作用明显。在沿线海关的大力支持下，2023 年上半年，西部陆海新通道跨境铁海联运班列开行 4510 列，同比增长 9%。2017—2023 年上半年西部陆海新通道开行班列数量及增长率如图 16 - 3 所示。

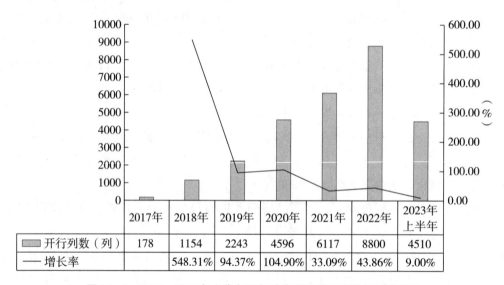

	2017年	2018年	2019年	2020年	2021年	2022年	2023年上半年
开行列数（列）	178	1154	2243	4596	6117	8800	4510
增长率		548.31%	94.37%	104.90%	33.09%	43.86%	9.00%

图 16 - 3 2017—2023 年上半年西部陆海新通道开行数据及增长率

资料来源：中欧班列网、人民网、新浪网等

第三节 中老铁路发展概况及中老铁路运营数据分析

一、中老铁路发展概况

中老铁路是泛亚铁路（中线）的重要组成部分，是区域互联互通的典范工程，也是高质量共建"一带一路"的标志性工程和中老两国互利合作的旗舰项目。项目于

2016 年开工建设，于 2021 年 12 月 3 日正式通车。中老铁路北起中国云南昆明，南至老挝首都万象，全长 1035 公里，是第一条采用中国标准、中老合作建设运营，并与中国铁路网直接连通的国际铁路。

习近平总书记在中老铁路通车仪式上发表致辞指出，中老铁路是两国互利合作的旗舰项目，要把铁路维护好、运营好，把沿线开发好、建设好，打造黄金线路，造福两国民众。中老铁路的通车对于中老两国以及中南半岛的发展有着极为重大的意义。

作为"一带一路"重要的标志性工程，中老铁路自开通运营以来，在中国和东盟间构建起一条便捷国际物流大通道，运输时间和物流成本大幅压缩。截至 2023 年 10 月 3 日，中老铁路开通运营满 22 个月，运输安全持续稳定，累计运输货物 2680 多万吨，其中进出境货运量 550 万吨，货物品类增加至 2700 多种，货物运输超出预期，成了联通内外、辐射周边、双向互济、安全高效的国际物流黄金大通道。

国际物流大通道高效畅通，区域物流网越织越密。2022 年 7 月，中老泰铁路实现互联互通；2022 年 11 月，中老铁路国内段 7 个新货运站、老挝段 8 个货运站全部启用；2023 年 4 月以来，中老铁路"澜湄快线"国际货物列车由以前的隔天开行，实现常态化每日开行。在中老铁路的国际物流大通道支撑下，我国与泰国、缅甸、马来西亚、新加坡等南亚、东南亚国家的区域物流网越织越密。

有效拉动经济发展，打造高质量产业经济带。在中老铁路支撑下，沿线各类产业广泛布局，高质量发展的产业经济带正加速形成。目前，老挝出口至中国的木薯淀粉、薏米等货物，通过中老铁路发往云南、四川、重庆等地，中国各地生产的肥料、百货、电子产品等源源不断地发往老挝。中老两国物资的双向流通，大大促进中老铁路沿线商业和产业的交融共赢。

二、中老铁路运营数据分析

中老铁路的开通运营促进了区域互联互通和互利共赢，为沿线经济社会高质量发展注入了强劲动力。据中国铁路昆明局集团有限公司统计，截至 2023 年 9 月 14 日，中老铁路累计运输蔬果 8.2 万吨，货值突破 20 亿元。目前，国内 25 个省区市相继开行了中老铁路跨境货物列车，货物运输已覆盖老挝、泰国、缅甸等"一带一路"共建国家，货物品类由开通初期的化肥、百货等 10 多种扩展至电子、光伏、冷链水果等 2000 多种，形成了稳定高效的黄金运输通道。

中老铁路自 2021 年 12 月开通运营至 2023 年 5 月 16 日，全线累计发送货物突破 2000 万吨。其中，跨境货运量超 400 万吨，货值达 177 亿元。

截至 2022 年 12 月 2 日，开通一周年，中老铁路累计运输货物 1120 万吨，发送旅客 850 万人次，开行跨境货物列车 3000 列，跨境运输货值超 130 亿元人民币。2023 年

1月至4月，中老铁路累计发送货物669万吨，同比增加408万吨、增长156%。

2023年上半年，中老铁路全线累计完成货运量962.1万吨，同比增长94.7%；完成跨境货运量230万吨，同比增长202%。中国铁路昆明局集团有限公司以跨境电商、机电设备等价格高、时效强的货物为营销重点，广揽货源拓市场，最大限度匹配运能运力，确保中老铁路货物快取快送、快装快运。针对热带水果运输旺季到来的实际情况，铁路部门携手有关部门优化水果入境查验和装运组织流程，做好冷链运输服务保障工作，实现入境水果从国外产地到国内市场全程优质高效快速运输。截至2023年6月30日，中老铁路累计运输东南亚进口热带水果3.9万吨，货值超14亿元。

第十七章 全国口岸运营数据分析

第一节 2021 年至 2023 年全国口岸概述

一、推进"一带一路"建设 口岸发展迎来新机遇

口岸是国家对外开放的门户、经贸往来的桥梁、国家安全的重要屏障，也是展示国家形象的重要窗口。

2021 年 9 月，海关总署发布《国家"十四五"口岸发展规划》，明确到 2025 年，基本建成口岸布局合理、设施设备先进、建设集约高效、运行安全便利、服务完备优质、管理规范协调、危机应对快速有效、口岸经济协调发展的中国特色国际一流现代化口岸。到 2035 年，建成与基本实现社会主义现代化相适应的现代化口岸，高质量完成"五型"口岸建设。

该规划指出，要全面加快边境地区口岸发展。对接我国边境省区既有重要公路、铁路、水运和民航运输枢纽，推动形成集重点枢纽口岸、物流节点口岸、便捷运输通道于一体的边境口岸开放体系。加快推动解决长期制约我国重要边境口岸发展的瓶颈和短板问题。积极推动毗邻国家对应口岸建设和发展。

表 17－1 为《国家"十四五"口岸发展规划》边境口岸布局。

表 17－1　　　　　　　　　　　　　边境口岸布局

区域	主要口岸
东北	中俄：满洲里、绥芬河、珲春、同江铁路口岸，满洲里、绥芬河、东宁、珲春、黑河、黑瞎子岛公路口岸。 中朝：丹东、图们、集安、南坪铁路口岸；丹东、南坪、圈河、长白、图们、临江、集安公路口岸。
北部	中蒙：二连浩特、策克、甘其毛都、珠恩嘎达布其铁路口岸，二连浩特、策克、甘其毛都、珠恩嘎达布其、阿尔山、满都拉、塔克什肯公路口岸。

续　表

区域	主要口岸
西北	中哈：霍尔果斯、阿拉山口铁路口岸，霍尔果斯、阿拉山口、巴克图、吉木乃、都拉塔公路口岸。 中吉：伊尔克什坦、吐尔尕特公路口岸，中吉乌铁路口岸。 中巴：红其拉甫公路口岸。 中塔：卡拉苏公路口岸。
西南	中越：凭祥、河口铁路口岸，河口、友谊关、东兴、水口、龙邦、天保公路口岸。 中缅：瑞丽铁路口岸，瑞丽、畹町、腾冲猴桥、孟定清水河、打洛公路口岸。 中老：磨憨铁路口岸，磨憨、勐康公路口岸。 中尼：吉隆、樟木、普兰、里孜公路口岸。

同时，该规划大力支持内陆地区口岸创新发展。支持具备条件的内陆地区既有口岸增开国际客货运航线航班班列，根据需要增设汽车整车、药品等进口口岸和海关指定监管场地，进一步提升口岸运行效益。支持沿海沿边地区口岸与内陆地区口岸加强通关制度衔接，推动沿海沿边地区口岸给予内陆地区货物通关同等待遇。

近年来，在国家相关部门的大力推动下，我国口岸对外交流合作不断加强。为服务"一带一路"建设，促进跨境口岸互联互通和跨境贸易便利化，海关总署（国家口岸办）不断加强口岸国际合作，深化我国与俄罗斯、哈萨克斯坦、越南、蒙古等毗邻国家口岸管理部门间合作交流，先后建立了双（多）边口岸合作机制，定期研究磋商边境口岸开放、口岸设施建设改造、边境地方政府和口岸查验部门间合作等议题，共同协商解决口岸通关中出现的问题，提高口岸通关效率。

与此同时，中俄口岸合作多年写入两国领导人高访期间发表的联合公报，中越、中蒙等都曾在两国领导人见证下签署过合作协议，及时协调解决了中蒙甘其毛都口岸、中哈霍尔果斯口岸、中越友谊关口岸、中老磨憨口岸等口岸拥堵问题，在中哈、中吉、中塔、中蒙、中越边境选取有条件的口岸开通了农副产品快速通关"绿色通道"，会同外方协同推动中俄边境满洲里、黑山头、绥芬河、珲春等口岸允许两国公民自驾 8 座以下小车进出边境限定区域。

下一步，海关总署（国家口岸办）将继续围绕国家政治经济外交大局和"一带一路"建设，加强口岸领域对外合作交流，更好地促进跨境互联互通和贸易便利化。

二、我国中欧班列主要通行口岸建设发展情况

截至 2023 年 7 月，全国共有经国务院批准对外开放口岸 315 个。其中航空口岸 83

个，公路口岸 82 个，铁路口岸 21 个，水运口岸 129 个。

目前，中欧间已形成西、中、东三大铁路运输通道。西通道主要在新疆阿拉山口、霍尔果斯铁路口岸与哈萨克斯坦铁路相连，通达欧洲其他各国。中通道主要在内蒙古二连浩特铁路口岸与蒙古国铁路相连，通达欧洲其他各国。东通道主要在内蒙古满洲里铁路口岸、黑龙江绥芬河铁路口岸与俄罗斯铁路相连，通达欧洲其他各国。以下为近年来主要口岸建设发展情况。

（一）新疆阿拉山口口岸建设情况

阿拉山口口岸位于新疆维吾尔自治区博尔塔拉蒙古自治州东北角，曾是中华各民族经商、征戍、旅游、探险的重要通道，也是古丝绸之路的北要道。

阿拉山口口岸距哈萨克斯坦多斯特克口岸 12 公里，是集铁路、公路、航空、管道四种运输方式于一体的国家重点建设和优先发展一类口岸，是第二座亚欧大陆桥的重要枢纽，是我国开拓中亚、西亚和欧洲市场的联结点。1990 年 6 月，国务院批准设立阿拉山口口岸；1991 年 7 月，铁路口岸过货运营；1995 年 12 月，公路口岸开放；2003 年，被国家列为重点建设和优先发展口岸；2006 年 7 月，中哈原油管道建成运营；2010 年，建成通航博乐阿拉山口机场；2011 年 5 月，国务院批准设立阿拉山口综合保税区；2012 年 12 月，国务院批准设立阿拉山口市；2015 年，确定阿拉山口为沿边开放重点地区；2016 年，定位为国家中欧班列枢纽；2018 年，列入国家陆上边境口岸物流枢纽承载城市；2020 年 10 月，确定为陆上边境口岸型国家物流枢纽；2021 年，获批国家军民融合试点市、"兴边富民"试点市；2022 年获批设立跨境电商综合试验区、边民互市试点、市场采购贸易方式试点、进口贸易促进创新示范区、二手车出口试点。

（二）新疆霍尔果斯口岸建设情况

霍尔果斯蒙古语意为"驼队经过的地方"，哈萨克语意为"积累财富的地方"。霍尔果斯口岸是集公路、铁路、管道、航空、光缆、邮件"六位一体"的交通枢纽和综合性多功能口岸。公路口岸于 1881 年正式通关，1992 年正式向第三国开放，是我国西部通关历史最长、综合运量最大、自然环境最好、功能最齐全的国家一类陆路公路口岸。铁路口岸于 2012 年 12 月 22 日实现通车运营，2017 年 6 月 8 日铁路客运正式开通，是常年开放的铁路客货运输口岸。

（三）内蒙古二连浩特口岸建设情况

铁路口岸。二连浩特铁路口岸于 1956 年开通，位于"集二线"终端，是目前我国对蒙唯一的铁路口岸，拥有木材、原油、化工等大宗进出口货物的换装作业场所，配套建有呼铁永晖石油化工、浩通、如意、珈和等仓储物流园区。先后完成锡二线铁路、二连浩特—扎门乌德铁路宽轨联络二线建设、二连站场能力提升等项目，口岸功能持续完善。作为中欧班列中线通道唯一出入境口岸，自 2013 年开通以来，中欧班列线路增至 66 条，连接德国、波兰、俄罗斯、白俄罗斯、蒙古等 10 多个国家的 60 多个地区。2018 年至 2022 年进出境中欧班列 10184 列，累计货值突破 1600 亿元。

公路口岸。二连公路口岸于 1992 年开通，处于二广高速始端。2011 年建设口岸货运通道，实现了客货分流。陆续配套了旅检通道自助通关系统、货运通道智能卡口、矿产品专用通道、零公里吊装场、无人驾驶通关道路等，开通了"农产品绿色通道"；配套建有环宇、汇通、昊罡、嘉友国际、二连中外运、跨境电商产业园等海关监管作业场所及仓储物流园区。目前，年通关过货能力达 1000 万吨，年旅客通关能力达 500 万人次。

航空口岸。二连浩特赛乌素机场 2010 年正式通航，2014 年实施了机场改扩建项目。自通航以来，机场航线网络逐步优化完善，先后开通了二连浩特至北京、西安、海口、哈尔滨、呼和浩特、鄂尔多斯、通辽、赤峰等多条国内航线。自 2013 年起连续 7 年实现临时对外开放，先后开通了乌兰巴托、伊尔库茨克、乌兰乌德 3 条国际航线，累计保障出入境旅客 12 万人次，国际旅客吞吐量呈逐年上升趋势。2021 年 9 月，国务院批复同意二连浩特赛乌素机场作为航空口岸对外开放。

（四）内蒙古满洲里口岸建设情况

满洲里铁路口岸。满洲里口岸于 1901 年开通，现已成为我国最大陆路口岸，承担着中俄贸易 65% 以上的陆路运输任务。过境满洲里口岸的中欧班列线路包括苏满欧、营满欧、津满欧、义满欧、赣满欧、粤满欧等在内的 57 条，国内始发地遍布苏州、天津、武汉、长沙等 60 个城市，境外辐射德国、波兰、俄罗斯等 11 个国家的 28 个城市。进出口商品包括电子产品、机械零件、日用品、果蔬、汽车配件、板材、纸浆等。2022 年，过境满洲里口岸班列 4800 多列。贸易以进口为主，主要进口商品有木材、化肥、纸浆和煤炭。是粮食、整车进口海关指定监管场地。

满洲里公路口岸。满洲里陆路（公路）口岸位于中俄 42 号界标附近，与俄罗斯后贝加尔边疆区后贝加尔斯克公路口岸相邻，是我国唯一实行 24 小时通关的国际公路口岸。满洲里公路口岸原为中苏两国铁路员工通勤通道，于 1989 年经原国务院口岸领导小组批准开通，1990 年改建为有 1 条客货混用通道的口岸。1992 年中俄两国政府换文确认其国际口岸地位。

（五）黑龙江绥芬河铁路口岸

铁路口岸。绥芬河铁路口岸建成于 1899 年 6 月，1900 年绥芬河至俄乌苏里斯克（双城子）区间开始通车，1903 年 7 月绥芬河至满洲里全线通车，距今已有百年多历史。1994 年 1 月经中俄两国政府确认为国际铁路客货运输口岸，2003 年 5 月经国务院批准开展口岸签证工作。该口岸在黑龙江省东南边陲重镇绥芬河市，位于滨绥铁路与俄罗斯远东铁路的接轨处，是黑龙江省唯一的对俄边境铁路口岸，也是我国对俄经贸的重要口岸之一。

该铁路口岸地处要道，陆海联运可到达日本的新潟、横滨，韩国的釜山，美国的西雅图等地区，处于东北亚经济区中心位置，被黑龙江省人民政府确定为对外经贸的主通道，地缘优势十分突出。

公路口岸。绥芬河公路口岸 1988 年 12 月经国家主管部门批准进行汽车临时过货运输，1990 年 3 月经中国与苏联两国政府换文确认为汽车运输口岸，1993 年 1 月经中俄两国政府再次换文确认为汽车过往口岸，1994 年 1 月经中俄两国政府确认为国际公路客货运输口岸，2000 年 9 月经国务院批准作为国家开放口岸，开展国际客货运输，2003 年 5 月经国务院批准开展口岸签证工作。

第二节　2021 年至 2023 年我国口岸运营数据分析

一、全国各主要口岸中欧班列年度运量情况

数据显示，2021 年中欧班列开行突破 1.5 万列，发送货物 146.4 万标箱，2022 年中欧班列累计开行突破 1.6 万列，发送货物 160 多万标箱；2023 年上半年中欧班列累计开行突破 8000 列，发送货物 93.6 万标箱。

2021 年至 2023 年上半年，我国主要口岸阿拉山口、霍尔果斯、二连浩特、满洲里及绥芬河通行中欧班列数量如图 17 - 1、图 17 - 2 及图 17 - 3 所示。

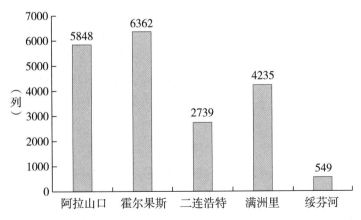

图 17 - 1　2021 年全国各主要口岸通行中欧班列数量

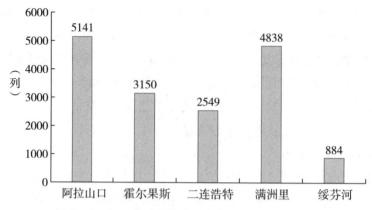

图 17 – 2　2022 年全国各主要口岸通行中欧班列数量

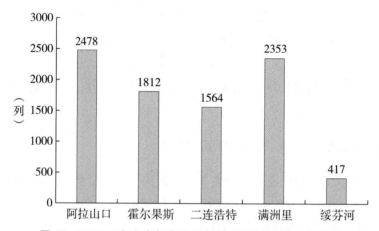

图 17 – 3　2023 年上半年全国各主要口岸通行中欧班列数量

二、各主要口岸进出口情况

（一）阿拉山口口岸

据阿拉山口海关统计，2021 年阿拉山口口岸进出口贸易值突破 3000 亿元，达到 3054.5 亿元，同比增长 21.6%。其中进口 1304.4 亿元、出口 1750.1 亿元，同比分别增长 24.7% 和 19.4%，口岸进出口贸易值再创新高。口岸进出口货运量为 2066.1 万吨，其中进口 1780 万吨，占进出口货运量的 86.2%；出口 286.1 万吨，占比 13.8%。2021 年阿拉山口口岸进出口货运量、贸易值及增长率如图 17 – 4 所示。

2022 年阿拉山口口岸多措并举，确保国际联运大通道高效畅通，其中铁路口岸进出口过货量实现大幅增长。据中欧班列官网统计，2022 年，阿拉山口口岸合计发送箱累计 49.9 万 TEU，同比增长 30512TEU，其中去程累计 30.8 万 TEU，回程累计 19.2 万 TEU，以去程发送箱为主，呈大幅度增长态势，同比增长 30003TEU。2022 年阿拉山口

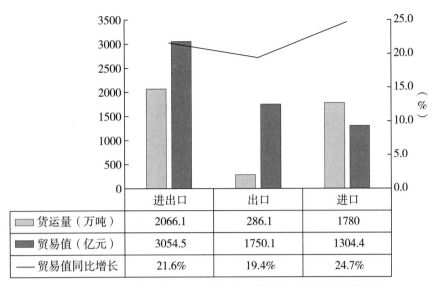

图 17－4　2021 年阿拉山口口岸进出口货运量、贸易值及增长率

口岸中欧班列发送箱数如图 17－5 所示。

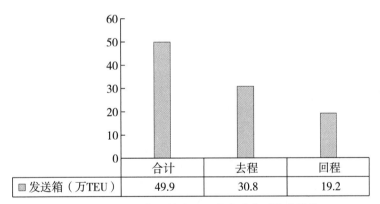

图 17－5　2022 年阿拉山口口岸中欧班列发送箱数

据中欧班列官网统计，2023 年上半年，阿拉山口口岸合计发送箱累计 27.1 万
TEU，同比增长 38629.75TEU，其中去程累计 17.3 万 TEU，回程累计 9.8 万 TEU，以
去程发送箱为主，呈现大幅度增长态势，同比增长 34117.75TEU。2023 年上半年阿拉
山口口岸中欧班列发送箱数如图 17－6 所示。

（二）霍尔果斯口岸

据乌鲁木齐海关数据，2021 年，霍尔果斯口岸进出口货运量 3961.3 万吨、贸易值
2839.2 亿元，同比分别增长 15.1%、17.0%，进出口货运量占全疆口岸的六成。该口
岸进出口货运量已连续 6 年位居全疆口岸之首。2021 年，霍尔果斯口岸进口货运量

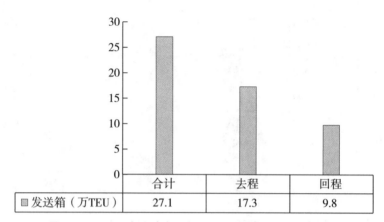

图 17 - 6　2023 年上半年阿拉山口口岸中欧班列发送箱数

3500.7 万吨、贸易值 870.8 亿元，同比分别增长 15.0%、10.5%；出口货运量 460.6 万吨、贸易值 1968.4 亿元，同比分别增长 15.7%、20.2%。其中，霍尔果斯铁路口岸进出口货运量 738.1 万吨，同比增长 32.9%。2021 年霍尔果斯口岸进出口货运量、贸易值及增长率如图 17 - 7 所示。

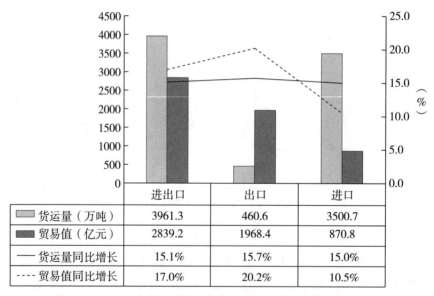

图 17 - 7　2021 年霍尔果斯口岸进出口货运量、贸易值及增长率

据中欧班列官网统计，2022 年，霍尔果斯口岸合计发送箱累计 30.0 万 TEU，同比增长 40636.25TEU，其中去程累计 22.3 万 TEU，回程累计 7.7 万 TEU。2022 年霍尔果斯口岸中欧班列发送箱数如图 17 - 8 所示。

据中欧班列官网统计，2023 年上半年，霍尔果斯口岸合计发送箱累计 19.2 万 TEU，其中去程累计 11.6 万 TEU，回程累计 7.6 万 TEU。整体上呈现大幅度增长，上

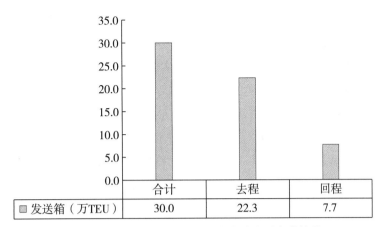

图 17-8　2022 年霍尔果斯口岸中欧班列发送箱数

半年累计同比增长 76010.75TEU，去程增长 22834.5TEU，回程增长 53176.25TEU。
2023 年上半年霍尔果斯口岸中欧班列发送箱数如图 17-9 所示。

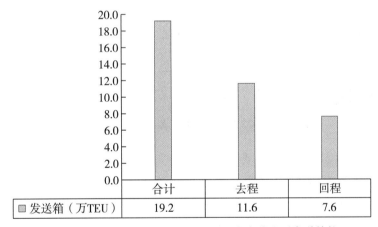

图 17-9　2023 年上半年霍尔果斯口岸中欧班列发送箱数

（三）二连浩特口岸

据中国铁路呼和浩特局集团公司二连车站消息，2021 年二连浩特铁路口岸共完成
进出口运量 1605.10 万吨，连续第二年突破 1600 万吨大关；二连浩特口岸是国家"一
带一路"建设和"中蒙俄经济走廊"上的重要节点城市、中欧班列中线通道的唯一出
入境口岸，也是国内货物出口蒙古国、俄罗斯及欧洲的重要通道。2021 年，二连浩特
口岸受境外新冠疫情影响，输入风险持续存在，口岸防控形势情况复杂。10 月中旬以
来，新冠疫情在二连浩特突发，给口岸铁路运输带来巨大考验，二连车站强化口岸防
控工作，坚决防止新冠疫情通过铁路运输渠道输入传播，全力确保铁路口岸正常运输。

据二连浩特海关数据，2022 年二连浩特口岸进出口贸易值达 266.46 亿元人民币，其中进口 153.29 亿元，出口 113.17 亿元。2022 年以来，二连浩特积极落实海关总署促进外贸保稳提质十条措施，结合口岸实际开展帮扶中小企业纾困解难专项行动，继续推进"百人联千企，力行促外贸"活动，以实际工作提升服务水平，优化口岸营商环境，保障企业进出口便捷高效通关。进入 2023 年四季度以来，在各方共同努力下，二连浩特口岸货运量、贸易额等进出口指标不断回升，呈现出稳中向好态势。

据中欧班列官网统计，2022 年，二连浩特口岸合计发送箱累计 26.8 万 TEU，同比减少7700.25TEU，其中去程累计 12.8 万 TEU，回程累计 13.9 万 TEU，去程同比减少 23255.25TEU，回程同比增长 15555TEU。2022 年二连浩特口岸中欧班列发送箱数如图 17 – 10 所示。

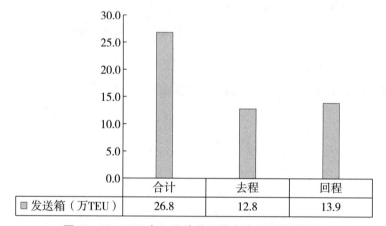

	合计	去程	回程
■ 发送箱（万TEU）	26.8	12.8	13.9

图 17 – 10　2022 年二连浩特口岸中欧班列发送箱数

据中欧班列官网统计，2023 年上半年，二连浩特口岸合计发送箱累计 17.8 万TEU，其中去程累计 9.6 万 TEU，回程累计 8.2 万 TEU。上半年累计同比增长49192.25TEU，去程增长 37790.75TEU，回程增长 11401.5TEU。2023 年上半年二连浩特口岸中欧班列发送箱数如图 17 – 11 所示。

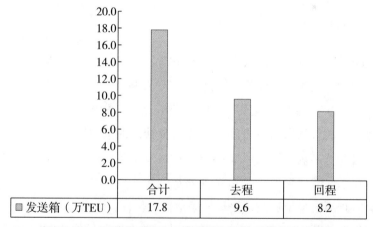

	合计	去程	回程
■ 发送箱（万TEU）	17.8	9.6	8.2

图 17 – 11　2023 年上半年二连浩特口岸中欧班列发送箱数

（四）满洲里口岸

2021 年，满洲里口岸过货量累计 1871 万吨，下降 5.2%。其中，进口 1458 万吨，下降 6.5%；出口 413 万吨，下降 0.3%。

据中欧班列官网统计，2022 年，满洲里口岸合计发送箱累计 46.5 万 TEU，其中去程累计 20.5 万 TEU，回程累计 26.1 万 TEU。总体上，2022 年满洲里口岸发送箱量呈增长态势，其中全年累计发送箱同比增长 55744.25TEU，去程同比增长 5130.25TEU，回程同比增长 50614TEU。以回程发送箱为主要增长。2022 年满洲里口岸中欧班列发送箱数如图 17 – 12 所示。

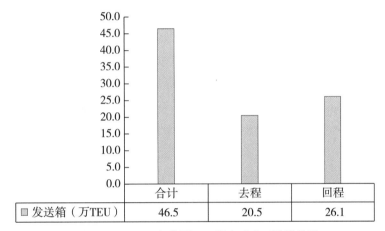

	合计	去程	回程
▢ 发送箱（万TEU）	46.5	20.5	26.1

图 17 – 12　2022 年满洲里口岸中欧班列发送箱数

据中欧班列官网统计，2023 年上半年，满洲里口岸合计发送箱累计 25.4 万 TEU，其中去程累计 11.0 万 TEU，回程累计 14.4 万 TEU。上半年累计同比增长 41085.75TEU，去程增长 10821.75TEU，回程增长 30264TEU。2023 年上半年满洲里口岸中欧班列发送箱数如图 17 – 13 所示。

（五）绥芬河口岸

据中欧班列官网统计，2022 年，绥芬河口岸合计发送箱累计 8.2 万 TEU，其中以回程箱数为主，回程累计 7.7 万 TEU，去程累计 0.5 万 TEU。相较 2021 年，绥芬河口岸发送箱数同比增长 30868TEU，回程同比增长 31556TEU，而去程呈减少态势，同比减少 688TEU。2022 年绥芬河口岸中欧班列发送箱数如图 17 – 14 所示。

据中欧班列官网统计，2023 年上半年，绥芬河口岸合计发送箱累计 4.2 万 TEU，其中去程累计 0.3 万 TEU，回程累计 3.8 万 TEU。整体上呈现增长态势，上半年累计同

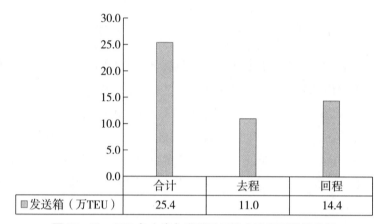

图 17－13 2023 年上半年满洲里口岸中欧班列发送箱数

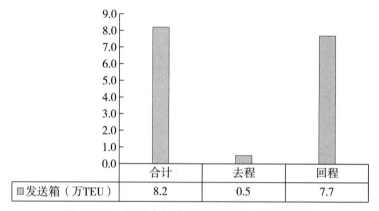

图 17－14 2022 年绥芬河口岸中欧班列发送箱数

比增长 7042TEU，去程增长 1866TEU，回程增长 5176TEU。2023 年上半年绥芬河口岸中欧班列发送箱数如图 17－15 所示。

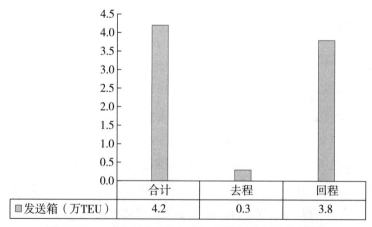

图 17－15 2023 年上半年绥芬河口岸中欧班列发送箱数

第十八章 我国跨境电商综试区运营数据分析

第一节 2021年至2023年我国跨境电商综试区发展概述

一、建设分布情况

2022年2月，为发挥跨境电商助力传统产业转型升级、促进产业数字化发展的积极作用，国务院批复同意在鄂尔多斯市、扬州市、阿拉山口市等27个城市和地区设立跨境电子商务综合试验区。2022年11月，《国务院关于同意在廊坊等33个城市和地区设立跨境电子商务综合试验区的批复》正式发布，同意在廊坊市、枣庄市、拉萨市等33个城市和地区设立跨境电子商务综合试验区。至此，中国跨境电子商务综合试验区数量达到165个，覆盖31个省份。截至2022年165个跨境电商综试区设立时间及批次情况如表18-1所示。

表18-1 截至2022年165个跨境电商综试区设立时间及批次情况

时间	批次	数量（个）	地区名称
2015年3月	第一批	1	杭州市
2016年1月	第二批	12	天津市、上海市、重庆市、郑州市、合肥市、成都市、广州市、大连市、青岛市、宁波市、苏州市、深圳市
2018年7月	第三批	22	北京市、呼和浩特市、沈阳市、长春市、哈尔滨市、南京市、南昌市、武汉市、长沙市、南宁市、海口市、贵阳市、昆明市、西安市、兰州市、厦门市、唐山市、无锡市、威海市、珠海市、东莞市、义乌市
2019年12月	第四批	24	石家庄市、太原市、赤峰市、抚顺市、珲春市、绥芬河市、徐州市、南通市、温州市、绍兴市、芜湖市、福州市、泉州市、赣州市、济南市、烟台市、洛阳市、黄石市、岳阳市、汕头市、佛山市、泸州市、海东市、银川市

时间	批次	数量（个）	地区名称
2020 年 4 月	第五批	46	雄安新区、大同市、满洲里市、营口市、盘锦市、吉林市、黑河市、常州市、连云港市、淮安市、盐城市、宿迁市、湖州市、嘉兴市、衢州市、台州市、丽水市、安庆市、漳州市、莆田市、龙岩市、九江市、东营市、潍坊市、临沂市、南阳市、宜昌市、湘潭市、郴州市、梅州市、惠州市、中山市、江门市、湛江市、茂名市、肇庆市、崇左市、三亚市、德阳市、绵阳市、遵义市、德宏傣族景颇族自治州、延安市、天水市、西宁市、乌鲁木齐市
2022 年 2 月	第六批	27	鄂尔多斯市、扬州市、镇江市、泰州市、金华市、舟山市、马鞍山市、宣城市、景德镇市、上饶市、淄博市、日照市、襄阳市、韶关市、汕尾市、河源市、阳江市、清远市、潮州市、揭阳市、云浮市、南充市、眉山市、红河哈尼族彝族自治州、宝鸡市、喀什地区、阿拉山口市
2022 年 11 月	第七批	33	廊坊市、沧州市、运城市、包头市、鞍山市、延吉市、同江市、蚌埠市、南平市、宁德市、萍乡市、新余市、宜春市、吉安市、枣庄市、济宁市、泰安市、德州市、聊城市、滨州市、菏泽市、焦作市、许昌市、衡阳市、株洲市、柳州市、贺州市、宜宾市、达州市、铜仁市、大理白族自治州、拉萨市、伊犁哈萨克自治州

从地域分布上看，2022 年新设立的跨境电子商务综合试验区所在城市外贸基础较好，地理分布上更加重视中西部地区和边境地区，并且逐渐由东部、南部沿海地区向内陆省份扩展，从中心城市、省会城市向二、三线城市延伸。最新扩围包括西藏自治区的拉萨市，填补了西藏地区没有跨境电商综试区的空白。扩容后，山东省实现了省内下辖区市的全覆盖，成为国内第四个实现省辖区市跨境电子商务综合试验区全覆盖的省份。此前，浙江省、江苏省和广东省也均实现了全覆盖。目前中国跨境电商综试区基本覆盖全国，形成了陆海内外联动、东西双向互济的发展格局。

根据商务部此前对前五批跨境电商综试区的综合评估来看，前五批综试区大力推动制度、管理和服务创新，建设成效显著，有效助力外贸保稳提质。新设跨境电子商务综合试验区体现了政府对跨境电商新业态的重视，期望通过跨境电商助力传统产业转型升级、推动外贸高质量发展。

二、发展情况

2022 年，我国两次批复跨境电商综试区，改变了 2015 年首次同意设立"中国（杭州）跨境电子商务综合试验区"以来"一年一批"或"两年一批"的传统，标志着我国进一步扩大改革开放力度的决心，也是二十大以后我国关于经济高质量发展的重大尝试。自此，我国跨境电商综试区城市累计达到 165 个，实现内地 31 省跨境电商综试区全覆盖。"一年两批"的发展态势可总结如下原因。

第一，我国进一步扩大改革开放力度。

二十大报告明确提出，未来五年是全面建设社会主义现代化国家开局起步的关键时期。改革开放迈出新步伐是主要任务之一，必须完整、准确、全面贯彻新发展理念，坚持社会主义市场经济改革方向，推进高水平对外开放，实施自由贸易试验区提升战略，扩大面向全球的高标准自由贸易区网络。"一年两批"新晋 33 个跨境电商综试区，是对国内跨境电商综试区体系的重大提升，其精神内核是我国进一步扩大改革开放力度的决心，其本质是改革开放在跨境贸易上迈出的新步伐。

第二，跨境电商综试区模式日渐成熟。

在本批跨境电商综试区批复之前，已先后有 6 批 132 个综试区获批，前六批综试区的先行实践探索建立了以"六体系两平台"（信息共享、金融服务、智能物流、电商诚信、统计监测和风险防控"六体系"，以及线上单一窗口和线下综合园区"两平台"）为中心的政策框架，面向全国复制推广近 70 项成熟经验和创新做法，这为本批综试区获批奠定了经验基础、模式基础。

第三，我国稳外贸力度加大。

后疫情时代，全球经济断崖式下跌，这一方面导致经济逆全球化趋势愈演愈烈，我国稳外贸力度进一步加大。融入国家外贸发展大局，依托现有的已经成熟的跨境电商综试区模式，加快批复跨境电商综试区，培植跨境电商发展沃土，巩固跨境电商整体实力顺理成章。

2023 年 5 月 30—31 日，全国跨境电商综试区现场会在浙江省杭州市召开。会议发布 2022 年跨境电商综试区（以下简称综试区）考核评估结果，总结交流各综试区工作成效和经验做法，分析当前跨境电商发展面临形势，研究部署 2023 年重点工作。会议强调，党中央、国务院高度重视外贸新业态发展，多次部署推进跨境电商发展工作。跨境电商发展速度快、市场潜力大、带动作用强，能够低成本高效率匹配供需，为更多的企业和终端消费者提供个性化优质服务。各综试区持续推进"六体系两平台"建设，大力培育市场主体，逐步完善跨境电商生态，带动当地产业优化升级，取得积极成效。我国跨境电商主体已超 10 万家，建设独立站超 20 万个，综试区内跨境电商产业园约 690 个。

2022 年"成效明显"的 10 个跨境电子商务综合试验区城市分别为上海、杭州、义乌、长沙、深圳、苏州、宁波、青岛、广州、成都（排名不分先后）。下面将对这十个跨境电商综试区城市情况进行简要介绍。

1. 中国（上海）跨境电子商务综合试验区

上海是国内最早开展跨境电子商务实践的口岸城市之一，拥有发展跨境电商的良好产业优势和基础设施，聚集了全国最多的跨境电商市场主体，头部企业数量和通关便利化水平均居于全国前列。

自 2016 年获批国家跨境电商综合试验区以来，在上海市商务委牵头推动及相关监管部门支持下，上海持续完善支持政策，推进制度和监管创新，优化通关环境。围绕跨境电商"六体系两平台"的建设要求，通过线上平台、线下园区、通关申报、税务外汇、企业服务等多方面持续优化上海跨境电商营商环境，推进上海跨境电商高质量发展。

根据《综试区实施方案》，上海建设上海跨境电子商务公共服务平台，推进贸易数字化，提升跨境电商服务数字化水平。为进出口电商和支付、物流、仓储等企业提供数据交换服务，为海关、税务、外管等部门提供信息共享平台，实现"一次申报、一次查验、一次放行"，提高口岸监管便利化程度。

截至目前，上海已建成 11 个保税园区和两个直邮监管区域。同时，上海跨境电商出口监管场所也累计建成了 26 个，并且各类监管场所还在不断地扩展中。

2. 中国（杭州）跨境电子商务综合试验区

杭州作为全国首个跨境电商综试区，以"六体系两平台"为引领，发展跨境电商新业态，培育外贸新动能，努力为全国跨境电商探路。在商务部今年评选的 30 个外贸新业态优秀实践案例中，杭州入选 7 个。

自获批以来，中国（杭州）跨境电子商务综合试验区形成了 8 个方面 46 项制度创新案例，实现跨境电商进出口规模由 1.2 亿元扩大到 1200 多亿元，增长 1000 多倍，跨境电商企业由 200 多家跃升至 5.5 万余家，增长 275 倍，集聚全国三分之二的跨境电商平台，在杭跨境支付机构服务全国 150 万卖家，占全国七成跨境支付交易额，在两次全国综试区评估中均获第一档。

下一步，杭州将着力打造跨境电商产业发展引领地、制度创新策源地、服务生态最优地，不断擦亮跨境电商"全国第一城、全球第一流"品牌。

3. 中国（义乌）跨境电子商务综合试验区

近年来，义乌市市场发展委员会认真贯彻落实国务院批复精神，不断创新体制机制，持续强化创新驱动、主体引育、环境营造，加快推进跨境电商综试区建设。特别是围绕中小微跨境电商培育这个核心，依托市场优势、贸易优势和国际陆港枢纽优势，聚焦"人、货、场、链、圈"五个维度，重点从"主体培育、品牌提升、发展空间、履约渠道、氛围营造"五个方面发力，全面构建完善、便捷、高效的跨境电商全链路服务体系，培育了一大批面向全球的"蚂蚁雄兵"，全市跨境电商呈现持续健康发展态势。2017—2021 年，跨境电商交易额连续五年增长超过 15%；2022 年达到 1083.5 亿元，同比增长 6.9%，突破千亿大关。

当下，跨境电商已成为义乌外贸发展新动能、转型升级新渠道和高质量发展新抓手。截至 2023 年 4 月底，全市工商登记注册电商主体数量累计超 50 万户，占全市市场主体的 53%；目前，全市在各大第三方平台的账户数超过 18 万个，仅阿里速卖通和国际站平台，2022 年新增跨境电商主体超 2200 多家；义乌市各类跨境物流、贸易、电商主体共布局海外仓 206 个，运营总面积超 150 万平方米，覆盖俄罗斯、菲律宾、西班牙等 50 个国家 113 座城市，其中 6 个获评浙江省级公共海外仓；注重政策导向作用发挥，相继出台《关于促进商贸业高质量发展的若干意见》《关于促进市场高质量发展的若干意见》等系列政策，在跨境电商企业招引、海外仓应用、海外商标注册、独立站建设等方面给予全方位支持。

面向未来，义乌将持续深化推进跨境电商综试区建设，迭代放大市场优势，着力推进供应链创新，不断优化服务体系，全力推进跨境电商高质量发展。

4. 中国（长沙）跨境电子商务综合试验区

长沙跨境电商综试区获批于 2018 年。在不沿边、不靠海的"先天劣势"下，长沙积极抢抓试点机遇，精心构建政策、产业、市场、物流、人才"五位一体"跨境电商生态圈。政企双向共同发力，积极推动品牌出海，为打造内陆地区改革开放高地注入强劲动能。

近五年，长沙跨境电商进出口规模增长多达 10 倍，全市共建设运营跨境电商特色产业园、孵化园 10 个，规模 2000 万元以上的跨境电商企业 110 家，跨境电商企业注册商标数 1663 个，其中有两家企业成功入选 2022 中国国际服务贸易交易会发布的中国跨境电商品牌企业 20 强。

下一步，长沙跨境电商综试区将开展市场主体培育、平台建设提质、通关物流提速、监管服务优化、人才队伍建设五大行动，加快创建产业集聚、直播运营、品牌出海"三个中心"，抢抓数字化转型风口，助力国内国际双循环，实现跨境电商发展提质增效。

5. 中国（深圳）跨境电子商务综合试验区

作为全国第二批跨境电商综合试验区，深圳综试区拥有发展跨境电商的良好产业优势和基础设施，聚集了全国最多的跨境电商市场主体，头部企业数量和通关便利化水平均居于全国前列。近年来，深圳综试区持续完善支持政策，推进制度和监管创新，优化通关环境。

截至2021年，深圳综试区跨境电商全业态模式已全面落地，开展跨境电商业务的海关监管场所和保税区域已达8个。据不完全统计，截至2021年12月底，深圳企业建设运营的跨境电商海外仓超过230个，建设面积超过260万平方米。

6. 中国（苏州）跨境电子商务综合试验区

中国（苏州）跨境电子商务综合试验区创新"互联网＋中国制造2025＋自主品牌国际化"商业模式，推进建设以B2B、进出并重、培育国际化自主品牌为主，促进传统外贸和制造企业通过"互联网＋"拓展发展空间，提升产业国际竞争力，为全国跨境电子商务发展和外贸转型探索出更多可复制、可推广的经验。

作为发展速度快、带动作用强的外贸新业态，跨境电商已成为外贸发展的新动能、转型升级的新渠道和高质量发展的新抓手。2022年，苏州市跨境电商业务总额同比增长41%。

据统计，目前苏州企业在亚马逊、速卖通、阿里国际站、中国制造网上的数量规模已居全省首位。苏州卖家在亚马逊、速卖通、阿里国际站的年度成交额规模也居浙江省内榜首。

苏州成立首个虎丘区（苏州高新区）跨境电商企业服务中心，成立不到一年，该服务中心已携手日本最大电器销售商"山田电机"，为"苏州制造"构建"品牌出海"新通路；协助苏州商泽网络解决小包物流进度查询难题等。同年，苏州（常熟）跨境电商企业服务中心成立。两大服务中心致力于推动形成制造、交易、集货、支付、物流、仓储、结算、信贷等全产业链"闭环式"生态圈，助推"苏州制造"走出去、拓市场、卖全球。

截至2022年年底，苏州两个跨境电商服务中心已服务企业600家，累计线下走访、电话沟通和网络联系企业1100余家，开展跨境电商培训、沙龙等活动40余场，对有实际诉求的企业实现走访服务全覆盖。

7. 中国（宁波）跨境电子商务综合试验区

中国（宁波）跨境电子商务综合试验区评估结果为"成效明显"，综合排名蝉联第一档。综合两次的第一档名单，不难发现榜单"换血"比率不低。在全国第一档阵营中，有的实现跃迁，有的无奈掉队，然而宁波却始终稳居"顶流"。背后原因既有跨境企业的持续布局、产业园区的发展壮大、宁波模式推陈出新，乃至人才、物流、金融等整个跨境生态要素的活力迸发。

近年来，宁波综试区作为全省乃至全国跨境电商发展的主阵地，持续推进制度创新、管理创新和服务创新，业务规模增长快速，跨境电商网购保税进口连续5年位居全国第一，成为全国首个破千亿元大关的城市。

同时，宁波综试区大力发展跨境电商新业态，业务规模不断扩大，产业集聚趋势明显：不仅有鄞州集聚区、海曙众创空间、保税园区等 29 个特色跨境电商产业园区，还有慈溪家电、宁海文具、海曙服饰家纺、余姚家电、鄞州五金工具等 9 个省级跨境电商产业集群。

截至目前，宁波有近 70 家企业在全球 20 多个国家和地区建设经营海外仓 209 个，总面积达 293 万平方米，占全国的六分之一。

8. 中国（青岛）跨境电子商务综合试验区

目前，全国跨境电商综试区共计 165 个，获准参评的前五批跨境电商综试区共 105 个，获评第一档仅为 10 个综试区城市。中国（青岛）跨境电子商务综合试验区评估结果为第一档"成效明显"，青岛市是北方唯一一个、连续两年榜上有名的综试区城市，成为名副其实的跨境电商"北方第一城"。

2016 年年初，青岛获批成为第二批国家跨境电子商务综合试验区。七年多来，青岛综试区不断强化"六体系两平台"顶层设计，始终坚持完善政策体系、壮大主体规模、优化营商环境、创新发展模式，着力推动产业链上下联动，生态圈融合互补，业务规模逐年倍增发展。青岛跨境电商"从无到有"不断壮大，走出了一条"复制成熟经验与打造青岛模式"相结合的高质量发展之路。2016—2022 年，青岛市实现跨境电商进出口规模由 8.8 亿元扩大至 627 亿元，年均复合增长率超 100%，稳居山东省第一位。

9. 中国（广州）跨境电子商务综合试验区

广州于 2016 年获批国家跨境电商综合试验区，现已建成全国业务总量最大、服务面最广、商品品类最齐全的跨境电商地方公共服务平台，拥有各具特色的线下跨境电商园区，形成了海、陆、空、邮齐头并进的协同发展局面，呈现业务规模大、政策举措多、市场主体强和集聚效益好等显著效果。

在全国跨境电商综试区城市中，广州位列先导城市首位发展总指数、发展规模指数全国第一。"十三五"期间，广州跨境电商进出口规模从 2014 年的 14.6 亿元增长到 2020 年的 472 亿元，增长 32 倍，连续八年蝉联全国第一。2021 年，白云机场成为全国首个千亿空港；南沙综合保税区跨境电商网购保税进口量占全国 1/5；在全国综试区建设评估中位列第一档"成效明显"档。

多年来，广州市扎实落实跨境电商综合试验区改革创新任务，以"六个率先"破解跨境电商六大难题，率先探索推出跨境贸易电子商务零售进出口信息化系统、"微警认证"系统、跨境电商公共分拨中心、进口商品溯源"真知码"、退货合并打包、"空铁联运""海空联运"等创新举措，有效破解跨境电商数据应用对接难、消费者身份信息核验难、"夜包裹"处理提效难、质量安全追溯难、消费者退换货难、疫情期间跨国运输难六大难题。

近年来，广州陆续出台政策支持跨境电商发展，2021 年出台全国首个跨境电商 RCEP 专项政策《广州市把握 RCEP 机遇促进跨境电子商务创新发展的若干措施》，发动各区力量，市区两级联动打造跨境电商政策矩阵，在"广州商务"微信公众号上发布并不定时更新，为市场主体保驾护航。合计 119 项跨境电商便利化政策、206 项促进本地区跨境电商发展政策惠及市场主体，支持新业态发展。

据统计，广州 2021 年新增跨境电商企业 132 家，跨境电商企业累计达 19.3 万家；全市企业建设各类海外仓 38 个，分布于美国、澳大利亚、日本、韩国、欧洲、中东等国家和地区，投资规模超 2 亿元；现有跨境电商产业园区 24 个，11 个跨境电商产业园区被国家、省级有关部门认定或授牌，吸引了一大批优质跨境电商企业来穗发展，产业集聚效益明显。

10. 中国（成都）跨境电子商务综合试验区

2023 年 5 月 31 日，全国跨境电商综试区现场会在杭州市召开，会议发布 2022 年跨境电商综试区考核评估结果，中国（成都）跨境电子商务综合试验区评估结果为"成效明显"，综合排名进入"第一方阵"。

近年来，成都综试区紧抓区域全面经济伙伴关系协定（RCEP）签署以及成渝地区双城经济圈、长江经济带建设等重要战略机遇，结合地区发展实际，积极探索内陆城市跨境电商发展新模式、应用新场景、转型新路径，工作取得一定成效。

在打造多维立体共享生态体系方面，成都厚植产业沃土。一是创新探索"产业公共服务体系"驱动模式。依托全球跨境电商服务资源中心，搭建以产业地标、公服平台、行业组织"三驾马车"为核心架构的产业公共服务体系，初步形成独具特色的跨境电商"成都模式"；二是立体推进产业生态资源集聚；三是开放共享产业平台资源。

与此同时，成都综试区擘画建圈强链产业图谱，加快产业成势。一是错位实施产业布局；二是梯度有序建设产业园区；三是做大做强主体规模。目前成都跨境电商备案企业 2716 家，带动超 10000 家企业实际应用跨境电商，2023 年前 4 个月实现交易规模为 373.94 亿元，同比增长 43%。

此外，成都积极构建链接全球枢纽通道，做强产业支撑。即做强口岸协同辐射功能，提升国际枢纽集结运筹功能，构建高效通达全球配送网络。成都还持续深化创新驱动引领，涵养产业活力，例如积极推动监管模式创新，税收征管方面，探索开展"9810 出口海外仓"监管模式下"分批退税"业务创新；深入探索业务模式创新，加快打造线上线下协同发展的国际消费场景，实现零时差、零距离的跨境商品消费；并持续开展服务要素创新。

下一步，成都综试区将持续聚焦推动主体集聚、加快重点片区建设、完善口岸服务功能、积极探索先行先试、优化公共服务体系等方面，进一步夯实成都全球跨境电商服务资源中心产业支撑功能，推进跨境电商高质量发展，为建设国际消费中心和贸易中心城市注入新动能。

三、发展建议

（一）聚焦一个特色产业

跨境电商综试区应把重点放在区域实体经济和制造业优势特色产业上，打好产业发展"特色牌"，推动跨境电商与实体经济深度融合，乘势而上做大经济总量，有的放矢打造跨境电商新的经济增长极。

对已经形成特色产业带的产业，多措并举，促进特色产业要素与跨境配置深度交叉融合，促进新一代数字技术与特色产业业态融合，积极拓展跨境电商新空间。对尚未形成特色产业带的产业，着力延链、补链、强链，形成"特色产业＋"多业态发展态势，推动产业链上下游同步协调均衡发展，补齐产业链短板弱势，并通过"纵向延伸、横向耦合、末端再生"高位嫁接跨境电商要素，激活路径电商发展"新引擎"。

（二）强化两大平台建设

强化线上综合服务平台和线下综合园区平台建设。

线上综合服务平台聚集操作系统、数据库、中间件、安全等软件产业链重要环节，主攻数字经济线上技术服务；产业（园）运营类聚焦跨境电商运营、直播、创业孵化、线下体验、产品展示等重要环节，主攻数字经济线下服务，二者联动构建线上线下"两平台"系统发展生态，锚定信息共享、金融服务、智能物流、电商诚信、统计监测、风险防控"六体系"布局，形成跨境电商线上线下渠道合力，促进传统产业转型升级，站上数字化高地。

线下综合园区平台围绕跨境电商运营中心、跨境电商直播基地、创新创业孵化器、跨境进口体验店、区域特色产品展厅五大板块，以云计算、大数据、人工智能、区块链、5G等创新技术应用为驱动，嫁接集成通关、物流、融资、收结汇等服务，为合作伙伴出海、产业数字化提供全方位一站式跨境产业综合服务，为跨境电商综试区城市建设提供高度专业化服务方案。

（三）把握三大创新基点

把握技术创新、业态创新、模式创新三大创新基点，在跨境电商综试区这一宏观大背景下，聚焦特色产业、强化两平台建设，加速形成集制造、交易、集货、支付、物流、结算、结汇等全产业链"闭环式"生态圈，推动形成海内海外联动、线上线下联动、产业服务联动的"技术创新＋业态创新＋模式创新"产业一体化新生态。

（四）加强与对外窗口区域的对接

加强与对外窗口区域的对接，实现区域联动共建加产业要素集聚。尤其是加强与粤港澳大湾区的对接，打通跨境电商卖家与海外市场对接的窗口。积极做好与粤港澳大湾区跨境产业对接工作，扩大跨境电商空间覆盖范围，增加跨境电商产品选择，让更多的跨境电商卖家有更多的产品选择。深度对接粤港澳大湾区海港、空港和"义新欧"中欧班列发展，构建"海、铁、空、邮"全维度物流网络；深度联合粤港澳大湾区海关部门，打造最优通关环境。

（五）重视中西部地区跨境电商市场

重视中西部地区跨境电商市场，抢抓中西部地区跨境电商尚在起步阶段的机遇，加速本跨境电商综试区在中西部地区的产业布局和产业体系构建，加强与中西部其他综试区的跨境电商产业联动，加深与"一带一路"共建国家的经济合作，建立市场先发优势，为挖掘中西部地区潜在的跨境电商市场蓄势。

第二节　2021年至2023年我国跨境电商综试区运营数据分析

一、跨境电商进出口总体情况

2022年，我国跨境电商发展迅速。海关数据显示，2022年我国跨境电商进出口（含B2B）2.11万亿元，同比增长9.8%。其中，出口1.55万亿元，同比增长11.7%，进口0.56万亿元，同比增长4.9%。

海关统计调查显示，2021年我国跨境电商进出口规模约19237亿元，比2020年（下同）增长18.6%，占进出口总额的4.9%。其中，出口约13918亿元，增长28.3%，占总出口的6.4%，占比扩大0.4个百分点；进口约5319亿元，下降0.9%，占总进口的3.1%，占比减少0.7个百分点。2019年至2021年跨境电商进出口总体情况如表18-2所示。

跨境电商出口货物主要去往美国、英国、马来西亚、法国、德国、日本、西班牙及俄罗斯等。调查显示，境内平台对欧洲出口减少，对《区域全面经济伙伴关系协定》

（RCEP）成员国出口增加。进口货物主要来自日本、美国及韩国等。

九成以上的跨境电商货物为消费品。其中，出口占91.8%，主要为服饰鞋包、家居家纺及电子产品等；进口占96.6%，主要为美妆及洗护用品、医药保健与母婴产品及食品生鲜等。

跨境电商竞争业态继续呈现头部效应，电商平台主要集中在珠三角、长三角及京津地区。出口货物主要来自广东、浙江、福建及江苏，合计占比近八成。进口货物的消费地集中在广东、江苏、浙江、上海和北京，合计占五成。

表 18 - 2   2019—2021 年跨境电商进出口总体情况

年份	金额（亿元）			同比增长（%）			出口进口比例
	进出口	出口	进口	进出口	出口	进口	
2019	12903	7981	4922	22.2	30.5	10.8	1.6
2020	16220	10850	5370	25.7	35.9	9.1	2.0
2021	19237	13918	5319	18.6	28.3	-0.9	2.6

二、跨境电商市场规模

2023 年 3 月 30 日，跨境电商圆桌会发布《2022 年度中国跨境电商市场数据报告》。报告显示，2022 年中国跨境电商市场规模达 15.7 万亿元，较 2021 年的 14.2 万亿元同比增长 10.56%。此外，2018—2021 年跨境电商市场规模（增速）分别为 9 万亿元（11.66%）、10.5 万亿元（16.66%）、12.5 万亿元（19.04%）、14.2 万亿元（13.60%）。2022 年中国出口跨境电商市场规模达 12.3 万亿元，较 2021 年的 11 万亿元同比增长 11.81%；进口跨境电商市场规模达 3.4 万亿元，较 2021 年的 3.2 万亿元同比增长 6.25%。2018—2022 年跨境电商行业规模及其增长率如图 18 - 1 所示。

上述报告显示，2022 年中国跨境电商交易额占我国货物贸易进出口总值 42.07 万亿元的 37.32%。此外，2018—2021 年跨境电商行业渗透率分别为 29.5%、33.29%、38.86%、36.32%。

跨境电商行业渗透率与行业的发展及传统外贸增长有关，总体来说渗透率在稳步提升。目前独立站等模式的出现，给跨境电商企业更多的渠道选择，也将带动行业规模的发展。

进出口结构方面，2022 年中国跨境电商出口占比达到 77.25%，进口比例 22.75%。2018 年至 2021 年跨境电商出口占比分别为 78.9%、76.5%、77.6%、77.46%。跨境电商进出口结构总体相对稳定，但随着进口市场的不断扩大，市场占比也将不断提升。2018—2022 年跨境电商行业出口占比及其增长率如图 18 - 2 所示。

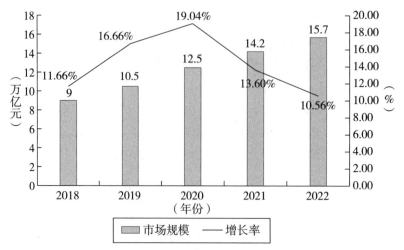

图 18-1 2018—2022 年跨境电商行业规模及其增长率

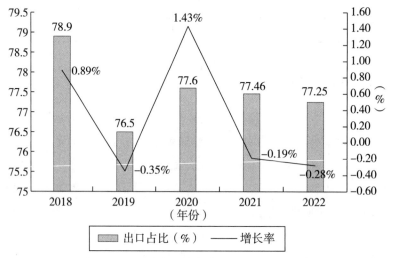

图 18-2 2018—2022 年跨境电商行业出口占比及其增长率

第十九章　我国自由贸易试验区运营数据分析

第一节　2021 年至 2023 年我国自由贸易试验区发展概述

一、我国自由贸易试验区发展现状

（一）产生与发展

2013 年 8 月，国务院正式批准设立中国（上海）自由贸易试验区。上海自贸区初建面积 28.78 平方公里，涵盖上海外高桥保税区、上海外高桥保税物流园区、洋山保税港区和上海浦东机场综合保税区 4 个海关特殊监管区域。2015 年 4 月，国务院印发《进一步深化中国（上海）自由贸易试验区改革开放方案》。上海自贸区实施范围扩展至 120.72 平方公里，新增了陆家嘴金融片区（34.26 平方公里）、金桥开发片区（20.48 平方公里）和张江高科技片区（37.2 平方公里）3 个片区。2019 年 7 月，国务院批准增设上海自贸区临港新片区，规划范围 119.5 平方公里。

2018 年 11 月，国务院印发《关于支持自由贸易试验区深化改革创新若干措施的通知》，在营造优良投资环境、提升贸易便利化水平、推动金融创新服务实体经济、推进人力资源领域先行先试等方面，加大改革授权和开放力度，进一步发挥自贸区全面深化改革和扩大开放试验田作用。

截至 2020 年 9 月的 7 年间，在国家各项利好政策的大力支持下，我国自贸区六度扩容，20 位新成员加入，不仅带动了周边地区的经济高质量发展，扩大了对外开放的局面，还形成了更多有国际竞争力的制度创新成果，推动了《区域全面经济伙伴关系协定》（RCEP）的签署。构建起"东中西协调、南北兼顾、江海陆边联动"的对外开放新格局。2023 年 10 月底，国务院印发《中国（新疆）自由贸易试验区总体方案》的通知，中国（新疆）自由贸易试验区正式获批。至此，我国共有 22 个自贸区。我国 22 个自贸区批准建设情况如表 19 – 1 所示。

表 19－1   我国自贸区建设情况

批准时间	数量	自贸区
2013 年	1 个	上海
2015 年	3 个	广东、天津、福建
2017 年	7 个	辽宁、浙江、河南、湖北、重庆、四川、陕西
2018 年	1 个	海南
2019 年	6 个	山东、江苏、广西、河北、云南、黑龙江
2020 年	3 个	北京、湖南、安徽
2023 年	1 个	新疆

（二）战略定位与发展目标

在设立自贸区时，全国各个自贸区确定的战略定位和发展目标大致类似，但重点又有所不同。表 19－2 为根据海关总署自贸区和特殊区域发展司公布的有关文件中对 22 个自贸区的战略定位和建设目标进行的汇总总结。

表 19－2   全国 22 个自贸区的战略定位与建设目标

名称	战略定位	建设目标
中国（上海）自由贸易试验区	坚持以制度创新为核心，解放思想、勇于突破、当好标杆，以可复制可推广为基本要求，主动服务"一带一路"建设和长江经济带发展等国家战略，加强与上海国际经济、金融、贸易、航运中心建设和具有全球影响力的科技创新中心建设的联动，不断放大政策集成效应，在构建开放型经济新体制、深化投资管理体制改革、优化贸易监管服务体系、推进金融开放创新、完善创新促进机制等方面，率先挖掘改革潜力，破解改革难题，建设法治化、国际化、便利化营商环境。	到 2025 年，建立比较成熟的投资贸易自由化、便利化制度体系，打造一批更高开放度的功能型平台，集聚一批世界一流企业，区域创造力和竞争力显著增强，经济实力和经济总量大幅跃升。到 2035 年，建成具有较强国际市场影响力和竞争力的特殊经济功能区，形成更加成熟定型的制度成果，打造全球高端资源要素配置的核心功能，成为我国深度融入经济全球化的重要载体。
中国（广东）自由贸易试验区	依托港澳、服务内地、面向世界，将自贸区建设成为粤港澳深度合作示范区、21 世纪海上丝绸之路重要枢纽和全国新一轮改革开放先行地。	到 2020 年，率先对标国际投资和贸易通行规则，建立与国际航运枢纽、国际贸易中心和金融业对外开放试验示范窗口相适应的制度体系，打造开放型经济新体制先行区、高水平对外开放门户枢纽和粤港澳大湾区合作示范区。强化自贸区同广东省改革的联动，各项改革试点任务具备条件的在珠江三角洲地区全面实施，或在广东省推广试验。

续 表

名称	战略定位	建设目标
中国（天津）自由贸易试验区	以制度创新为核心任务，以可复制可推广为基本要求，努力成为京津冀协同发展高水平对外开放平台、全国改革开放先行区和制度创新试验田、面向世界的高水平自由贸易园区。	到2020年，率先建立同国际投资和贸易通行规则相衔接的制度体系，形成法治化、国际化、便利化营商环境，努力构筑开放型经济新体制，增创国际竞争新优势，建设京津冀协同发展示范区。强化自贸区改革与天津市改革的联动，各项改革试点任务具备条件的在滨海新区范围内全面实施，或在天津市推广试验。
中国（福建）自由贸易试验区	围绕立足两岸、服务全国、面向世界的战略要求，充分发挥改革先行优势，营造国际化、市场化、法治化营商环境，把自贸区建设成为改革创新试验田；充分发挥对台优势，率先推进与台湾地区投资贸易自由化进程，把自贸区建设成为深化两岸经济合作的示范区；充分发挥对外开放前沿优势，建设21世纪海上丝绸之路核心区，打造面向21世纪海上丝绸之路沿线国家和地区开放合作新高地。	到2020年，率先建立同国际投资和贸易通行规则相衔接的制度体系，形成法治化、国际化、便利化营商环境，打造开放和创新融为一体的综合改革试验区、深化两岸经济合作示范区和面向21世纪海上丝绸之路沿线国家和地区开放合作新高地。强化自贸区改革同福建省改革的联动，各项改革试点任务具备条件的在福州市、厦门市和平潭综合实验区范围内全面实施，或在福建省推广试验。
中国（辽宁）自由贸易试验区	以制度创新为核心，以可复制可推广为基本要求，加快市场取向体制机制改革、积极推动结构调整，努力将自贸区建设成为提升东北老工业基地发展整体竞争力和对外开放水平的新引擎。	经过三至五年改革探索，形成与国际投资贸易通行规则相衔接的制度创新体系，营造法治化、国际化、便利化的营商环境，巩固提升对人才、资本等要素的吸引力，努力建成高端产业集聚、投资贸易便利、金融服务完善、监管高效便捷、法治环境规范的高水平高标准自由贸易园区，引领东北地区转变经济发展方式、提高经济发展质量和水平。

续　表

名称	战略定位	建设目标
中国（浙江）自由贸易试验区	以制度创新为核心，以可复制可推广为基本要求，将自贸区建设成为东部地区重要海上开放门户示范区、国际大宗商品贸易自由化先导区和具有国际影响力的资源配置基地。	经过三年左右有特色的改革探索，基本实现投资贸易便利、高端产业集聚、法治环境规范、金融服务完善、监管高效便捷、辐射带动作用突出，以油品为核心的大宗商品全球配置能力显著提升，对接国际标准初步建成自由贸易港区先行区。
中国（河南）自由贸易试验区	以制度创新为核心，以可复制可推广为基本要求，加快建设贯通南北、连接东西的现代立体交通体系和现代物流体系，将自贸区建设成为服务于"一带一路"建设的现代综合交通枢纽、全面改革开放试验田和内陆开放型经济示范区。	经过三至五年改革探索，形成与国际投资贸易通行规则相衔接的制度创新体系，营造法治化、国际化、便利化的营商环境，努力将自贸区建设成为投资贸易便利、高端产业集聚、交通物流通达、监管高效便捷、辐射带动作用突出的高水平高标准自由贸易园区，引领内陆经济转型发展，推动构建全方位对外开放新格局。
中国（湖北）自由贸易试验区	以制度创新为核心，以可复制可推广为基本要求，立足中部、辐射全国、走向世界，努力成为中部有序承接产业转移示范区、战略性新兴产业和高技术产业集聚区、全面改革开放试验田和内陆对外开放新高地。	经过三至五年改革探索，对接国际高标准投资贸易规则体系，力争建成高端产业集聚、创新创业活跃、金融服务完善、监管高效便捷、辐射带动作用突出的高水平高标准自由贸易园区，在实施中部崛起战略和推进长江经济带发展中发挥示范作用。
中国（重庆）自由贸易试验区	以制度创新为核心，以可复制可推广为基本要求，全面落实党中央、国务院关于发挥重庆战略支点和连接点重要作用、加大西部地区门户城市开放力度的要求，努力将自贸区建设成为"一带一路"和长江经济带互联互通重要枢纽、西部大开发战略重要支点。	经过三至五年改革探索，努力建成投资贸易便利、高端产业集聚、监管高效便捷、金融服务完善、法治环境规范、辐射带动作用突出的高水平高标准自由贸易园区，努力建成服务于"一带一路"建设和长江经济带发展的国际物流枢纽和口岸高地，推动构建西部地区门户城市全方位开放新格局，带动西部大开发战略深入实施。

续　表

名称	战略定位	建设目标
中国（四川）自由贸易试验区	以制度创新为核心，以可复制可推广为基本要求，立足内陆、承东启西，服务全国、面向世界，将自贸区建设成为西部门户城市开发开放引领区、内陆开放战略支撑带先导区、国际开放通道枢纽区、内陆开放型经济新高地、内陆与沿海沿边沿江协同开放示范区。	经过三至五年改革探索，力争建成法治环境规范、投资贸易便利、创新要素集聚、监管高效便捷、协同开放效果显著的高水平高标准自由贸易园区，在打造内陆开放型经济高地、深入推进西部大开发和长江经济带发展中发挥示范作用。
中国（陕西）自由贸易试验区	以制度创新为核心，以可复制可推广为基本要求，全面落实党中央、国务院关于更好发挥"一带一路"建设对西部大开发带动作用、加大西部地区门户城市开放力度的要求，努力将自贸区建设成为全面改革开放试验田、内陆型改革开放新高地、"一带一路"经济合作和人文交流重要支点。	经过三至五年改革探索，形成与国际投资贸易通行规则相衔接的制度创新体系，营造法治化、国际化、便利化的营商环境，努力建成投资贸易便利、高端产业聚集、金融服务完善、人文交流深入、监管高效便捷、法治环境规范的高水平高标准自由贸易园区，推动"一带一路"建设和西部大开发战略的深入实施。
中国（海南）自由贸易试验区	发挥海南岛全岛试点的整体优势，紧紧围绕建设全面深化改革开放试验区、国家生态文明试验区、国际旅游消费中心和国家重大战略服务保障区，实行更加积极主动的开放战略，加快构建开放型经济新体制，推动形成全面开放新格局，把海南打造成为我国面向太平洋和印度洋的重要对外开放门户。	到 2025 年，初步建立以贸易自由便利和投资自由便利为重点的自由贸易港政策制度体系。营商环境总体达到国内一流水平，市场主体大幅增长，产业竞争力显著提升，风险防控有力有效，适应自由贸易港建设的法律法规逐步完善，经济发展质量和效益明显改善。到 2035 年，自由贸易港制度体系和运作模式更加成熟，以自由、公平、法治、高水平过程监管为特征的贸易投资规则基本构建，实现贸易自由便利、投资自由便利、跨境资金流动自由便利、人员进出自由便利、运输来往自由便利和数据安全有序流动。营商环境更加优化，法律法规体系更加健全，风险防控体系更加严密，现代社会治理格局基本形成，成为我国开放型经济新高地。到 21 世纪中叶，全面建成具有较强国际影响力的高水平自由贸易港。

名称	战略定位	建设目标
中国（山东）自由贸易试验区	以制度创新为核心，以可复制可推广为基本要求，全面落实中央关于增强经济社会发展创新力、转变经济发展方式、建设海洋强国的要求，加快推进新旧发展动能接续转换、发展海洋经济，形成对外开放新高地。	经过三至五年改革探索，对标国际先进规则，形成更多有国际竞争力的制度创新成果，推动经济发展质量变革、效率变革、动力变革，努力建成贸易投资便利、金融服务完善、监管安全高效、辐射带动作用突出的高标准高质量自由贸易园区。
中国（江苏）自由贸易试验区	以制度创新为核心，以可复制可推广为基本要求，全面落实中央关于深化产业结构调整、深入实施创新驱动发展战略的要求，推动全方位高水平对外开放，加快"一带一路"交汇点建设，着力打造开放型经济发展先行区、实体经济创新发展和产业转型升级示范区。	经过三至五年改革探索，对标国际先进规则，形成更多有国际竞争力的制度创新成果，推动经济发展质量变革、效率变革、动力变革，努力建成贸易投资便利、高端产业集聚、金融服务完善、监管安全高效、辐射带动作用突出的高标准高质量自由贸易园区。
中国（广西）自由贸易试验区	以制度创新为核心，以可复制可推广为基本要求，全面落实中央关于打造西南中南地区开放发展新的战略支点的要求，发挥广西与东盟国家陆海相邻的独特优势，着力建设西南中南西北出海口、面向东盟的国际陆海贸易新通道，形成21世纪海上丝绸之路和丝绸之路经济带有机衔接的重要门户。	经过三至五年改革探索，对标国际先进规则，形成更多有国际竞争力的制度创新成果，推动经济发展质量变革、效率变革、动力变革，努力建成贸易投资便利、金融服务完善、监管安全高效、辐射带动作用突出、引领中国—东盟开放合作的高标准高质量自由贸易园区。
中国（河北）自由贸易试验区	以制度创新为核心，以可复制可推广为基本要求，全面落实中央关于京津冀协同发展战略和高标准高质量建设雄安新区要求，积极承接北京非首都功能疏解和京津科技成果转化，着力建设国际商贸物流重要枢纽、新型工业化基地、全球创新高地和开放发展先行区。	经过三至五年改革探索，对标国际先进规则，形成更多有国际竞争力的制度创新成果，推动经济发展质量变革、效率变革、动力变革，努力建成贸易投资自由便利、高端高新产业集聚、金融服务开放创新、政府治理包容审慎、区域发展高度协同的高标准高质量自由贸易园区。

续　表

名称	战略定位	建设目标
中国（云南）自由贸易试验区	以制度创新为核心，以可复制可推广为基本要求，全面落实中央关于加快沿边开放的要求，着力打造"一带一路"和长江经济带互联互通的重要通道，建设连接南亚东南亚大通道的重要节点，推动形成我国面向南亚东南亚辐射中心、开放前沿。	经过三至五年改革探索，对标国际先进规则，形成更多有国际竞争力的制度创新成果，推动经济发展质量变革、效率变革、动力变革，努力建成贸易投资便利、交通物流通达、要素流动自由、金融服务创新完善、监管安全高效、生态环境质量一流、辐射带动作用突出的高标准高质量自由贸易园区。
中国（黑龙江）自由贸易试验区	以制度创新为核心，以可复制可推广为基本要求，全面落实中央关于推动东北全面振兴全方位振兴、建成向北开放重要窗口的要求，着力深化产业结构调整，打造对俄罗斯及东北亚区域合作的中心枢纽。	经过三至五年改革探索，对标国际先进规则，形成更多有国际竞争力的制度创新成果，推动经济发展质量变革、效率变革、动力变革，努力建成营商环境优良、贸易投资便利、高端产业集聚、服务体系完善、监管安全高效的高标准高质量自由贸易园区。
中国（北京）自由贸易试验区	以制度创新为核心，以可复制可推广为基本要求，全面落实中央关于深入实施创新驱动发展、推动京津冀协同发展战略等要求，助力建设具有全球影响力的科技创新中心，加快打造服务业扩大开放先行区、数字经济试验区，着力构建京津冀协同发展的高水平对外开放平台。	赋予自贸区更大改革自主权，深入开展差别化探索。对标国际先进规则，加大开放力度，开展规则、规制、管理、标准等制度型开放。经过三至五年改革探索，强化原始创新、技术创新、开放创新、协同创新优势能力，形成更多有国际竞争力的制度创新成果，为进一步扩大对外开放积累实践经验，努力建成贸易投资便利、营商环境优异、创新生态一流、高端产业集聚、金融服务完善、国际经济交往活跃、监管安全高效、辐射带动作用突出的高标准高质量自由贸易园区。强化自贸区改革同北京市改革的联动，各项改革试点任务具备条件的在中关村国家自主创新示范区全面实施，并逐步在北京市推广试验。

名称	战略定位	建设目标
中国（湖南）自由贸易试验区	以制度创新为核心，以可复制可推广为基本要求，全面落实中央关于加快建设制造强国、实施中部崛起战略等要求，发挥东部沿海地区和中西部地区过渡带、长江经济带和沿海开放经济带结合部的区位优势，着力打造世界级先进制造业集群、联通长江经济带和粤港澳大湾区的国际投资贸易走廊、中非经贸深度合作先行区和内陆开放新高地。	赋予自贸区更大改革自主权，深入开展差别化探索。对标国际先进规则，加大开放力度，开展规则、规制、管理、标准等制度型开放。经过三至五年改革探索，形成更多有国际竞争力的制度创新成果，为进一步扩大对外开放积累实践经验，推动先进制造业高质量发展，提升关键领域创新能力和水平，形成中非经贸合作新路径新机制，努力建成贸易投资便利、产业布局优化、金融服务完善、监管安全高效、辐射带动作用突出的高标准高质量自由贸易园区。
中国（安徽）自由贸易试验区	以制度创新为核心，以可复制可推广为基本要求，全面落实中央关于深入实施创新驱动发展、推动长三角区域一体化发展战略等要求，发挥在推进"一带一路"建设和长江经济带发展中的重要节点作用，推动科技创新和实体经济发展深度融合，加快推进科技创新策源地建设、先进制造业和战略性新兴产业集聚发展，形成内陆开放新高地。	赋予自贸区更大改革自主权，深入开展差别化探索。对标国际先进规则，加大开放力度，开展规则、规制、管理、标准等制度型开放。经过三至五年改革探索，形成更多有国际竞争力的制度创新成果，为进一步扩大对外开放积累实践经验，推动科技创新、产业创新、企业创新、产品创新、市场创新，推进开放大通道大平台大通关建设，努力建成贸易投资便利、创新活跃强劲、高端产业集聚、金融服务完善、监管安全高效、辐射带动作用突出的高标准高质量自由贸易园区。
中国（新疆）自由贸易试验区	以制度创新为核心，以可复制可推广为基本要求，全面贯彻落实第三次中央新疆工作座谈会精神，深入贯彻落实习近平总书记关于新疆工作的系列重要讲话和指示批示精神，牢牢把握新疆在国家全局中的战略定位，把依法治疆、团结稳疆、文化润疆、富民兴疆、长期建疆各项工作做深做细做实，努力打造促进中西部地区高质量发展的示范样板，构建新疆融入国内国际双循环的重要枢纽，服务"一带一路"核心区建设，助力创建亚欧黄金通道和我国向西开放的桥头堡，为共建中国—中亚命运共同体作出积极贡献。	赋予自贸区更大改革自主权，充分发挥新疆"五口通八国、一路连欧亚"的区位优势，深入开展差别化探索，培育壮大新疆特色优势产业。经过三至五年改革探索，努力建成营商环境优良、投资贸易便利、优势产业集聚、要素资源共享、管理协同高效、辐射带动作用突出的高标准高质量自由贸易园区。

二、发展特点与未来建议

（一）自贸区取得新进展

由商务部国际贸易经济合作研究院编写推出，2023 年 8 月发布的《中国自由贸易试验区发展报告 2023》显示，2022 年，我国各自贸试验区在制度创新成果复制推广、引领开放型经济发展、推动产业高质量发展等方面取得新成就，为我国经济高质量发展提供了坚实稳固基础和强大持久动力。

在产业高质量发展方面，2022 年，我国自贸试验区积极探索，破除阻碍国内外创新资源和要素集聚的体制机制障碍，推动新产业、新业态、新模式加快发展，建成了一批具有较强竞争力的产业集群。

2023 年 2 月，在国新办举办的 2022 年商务工作及运行情况举行发布会上，商务部表示，2022 年，各自贸区锐意进取、大胆探索，取得了新的进展，集中体现在四个方面。

一是推动高水平开放。各自贸区在投资贸易领域实施了一系列开放举措，充分发挥对外开放的先导作用，为外贸外资发展作出了积极贡献。2022 年 1 月 1 日起，新版自贸区外资准入负面清单施行，实现了制造业条目清零、服务业持续扩大开放。除 2023 年新获批的新疆自贸区外，2022 年全年 21 家自贸区实际使用外资 2225.2 亿元，占全国的 18.1%。其中，高技术产业实际使用外资 863.4 亿元，同比增长 53.2%。与此同时，各地不断创新举措，持续提升贸易自由化便利化水平。比如，广西、云南、黑龙江创新模式，进一步推动边民互市贸易发展。陕西创新跨境电商散货"先报关、后装箱"模式，通关时效提高了 2—3 天。2022 年，21 家自贸区实现进出口总额 7.5 万亿元，同比增长 14.5%，占全国的 17.8%。

二是深化改革创新。自贸区坚持以制度创新推动政府治理能力提升，带动营商环境不断优化。2022 年，商务部和有关部门推动出台了支持自贸区建设的文件 56 份，赋予了自贸区更多先行先试的改革任务。截至 2022 年底，各省、自治区、直辖市已经累计向自贸区下放了超过 5400 项的省级管理权限，大幅减少了审批层级。山东、广西等地还创新开展了"负面清单"式的放权。

三是促进高质量发展。自贸区积极探索破除阻碍国内外创新资源和要素集聚的体制机制性障碍，推动新产业、新业态、新模式加快发展，初步建成了一批具有较强竞争力的产业集群。比如，重庆西永片区形成了年产 1 亿台件以上的千亿级智能终端产业集群；湖北武汉片区大力发展光电子信息产业，聚集相关企业超过 16000 家。

四是服务国家重大战略。各自贸区主动作为，积极推动跨区域协同创新。2022 年，山东、河南、四川、陕西联合沿黄地区的其他五个省区共建黄河流域自贸区联盟，联同此前已经建立的包括京津冀自贸区联席会议机制、长三角自贸区联盟等一起充分发挥改革开放新高地的辐射带动作用，为服务和促进国家重大战略，特别是重大区域战略的实施注入了新动能。

（二）未来发展建议

未来，自贸试验区"试验田"作用将如何继续提升？商务部国际贸易经济合作研究院院长顾学明认为，当前，自贸试验区建设面临的国际形势更为严峻、国内改革任务更为艰巨，这些都要求自贸试验区充分总结建设经验，深入实施自贸试验区提升战略，更好发挥改革开放综合试验平台作用，进而稳步扩大制度型开放。

国务院发展研究中心对外经济研究部综合研究室主任赵福军则撰文指出，未来实施自贸易区提升战略，应主要包括以下"六个提升"。

一是提升制度创新水平，进一步增强制度创新的系统集成性。

自贸区建立以来，经过不断探索实践，在贸易投资自由化便利化、营商环境改善、改革创新等方面，形成大量制度创新成果，并在全国范围内复制推广。今后，实施自贸区提升战略的必然要求就是，加大制度创新力度，加快探索系统集成性制度创新，进一步提升制度创新水平。

二是提升自贸区发展水平，进一步发挥在吸引外资、外贸发展中的作用。

目前，21个自贸区在吸引外资、外贸发展方面均贡献了全国20%左右的比重，为稳外资、稳外贸发挥了重要的作用。未来，自贸区要高质量利用外资，促进外贸高质量发展，在吸引外资、外贸高质量发展中发挥更多更大的作用。

三是提升服务国家战略大局的能力，进一步发挥示范引领作用。

至今，自贸区结合各地实际，服务国家战略，开展了大量探索。未来，自贸区要加大力度开展差异化探索，不断增加服务"一带一路"建设、京津冀协同发展、长三角一体化发展、长江经济带发展、粤港澳大湾区建设、构建新发展格局等能力。

四是提升辐射带动能力，进一步发挥在促进地方经济社会发展中的作用。

自贸区已成为促进当地经济社会发展的重要引擎。未来，自贸区要加快高质量发展，进一步发挥对当地经济社会发展的辐射带动作用，为促进当地经济社会发展贡献更多更大的力量。

五是提升产业的特色鲜明性，进一步加快产业高质量发展。

目前，自贸区已初步建成了一批具有较强竞争力的产业集群，今后要加快打造特色鲜明的产业，不断提升产业发展质量，增强参与国际高水平竞争的能力。

六是提升自贸区的功能，进一步增强对要素的凝聚力。

自贸区已打造了创新平台等各种公共服务平台，凝聚了大量与创新相关的资源、要素，成为制度创新的高地。未来，要进一步提升自贸区功能，吸引更多的资金、人才、技术等要素，将自贸区打造成为资源和要素汇聚的枢纽。

第二节　2021 年至 2023 年我国自由贸易试验区运营数据分析

一、2021 年至 2023 年 4 月我国自由贸易试验区进出口情况

据商务部统计数据显示，2021 年，21 家自贸区实际使用外资 2130 亿元，实现进出口总额 6.8 万亿元。用不到千分之四的国土面积，实现了占全国 18.5% 的外商投资和 17.3% 的进出口，为稳外贸、稳外资作出了积极贡献。2022 年，21 家自贸区实现进出口总额 7.5 万亿元，占全国的 17.8%。2023 年一季度，我国自贸区外贸外资实现较快增长。21 家自贸区进出口额 1.8 万亿元人民币，同比增长 6.6%，高出全国 1.8 个百分点。其中出口 7949 亿元，增长 8.5%，进口 10363 亿元，增长 5.2%。近年来，我国自贸区发展态势较好，进出口总额程增长趋势。

二、部分自由贸易试验区运营情况

根据各自贸区官网公布的自贸区概况及海关总署发布的特定地区进出口总值表，经整理得出部分自贸区的进出口贸易情况，具体数据分析如下。

（一）中国（上海）自由贸易试验区

2018 年至 2020 年上海自贸区进出口总额根据上海外高桥保税区、上海外高桥保税物流园区、洋山保税港区以及上海浦东机场综合保税区的进出口数据整合而成。2021 年至 2023 年 4 月上海自贸区进出口总额根据上海外高桥保税区、上海外高桥港综合保税区、上海浦东机场综合保税区以及洋山特殊综合保税区进出口数据整合而成。2018 年至 2023 年 4 月上海自贸区进出口总额及增长率如图 19 - 1 所示。

从 2018 年至 2023 年 4 月上海自贸区进出口情况来看，进口额、出口额及进出口总额呈增长趋势，2018 年、2020 年增长较快，分别达到 6.47%、9.90%，2021 年达到近五年间的峰值，为 14.19%。

（二）中国（辽宁）自由贸易试验区

2018 年至 2020 年辽宁自贸区的进出口数据由大连保税区、大连出口加工区和大连大窑湾保税港区的进出口数据整合得出。2021 年至 2023 年 4 月辽宁自贸区的进出口数据由大连保税区的进出口数据整理得出。2018 年至 2023 年 4 月辽宁自贸区进出口总额

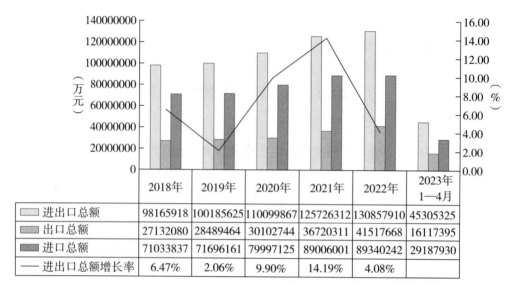

图 19 - 1　2018—2023 年 4 月上海自贸区进出口总额及增长率

及增长率如图 19 - 2 所示。

　　从 2018 年至 2023 年 4 月辽宁自贸区进出口情况可以看出，近五年间，2018 年呈上升趋势，进出口总额增长率达到 46.41%，而 2019 年至 2022 年呈下降趋势，并且在2021 年达到下降的峰值，为 - 82.13%。

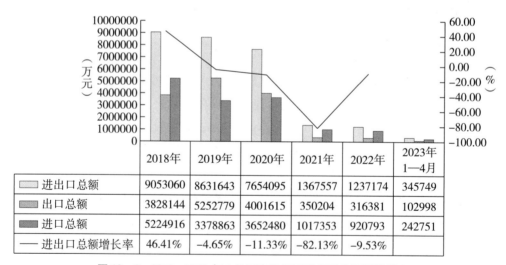

图 19 - 2　2018—2023 年 4 月辽宁自贸区进出口总额及增长率

（三）中国（浙江）自由贸易试验区

　　2018 年至 2023 年 4 月浙江自贸区的进出口数据由舟山港综合保税区的进出口数据整理得出。2018 年至 2023 年 4 月浙江自贸区进出口总额及增长率如图 19 - 3 所示。

由 2018 年至 2023 年 4 月浙江自贸区进出口情况可以看出，进出口总额逐年递增，增长速度不断加快，从 2018 年的 1000241 万元人民币到 2020 年的 8827280 万元人民币，实现了近 9 倍的快速增长。2020 年 8 月，国务院批准浙江自贸区在原 119.95 平方公里上扩展区域，扩展区域实施范围 119.5 平方公里，涵盖宁波、杭州、金义三个片区。新片区的加入，为自贸区的发展注入了新动能，相较 2019 年，2020 年进出口总额增长率达到了 352.75%。进口总额与出口总额也增长较快，2019 年和 2020 年的进口总额分别占到当年进出口总额的 82.78% 和 76.04%。而 2021 年浙江自贸区进出口额增长率呈下降趋势且下降程度较大，为 -64.43%，2022 年进出口额增长率又开始逐步上升。

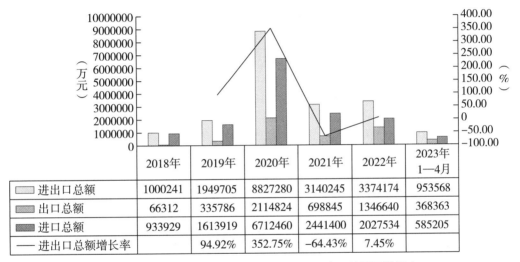

	2018年	2019年	2020年	2021年	2022年	2023年 1—4月
进出口总额	1000241	1949705	8827280	3140245	3374174	953568
出口总额	66312	335786	2114824	698845	1346640	368363
进口总额	933929	1613919	6712460	2441400	2027534	585205
进出口总额增长率		94.92%	352.75%	-64.43%	7.45%	

图 19-3　2018—2023 年 4 月浙江自贸区进出口总额及增长率

（四）中国（湖北）自由贸易试验区

2018 年至 2021 年湖北自贸区的进出口数据由武汉东湖综合保税区及襄阳保税物流中心的进出口数据整合而来。2021 年 3 月发布，襄阳综合保税区位于襄阳自贸片区核心区，总用地面积 2.002 平方公里，主要建设保税加工区、保税物流区、口岸物流区、保税服务区和检验检疫区等。2022 年至 2023 年 4 月进出口数据由武汉东湖综合保税区及襄阳综合保税区进出口数据整合得出。2018 年至 2023 年 4 月湖北自贸区进出口总额及增长率如图 19-4 所示。

由湖北自贸区进出口情况可以看出，湖北自贸区进出口总额增长率变化较大，2019 年出现 42.57% 的负增长，而 2020 年增长率达到 58.33%；2020 年及 2021 年增长较为迅猛，且在 2021 年达到近几年的峰值，为 79.05%，在 2022 年增长较为缓慢。2020—2022 年进口和出口情况较为平均，且进出口情况都呈增长态势。

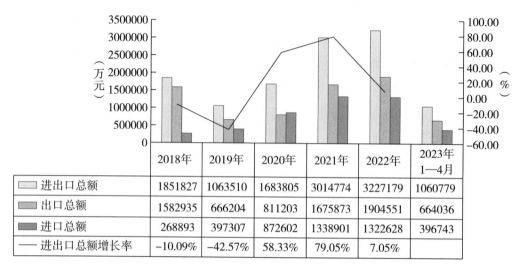

图 19 - 4　2018—2023 年 4 月湖北自贸区进出口总额及增长率

	2018年	2019年	2020年	2021年	2022年	2023年1—4月
进出口总额	1851827	1063510	1683805	3014774	3227179	1060779
出口总额	1582935	666204	811203	1675873	1904551	664036
进口总额	268893	397307	872602	1338901	1322628	396743
—— 进出口总额增长率	−10.09%	−42.57%	58.33%	79.05%	7.05%	

（五）中国（重庆）自由贸易试验区

2018 年至 2020 年重庆自贸区的进出口数据由重庆两路寸滩保税港区、重庆西永综合保税区和重庆铁路保税物流中心的进出口数据整合得出。目前在具体区域选择上，重庆自贸区突出海关特殊监管区域和保税监管场所核心功能，将重庆两路果园港综合保税区（2022 年由"重庆两路寸滩综合保税区"调整更名为"重庆两路果园港综合保税区"）、西永综合保税区、铁路保税物流中心（B 型）等海关特殊监管区域、保税监管场所纳入实施范围。2021 年至 2023 年 4 月重庆自贸区的进出口数据由重庆两路果园港综合保税区、西永综合保税区、铁路保税物流中心的进出口数据整合得出。2018 年至 2023 年 4 月重庆自贸区进出口总额及增长率如图 19 - 5 所示。

从重庆自贸区进出口情况来看，2018 年至 2021 年进出口总额呈上升趋势，并且以出口贸易为主，出口总额高于进口总额。2022 年进出口总额呈负增长态势，增长率为 −3.61%。

（六）中国（四川）自由贸易试验区

2018 年至 2019 年四川自贸区的进出口数据由成都高新综合保税区、成都空港保税物流中心（B 型）、成都铁路保税物流中心（B 型）和泸州港保税物流中心（B 型）的进出口数据整合得出。2019 年 9 月 25 日，天府新区成都片区保税物流中心（B 型）正式封关运营，因此 2020 年四川自贸区进出口数据还加入了天府新区成都片区保税物流中心（B 型）的数据。2019 年 12 月 20 日，经国务院批复设立泸州综合保税区，规划面积 1 平方公里，全部位于中国（四川）自由贸易试验区川南临港片区范围内。2021 年 1 月 28 日，

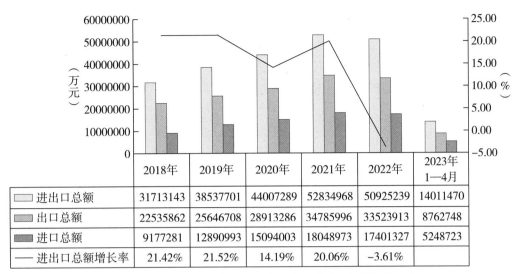

	2018年	2019年	2020年	2021年	2022年	2023年 1—4月
进出口总额	31713143	38537701	44007289	52834968	50925239	14011470
出口总额	22535862	25646708	28913286	34785996	33523913	8762748
进口总额	9177281	12890993	15094003	18048973	17401327	5248723
—— 进出口总额增长率	21.42%	21.52%	14.19%	20.06%	−3.61%	

图 19−5 2018—2023 年 4 月重庆自贸区进出口总额及增长率

正式封关运行。2021 年至 2023 年 4 月四川自贸区的进出口数据由成都高新综合保税区、成都空港保税物流中心、天府新区成都片区保税物流中心及泸州综合保税区的进出口数据整合得出。2018 年至 2023 年 4 月四川自贸区进出口总额及增长率如图 19−6 所示。

2018 年至 2020 年四川自贸区的进出口总额呈稳步上升趋势，进出口总额增长率较为稳定，维持在 20%—30%。2021 年增长缓慢，为 2.30%，2022 年为负增长态势，增长率为 −6.26%。

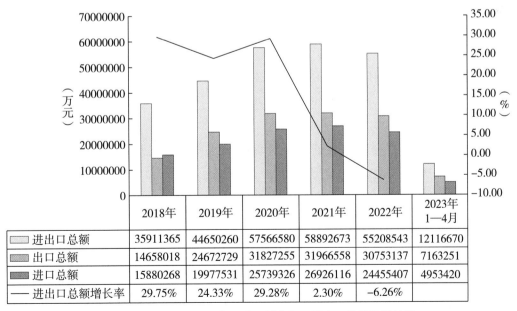

	2018年	2019年	2020年	2021年	2022年	2023年 1—4月
进出口总额	35911365	44650260	57566580	58892673	55208543	12116670
出口总额	14658018	24672729	31827255	31966558	30753137	7163251
进口总额	15880268	19977531	25739326	26926116	24455407	4953420
—— 进出口总额增长率	29.75%	24.33%	29.28%	2.30%	−6.26%	

图 19−6 2018—2023 年 4 月四川自贸区进出口总额及增长率

（七）中国（江苏）自由贸易试验区

2020 年至 2023 年 4 月江苏自贸区的进出口总额由苏州工业园综合保税区及连云港综合保税区的进出口数据整合得出。2020 年至 2023 年 4 月江苏自贸区进出口总额及增长率如图 19 - 7 所示。

从江苏自贸区进出口情况来看，近年自贸区贸易发展较好，且呈增长态势，2021 年增长较快，增长率达到 16.23%，2022 年增长较为缓慢，仅为 1.74%。

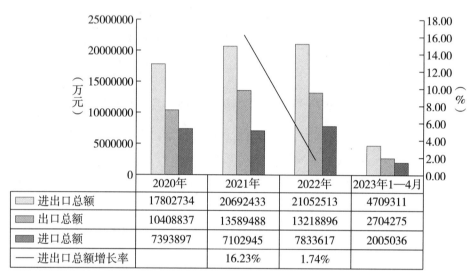

	2020年	2021年	2022年	2023年1—4月
进出口总额	17802734	20692433	21052513	4709311
出口总额	10408837	13589488	13218896	2704275
进口总额	7393897	7102945	7833617	2005036
进出口总额增长率		16.23%	1.74%	

图 19 - 7　2020—2023 年 4 月江苏自贸区进出口总额及增长率

（八）中国（河北）自由贸易试验区

2020 年至 2023 年 4 月河北自贸区的进出口总额由石家庄综合保税区及曹妃甸综合保税区的进出口数据整合得出。2020 年至 2023 年 4 月河北自贸区进出口总额及增长率如图 19 - 8 所示。

从河北自贸区进出口情况来看，2020 年至 2023 年 4 月河北的贸易情况发展较好，且以出口贸易为主，2021 年涨势极其明显，增长率达到 96.11%，2021 年进出口总额达到 2020 年的两倍多，2022 年增长较 2021 年缓慢，增长率为 19.40%。

（九）中国（北京）自由贸易试验区

2020 年至 2023 年 4 月北京自贸区的进出口数据由北京天竺综合保税区的进出口数据整合得出。2020 年至 2023 年 4 月北京自贸区进出口总额及增长率如图 19 - 9 所示。

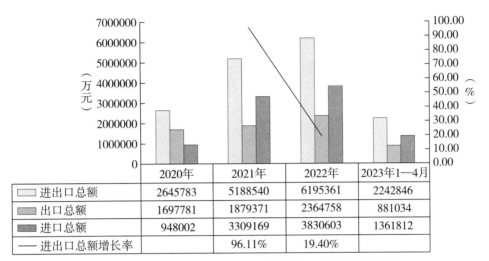

	2020年	2021年	2022年	2023年1—4月
进出口总额	2645783	5188540	6195361	2242846
出口总额	1697781	1879371	2364758	881034
进口总额	948002	3309169	3830603	1361812
进出口总额增长率		96.11%	19.40%	

图 19 – 8　2020—2023 年 4 月河北自贸区进出口总额及增长率

由北京自贸区进出口情况可以看出，2020 年至 2023 年 4 月自贸区的发展情况较好，总体上呈增长态势且进口总额高于出口总额，2021 年增长较为迅速，增长率达到 37.58%，2022 年增长较为缓慢，为 1.81%。

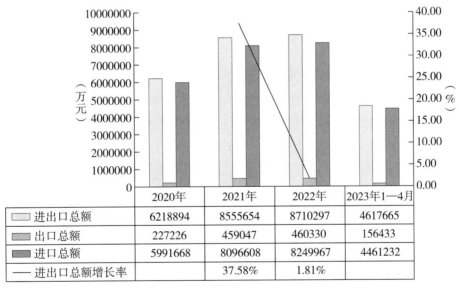

	2020年	2021年	2022年	2023年1—4月
进出口总额	6218894	8555654	8710297	4617665
出口总额	227226	459047	460330	156433
进口总额	5991668	8096608	8249967	4461232
进出口总额增长率		37.58%	1.81%	

图 19 – 9　2020—2023 年 4 月北京自贸区进出口总额及增长率

（十）中国（陕西）自由贸易试验区

2021 至 2023 年上半年陕西自贸区的进出口数据由西安高新综合保税区以及西安综合保税区的进出口数据整理得出。2021 年至 2023 年上半年陕西自贸区进出口总额及增长率如图 19 – 10 所示。

由陕西自贸区进出口情况可以看出，2021 年呈上升趋势，进出口总额增长率达到 62.36%，2022 年，进出口额呈下降趋势，进出口总额增长率为 -21.49%。2021 年至 2022 年出口总额呈上升态势，进口总额有所下降。

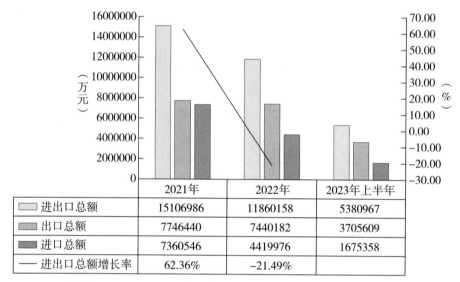

	2021年	2022年	2023年上半年
进出口总额	15106986	11860158	5380967
出口总额	7746440	7440182	3705609
进口总额	7360546	4419976	1675358
进出口总额增长率	62.36%	-21.49%	

图 19-10　2021—2023 年上半年陕西自贸区进出口总额及增长率

（十一）中国（广西）自由贸易试验区

2021 年至 2023 年上半年广西自贸区的进出口数据由钦州综合保税区、南宁综合保税区以及凭祥综合保税区的进出口数据整理得出。2021 年至 2023 年上半年广西自贸区进出口总额及增长率如图 19-11 所示。

由广西自贸区进出口情况可以看出，2021 年至 2022 年，进出口总额、进口总额及出口总额都呈上升趋势，2021 年及 2022 年进出口总额增长率分别达到 26.50% 及 15.16%。

（十二）中国（湖南）自由贸易试验区

2021 年至 2023 年上半年湖南自贸区的进出口数据由长沙黄花综合保税区、岳阳城陵矶综合保税区以及郴州综合保税区的进出口数据整理得出。2021 年至 2023 年上半年湖南自贸区进出口总额及增长率如图 19-12 所示。

由湖南自贸区进出口情况可以看出，2021 年至 2022 年，进出口总额、出口总额及进口总额呈上升趋势，2021 年及 2022 年进出口总额增长率分别达到 32.16% 及 16.49%。

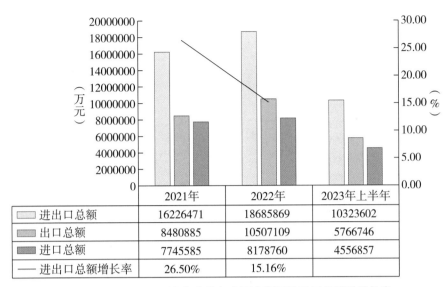

	2021年	2022年	2023年上半年
进出口总额	16226471	18685869	10323602
出口总额	8480885	10507109	5766746
进口总额	7745585	8178760	4556857
进出口总额增长率	26.50%	15.16%	

图 19 - 11　2021—2023 年上半年广西自贸区进出口总额及增长率

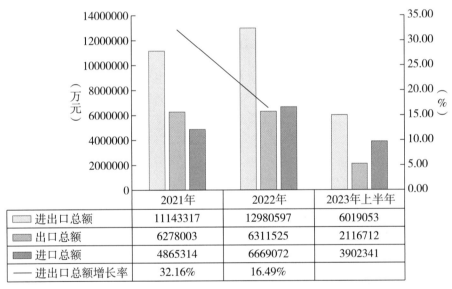

	2021年	2022年	2023年上半年
进出口总额	11143317	12980597	6019053
出口总额	6278003	6311525	2116712
进口总额	4865314	6669072	3902341
进出口总额增长率	32.16%	16.49%	

图 19 - 12　2021—2023 年上半年湖南自贸区进出口总额及增长率

（十三）中国（河南）自由贸易试验区

2021 年至 2023 年上半年河南自贸区的进出口数据由郑州新郑综合保税区的进出口数据整理得出。2021 年至 2023 年上半年河南自贸区进出口总额及增长率如图 19 - 13 所示。

由河南自贸区进出口情况可以看出，2021 年进出口总额呈上升趋势，增长率为 15.49%，2022 年进出口总额呈下降趋势，增长率为 -1.68%。

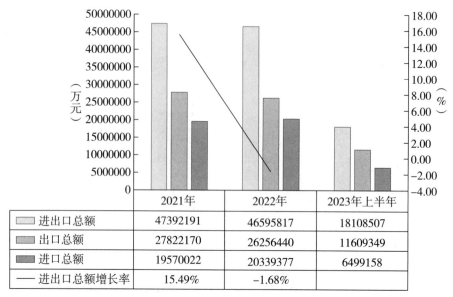

图 19 – 13　2021—2023 年上半年河南自贸区进出口总额及增长率

（十四）中国（安徽）自由贸易试验区

2021 年至 2023 年上半年安徽自贸区的进出口数据由合肥经济开发区综合保税区及芜湖综合保税区的进出口数据整理得出。2021 年至 2023 年上半年安徽自贸区进出口总额及增长率如图 19 – 14 所示。

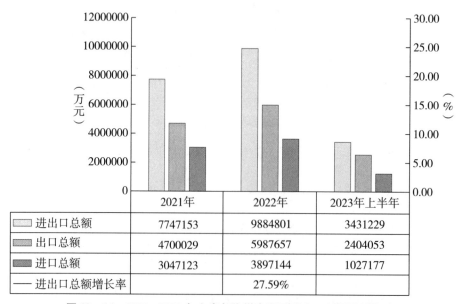

图 19 – 14　2021—2023 年上半年安徽自贸区进出口总额及增长率

由安徽自贸区进出口情况可以看出，进出口总额呈上升趋势，2022年进出口总额增长率达27.59%。

（十五）中国（云南）自由贸易试验区

2021年至2023年上半年云南自贸区的进出口数据由昆明综合保税区的进出口数据整理得出。2021年至2023年上半年云南自贸区进出口总额及增长率如图19－15所示。

由云南自贸区进出口情况可以看出，进出口总额、出口总额及进口总额都呈上升趋势，2021年进出口总额增长迅猛，增长近6倍，增长率高达590.55%，2022年增长率达75.03%。

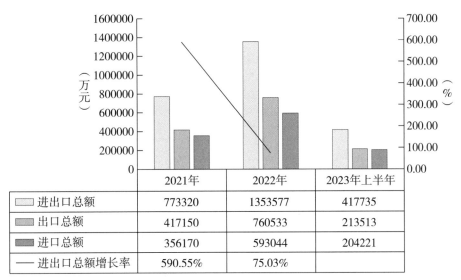

	2021年	2022年	2023年上半年
进出口总额	773320	1353577	417735
出口总额	417150	760533	213513
进口总额	356170	593044	204221
——进出口总额增长率	590.55%	75.03%	

图 19 – 15　2021—2023 年上半年云南自贸区进出口总额及增长率

（十六）中国（黑龙江）自由贸易试验区

2021年至2023年上半年黑龙江自贸区的进出口数据由绥芬河综合保税区的进出口数据整理得出。2021年至2023年上半年黑龙江自贸区进出口总额及增长率如图19－16所示。

由黑龙江自贸区进出口情况可以看出，进出口总额呈上升趋势，2021年以大额出口为主，总量增长迅猛，进出口总额增长率达92.19%，2022年增长率达3.54%。

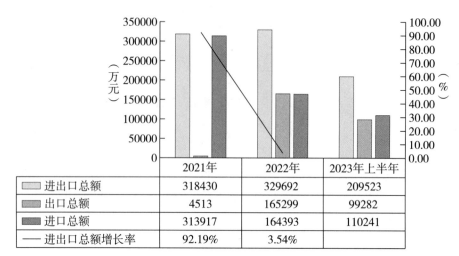

	2021年	2022年	2023年上半年
进出口总额	318430	329692	209523
出口总额	4513	165299	99282
进口总额	313917	164393	110241
—— 进出口总额增长率	92.19%	3.54%	

图 19 – 16　2021—2023 年上半年黑龙江自贸区进出口总额及增长率

第四篇
实践案例与创新实践成果

中国陆港发展报告 2023—2024

第二十章　优秀实践案例分析

📎 **案例1**

成都国际铁路港智慧陆港创新实践案例

【摘要】

成都国际铁路港所在的青白江区地处"丝绸之路经济带"和"长江经济带"交汇点，是贯彻落实"一带一路"倡议和成都构建"国际陆海联运"走廊的重要载体。成都国际铁路港拥有亚洲最大的成都铁路集装箱中心站、大弯货站，中心站吞吐量连续多年位居全国第一。2013年4月，始发首班中欧班列（成都），目前已联接境外意大利米兰、越南河内、匈牙利布达佩斯、德国不来梅等20余个城市，钦州、上海等境内14个城市，打造7条国际铁路通道和5条国际海铁联运通道。2017年4月，四川自贸试验区青白江片区在成都国际铁路港内挂牌成立，作为全国唯一依托铁路港而设立的自贸区，在全国首创集拼集运模式、平行进口汽车海铁联运监管模式，组建港投集团创新路地合作机制。多式联运"一单制"荣获全国十大改革案例。

一、基本情况

成都国际铁路港占地33.6平方公里，所在的青白江区位于成都东北部，是成都中心城区之一，地处"丝绸之路经济带"和"长江经济带"国家战略交汇点，是贯彻落实"一带一路"倡议和成都构建"国际陆海联运"走廊的重要载体。港区正按习近平总书记2018年2月来川视察时提出的"要强化网络和拓展网络，利用蓉欧快铁这张名片，打造蓉欧枢纽"指示，建设立足内陆、承东启西，服务全国、联通世界的"国际内陆第一港"。

成都国际铁路港拥有亚洲最大的成都铁路集装箱中心站、大弯货站。中心站吞吐量连续多年位居全国第一。港区内的成都铁路口岸是国内功能最全、最具竞争力的铁路货运型国家对外开放口岸陆港。到目前为止，已建成投用全国标准最高、运营效果

图 20 – 1　成都国际铁路港全景

好的保税物流中心，正式运行肉类口岸陆港、整车口岸陆港、国家多式联运海关监管中心、国际邮（快）件处理中心，粮食口岸陆港已通过预验收。同时成都国际铁路港是西部国际陆海联运大通道的重要口岸陆港，是"一带一路"产业园核心区，重点发展国际贸易、现代物流、保税加工三大主导产业，聚焦发展国际贸易、城市共同配送、供应链管理、新零售、跨境电商、大宗商品交易、平行车进口、物流装备自动化、电脑外设、智能家电十个细分领域。

2013 年 4 月，首班中欧班列（成都）从成都国际铁路港始发，其货物运输时间为海运的 1/3，运输成本仅为空运的 1/8。经过多年耕耘，中欧班列（成都）开行量位居全国前列，货值、货量呈显著上升趋势。

2017 年 4 月，四川自贸试验区青白江片区挂牌成立，片区位于成都国际铁路港内，实施范围 9.68 平方公里。作为全国唯一依托铁路港而设立的自贸区，多项改革举措走在前列。全国首创集拼集运模式、平行进口汽车海铁联运监管模式，组建港投集团创新路地合作机制。多式联运"一单制"荣获全国十大改革案例。

二、信息化建设现状

随着铁路口岸陆港的不断发展，中欧班列的迅速崛起带动口岸陆港相关现代物流业飞速发展，成都国际铁路港作为物流信息的汇集节点，是建立顺畅、一体化的物流信息链的关键环节，信息化的相关建设对于提高陆港生产效率，促进现代化高效管理，有效降低运营成本，增强市场竞争力，提高经济效益等方面有着重要意义，是带动陆港各项工作创新和功能升级的突破口。随着陆港业务的不断发展和信息技术的更新，现有一些计算机信息系统暴露出一些不足和问题。

1. 陆港业务系统信息资源分散、数据标准不统一

由于初期建设时认识不足，受资金、技术等因素限制，在原口岸陆港信息系统中陆港铁路部门、陆港监管堆场、陆港海关等业务管理系统大多未实现集成化和信息共享，系统数据分散导致存在"信息孤岛"，区域物流数据交换不畅，计算机信息管理系

图 20 - 2 成都国际铁路港办公区

统未能充分发挥智能管控作用，对外信息服务能力薄弱，导致在系统应用实施中投入大量资金和人力却收不到相应的成效；部分业务管理系统数据库标准不统一，导致信息资源基础不一致，系统升级和二次开发困难，信息资源基础不能适应信息化建设和业务发展需求；有的业务系统信息采集渠道单一，手段落后，信息量不够全面，传输渠道不畅通，对采集的信息加工处理能力薄弱，使得信息资源潜力无法充分发挥。

2. 管理系统与控制系统脱节

全面、准备、实时掌握陆港生产控制信息对于陆港管理和决策分析有至关重要的作用。目前陆港内各业务系统之间存在脱节现象，未能有效利用系统中的数据资源支撑管理系统的决策分析；采用人工录入数据等手段导致管理系统采集效率较低、数据不全面等问题，给管理系统实时数据统计分析造成一定的困难。因此，亟待提升陆港信息管控一体化，实现管理系统与生产控制系统之间的无缝对接，融合业务流程，共享生产业务信息，以满足口岸陆港管理者和各业务部门对生产经营信息统计分析和决策支持需求，根本上解决口岸陆港企业生产、管理与信息化匹配问题，根据自身实际需求梳理相关信息化需求，建立"量身定制"可持续发展、兼容和可扩展性良好的业务管理系统平台。

3. 物流产业链联动不充分，对外信息服务不足

陆港对外统一的信息服务平台建设不完善，运输中的各项信息共享不充分，货物信息采集渠道不畅通，企业客户联动效能未能充分发挥，直接影响口岸陆港对外服务能力。

随着陆港物流经济的发展，现有共享信息不能有效指导运输企业计划安排。需进一步开放班列计划、场站作业、陆港通关进度等信息。

三、智慧陆港建设创新实践

（一）建设背景

2023年成都国际铁路港区开行国际班列超5300列；2023年口岸监管场站完成集装箱到发作业量144009TEU。成都国际铁路港区开行日均到发班列数15列；铁路港区业务量的急剧增长，受制于有限的作业场地，海关监管场站长期处于高负荷运作状态，堆存压力很大，同时在作业中仍然采用人工安排箱区箱位，科学性和合理性欠佳，作业系统里面没有集成集装箱放行信息，需人工核实办理放行操作，缺少与海关铁路部门的信息交互，无法适配海关后续拟推广的"快通＋车边自提"等创新通关模式，而且受限于当时的公司定位和IT信息技术，内部功能和代码逻辑相对固定，缺乏扩展性和灵活性，不支持后期新增业务纳入系统管理，且新增业务流程中人工操作内容较多，在建设完成后近五年没有重大功能升级，无法有效支持公司业务的变化和发展。基于此，成都国际陆港运营有限公司启动了"智慧陆港"信息服务平台的升级改造，以期实现口岸陆港场站数字化、智能化的升级改造，增强作业计划性，减少人工干预，提高设备人力的使用效率，并实现场站、海关、铁路数据交换，实现下发数据的落地应用，增强"单一窗口"系统的可扩展性和灵活性。

（二）建设原则

标准化原则：系统能与铁路口岸陆港公服平台系统实现无缝衔接及数据双向推送，通过公服平台实现与海关铁路的信息共享。

互通性原则：统一的数据采集规范和质量标准，整个系统的设计严格遵循有关国家、地方规范标准，有关行业规范标准。

先进性原则：借鉴各类系统的成功经验，同时注重考虑同类系统的建设经验；在技术上，要采用国际上先进的且成熟的技术。

开放性原则：保证系统可分期逐步发展和整个系统的日益完善，系统能够较为容易地实现升级和拓展。

可扩展性原则：系统开发中要保证系统结构模块化，各个系统模块可以积木式拼装，保证系统具有较长的生命力和扩展能力。

安全性原则：系统应该提供完善的安全保障体系，解决如外部非法用户访问系统、内部合法用户的越权访问等安全问题。

（三）建设内容

1. 标准规范建设

包含数据标准、技术标准、管理标准三项建设内容。

信息标准建设包括数据模型设计规范、数据接口规范以及其他规范和标准。

技术标准建设是通过技术标准规范支持业务平台和数据中心的数据级和应用级整合，并提高业务平台之间的硬件基层和应用集成、互联互通的能力。

管理标准包括安全管理、数据管理、项目管理，用于指导项目的日常运行管理、数据维护管理等。侧重于管理和服务，旨在规范统计指标与评价方法、监督管理、宏观决策分析、平台运行维护指标等。

2. 数据共享接口建设

包含了公共信息平台、海关、中欧班列、中心站、监管堆场等方面的接口建设。

公共信息平台：依托于港管委统一建设的"港区综合信息公服平台系统"，以"港区综合信息公服平台系统"的接口规范标准为依据，做好对接建设工作。

海关：提取海关放行、查验的信息，支撑卡口自动运抵、放行功能，支撑作业的计划性并确保监管可靠。

中欧班列：提取班列发送、到达清单，口岸陆港推出情况信息，编组站推出信息，支撑作业的计划性。

中心站：对中心站进出站的预约功能和数据反馈接口开发，避免人工操作中心站系统进行进出站的预约。

监管堆场：共享场站内堆存信息、作业记录、集装箱进出记录、应付费用账单等作业动态的数据，减少线下数据传输，支撑作业的计划性。

3. 场站操作管理模块建设

包含箱位管理、作业逻辑、作业自动化等方面建设。

箱位管理：升级场站箱位管理功能，根据进出场预约信息，场站内作业动态的数据，班列班次等信息，匹配系统预设逻辑，自动安排箱区箱位。

作业逻辑：优化作业计划逻辑，根据业务委托预约信息、场站内作业动态的数据，班列班次、外部车辆实际到达情况、内部车辆实际作业情况、堆场堆码等信息，匹配系统预设逻辑。

作业自动化：作业执行逻辑升级，作业执行阶段根据班次、外部车辆实际到达情况、内部车辆实际作业情况、堆场堆码情况，自动调整计划和执行顺序。

4. 场内设备人员调度模块建设

场内设备人员须具备线上接收作业指令的能力；

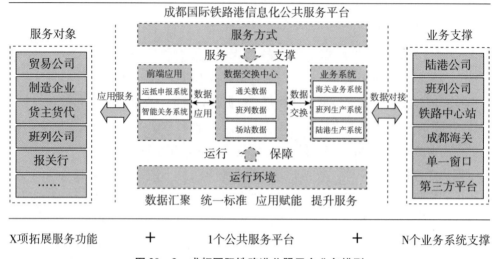

图 20-3　成都国际铁路港公服平台业务模型

场内设备人员须具备线上反馈作业结果的能力；

可采集场内设备位置、监控作业状态；

针对具体的机械设备精确派工；

主要功能包括：线上接收作业指令、线上反馈作业结果、设备监控、精确派工等。

（四）卡口功能模块建设

实现卡口信息（含照片）采集、自动识别放行；

升级实现卡口多重卡控，匹配海关放行、中心站放行、班列放行、场站放行、对比班列清单、对比重量等放行信号；

支持卡口扫描后进行集卡引导（进场引导、进站引导）；

适配当前海关管理模式（由海关控制卡口放行，数据实时共享给我方系统）；

主要功能包括：自动放行、多重卡控、车辆引导等。

（五）"智慧陆港"系统升级项目建设的主要成果

成都国际陆港运营有限公司通过"智慧陆港"系统升级项目，与国家"单一窗口"数据互通，实现进出口运抵互联网电子化。同时在海关支持下共享核放信息，进口核放实现互联网电子化，提升放行效率。而且让客户实时掌握通关与物流动态，提升客户体验感，整体进场效率提升40%，作业效率提升20%，出场效率提升30%，口岸陆港运营效率得到极大提升。

"智慧陆港"系统升级项目，同时更有助于成都国际陆港运营有限公司利用成都铁路口岸陆港和相关物流资源，建设辐射沿海、沿边地区的"蓉欧+"铁路班列通道，

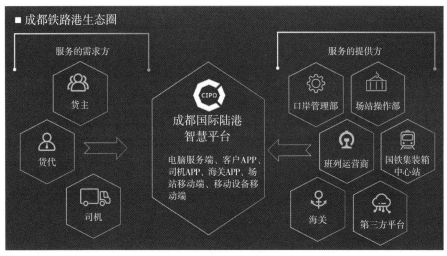

图 20 - 4　陆港智慧平台示意图

完善物流服务网络，与沿海口岸陆港建立战略合作关系。并以数字化建设、智能化运营、智慧化提升为思路，通过与铁路港公共服务平台打通接口，推动海关、班列、场站等数据互联互通、信息整合利用，升级完善班列、场站等业务系统，实现关键环节业务信息化场景运用。形成"1 个公共服务平台 + N 个业务系统支撑 + X 项拓展服务功能"的"1 + N + X"信息化架构。更好地响应国家"一带一路"倡议和国内国际双循环战略，落实长江经济带建设、成渝双城经济圈建设部署。

四、未来目标

（一）学习借鉴国外陆港先进理念与模式，推动陆港信息化内涵式发展。深入分析我国陆港行业发展所面临的新形势和新要求，充分发挥信息化在促进陆港发展及化解"瓶颈"制约中的角色定位与地位作用。紧跟陆港行业发展最新态势，充分理解信息化陆港的本质与内涵。以国际化视野，瞄准世界范围陆港发展的先进理念和成功模式。与先进陆港进行对比分析，弥补差距与不足。通过理念创新、技术创新、业态创新，促进我国陆港信息化内涵式发展，逐步实现封闭向开放、粗犷向集约、效率向效能的转变。

（二）强化顶层设计，建立陆港信息化"大格局″，促进陆港信息化纵深发展。将陆港信息化工作纳入总体战略框架下，树立以集成共享、集约应用、协同联动、标准规范、开放兼容为特征的"大信息格局"理念，从陆港物流供应链生态视角加强顶层设计与战略布局，强化信息化与口岸陆港管理模式、战略目标的深度融合，增强陆港信息化的系统性、整体性和战略性，促进陆港信息化纵深发展。通过信息化战略的实施，提高陆港管理与服务的科学化、现代化水平，为其在市场竞争中占据优势地位、可持续发展起到助推器和效益倍增的作用。

（三）积极打造陆港信息枢纽，大力发展陆港物流服务平台经济。充分发挥陆港的物流枢纽地位作用，积极打造陆港综合信息枢纽，拓展与延伸服务。通过信息资源整合与集成应用，协同陆港供应链过程的各个环节，打造一体化的信息化环境与服务平台，更好地满足客户对陆港差异化、精细化的服务需求。充分发挥骨干龙头陆港企业的作用，推动陆港物流公共信息资源的集成与整合，优化陆港业务流程和提高运作生产效率，形成陆港与陆港、陆港与货主、陆港与承运商之间的有机衔接。加强与海关、检验、检疫等陆港部门的沟通协调。

（四）大力推进新一代信息技术应用，加快打造"智慧型陆港"。进一步优化口岸陆港综合环境，建立完善口岸陆港数据云服务平台，实现跨地区、跨行业、跨部门的信息整合与共享，发展口岸陆港物流服务平台经济。近年来，世界各国大港都把如何有效地利用现代信息科技手段，打造更为柔性、更为智能、更为绿色的"智慧型陆港"，作为提升陆港综合软实力的有效方式。面临新态势与新需求，大力推进物联网、云计算、大数据、移动互联网等新一代信息技术在陆港生产、管理、经营、决策与服务各个环节的深度应用。加快陆港物流信息网、电子商务平台等建设与应用推广，推进陆港功能、口岸功能、综合报税服务功能向内陆腹地延伸，实现集物流协同作业支持、通关监管信息服务、金融贸易服务、物流交易服务、增值信息服务等于一体的智慧型陆港服务体系。有效盘活陆港大数据，大力拓展和延伸陆港物流服务链。

（五）构建以陆港为核心的现代物流体系，加快完善信息、金融、经贸等物流增值服务。互联网对于传统行业的改造，带来了经济运行模式上的改变。在大数据时代，陆港信息服务的质量和水平很大程度上取决于信息流动的效率和处理效率。通过物联网、云计算、数据挖掘等技术手段对陆港服务供应链上的各种信息进行感知、传递归纳，盘活陆港大数据，推动发展基于大数据的高品质增值信息服务新业态，整合并延伸陆港物流服务产业链。同时，充分利用现有基础和条件，加快数据的积累和沉淀，实现资源集中管理与大集成应用，全面提升陆港物流供应链一体化服务能力和水平，提高品牌影响力。

（六）积极建立技术产业联盟，强化科技创新，抢占科技制高点。积极建立"以陆港为主体，以市场为导向、产学研用相结合"的技术创新体系或技术产业联盟。大力推进物联网、云计算，大数据、移动互联网等新一代信息技术在陆港推广应用，创新陆港信息化应用服务模式。积极提高码头前沿装卸设备、运输车辆、堆场装卸机械等关键设备的自动化、智能化水平。

📎 **案例 2**

武威保税物流中心中欧班列创新实践案例

【摘要】

武威保税物流中心于 2014 年获海关总署、财政部、国家税务总局、国家外汇管理局四部委联合批准建立，为甘肃省首个海关保税监管区域和目前甘肃省唯一的保税物流中心。武威保税物流中心依托"一中心两口岸"等外向型经济发展平台，相继开通中欧班列"天马号"（中亚线、中欧线）、中俄木材班列和西部陆海新通道等国际货运班列，积极拓展中亚、西亚和欧洲市场，扩大向西开放、构建外向型经济。2021 年 4 月，武威保税物流中心与格鲁吉亚伙伴基金会达成合作，双方互设海外保税仓及产品分拨中心，2021 年 12 月 24 日，武威保税物流中心在格鲁吉亚的海外保税仓正式启动。

一、基本情况

武威保税物流中心（B 型）于 2014 年 1 月底获得海关总署、财政部、国家税务总局、国家外汇管理局四部委联合批准，是甘肃省首个海关保税监管区域和目前甘肃省唯一的保税物流中心。中心位于凉州区黄羊工业园满家滩，依托干武二线（干塘—武威）园墩车站建设，占地面积 734 亩，总投资 2.79 亿元，主要建设总建筑面积 5.17 万平方米，保税仓库 3 座，0.41 万平方米综合楼，10.2 万平方米堆场及智能化卡口、围网、巡逻道、监控报警系统、检验场地等海关监管设施。2014 年 7 月建成，8 月通过省级预验收，10 月通过国家验收正式封关运营。目前，中心出口退税、进口保税、报关报检等口岸功能已全面发挥，业务正在有序开展。

武威保税物流中心具有保税仓储、转口贸易、入中心退税、转厂服务、国际配送、国际采购、集装箱服务、简单加工及附加值服务、物流信息处理九大功能，享有境内关外、出口退税、交易免税、进口保税、外汇优惠、保税金融等特殊政策，能够使入驻企业显著降低物流成本，节约交易时间，提高企业综合效益。同时，有利于甘肃省进一步加强与丝绸之路经济带沿线地区的交流合作，打造向西开放的国际物流平台，拓展中亚、西亚和欧洲市场，对于甘肃省扩大向西开放、构建外向型经济具有重要意义。

二、主要做法

武威保税物流中心依托"一中心两口岸"等外向型经济发展平台，相继开通中欧班列"天马号"（中亚线、中欧线）、中俄木材班列和西部陆海新通道等国际货运班列，已累计发运 186 列，货运总值约 28.6 亿元，货运总量约 31.7 万吨。

图 20-5　"天马号"国际货运班列（武威—阿拉木图）

2019 年发运西部陆海新通道班列 1 列，主要从马来西亚、越南进口带鱼、虾等冰鲜水产品 22 吨，货运总值约 88 万元。

2021 年 5 月，开通首个中欧班列"天马号"中欧线路，目的地（起运地）覆盖了德国杜伊斯堡、汉堡，英国伦敦，格鲁吉亚第比利斯等欧洲及亚洲主要港口城市，目前已发运 13 列及散货，货运总量约 8869 吨，货运总值约 3.9 亿元。

图 20-6　武威南—德国杜伊斯堡中欧班列

2021 年 9 月，发运中亚回程班列（哈萨克斯坦—武威）18 列及散货，发运货运总量约 2.3 万吨，货运总值约 6675 万元，主要进口小麦及小麦麸皮供应武威市生产加工企业。

2022 年发运 20 列及散货，进口 15 列，货运总值约 4403.55 万元，货运总量约 19130 吨。出口 5 列，货运总值约 1.62 亿元。

图 20 - 7 武威南—格鲁吉亚中欧班列

2023 年 2 月 10 日，中欧班列（天马号）首列亚麻籽原料回程专列抵达武威车站。本次货运班列满载 50 个 40 英尺集装箱，主要装载从哈萨克斯坦进口的亚麻籽，货运总量约 1325 吨，货运总值约 372 万元。

2023 年 2 月 19 日，中欧班列"天马号"中亚饲用面粉回程专列到达武威南站。班列共装载 50 个 40 英尺集装箱饲用面粉，货运总量 1324.2 吨，货运总值约合人民币 316 万元。

2023 年 2 月 26 日，中欧班列"天马号"一体化通关麸皮颗粒专列到达甘肃（武威）国际陆港铁路口岸站，共装载了 50 个集装箱麸皮颗粒，货运总量 1300 吨，货运总值约 340 万元人民币。

2023 年 4 月 7 日，中欧班列"天马号"满载 50 个 40 英尺集装箱，来自哈萨克斯坦库斯塔奈州的优质麸皮颗粒专列到达武威南站。

三、创新成果

武威保税物流中心是中国中欧班列第一家实践运贸一体化的运营公司，是"代码共享"中欧国际货运专列倡导者和践行者。

2021 年 4 月 17 日，武威保税物流中心为格鲁吉亚伙伴基金会设立了免费"海外保税仓储分拨中心"；2021 年 12 月 24 日，伙伴基金会旗下东大门集团为波季港自由贸易区挂牌设立 5000 平方米的武威保税物流中心在格鲁吉亚的"海外保税仓储配送中心"，

图 20 - 8 库斯塔奈—武威南中亚班列

提供 7 天免费保税仓储服务，并可以为双方贸易与物流企业提供转口贸易、海铁联运、转关报关、保税仓储、金融监管仓等一站式外贸综合服务。

 案例 3

合肥国际陆港建设运营创新实践案例

【摘要】

合肥国际内陆港发展有限公司（以下简称合肥国际陆港）是经合肥市委市政府批准设立的国有口岸运营公司，自 2017 年成立以来，合肥国际陆港坚持"立足合肥、服务安徽、辐射长三角"的总体定位，以"大通道、大平台、大通关"建设为目标，积极发挥"一带一路"和长江经济带双节点城市优势，围绕"集货""联运""门对门""造血""智慧化"，努力构建"6 + 2 + 3"建设模式，不断加快陆港基地建设，助力中欧班列提速扩线，拓宽国际物流通道，促进国际货运物流提质增效降本，努力把合肥打造成开明开放、接轨国际的全国重要内陆开放新高地。

一、基本情况

合肥国际陆港是经合肥市委市政府批准设立的国有口岸运营公司，负责合肥国际内陆港的建设与运营。合肥国际陆港成立于 2017 年，注册资本 10 亿元，隶属于合肥市产业投资控股（集团）有限公司。2023 年，按照合肥市委市政府构建大物流体系的工作部署，整体划转到新成立的合肥物流控股集团有限公司。

合肥国际陆港是在合肥原有中欧班列运营平台基础上，以"新起点、高标准"模式重新组建，按照海陆空联运立体化模式运作。合肥国际陆港以贯彻落实国家"一带一路"发展战略为核心，以"大通道、大平台、大通关"建设为目标，着力推进合肥市"四港三区一中心"的对外开放平台建设，助力于合肥物流业转型发展、推动产业转型升级，服务于合肥招商引资、对外开放、文化交流等事业，致力于把合肥打造成开明开放、接轨国际的全国重要内陆开放新高地。合肥国际陆港主要担负国际班列的组织运行；合肥国际内陆港的建设与运营；国家口岸对外开放申报、口岸功能拓展、招商引资、商贸开发、参与国际贸易和供应链管理服务等。

近年来，在合肥市委、市政府的坚强领导下，合肥国际陆港积极响应"一带一路"倡议，抢抓长三角一体化发展国家战略机遇，坚持"高质量发展，做精品线路，服务本地经济，塑造合肥特色，打造国家级中欧班列集结中心"的发展定位，加大班列运行密度和辐射面，在全国前十方阵中实现争先进位，积极打造时效最好、频次稳定、产品价值较高的精品班列。开行九年来，累计发运突破 3500 列，海铁联运超 24 万标箱，实现进出口贸易额超百亿美元，已连接 18 个国家，120 余个国际站点城市。货值、货重、满载率等高质量发展指标稳居全国前列，成功获批长三角区域首个陆港型国家物流枢纽、第四批国家多式联运示范工程。

二、主要做法

（一）发展背景

1. 战略优势

合肥中欧班列围绕"打造国家级中欧班列集结中心"的发展定位，实施"4211"发展战略，即创建四个国字号品牌（陆港型国家物流枢纽、国家多式联运示范工程、国家中欧班列集结中心示范工程、国家铁路场站对外开放一类口岸）、建设两个中心（国际物流中心、国际贸易中心）、打造一个产业集群（临港产业集群）、谋划一个招引（海关进驻办公）。安徽省市领导高度重视合肥国际陆港发展，多次莅临调研指导。2023 年为整合全市国有物流资源，加强合肥市大物流体系发展，合肥物流集团应运而生，合肥国际陆港整体划转至合肥物流集团，站在新起点上迎来发展新征程。

2. 区域优势

合肥地处"一带一路"和长江经济带双节点城市，在南北交流和东引西进中发挥着战略性物流枢纽作用，优越的地理区位为国际班列、海铁联运的开通提供了"地利"条件，有利于建设内陆开放平台。依托中欧班列（合肥）与丝绸之路经济带连接、依托海铁联运与"海上丝绸之路"对接，有利于合肥枢纽加快内引外联。

合肥被国家发展改革委列为12个中欧班列内陆主要货源地节点城市和23个主要铁路枢纽城市。

3. 产业优势

随着安徽自贸试验区、跨境电商综合试验区等4个国家级开放品牌的逐一落地，以及国家科学中心、国家实验室等7大科学装置的同步建设，不仅让传统的千亿级产业成功转型升级，同时也催生了一大批新兴产业。家电"四大件"产量连续12年稳居全国城市首位，晶圆代工产能位列全国前三，液晶面板出货面积占全球1/10，五大新能源汽车品牌也已集聚，产业集群的聚合和升级，为物流运输体系建设提供了重要驱动力。

（二）主要业务

截至目前，合肥国际陆港中欧班列累计开行122个节点城市、经过18个国家。主要运行线路（以下均为周、月班）：

1. 中欧班列亚洲方向

主要由阿拉山口、霍尔果斯口岸出境，抵达哈萨克斯坦和乌兹别克斯坦等国家（运行时长在12—15天，东南亚方向7—8天）。

合肥北—阿拉木图（哈萨克斯坦）的中亚优化线路班列；

合肥北—塔什干（乌兹别克斯坦）的点对点中亚班列；

合肥北—万象南（老挝）陆海新通道；

合肥北—安员（越南）陆海新通道。

2. 中欧往返班列

主要由阿拉山口、霍尔果斯、二连浩特等口岸出境，抵达德国、法国、芬兰、俄罗斯等欧洲国家（运行时长：中欧去程在18—25天，中欧回程在18—25天）。

合肥北—马拉舍维奇—汉堡（德国）常态化班列（往返）；

合肥北—马拉舍维奇—诺伊斯（德国杜塞尔多夫）常态化班列（往返）；

合肥北—赫尔辛基（芬兰）常态化班列（往返）；

合肥北—沃尔西诺（俄罗斯莫斯科）常态化班列。

3. 铁海联运班列：运行时长1—2天

合肥北—宁波北仑港；

合肥北—上海芦潮港。

此外，根据企业的特点和需求，合肥国际陆港提供定制班列的服务，如江淮汽车定制专列、美的定制专列等。

图 20-9　中欧班列（合肥）第 2000 列发运

（三）创新举措

1. 围绕"集货"，提高班列发运数量

提速。合肥国际陆港改"坐商为行商"，在安徽省市商务部门带领下，走遍全省 16 个地市、走入合肥各产业园区、深入各大型生产制造型企业宣传推介中欧班列，不断提升企业对于中欧班列认可度，选择通过中欧班列运输货物，开拓国际市场，带动中欧班列（合肥）发运量不断飙升。

扩线。与德铁、俄铁、哈铁、波铁等密切合作，贯通阿拉山口、霍尔果斯、满洲里等七大铁路出境口岸，开行中欧去回程 + 中亚去回程"双线双向"路线。

扩面。合肥国际陆港积极推广中欧班列"集拼集运"模式，开辟了"合肥中欧班列 +"阜阳、芜湖、黄山、蚌埠等城际定向班列，不断为合肥都市圈增添发展新活力，推动"全省一盘棋"联动发展。通过"集拼集运"模式，可以在合肥的零散"过路"班列进行"集结"，在合肥开展补货、补轴。

2. 围绕"联运"，拓宽国际物流通道

合肥国际陆港落实国家级"公铁两用挂车运输支撑沿长江物流通道建设多式联运示范工程"，与安徽省级"服务于安徽制（智）造的长三角'一带一路'国际走廊中欧班列集装箱多式联运示范工程"，以开展公铁两用挂车运输、国际铁路班列等示范业务为抓手，助推构建公、铁、海、空多式联运大物流网络，将多式联运打造为支撑现代化经济体系、加快现代综合交通运输体系建设、促进枢纽物流降本增

效的重要突破口。

合肥国际陆港牵头申报的《服务于安徽制（智）造长三角——"一带一路"国际走廊中欧班列集装箱多式联运示范工程》成功入选国家第四批多式联运示范工程，将进一步推动合肥落实"一带一路"倡议，推进全省运输结构调整。

一是构建"6＋2＋3"建设模式。即建设6条示范线路，2种联运业务，3种服务模式，形成服务于安徽制（智）造长三角"一带一路"国际走廊中欧班列集装箱多式联运大通道，"6＋2＋3"具体建设模式如表20－1所示。

表20－1　　　　　　　　　　　"6＋2＋3"模式

6条示范线路	中欧班列西欧方向	合肥北—马拉舍维奇—德国汉堡/杜塞尔多夫
	中欧班列北欧方向	合肥北—阿拉山口—芬兰赫尔辛基
	中欧班列俄罗斯方向	合肥北—满洲里—俄罗斯沃尔西诺
	中亚班列中西亚方向	合肥北—霍尔果斯—哈萨克斯坦阿拉木图、乌兹别克斯坦塔什干
	中亚班列东南亚方向	合肥北—磨憨—老挝（磨丁）—东南亚
	铁海联运班列	合肥北—舟山港、芦潮港—东南亚、南美、中东
2种联运业务		"合肥中欧班列"国际公铁联运业务
		"合肥—舟山港、上海芦潮港"铁海联运业务
3种服务模式		中欧班列集拼集运
		产业联动定制化精品班列
		运贸一体化综合服务

二是打造"班列国际联运＋金融"增值业务。合肥国际陆港拓展基于班列国际联运的金融增值业务，联合中国人寿保险股份有限公司，开展"合新欧"班列货运保险服务。截至2021年10月，双方已完成53次中欧班列保险合作，累计投保货值金额已超过5000万元人民币，先后为惠而浦（中国）股份有限公司、长虹美菱股份有限公司等直客提供保险支持。双方已建立成熟的沟通机制，已完成线上投保功能，为本土进出口企业第一时间提供保单，同时做到全程监管，第一时间赔付。

3. 围绕"门到门"，创新模式提高服务能力

合肥国际陆港为安徽省核心企业与龙头企业提供企业定制精品班列服务，将中欧班列与合肥及安徽的主导产业相结合，提供一站式服务，服务对象包括奇瑞汽车、美的家电、江淮汽车、宝武马钢等。根据产业链、供应链和企业营销组织需求，提供了到欧洲、中西亚、东南亚的"门到门"国际联运定制化联运服务，按需定制班列运行线路，通过中欧班列带动地方主导产业发展壮大。面向长三角和安徽优势产业的定制化精品班列可以为企业的生产组织提供更加高质量的服务，相对于普通班列的运输，定制化班列的时效性更强，减少了铁路场站与目的站点间的周转频次，提供的门到门服务使得精准度更高，提前调配集装箱空箱，预约境外段场站进站，无缝衔接目的站点拆箱作业，降低运转周期。在运输的过程中，减少货物运输的损坏率及差错率，进一步降低企业成本。还可以根据不同企业的特殊需要，提供更加个性化的服务，例如合肥国际陆港曾利用铁路敞车运输安凯汽车发运至哈萨克斯坦的公交车项目，完成国际联运，突破了集装箱装载空间的限制，解决了企业燃眉之急。

4. 围绕"造血"，加快陆港基地建设

合肥国际陆港是合肥陆港型国家物流枢纽的重要建设项目，项目位于上海铁路局合肥北站物流基地旁（九顶山路与故黄路交口西南角），占地约456亩，总投资约99756万元。项目规划建设综合楼、拆拼箱区、物资仓库、海关检验区、铁路专用物资仓储库、设施用房、集装箱作业区等。项目建成后，可开展贸易、仓储、报关、集装箱租赁、市内短驳等班列附加业务，实现自我造血功能，形成对中欧班列集货、分拨的高效支撑，助力合肥中欧班列发运频率提升10%。可打造合肥中欧班列展示、班列运营一站式服务、海关一站式服务、国际贸易交易展示"四个窗口"，最终实现海关＋口岸＋国际贸易＋国家陆港型物流枢纽"四位一体"发展。项目于2021年10月开工建设，截至2023年上半年合肥国际陆港项目一期已完成单体竣工验收，已进驻办公。项目二期规划方案正在进行审批，计划年内开工建设。

5. 围绕"智慧化"，加快建设信息化平台

图 20－10　合肥国际陆港基地

合肥国际陆港开展国际多式联运，建设信息化平台，实现线上订舱、报关、结算、补贴资料管理、供应商招采、集装箱管理等功能，覆盖全业务模块、全业务流程，实现单证信息高效流转，提高班列运营效率，降低班列运营成本。2021 年起，通过对接国家单一窗口、95306 以及与全国道路货运车辆公共监管与服务平台，实现在线报关、铁路运踪和运费查询、国内集卡车运踪和轨迹查询。在实现多式联运各环节信息互联共享的基础上，为客户提供全程动态信息追踪，包括班列计划查看、班列状态查询、班列运踪查询、报关状态查询等服务。信息化平台中的"跟踪管理"模块可实现对公路运输集装箱卡车和散货货车的轨迹及定位查询（公路）、海铁联运和中欧班列的运踪查询（铁路），功能覆盖全部示范线路。

三、创新成果

（一）中欧班列开行"稳中有进"

中欧班列（合肥）实行国际"五定班列"，在途时间稳定可控，保障班列全年、全天候安全稳定运行。自开行以来不断提速，2019 年全年发运 368 列，是前 5 年发运列数总和，2020 年发运 568 列，2021 年发运 668 列，2022 年发运 768 列，开行 9 年以来累计发运突破 3500 列，海铁联运发送超 24 万个标箱，实现进出口贸易额超百亿美元。今年以来，中欧班列（合肥）进一步加强组织运营，1—8 月累计开行 684 列/标准列，同比增长 23.02%，其中回程班列占比近 50%。

（二）线路站点铺设"四通八达"

中欧班列（合肥）加强对欧盟市场，中亚、西亚、西伯利亚地区的覆盖，实现了二连浩特、阿拉山口等七大口岸的全线贯通，构建了多线路、多口岸、强联动的国际物流大通道。相继开行合肥 – 老挝万象、合肥 – 越南河内等东盟班列，助力安徽省与东盟领域的经贸往来。截至目前，点对点直达德俄法等 18 个国家，122 个国际节点城市，基本实现了对欧洲市场的全覆盖。

（三）国际货运物流"提质增效"

中欧班列（合肥）通过优化通关时间、中间环节，大幅缩短国际货运时间，降低企业资金占用周期。坚持"立足合肥、服务安徽、辐射长三角"的总体定位，先后开辟中欧班列（合肥）"+阜阳""+芜湖""+宣城""+黄山"等城际定向班列，特别是"芜合欧"测试班列、黄山茶叶专列成为全省"皖货皖运"的样板，为合肥都市圈发展注入新活力。

（四）货代国贸电商"全面开花"

依托中欧班列（合肥），建设合肥国际陆港项目，合肥陆港型国家物流枢纽获批，成为长三角首个陆港型国家物流枢纽，合肥国际陆港《服务于安徽制（智）造长三角—"一带一路"国际走廊中欧班列集装箱多式联运示范工程》成功入选第四批国家多式联运示范工程建设名单，积极申报国家中欧班列集结中心，实现海关、口岸、国际贸易、陆港型物流枢纽等"四位一体"发展。围绕货运代理、国际贸易、跨境电商等业务，加强全生态产业链延伸拓展。特别是蜀山跨境电商 9610、跨境电商 B2B 与中欧班列（合肥）实现了完美结合。

四、未来目标

开放型经济的发展，既要提升综合实力，也要做强枢纽功能。展望未来，合肥国际陆港将始终牢记国企的使命、责任与担当，聚焦顶层设计，依托已获批的陆港型国家物流枢纽和国家第四批多式联运示范工程这两个"国字号"品牌，以及正在申报的国家级中欧班列集结中心，以合肥市构建大物流体系建设为契机，以合肥物流集团发展为平台，着力打造干支高效衔接和枢纽联动发展示范，资源优化配置，吸引物流、人流、资金流、信息流、技术流，进行要素的集聚、重组和整合，持续构建更高能级的物流平台，推动产业结构的优化和升级。进一步做大开放型经济，带动国际贸易，深度融入国家发展战略和产业布局，勇做新趋势的瞭望者、新业态的领航者、新发展的践行者。

📎 案例 4

中铁十四局集团物流有限公司智慧物流大数据平台创新实践

【摘要】

中铁十四局集团物流有限公司以打造中国铁建特色品牌物流企业为目标，坚持围绕物流布局产业、施工主业布局产业、数字化转型布局产业、城市服务布局产业的发展思路，积极拓展 5＋N 业务布局。通过智慧物流大数据平台项目建设，实现了平台共享、智慧调度。深度参与东营市物流系统建设、企业推进创新发展模式，整合物流存量资源和物流信息平台，实现各业务环节的企业和机构高效协同调度，形成整体高效协同的生产服务型供应链物流网络系统。

一、基本情况

中铁十四局集团物流有限公司成立于 2022 年 11 月，注册资本金 2 亿元，隶属于世界 500 强中国铁建股份有限公司旗下龙头企业中铁十四局集团。作为中国铁建成立的首家物流公司，以打造中国铁建特色品牌物流企业为目标，坚持围绕物流布局产业、施工主业布局产业、数字化转型布局产业、城市服务布局产业的发展思路，积极拓展 5＋N 业务布局。即 5 项主业，N 项拓展产业。主要打造了智慧园区板块、数字货运板块、冷链板块、供应链板块、融媒体板块五大产业，积极拓展房车文旅供应链，装配式钢结构、高端板房研发制造产业链，数字化食材供应链等产业。现拥有兖州公铁联运、东营港集装箱码头、南通码头、芜湖码头、霍尔果斯口岸等物流园区，形成公铁水江湖海网格化布局。

图 20－11　兖州陆港园区

二、主要做法

（一）智慧物流大数据平台项目背景

1. 物流发展现状

《山东省"十四五"数字强省建设规划》指出，要发展融合创新的数字经济。近年来，东营市委、市政府高度重视物流业转型升级，先后制定并实施了一系列重大战略举措，现代物流业发展取得了显著进展。

2. 现代物流业中长期发展规划

中铁十四局集团物流有限公司建设智慧物流大数据平台项目，是落实《现代物流业中长期发展规划（2020—2035 年）》的重要支撑，是发展规划的指导思想和基本原则的具体实现。

通过智慧物流总部项目的建设，实现平台共享、智慧调度。支持参与东营市物流系统建设企业推进创新发展模式，整合物流存量资源和物流信息平台，实现各业务环节的企业和机构高效协同调度，形成整体高效协同的生产服务型供应链物流网络系统。

（二）智慧物流大数据平台实施方案

1. "平台＋基地"数字供应链服务体系

"平台＋基地"数字供应链服务体系，是基于贸易和物流集成一体的数字化平台和物流园区可信监管而打造的数字化供应链服务体系。

通过集成电子交易、仓储质押监管、社会化运输三大核心云平台，以智能风控保驾护航，数据金融服务贯穿供应链全流程的思想，实现交易、资金、货物的"闭环"运作，通过信息流、资金流和实物流的三流合一，保障货物的真实性、交易的实时性、交割的安全性及物流的便捷性。

一是数字供应链平台。

从物资入库、挂牌交易、社会化运输到资金结算的全流程数字化协同管理，实现货物交易、交割、资金的闭环管理。基于智能风控提供动态货值质押融资和运费融资等供应链金融服务。

图 20 - 12　场站作业现场

二是商品交易平台。

更为丰富的渠道：在代理制基础上增加终端直销；借助在线交易拓宽销售区域覆盖。

更敏锐的市场反应：根据销售情况随时调整价格，安排产量和调整区域投放量。

更优的品牌传播：实现快速、广泛和低成本的品牌传播。

（1）现货专场

现货交易：先有库存才能挂单，每一笔交易都有实物交割。

统一采购：现货交易中心的所有资源采购均可委托平台实行统一采购。

采购融资：保证金或预付款放大 3 倍以上规模，货到仓库后引入银行融资，成本更低。

先交易后赎货：贸易商不再需要先赎货再卖货，可先在平台上达成订单并确认收款后再赎货。

（2）物资挂牌

交易对象：可以选择公开给所有潜在买家，也可以定向挂牌给指定客户。

定向销售：根据市场策略，对地区、仓库、会员实行定量投放，量价掌控更加灵敏。

（3）结算策略

四级结算策略：针对每一笔交易，可以设置开票单位和收款单位。例如，每个卖场能够有多个卖方（卖方企业下属各分子公司）参与，因此为每一个不同的卖方单独指定结算单位。

（4）价格策略

七层价格策略：为挂牌销售的物资指定不同的价格，包括显示单价、销售地区、会员等级、特定买方、支付通道（第三方支付、预付款、承兑汇票）、付款方式（欠款发货、分期付款、先款后货）、是否含税等策略确认最终成交价。

卖方还可以设置积分活动进行促销。

（5）产能交易

协议户销售，是大型生产企业常见的销售模式。买卖双方通过签署协议户销售框架协议，约定预期交付的物资、价格；买方付款完成后形成产能销售；卖方排产并现货兑付产能；双方依据实际交付的现货物资生成现货订单；根据协议户价格约定，计算实际交易价并完成最终结算；现货物资过户。

（6）竞价交易

英式拍卖：亦称"增价拍卖"，在拍卖过程中，拍卖标的物的竞价按照竞价阶梯由低至高依次递增，当到达拍卖截止时间时，出价最高者成为竞买的赢家。

荷兰式拍卖：亦称"减价拍卖"，它是指拍卖标的的竞价由高到低依次递减，直到第一个竞买人应价（达到或超过底价）时击槌成交的一种拍卖。

竞拍保证金：除了资金，亦可用监管仓库内的同等值货物抵押作为保证金。

三是质押监管平台。

通过集成的仓储质押监管平台来保证质押商品的安全性。仓储质押监管平台对质押商品的出入库进行监控，只有在满足金融机构控货要求下，相关商品才能出库，从而保证了质押商品的受控，最大限度地保证了贷款资金的安全性。

而通过集成的物流服务管理，可以对受控的商品在物流途中也进行全程监控，最大限度地保证了商品端到端的安全性。

（1）库存管理

仓储质押监管平台，提供出库、入库、调拨、过户等八大作业类型，覆盖仓储管理和货权质押监管的业务需求。

（2）物资管理

提供标准件、非标件以及散杂件三大类物资的管理，实现不同品类物资的全覆盖。

（3）两权分离

货权与商权的两权分离机制，将所有权和销售权剥离，支持交易业务的多样性。

（4）电子提单

货权人在线创建电子提单和授权，提货人凭身份证在提货现场打印纸质提单提取现货。

（5）库存盘点

支持全部和部分盘点，可以在全库停止作业时进行盘点（静态盘点），也可以在作业过程中进行盘点（动态盘点）。盘点结果支持多次复核及冲销。

四是数字货运平台。

（1）全场景化运输；

（2）全过程可视；

（3）社会运力整合；

（4）增值业务集成；

（5）智能匹配和调度

五是智能风控平台。

智能风控管理平台利用大数据和数学建模，针对物流企业提交的电子运单的真实性进行可信度计算服务。帮助行业主管部门、平台企业识别业务风险，规避经营风险。

决策引擎最底层的抽象就是利用系统配置出可执行的决策流。决策引擎的组成结构可抽象成变量、规则、规则集、决策流四个内容。

六是物流金融平台。

（1）运单融资

基于物流企业与上游存在运费账期的场景提供的融资服务，根据电子运单提供定向、小额、实时的运费垫付。

（2）库存融资

面向生产企业：解决生产企业因现货直销而导致的待交易商品的库存资金压力；向上延伸到原材料，解决生产企业原材料采购资金压力；向产业链两端延伸，解决产业链的多环节授信问题。

（3）订单融资

在线交易生成电子订单，在订单支付环节申请在线融资；20% 保证金获取 100% 货权，全款或分批提货。

七是区块链存证平台。

物流供应链行业因其链条长、分散的行业特性导致长期以来存在征信难、融资难、协同难的痛点，而区块链开创了一种在不可信的虚拟网络环境中低成本建立信任的新型计算范式和协作模式，凭借其独有的信任建立机制，实现了穿透式监管和信任逐级传递。

2. 货权质押监管基地

一是大基地管理。

将每个卖方在一个或多个仓库和运输途中的所有库存作为一个大基地管理，保证货物池只有一个入口和一个出口。

二是保障真实性。

大宗商品在线交易从仓储物流管理开始，卖方的挂单资源首先通过仓储物流平台的自动审核，保障采购客户交易的真实性。

三是保障安全性。

无论是自有库还是第三方交割库，均由平台运营方实施 24 小时现场管理。仓库现场按货位分区管理，出入闸口、库区视频覆盖，实现远程可视化。

四是保障及时性。

交易、仓储、运输"三朵云"平台联动，实现交易、交割、支付的同步运行，从电子交易、提单授权、基地放货 5 分钟完成，可实现交易后 30 分钟完成交割。

3. 数据统计和行业监测平台

面向网络货运企业和第三方物流企业（3PL）提供云应用平台服务，助力物流企业数字化升级，在此过程中实现数据的实时采集和沉淀，并基于电子化数据开展运力、结算、金融和增值服务，从企业、平台、数据、服务、生态五个层次，立体化的打造地区性物流数字化生态体系。

4. 大宗商品流通和行业监测平台

以商品交易、交割、结算和金融服务吸引生产企业、商贸企业、物流企业上云，形成"以服务集聚数据，以数据辅助决策"的大宗商品流通和行业监测网络。

三、实践成果

（一）促进商贸物流企业数字化升级

通过本项目的实施，将带动东营市商贸、物流企业数字化升级，提升流通效率、

图 20 – 13　铁路专用线作业现场

降低流通成本，促进东营地区经济发展。

（二）建成物流和商品流通行业监测平台

基于本项目将分别建成数字化物流服务和行业监测平台、大宗商品流通和行业监测平台，为行业主管部门服务企业、行业管理提供实时、动态、准确的决策辅助依据。

（三）有效缓解商贸物流企业融资难问题

针对生产企业、商贸企业、物流企业融资难问题，通过"平台＋基地"的一体化数字供应链服务体系，引导国有资本和金融机构服务实体产业。

（四）为商品交易交割打造安全的保障体系

以国有企业公信力作背书、基地为依托，为生产和商贸企业安全交易、交割提供保障。

四、未来规划

（一）企业经营资格

针对普通货物运输开展运费融资服务，需要申办《道路运输经营许可证》。针对危化品运输的运费融资服务，考虑运输安全问题，以金融中介服务的形式开展业务。

（二）金融渠道支持

本项目主要的收入来源为供应链金融服务，除股东方通过业务合作给予必要的资金支持之外，需要与本地金融机构开展紧密合作取得更大额度的资金支持。

（三）可信交割库的建设

项目进入二期，围绕大宗商品交易、交割开展库存融资、订单融资业务，需要可信、可控的物理园区作为商品交割库。

（四）持续的 IT 研发投入

数字供应链平台与传统 ERP 在 IT 系统建设和实施上有性质上的区别，数字化平台需要引领业务创新及随时根据业务形态做出调整，因此需要设立专门的 IT 研发团队持续的研发投入。

📎 案例 5

上海文景信息科技有限公司数字供应链创新实践

【摘要】

上海文景信息科技有限公司（以下简称"文景"）致力于国内智慧陆港、多式联运、智慧供应链等领域信息化建设，多年来坚持自主创新，建立起以软件为核心的专业服务体系，全部产品均为自主研发，取得百余件知识产权。文景助力多个国家级物流枢纽、多式联运示范工程、货运枢纽补链强链工程建设，产品和解决方案集成数字孪生、商业智能 BI、区块链、云计算、大数据、物联网等技术，在全国 30 个省市地区上百家客户中成功运用。文景完成首轮央企战略融资，入选上海市科技小巨人企业，越来越多地得到国家和社会认可。

一、基本情况

文景，中远海运集团投资供应链科技企业，2012 年成立，软件企业、高新技术企业、上海市科技小巨人企业、上海市"专精特新"企业，致力于国内智慧陆港、多式联运、智慧供应链等领域信息化建设，总部位于上海，在华北、华东、华中、西北、西南及华南等区域设立多家分支机构。

文景坚持自主创新，建立起以软件为核心的专业服务体系，全部产品均为自主研发，已取得百余件知识产权，通过 ISO9001、ISO27001、ISO20000、CMMI 3 级等多项认证。文景助力多个国家级物流枢纽、多式联运示范工程、货运枢纽补链强链工程建设，产品和解决方案集成数字孪生、商业智能 BI、区块链、云计算、大数据、物联网等技术，在全国 30 个省市地区上百家客户中成功运用。

图 20 – 14　文景办公大楼

二、主要做法

（一）发展模式方面

文景成立以来，从无到有，不断创新、突破、成长。

第一阶段：从创业初期就志存高远，确立了"科技让物流更简单"的企业愿景。在这一阶段，文景获得了 ISO9001、双软企业等多项资质，围绕文景核心业务领域"智慧港口"，完成了上海港、宁波舟山港这两个世界级大港的智慧港口信息化建设的里程碑项目，并达成了战略合作关系，延续至今。

第二阶段：勤勉奋进，努力拼搏，获得上海市高新技术企业认定，新增第二个核心业务领域"多式联运"，自主研发完成了十余项高新技术产品（服务），成功应用于多个综合性物流枢纽，并与多家国内重点物流企业、物流枢纽达成长期战略合作。此阶段，文景客户覆盖全国 24 个省市，主营业务收入飞速增长。

第三阶段：新增第三个核心业务领域"智慧陆港"，国内 10 大港口中已有 8 大港口与文景保持长期合作，全国客户遍布 30 个省市，文景业务由沿海不断向内陆延伸。

第四阶段：不断突破，从最初的信息化建设，升级到全链条供应链信息化建设服务，再到一站式智慧供应链平台运营服务，完成首轮央企战略融资、入选上海市科技小巨人企业，越来越多地得到国家和社会认可。

（二）数智化建设方面

1. 核心产品系列

文景最具竞争优势的领域为智慧陆港、多式联运、智慧港口、智慧供应链等"一带一路"数智产业供应链建设，自主研发完成相应的四个软件产品系列，包括多式联运软件产品系列、智慧港口软件产品系列、智慧陆港软件产品系列、智慧供应链软件产品系列，取得发明专利、软件著作权百余件。

智慧陆港软件产品系列：帮助陆港及铁路场站推进现代化物流管理，突破传统铁路货运业务，创新支持多式联运与集拼集运模式，实现各项作业（包括业务受理、计划调度、作业执行、资源分配、费收结算等）智能化、集中化管理与多种资源（列车、堆场、人员、机械等）的统一调配，提升各类陆港的自动化、智能化水平。

多式联运软件产品系列：通过建立多式联运枢纽中心、大服务中心、大数据中心，来实现客户服务互动平台化、业务协同智能高效化、物流跟踪监控实时化、供应链业务管理科学化，形成一个跨系统、多元异构、实时联动的共享集成服务体系。

智慧港口软件产品系列：致力于支撑港口各项业务的高效运转，利用先进的信息技术手段，整合现代化的物联网设备设施，实现覆盖港口业务运营所涉及环节的全面信息化管理，实现港口多种业务形态的统一决策、高效协同、集中管理以及一体化服务。

智慧供应链软件产品系列：凭借文景港航、铁路、公路、口岸等数据资源优势，实现供应链上各企业物流业务全程数字化，通过对物流、信息流、商流、资金流的控制，整合供应链资源，实现生产、加工、仓储、代理、运输、金融、风控等平台化协同，提升供应链企业的智能化、数字化水平。

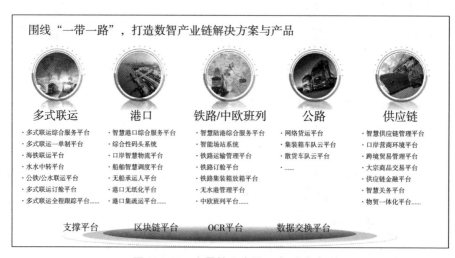

图20-15　文景核心产品&解决方案

2. 关键技术研究及创新应用

文景自主研发的四个软件产品系列是在对国内物流行业深入理解与业务研究的基

础上，集成应用区块链、大数据、云计算、物联网等关键技术，建立起一整套分布式数据交换、共享和业务协同模型、技术体系和软硬件解决方案，构建出一站式数字化的综合服务平台，实现高效、便捷、协同的在线服务，解决目前传统物流业务瓶颈问题，全面提升物流综合服务水平。

核心技术主要包括：

区块链技术研究及应用：应用区块链的点对点、分布式账本、REST 接口、智能合约、零知识证明等多项核心技术，高效解决业务数据中的信任缺失、数据孤岛、中心化平台瓶颈、流程协同低效等传统技术无法解决的难题，有效实现供应链溯源和数据防伪。

大数据技术研究及应用：全面支持大数据智能分析与监控技术，采用大数据分布式计算方法搭建数据共享开放平台，提供数据清洗加工、数据分析、数据挖掘、数据产品开发等服务，为客户提供科学、可靠的多维数据分析，促进企业业务发展和经营决策。

SaaS 云技术研究及应用：采用云计算思想自主创新研发和搭建的 SaaS 云应用软件平台和 B/S 架构，可以提供全新且灵活的信息化服务，并能够更快速、更有效的启动和扩展服务，有效降低客户的部署成本。

物联网技术研究及应用：支持图像识别/RFID 与二维码/NB – IoT 等物联网信息采集技术的联通，通过无线通信结合数据访问技术，连接数据库系统，加以实现非接触式的双向通信，从而准确进行信息识别和数据交换。

（三）创新能力建设方面

2018 年，文景成立企业研发中心（地市级研究机构），构建企业研发创新机制、推动技术创新、激发企业生机活力，形成了具有文景特色的技术研发创新三层结构，从整体产品规划、研发项目管控到重点实验室构建，促进产学研有效贯通和科技成果高效转化应用，激发企业创新活力。

依托文景前沿实践和海量数据，建立文景数字供应链研究院，搭建起开放的科研合作平台，重点研究新兴技术和大数据环境下数字物流、供应链韧性及大宗商品物贸融一体化等创新应用及基础理论，旨在向全社会输出高质量、原创性理论和应用成果，引领全球航运、物流网络和大宗商贸等发展。通过与多个高校和科研机构的多位专家学者，针对全球供应链、多式联运、智慧港航、中欧班列、跨境贸易等领域，共同探索数字供应链创新发展方向与应用实践，将"顶天"（理论研究）与"立地"（实践应用）高效融合。

（四）业务模式创新方面

作为业内领先的供应链科技企业，文景通过大量的实践应用积累了丰富的物流枢纽、物流通道以及贸易等领域客户资源，业务引擎从数字化建设逐步延伸至数字化运营，共同驱动文景走上创新发展的快车道。文景率先打造国内领先的数字产业供应链平台——智运网，融合区块链、大数据、人工智能等技术，能够为客户提供一站式数字贸易、数字物流与金融科技等数字供应链综合服务。在国内积极构建物贸融一体化创新服务模式，平台能够打通港口、铁路、公路、口岸等各类运输场景及数据，将贸易、物流、金融等各个环节紧密结合，大幅提升供应链协同效率，降低企业运营成本。

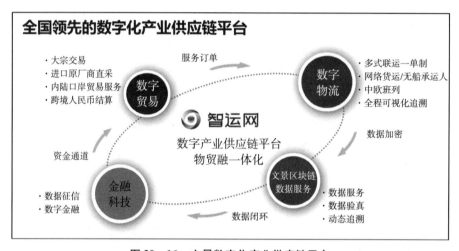

图 20-16　文景数字化产业供应链平台

三、实践成果

（一）成功案例

作为国内多式联运与智慧物流领域信息化建设的领头羊、国内港口和陆港智慧物流信息化建设的先行者、国内首批提供多式联运解决方案的 IT 服务商，文景软件产品和解决方案至今已在全国 30 个省市地区的上百家物流企业、物流枢纽成功运用。

1. 国家级平台案例

交通运输部：构建全国多式联运公共信息服务平台，采用"总对总"互联模式促进跨运输方式、跨部门的信息互联共享，为多式联运承运人和行业管理部门提供信息互动、公共信息开放和决策支持服务。

中国国家铁路集团：打造 95306 全国铁路数字口岸系统，已在全国 12 个一类口岸全面上线；构建95306国联运单系统，与俄罗斯铁路公司、哈萨克斯坦铁路公司进行信息化合作，实现国际铁路联运数据的互联互通。

2. 大型港口案例

宁波舟山港：进行整体数字物流规划，为其构建一系列多式联运平台、无车/无船承运人、虚拟港区、支线服务、船舶在途可视化、库存可视化、电子商务结算、智慧决策中心等平台，助力宁波舟山港转型升级。

天津港：打造天津关港集疏港智慧平台，实现企业、车队/车辆、码头之间的互联互通，建立合约及合约进程的可视化呈现。平台上线以来，已认证司机数万名、车辆超2万辆，同时纳入第8批促进京津跨境贸易便利化的政策措施，面向京冀两地进一步推广。

3. 中欧班列国际陆港案例

成都国际铁路港：通过建设国际班列平台，优化陆港、铁路场站和物流园区业务模式，无缝对接国铁集团、国外铁路以及海关总署等，构建陆港、铁路、公路、口岸等单位的业务协同与信息互联。

合肥国际陆港：通过建设合肥国际陆港信息化平台，打通与国家铁路集团、交通运输部、国家单一窗口、报关行、班列公司、货主/货代等核心作业单位的数据壁垒，实现一站式线上委托单申报、舱位申请、报关业务对接、货运跟踪管理、运费补贴申报、费用智能核算、统一单据管理等功能。

4. 智慧供应链与物贸一体化案例

湖北港口集团：建立"云上多联"智慧供应链综合服务平台，以多式联运业务为基础，延伸至贸易、金融产业，结合"多式联运一单制"，提供物贸融一体化供应链综合服务。通过数字化转型，打造产业生态圈，推动和引领湖北港口的建设与发展。

霍尔果斯国际陆港：建设霍尔果斯国家物流枢纽综合信息服务平台，围绕数字贸易、数字物流与金融科技三条主线规划八大核心内容。平台物流板块与贸易板块上线后，全面实现了物流、贸易业务的数字化、线上化，降低霍尔果斯市整体商贸、物流等产业链数字化建设与数据使用成本。

5. 数字化运营实践

依托智运网平台，顺利开展农产品进口供应链业务，成功开辟多条"一带一路"回程中欧班列线路，例如，南亚回程班列、东南亚回程班列等，涵盖巴基斯坦、越南、缅甸、印度、哈萨克斯坦、俄罗斯等多个国家，结合文景在全国各地物流枢纽、物流通道客户资源，助力中欧、中亚地区物贸一体化业务快速发展，并携手建设银行、渤海银行等金融机构为各类中小型物流企业开展金融科技服务。

（二）社会效益

文景一直在创新突破，从最初的信息化建设，升级到全链条供应链信息化建设服务，再到一站式智慧供应链平台运营服务，2021—2023 年连续三年荣获省部级科技进步奖，并多次荣获行业优秀案例、上海市软件核心竞争力企业、上海市软件和信息技术服务业高成长百家企业等各类荣誉奖项。

作为我国多式联运与数智产业供应链头部企业之一，文景始终坚持创新引领，承担了多个政府重点科研项目，并参与制定多项国家、行业及团体标准，推动行业高质量发展。参与政府重点科研项目主要包括上海市科技计划项目、上海市信息化发展专项资金项目、云南省重大科技计划项目、河北省现代服务业专项资金项目、新疆维吾尔自治区区域协同创新专项项目等。参与的国家、行业标准主要包括《进口冷链食品追溯 追溯系统数据交换应用规范》《多式联运经营人服务规范》《公铁联运货运枢纽运营质量评价》《物流信息化软件服务规范》《多式联运客户服务"一单制"数据交换技术要求》等。

依托文景数字供应链研究院，文景与来自中国科学院、复旦大学、清华大学、西安交通大学等多个高校和科研机构的多位专家学者在 SSCI、SCI、EI、CSSCI 检索的国内外知名期刊联合发表多篇高质量论文，共同促进行业与客户发展。

四、下一步发展规划

在"一带一路"倡议、交通强国等国家战略下，国内港口、铁路等交通运输枢纽蓬勃发展，加上京津冀区域协同发展、长三角一体化、粤港澳大湾区、西部陆海新通道等区域性战略规划，使文景的目标客户群有了暴发性增长。2021 年，国家"十四五"规划强势开局，"十四五"规划中明确提出：构建多层级、一体化综合交通枢纽体系，优化枢纽场站布局、促进集约综合开发，完善集疏运系统，发展旅客联程运输和货物多式联运，推广全程"一站式""一单制"服务，推进中欧班列集结中心建设。

基于以上发展趋势，文景确定了未来发展思路：一方面，持续专注智慧物流信息化领域，做深做精，以咨询、应用软件和服务为核心，以自主技术创新为基础，以市场开拓为先导，扩大文景品牌优势，大力拓展市场，立足华东、华北、华南、西北等各地分支机构，服务好全国，带领用户与行业创新发展；另一方面，基于公司已有业务基础与资源，加快成熟多业务引擎（从信息化建设到信息化运营），共提升文景核心竞争力。文景以"灯塔计划"和"口碑效应"强调对客户的服务能力和持续引领进步的能力，以成功案例和方法论带动行业和社会进步。

📎 **案例6**

平方科技陆港建设产品解决方案创新实践案例

【摘要】

为了提高陆港的运营效率和管理水平，我国政府和企业积极引入先进的技术和系统。深圳市平方科技股份有限公司（以下简称"平方科技"）作为一家专业的信息技术解决方案提供商，为陆港建设提供了多项产品解决方案，包括云闸口操作管理系统、智能闸口控制系统、AI集装箱号码识别系统、AI线扫描集装箱识别系统、AI正面吊集装箱识别系统、AI轨道吊/轮胎吊集装箱识别系统、铁路火车集装箱识别系统、PTOS场站调度管理系统等。这些解决方案已经广泛应用于全国各个铁路中心站（中欧班列始发站）以及多个陆港集结中心、海关监管场所等。

一、基本情况

平方科技是一家在2005年于广东省深圳市成立的高新技术企业。作为专业提供物流领域信息化完整解决方案的企业，平方科技始终专注于现代智慧物流领域。

平方科技以技术创新为核心竞争力，紧跟"一带一路"倡议，致力于成为行业内技术发展的引领者。自成立以来，平方科技一直致力于打造完整的自主研发体系。2005年，深圳市软件研发部和硬件研发中心相继成立；2008年，完成了标志性的"第一代智能卡口"项目建设——蛇口港；2011年，昆明研发部成立，主要职能是对识别算法和AI技术进行研究；2014年，为了使客户获得最大化效益，平方科技在深圳和广州分别成立解决方案研发部，专门对不同环境做出针对性的定制化解决方案。至此，平方科技拥有了三地研发中心，建立起完整的研发体系，形成了从技术应用、自主产品开发到新技术前瞻、方案整体化、方案定制化的全面技术研发体系，具备快速的功能需求开发和软件更新迭代能力。

作为一家全球领先的物流智能化信息系统专业供应商，平方科技为港口、铁路、海关等客户提供智能闸口、智能装卸、智能理货、智慧堆场、集卡车辆管理、铁路箱车管理等解决方案。通过应用AI、大数据、5G等前沿技术，平方科技赋能港口、铁路、海关等领域的智能化、信息化建设。目前，全球排名前20名的集装箱码头中超过50%采用了平方科技的智能化解决方案，产品广泛应用于超过30个国家的港口、铁路及边境口岸。

目前，平方科技在北京、上海、江苏、青岛、大连、重庆、新疆、海南、香港等地设有分支机构。平方科技秉承"以客户为中心、高效、专业"的理念，为全球客户

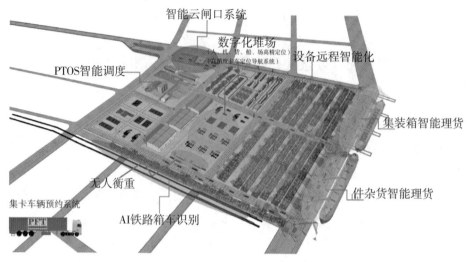

图 20 – 17   平方科技的智能化解决方案

提供卓越的产品和服务。

在陆港建设中，平方科技的产品解决方案具有广泛的应用前景和实际效果。通过提供高效、准确、智能化的产品和服务，平方科技为陆港建设和发展做出了积极的贡献。

二、主要做法

（一）平方科技的产品解决方案在陆港建设中的创新应用

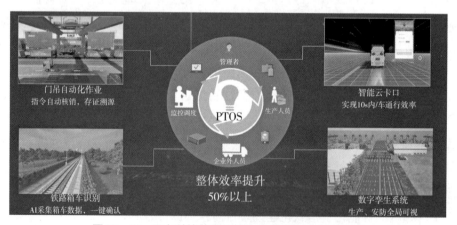

图 20 – 18   平方科技的产品解决方案在陆港广泛应用

平方科技的产品解决方案已经在多个陆港集结中心和海关监管场所得到了应用。这些解决方案的引入，大大提高了陆港的运营效率和管理水平。具体来说，云闸口操作管理系统和智能闸口控制系统可以提高闸口作业的效率和准确性，减少人为错误和延误；AI 集装箱号码识别系统、AI 线扫描集装箱识别系统、AI 正面吊集装箱识别系统、AI 轨道吊/轮胎吊集装箱识别系统和铁路火车集装箱识别系统可以提高集装箱和铁路火车的管理效率和准确性；PTOS 场站调度管理系统智慧基础建设可以实现场站作业的全面感知、智能调度和协同管理，提高场站作业的效率和准确性。

1. 智能闸口管理系统

平方科技的智能闸口管理系统是陆港建设中不可或缺的一部分。该系统通过自动化识别和验证集装箱信息，实现了快速、准确的闸口作业。在陆港的进港和出港过程中，集装箱需要经过闸口进行检验和放行。传统的人工操作方式效率低下，容易出现错误，而平方科技的智能闸口管理系统通过自动识别集装箱号码、自动验证集装箱信息等功能，大大提高了闸口作业的效率和质量。同时，该系统还具备实时监控和数据分析功能，能够实时监测闸口的交通状况、优化进出场站的车辆调度等，为陆港运营提供了更加全面和准确的数据支持。

2. AI 线扫描集装箱信息识别系统

平方科技的 AI 线扫描集装箱信息识别系统是陆港建设中提高集装箱管理效率的重要工具。该系统通过图像识别技术自动识别集装箱号码，大大提高了集装箱管理的效率和准确性。在陆港的运营过程中，需要对大量的集装箱进行管理和跟踪，传统的人工录入和识别方式效率低下且容易出错。而平方科技的 AI 线扫描集装箱信息识别系统通过自动识别集装箱号码、自动录入集装箱信息等功能，大大提高了集装箱管理的效率和质量。同时，该系统还具备自动报警和异常处理功能，能够及时发现和处理异常情况，为陆港运营提供了更加可靠的安全保障。

3. PTOS 场站调度管理系统

平方科技的 PTOS 场站调度管理系统是一个综合性的系统，主要用于管理和调度铁路场站内的各种活动。该系统利用先进的技术手段，实现了对场站内列车、设备人员等的实时监控和调度。

铁路场站调度管理系统能够实时监控列车运行状态。通过与列车运行控制系统的交互，系统能够获取列车的位置、速度、行进方向等信息，并根据这些信息进行列车调度和安排。同时，系统还能够对列车进行实时跟踪和监控，及时发现和处理列车运行中的问题，确保列车的安全、高效运行。

铁路场站调度管理系统能够对场站内的设备进行管理。该系统能够实时监测设备的状态，包括设备的运行状态、故障情况等，并根据设备状况进行维修和保养计划。此外，系统还能够对设备的性能进行评估和预测，及时发现设备存在的问题和隐患，确保设备的正常运行。

铁路场站调度管理系统还能够制订合理的作业计划。根据列车运行计划和设备状况，系统能够制订装卸车计划、检修计划等，并根据实际情况进行调整。同时，系统还能够对作业计划进行评估和优化，提高作业效率和质量。

堆场管理作为铁路场站调度管理系统重要的组成部分，它涉及对场站内货物、车辆等的存储和调度，在铁路场站调度管理系统中，堆场管理模块负责管理和监控场站内的货物存储和车辆停放。它能够实时跟踪货物的位置、数量和状态，确保货物的安全和有效存储。堆场管理还与列车调度、作业计划制订等模块紧密结合，确保货物和车辆的合理调度和运输。同时，堆场管理模块还具备优化存储空间的功能，通过对场站内的货物进行分类、分区存储，提高存储效率，减少货物积压和浪费。

铁路场站调度管理系统还具备信息共享功能。该系统能够与其他相关系统进行信息交互，实现信息的共享和协同工作，这有助于提高工作效率和减少错误，提高铁路运输的效率和安全性。

综上所述，铁路场站调度管理系统是一个集成了列车调度、设备管理、作业计划制订、堆场管理、信息共享等多项功能的系统。它有助于提高铁路场站的运营效率和管理水平，确保铁路货物运输的安全、高效运行。

4. 智能轨道吊/轮胎吊集装箱识别系统

平方科技的智能轨道吊/轮胎吊集装箱识别系统是陆港建设中实现吊装作业自动化管理的重要工具。该系统通过先进的图像识别和传感器技术，实现了对集装箱的自动识别和定位。在吊装过程中，系统能够实时监测集装箱的位置和姿态，确保吊装作业的准确性和安全性。同时，该系统还具备数据分析功能，能够为陆港运营提供更加全面和准确的数据支持。

5. 云闸口操作管理系统与智能闸口控制系统的结合应用

平方科技的云闸口操作管理系统与智能闸口控制系统的结合应用是陆港建设中实现闸口作业全面智能化管理的重要工具。通过将两个系统进行无缝对接，实现了闸口作业的全面智能化管理。在进港和出港过程中，系统能够自动完成集装箱信息的识别、验证和记录，减少了人工操作和人为错误。同时，系统还能够实时监控闸口的交通状况，优化进出场站的车辆调度，提高了闸口作业的效率和准确性。

6. PTOS 场站调度管理系统与铁路火车集装箱识别系统的集成应用

平方科技的 PTOS 场站调度管理系统与铁路火车集装箱识别系统的集成应用是陆港建设中实现场站作业与铁路运输无缝对接的重要工具。通过将两个系统进行集成，实现了场站作业与铁路运输的无缝对接。在火车进场和出场过程中，系统能够自动完成对集装箱的识别、定位和跟踪，确保了铁路运输的准确性。同时，系统还能够根据场站的实际情况和铁路运输的需求，进行智能调度和协同管理，提高了整个陆港运营的效率。

7. 车辆在途监管系统

平方科技的车辆在途监管系统是基于 Web 技术构建的应用系统，它包含一套 Web 应用平台和安全智能锁等硬件设备，在运输途中将内置 GPS 模块和移动数据网络的安全智能锁设备安装到集装箱上，实时采集到位置数据发送到平台端，与平台端各种业务数据进行关联，实现车、箱、货数据的高效监管和异常处理。本系统在保税仓以及海关指定监管场所等作业场景中实现对转关的在途监管，可以实时监控转关货物的运输情况，确保货物在运输过程中不被非法转移或盗窃。也可以实时监控从关区到自贸区、保税区的货物运输情况，确保货物在运输过程中不出现延误或丢失。

（二）平方科技对服务模式的创新

建立更加智能化的查验系统：通过引入先进的物联网技术和人工智能算法，实现海关查验的自动化和智能化。例如，利用智能识别技术对货物进行快速准确的识别和分类，减少人工操作和错误率。

加强跨部门协作和信息共享：加强海关与其他相关部门的协作和信息共享，实现信息的快速传递。通过跨部门协作，提高监管效率和质量，减少重复工作和延误。

建设场站关卡口诊断监测系统依托对接场所、海关，设置卡口协同全流程相关软硬件、网络触点。一是赋能支撑现场工作人员主动发起请求排查，提供技术手段和工具，二是支持对卡口关键链路节点设置定期自动巡查机制，三是相关卡口诊断逻辑会定位责任主体，支持对故障问题全流程全周期进行通知和跟进。

线上图形化设置场站卡口放行规则，针对不同监管业务场景配置不同放行流程，包含集装箱业务、散杂货业务、跨境电商进出口业务、保税核放单业务、邮快件业务等场景。对车牌号、IC 卡、电子车牌（RFID）、集装箱号、地磅称重、场所、卡口、车辆是否预约申报、预约状态、卡口管理系统放行状态、金二放行状态等相关放行元素进行管理，通过图形化拖曳方式实现对不同业务场景进行流程定制。不同的流程节点产生放行异常信息，可以设置相应的错误代码和提示内容，当流程卡顿时卡顿节点一目了然，可通过错误提示代码快速对问题进行定位。

三、创新成果

平方科技提供的先进的解决方案和技术应用，旨在帮助陆港实现运营的数字化、智能化和绿色化，提高其运营效率和服务质量，降低运营成本，并为陆港的可持续发展提供强有力的技术保障。

平方科技的产品解决方案在陆港建设中发挥了重要作用，提高了陆港的运营效率和管理水平。这些解决方案的引入，不仅有助于提高陆港的物流效率和服务质量，还有助于推动我国陆港建设的进一步发展。未来，随着技术的不断进步和应用场景的不断拓展，平方科技的产品解决方案将为陆港建设带来更多的创新和突破。

四、未来展望

随着技术的不断进步和陆港建设的持续发展，平方科技的产品解决方案也将不断升级和完善，以适应新的需求和挑战。未来，可以期待以下方面的改进和发展。

智能化和自动化程度的提升：随着人工智能、机器学习等技术的进一步发展，平方科技的产品解决方案将更加智能化和自动化，进一步提高陆港运营的效率和准确性。

数据共享和协同能力的增强：未来，平方科技的产品解决方案将更加注重数据共享和协同能力的提升，实现不同系统之间的无缝对接和数据共享，提高陆港管理的全面性和协同性。

绿色环保和可持续发展的考虑：随着全球对环保和可持续发展的重视，平方科技的产品解决方案将采用更加环保的技术和材料，推动陆港建设的绿色化和可持续发展。

拓展应用场景和服务范围：未来，平方科技的产品解决方案将进一步拓展应用场景和服务范围，不仅应用于陆港建设，还将应用于其他物流领域，如港口、机场等，为全球物流行业的发展做出更大的贡献。

（一）挑战与对策

在陆港建设和运营过程中，平方科技的产品解决方案也面临着一些挑战。以下是对这些挑战的分析以及相应的对策。

技术更新迅速：随着技术的快速发展，新的技术和解决方案不断涌现。平方科技需要保持敏锐的市场洞察力，及时跟进新技术的发展，并对其进行研究和应用，以确保其产品解决方案始终保持领先地位。

数据安全与隐私保护：在陆港运营过程中，涉及大量的数据和信息。平方科技需要采取严格的数据安全保护措施，确保数据和信息的保密性、完整性和可用性。同时，需要遵守相关法律法规，保护用户的隐私权。

跨地域、跨行业应用：陆港建设涉及多个地域和行业，不同的运营环境和需求对产品解决方案提出了更高的要求。平方科技需要深入了解不同地域和行业的实际情况，提供定制化的产品解决方案，以满足不同用户的需求。

培训与支持：新的技术和产品解决方案需要用户进行相应的培训和学习。平方科技需要提供完善的培训和技术支持，帮助用户更好地掌握和使用产品解决方案，提高运营效率。

针对以上挑战，平方科技可以采取以下对策。

加强技术研发和创新：加大技术研发的投入，积极跟进新技术的发展，保持技术领先地位。同时，鼓励内部创新，激发员工的创新精神，为产品解决方案的升级和完善提供源源不断的动力。

强化数据安全与隐私保护：建立完善的数据安全管理制度和技术措施，确保数据和信息的安全。加强与用户的沟通，明确数据使用目的和范围，遵守相关法律法规，保护用户的隐私权。

拓展市场和服务网络：积极拓展市场，扩大产品解决方案的应用范围。建立完善的服务网络，提供定制化的产品解决方案和服务，满足不同用户的需求。

加强培训与支持：建立完善的培训和技术支持体系，为用户提供全方位的培训和技术支持。通过线上和线下的方式，为用户提供及时、有效的帮助和指导，提高用户的使用效率和满意度。

总之，面对陆港建设和运营过程中的挑战，平方科技需要保持敏锐的市场洞察力，加强技术研发和创新，强化数据安全与隐私保护，拓展市场和服务网络，加强培训与支持。通过采取相应的对策和措施，平方科技将能够更好地应对挑战，推动陆港建设的持续发展。

（二）合作与生态建设

为了更好地推动陆港建设和发展，平方科技需要积极寻求与其他企业、研究机构和政府部门的合作，共同构建良好的生态环境。

与物流企业和货主合作：平方科技可以与物流企业和货主建立长期稳定的合作关系，共同推动陆港建设和运营水平的提升。通过合作，平方科技可以更好地了解物流企业和货主的需求，提供更加定制化的产品解决方案，提高运营效率和服务质量。

与技术提供商和研究机构合作：平方科技可以与技术提供商和研究机构建立合作关系，共同研发和推广新技术和产品解决方案。通过合作，平方科技可以加快技术研发和创新的进程，提高产品解决方案的技术水平和应用能力。

与政府部门合作：平方科技可以与政府部门建立合作关系，共同推动陆港建设和发展的政策制定和实施。通过合作，平方科技可以更好地了解政策走向和市场需求，提供更加符合政策导向和市场需求的产品解决方案，推动陆港的持续发展。

参与国际交流与合作：平方科技可以积极参与国际交流与合作，引进和吸收国际先进技术和经验，推动陆港建设和运营的国际化水平。通过参与国际交流与合作，平方科技可以拓宽视野，了解国际前沿技术和发展趋势，提高产品解决方案的国际竞争力。

📎 **案例 7**

同方威视国际陆运智慧监管创新实践案例

【摘要】

同方威视技术股份有限公司（以下简称"同方威视"）作为全球领先的安检产品和安全检查解决方案供应商，自创建以来，为全球多个国家和地区的客户提供安检领域最先进的创新技术、品质卓越的产品以及综合安检解决方案和服务。目前，同方威视系列安检产品及服务已涵盖众多重点安防机构，助力保护国境安全和人民生命财产安全，得到世界各国用户的广泛认可，并成为业界的国际知名品牌。

一、基本情况

同方威视是全球领先的安检产品和安全检查解决方案供应商。该公司创建于 1997 年，源于清华大学。同方威视立足于自主创新，紧贴客户需求，为全球 170 多个国家和地区的客户提供安检领域最先进的创新技术、品质卓越的产品以及综合安检解决方案和服务。

同方威视紧跟国际先进技术发展前沿，利用信息通信技术以及互联网平台将人工智能、云计算、大数据、物联网与安检技术和产品深度融合，为客户提供智能查验新一代高科技安全检查解决方案。

同方威视关注行业发展，紧贴市场需求，丰富产品系列，拓展新业务领域，陆续研发出了货物及车辆安全检查、行李及包裹安全检查、人体安全检查、爆炸物及毒品探测、液体安全检查、放射性物质监测以及系统解决方案等 30 多个系列 300 多个品种的具有市场竞争力和技术领先的安全检查产品，拥有全球安检行业最完整的产品线序列。

同方威视系列安检产品及服务已进入民航、海关、铁路、公路、城市轨道交通、邮政物流、公安司法、环保、核电、辐照质检、冶金、金融、大型活动赛事等众多领域，助力客户保护国境安全和人民生命财产安全，得到世界各国用户的广泛认可。

二、典型业务实践案例

江苏（苏州）国际铁路物流中心是江苏省苏州市积极响应"一带一路"倡议的项目，是江苏省 2017 年集中开工重大项目之一，致力于发展成为铁路、水路、公路多式联运的重要节点和区域性货物快速通关的集散高地。项目已被国家海关总署列入中欧班列铁路场站对外开放项目，是中国铁路总公司"十三五"期间重点建设的全国 33 个一级物流基地之一。现已经运营苏满欧、苏新亚、苏新欧等中欧班列。

为深入对接"一带一路"国家战略，大力发展多式联运，同方威视承担了该项目的整体信息化建设任务，通过与投资公司、建设公司、运营公司、地方海关以及设计公司等单位多方沟通联系，为该口岸提供了既满足海关监管要求，又符合客户需要的综合物流解决方案，为"一带一路"、长江经济带发展打下了良好的基础。项目按照海关总署政策法规和南京海关、苏州海关的监管要求，完成了信息化整体设计方案，主要建设框架如图 20 – 19 所示。

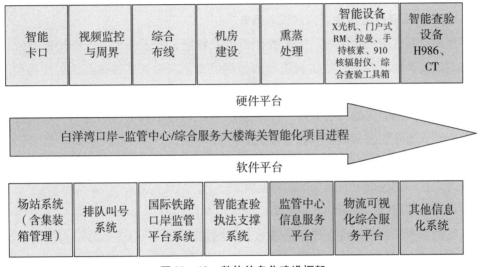

图 20 – 19 整体信息化建设框架

（一）海关及各类信息平台系统

根据海关（含原国检）要求，此项目包含：监管场站系统（含集装箱调度系统）、铁路口岸监管平台、智能查验执法支撑系统、公共信息服务平台、铁路口岸智慧政务服务系统、客户关系管理系统，以及相关的国检设备，包括：熏蒸设备、多功能放射性检测仪、综合查验工具箱、铁路口岸自助服务终端（检验检疫）。

监管场站系统能够进行核放单申报，与智能卡口系统南京海关卡口集中监控系统、南京陆运系统进行无缝对接；公共信息服务平台除实现基本功能外，还支持结合视频融合及全景业务展示进行数据平台交互及对接服务，例如，海关系统数据交互、场站系统数据交互、一站式录入平台数据交互、e – CIQ 主干系统数据交互、苏满欧系统数据交互、移动查验数据交互、其他系统交互；铁路口岸智慧政务服务系统通过对接实现平台间信息的共享互换，为企业提供多种信息查询途径，提高了企业工作效率，真正实现企业服务"一个窗口"；铁路口岸监管平台建立了中欧货运班列检验检疫标准数据接口规范和中欧货运班列检验检疫监管系统申报、查验、放行的数据格式。实现与报关公司系统、关检共享库系统的对接，收集中欧班列数据，通过中欧班列检验检疫监管系统，进行出境/入境/过境数据申报、查验、放行操作；智能查验执法支撑系统最终实现全过程无纸化监管、技术互动、专家指导和建立数字标本、专业数字标本库等科学执法要求，实现监管部门的高效监管、高效通关，打造智能口岸，真正实现了智慧协同的监管执法体系。

（二）海关查验设备

1. 门户式车辆放射性物质监测识别设备

采用高灵敏度伽马探测器、中子探测器以及特别设计的算法，能够快速有效且无损地对通过的车辆及其装载的货物进行放射性检查，判断其是否藏有放射性物质，并实现核素分辨，从而为有效防范放射性物质的非法携带提供了高效可靠的安检手段。此设备适用在陆路、海运等各类口岸，对进出境货物和车辆进行检查，可以检查集装箱卡车、厢式货车、大型客运车辆等各类车辆。

产品特点：

在无人值守的情况下自动完成监测报警；

使用高性能射线探测模块，具有极低的误报率；

实时动态本底监测，确保报警阈值随本底波动动态更新；

先进的能窗分析技术，帮助辨别天然放射性物质（NORM）和特殊核材料（SNM）；

先进的探测器 LED 自检功能，有效简化系统的校正工作；

可实现多点布控和远程操作；

速度监测和可疑放射源的定位参考功能；

抗干扰能力强，可适用于光、雾、雨、雪等条件恶劣的自然环境。

2. 双视角 X 光机

双视角型 X 射线检查设备具有先进的物质识别功能，能够根据被检物的有效原子序数，分辨出有机物、无机物和混合物（或轻金属），并在图像上赋予不同的颜色，有助于操作人员对图像进行识别和判断。且设备采用两组独立的源探结构，可提供侧视角、顶视角的图像，并分别显示，能够有效避免由于物体重叠带来的读图困难，从而更加准确有效地识别危险品和违禁品。适用于托运行李包裹以及货物的安全检查和海关查验，同时也具有爆炸物和毒品辅助探测及报警功能。

产品特点：

极低的环境辐射剂量率，设备周边辐射剂量率接近天然本底水平，符合所有国际、国内健康安全标准。

根据人体工程原理设计专用键盘、图像显示及人机交互界面，设备操作更加简单和人性化。

图像放大区域任意选取，提供连续放大、逐级放大、局部放大（类似放大镜功能）多种放大模式，结合缩微窗功能，使图像放大操作更方便、更高效。

检查图像自动存储，同时提供手动选择存储功能，可以将选定的图像或图像局部区域存储到指定文件夹。

支持将专用图像格式转换为 JPG、BMP、PNG 等通用图像格式；支持将图像转存至 USB 存储设备。

采用 Windows 软件操作系统，系统运行稳定、系统恢复非常便捷。

支持双向扫描功能，可以对任意方向传送的物品进行扫描并成像。

基于计算机平台，提供以网络应用为载体的远程协作检查模式，以及图像传输和集中存储功能。

采用模块化设计，并提供 X 射线源、探测器阵列、专用键盘等关键部件的测试诊断功能，使设备故障诊断及维修更加准确和快捷。

3. CT 型行包/货物智审系统

系统创新性地融合了双能材料识别技术和螺旋 CT 扫描技术等尖端科技，可获取被检物品密度、原子序数和形状等多维信息，实现对被检物品中藏匿的海关重点关注的爆炸物、液体爆炸物、毒品等违禁品的自动识别、智能审图，并准确标出嫌疑物所在位置。系统可提供被检的彩色高清 DR 图像、CT 切片图像和三维图像，对有机物、混合物和无机物进行辨别并呈现不同颜色，高清三维图像可 360°旋转，不受物品重叠、金属遮挡因素影响，图像直观生动，更好地满足海关现场的监管需求。

产品特点：

可 360°旋转的高清三维图像。可从任意角度查看被检物品图像，不受重叠遮挡因素影响，图像直观生动，违禁品不易遗漏。

清晰的 CT 切片图像。可显示被检物品内部断层截面信息，更容易发现以夹藏方式藏匿以及以特定角度摆放的违禁品。

独立的双能 DR 扫描系统。生成高清的 DR 二维图像，提供更丰富的图像细节，易看清粉末状物品纹理细节等。

实用的软件功能。独有的三维测量、三维标记和三维超级穿透等实用的三维图像处理功能，为判图人员提供更有效的判图有段。

强大的集成和联网管理功能。可集成应用于自动化货物分拣和机场先期机检等系统；同时具备联网功能，不仅可以实现设备的远程集中判图、远程操作、远程诊断等功能，还可以通过云技术实现跨区域的数据共享。

自学习功能。随着人工智能科学的发展和系统查验数据的日益丰富，机器自学习功能将日益增强。在不改变系统硬件的情况下，系统智能化程度将不断提高，智能查验效率不断提升。

违禁品/应税品自动探测。系统采用双能 CT 技术，通过测得被检物原子序数，密度和形状等多维度信息，能实现自动探测违禁品/应税品，满足海关各类行邮物品的监管。

4. 智能分析仪

针对 X 光安检机图像自主研发的最新一代集成式智能检查服务器设备。可实现对于多种违禁品的自动识别，智能识别检出率高，误报率低。该设备以专有硬件平台为基础，采用深度学习、模式识别、数据分析等先进智能技术，面向安检查验业务场景进行深度优化而研发的高可用的智能产品。该设备可集中、统一地部署于用户指定的机柜、机架或其他现场地点，易于统一管理与维护，为 X 光查验设备提供出色的智能分析能力，极大地提升了查验的智能水平，提高了查验效率。

产品特点：

广泛的智能识别范围。能自动识别多种违禁品，识别算法种类可根据用户需求灵活配置，满足多种场所对违禁品检查的不同需要。

高准确率检测算法。威视自主研发的基于海量安检图像训练的机器学习识别算法性能优越，对违禁品识别的检出率高，误报率低。

强大的并发能力。在不同的硬件条件下，可针对多台安检设备提供嫌疑物智能检测服务。

实时的在线检测服务。为客户现场的安检工作，提供实时的过检物品嫌疑物检测，检测结果可以百毫秒级别时间通知客户（具体时间根据硬件及对接系统而定）。

集中的部署方式。可集中部署于客户指定的机房或其他场所，便于硬件设备管理与维护。

支持多种 X 光图像格式。可识别多种图像格式，如 JPG、PNG、RGB、IMG 等。适用性广，可对接多种查验系统。

灵活的配置功能。可根据现场不同的查验需求对商品识别的范围进行灵活的实时调整。

优异的集成能力。可并行处理多台 X 光查验设备图像数据，针对查验业务流程和特点进行开发，可与查验业务流程和业务平台进行集成，支持与多种系统进行互联。

灵活的定制能力。根据客户的业务量，定制服务器的硬件方案，在满足客户需求的前提下，降低客户成本。

5. 车载移动式集装箱/车辆检查系统

车载移动式集装箱/车辆检查系统，是世界首创的以加速器为辐射源的车载移动式集装箱/车辆检查系统，采用最新的交替双能成像技术，通过不同的等效原子序数，区分出有机物和无机物，并标注出特定的颜色，为检查人员能够快速检查出藏匿在车辆及集装箱中的走私物品和各类违禁物提供有力帮助。

产品特点：

物质识别。系统采用双能透视成像技术，可区分有机物、无机物和混合物，并使用不同颜色标识，有效查验藏匿在货物/车辆中的违禁品和危险品。

强大的图像处理功能，友好的操作界面。系统提供功能强大的图像处理工具，方便检查人员快速识别及标记货物内的各类违禁物品。用户界面清晰、便捷，操作简单方便。

灵活的工作模式。系统具有灵活可选的扫描模式，标准扫描模式提供最优的图像；快检扫描模式可以实现更高通过率。

多功能集成。系统可集成车牌识别、箱号识别、放射性物质监测等多种辅助查验设备，为用户提供丰富全面的被检货物信息。还可选配无线通信系统，实现远程检查、远程检入和数据交换。

安全的辐射标准。系统辐射防护设计安全可靠，配备视频监控系统、广播系统、安全联锁等安全保障装置。所有辐射防护指标符合 WHO、IAEA、ICRP 规定的辐射防护标准。

6. 手持拉曼设备

产品采用拉曼光谱分析技术，通过采集被测物的拉曼光谱，并通过算法和数据库中的光谱进行匹配，对物质进行快速准确识别。能够对液体和固体样品进行检测，通过分析检测结果，能够显示被测物质的具体名称，并给出测试的拉曼谱图以及被测物质的 CAS 编码。可在现场快速无损地识别包括芬太尼在内的各类毒品和易制毒化学品，并可用于对爆炸物的筛查。产品取得公安部检测中心的检测报告，适用于禁毒、反恐、缉私、安监等领域。

产品特点：

可透过玻璃、信封、塑料等包装直接检测。

内置显微成像功能，准确聚焦光束，方便检测现场残留的微量样品。

自动校准光路，避免人为操作失误，检测结果准确。

具有专利的安全检测模块，避免引燃或者破坏样品，确保操作人员安全，体积小、重量轻，适合手持操作。

可无线充电，随取随用，满足一天的检测工作需要。

证据链完整，将检测结果、样品照片、定位信息生成检测报告。

多种数据传输方式，可将检测报告及时上传至云端。

（三）智能卡口

本项目设计的智能卡口包括：主卡口和铁路卡口。智能卡口主要由前端采集系统和集中监控中心系统两部分组成，能实现高度自动化操作，可尽量减少和控制人为干预，提高通行速度和效率。

智能卡口系统通过车道代理和识别代理组件，软件安装部署在服务器上，通过网络与车道前端的一体机柜设备相连，实现和所有前端设备之间的数据采集、放行控制等功能。系统实现对通道集装箱号、电子车牌号、光学车牌号、二维码、地磅称重等进行实时、高效、可靠的识别采集，并接受卡口物流监控平台的验放信息，控制前端LED显示、语音播报、电子档杆等设备，指示车辆的验放。对于同一申报单多辆车的情况，支持进行系统定制化开发，实现查验一辆放行一辆，避免由于车辆积压影响通关效率。

（四）视频监控系统、机房建设系统、综合布线系统

此部分为综合安防弱电工程，包含：视频监控与周界防范系统、综合布线系统和机房工程系统，需要对接海关总署金关二期海关监控指挥中心信息系统平台，因此需要海关项目实施经验的公司，并具备对接能力。

本项目视频监控系统包括：海关监控指挥中心围网的视频监控红外报警与广播系统查验仓库及海关业务厅视频监控系统，监管仓库视频监控系统，熏蒸处理场地视频监控系统。其中海关监控指挥中心包括综合视频控制系统、大屏控制系统、综合报警管理系统，本方案技术路线与苏州海关现有视频管理平台一致，且无缝对接。

项目综合布线系统包括：场所内建设了查验库及海关业务厅卡口监管仓储等建筑综合考虑办公人员的网络及电话使用要求，并且要满足各业务单位对不同网段划分的要求，综合考虑建筑群间、办公区域、休息区域信息点和机房间线路铺设。

项目机房建设系统包括：海关监控指挥中心、海关信息机房、UPS机房、卡口机房、容灾机房与楼层弱电间，机房均使用指纹门禁系统。机房建设按照《数据中心设计规范》（GB50174—2017）规定的C级标准建设。

三、国际陆运智慧监管

同方威视有着多年服务"一带一路"的历史，十年以来，同方威视积极响应国家"一带一路"倡议。其中，同方威视华沙公司是中国与"一带一路"共建国家实现共

建共赢的鲜活实践，是最早在波兰投资的中国企业之一。近 20 年，同方威视华沙公司由小到大，不断扩大投资规模，正是"中国技术、波兰制造、服务欧盟"的良好合作典范，被波兰主管政府官员称为"最重要、最成功的招商引资项目""中国对波兰直接投资的里程碑"。

为更好地持续发展，同方威视深耕当地，建成了覆盖全球 170 余个国家的全球售后服务网络，设立了遍布五大洲的 40 多家分支机构，4 个生产基地，3 个研发中心以及 1 个物流基地，形成了国内南北两翼、海外多个生产工厂的布局，初步形成了面向全球的供应链和制造支撑体系，覆盖全球、服务世界。

近年来，中欧班列快速发展，已经成为亚欧大陆货物贸易通道的最主要交通工具，同方威视的火车查验系统能够实现高速列车的顺势查验，是海关对中欧班列进行监管的核心装备。目前，同方威视火车查验系统已经覆盖了欧亚大陆的各火车沿线，也被央视选为中国智慧造福世界的典型事例。

除设备外，同方威视积极参与中国海关"关铁通"项目，以安全智能锁作为监管及运行数据共享载体，利用物流监管平台核心部件安全智能锁，完成业务数据和图像存储、卫星定位、移动通信、多类型报警、Wi-Fi 等功能，实现物流运输监管的可视化和智能化，可实现中欧班列沿线国家海关的信息互换和监管互认，提高中欧班列的全程通关效率和便利化水平。目前，中哈海关推进的关铁通项目，已经采用了这个技术模式，大大提高了中欧班列（重庆）通关时效。

同方威视拥有众多参与国际海关监管能力共建的实施案例，比如，哈萨克斯坦国家光明之路的重点工程——海关口岸现代化建设项目，同方威视承担了哈萨克斯坦国家智慧海关现代化建设总包项目，包括哈国海关现代化建设、12 个边境公路口岸的海关技术装备升级，口岸自动化通关集成系统。有效提升了通关效率，成功达成哈国海关对口岸现代化改造的期望；波罗的海三国海关互联平台项目，实现了立陶宛、拉脱维亚、爱沙尼亚三国海关的数据共享和互联，提升三国间信息互换、执法互认的跨国合作能力；新加坡海关移民局查验信息化项目，实现新加坡边境高流量口岸车辆的高速验放和顺畅通关。

同方威视的产品与服务从"一带一路"共建国家的海关口岸开始，不断扩展至民航、大型活动等各个领域，范围和影响持续扩大，已经成为打恐缉私，保障安全的中国科技力量和国际知名品牌。

四、创新成果

（一）国内陆港智慧监管稳步推进

同方威视顺利建设完成国内首个关检合并综合解决方案——江苏（苏州）白洋湾

口岸监管中心信息化建设项目，所有的设备和系统按照海关要求配置和调试完成，项目顺利通过了海关验收。该项目建成后，进一步完善了白洋湾作业区综合物流发展和集疏运体系，助推江苏（苏州）国际铁路物流中心高质量运营，为该口岸提供了既满足海关监管要求，又符合客户需要的综合物流解决方案，为"一带一路"、长江经济发展打下了良好基础，保障了国际货运畅通。

近年来，同方威视还承建了汕头保税物流中心（B型）信息化建设项目、拉萨综合保税区信息化建设项目、梅州综合保税区信息化项目、腾冲口岸智慧化通关项目、磨憨铁路口岸项目、湖北鄂州顺丰机场转运中心项目等，打造了保税仓/保税物流中心/综保区/国家指定监管场所等多个创新标杆项目。

（二）国际查验网络积极建设

基于对"一带一路"市场的实践，同方威视推出了中欧班列2.0可视化物流平台、"关铁通"等综合解决方案以及中欧班列2.0版智能集装箱系列终端设备。2017年11月，海关总署与重庆市合作开发"关铁通"智能关锁，已与哈萨克斯坦海关测试成功。海关人员只需轻轻一扫，即可完成烦琐的通关查验，并且在亚欧海关间实现了"信息互享、监管互认、执法互助"，国外海关直接凭数据进行货物放行，大大节约了物流时间。同方威视为中欧班列沿线国家海关的信息互换和监管互认提供了可靠的技术方案，为中欧班列沿线国家间的边境监管及快速通关提供了巨大便利。

经过20余年发展，同方威视作为全球领先的安检解决方案供应商，为全球170多个国家和地区提供了共计50000多套安检设备。根据国际权威研究机构OMDIA发布的行业分析报告显示，同方威视在全球安检市场已多年连续排名前三，破除了几十年来欧美企业对这一领域的垄断记录，车辆货物检查系统连续11年位列全球第一。近十年，威视依托国家"一带一路"倡议的东风，海外业务不断发展壮大，市场足迹从最初的61国/65国，发展到现在的135国/152国，覆盖占比高达近90%。威视业务"走出去"之势已渐成规模。

五、未来目标

"一带一路"越走越宽，智关强国时不我待。科技自立自强，建设智慧监管，是实现国际陆运高质量发展的必由之路，同方威视也将一如既往的砥砺攻坚，为陆港建设、外贸高质量发展和贸易便利化贡献力量。

（一）技术创新推动解决方案扩展

为了保持竞争力，同方威视将不断整合其他先进技术，如人工智能和大数据分析等数字化信息技术，为客户提供更智能化的解决方案、推动智慧监管的提升。从核心装备到整体解决方案，面向货物通关、特殊监管区域、跨境电商、跨境通关物流等各类海关监管业务场景，发挥同方威视的数字化技术优势，与陆港已有的或者未来将要建设的各类先进的基础信息化技术相结合，提供数据赋能平台，打造全面的数字化监管体系，为国际陆运高质量发展奠定坚实基础。

（二）建立连通扩大业绩范围

随着"一带一路"的快速发展，同方威视可与更多国家和地区建立连通网络，加强拓展与更多国家和地区的合作。为不同国家和地区的监管需求提供定制化的查验监管手段，并为他们的货物贸易提供高效的监管查验和物流解决方案。

（三）拓展合作网络

为了在市场推动方面取得更好的效果，同方威视可以积极寻求与其他国际监管机构、物流公司和相关行业的企业建立合作关系。通过与更多合作伙伴的合作，共同推动国际货物贸易的便利化和安全化。

📎 案例 8

新疆国际陆港（集团）有限责任公司创新实践案例

【摘要】

党的十八大以来，新疆国际陆港（集团）有限责任公司深入贯彻落实习近平总书记"加快推进丝绸之路经济带核心区建设"重要讲话精神，按照新疆维吾尔自治区党委工作部署，依托新疆建设丝绸之路经济带核心区交通枢纽中心和商贸物流中心的重要承载平台——乌鲁木齐国际陆港区，打造中欧班列乌鲁木齐集结中心，多措并举推进中吉乌通道提质增效，拓展国内外物流网络，提升国家物流枢纽承载能力，助力通道经济向枢纽经济转变，积极打造覆盖全疆、辐射全国、联通欧亚的立体化综合交通体系，合力建设"通道＋口岸＋枢纽＋网络"现代物流运行体系，为丝绸之路经济带核心区建设和"一带一路"高质量发展贡献陆港力量。

一、基本情况

党的十八大以来，习近平总书记高度重视新疆工作，从战略和全局高度审视、谋划、部署新疆工作。2013 年习近平总书记提出共建"一带一路"重大倡议之后，2014 年第二次中央新疆工作座谈会明确要将新疆建设成丝绸之路经济带核心区。2022 年 7

月 12 日，习近平总书记来到乌鲁木齐国际陆港区视察，听取陆港区整体建设发展情况介绍，并通过实时画面察看中欧班列（乌鲁木齐）集结中心各功能区和阿拉山口口岸、霍尔果斯口岸现场作业情况。习近平总书记强调"随着我国扩大对外开放、西部大开发、共建'一带一路'等深入推进，新疆从相对封闭的内陆变成对外开放的前沿，要推进丝绸之路经济带核心区建设，把新疆的区域性开放战略纳入国家向西开放的总体布局中，创新开放型经济体制，加快建设对外开放大通道，更好利用国际国内两个市场、两种资源，积极服务和融入新发展格局"。

位于新亚欧大陆桥、中蒙俄、中国－中亚－西亚经济走廊、中巴经济走廊的交汇区，乌鲁木齐国际陆港区是新疆建设丝绸之路经济带核心区交通枢纽中心和商贸物流中心的重要承载平台，是落实新疆"一港、两区、五大中心、口岸经济带"对外开放格局的重要抓手。

二、主要做法

（一）协力共助西部陆海新通道高质量发展

按照"统一品牌、统一规则、统一运作"原则，秉承共商共建共享，立足于新疆，服务于新疆和通道建设全局的定位，新疆国际陆港集团与陆海新通道运营有限公司共同出资成立陆海新通道运营新疆有限公司，以降低物流成本，提高物流效率，提升便利化水平为着力点，以开行陆海新通道新疆班列为切入点，以区域、行业合作为立足点，发挥规模经济效益，承担跨地区省市联动及国内干线运输，服务并促进全疆物流和商贸经济发展。

图 20－20　乌鲁木齐国际陆港型区

　　依托乌鲁木齐陆港型国家物流枢纽资源要素，用足、用好地域优势、产业优势、物流资源优势及沿边优势等，充分发掘新疆与RCEP各国之间的贸易物流需求，积极推进新疆经重庆至广西钦州港出口至RCEP成员国的铁海联运班列业务，线路常态化运营后可充分发挥枢纽＋通道优势互补作用，实现"一带一路"和长江经济带的协同衔接，有效助力新疆地产化工品出疆、出国。与此同时，新疆国际陆港集团扎实推进新疆特色产品进出口贸易，2022年6月开行了首趟新疆－重庆－泰国曼谷的卡班冷链运输业务以及新疆农副产品和煤炭组合测试列车，充分利用新疆本地资源及能源优势，探索"组团出疆"新模式，进一步提升运输效率，扩展新疆本地产品外运销路。2022年7月，新疆国际陆港集团与新疆吉木乃县人民政府、新疆吉木乃边境经济合作区、重庆国际物流枢纽园区、陆海新通道运营有限公司共同签署了多边《共建陆海新通道"通道＋口岸＋枢纽＋网络"战略合作协议》，合力建设"通道＋口岸＋枢纽＋网络"现代物流运行体系，为RCEP区域过境货物及沿线地区的高附加值产品经新疆出口欧洲提供稳定保障，服务和促进通道沿线区域经济发展。

（二）多措并举推进中吉乌通道提质增效

图20－21　乌鲁木齐多式联运中心

　　在乌鲁木齐海关、乌昌海关的大力支持下，新疆国际陆港集团正在积极推进中吉乌通道公铁联运业务。推动中吉乌通道建设是响应国家关于积极探索运输新业态要求的创新措施，也是推进国家物流枢纽建设、有效丰富乌鲁木齐国际陆港区跨境运输途径的重要手段，有利于进一步提升枢纽集货能力，推动产业聚集，推动形成以乌鲁木齐为中心，延边口岸为核心支点的国际货运综合服务平台，进一步增强国家物流枢纽的服务能力和承载能力。同时，借助中吉乌公铁联运通道，进一步拓展，向西开放新空间，促进国际贸易自由化便利化双向流通，为保障产业链供应链畅通、良性运转注入合作交流新动力。下一步，新疆国际陆港集团将依托口岸通关模式的创新，加强货源的组织、运输周期的优化，最大限度地发挥区位、地缘和通关优势，提升组货能力和辐射效应。

2023 年新疆国际陆港集团多次前往口岸开展调研，并明确以资源共享、优势互补、合作共赢为原则，以"畅通道、搭平台、引流量、活存量"为目标，加强口岸联动和场站运营方面等合作，依托运营和信息化平台建设，进一步完善境内外通道网络，集聚进出口货源流量。

（三）以优做强，聚力中欧班列南通道

为进一步强化枢纽服务水平和承载能力，助力产业集聚，推动区域外向型经济增长，通过对疆内产业结构与进出口货物发运需求梳理分析，结合现有班列线路铺画与业务匹配，新疆国际陆港集团着力打造中欧班列南通道跨两海精品班列线路。由霍尔果斯口岸出境，由哈萨克斯坦阿克套跨里海经阿塞拜疆到达格鲁吉亚波季港，并根据业务实际需求，通过海、公、铁多种联运方式将货物运输至目的地。此条线路可辐射高加索、西亚、欧洲南部的国家和地区，里程约 1.3 万公里，目前该线路双向对开、重去重回的开行格局已初步形成。

打造跨里海精品班列线路能够充分发挥新疆中欧班列跨里海至西亚、欧洲线路运营的天然比较优势，形成集约化、差异化发展路径，力争将陆港区打造成为国内面向跨两海区域货物的集结、分拨、仓储、交易中心，切实推动区域产业结构升级和外向型经济增长。

三、创新成果

近年来，新疆加快推进丝绸之路经济带核心区建设，进一步发挥新疆向西开放的优势，打造内陆开放和沿边开放的高地。乌鲁木齐国际陆港区中欧班列开行量连续 5 年超千列规模，2019 年获批陆港型国家物流枢纽，首创的中欧班列"集拼集运"组织模式被列入国务院自由贸易试验区第五批改革试点经验在全国复制推广；2020 年中欧班列（乌鲁木齐）集结中心入选全国 5 个首批中欧班列集结中心示范工程；2021 年新疆国际陆港集团荣获国家物流枢纽建设运营标杆企业称号，2022 年国务院第九次大督查对自治区突出重点推动中欧班列高效开行给予表扬通报，新疆国际陆港集团获评中国开发区协会陆港分会优秀会员单位。作为乌鲁木齐国际陆港区投资、建设、运营的平台公司，新疆国际陆港集团积极拓展国内外物流网络，加强运输组织，积极打造覆盖全疆、辐射全国、联通欧亚的立体化综合交通体系，提升国家物流枢纽承载能力，

助力通道经济向枢纽经济转变。目前已形成国际陆路干线通道网络枢纽组织、中欧班列集拼集运、境内外物流信息互联互通的国际物流服务体系，海关、铁路等单位提供24小时通关服务，实现班列"到达、装卸、编解、查验、发运"高效作业。截至2023年4月，乌鲁木齐国际陆港区累计开行中欧（中亚）班列6800余列，开行班列线路达21条，通达欧亚19个国家、26个城市；服务保障出口国际公路车辆超3万辆次。

四、未来目标

从驼铃声声，到车流滚滚；从"春风不度"的边陲，到对外开放的前沿，新疆经历沧桑巨变。新疆国际陆港集团将坚决贯彻落实第三次中央新疆工作座谈会议精神和习近平总书记在视察乌鲁木齐国际陆港区时的重要讲话和重要指示精神，以更加奋发有为的姿态，积极融入和服务新发展格局，持续推动国家物流枢纽建设，助力建设区域协同、网络融合、集约高效、集成创新、智慧绿色、安全韧性的现代流通体系，为丝绸之路经济带核心区建设和"一带一路"高质量发展贡献陆港力量。

📎 案例 9

捷时特物流中吉乌公铁多式联运示范工程创新实践案例

【摘要】

捷时特物流有限公司（以下简称"捷时特物流"）成立于2002年，是全国首家中外铁路合资的物流企业。自2016年起，捷时特物流相继在甘肃、宁夏、青海等地开行中欧（中亚）国际货运班列和陆海联运新通道国际多式联运班列，同时在全国范围内率先开行国际公铁多式联运班列。作为"打造中吉乌公铁联运服务'中欧班列'国内国际双循环多式联运示范工程"申报牵头单位，捷时特物流积极开展中吉乌国际班列示范工程建设，努力构建无缝衔接、高效运作的多式联运服务体系，为打通中欧班列境外南通道、完善我国东西互济对外开放格局、培育亚欧大陆新的物流运输通道提供新动能，成为服务"一带一路"国际运输通道的重要践行者和多式联运企业经营人龙头企业。

一、基本情况

捷时特物流是由原中国国家铁道部国际合作司同加拿大太平洋铁路（亚洲）公司（北美六大一级铁路公司之一，市值超过2000亿人民币），于2002年共同出资组建的全国首家中外铁路合资的物流企业。

目前，捷时特物流中方股东为中铁集装箱运输有限责任公司（以下简称"中铁集装箱"），中铁集装箱是隶属中国国家铁路集团有限公司的国有大型集装箱运输企业，是中国中欧（中亚）班列全程经营服务平台，中欧班列运输协调委员会秘书处单位，注册资金 39 亿元人民币，资产规模 129 亿元人民币。中铁集装箱作为捷时特物流中方股东，为捷时特物流主营业务发展提供物流网络、铁路运力资源、跨境多式联运、信息化服务等，为捷时特物流的发展、境内外项目扩张提供了巨大支持。

目前，捷时特物流外方股东为嘉里物流（中国）投资有限公司（以下简称"嘉里物流"），嘉里物流总部设于中国香港，在大中华和东盟地区拥有庞大的业务网络，在全球 51 个国家和地区有逾 1000 个服务点，以及跨越六大洲的供应链和物流服务网络，年营业额超 200 亿元人民币，年核心净利润近 20 亿元人民币。2017 年 5 月，嘉里物流接替加拿大太平洋铁路公司，成为捷时特物流外方股东，致力于利用自身物流网络与资源，为捷时特物流的发展再助力。

捷时特物流总部位于兰州，下设 3 个分公司、2 个合资公司、7 个办事处。捷时特物流作为西部地区重点外贸企业、外贸综合服务企业，自 2016 年起，相继在甘肃、宁夏、青海、山西、四川、江苏等地，开行中欧、中亚国际货运班列和陆海联运新通道国际多式联运班列，并在全国范围内率先开行国际公铁多式联运班列，是国内唯一同时开行铁路全程集装箱班列经西藏日喀则地区吉隆口岸至尼泊尔、新疆喀什地区红其拉甫口岸至巴基斯坦的多式联运班列的公司。捷时特物流连续多年被国家税务机关评定及批准为"纳税信用等级评定 A 级单位""出口退税一类企业"，并于 2018 年通过认证成为海关 AEO 认证企业。2019 年捷时特物流主营业务收入超 11 亿元，近三年每年业务增速达 30% 以上。

二、主要做法

（一）总体思路

为了贯彻新发展理念，构建国内大市场、国内国际双循环的新发展格局，保障中欧班列畅通、安全、高效，捷时特物流与中铁多联、喀什交投共同合作，以服务"一带一路"中欧班列高质量发展为主线，打通中吉乌国际多式联运通道，从喀什经伊尔克什坦口岸联通乌兹别克斯坦安集延，开展中吉乌国际公铁联运，以伊宁经都拉塔口岸联通哈萨克斯坦开展中哈欧国际公铁联运，不仅保障中欧班列北通道、中通道安全畅通，缓解霍尔果斯、阿拉山口口岸的通行压力，同时，为打通中欧班列境外南通道，完善我国东西互济对外开放格局，培育亚欧大陆新的物流运输通道提供新动能。

捷时特物流中吉乌公铁多式联运示范工程以"新丝绸之路经济带""西部大开发""黄河流域高质量发展"等发展战略为背景，依托甘、青、宁、新疆西部地区特别是兰州、乌鲁木齐西北地区重要交通枢纽及"一带一路"通往中亚、南亚、欧洲"黄金通道"的战略性地理位置，以辐射带动区域内的各项产业发展为基础，建立无缝衔接、高效运作的多式联运服务体系，培育核心竞争力，降低物流成本，带动西部地区经济发展。

以"一通道、两平台、三基地、两保障"即"一带一路"中欧班列为核心，以多式联运信息服务平台、多式联运通道合作协同平台为支撑，以兰州国际陆港、乌鲁木齐国际陆港中欧班列集结中心、喀什多式联运枢纽中心为基地，以"一单制"电子运单和多式联运企业经营人龙头企业为保障的多式联运示范工程创建。

（二）实施原则

为加快建设基地重点工程，实现示范工程预期目标，示范工程建设以总体思路为指导，战略定位为导向，确立如下实施原则。

1. 通道枢纽，协同发展

"一带一路"倡议和西部陆海新通道发展战略，为西部地区经济发展带来重大机遇，本示范工程立足于国家物流枢纽城市兰州，并依托中欧班列集结中心乌鲁木齐国际陆港，以保障通道畅通为核心，以发展多式联运为抓手，串联起西部区域通道内的枢纽资源、产业资源、运输资源、贸易服务资源，实现通道境内外联动、区域协同发展。

2. 节能减排，绿色发展

以推进节能减排、绿色发展为原则，通过喀什多式联运枢纽中心规划布局，以及整合通道内既有铁路场站、口岸边境的海关监管区等基础设施升级改造，加强绿色低碳的理念，使用节能环保新技术、新装备，助力西部地区大宗货物物流绿色、低碳、循环发展，为实现碳达峰、碳中和发展目标做出贡献。

3. 智慧引领，科技创新

通过运用物联网、云计算等现代信息技术，结合业务形态，整合物流、商流、资金流和信息流，构建智慧物流多式联运信息平台，通过与海关、口岸的信息对接与智慧化运作，实现多式联运全过程的"一单制"电子运单。

（三）依托通道与示范线路

1. 依托通道

其中国际通道有新亚欧大陆桥通道、中国－中亚－西亚陆路国际运输通道；国内通道包括西部陆海走廊、大陆桥走廊、京藏走廊、沿边通道。示范工程通过多条通道联通东西、纵贯南北，覆盖了包括"一带一路"西部沿线枢纽地区、京津冀、长江经济带、成渝双城市群等主要经济圈。

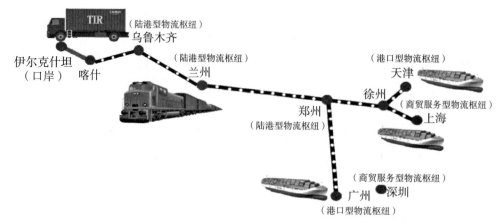

图 20-22　中吉乌通道示意图

（1）国际运输通道

根据《国家综合立体交通网规划纲要》，本示范工程中的中吉乌、中哈欧国际班列公铁联运主要依托中国-中亚-西亚、新亚欧大陆通道。该规划纲要指出要发展多元化国际运输通道，发展以中欧班列为重点的国际货运班列，促进国际道路运输便利化。

（2）西部陆海走廊

本示范工程中的南向通道铁海联运示范线路主要依托西部陆海走廊。

根据《国家综合立体交通网规划纲要》西部陆海走廊，路径1：西宁经兰州、成都/重庆、贵阳、南宁、湛江至三亚。路径2：甘其毛都、银川、宝鸡、重庆、毕节、百色至南宁。

（3）大陆桥走廊

本示范工程中的中吉乌、中哈欧公铁联运示范线路的国内运输主要依托大陆桥走廊。

大陆桥走廊自连云港经郑州、西安、西宁、乌鲁木齐至霍尔果斯/阿拉山口。该条走廊由陇海铁路、兰新铁路、兰新高铁、宝兰高铁、兰张高铁、G30 连霍高速公路和G312 线（上海至伊宁）等运输线路组成，向西连接乌鲁木齐，经霍尔果斯、阿拉山口等陆路口岸，与中国-中亚-西亚国际走廊连接，向东经关中平原连接长三角及其他沿海地区。南线辅助通道由酒嘉至敦煌经若羌铁路连接南疆至喀什通道，并经伊尔克什坦、吐尔尕特、红其拉甫等沿边口岸与中吉乌、中巴国际走廊连接。北线辅助通道由兰州经平凉、庆阳至延安铁路连接黄河"几"字弯城市群、山西中部地区、京津冀城市群及其他沿海地区。

（4）京藏走廊

本示范工程中的南向通道铁海联运以及宁夏至华北地区大宗商品"散改集"

示范线路。

国内运输部分依托京藏走廊，京藏走廊自北京经呼和浩特、包头、银川、兰州、格尔木、拉萨至亚东。该条走廊由唐包铁路、包兰铁路、兰青铁路、青藏铁路、G6京藏高速等经北京至西藏，并向境外延伸至尼泊尔等南亚地区。在兰州与西部陆海新通道交会，通过兰渝铁路、兰合铁路打通与成渝双城市群、北部湾城市群的联系。

（5）沿边通道

沿边通道自喀什至土尔尕特的公路运输区段打通本示范工程中吉乌通道喀什至伊尔克什坦路线。

沿边通道自黑河经齐齐哈尔、乌兰浩特、呼和浩特、临河、哈密、乌鲁木齐、库尔勒、喀什、阿里至拉萨。支线1：喀什至红其拉甫。支线2：喀什至吐尔尕特。形成了"中吉乌"通道，缓解了阿拉山口、霍尔果斯等口岸的进出口压力，深化了西部地区与中亚地区的经济贸易关系。

2. 示范线路

主要包括：中吉乌班列公铁联运线路、中哈欧班列公铁联运线路、南向通道铁海联运线路和甘肃（长庆桥）至西南地区煤炭"散改集"、宁夏（中卫）至华北地区大宗商品"公转铁"线路等5条线路。

（1）国际公铁联运线路

①中吉乌班列公铁联运线路

主要服务于"一带一路"中亚、西亚以及欧洲等国家的国际物流运输，支持中欧班列境外南通道的建设。以甘肃（兰州）国际陆港为枢纽基地进行集货、集结，助力甘肃及周边地区出口贸易，以及我国华南、华东制造业产品日用品、电子产品、机械等出口至中亚、西亚和南亚。通过新疆维吾尔自治区克孜勒苏克尔柯孜州的伊尔克什坦陆运（公路）口岸出入境，打通中吉乌班列公铁联运通道。缓解中欧班列西通道阿拉山口和霍尔果斯的拥堵，加快培育中亚、南亚、西亚等国的文化沟通和贸易连通。

②中哈欧国际班列公铁联运线路

主要服务于缓解中欧班列西通道霍尔果斯、阿拉山口口岸的拥堵，以甘肃（兰州）国际陆港为班列集结中心，集结甘肃及周边西部地区的进出口贸易，以及利用陇海线、兰新线、兰渝线等国家铁路动脉进行集货，辐射华东、华南地区的进出口贸易，出入境口岸为新疆维吾尔自治区伊犁州都拉塔公路口岸。

（2）南向通道铁海联运线路

南向通道铁海联运线路主要服务于西部陆海新通道沿线的甘肃、青海、新疆等西北地区与东南亚进出口贸易，运输的货物主要为纯碱、氧化铝、化工产品等。该条线路以青海、兰州、重庆等地为集结中心，利用兰青线、兰渝线等国家铁路干线进行铁路运输，在广西壮族自治区北部湾港区（钦州港）进行海铁换装，通过海运将货物运输至泰国、越南等东盟国家。

（3）国内"散改集""公转铁"线路

①甘肃－西南地区煤炭"散改集"公铁联运线路

主要借助于陕西、宁夏、甘肃等自然资源丰富的优势，将煤炭、氧化铝等大宗货物和大宗商品运输至云贵川等地的电厂、建材、汽车生产厂家。本线路以 35 吨敞顶集装箱为运载单元，主要通过在煤矿或原材料企业园区进行装箱，短驳至铁路站点后通过国家铁路兰渝线、兰成线、成昆线等线路开行集装箱班列进行运输。

②宁夏－华北地区大宗商品公铁联运线路

该条线路主要服务于宁夏锦宁铝镁新材料有限公司、宁夏天元锰业集团等大宗商品"散改集"和"公转铁"多式联运业务，运载单元为 20 英尺集装箱，辐射河北、天津等华北地区的建材、化工企业。

示范工程将建立结构合理、互联互通、衔接顺畅的物流节点体系，依托"一带一路"中欧班列通道、西部陆海新通道以及大陆桥走廊、京藏走廊、福银通道、沿边通道，构建起以兰州核心枢纽，以乌鲁木齐、重庆为核心节点，以喀什、伊犁、伊尔克什坦、都拉塔、钦州、安集延、阿拉木图、庆阳、中卫等节点城市为支撑的多式联运示范工程的节点布局，有效聚集各地区货源，为示范工程顺利开展提供货源保障。示范工程节点布局见表 20 - 2。

表 20 - 2　示范工程节点布局

序号	线路名称	线路路径	网络节点
1	中吉乌国际班列公铁联运线路	甘肃（兰州）国际陆港－新疆喀什北站－伊尔克什坦公路口岸－安集延	兰州、喀什、伊尔克什坦、安集延
2	中哈欧国际班列公铁联运线路	甘肃（兰州）国际陆港－新疆伊宁站－都拉塔公路口岸－阿拉木图	兰州、乌鲁木齐、伊犁、都拉塔、阿拉木图
3	南向通道铁海联运线路	青海饮马峡站－重庆团结村－广西钦州港－泰国萨哈太港	青海、重庆、钦州、曼谷
4	甘肃－西南地区煤炭"散改集"	甘肃长庆桥站－云贵川地区	庆阳、成都、昆明
5	宁夏－华北大宗商品"公转铁"	宁夏枣园堡站－华北地区	中卫、唐山

三、示范工程创新性

（一）运输组织模式的创新

本示范工程实施主体打通了中吉乌公铁联运通道，通过铁路－公路－铁路实现了境内境外的连接。中吉乌通道是一条联接中西亚、辐射欧洲的国际贸易新通道，也是采用公铁联运方式组织开行的国际运输班列。该通道从兰州东川铁路口岸出发，经铁路运至新疆喀什铁路货场，再经公路自新疆克孜勒苏柯尔克孜自治州伊尔克什坦口岸出境经吉尔吉斯斯坦，运抵乌兹别克斯坦安集延，全程运输7—10天（节约5天左右）。

通过三年培育实现了常态化运营，该通道的全线贯通，支撑了中欧班列的高质量发展。不仅有效缓解了阿拉山口、霍尔果斯等传统口岸的通行压力，还大大节省了运输距离和时间，也为两地的加快发展注入了新动力，拓展了兰州克州向西开放新空间，促进国际贸易自由化便利化双向流通和我国西部物流枢纽联动发展，进一步完善对外开放新格局，深化了中亚之间经贸交流，提高了区域合作水平，未来还将推动形成中国－吉尔吉斯斯坦－乌兹别克斯坦－土库曼斯坦－里海轮渡的运输通道。

（二）国际国内"一单制"创新

2017年5月交通运输部等5部门联合印发《交通运输行业加快推动多式联运发展的重点任务安排》（交运办〔2017〕56号），提出引导企业建立全程"一次委托"、运单"一单到底"、结算"一次收取"的服务方式，支持企业应用网上结算等互联网服务新模式。

多式联运"一单制"不仅能降低物流成本，提升物流效率，其创新的公铁联运海关监管模式，实现了中吉乌、中哈欧国际班列公铁联运全程安全监管和通关便利化，助力完善陆上国际贸易规则。中吉乌、中哈欧国际班列公铁联运，通过与乌鲁木齐海关合作，在国际公路运输公约标准基础上，优化国际公铁联运"一单制"标准，通过与海关信息中心数据互联互通，实现"一单制"与海关电子铅封锁联网，实现海关报关、查验、转关一条龙服务，为托运人提供全程国际多式联运的"一单制"服务标准，实现"一次委托、一次收费、一单到底"。

2016年我国正式加入《国际公路运输公约》（TIR公约），2019年我国海关总署正式全面实施《国际公路运输公约》后，通过简化通关程序、提高通关效率，推进多边贸易和国际运输的便利化和物流安全实施。本示范工程对中吉乌、中哈欧国际班列公铁联运运单进行了设计构建，旨在从海关监管、货物安全、运输源头解决多式联运面临的瓶颈，建立TIR国际公路运输、中铁集装箱运输、海关通关便利化三位一体的国际联运组织模式，同时在其他国内示范线路推广"一单制"，提高一体化运输服务水平，促进交通运输综合发展。

（三）区域多点协同境外联动

本示范工程创新的中吉乌国际多式联运通道，形成国际通道＋枢纽＋网络的多式联运物流新模式。通过开行中吉乌、中哈欧国际班列公铁联运，多点联动，连通我国西部成都/重庆、西安、兰州、乌鲁木齐、喀什等陆港型枢纽、商贸服务型枢纽、口岸型枢纽承载城市，形成产能合作、贸易交往、物流仓储协作、海关单一窗口服务等多点联动协同，形成通道＋枢纽＋网络新发展格局。

本示范工程申报企业作为国家中欧班列运输协调委员会成员单位，中欧班列实际运营单位，运营的中欧（中亚）班列整体发运量逐年增长。通过发挥人才优势、信息优势、物流网络优势和股东优势，目前国内物流网络覆盖全国130个城市，客户大多来自世界及国内500强的大中型生产制造型企业。海外物流网络覆盖中亚、南亚、西亚等"一带一路"共建国家。

四、创新成果

（一）服务中欧班列高质量发展，保障国际供应链

截至2023年10月，中欧班列累计开行超过7万列，联通我国境内城112座城市，通达欧洲25个国家的217个城市。中欧班列为"一带一路"共建国家贸易畅通提供了有力保障，新冠疫情以来，中欧班列开行数量逆势增长，有力、高效地促进了中欧及沿线国家的抗疫合作，成为各国携手抗击疫情的"生命通道"和"命运纽带"。随着我国的影响力提升，国际间的合作日益密切，中欧班列开行的辐射范围和国际物流品牌作用更加明显。

本示范工程实施主体充分发挥西部区域交通优势，在开展中欧班列中亚、南亚区域的国际运输通道上，通过铁路优势和我国陆路口岸的优势，开展了中吉乌、中哈欧、南亚班列以及中巴经济走廊的国际班列运输，有力支撑了中欧班列的运输通道，保障中欧班列运能稳定增长，服务供应链能力显著提升。

（二）服务西部对外开放和国内国际双循环

西部地区构建向外开放的平台，必须借助于以多式联运综合枢纽为核心的通道建设，以提升我国西部地区对外贸易发展的需要。西部陆海新通道作为我国由西部13个省区合作建设的、以物流系统为基础的开放发展大通道，是西部地区融入"一带一

路"、打开西部开放合作新空间的重要引擎和载体。目前东盟已经成为中国最大的贸易伙伴，发展成为全球最大的制造业经济圈。东盟十国各自经济与中国达成了良性互动，相互增益的局面。中国对东盟、欧盟和美国等主要贸易伙伴进出口均增长。

西部陆海新通道国际运输班列加快发展。2023年前7个月，西部陆海新通道班列开行3154列、发送货物31.4万标准箱，同比分别增长96%、287%，为促进国内国际双循环提供了可靠运力支撑。促进班列规模化组织、区域化集散、专业化服务和网络化运行。西部陆海新通道海铁联运班列辐射效应进一步加大，不断培育壮大新的货运增长点，服务企业做好海铁联运。

通过本示范工程南向通道海铁联运，服务西部地区国际贸易对外开放，积极参与国内国际双循环，加强西部与东盟国家的进出口业务和国际供应链服务合作，形成"陆海内外联动、东西双向互济、全方位开放新格局"非常必要。

（三）加快西部企业供给侧结构性改革，实现物流降本增效

物流成本居高不下成为现阶段我国物流业发展的重大难题。我国物流成本占GDP比重偏高，很大一部分原因是由产业结构所决定的。发展多式联运是降低物流成本的有效手段之一。多式联运采用先进的组合运输方式，在保证原有运输方式的相对优势的同时，能够在很大程度上弥补单一运输方式所带来的缺陷。在各种运输方式中，铁路运输的速度仅次于航空运输，成本仅次于水运，通过大力发展铁路为骨干的多式联运，能有效地降低全社会物流成本，提高物流效率。

供给侧结构性改革既是高质量发展的主线，也是高质量发展的抓手。本示范工程在西部地区开展大宗商品"公转铁"、煤炭"散改集"示范，一方面加强铁路专用线的引进，另一方面加大对集装箱装载设备的改造，以推进西部地区企业供给侧结构性改革和降本增效，加快新技术、新模式的创新，制定供应链物流、煤炭物流、大宗商品物流多式联运新模式，从而提高企业的创新效率。

（四）加速全球供应链重塑，多式联运龙头企业加快发展

随着"一带一路"建设的落实推进，国家和地区之间的物流往来明显增多，全球经济和贸易增长正从发达国家转向发展中国家，新一轮技术革命方兴未艾并推动数字化转型，全球城市化加快推动全球市场网络布局调整，为我国多式联运承运人、多式联运经营者提出了新课题、新要求。

本示范工程将通过三年的创建工作，在国家层面为示范企业提供宏观政策引导，推进体制机制创新，让我国的企业能够参与国际市场竞争，在全球供应链服务中打造一批多式联运优秀企业。

📎 **案例 10**

兰州新区路港多式联运创新实践案例

【摘要】

兰州新区路港物流有限责任公司（以下简称路港公司）成立于 2014 年 3 月，作为兰州新区中川北站物流园和兰州新区铁路口岸的运营主体，路港公司以"一体两翼多联""一区三港六园"战略布局为指引，积极发挥兰州新区的节点枢纽、区港联动、产业集群优势，打造沿亚欧大陆桥横贯东西、联接南北的铁路商贸物流大通道，同时基于多式联运物流信息服务平台搭建多式联运业务管理系统、多式联运服务网等核心业务系统，向多式联运各类市场主体提供高质量、一站式服务，为加快甘肃省内外联动、东西互济、南北畅通、向西为主、多向并进的开放式新格局建设贡献力量。

一、基本情况

路港公司成立于 2014 年 3 月，于 2022 年 8 月重组至甘肃省国际物流集团有限公司，注册资本金人民币 4.23 亿元。路港公司作为兰州新区中川北站物流园和兰州新区铁路口岸的运营主体，是集公共铁路运输、国际国内货物运输代理、货物仓储、进出口业务、建材销售、物流方案设计、供应链金融、多式联运建设等于一体的现代化综合物流企业，现已形成多式联运、物流园区运营、大宗供应链、国际贸易、城市配送、网络货运等六大业务板块。

兰州新区中川北站物流园是兰州新区"十三五"重点实施建设的公铁联运现代物流园，是交通运输部第二批多式联运示范工程项目的国际货运班列保障基地，是以"一主一辅"布局的国家 23 个物流枢纽中的兰州陆港型物流枢纽的商贸服务型辅助中心，是甘肃省向西开放的新高地。"兰州号"国际班列货物在此进行集结、查验、分拨、仓储、发运，自 2015 年 7 月在兰州新区中川北站物流园首发以来，已实现了常态化发运。路港公司充分发挥西北国际木材交易中心、进境粮食指定监管场地等平台效应，灵活运用政府各项产业发展扶持奖励政策，在深入拓展木材、亚麻籽等国际班列市场的基础上不断吸引货源，组织班列发运。截至 2023 年 8 月，共计到发班列 706 列，其中到达 519 列，外发 187 列，涵盖中欧、中亚国际班列。兰州新区至中亚、欧洲、南亚的国际货运班列汇聚于此，通过这一平台，兰州新区与俄罗斯、德国等近 40 个国家开展了经贸合作，近 20 家本地企业产品销往美国、欧洲、中西亚等国家和地区。2022年公司实现营业收入 287.09 亿元，是成立之初的 5100 倍。

2017 年，兰州新区中川北站物流园获得物流业金飞马奖"品牌价值百强物流园区"的殊荣；2018 年，成功跨入甘肃省交易额超过 100 亿元的大型商贸物流园区；2019 年，获得物流业金飞马奖"品牌价值百强物流园区"及"2019 中国多式联运服务金牌企业"殊荣。路港公司于 2020 年获评甘肃省"最具社会责任感"物流企业；2021 年荣获第十八届全国交通企业管理现代化创新成果一等奖。

未来，路港公司将以甘肃省国际物流集团有限公司"一体两翼多联""一区三港六园"战略布局为指引，抢抓"一带一路"发展机遇，发挥兰州新区的节点枢纽、区港联动、产业集群优势，配合打造沿亚欧大陆桥横贯东西、联接南北的铁路商贸物流大通道。依托中川北站物流园形成的"三大中心"和"五大平台"，发挥区域物流服务支撑保障作用，培育"商贸＋物流＋金融"的供应链产业链全链条业态布局。为加快甘肃省内外联动、东西互济、南北畅通、向西为主、多向并进的开放新格局建设，推动甘肃乃至西北区域经济社会发展贡献力量。

二、主要做法

近年来，路港公司作为第二批国家多式联运示范工程的建设主体，依托国际班列开行和新区外贸产业发展，陆续拓展多式联运线路和模式，已形成了出口兰州新区特色香料到拉脱维亚的公铁海联运线路，出口国内机械设备、汽车配件到中亚地区的公铁联运线路，进口俄罗斯木材、哈萨克斯坦粮油饲料加工原料到综合保税区加工的公铁联运等线路。同时，路港公司发挥兰州新区多式联运物流信息服务平台功能，组织开行国际数字化班列，不断探索多式联运新发展模式，取得了积极成效。

（一）开行中欧、中亚多式联运班列

1. 进口俄罗斯木材班列

路港公司立足兰州新区承接产业转移战略定位，与国内木材进口企业合作成立西北国际木材交易中心，以开展中欧木材商贸物流业务为依托，开行俄罗斯进口木材公铁联运班列，自俄罗斯中西伯利亚地区进口樟松板材到兰州新区分拨和加工，推动"境外采伐、境内加工，境外销售"的跨国木材供应链产业融合，助推兰州新区综合保税区木材加工产业发展，为国内及日本、美国、越南等东南亚国家木材产品市场提供 10 万方木材的需求，形成以木材原料市场向周边区域及国家辐射、木材加工产业聚集、相关配套行业快速发展的产业集群及"物流－贸易－加工"于一体的木材产业链。

2. 进口哈萨克斯坦粮油加工原料班列

路港公司充分发挥甘肃省首个进境粮食指定监管场地优势，畅通"一带一路"共建国家粮油贸易渠道，积极参与西部陆海新通道及进口哈萨克斯坦粮油商贸物流渠道

图20-23 进口木材码放作业

的运营建设，推动中亚中欧地区优质粮食在西部的聚集和流动，填补区域产业空白。以构建粮食为核心的农产品进出口双向通道为引领，与国内大型粮油企业开展长期稳定的战略合作，完成哈萨克斯坦阿拉木图、科克舍套等地区玉米、亚麻籽、大麦及乌克兰玉米等粮油产品的进口，使得甘肃省粮食加工企业聚集兰州新区。通畅的进口渠道和优质的物流服务持续将国外价格低廉的粮油类产品直接发到兰州新区，全力助推中欧中亚进口粮食班列与兰州新区粮油保税加工企业的融合发展。不仅加强了甘肃省粮食类产品稳产保供，夯实了粮食安全，更满足了兰州新区粮油企业的生产加工需求，为甘肃省及周边粮食产业链的发展提供前端资源保障。从2019年最初的散列尝试性进口到如今整列、整船大批量进口，路港公司以"物流带动贸易、贸易带动产业落地、产业反哺物流"的业务发展思路，实现了粮食进口班列的大幅提升，截至2023年3月，累计从中亚进口粮食134班列，货重12.77万吨，货值超5亿元。

（二）开行国际数字化班列

1. 数字化班列的发展背景

多式联运是依托两种及以上运输方式有效衔接，提供全程一体化组织的货物运输服务，具有产业链条长、资源利用率高、综合效益好等特点。然而，传统的模式依赖人工预定铁皮、仓位，当不同的运输工具交替时，需人工重复提供、确认运输单据；当运输链条拉长后，比如跨国联运，仅通过传统方式测算最佳的运输方式与路线，效率较低；同时，多种交通工具间的信息差，也使得运输成本不可控。

除此以外，基于兰州新区早期的建设情况，其发展多式联运仍面临以下问题：一是各种运输方式数字化发展不均衡，公路信息、民航企业信息、铁路信息未形成统一

图 20 - 24 甘肃省首批进境饲料大麦到达兰州新区铁路口岸

标准、互联互通，难以实现多式联运"一单制"。二是不同运输系统之间的作业、运转衔接，整体作业效能偏低，限制当地运输吞吐量进一步扩大。

图 20 - 25 甘肃省首列数字化"中吉乌"国际货运班列在兰州新区铁路口岸发车

2. 数字化班列的创新做法和优势

路港公司依托物联网、数据技术、人工智能领先技术，以兰州新区多式联运示范工程所研发的多式联运物流信息服务平台为底座，搭建核心业务系统，包括：多式联运业务管理系统（智慧场站、园区仓储、公共物流信息、货代管理、车队管理、运输管理）、多式联运服务网、EDI 服务平台、智慧场站系统、海关辅助管理系统等。

（1）以区块链技术为核心，实现承运"一单制"

多式联运的核心是通过一张多式联运运单，关联物流运输全过程信息，"一份合同、一张单证、一次付费、一单到底"的全程运输模式，只有实现防篡改、可追溯方能确保安全性。依托区块链技术，路港公司利用供应链管理系统连接供应链的各个环节，下单、出厂、合同、运输、到货、结算等全流程，全程防篡改、可追溯，实现物流、信息流、单证流、商流和资金流的五流合一，所有单号自动关联，一单到底，从根本上解决防篡改、可追溯的问题。

（2）实现"时间－线路－价格"最优承运方案智能化推荐

路港公司运用多式联运信息平台的人工智能技术，可解决货主管理、承运商管理、智能比价、智能推荐，实现最佳路线选择；同时打造承运商信用体系＋交易撮合平台，实现向多式联运各类市场主体提供高质量、一站式服务，聚合越来越多的需求方、资源方使用平台进行交易，实现从信息服务平台到生产效益平台到生态聚合平台的跨越，全面带动区域、城市群物流产业发展。

（3）开放云平台技术，打造商贸运一体、可持续发展的物流生态

对于多式联运业务，参与的资源供给方，无论是货源、客源、物流运输资源，还是园区、金融、技术等资源提供方，都希望信息越多越好，平台越大越有客户吸引力，所以要求这个平台是一个开放的平台，能与众多资源平台对接、接入资源，这也正是多式联运信息平台的开放特性，从IaaS、PaaS到SaaS应用都可以兼容并包，实现多联业务供给侧和需求侧的高效对接和交易撮合。

三、创新成果

（一）中欧、中亚多式联运业务常态化运营，形成集货效应

进口木材、粮食多式联运业务经过几年的发展，目前已进口业务进入常态化运营阶段，路港公司通过不断探索和实践"商贸＋物流＋产业"的业务产业链发展模式，为兰州新区木材、粮油、饲料加工产业的聚集提供了前端保障。据统计，综合保税区已落地3家木材加工和外贸企业、4家饲料加工企业和2家粮油加工企业，为兰州新区养殖业的发展提供支撑，并服务多家周边饲料加工企业。中欧、中亚回程班列的发展在中川北站形成了集货效应，有效解决了回程班列集货困难的问题，为中欧、中亚班列良性发展贡献力量。

（二）数字化班列开行大幅提高运输时效、降低运输成本

以今年3月开行的兰州新区首趟数字化"中吉乌"国际多式联运货运班列为例，

货主在服务平台设置起点和终点，系统将基于云平台中海陆空承运信息、海关数据、国际运输信息等，通过智能化算法，自动推荐多式联运方案，该方案包含水运、铁运、汽运的最优运力匹配情况及相应耗时和费用。过去，货主需要耗费数个小时查询、测算不同的联运方式，以得出最优的运输路径、耗时、费用；现在，系统秒级响应，货主可在分钟级即可做出决策。

在进入运输阶段时，过去货主需要人工对货物状态与进程进行跟踪，比如，过去需要在不同运输工具的官方平台中查询单一路径的运输进程等；现在，依托云平台，可实现货物状态、运输路径、进程在线实时可追踪、可查询。当该班列抵达兰州新区时，利用 IoT 智能设备与视觉 AI 技术，进入场站的班列，将被自动识别班次、集装箱号、货品，并自动通知对应的工作人员，执行下一阶段运输计划，如涉及兰州新区内不同园区、场站、保税区的运输，闸机亦可实现自动通行，降低相关审核的卡口时间。

以中吉乌通道公铁联运为例，经过综合测算，数字化班列平均可为客户节省 3—5 天的运输时间，大幅提高运输时效。在国际班列数字化转型项目实施后，路港公司的运输团队可减少作业人员 10 人，总共可节省人力成本超 100 万元，并提升园区货物吞吐量近 5 万吨；同时凭借数字化班列服务平台，将为客户提供数智化、差异化服务，切实满足客户需求，让路港公司在同行业中更具有市场竞争力。

四、未来目标

未来，兰州新区路港物流有限责任公司将把发展多式联运作为公司重要的战略规划，以稳定运营的"四向五条"国际多式联运线路为基础，充分运用互联网技术，紧跟智慧物流浪潮，通过信息技术与物流技术的交叉融合，实现多式联运业务稳步发展，做多式联运发展的探索者、先行者。与全行业协同发展技术共享，构建"数字物流供应链生态圈"，提升多式联运服务品质，加快构建便捷经济、安全可靠、集约高效、绿色低碳的多式联运体系。

案例 11

徐州淮海国际陆港建设运营创新实践案例

【摘要】

徐州淮海国际陆港运营有限公司（以下简称徐州淮海国际陆港）是徐州发挥"一带一路"重要节点作用、打造江苏向东向西双向开放门户的重要支撑，主要承担徐州市中欧班列及海铁联运班列运营管理、陆港功能性项目建设运营、物流综合服务三大职责。自成立以来，徐州淮海国际陆港运营有限公司坚持用改革创新推动企业发展，紧紧围绕徐州淮海国际港务区打造"东西双向开放的内陆型国际中转枢纽港"总体目标，不断提升班列运营质效，强化开放功能设施建设，创新拓展服务模式，集聚枢纽优势，持续打造一流国内国际多式联运通道体系。2022年，徐州淮海国际陆港获批第四批国家多式联运示范工程。

一、基本情况

徐州淮海国际陆港成立于2019年12月，由徐州市国资委履行出资人职责，2021年4月，划转由徐州淮海国际港务区管理。徐州淮海国际陆港主要承担徐州市中欧班列及海铁联运班列运营管理、陆港功能性项目建设运营、物流综合服务三大职责，是徐州发挥"一带一路"重要节点作用、打造江苏向东向西双向开放门户的重要支撑。徐州淮海国际陆港自成立以来，坚持用改革创新推动企业发展，紧紧围绕徐州淮海国际港务区打造"东西双向开放的内陆型国际中转枢纽港"总体目标，不断提升班列运营质效，强化开放功能设施建设，创新拓展服务模式，集聚枢纽优势，持续打造一流国内国际多式联运通道体系。

二、主要做法

（一）拓展线路、提升质效，多式联运通达水平不断提升

近年来，徐州中欧班列紧扣打通国际陆路通道主题，相继开通中亚去回程、俄罗斯去回程、欧洲去程、白俄罗斯去回程、蒙古国去程、越南去程等线路，同步开通各大国际铁路口岸，基本建成徐州东南西北四向通达的国际通道体系。目前徐州中欧班列常态化运行班列线路18条，形成了中俄、中亚、西亚、中欧、东南亚五个主要方向、六大口岸的国际班列通道，可通达俄罗斯、波兰、德国、越南等欧亚21个国家50多个城市，通达能力不断提升，国际通道布局不断完善。同时，积极开拓海铁联运线路，先后于2017年2月开通了徐州－宁波港线路、2021年11月开通了徐州－连云港线路、2021年12月开通了徐州－上海港线路、2022年11月开通了徐州－青岛港跨铁路局线路，通过错位发展，目前4条线路均已常态化运行。通过加强市场货源开拓，连云港港、宁波港、青岛港线路先后探索开通点到点直达班列，提升运输时效，增强海铁联运竞争力。

（二）立足本地、做好保障，有力促进地方产业发展

一是重点服务本地及周边产业发展。目前中欧班列、海铁联运班列常态化服务徐州本地进出口企业近80家，本地化率达到80%，保障率达到100%，出口货物种类主

图 20 - 26　淮海国际陆港海关监管点

要以工程机械零配件、家具建材、纺织品、日用百货为主。中欧班列本地贸易额占比近50%。海铁联运方面，2022年，徐州本地企业发运量占比货运总量超90%，淮海经济区企业发运量95%以上，有效保障了本地及周边城市企业工程机械、三轮车、光伏组件、工业轮胎、玻璃制品、百货等特色产业出口需求，最大限度服务本地产业发展，发挥周边竞争优势。二是持续降低运输成本。在政府部门的培育扶持、铁路的运价下浮优惠、港口的装卸费减免等政策共同支持下，为企业有效降低物流成本。

（三）创新模式、提高效率，持续提升综合服务水平

一是创新完善"班列＋"体系。发挥中欧班列联通全市开放平台作用，协同全市开放平台创新打造"班列＋综保区""班列＋顺堤河""班列＋跨境电商""班列＋供应链金融""班列＋新沂保税物流中心""班列＋县区企业"、跨市接续班列（无锡）等服务模式，持续增进全市开放平台多点融合发展优势，推动江苏省内城市的联动发展。

二是与徐州海关创新推广"铁路快速通关"模式。通过推动运营企业、海关、铁路的数据互通，企业在徐州海关办结通关手续，货物在霍尔果斯等边境口岸就可直接出境，缩短了班列在边境口岸的通关时间，节约了企业的资金成本，提升了班列通关时效，满足了客户企业多样化通关需求。

三是创新一单制服务、推动港口内移。徐州淮海国际陆港通过与国际航运公司合作，与马士基、达飞等7家航运公司签订了铁路CCA协议，可由船公司签发以铜山站为全球航运起运港的多式联运"一单制"海运提单。该模式既简化了多式联运操作环节，省去了进口企业与多家运输承运人、港口、车站各方面的对接环节，极大提升了

货物的运输效率，缩短了在途运输时间，确保货运时效，同时通过整合资源，企业取得了一手价格优势，有效降低了进出口企业综合物流成本。

四是创新推广"铁路箱下水"服务模式。企业客户在本地可直接使用铁路集装箱装货，到港后直接装船出海，省去传统的从港口调拨空箱到徐州的环节，大大缩短了铁路运输时间，更好地提升了服务效果。

五是与徐州市商务局推广"班列＋市采通"新运营模式。帮助和引导进出口企业，应用"市采通"平台合规高效出口，有效解决了小微企业出口难题，显著提升了班列运营效率，降低了物流成本。

（四）完善功能、深化合作，不断完善配套平台建设

一是改扩建海关监管点。海关监管区改扩建项目是徐州市开放平台功能提升三年计划的重要组成部分，改扩建海关监管点配备出入卡口及大门、查验仓库、查没仓库、熏蒸房及配套技术用房等，可进一步满足中欧班列发运量快速增长需求。同时设置了视频监控系统、智能卡口系统、场站管理系统、给排水及相应的电气系统等智能化监管系统，实现场站管理科学化、操作流程自动化，提高场站运营效率、降低场站运营成本、提升场站服务质量。

二是建设投用国际集装箱集结中心一期项目。国际集装箱集结中心一期项目位于徐州货运中心铜山货场内，距离中欧班列发运区 800 米，可实现与中欧班列到达、发运的无缝衔接。国际集装箱集结中心获取中铁多联、航运公司还箱点授权，通过推动集装箱"重去重回"高效循环，降低徐州中欧班列、海铁联运班列用箱成本，为徐州及周边区域提供国际集装箱的提箱、还箱服务。二期项目由上海路局建设提供使用，将在提供堆存、提箱、还箱等服务的基础上，完善集装箱拆拼、洗修、箱贸、检测等业务。

三是进口保税仓库、出口监管仓库投入使用。新建设投用出口监管和进口保税仓，配套海关技术用房等设施。其中出口监管仓库用于存放出口商品，主要有对已办结海关出口手续的货物提供存储、保税物流配送、流通性增值服务等功能。进口保税仓库用于存放进口保税商品，并可以开展所存放货物包装、分拆、分级、拼装等简单加工和增值服务。

四是建设中国物流集团淮海国际陆港物流运力决策中心。系统与徐州中欧班列业务深入融合，建成班列业务管理、网络货运平台、鹰眼平台、区块链平台和物流指数分析等功能板块，能为客户提供公铁水联运、铁海联运、国际班列等综合运输方案，从时效优先、安全优先、成本优先等多维度为客户提供全程"门到门"的定制化物流方案以及"一次委托、一单到底、一次收费"的国内国际多式联运服务，实现了水铁、公铁多式联运和中欧班列全程物流的高效运作与管理。

图 20 - 27　出口监管仓、进口保税仓

五是建设数字贸易产业园。为推动"中欧班列 + 跨境电商和市场采购贸易"模式的创新发展，服务更多企业参与国际贸易，高标准建设数字贸易产业园，招引落地苏州沃金、阿里速卖通等企业，推动了班列与数字贸易融合发展，为企业提供一站式服务，全力打造具有较强竞争力和影响力的数字产业集群。

图 20 - 28　徐州杨屯站中欧班列回程图定站点启用

六是杨屯站纳入国铁集团中欧班列回程图定站点。杨屯站联通紧邻京杭运河的徐州港顺堤河作业区。杨屯站纳入国铁集团中欧班列回程图定站点，实现了淮海国际陆

港与京杭运河的无缝衔接，降低了徐州中欧班列分拨转运成本，放大了"中欧班列 + 京杭运河"辐射带动作用。

七是江苏中欧班列集卡高速免费通行项目。由徐州市交通局、上海铁路局徐州货运中心、徐州海关、江苏高速公路联网营运管理中心等单位协调推动，江苏中欧班列集卡高速免费通行项目落地淮海国际陆港，实现了中欧班列集卡车辆江苏境内通行免费，进一步降低了运输企业物流成本。

八是布局内贸班列，加大"公转铁"实施力度。以创建运输结构调整示范市为抓手，积极响应"公转铁"号召，布局"公转铁"内贸班列，全力打造新疆、成渝等线路，推动内贸货物铁路运输班列化，不断提升陆港综合枢纽优势。

三、创新成果

（一）中欧班列持续高质量发展

中欧班列持续扩展通道、打造精品线路。徐州中欧班列年开行量 400 列以上，常态化运行中亚、中欧、中俄及东南亚多个方向班列线路。徐州 – 中亚、徐州 – 俄罗斯等精品特色线路品牌持续深化打造，相继开行了中亚燕麦班列，俄罗斯大豆班列、俄罗斯煤炭班列，铝锭、大麦等新货品班列常态化开行，货物品类不断丰富，货值水平不断提升。

（二）海铁联运班列质效齐升

2022 年，徐州铁海联运班列累计发运货物近 5000 标箱，同比增长 141%。以打造徐连新亚欧陆海联运示范标杆为抓手，聚焦深化徐州、连云港联动发展，持续放大东向开放优势，徐州至连云港海铁联运整列点到点直达开行班列开行，12 小时即到达连云港海港，在途开行时间比以往缩短约 18 小时，实现了班列运行再提速。

（三）多式联运线路逐步完善

目前徐州稳定运行的多式联运线路达到 30 条以上，多式联运网络逐步完善，有效满足了运输通道的建设要求和企业出口需求，多式联运吸引力稳步上升、影响力逐步显现。目前徐州中欧班列常态化运行班列线路 18 条，开行徐州 – 无锡联动班列，徐州作为区域中心城市的班列集结功能进一步凸显；先后与上海港、连云港海港、宁波舟山港合作开展"门对门"海铁联运业务，海铁联运成为区域出海新通道；淮海国际陆港开行徐州至京杭运河、长江等沿线港口的大宗物资铁水联运线路，构建了北煤南运、西煤东输的物流运输体系，先后开行徐州至上海、连云港、武汉等方向的班轮航线，内河集装箱航线已达 10 条以上。

（四）多式联运产品不断探索创新

徐州淮海国际陆港协同徐州铁路货运中心、连云港港口集团推广应用铁海联运"一单制"，为集装箱铁水联运发展提质增效。积极推进通关便利化，"铁路快速通关"模式国际班列业务常态化服务企业出口需求。徐州港务顺堤河作业区率先开展 35 吨敞顶箱铁水联运，推动作业效率提升 2 倍，成本降低 50%。

（五）全力打造国家、省级项目

聚焦多式联运发展关键环节，持续健全完善多式联运体系。2022 年获批第四批国家多式联运示范工程，2023 年进入创建期。2022 年，参与并成功获批江苏省运输结构调整示范市，目前正在积极布局内贸班列。陆港型国家物流枢纽、国家中欧班列集结中心示范工程项目、"连徐淮"国家综合货运枢纽补链强链项目等正在积极申报中，将进一步提升淮海国际陆港物流枢纽能级。

四、未来目标

（一）聚焦中欧班列提质增效

围绕"回程＋消费""去程＋产业"工作导向，全力保障本地企业进出口需求，确保国际产业链供应链稳定畅通，提升班列推动物流贸易集聚、提升陆港枢纽功能。进一步完善"班列＋"体系建设，放大平台组合优势，持续拓展"班列＋综保""班列＋县区""班列＋电商""班列＋市采通"等创新模式，提升服务产业发展的能力水平。强化本地货源组织力度，创新开行模式等，持续争取出口计划倾斜，优化进出结构。持续探索欧洲、东盟等新线路，不断推动徐州中欧班列通达能力提升。

（二）聚焦深化陆海联动

全力推动徐州淮海陆港与连云港海港的联动发展，加强业务联通，探索平台联建，全力构建特色多式联运物流体系，提升陆港对外开放服务能力。推动徐州海铁联运班列进一步提速增效，加快实现海铁联运班列定时定点开行。在港口堆场功能前置、信息化系统互联互通、多式联运服务模式创新等方面进一步加强与沿海港口的合作力度，打造成效率最高、质量最好的海铁联运图定示范线路。拓展推广"铁路快速通关""关铁通""CCA 一单制"等服务模式，打造成本低、服务优的东向出海通道，与连云港联合打造新亚欧陆海联运的示范标杆。

图 20 - 29　跨境电商班列

（三）聚焦多式联运体系建设

紧抓国家多式联运示范工程、运输结构调整示范市、陆港型国家物流枢纽创建机遇，加快多式联运体系建设，持续发挥淮海国际陆港的枢纽优势。着眼现代陆港发展方向和功能性项目建设发力点，加快推动铁路集散中心集 5、集 6 线路改造、集装箱还箱点二期等项目建设，不断完善国际陆港的枢纽功能。提升出口监管仓、进口保税仓运营质效，加强集站、报关、分拨等综合服务能力建设，持续擦亮国际陆港的金字招牌。加大与连云港海港、青岛港等沿海港口和中远海运等国际知名航运公司的合作力度，持续推动一线港口功能内移，争取更多航运公司分配铜山站国际港口代码，降低物流成本，增强国际陆港核心竞争力。

（四）加强多式联运市场主体培育

延伸产业链、供应链，重点培育具有跨运输方式组货能力、承担全过程运输服务的多式联运经营人，拓展专业化、国际化、高附加值的多式联运服务。扩大市场货源组织，全力保障本地企业进出口需求，确保国际产业链供应链稳定畅通，提升陆港枢纽功能。与不同运输方式企业以资产为纽带组建多式联运经营主体、以联运线路为载体组建企业联盟，培育形成全程负责、一体化服务的龙头骨干多式联运经营人。

（五）不断丰富完善多式联运服务产品

充分挖掘城市铁路场站和线路资源，创新"外集内配"等生产生活物资公铁联运

图 20 - 30 "徐州 - 青岛"海铁联运班列线路开通

模式。推动港口和铁路堆场互用，海运箱和铁路箱互使，引导海运箱上路，推动铁路箱下水，实现"一箱到底、循环共享"。加快多式联运信息平台发展。持续完善提升陆港信息平台功能，建立集揽货、订舱、报送、发运、货物动态跟踪、车辆动态跟踪、场站管理、仓库管理、风险预警功能于一体的多式联运数智化服务平台。充分利用信息平台实现多式联运的业务协同、信息协同及技术协同，为联运业务开展提供支撑。推广创新模式发展。持续创新推广"铁路快速通关""班列＋跨境电商""铁路箱下水""CCA 一单制"等创新服务模式。推进多式联运单证标准化，实现"一次托运、一张单证、一次结算、一单到底"的"一单制"多式联运全程运输。

📎 **案例 12**

德阳国际铁路物流港两港合作一体化共建
创新打造国际双陆港优秀实践案例

【摘要】

德阳国际铁路物流港在德阳市委、市政府的部署和推动下，按"以港促产、以产兴城、港产城一体"总体思路，着力"建枢纽、畅通道、强口岸、促贸易、聚产业、造新城"。与成都国际铁路港协同融合发展，促进德阳本地产业向集群化、集约化发展，构建长链条、开放性的产业融合发展生态圈，打造面向"一带一路"的成渝（德阳）国际铁路物流枢纽、成德眉资同城化跨区域的物工贸产能合作平台、保障德阳产业、民生的生产性、生活性物流中心，协同成都国际铁路港打造千亿级陆港产业枢纽，成为产业规模巨大、综合效益显著的外向型陆港枢纽经济高地。

一、基本概况

为主动融入国家"一带一路"倡议和成渝城市群建设，贯彻落实四川省委全面开放合作战略，加快形成"四向拓展、全域开放"立体全面开放新态势，全面落实四川省委十一届三次全会作出的"支持成都、德阳共建国际铁路物流港并创建国家开放口岸"决策部署，四川省德阳市委、市政府于 2017 年作出建设德阳国际铁路物流港重大部署。物流港规划面积 16.09 平方公里，主要位于德阳市旌阳区黄许镇，涉及德新镇部分村组，距德阳城区以北 9 公里，距青白江成都国际铁路港 40 公里。物流港依托川内第三大货场——中国铁路成都局黄许镇站，把握 G5 京昆高速、成都第三绕城高速、天府大道北延线、108 国道等得天独厚的交通优势，重点发展大宗贸易、冷链物流（预制菜）、跨境电商产业。

图 20 – 31　港区规划效果图

二、主要做法

（一）"管委会 + 公司"

德阳国际铁路物流港采用"党工委（管委会）决策 + 服务中心管理 + 平台公司实施 + 核心企业运营"运营管理模式。辖区共有国有企业 3 家，分别为德阳成德物流港建设发展有限公司（以下简称"成德港发公司"）、德阳中欧现代物流港建设发展有限公司（以下简称"德阳港发公司"）、德阳港务投资发展有限公司（以下简称"德阳港投公司"）。其中，德阳港发公司注册资本 10 亿元，由德阳市杰阳投资有限公司（代表德阳发展集团）占股 51%、德阳市旌耀建设发展有限公司（代表旌阳区政府）占股 49% 共同出资设立。成德港发公司注册资本 10 亿元，由成都产业投资集团下属的成都蓉欧供应链集团有限公司占股 51%、德阳港发公司占股 30%、四川公路桥梁建设集团有限公司占股 19% 共同出资成立。德阳港投公司注册资本 10 亿元，为德阳国际铁路物流港服务中心的独资国有企业。

（二）两港一体化运营

按"以港促产、以产兴城、港产城一体"总体思路，以服务和赋能德阳优势、特色及新兴产业为导向，着力"建枢纽、畅通道、强口岸、促贸易、聚产业、造新城"，重点连通东盟、日韩、澳新，俄罗斯及独联体、中亚、欧洲"两个扇面"国际市场，面向成都平原经济区、成渝、西南三省一市两区"三个圈层"国内市场，大力发展陆港型物流、贸易、供应链及新型产业，构建"贸易－物流－加工－供应链服务"一体化现代产业体系，与成都国际铁路港协同融合发展，促进德阳本地产业向集群化、集约化发展，构建长链条、开放性的产业融合发展生态圈，打造面向"一带一路"的成渝（德阳）国际铁路物流枢纽、成德眉资同城化跨区域的物工贸产能合作平台、保障德阳产业、民生的生产性、生活性物流中心，协同成都国际铁路港打造千亿级陆港产业枢纽，成为产业规模巨大、综合效益显著的外向型陆港枢纽经济高地。

德阳国际铁路物流港被授牌"成都中欧班列德阳基地"和"'蓉欧＋'东盟国际班列德阳基地"双基地，与成都国际铁路港于 2018 年 11 月签署《成都国际铁路港 德阳国际铁路物流港战略合作框架协议》，共建姊妹港；2019 年 5 月签署《成都国际铁路港　德阳国际铁路物流港合作共建协议书》；2020 年 11 月签署《成都国际铁路港 德阳国际铁路物流港两港一体化运营合作协议》；2023 年 9 月，两港新签署《协同共建合作协议》，将锚定"以通道带物流、以物流促贸易、以贸易聚产业、以产业助发展"共赢目标，优化成都国际铁路港、德阳国际铁路物流港产业空间布局，推动落实两港一体化运营，共同构建错位发展、有序竞争、高效协同的跨区域产业生态圈，形成产业分工有机协作、对外开放协同推进的新型发展格局。

（三）国际物流通道建设和国际产能合作

自 2020 年 11 月成功开行"蓉欧＋"东盟国际班列（德阳－成都－钦州）以来，结合港区产能发展需求制定国际班列补贴政策，通过加密南向班列开行线路、加强与中欧班列衔接、深化区域合作维度，逐步构建合作发展新态势。德阳物流港重点突出南向的"蓉欧＋"东盟国际班列，推动中缅印度洋新通道公铁联运国际班列有序化、规模化开行，深化西向、北向的中欧班列（含中亚班列）稳步开行。加强对外合作，紧密对接广西钦州港、防城港，云南临沧等枢纽城市，比如，2022年先后成功开行中缅印度洋新通道去回程测试班列，推动德阳市政府、临沧市政府、中远海运签署《战略合作框架协议》；2023年推动港区先后开行自斯洛文尼亚科佩尔港经钦州至德阳的海铁联运回程班列、成德眉资同城化西部陆海新通道国际班列。目前，开行西部陆海新通道班列、中缅印度洋新通道国际班列、中欧班列、中老班列、长江班列等达250余列，居全省前列，今年前四月，铁路货运量80.68万吨，同比上涨11.68%。

为助推德阳产业发展，德阳市将物流港定位为全市物流枢纽和开放高地，通过国际物流通道和开放平台建设助力这座重装之城提档升级，物流港创造性提出在全市12个产业功能区和经济开发区设置无轨货站，通过城市共同配送线路将全市产品汇聚物流港，通过整柜或拼箱后到达全球。物流港积极搭建智慧信息平台及多式联运信息平台，现已完成多式联运信息平台雏形搭建，完成后主要提供多式联运信息展示、网络货运等基本功能。为进一步整合铁路运输资源，实现公铁联运信息无缝对接，目前已与成铁科创、特力达形成合作，明确《德阳国际铁路物流港数字服务与管理解决方案》架构，完成德阳国际铁路物流港信息系统平台雏形搭建。

（四）创建国家多式联运示范工程

2022年德阳国际铁路物流港入围第四批多式联运示范工程创建项目名单，示范工程由物流港组织成德港发、蓉欧集团、成铁物流三家单位牵头，联合成铁科创、中铁集装箱物流、德阳港投、特力达、德阳港发等七家单位共同申报。建设以德阳物流港为一核心，联动广西钦州港、昆明南亚陆港作为两支点，总体形成"以铁路场站为核心，建立三个中心和一个信息平台"发展格局，以"陆上丝绸之路＋海上丝绸之路""铁＋公水空"的联运方式，开启交通融合新局面，将物流港打造成为工业城市多式联运发展示范标杆。示范工程预计总投资约13.6亿元，其中基础设施4.17亿元，多式联运海关监管中心、服务中心和中转中心总投资8.61亿元，主要建设内容包括铁路专用线及多式联运联络线、多式联运中转中心、多式联运监管中心、多式联运服务中心、多式联运设备及信息平台。目前，铁路专用线及多式联运联络线已基本成型，"散改集"专业联运中心、海关监管中心一期已基本完工，冷链联运中心一期竣工投运，信息平台已启动前期开发。

（五）着力构建开放型经济平台

自2021年启动保税物流中心（B型）申建工作以来，物流港一直大力推动项目建设，目前项目一期海关监管区已完成竣工初验，达到使用条件；动态跟踪保税物流中心（B型）审批政策及程序调整情况，2020年已取得省政府意见书，目前申报材料已具备，待保 B 申报政策下达后即可提交；2023 年 6 月，运营全市首家德阳港务投资公用型保税仓库，已完成 20 单进口业务，货值超 5000 万元，累计为本地企业缓税约 1100 万元，为保 B 申报奠定基础。

德阳国际铁路物流港积极推进政策创新模式，2021 年着力推动探索协调增设成都国际铁路口岸德阳（黄许镇站）查验作业区工作，力争实现成都国际铁路港现有口岸功能延伸至物流港，增设查验作业区议题已经省同城办上会审议通过，并写进了四川省与海关总署签署的合作协议中，纳入了四川省人大代表提案；为实现国际班列真正始发，积极申建德阳国际铁路物流港铁路货运海关监管作业场所，该监管作业场所创新将保税物流中心监管仓、检疫区、集装箱区与监管场所相关硬件实现共用，目前铁路货运海关监管作业场所被纳入《四川省口岸发展三年行动计划（2023—2025 年）》，已启动建设工作。

图 20－32　铁路货运海关监管作业场所示意图

三、创新成果

（一）基础设施稳步推进

德阳国际铁路物流港秉承基础设施建设先行的思路，加快提升港区通行能力，全面推行"主要领导亲自抓、分管领导带头抓、产业助理直接抓"三级联动机制；深入落实项目建设"日反馈、周调度、月推进、季总结、年考核"五级推进机制；依托

"德阳国际铁路物流港项目管理系统"，对项目进行全过程管理。2023年签约总投资50亿元的辽宁东盛科技集团生物新材料智能工厂项目，5.5亿元的香港煜晔大健康产品生产基地项目。

2023年，德阳国际铁路物流港推进实施四川省市重点项目11个，年度计划投资21.65亿元，全年完成投资30.39亿元，完成率约140.38%。港区临港制造产业园、密尔克卫等7个重点项目顺利开工；涟江路下穿宝成铁路、地块二配套路等项目基本成型；保罗（西南）大健康产业基地、蓉欧冷链运营中心等招商引资项目即将投产；保税物流中心（B型）投入使用；正全力推动西一环路北延线等项目开工前期准备工作。

（二）产业集群加快构建

德阳国际铁路物流港积极以四川省制造业招商引资"百日攻坚"和清洁能源装备招商引资专项行动两个活动为契机，围绕物流港电子信息和数字经济产业发展开展小分队招商。围绕港区产业布局，积极推进港区保罗（西南）大健康供应链产业基地（一期）、蓉欧冷链运营中心等项目建设。推动新阳光方正体育用品等6家企业入驻保罗（西南）大健康产业基地，助力北大荒物流园区蜀龙美米业同中农交投（营口）农业发展有限公司签订合作协议，蓉欧冷链运营中心与四川希望德康供应链管理集团有限公司等企业签订合作协议；推动北大荒农产品物流园铁路专用线建成投运、散粮仓储及配送项目部分投产。港区16.09开发边界内规模以上工业企业共11家，规上服务业2家，限上社消零企业13家。

（三）国际通道积极建设

推动德阳陆港多式联运有限公司在集装箱国际联运信息平台上完成信息注册，与中铁多联公司签约集装箱安全协议，中欧、中亚、中老班列的运输协议，优化国际班列去回程线路，为全市及周边腹地企业提供稳定路线和舱位保障，保障南、西、北向国际班列齐项发展。与成都铁路局等合作共建黄许镇站，探索建设国际集装箱堆场等硬件设施，推动货源向港区聚集。截至今年4月，国际班列开行约250列，产品种类从最初的化肥拓展至日用百货、汽车零配件、电子产品，线条从0到5，出口国家由一到多，辐射波兰、越南、泰国、哈萨克斯坦等国家，串起10国25城，助力德阳对外开放格局、合作实现整体跃升。

四、下一步发展规划

以德阳为核心，立足于本地优势、特色产业，充分发挥区位、交通优势条件，同时与成都联动融合发展，倾力打造德阳国际铁路物流港，统筹各类发展资源要素，大力发展陆港型物流、贸易、供应链及新型产业，利用国际国内两个市场、两种资源，逐级辐射圈层腹地市场，成为德阳现代物流业可持续发展引擎，打造连接泛亚—泛欧的对外经济开放高地，面向"一带一路"的成渝（德阳）国际铁路物流枢纽、"一带一路"（德阳）新型产业加工基地。

连接泛亚—泛欧的对外经济开放高地。重点构建德阳连通东盟、中亚、俄罗斯、欧盟的国际铁路物流大通道，同时强化德阳连通北部湾港等沿海港口，接续海外市场的铁海联运大通道，大力发展适合德阳本地产业的国际铁路直通、铁海联运集装箱班列，打造对外开放高地。

面向"一带一路"的成渝（德阳）国际铁路物流枢纽。重点建设以铁路为核心的陆港物流枢纽，包括铁路场站、铁路专用线、开放性口岸保税设施、集装箱堆场及箱管中心、多式联运设施等，打造德阳市内部一级枢纽节点、成都平原经济区一级仓储配送中心、西南地区"中心仓"、转运分拨中心。

"一带一路"（德阳）新型产业加工基地。通过陆港枢纽、贸易门户建设带动与德阳产业基础相关的特色新型加工制造业（尤其是保税加工制造业）的发展，重点赋能发展装备制造、新材料等战略性新兴产业，成为供给亚欧的特色产品制造基地。

到 2035 年，全面建成联通亚欧的具有重要影响力的区域性国际物流枢纽，成功打造"亚欧（德阳）"国际贸易门户，成为供给亚欧的特色产品制造基地。通过陆港枢纽、保税加工基地等的建设和发展，发挥本地优势产业链，打造成为全球分工体系中具有重要影响力的优势产业全球供应链中心，成为成渝地区双城经济圈"畅通国内国际双循环的门户枢纽重要支撑地"的有效支撑，打造全国物流高质量发展示范区，促进产业集群发展，打造千亿级陆港产业枢纽，"一带一路"新兴对外开放门户、成德临港经济核心引擎。（德阳国际铁路物流港管委会 段旭基 邓智明 陈竹）

📎 案例 13

中新建物流集团多式联运国际综合物流港创新实践

【摘要】

近年来，中新建物流集团多式联运国际综合物流港积极响应国家"一带一路"发展倡议，推进区域内大宗货物运输"公转铁"多式联运，已形成以铁路干线运输为主，注重多式联运全程物流服务，建立工业品外运、原辅材料及生活物资输入双向钟摆式骨干物流组织系统，同时立足工业产业布局、创新业务组织模式，加快数智化建设、推动港区信息化提质增效，努力打造成为"服务石河子市、立足天山北坡经济带、辐射新疆乃至整个西部地区"的大型公用物流平台。

一、基本情况

（一）成立背景

中新建物流集团有限责任公司（以下简称"中新建物流集团"）成立于 2022 年 5 月，是由新疆生产建设兵团国资委及新疆天业集团共同出资成立的兵团第八师国有企业。其子公司新疆汇鼎物流有限公司是中新建物流集团多式联运国际综合物流港的主体运营单位，该物流港于 2020 年建设完成并投入使用，位于石河子生产服务型国家物流枢纽工业物流区，该区域是八师石河子制造业基础雄厚的国家新型工业化产业示范基地，拥有国家级经济技术开发区，已形成硅基、铝基、碳基、能源、纺织服装、农产品精深加工六大产业集群，具有工业为主导、工农相结合的产业物流发展新格局，物流需求巨大。

（二）发展定位

根据规划目标，未来多式联运国际综合物流港将建设成为"服务石河子市、立足天山北坡经济带、辐射新疆乃至整个西部地区"的大型公用物流平台，以各类生产企业及疆内外能源、化工、百货物流运输、进出口贸易需求企业为主要服务对象，不断拓展物流增值服务，推进绿色物流和物流信息化。

功能定位：为园区及周边企业提供专业物流服务；提供中欧班列编组、集结、报关、监管等服务；为进出口货物提供海关监管、转口贸易、仓储等服务；将物流、贸易、金融相结合为客户提供一体化服务；提供干支仓配物流集成服务。

图 20 – 33　中新建物流集团多式联运国际综合物流港

（三）建设情况

中新建物流集团多式联运国际综合物流港为《八师石河子市交通运输"十三五"

发展规划》中明确指出要推进五大重点工程即物流基地建设工程、四大物流基地建设的重点项目。该项目在石河子（天业）站 11 道旁边规划建设多式联运国际综合物流港，包含仓储、加工、物流、中欧班列集结和发运等功能。该项目铁路工程接轨于工业站站房对侧牵出线（K14 + 082.69）处，设一组半径 350 米的反向曲线向西延伸，在工业站 11 道南侧约 140 米处，平行既有正线设置两条尽头式集装箱装卸线，西端咽喉增加机待线 1 条，牵出线延长 50 米，全长 2.73 公里。完成场坪和道路 8 万平方米、机车库、消防水池、办公室、警卫室、3 座钢结构仓库建设。中新建物流集团多式联运国际综合物流港项目施工工程、仓库工程已通过石河子开发区质监站验收，规划验收、消防验收，取得建设工程消防验收备案通知书及项目规划认可书，竣工决算完成，并于 2022 年 4 月 18 日取得不动产证。

（四）发展模式及经营情况

中新建物流集团多式联运国际综合物流港积极响应国家"一带一路"发展倡议，推进区域内大宗货物运输"公转铁"多式联运，已形成以铁路干线运输为主，注重多式联运全程物流服务，建立工业品外运、原辅材料及生活物资输入双向钟摆式骨干物流组织系统；支线业务主要构建覆盖全疆的集疏运网络，形成煤炭等工业原材料和大宗产品辐射全疆的高效供应链组织体系；仓储业务主要以港区普通仓储、堆场等仓储设施为基础，与天业集团国内 50 个异地库达成合作，提供仓配一体化服务；配送业务主要面向石沙玛兵地融合城镇组群，提供直接入厂、直达生产线、满足城乡消费需求的配送服务。覆盖石河子地区及周边对石河子地区及周边区域的 PVC、片碱、乙二醇、1，4 丁二醇、铝锭、煤炭、氧化铝粉、原盐、石灰等产品、原料，为客户提供"门到门"全程物流服务。

2022 年中新建物流集团多式联运国际综合物流港铁路运输总量全年完成 1422 万吨。中欧班列全年开行 114 列，连续 6 年全年开行超百列以上，是疆内第二大中欧班列集结中心和始发站。

二、主要做法

（一）立足工业产业布局、创新业务组织模式

立足于为大型工业企业集群提供铁路干线运输，持续提高大宗货物铁路中长期协议运输比例，形成以多式联运国际综合物流港暨中欧班列集结中心为核心，面向新亚欧大陆桥和中巴经济走廊，联通中西亚、欧洲等国家和地区，连接华东、华南、华中、华北大型生产基地及天津港、青岛港、连云港、上海港等沿海港口的干线网络体系。

主要通过提供多式联运门到门服务、实施循环车组、开行中欧班列三种模式创新业务组织模式。其中：

1. 通过公铁联运、公铁海联运为制造企业提供门到门服务

针对石河子地区及周边区域的 PVC、片碱、乙二醇、1，4 丁二醇、铝锭、葡萄酒、辣椒粉等产品，通过公铁联运和公铁海联运，对接在华南、华东、华中、华北布局的 50 多个异地库，实现"干支仓配"一体化组织，为客户提供"门到门"全程物流服务。

（1）公铁联运无缝衔接模式：通过铁路专用线、高站台延伸至生产工厂，与厂区无缝衔接。货物经 1 公里以内的公路倒短，通过站台装入火车，从而实现铁路 - 站台 - 公路公铁联运无缝衔接，体现园区内集疏运道路规划合理，便于运输组织，主要服务于大宗内贸物资的公铁联运石河子（天业）站 - 全国异地库。

图 20 - 34　铁路通过堆场装车实现公铁联运无缝衔接

（2）铁水联运无缝衔接模式：以自有铁路专用及工业编组站为业务组织中心，将货物通过公路倒短到铁路，无缝衔接兰新铁路对接西北能源外运及出海大通道、青银物流大通道，再经青岛、天津等东部沿海港口海运至印度尼西亚、马来西亚、越南、菲律宾、尼日利亚、肯尼亚、巴西等国家和地区。公铁海联运新模式打破了以往整车直发的单一模式限制，以多式联运为着力点，创新大宗物资东出新疆模式，形成新疆 - 天津港 - 广州港货物常态化运输线路。

2. 实施循环车组，提高运输组织效率

实现了敞顶集装箱公铁循环车组织模式。在中新建物流集团多式联运国际综合物流港针对煤炭、矿粉等货物实现了固定装卸地点、固定车数的公铁衔接循环往返。从矿山发出满载货物的敞顶集装箱到达物流港后，将重箱卸下通过平板车倒短拉运至企业用户卸车，随后将卸完的空箱背回到物流港，吊装至火车上后返回运输至货物区继续装箱，实现矿山 - 物流港 - 工厂 - 物流港 - 矿山的循环作业。

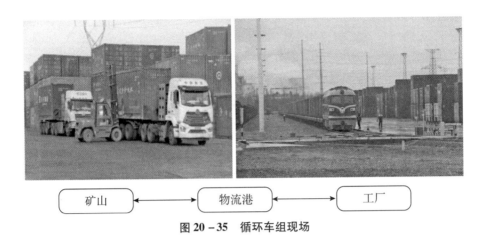

图 20 – 35 循环车组现场

3. 开行中欧班列，拓展国际物流业务

精准捕捉区域内工农业产业国际贸易物流组织需求，以新亚欧大陆桥和中巴国际经济走廊及其他国际运输通道、境外物流节点布局为依托，加强枢纽与国际供应商、贸易渠道商和零售商、金融服务商的对接。以多式联运物流港作为兵团中欧班列集结中心为支撑，提供包括国际采购、班列定制、保税物流、供应链金融等在内的国际物流服务，形成以面向中亚、西亚、欧洲西向为主，面向南亚、东南亚、东北亚为辅的国际物流发展新格局。

依托集装箱办理站优势，将铁路专用线作为中欧国际集装箱班列的集结点，吸引大量石河子周边地区其他企业的货物，集结社会化物资，开展社会化服务。利用石河子拥有兵团唯一海关的优势，实现了出口产品在本地报关、异地查验，以及中欧国际集装箱班列的集结、发运、通关一体化，大大提高了通关效率，节省了通关费用，体现了中欧国际班列"合作开行"的优势。作为兵团常态化运行的中欧班列集结中心，连续多年中欧班列年开行量达到 110 列以上。

（二）数智化建设，加快港区信息化提质增效

1. 网络货运平台

汇鼎物流网络货运平台通过平台运力和货源的深度整合，提高了调度效益，保障了发货能力。高效整合各公司的车辆资源，建立运力共享库，加强对运力资源的集中管控力，大幅提升调度工作效率，通过不断积累车辆资源、不断提升与司机的关系密切度，调度部门可更有效地完成运力采购工作。

图 20 - 36　"铁路快通"中欧班列发车仪式

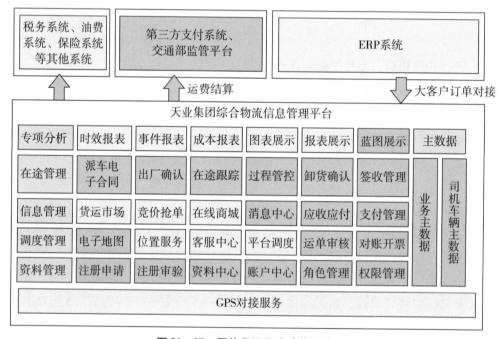

图 20 - 37　网络货运平台功能设计图

2. 多式联运物流港信息化系统

物流港信息化系统以"小步快跑、稳扎稳打、分期建设、深入云化"为宗旨，一期建设堆场管理、窗口服务管理、门检管理、装卸管理、无线终端系统、统计查询管理、维护管理、接口管理等子系统，并打通与港区内部企业现有 ERP、NC、TWMS 系统和入驻企业的信息系统的数据接口。物流设施具备一定的智能化水平，其中多式联运物流港信息化系统集成了火车车号、集装箱箱号的 OCR 识别、RFID 车号读取设备、具备电子车牌自动识别、集装箱箱号自动识别、业务逻辑自动校验、集装箱送箱位置自动分配、提示信息自动显示到 LED、进出门指示单自动打印、车辆放行自动控制等一系列的智能化操作，保障了无人值守进出场站大门的高效通行。

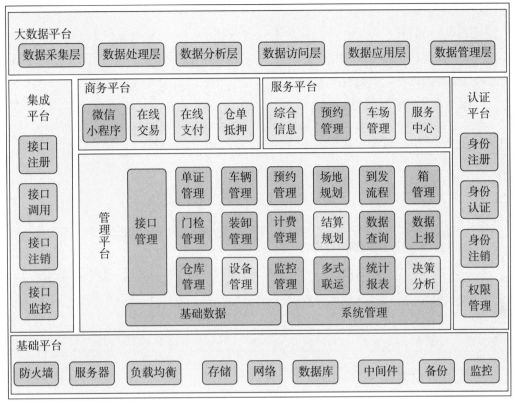

图 20 - 38　物流港信息化系统模块架构图

三、创新成果

（一）社会贡献

1. 有效带动区域经济发展

多式联运国际综合物流港从业人员、集装箱多式联运量逐年增加（详见表20-3）。同步完善物流运输体系，逐步提高服务于陆港周边工业、制造业的运输效率，满足消费升级需求，支撑强大国内市场建设。

表 20 - 3　　　　　　　　　2020—2022 年物流港运营情况统计表

类别	2020 年	2021 年	2022 年
从业人员数量（人）	298	355	500
集装箱多式联运量（万 TEU）	27.08	33.32	34.7

2. 有力支撑工业高质量发展

一是以物流港为核心，构建仓储配送、综合运输、干支衔接、信息互通四位一体网络化平台，打造兵团规模最大的工业物流组织中心，为石河子工业产业发展提供强有力的保障。二是在现有工业品、煤炭大宗专业物流基础上提高园区制造业和工业园区的大宗商品中长期运输合同比例，进一步推动园区信息平台与工业园区企业的互联，促进制造业和物流业深度融合发展。

3. 推动港区绿色发展

园区运营企业全面实施"公转铁"战略，园区吸引周边制造业企业提供公铁联运服务，将原材料和产品从公路运输向铁路运输转移。园区深入贯彻推进区域内大宗货物运输"公转铁"，将原材料和产品从公路运输向铁路运输转移。截至 2022 年年底，完成多式联运总量 1055 万吨，公转铁运输量完成 560 万吨，减少 18.66 万辆（次）汽车运输，为地区打赢蓝天保卫战做出了积极贡献。

4. 促进新疆物流企业影响力传播

多式联运国际综合物流港项目被评为全国多式联运示范工程，同时是石河子生产服务型国家物流枢纽的重要组成部分及主体运营单位，获得全国优秀物流园区、中国物流国家发展改革委物流业与制造业深度融合创新发展 50 家典型案例、中国物流百强企业、全国先进物流企业、全国绿色物流创新引领企业等荣誉称号。

（二）发展成果

1. 通过公铁联运、公铁海联运为制造企业提供门到门服务

通过公铁联运和公铁海联运，对接天业集团在华南、华东、华中、华北布局的 50 多个异地库，实现"干支仓配"一体化组织，为客户提供"门到门"全程物流服务。

2. 实施循环车组，提高运输组织效率

实现了敞顶集装箱公铁循环车组织模式。针对煤炭、矿粉等货物实现了固定装卸地点、固定车数的公铁衔接循环往返。

3. 大宗物资公铁海联运，发挥各种运输方式比较优势

企业通过多式联运场站的建设改造，公路短驳甩挂运输系统装备和技术的推广应用，多式联运管理信息平台和联运作业规范建设，实现公路、铁路、海运等多种运输方式的运输资源高效整合、过程信息共享、运输组织无缝衔接，有效发挥公铁海联运运量大、成本低、效率高等优势，形成"宜铁则铁、宜水则水、宜公则公"的运输格局，公铁海联运新模式打破了以往整车直发的单一模式限制，以多式联运为着力点，创新大宗物资东出新疆模式，形成新疆－天津港－广州港货物常态化运输线路。

4. "以点带面""一站通关"，保证中欧班列常态化开行

以天业集团与多式联运国际综合物流港的紧密合作，货物的出口具有"以点带面"的作用，依托集装箱办理站优势，将多式联运物流港作为中欧国际集装箱班列的集结点，吸引大量石河子周边地区其他企业的货物，集结社会化物资，开展社会化服务。利用石河子海关的优势，实现了出口产品在本地报关、异地查验，以及中欧国际集装箱班列的集结、发运、通关一体化，大大提高了通关效率，节省了通关费用，体现了中欧国际班列"合作开行"的优势。天业铁路专用线以及海关保税仓库等的建设可以保障货物的"一站通关"。这种"以点带面""一站通关"的中欧班列开行模式，在行业具有引领作用和推广价值。对建立各省市中欧班列营运主体的协调机制，以及市场化合作机制，化解同质负面竞争，围绕区域合作和分工，班列集结和互补，政策支持和运价分享等方面开展交流与合作，为国家统筹中欧班列奠定基础。

四、未来目标

（一）完善供应链物流体系

以大宗商品物流、冷链物流、电商物流和产业物流供应链组织创新为重点突破方向，以物流服务提升为方向，增加开行面向大型厂矿、制造业基地等的"点对点"直达货运列车，提高协议制运输比重，为工业生产提供集原材料供应、中间产品和产成品储运及分销等于一体的现代供应链服务，推动传统制造业组织优化升级，促进供应链上下游企业实现协同采购、协同制造、协同物流，通过企业间专业化分工协作，快速响应客户需求，缩短生产周期，降低生产经营和交易成本。力争到2025年形成支撑能源化工、纺织服装、农副产品加工等优势传统产业转型升级，以及新材料、新能源等战略性新兴产业发展的物流供应链服务体系。

（二）降低综合物流成本

中新建物流集团多式联运国际综合物流港积极融入石河子生产服务型国家物流枢纽网络建设，实现多种运输方式的运输资源高效整合、过程信息共享、运输组织无缝衔接，显著提高运输组织效率，提升综合运输服务整体效能。依托综合信息服务平台，带动生产制造业向供应链上下游拓展延伸，引导和促进商流、信息流、资金流高效协同，提升本地化工、电力能源、新材料、纺织服装、食品加工等制造业的价值创造能力与核心竞争力。力争到2025年，实现工业品综合物流成本较2022年下降3—5个百分点。

（三）创新优化发展模式

物流港充分发挥铁路辐射广、运输成本低、场站提送服务效率高的优势，带动区域农业、制造、商贸等产业集聚发展，打造形成各种要素大聚集、大流通、大交易的枢纽经济，推动天山北坡城市群内部协同发展，促进生产制造、国际贸易和国际物流深度融合，助力新一轮高水平对外开放，形成"陆海内外联动、东西双向互济"的全面开放新格局。到 2025 年，形成以"干线运输＋区域分拨"为主要特征的现代化多式联运网络，干线运输到发规模占石河子生产服务型国家物流枢纽总运输比例超过 35%，形成辐射周边 200 公里左右范围的专线分拨集散运输网络，国际国内物流体系基本实现联动协同，生产制造和国际物流实现深度融合，国际供应链整体竞争力进一步提高，为天山北坡经济带产业向全球价值链中高端迈进提供有力支撑。（曹洋　严健　陈耀春　余万江　周新新）

📎 案例 14

贵阳国际陆港创新实践案例

【摘要】

贵阳国际陆港成立于 2022 年，是贵阳国家物流枢纽的重要组成部分，也是贵州省内目前唯一的外向型国际陆港。围绕实施"四新"、主攻"四化"主战略，紧扣"四区一高地"主定位，贵阳国际陆港抢抓发展机遇，充分挖掘产业优势，协调整合各方资源，推进基础设施建设，完善配套服务功能，优化物流网络，充分发挥西部陆海新通道铁路大型货运场站功能优势和"港产城"一体区位优势，不断拓展沿海港口和沿边口岸功能，与广州港、深圳港、北部湾港等沿海港口协同开启"组合港"发展新业态，积极探索"枢纽＋通道＋经济"现代物流运行体系，让贵州逐渐从开放的"末梢"变成开放的"前沿"。

一、基本情况

贵州铁投都拉物流有限公司成立于 2018 年 7 月，是贵州铁路投资集团有限责任公司下属全资子公司，注册资本金 7.38 亿元，主要负责物流园投资、建设、运营和管理。贵州铁投都拉物流有限公司致力于整合铁路、公路、航运等各种交通运输方式，在全省范围内打造多式联运现代物流园网络。为推进现代铁路物流产业发展，补齐物流短板，降低物流成本，构建产业集聚核心，实现产融互动、产城融合，助推地方经济发展，贵州铁投都拉物流有限公司勇担社会责任，抢抓市场机遇，积极完善地方基础设施配套。

2018 年 9 月，贵州铁投集团出资建设"都拉营国际陆海通物流港"。项目位于贵阳市北部高新技术产业经济带，毗邻贵阳综合保税区，项目一期设有铁路作业区、仓储区、堆存区、城市配送区、联运集散区、配套办公区等。以集装箱、城市功能配送物资和粮油生活物资等成件包装货物提供铁路到发装卸、仓储加工为中心。项目二期将推进高附加值货物运输及配套设施的建设。同步建立数据网络及信息化平台，实现物流一单式、一站式、一体化服务。

图 20－39　贵阳国际陆港

2022 年 4 月，贵州省政府根据"国发〔2022〕2 号"文"支持贵州积极对接融入粤港澳大湾区建设"的精神和贵州省第十三次党代会有关要求，明确在贵阳综合保税区和"贵阳都拉营国际陆海通物流港"范围内打造"贵阳国际陆港"。

贵阳国际陆港是综保型国际内陆港，是贵阳国家物流枢纽的重要组成部分，是贵州省内目前唯一的外向型国际陆港。

贵阳国际陆港核心区"贵阳都拉营国际陆海通物流港"为西部陆海新通道（中通道）上国家重点培育的物流园区大型货运场站之一，是贵州省"十四五"综合交通规划和现代物流业发展规划中重点支持建设的物流港项目。项目占地 910 亩，投资 13.8 亿元，年运输能力 300 万吨。贵阳国际陆港于 2021 年 4 月 30 日开通运营，二期拟规划用地约 2000 亩，规划主要有高铁货运、集装箱，冷链、商品车运输等。

二、主要做法

（一）"路企合作" ＋ "组合港"发展模式

2022 年，为贯彻落实习近平总书记视察贵州重要讲话精神和新国发 2 号文件精神，围绕实施"四新"主攻"四化"主战略，奋力实现"四区一高地"主定位，明确在贵阳综合保税区和都拉营国际陆海通物流港范围内打造具备运输通道顺畅、枢纽功能强大、口岸开放便捷等特点的贵阳国际陆港。2022 年 8 月 27 日，贵阳国际陆港、广州港南沙港双向对开首列黔粤班列，标志着贵阳国际陆港正式开港运行。此后，贵阳国际陆港充分发挥作为西部陆海新通道铁路大型货运场站功能优势和"港产城"一体的区位优势，不断拓展沿海港口和沿边口岸功能，与广州港、深圳港、北部湾港等众多沿海港口形成组合港，让贵州逐渐从开放的"末梢"变成开放的"前沿"，推动贵州深入融入粤港澳大湾区、长江经济带和成渝经济带，为贵州开放型经济高质量发展注入新的动能。

2022年5月17日，贵州首列采用贵广铁海联运"一港通"快速通关模式的首发测试班列从贵阳国际陆港顺利开行。该模式以广州南沙港为枢纽港，贵阳国际陆港作为内陆港，优化了海关通关和港口调拨等多个环节衔接，形成"两港如一港"的作业模式，实现进出口货物"一次申报、一次查验、一次放行"。有效解决企业库存压力，降低运输成本。

"路企合作"是贵阳国际陆港的重要保障，双方充分发挥资源和业务优势，围绕货运政策、运输组织、路企交接、货场管理、装卸设备等方面开展合作，建立"大客户"运量运能互保关系，车站为物流园区经营提供安全生产、运输组织、装卸业务、货场管理等方面业务支持，为提升班列开行质量，车站派驻货运人员进驻贵阳国际陆港开展日常业务指导和货运检查、手续办理等工作。"组合港"模式是贵阳国际陆港的重要抓手，减少了进出口货物的中转环节，加快了通关速度与沿海开放型经济企业的发展，已具备运输、仓储、装卸、配送、信息、关检等综合功能。截至目前，广州港、深圳港、湛江港、盐田港、北部湾港、蛇口港、赤湾港、妈湾港等沿海港口已在贵阳国际陆港设立无水港，与中远海运集团合作组建运营平台，引入海运优势实现公铁海联运，在贵阳国际陆港设立集装箱管理中心、提还箱点和修箱点。贵阳国际陆港与招商局、中集世联达、上海新海丰及安通等港口公司、船公司、货代公司深度合作，推动贵阳国际陆港高速发展。

（二）数智化建设

为保障贵阳国际陆港园区生产作业高效开展，贵阳国际陆港探索数智信息化平台，将生产作业流程融入线上生产系统，提供信息发布、数据交换、物业管理等服务。一是为实现线下生产作业与线上系统相结合，完善生产流程并线上记录，做到生产环节层层把关，实时查看园区货物情况，高效制订生产计划，建设了港区智慧物流园作业系统，包含集装箱作业、怕湿作业与门禁管理等子系统。二是为保障货运列车安全开行，确保货物装载完好，做到集装箱照片、视频线上储存、审核，建设了货运安全一体化系统。三是根据中国铁路成都局集团有限公司《关于印发〈中国铁路成都局集团有限公司铁路专用线管理办法〉的通知》（成铁科信〔2020〕240号）文件中关于"按照集团公司专用线全过程一体化生产管理平台等系统技术标准、数据接口要求配置信息化管理系统，并与集团公司运输全过程管理系统相匹配，满足运输组织、物流管理一体化要求"，建设了运输全过程管理系统。四是为了将园区各项业务（包括智慧办公、智慧招商、智慧物业、服务中心、设备管理、智慧党建等功能）整合到同一平台，建设了智慧园区综合管理平台。五是为保障园区货运安全，在港区建设了线阵系统、轨道衡系统、智能铁鞋系统、铁路货场平过道自动防护装置系统等信息安全防线。

（三）班列运行

贵阳国际陆港 2023 年 1—6 月共开行 21 列中欧班列。黔粤班列，当前已实现图定开行，图定 X9582/1，主要发送货物吉利汽车 KT 件、黔轮胎、海信电视等。西部陆海新通道班列，当前以贵州铁投集团与广西北港集团开启战略合作为契机，积极组织西部陆海新通道班列上下行货源和需配套政策落实，力争早日实现西部陆海新通道班列图定开行。中老班列，2022 年打通"中老铁路 + 中欧班列"过境模式。持续加强与贵州省、贵阳市有关部门对接，同时积极与昆明铁路局及相关企业沟通协调，积极拓展中老铁路货运。

图 20 - 40　黔粤首发班列

开通贵广铁海联运"一港通"快速通关模式。2022 年 5 月 17 日，贵州首列采用贵广铁海联运"一港通"快速通关模式的首发测试班列从贵阳国际陆港顺利开行。

（四）保税物流服务

贵阳国际陆港实现区港一体化。与贵阳综保区共同建设贵阳综保型国际陆港海关监管作业场所，于 2022 年 6 月 1 日通过海关验收并投入运营，贵阳国际陆港已具备报关、报检、转关、监管仓、保税等功能，促进海关业务、查验检疫、货物集拼、车船港务和集装箱中转等功能充分实现区港一体化。

（五）服务模式创新

贵阳国际陆港积极创新运输组织模式和供应链协同运营模式，全力开展班列双向货源调查组织，会同贵州省多式联运公司为黔轮胎、铝材、烟草、汽车、电视等重点货源到发提供一体化物流解决方案；推进贵阳国际陆港"散改集"运输，进行设施设备改造和装卸工艺创新，同时针对大客户定制物流方案，定制化开行班列。与贵州铁投物产集团公司、基金公司积极合作，发展商贸物流、物流金融等物流服务形态，推动贵阳国际陆港提升一体化物流供应链服务能力，探索"枢纽＋通道＋经济"现代物流运行体系，打造更具竞争力的枢纽经济增长极。

三、创新成果

贵阳国际陆港见证了贵州近年来对外开放的多个首次：2021年11月18日贵州首趟中欧班列从这里始发；2022年5月18日中老铁路与中欧班列在这里实现了贵州境内首次牵手；2022年8月27日首次实现贵阳国际陆港—广州港黔粤班列的双向开行；2022年5月17日，贵州采用贵广铁海联运"一港通"快速通关模式的首发测试班列从贵阳国际陆港顺利开行……贵阳国际陆港作为全省开放型积极通道发展"桥头堡"的作用不断凸显。贵阳国际陆港的建设和发展得到社会和行业的广泛关注，有关领导多次调研指导贵阳国际陆港的发展。

当前及今后一段时期，贵阳国际陆港建设处在重要的战略机遇期，机遇和挑战并存。贵阳国际陆港坚持以习近平总书记新时代中国特色社会主义思想为指导，全面贯彻落实党的二十大精神和习近平总书记视察贵州时的重要讲话精神，立足新发展阶段，贯彻新发展理念，抢抓发展机遇，充分挖掘产业优势，协调整合各方资源，推进基础设施建设、完善配套服务功能、优化物流网络，让贵阳国际陆港建设取得更大成效。

四、未来目标

（一）完善口岸功能和海关延伸监管功能

当前，贵阳综合保税区还未获批"粮食、肉类、水果"等口岸，进境货物通关效率难以提升。下一步将争取省、区、市政策扶持，加快推进贵阳国际陆港总体规划建设，积极配合贵阳综合保税区完善口岸服务、货物集散、多式联运、智慧物流、冷链物流、产城配套等基础设施，推动粮油、肉类、水果等相关产业向贵阳国际陆港集聚，实现"以港聚产"。

当前海关监管场所与国际陆港存在空间距离，集装箱查验存在往返约6公里的汽车倒运，一定程度造成了物流成本增加。下一步积极配合海关监管、工商税务等部门，加强货物查验仓储、装卸搬运、联运设施设备、海关监管作业场所等陆港基础设施建设，推动陆港现代物流功能条件逐步完善。将贵阳国际陆港打造为集报关报检、签发提单、集装箱提还箱周转等港口服务功能于一体的全省综合型内陆港口。

（二）强化城市分拨配送中心功能

贵阳国际陆港处于贵阳市城市几何中心位置，同时是贵阳市重点打造的物流枢纽，有天然的城市分拨优势，可有效推动城市物流资源要素聚集，打造城市分拨配送中心。通过充分发挥贵阳国际陆港的区位优势和枢纽优势，与城市居民消费和社会经济融合发展，积极融入城市分拨配送网络。结合物资贸易、物流金融等服务，吸引快递企业、总包配送企业、电商企业、城市商贸批发市场等关联企业入驻园区，为入驻企业提供完备的智慧化城市配送解决方案。同步面向上下游客户提供信息服务，对接无车承运人、商超、快递、电商、落地配企业平台等多种智慧物流信息系统，促进物流订单、储运业务、货物追踪、支付结算等信息集成共享、高效流动，形成全过程数字化配送链条。城市分拨配送中心建设可实现面向区域的货物集散、分拨、专线运输、公铁联运等服务，和面向城市的前置仓（仓配一体）、共同配送等服务。能有效提升贵阳国际陆港服务区域经济发展能力和自身经济效益。

（三）完善海运箱提还箱点及集装箱修箱点功能

在贵阳国际陆港通过铁海联运方式运输的货物，大多是使用船公司或集装箱公司的自备箱，对企业操作成本、生产效率都有一定的影响。还箱点建成后能有效降低空箱还程产生的成本损耗，实现直接提箱装货，提高集装箱利用率。通过集装箱运输方式的进口货物，在开箱取货之后，需要把空集装箱返回到船公司指定的地点，出口货物也存在需要备箱的情况，因此，在国际陆港设立提还箱点是必备功能。接下来，通过加强与海运龙头企业衔接，探索在贵阳国际陆港设立中远海运集团、深圳港、广州港、马士基、安通等的集装箱提还箱点，同时积极争取设立铁总集装箱公司提还箱点，实现集装箱共享管理、空箱调配管理。不仅可以解决出口货物用箱紧张问题，也能为外贸企业就近拆空还箱、提用空箱提供便利条件，能够有效缩短物流时间、降低物流成本，更好地促进进出口货物在国际陆港到发集聚。

（四）提升港口服务能力

港口功能的内设是国际陆港建设必备条件和竞争优势，目前已有7家沿海港口在贵阳国际陆港设立内陆港并挂牌。下一步着力推进陆港软功能建设与提升，积极推动区域"单一窗口"数据对接与信息共享，实现区域"单一窗口"数据全流程共享；积极申请国内和国际港口代码，进一步加强与广州港、深圳港、北部湾港等合作港口的业务对接，推动"港口功能后移，就地办单"，与沿海合作港口实现"进境货物同价到港，出境货物同价起运，通关服务同样效率"，促进贵阳国际陆港实现沿海港口除装船作业外基本港口功能。同时积极探索"一港多区"发展模式，实现不同园区间的物流协同和无缝衔接，在功能组合、数据协同、港口合作上实现"一港多区"。充分发挥贵阳综保区的政策优势，实现综保区与贵阳国际陆港国际班列在多式联运报关、查验、清关一体化服务的"区港联动"模式，强化与深圳港、广州港业务协同，打造进境货物同价到港、出境货物同价起运、通关服务同样效率的"三同"模式组合港。

（五）强化班列集结能力

加快与上下游企业进一步合作，增加稳定货源运量。客户发班列在很大程度上依赖运费优惠，因此需要进一步降低营运成本，强化班列开行所需要素在贵阳国际陆港集聚，形成规模优势。

1. 优化国内铁路班列货运。充分发挥物流港的区位优势，加强与贵阳南、改貌等铁路货场联动，进行差异化经营，组织开行国内集装箱快运班列。积极完善末端配送服务，形成"场到门、门到场"服务能力，为货主企业解决两端运输痛点。依托物流港二期，探索基于高铁快运的冷链和高附加值货物特快运输业务；积极探索与林罚南物流园的联动作用，整合林罚南物流园辐射范围内加工制造企业的原材料需求，开行从原材料产地到贵阳的定制化班列，如新疆到贵阳的片碱班列。

2. 织密海铁联运班列网络。充分发挥新时代西部大开发战略优势，依托贵阳综保区海关监管场所，在协同广州港开展贵广铁海联运"一港通"快速通关模式的基础上积极探索与钦州港、湛江港、北部湾港、深圳港等沿海港口深入合作，开行海铁联运班列，大力发展多式联运"一单制"服务，实现贵阳国际陆港与合作沿海港口间的物流协同和无缝衔接，在海铁联运、数据协同、港口合作上实现"多港合一"，吸引沿途中长距离大宗货物运输转向海铁联运。将贵阳国际陆港打造成为全省综合型内陆港口和区域性国际联运枢纽。

3. 打造国际铁路班列品牌。深化与"一带一路"、西部陆海新通道沿线国家企业、园区合作，持续推进中欧班列、西部陆海新通道班列常态化开行；进一步拓展国际线路，尝试开行中老班列、中越班列、西部陆海新通道上行班列（东盟－中亚/俄罗斯跨境班列）。积极推进贵阳国际陆港集装箱场站建设，提升国际班列到发、集结作业能力。将贵阳国际陆港建设为中欧班列区域集结中心，强化与中欧班列（重庆）集结中心的业务联动。大力发展"集拼集运"运营模式，开展内外贸货物混编运输、加挂集装箱补轴及补货作业等运输组织，提升班列区域集结能力，构建"干支结合、枢纽集散"的国际班列集疏运体系。同步建设班列运营管理信息平台，加快大数据、云计算、物联网、移动互联等现代信息技术在国际班列上的应用，提升班列智能化水平，打造数字都拉国际班列品牌。

（六）强化数智化信息服务能力

当前贵阳国际陆港信息化建设仅满足了设计之初铁路场站运营的信息化需求，现如今的国际陆港对信息化需求有了本质性变化，要在更全面的功能匹配、与更多平台有效链接等方面加强，要从数据化到信息化再到智能化进行整体提升。

未来努力打造面向物流园区入驻企业，提供数智化管理的服务平台。首先，实现"人、车、货、场"要素的数字化，采取协同管理体系，依托 1 个智能运营中心将分布在不同区域的物流园区联通起来，接入各个园区的智能化业务系统，实现各个园区业务系统协同运营。同时，以"网上交易、业务管理、商务协同"为核心，利用物联网、人工智能、大数据等先进技术，对园区的公共安全、配套设施管理、园区运营所需要的海量业务数据等实现精准、统一的集成管理。

按照"需求导向、适度超前、总体规划、分步实施、动态调整"总体思路推动公司信息化建设。

1. 物流设施设备数字化，打造智慧物联系统。加强物流园区物流基础设施的数字化建设，构建智慧物联系统。引进 5G、物联网、云计算、大数据、人工智能、AR/VR、区块链、机器人等新技术，支撑物流基础设施设备数智化转型升级，加强智能作业设备和自动化堆场、自动化立体仓库等智能设施的应用，推动物流装备向智能化、自主化、安全化方向发展，实现作业流程自动化、智能化。并积极推动货、车、路、场等物流要素的数字化、可视化、协同化，通过物联系统获取基础设施设备实时数据，为园区智慧化运管平台提供有效数据支撑。

2. 运营过程数字化、可视化，构建智慧运营服务平台。推动物流、交易等信息共享、发布、跟踪与查询服务智能化提升。利用智慧物联系统，高效接入园区仓储、物流运力、物资贸易供需等信息。同时，对接企业外部行政管理部门、银行金融机构、合作企业、多式联运无车承运人等平台，提供联运单证办理、仓储信息查询、物流状态跟踪、大宗商品采购与销售等信息发布服务，实现运营过程的数字化与可视化。

3. 管理过程的智慧化，建设智慧管理决策中心。积极推进大数据、人工智能技术应用，建设智慧管理决策中心。利用智慧管理决策中心辅助园区智慧运管平台、企业智慧运营服务平台做出决策，对企业物流设施设备状态、仓储状态、运力状态、货物状态以及外部货物供需、交易情况等信息进行统计分析，进而应用人工智能对结构化数据构建知识图谱、机器学习模型，实现各类资源自动调配，实现物流路径优化、物流跟踪追溯、智能物流作业、智能物流调度、物流供需匹配，自助式修正物流运营过程中的问题，实现管理过程的智慧化。

（七）发展物流（供应链）金融服务能力

现代物流与货物贸易的关系相辅相成，在市场经济中，二者缺一不可，因此在贵阳国际陆港大力发展物贸一体化的供应链物流业务将成为未来发展的重点。

1. 与集团内商贸企业联动发展，打造"贸易 + 物流园"融合发展模式。充分发挥与贵州铁路投资集团内企业的协作优势，依托贵阳国际陆港的联运班列业务，推动粮油、钢铁、煤铝等大宗商品和城市居民生活快消品上下游资源集聚，基于集聚程度高的商品，联合系统内商贸企业和贵州省内外大型贸易企业尝试在贵阳国际港建设大宗商品交易中心（或既有交易中心的分中心）、城市快消品交易市场，通过专业化商品交易，获得物流、信息流、商流集聚，逐步形成专业商品的强大市场辐射。同时，探索物流与贸易、金融的整合创新体系，积极构建"贸易 + 物流园"融合发展新模式，使园区服务向咨询交易、指数发布、仓单质押、展示分销、金融服务延伸，为物资贸易奠定良好基础。

2. 探索融入企业供应链，提供物贸一体服务。选择优质物资生产企业，探索与之建立战略合作伙伴关系，深度嵌入企业供应链为其提供"全供应链整体解决方案"，根据企业实际生产、销售需要提供与之高度契合的仓储配送、流通加工、订单处理等服务。依托贵州铁投都拉物流有限公司铁路货运业务汇聚产业链上下游企业，形成资源的优势互补，促进产业链上下游资源的良性循环，打造产业集群效应。在其上游领域开展采购业务作为供应商为之提供原材料，在其下游领域拓展销售渠道为之销售成品或者半成品，有效形成优质物贸一体服务。

3. "采购 + 物流 + 销售 + 金融"链式拓展，发展供应链金融服务。积极探索在贵阳国际陆港二期，打造供应链金融服务中心。通过主题商品市场、重点合作企业供应链全程服务，创新发展"供应链金融"，吸引供应链企业、商业保理、融资担保等企业、机构集聚。面向"采购 + 物流 + 销售"全过程提供流动货物的质押贷款、物流订单的质押贷款、融资租赁、股权投资、债券融资等金融服务。强化供应链金融风险管控，通过供应链业务信息协同、建立风险预警体系有效降低金融风险，为专业市场供应链上下游企业提供融资增信，实现金融机构、供应链各环节企业的合作共赢。

案例 15

辽宁省陆港布局与建设创新实践

【摘要】

近年来，辽宁省依托沿海港口优势和东北亚经济圈核心地带区位优势，积极发展陆港物流，加快构建"通道＋枢纽＋网络"的互联互通综合立体交通发展新格局，建设成为全国性的综合交通运输体系的重要节点，加快发展多式联运和高铁货运，省内陆港、保税物流中心、综合保税区以及特殊指定监管场所建设方兴未艾，东北海陆大通道建设进入高速发展阶段，中欧班列实现"三通道五口岸"全线贯通，对辽宁多层次、高水平枢纽建设提供了强大的功能支撑。

一、基本情况

（一）发展现状

依托东北沿海港口优势，辽宁省陆域内已建成运营的陆港主要有 5 家，包括沈阳国际陆港快递物流区、沈阳综合保税区（近海园区）、营口港法库内陆港、铁岭国际陆港和沈阳东站陆港等，目前鞍山内陆港正在规划建设中。此外，辽宁还有营口港、盘锦港、铁岭港和锦州港 4 家保税物流中心（B 型），大连大窑湾综合保税区、大连湾里综合保税区、大连保税区、营口综合保税区、沈阳综合保税区 5 家海关特殊监管区，以及中国（大连、沈阳、抚顺、营口、盘锦、鞍山）6 家国家级跨境电商综合试验区和中国（辽宁）自由贸易试验区（大连、沈阳、营口）3 个片区，同时还有大连、沈阳关区进境冰鲜水产品（大连大窑湾、獐子岛、周水子机场和沈阳桃仙机场）4 处，进境粮食（北良港码头、大连港散粮码头、大连港集装箱码头、丹东港粮食码头、营口港中储粮码头、营口港粮食公司码头、盘锦港监管场所、锦州港粮食码头）共 8 处，进境食用水生动物（大连市 4 处、丹东市 1 处、沈阳 1 处）等特殊指定监管场所合计 18 处。上述基础建设总体构成了辽宁全省外向型经济体系和对外开放总体架构。

（二）发展阶段与特征

一是辽宁港口整合重构陆港区域布局。"十三五"时期，招商局集团与辽宁省政府合作完成了大连港、营口港和锦州港整合，辽港集团正式挂牌运营，丹东港口集团完成破产重组并正式挂牌运行，大连港、营口港获批国家首批多式联运示范工程。港口整合后，各港口主导布局建设的陆港重复建设问题得到了根本解决。大连港建设了沈阳东、长春东、吉林西、德惠、山场屯和穆棱 6 个陆港，形成"四大中心、12 个场站、

图 20-41 建设中的鞍山陆港

31 个站点"的物流网络布局,年处理能力约为 100 万 TEU,海铁联运集装箱量位居全国沿海港口之首。营口港沿东北主要铁路线建成 13 个陆港(包括沈阳沈北场站、法库陆港、辽中场站、伊春陆港、齐齐哈尔陆港、绥化陆港、长春、吉林、哈尔滨、通辽、抚顺、大庆等),丹东港在本溪、沈阳、通化、长春、哈尔滨、佳木斯、牡丹江等地,盘锦港在沈阳、通辽、齐齐哈尔等地布局陆港建设,锦州港则选择义县设立陆港,辐射辽西、吉林、黑龙江中西部及内蒙古东部粮食生产区,将其打造成国家"北粮南运"的重要物流节点。

二是内陆港建设对辽宁多层次枢纽建设提供了强大的功能支撑。"十四五"时期,围绕"建设交通强省"目标,辽宁将加快构建"通道+枢纽+网络"的互联互通综合立体交通发展新格局,提升与全国交通网络连接水平,建设成为全国性的综合交通运输体系的重要节点,重点推进大连国际性综合交通枢纽、沈阳和锦州全国性交通枢纽、朝阳、丹东、营口区域性综合交通枢纽以及沈阳(大连)区域航空枢纽建设等八大枢纽建设,加快发展多式联运和高铁货运。枢纽节点城市建设亟待加快对全省内陆港优化布局。沈阳是全国九大一级综合交通枢纽城市之一,拥有东北地区最大的民用航空港、全国最大的铁路编组站和全国最高等级的"一环五射"高速公路网。未来将重点推动国家物流枢纽建设、完善层级协同物流设施网络、提高商贸物流发展战略承载能力,打造东北地区国际门户型物流战略支点;畅通国内国际物流大通道,打造城市群都市圈辐射网络,构建高效城市配送服务系统,建设服务共同富裕农村物流网络,加快构建全覆盖的物流通道网络。

三是沈阳都市圈上升为国家级都市圈,内陆港建设同产业集群联系更加紧密。沈阳作为第九个国家级都市圈——沈阳现代化都市圈的核心城市,正致力建设东北亚国际化中心城市。沈阳内陆港建设主要依托沈阳综合保税区、沈阳东站陆港等产业集群和国际多式联运网络枢纽。沈阳综合保税区 A 区是由原来的沈阳保税物流中心和原沈阳（张士）出口加工区合并而成，服务于沈西工业走廊和近海经济区出口产业，B 区服务于高新技术产业集群；沈阳东站陆港是服务于沈阳本地汽车产业，为华晨宝马、上海通用等沈阳汽车企业提供整体物流方案和运输服务。法库内陆港主要服务于陶瓷产业集群出口。2019 年、2021 年沈阳先后创建商贸型和生产服务型国家物流枢纽城市，生产服务型物流枢纽城市创建由铁西集中发展区和辽中沈阳综合保税区近海片区两部分构成，以服务铁西区国家装备制造基地和中德产业园智能制造产业为基础，面向东北地区和环渤海经济区制造业、资源性产业等重点产业提供智慧供应链服务、铁路运输干线组织、区域分拨配送、多式联运转运和国际物流等生产服务功能。沈阳中欧班列集结中心建设运营全面实现，进一步提升了都市圈内陆枢纽体系的重要地位。

四是辽宁主要沿海港口城市以建设港口型国家物流枢纽为契机，加速内陆港布局。大连市核心是依托"两岛三湾"（大孤山半岛、长兴岛、大窑湾、鲇鱼湾、太平湾）港口集群和大连机场，以哈大高速铁路、沈大铁路、丹大快速铁路、烟大轮渡为主轴的"Y"字形铁路网络和以"两纵一横两连"高速公路网为主框架，致力于形成多式联运综合运输枢纽为互联互通手段，重点港航物流园区为支撑的运行格局。目前大连港拥有内陆港 14 个，铁路集装箱班列线路 40 余条。大连港口型国家物流枢纽由大窑湾核心物流区和北良港两部分组成，布局海铁联运中心、供应链物流区、集装箱转运中心、保税综合功能区、东北亚中心仓五个功能区。营口枢纽选址于营口经济技术开发区内，由海铁联运区和综合物流服务区两大片区组成。港口型国家物流枢纽建设为内陆港布局奠定基础，其基本功能包括海运干线运输组织、区域分拨及配送组织、联运转运组织、国际物流服务、专业物流、冷链物流、口岸及保税综合服务、应急物流等，延伸功能有现代供应链组织、电子商务、金融信息等。2020 年底锦州市人民政府发布了《依托沿海资源　构建产业优势　推动锦州全域转身向海发展工作方案》，明确了加强顶层设计、引领全域转身向海发展，壮大海洋产业、培育海洋经济新优势战略目标，明确要推动锦州港在朝阳、赤峰、阜新、通辽、锡林郭勒等锡赤朝锦陆海通道节点城市和齐齐哈尔、大庆等主要货源地设立内陆港。

五是"一带一路"框架下辽宁东北海陆大通道建设进入高速发展阶段，中欧班列实现"三通道五口岸"全线贯通。作为东北海陆大通道建设的重要支撑，中欧班列已步入高质量发展轨道，沈阳至法兰克福中欧班列、至哈萨克斯坦中亚班列、至万象中老国际货运列车等已完成首发，沈阳、大连实现至别雷拉斯特双向贯通，中欧班列（沈阳）已打通北、东、西三大通道，对绥芬河、满洲里、二连浩特、阿拉山口、霍尔果斯五大口岸形成全覆盖，可直达汉堡、杜伊斯堡、法兰克福等 10 个境外终到站，辐射全球近20个国家50余座城市。沈阳中欧班列搭载物资包括机械设备、电子设备、汽车零部件、木材、日常用品等十大门类5000多种品类。2021年，沈阳中欧班列共开行510列（折算列），比上年增长33.8%；进出口货值18.9亿美元，比上年增长15.7%。班列开行数量居东北首位、全国第7位。沈阳综合保税区以"内陆港＋自贸区＋中欧班列"为特色，带动地区产业发展效果显著，沈阳东站陆港以中欧班列打造国际物流直通车，开通沈阳－别雷拉斯特班列，发车超百列，成为辽宁省扩大对俄及中东欧贸易往来的重要抓手。锦州港也通过加密航线、运营中欧班列和布局内陆港等措施全力推进东北陆海新通道建设。近年来，陆续增设锦州港至俄罗斯东方港、湛江、连云港等内外贸航线，开通经满洲里口岸至莫斯科中欧班列，全力推进珠恩嘎达布其口岸海铁、公铁多式联运业务，实现经蒙古国乔巴山至芬兰首都赫尔辛基中欧班列首发。

六是"双循环"背景下辽宁外向型经济发展呈现增长态势。2021年，全省进出口总额为1194.8亿美元，同比增长26%，较2015年增长24.5%。其中，出口额为512.5亿美元，同比增长33.7%，较2015年增长1.1%；进口额为682.3亿美元，同比增长20.8%，较2015年增长50.9%（见表20-4）。

2022年前三季度，全省外贸进出口总额5986.7亿元，同比增长3.3%。其中，出口2742.2亿元，增长12.3%，进口3244.5亿元，下降3.2%。从产品类别来看，主要出口产品为机电产品、劳动密集型产品和钢材，分别为1361.9亿元、274.6亿元、248.4亿元，合计占比68.8%。主要进口产品为原油、机电产品、农产品和金属矿砂，分别为941.5亿元、876.8亿元、300.7亿元、299.4亿元，合计占74.5%。

表20-4　　　　　2015—2021年辽宁省对外贸易规模　　　　单位：亿美元

指标	2015年	2016年	2017年	2018年	2019年	2020年	2021年
GDP	20210.3	20392.5	21693	23510.5	24855.3	25011.4	27584.1
进出口总额	959.6	865.2	994.5	1144.3	1052.8	944.6	1194.8
其中：出口额	507.1	430.6	449	488	454.5	383.3	512.5
进口额	452.5	434.6	545.5	656.3	598.3	561.3	682.3

（三）短板不足

辽宁内陆港规划建设尚存在一定短板与不足，主要体现在省级层面统筹规划不足，传统内陆港布局与新时期区域、城市及产业布局优化调整升级不相匹配，辽宁港口在招商局整合后与内陆城市政府间协同性不足，现有陆港布局与功能难以适应新时期区域与产业集聚区规划建设新变化，项目建设融资渠道单一，传统陆港功能建设不健全、信息化程度不高等诸多领域与方面。总体看，与沈阳现代化都市圈、辽西先导区、沈阳国家中心城市建设等省市重大区域战略调整、城市长远发展战略目标全面实现需要尚存在较大差距。

图 20 – 42　沈阳中欧班列集结中心发送班列

二、新时期陆港建设外部环境分析

自 2015 年 3 月我国发布《推动共建丝绸之路经济带和 21 世纪海上丝绸之路的愿景与行动》以来，国家不断加快推动口岸基础设施建设，加强内陆口岸与沿海、沿边口岸通关合作，全面提升我国开放型经济水平，丝绸之路经济带建设升级为国家战略。在"一带一路"倡议引领下，各地各部门在积极谋划融入和共建"一带一路"进程中，从扩大对外开放转为扩大内陆地区口岸开放，从共建国际供应链到建设内陆港，促使西部和东北部地区在更大范围、更高层次上开放，助推内陆地区成为开放前沿，带动形成陆海内外联动、东西双向互济的新开放格局。随着"十四五"以国内大循环为主体、国内国际双循环相互促进新发展格局的确立，内陆港建设与优化布局越发显得重要。

国家内陆港建设发展政策导向逐渐清晰并形成体系。从政策体系完善进程看，2014—2018 年为我国内陆港建设的初期探索阶段。2014 年 10 月，国务院印发的《物流业发展中长期规划（2014—2020 年）》中，首次提出"国际陆港"新概念，指出陆港建设应服务于国际物流发展。2016 年 10 月，国家发展改革委制定《中欧班列建设发展规划（2016—2020 年）》，提出"干支结合、枢纽集散"的班列组织方式；2017 年 2 月国务院办公厅印发的《关于促进开发区改革和创新发展的若干意见》中明确指出促进海关特殊监管区域整合优化为综合保税区；2018 年出台《国家物流枢纽布局和建设规划》，重点推进 41 个陆港型国家物流枢纽建设，标志我国陆港建设进入全面打造特色鲜明的枢纽经济新阶段。2020 年 5 月，国家发展改革委等部门联合发布《关于进一步降低物流成本的实施意见》，首次提出构建"通道＋枢纽＋网络"的物流运作体系，2021 年 7 月国家发展改革委印发《国家物流枢纽网络建设实施方案（2021—2025年）》，明确了打造"通道＋枢纽＋网络"现代物流运行体系，重点补齐内陆地区枢纽短板等重点任务及举措；随后国家发展改革委印发《关于做好"十四五"首批国家物流枢纽建设工作的通知》，将 25 个枢纽纳入"十四五"首批国家物流枢纽建设名单；2022 年 11 月，国家发展改革委印发《关于做好 2022 年国家物流枢纽建设工作的通知》，将 25 个国家物流枢纽纳入 2022 年度建设名单，突出强化提升物流枢纽在枢纽协同能力、多式联运功能和产业联动增强等功能特征。

辽宁省内陆港建设始终处于不断优化进程中。辽宁作为我国东北对外开放重要门户，是联结东北亚经济贸易的重要节点，转身向海、陆海统筹已成为新时期辽宁全面振兴与动能转换的重要方向之一。"十三五"以来，辽宁开放影响力不断扩大，开放政策体系基本形成，开放合作领域不断拓展，开放载体建设逐步完善，对外招商引资成效显著，对外货物贸易稳中提质，服务贸易优化发展，"走出去"有序推进，对外开放水平不断提升，为辽宁经济社会发展作出了重要贡献。随着辽宁港口整合进程趋近完成，内陆城市沈阳、鞍山等都在加快陆港建设新布局。总体看，在省级政策推动和地方规划落实双重助推下，省域陆港布局优化进一步加快。

省级层面，区域战略和专项规划凸显内陆港建设重要地位。以 2018 年 9 月辽宁省委、省政府印发《辽宁"一带一路"综合试验区建设总体方案》为标志，辽宁开启了重塑区位交通新优势、打造辽宁"一带一路"升级版、重构区域全面开放新格局的时代新篇章，为新时代实施辽宁全面开放战略奠定了总基调。2022 年 9 月，辽宁省印发《辽宁省推进多式联运高质量发展优化调整运输结构行动方案（2022—2025 年）》，强调要完善综合立体联运设施体系建设，综合利用港口、铁路干线枢纽和中欧班列，构建连通日韩、东南亚和我国东南沿海与蒙俄、中亚、欧洲等国家和地区的"北上西进"东北海陆联运大通道。2022 年 10 月，辽宁省印发《关于加快推进建设东北海陆大通道的意见》，提出加快通道基础设施硬联通、加快通道规则标准软联通、提高通道运行效率、完善物流服务体系、加快通道经济发展、加强对外开放合作等 6 方面 27 项重点任务，强化政策支持保障力度，激发通道发展活力。上述系统性文件逐渐形成了完备的政策体系，加快内陆港布局建设将有助于激发"双循环"背景下区域内外协同发展的新活力。

地方层面，内陆港建设在重要地区"十四五"规划中地位突出。2022 年 5 月，沈阳市正式对外发布《沈阳建设国家中心城市行动纲要》，提出"一枢纽四中心"战略目标，加快建设国家现代综合枢纽、发展多式联运，围绕沈阳都市圈建设打造国际化城市。沈阳着力加快建设沈阳国际陆港，支持沈阳建设中欧班列集结中心和平台网络体系；大连港在沈阳、哈尔滨等区域核心建设陆港口岸；丹东在东北东部和内蒙古东部地区布局建设一批新陆港，强化丹东港与通化等内陆港衔接；抚顺充分发挥毗邻沈阳陆港的优势，强化与沈阳之间交通物流网络建设；锦州围绕国家区域中心城市建设，积极协调推进女儿河物流基地建设，打造锦州港海铁联运内陆港，辐射东北西部地区农产品深加工基地和临港粮食仓储加工产业转移承接区；营口探索在营口综保区建立综保型国际陆港，与营口港共建内陆港区；盘锦积极推进陆港枢纽发展，打造陆港型物流枢纽承载城市等产业集聚平台；朝阳大力发展多式联运，促进货源与公铁水空等运力资源有效匹配，探索利用赤大白铁路和锦州港朝阳仓储库建立"内陆港"；铁岭以打造铁岭北方陆港为重点，打造辽西北地区对外开放新载体，建设向南出海大通道上的国际物流节点城市。从各地规划发展方向看，聚焦陆港功能建设，有基础的地方（沈阳、鞍山等）都在加快优化内陆港布局建设，基础薄弱的地方则借助核心城市的辐射功能，实施借船出海、借势发展策略。

三、新时期加快辽宁内陆港布局与建设的创新路径

站在全省外向型经济体系建设与对外开放战略视角，重新审视内陆港规划建设及其成效，省级层面尚有许多创新性工作需要加快推进落实。

（一）积极发挥省级政府职能部门的协调作用

结合新时期全省"一圈一带两区"区域新布局，立足省域新发展格局与区域城市产业新布局，重新评估和统筹谋划全省海港与陆港区域优化布局，做好港区与区域、港区与沿海城市、陆港与内陆区域及城市等多层次协调、协同、联动、融合发展大文章。从省级层面出台相关发展规划和指导意见，明确内陆港的建设目标、区域整体布局和统筹协调方案，加快促进内陆港真正成为国际国内供应链上的高效节点。

（二）支持地方政府部门因地制宜谋划陆港建设

要突出"两核"城市的核心引领地位，依托大连港口城市核心优势，发挥在世界经济和全球贸易体系中的重要节点城市地位和作用，增强大连在东北亚区域中心城市中的优势地位，引领辽宁沿海经济带区域全面发展；依托新时期锦州国家区域中心城市建设和东北陆海新通道建设新契机，增强锦州在推进辽宁积极融入京津冀协同发展先导区战略的引领作用，适时启动朝阳市内陆港建设；依托沈阳国家中心城市建设、以沈阳为核心的沈阳都市圈建设，全面推进都市圈（沈阳、鞍山、辽阳、本溪、抚顺、铁岭和阜新）一体联通的基础设施网络建设，强化综合运输通道和枢纽建设，协同构

建现代产业体系，加快服务于沈阳都市圈的沈阳国际陆港建设，加大铁岭陆港物流货源培育拓展，共同打造东北亚区域物流枢纽。实施新时期省域陆港布局优化行动计划，突出以陆港优化布局与建设为引领，助力区域城市战略与主导产业培育发展实现新突破。

（三）重点强化相关部门之间的协调配合与协同推进

内陆港建设是系统工程，需要地方政府、海关等政府部门、港口和航运企业以及货主、航运协会、陆港分会等通力合作，强化项目建设组织协调、分工合作。所在地政府要在组织、用地、资金、营商环境等方面制定政策予以保障；海关与检验检疫机构等应在完善口岸服务功能、运输管理技术等方面给予指导，畅通通关、通检服务水平；铁路和交通部门要承担运输市场监督、完善多式联运交接流程的职责，保障运输效率，引导支持船运公司入驻内陆港，完善企业订舱、签发提单等。实施新时期以高质量促进区域产业融合发展行动计划，重塑区域营商环境优化发展新动力。

（四）积极推进物流与制造业融合发展

适应全省各地产业园区布局优化升级新趋势，结合新时期全省综合交通运输体系规划及对外开放规划，结合陆海新通道规划建设，重构交通物流与制造业等产业融合发展新优势，培育城市经济、区域经济、特色经济等新主导产业，培育以陆港建设为重要载体的内外贸一体化发展。辽宁沿海六市地方政府，要做好与辽宁港口集团联动规划发展，依托港口发展规划优化布局建设和城市中长期经济社会发展规划纲要，在临港产业、港城联动、港产联动、港区（工业园区）联动、通道建设等多层次多领域，实施新时期"港产城融"协同联动发展行动计划，进一步增强区域、城市、产业等核心竞争力，重构区域产业优化布局新格局。

第二十一章　优秀企业展示

河北陆港集团

河北陆港建设集团有限公司作为中国专业的内陆港综合运营服务商、中国陆港集群建设运营的领跑者和"一带一路"供应链服务平台，以内陆港建设为主，海港、空港等多式联运运营管理为辅，实施"畅通道、强口岸、建枢纽、织网络、促贸易、聚产业"战略，构筑起以陆港枢纽经济为核心的四大产业格局，业务涵盖陆港建设、国际物流、跨境贸易、数字科技。

集团以陆港建设为基础，夯实国际物流枢纽平台。目前在京津冀区域建设有石家庄国际陆港、衡水国际陆港、定州国际陆港、黄骅港万吨级泊位等，并在河北各地市布局节点性物流中心。同时，在山西和湖北建设阳泉国际陆港、咸宁国际陆港（长江门户港）。持续开展陆港、口岸、保税、仓储、产业等功能板块基础设施建设及运营工作，打造陆港完善的硬件基础设施。

集团以国际物流为纽带，构建国际多式联运大通道。以中欧班列为核心，打造连通世界的国际多式联运货运网络。向东与国内沿海口岸紧密衔接，通过海铁联运推动陆海相通；向西利用跨国铁路，深度融合丝绸之路经济带建设发展；向南开通东盟国际班列，乘势 RCEP 覆盖东盟；向北通过边境口岸，连接中蒙俄经济走廊。目前，已构筑起"公铁海空"立体多式联运体系。

集团以跨境贸易为核心，撬动适铁临港产业发展。实施"以运带贸，运贸一体"战略，依托口岸与通道的优势，大力开展跨境电子商务业务，在欧盟、中亚、东盟等区域的重要节点城市建设海外仓，实现"买卖全球"，打造开放发展新高地。

集团以数字科技为动力，建设现代化智慧物流体系。全力实施"数字产业化、产业数字化"规划，促进数字经济与现代物流深度融合，助力降本增效，带动提升现代商贸物流产业数字化发展能级，构建智慧陆港的发展主体、运维主体和产业推动主体。

河北陆港集团将继续以前瞻性战略眼光，构筑连通全球的供应链、产业链、价值链，形成物流、客流、商流、资金流和信息流融合互促的全新发展模式，打造全新的陆港经济生态圈，为高水平对外开放和经济高质量发展贡献力量。

合肥国际内陆港发展有限公司

合肥国际内陆港发展有限公司是经合肥市委市政府批准设立的国有口岸运营公司，负责合肥国际内陆港的建设与运营。公司成立于 2017 年，注册资本 10 亿元，2023 年整体划转到新成立的合肥物流控股集团有限公司。

公司在合肥原有中欧班列运营平台基础上，以"新起点、高标准"模式重新组建，按照海陆空联运立体化模式运作。公司以贯彻落实国家"一带一路"发展战略为核心，以"大通道、大平台、大通关"建设为目标，着力推进合肥市"四港三区一中心"的对外开放平台建设，助力于合肥物流业转型发展、推动产业转型升级。

公司主要担负国际班列的组织运行，合肥国际内陆港的建设与运营，国家口岸对外开放申报、口岸功能拓展、招商引资、商贸开发、参与国际贸易和供应链管理服务等。近年来，合肥国际陆港积极响应"一带一路"倡议，抢抓长三角一体化发展国家战略机遇，坚持"高质量发展，做精品线路，服务本地经济，塑造合肥特色，打造国家级中欧班列集结中心"的发展定位，加大班列运行密度和辐射面，在全国前十方阵中实现争先进位，积极打造时效最好、频次稳定、产品价值较高的精品班列。

开行九年来，累计发运突破 3500 列，海铁联运超 24 万标箱，实现进出口贸易额超百亿美元，已连接 18 个国家、122 个国际站点。货值、货重、满载率等高质量发展指标稳居全国前列，成功获批长三角区域首个陆港型国家物流枢纽、第四批国家多式联运示范工程。合肥被国家发展改革委列为 12 个中欧班列内陆主要货源地节点城市之一和 23 个主要铁路枢纽城市之一。

展望未来，合肥国际陆港将重点实施"4211"发展战略，即创建四个国字号品牌（陆港型国家物流枢纽、国家多式联运示范工程、国家中欧班列集结中心示范工程、国家铁路口岸对外开放一类口岸）、建设两个中心（国际物流中心、国际贸易中心）、打造一个产业集群（临港产业集群）、谋划一个招引（海关即时办公）。加快合肥国际陆港项目建设，推动实现海关＋口岸＋国际贸易＋国家枢纽"四位一体"发展，合力构建"通道＋枢纽＋网络"的现代物流运行体系。

东方红（洛阳）国际陆港

一拖（洛阳）物流有限公司隶属于中国机械工业集团有限公司下属中国最大的现

代化农业装备制造企业——中国一拖集团有限公司，始建于 1954 年 6 月，前身为第一拖拉机制造厂运输处。经过 70 年发展，现已成为集公路运输、铁路运输、公铁海多式联运、国际货运班列、仓储配送、物流装备制造、设备安装、机动车维修、汽车租赁及驾驶员培训等于一体的综合性现代国家 AAAA 物流企业，全国先进物流企业、河南省多式联运示范工程单位、河南省物流"豫军"领军企业、洛阳生产服务型国家物流枢纽主要建设运营主体。

东方红（洛阳）国际陆港位于洛阳市涧西区先进制造业集聚区中心地带，是以河南省最大的国家二级铁路编组站——中国一拖铁路编组站为基础，整合老工业基地制造、交通、物流等综合资源升级建设的现代化综合交通物流枢纽和对外开放平台，是河南省首批和第三批多式联运示范工程项目，是洛阳生产服务型国家物流枢纽主要承载区。

党的十八大以来，中国一拖主动融入国家"一带一路"建设，通过对中国一拖铁路编组站铁路枢纽存量资源改造提升，规划建设东方红（洛阳）国际陆港，增添设备设施，完善服务功能，发展公铁海多式联运。相继开行了"洛阳—中亚""洛阳—俄罗斯"国际货运班列和"洛阳—青岛""洛阳—宁波""洛阳—连云港"铁海联运班列，初步构筑起洛阳"东联西进"的国际物流通道，截至目前，已累计开行班列 1079 列，完成集装箱吞吐量 10.3 万标箱，成为洛阳市融入"一带一路"建设的标志性成果。2020 年，在河南省委省政府、洛阳市委市政府及国机集团的大力支持和推动下，中国一拖以东方红（洛阳）国际陆港为基础，充分挖掘、深度整合洛阳大型制造企业产业资源，组织编制《洛阳生产服务型国家物流枢纽建设方案》并成功获批，成为"政府引导、企业主导、央地合作"建设国家物流枢纽的成功实践。

正在建设中的东方红（洛阳）国际陆港，以服务洛阳生产服务型国家物流枢纽、加快洛阳老工业基地转型为目标，以工业原辅材料、大宗工业品等生产性物资和城市生活性物资为服务对象，通过创新开放合作，培育和发展多式联运、铁路口岸、仓储式商贸、标准仓库、智慧公路港、供应链金融等多种业态，打造国际多式联运枢纽 + 城市新型物流综合体的双向开放新平台。

郑州新丝路国际港务投资有限公司

郑州新丝路国际港务投资有限公司是由郑州经济技术开发区管理委员会出资成立的国有独资公司，成立于 2021 年 4 月，注册资金 10 亿元，是中欧班列（郑州）集结中心示范工程的项目主体单位和管理平台，全面负责集结中心的规划、建设、运营、发展。

图 21 - 1　中欧班列（郑州）集结中心

作为郑州市重要功能性管理平台公司，新丝路国际港务投资有限公司围绕集结中心战略定位，通过建立中欧班列（郑州）集结中心综合服务平台，打造大数据中心、政商服务中心、国际贸易中心、枢纽联通中心，全面支撑集结中心的高标准建设和高质量发展。未来将充分发挥中欧班列（郑州）集结中心平台作用，以枢纽和物流带动进出口贸易和产业发展，打造国际物流枢纽和陆路门户，形成"枢纽＋物流＋开放＋产业"联动发展格局，以高水平开放促进郑州国家中心城市建设。

班列开行方面，2021 年，郑州国际货运班列年度累计开行突破 2000 列（折算列）。中欧班列（郑州）共开行自然列 1546 列，同比增长 37.3％。货值 61.37 亿美元，同比增长 42.36％，货重 102.04 万吨，同比增长 40.92％。

物流网络方面，已构建起覆盖欧洲、俄罗斯、中亚、东盟和亚太（日韩等）的"十六站点、七口岸"国际物流网络，形成了以郑州为中心的境内外"1＋N"多枢纽，初步实现了"连通境内外、辐射东中西"。

广元国际铁路港建设发展有限公司

广元国际铁路港建设发展有限公司是于 2022 年 4 月经广元国际铁路港管委会组建成立的广元市唯一集国际铁路港投资建设、运营发展于一体的全资国有平台企业，注册资金 5 亿元人民币，位于广元市交通物流港上西园区。

广元国际铁路港建设发展有限公司以广元铁路枢纽总图规划为引领，依托广元市公铁水空立体交通枢纽优势和区位优势，聚力发展现代物流、贸易服务、进出口加工三大主导产业，全力打造川陕甘多式联运现代物流枢纽、全球贸易供应链综合服务平台、"一带一路"进出口加工生产基地。公司重点实施物流产业重点项目，其中广元

图 21 - 2 中欧班列成渝号（广元）首发班列

（中欧）国际木材物流园总占地 551 亩，投资 26.6 亿元；广元国际铁路物流园占地面积约 810 亩，投资 24 亿元；广元高铁快运物流基地（二期）占地面积约 1000 亩，投资 23.8 亿元。

广元国际铁路港建设发展有限公司致力于推行国家级多式联运示范工程，为客户提供优质、便捷、高效的全程代理服务，主要经营业务包括国际道路货物运输、国际货物运输代理等，已与多家国内平台公司签订战略合作协议，取得铁路运价下浮优惠补贴政策，实现客户稳定开行、定制化服务等业务需求。目前已申请开通中欧、南向、中老班列，主要货源包括木材、粮食、煤炭、砂石等。公司秉承"合作共赢、开放互利"的发展理念，实现多渠道信息资源共享，搭建更优质的服务管理平台，满足客户全方位需求。

贵州东部陆港运营有限责任公司

贵州东部陆港运营有限责任公司是在贵州省大龙经济开发区、成都铁路局和湛江港（集团）股份有限公司三方战略合作协议的签署下，于 2017 年 5 月 27 日由湛江港国际集装箱码头有限公司、贵州鑫泰实业有限公司、贵州大龙汇源开发投资有限公司共同出资成立，属国有控股企业，注册资金 2000 万元。

大龙开发区地处"黔东门户"，属于西南地区与中南地区的接合部，区位优势明显、交通条件便利，是贵州"东联"发展战略的"桥头堡"和开放发展的前沿阵地。公司秉承国家"一带一路"发展规划要求，积极推动铜仁市大龙经济开发区内陆港的建设，内陆港作业区总体规划占地面积 17.51 万平方米（约 262.06 亩）。公司遵循"服务至上、安全快捷、经济优质、精益求精"的服务理念，以优质的服务、规范的管理、领先的技术和强大的资源整合能力，为客户提供集铁运、汽运、海运等于一体的多式联运服务。

郑州国际陆港开发建设有限公司

为扩大河南对外开放，积极融入国家"一带一路"建设，2013 年河南省委省政府、郑州市委市政府积极谋划建设郑州国际陆港的前期重要项目——郑欧国际铁路货运班列〔2022 年河南省中欧班列统一命名为中欧班列（中豫号）〕。

郑州国际陆港开发建设有限公司成立于 2013 年 6 月，注册资本为 5 亿元，负责郑州国际陆港的规划建设及中欧班列的运营。经过几年的努力，郑州国际陆港开发建设有限公司已发展成为涵盖郑欧班列、国际多式联运，国际贸易、信息科技、口岸业务和综合服务等多个业务板块的综合性大型现代国际物流企业。公司先后荣获"全国物流行业先进集体""河南供应链管理标杆企业""郑州市国际交流示范基地"等荣誉称号。

郑欧国际货运班列"一干三支"铁海公多式联运示范工程 2019 年获批第一批国家多式联运示范工程，2020 年郑州市获批中东部唯一中欧班列集结中心。近十年已开行中欧班列（中豫号·郑州）超 7500 班，以开行质量、市场化程度、创新能力、信息化水平等，稳居全国中欧班列"第一方阵"。

江山无水港国际物流有限公司

江山无水港国际物流有限公司注册资金 5000 万元，主要从事公路、铁路和水路集装箱等内、外贸运输及仓储业务。

公司投资建设的江山无水港物流园项目，位于江山市虎山街道通港路 8 号，是浙江省重大产业和服务业重大项目，国家铁路专用线先行实施的重点项目。项目用地 150 亩，总投资 2.8 亿元，建有综合办公、海关监管、铁路专用线、物流仓储等场所，设计年通关集装箱量 5 万标准箱以上，于 2022 年 9 月建成运营。

江山无水港物流园，集综合办公、海关监管、铁路专用线装卸、物流仓储于一体，依托铁路运输优势，有效连接公路、海路运输，从而实现公铁海现代化的多式联运体系，外贸运输实现"企业—铁路—港口三位一体"的运输路径，内贸运输直达铁路所通之地，公司提供"一站式"办理内外贸运输业务。

青海昆港物流有限公司

青海昆港物流有限公司成立于 2018 年，是国有资产企业，注册资金 2.9 亿元，由青海省汽车运输集团有限公司、格尔木投资控股有限公司共同控股。公司位于格尔木南郊综合物流园区（西宁和拉萨车辆进入格尔木市必经之路），地理位置优越、交通条件便捷。

公司主要开发青新藏（格尔木）陆港商旅物流中心项目，项目占地约448亩，总投资9.98亿元，建筑面积约19万平方米。项目分三期建设，一期项目建筑总面积约为6.9万平方米，二期项目建筑总面积为3.1万平方米，三期建筑总面积为9.4万平方米。

公司将为整个南郊综合物流园区企业提供服务平台，项目为综合型物流中心，提供商品交易、货物分拣、加工、配送和运送等服务，形成集商流、物流于一体化的模式。物流中心不仅满足客户一般性的交易、配送、仓储等基本要求，还为客户提供交易信息、产品信息、报关、结算、产品检测等附加服务。项目定位于集智慧物流、商贸交易、电子商务、金融、营销于一体综合服务中心，将成为格尔木物流园区的中枢及地标性建筑。

山西中鼎物流集团有限公司

山西中鼎物流集团有限公司成立于2013年1月23日，公司以中鼎物流园为依托，以多式联运为主导，业务包括多式联运、制造业物流、国际物流、全程物流等，提供中欧班列、中老快速货物班列、铁水联运班列、工业品物流供应链等特色产品。

中鼎物流园是国铁集团规划建设的一级铁路物流基地，是山西省物流业中长期规划的重大工程，也是中国铁路太原局集团有限公司发展现代物流的实体网络核心。园区地处山西转型综改示范区核心区域，占地约3000亩，共分为小汽车运输区、集装箱作业区、公铁联运区、铁路口岸区、仓储配送区、配套生活区6个功能区。2016年11月7日正式开园运营，先后被评为"多式联运示范工程""示范物流园区"，以中鼎物流园为核心的太原陆港型（生产服务型）国家物流枢纽获批成为首批23个国家物流枢纽之一。

公司努力融入服务国家现代流通体系，建设一流国家物流枢纽，共同构建以铁路多式联运为主导的现代物流体系，提高物流运行效率，促进社会物流降本增效，助力山西打造内陆地区对外开放新高地，服务国家重大发展战略。

北京亦庄保税物流中心

北京亦庄保税物流中心是经海关总署、财政部、国家税务总局、国家外汇管理局联合批准设立，内设仓库、堆场、海关监管及检验检疫工作区，是集保税物流、出口退税、转口贸易、简单加工及增值服务、跨境电商等功能于一体，并享有保税政策的特殊监管场所，是北京唯一的 B 型保税物流中心，总占地面积为 13.88 万平方米。其中已建设完成围网内用地面积 11.9 万平方米，建设内容包括 1—6 号保税仓库、查验库及卡口等设施，保税仓储面积约 5 万平方米。保税物流中心位于北京经济技术开发区，地处五环路和六环路之间，东临京沪高速公路，具有得天独厚的区位优势。

佛山国际陆港

佛山国际陆港由广东省智慧陆港管理有限公司投资开发，公司注册资本 3 亿元。公司以陆港园区开发建设、综合物流服务、产业供应链服务为核心主业，致力于打造国家物流枢纽标杆，成为全球领先的产业供应链服务平台。

佛山国际陆港项目位于广东省第一镇佛山市南海区狮山镇，占地面积 198 亩，建筑面积 26 万平方米，总投资约 15 亿元。项目于 2021 年 6 月 29 日动工建设，2023 年 3 月 30 日正式开港运营。项目功能区包括枢纽总部大楼、国际快件监管中心、保税物流中心（B 型）、口岸查验区、物流信息交易中心及商业配套中心。

佛山国际陆港项目是广东省重点建设项目，也是佛山生产服务型国家物流枢纽的首期项目和国家多式联运示范基地的核心启动项目。项目依托佛山发达的制造业基础和交通区位优势，立足广佛、服务粤港澳、辐射"一带一路"。通过构建"1 个平台＋5 大功能分区"的服务体系，打造粤港澳大湾区重要生产服务业（国际物流）功能区。

山西兰花国际物流园区置业开发有限公司

山西兰花国际物流园区置业开发有限公司位于山西省晋城市泽州县金村镇，是山西兰花煤炭实业集团有限公司旗下子公司，属国有企业，注册资金 3.6 亿元，公司股东为山西兰花煤炭实业集团有限公司和中国农发重点建设基金有限公司。

兰花国际物流园区项目是省、市、县三级重点工程项目，项目的设立是晋城市融入"中原经济区"的重要基础，是实施新一轮"中部崛起"战略的有效措施，也是打造调整晋城产业结构、转变经济增长方式，促进晋城市乃至山西省发展的重要载体。园区占地 498 亩，现已建成山西兰花保税物流中心（B 型）、一站式服务中心大楼、海关办公大楼。兰花国际物流园区的建设，将充分利用其连接山西与平原及沿海的重要战略要地的区位优势，借鉴国际先进的现代商贸物流运营理念，以"立足山西，辐射中原，连接全国，面向世界"为宗旨，打造山西东南陆路出口港和中原经济区的"桥头堡"。项目建成后将为晋城市工业企业发展、商贸流通业提档升级、现代物流业发展提供物流环境支撑，有助于本地相关产业做大做强。

毕节国际内陆港（竹园物流中心项目）

毕节国际内陆港（竹园物流中心）是经国务院批复成立的国家重大项目，也是结合毕节市社会经济发展需求打造的川滇黔区域性国际国内物流集散中心。项目位于毕节金海湖新区竹园乡，总占地4.57平方公里，总投资约为62.5亿元，总建设周期为3—5年。毕节国际内陆港项目以"一心六区"总体划分为七个主体功能区，包括综合物流园、保税物流园、流通加工区、商贸市场区、物流新城、中央商务区、公路港及多式联运区。

毕节作为西部大开发的重点城市，其西南地区交通枢纽、物流结点城市的地位日趋明显。项目依托片区优越的交通和区位条件及毕节国际内陆港建设的机遇，以现代物流的发展吸引产业聚集，打造"互联网＋物流＋贸易＋金融＋产业"为一体的产业性商贸集聚区，形成集智慧物流、电商物流、金融物流、产业物流、绿色物流、保税物流及商贸交易于一体的综合性物流园区和产融结合、产城融合、区域融合的多元融合示范区。项目的建成将使毕节成为川滇黔区域性国际国内货物集散地、集装箱转运中心、区域性加工贸易中心，形成横贯东中西、连接南北的对外经济走廊，推动国际国内要素有序自由流动，资源高效配置，市场深度融合，促使贵州成为内陆开放的自由贸易区。

商丘国际陆港

商丘国际陆港位于商丘市陇海铁路以北、商都大道以东，占地2000多亩，项目总投资45亿元，其中一期投资15亿元，规划多式联运功能区、口岸专项物流功能区、城市配送功能区、物流增值功能区、城际物流功能区、物流商务服务区六大功能区。设计货物装卸线4条，未来可预留2条装卸线。近期目标年货物处理量22万标准箱，中期目标年货物处理量50万标准箱，远期目标年货物处理量100万标准箱。计划开行国际线路4条（商欧线路、中亚线路、商东盟线路、商日韩线路）。国内线路主要是打造以京九、陇海铁路干线为主干，各地铁路网络为分支，连接国内10个省会城市、3个直辖市、5个沿海港口、2个铁路重要节点城市共20个国内主要城市的"五定"班列货运线路体系。

项目分三期建设。一期工程主要建设多式联运功能区、海关监管区，二期工程建设多式联运服务区、城市配送功能区，三期工程建设城际物流功能区、物流商务服务区、物流增值功能区。

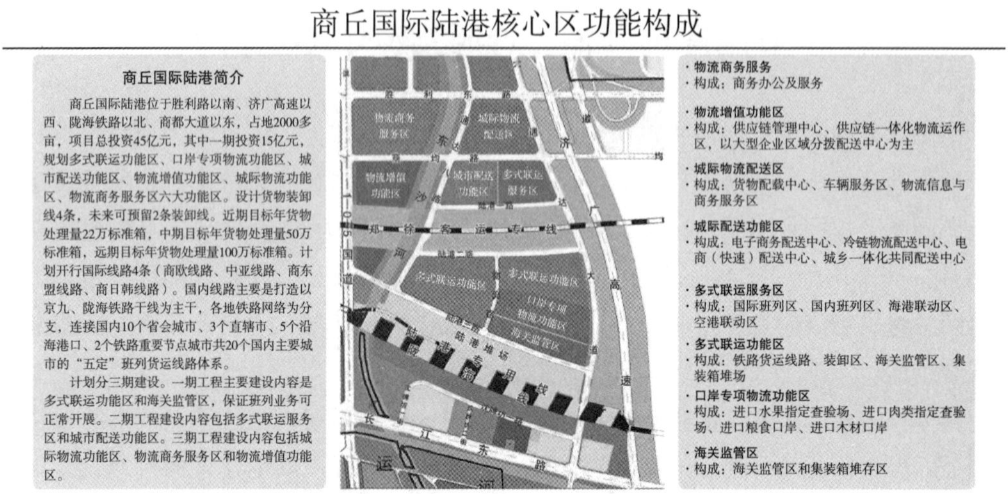

商丘国际陆港核心区功能构成

图 21 - 3　商丘国际陆港核心区功能构成

目前，已经具备专列开行条件，现已开通商丘至越南、商丘至老挝、商丘至中亚等线路。

河南万庄安阳物流园有限公司

河南万庄安阳物流园有限公司是安阳陆港型国家物流枢纽的承建运营企业，截至2022 年年底，河南万庄安阳物流园核心区建设已完成投资 22 亿元，征地 2200 亩，其中建成标准化仓库 30 万平方米，集装箱堆场 15 万平方米，道路货场 30 万平方米，铁路专用线 12 公里，作业线 6 股道，可同时停靠 5 个 5000 吨级专列，以及配置航吊、正面吊、吊车、叉车等配套的智能化设施设备，并已全部投入业务运营。园区在建工程包含标准化仓库 12 万平方米，堆场 5 万平方米，办公楼 2 万平方米。

万庄物流园在发展中得到各级政府、铁路、海关等部门的大力支持，已取得多项运营资质和荣誉，包括国家物流枢纽联盟理事单位、河南省物流枢纽（园区）联盟轮值理事长单位、河南省第一批物流"豫军"企业、河南省绿色供应链管理企业、河南省第二批省级物流示范园区、国家"AAAA"级物流企业、国家"AAA - "级担保质押监管企业、郑商所"铁合金""尿素""纯碱"指定交割库等，是全国最大的化肥商业储备库和尿素期货交割库。

　　在战略定位上，河南万庄安阳物流园始终以《国家物流枢纽布局和建设规划》《加快建设全国统一大市场的意见》和河南省委、省政府"十大战略"为指针，以建设好国家陆港型物流枢纽为中心，以建设强大的物流基础设施为基础，以完善内陆口岸、多式联运、保税物流、集装箱交易、期货交割、大宗商品交易、供应链服务、智慧化物流技术等功能为支撑，以"政府主导＋市场化运营"为制度保障，以发展安阳市枢纽经济、通道经济、流量经济、对外经济、大宗贸易经济为目的，旨在为河南加快枢纽经济体系建设贡献智慧和力量。

中铝物流集团中部国际陆港有限公司

　　中铝物流集团中部国际陆港有限公司（简称中部陆港）的前身是中国铝业河南分公司运输部。2015年3月，经整合中铝郑州企业优质物流资源成立了中部陆港，是一家集大宗商品多式联运、信息服务、贸易金融、物流园区运营于一体的现代物流企业。

　　中部陆港位于河南省郑州市上街区，距郑州主城区30余公里，毗邻陇海与京广干线铁路，直连京珠、连霍高速，接壤郑州航空港，联通南北、接贯东西。在中国国家铁路集团有限公司、河南省人民政府联合批复的郑州铁路枢纽规划"1＋2＋N"货运布局中为二级物流基地；中国（郑州）有色金属国际物流港产业园项目获批河南省第二批省级现代服务业专业园区；2022年获批全国4A级物流企业。

　　中部陆港拥有自备铁路专用线82公里、6座铁路运输车站，有三条交接线在国铁上街车站与陇海线接轨，是郑州西部最大的铁路货运站；内燃机车、自备铁道车辆、门式起重机、集装箱正面吊等配套工装设备1000余辆；站台、物资多式联运货场40余万平方米，各类仓库12座、总面积达5万平方米，年铁路运能达到1500万吨以上。公司具有10余种物资及危化品的到发资质，是郑州铁路局管内重要的液体危化品中转基地，具有内燃机车中修能力和铁道线路大修能力，是全国有色行业唯一一家具有自备车辆段修资质的企业。

　　自成立以来，中部陆港以郑州国家中心城市建设和郑州国际物流枢纽建设为契机，紧跟中铝集团"4＋4＋4"产业布局、中铝物流"1343"发展思路，秉持"开放经营、合作共赢"的经营理念，围绕"一中心、两节点、四平台"，立足中铝、走向行业、面向社会、辐射全球，积极推进郑州国际陆港第二节点项目建设，物流园区建设已初具规模。

　　目前，中部陆港正积极布局异地物流节点和网络货运平台上线运行，提升跨区域物流整合能力，物流产品已涉及氧化铝、铝锭、矿石、碳块、煤炭、化工、钢材等数十个品种，业务网络覆盖全国 20 余个省份。下一步，围绕园区发展，全力推进冷链物流、城市共同配送业务；申办上海期货交易所氧化铝、铜铅锌等有色金属期货品种；打造郑州西部钢材贸易集散基地、木材加工集散基地，发展成为业态丰富、品种齐全、服务优质、安全有序的现代化物流企业。

兰考国际陆港新城片区

兰考国际陆港新城项目位于河南开封市兰考县经济开发区，陇海铁路以南，华梁路以北，迎宾大道以东，三义街、陇海路学校东侧规划路以西区域。项目总用地约 236.03 公顷（3540.45 亩），整体规划总投资约 34 亿元，计划建设期 3 年，融资约 17 亿元。建设内容包括兰考陆港物流园区厂房、物流仓库、商务办公大楼、集装箱集散存储区、加工区以及路网管网建设、园区绿化、给排水工程、电气工程、5G＋智慧陆港信息化系统等配套设备设施。

项目将以陇海铁路为纽带，以兰考南站、新郑、菏泽机场为依托，按照东西区联动、产城融合、环境提升的理念，东至连云港，实现海陆空"三港合一"，依托陇海铁路形成的中欧班列运输航道，打造豫东地区具有多式联运的以商贸物流为特色的多业态的陆港仓储物流中心、产品集散中心、区域商业中心，推动兰考仓储区、物流园区、拆迁安置"三区互融"，发展仓储物流及其配套工程，打造综合保税区，形成口岸经济，推动集装箱物流融入"一带一路"发展战略，以通道经济带动兰考产业经济结构调整升级，成为豫东陆港建设引领区，项目的建设将充分发挥兰考县重要交通枢纽的优势，推动兰考经济社会高质量发展，为兰考精彩蝶变作出重大贡献。

贵阳改貌铁路海关监管作业场所

按照贵州省以及贵阳市 2019 年政府工作报告的要求，全力推进贵阳铁路口岸建设，积极推动中欧班列、国际陆海贸易新通道班列常态化运行，高水平对外开放推动贵州省高质量发展，经过贵阳市委、市政府的统筹安排，由贵阳铁路建设投资有限公司负责贵阳改貌铁路海关监管作业场所项目的建设及运营工作。

贵阳改貌铁路海关监管作业场所总投资 4.96 亿元，总用地面积 9.6 万平方米。铁路专用线按中欧班列 41 辆标准装卸能力设计，年吞吐量 120 万吨。

贵阳改貌铁路海关监管作业场所于 2019 年 3 月开工建设，2020 年 12 月通过海关验收，取得《经营海关监管作业场所企业注册登记证书》；2021 年 11 月完成项目竣工验收。配套铁路专用线依规增建配套设施后，于 2021 年 9 月底通过验收并登记开通，

2022 年 2 月底获批集装箱办理业务资格，2022 年 4 月起开办业务，累计吞吐量约 25.8 万吨。

武汉汉欧国际物流有限公司

2012 年 10 月，武汉首次开通中欧班列，是继重庆之后第二个开通中欧班列的城市。2014 年，为落实"一带一路"倡议，中欧班列（武汉）平台运营公司——武汉汉欧国际物流有限公司成立。武汉汉欧国际物流有限公司是湖北港口集团的全资子公司，是中欧班列运输协调委员会七个发起单位之一，主要为客户提供班列运营、货运代理、跨境物流、国际贸易、园区服务、冷链运输等服务，为国家 4A 级物流企业、国家 3A 级冷链物流企业（运输型）、"2022 年武汉市服务业 100 强"企业。

中欧班列（武汉）作为湖北武汉扩大对外开放的重要窗口、改善营商环境的重要载体、发展外向型经济的重要平台，已形成经新疆阿拉山口、霍尔果斯，内蒙古二连浩特、满洲里，广西凭祥，云南磨憨，黑龙江绥芬河七个口岸进出境的格局。目前，共拥有 48 条稳定的跨境运输线路，辐射欧亚大陆 40 个国家、112 个城市。近年来，中欧班列（武汉）已成为深化湖北省、武汉市与亚欧国家经贸合作的重要载体和推进"一带一路"建设的重要抓手。

郑州国际陆港第二节点项目

郑州国际陆港第二节点项目是郑州市政府和中铝集团开展战略合作的重点项目，是中欧班列郑州集结中心示范工程核心运营区，是郑州市建设现代国际物流中心、打造西部大宗商品物流基地的重要组成部分，是中铝推进郑州企业转型升级、构建国内大物流体系的中部核心枢纽，也是上街区大力发展现代物流，推动高质量发展的重要载体。

项目规划面积 15.3 平方公里，主要分为多式联运、生产资料、工业组团、口岸监管、保税物流、综合服务中心六大板块，核心起步区面积 1.5 平方公里，通过整合上街站、中铝站、中铝郑州企业和区属部分土地，建设"一中心、四平台"（中部地区以大宗商品和生产资料为主的集散分拨中心、国际中转集拼平台、多式联运服务平台、智慧物流信息平台、创新转型实验平台），打造郑州西部综合物流枢纽。

2018 年 8 月，获批河南省第二批省级服务业专业园区；2021 年 11 月，获批建设河南省第三批多式联运示范工程；《郑州市国土空间总体规划（2021—2035 年)》把上街区定位为先进制造业基地、综合物流基地，把上街通用机场作为新郑机场的备用机场；

明确上街区是郑州"1 + 4 + N"物流枢纽体系的重要组成部分；2022 年 12 月召开的郑州市委十二届三次全会提出"依托巩义、上街等制造业集聚区培育生产服务型国家物流枢纽"；2022 年 12 月底召开的上街区委十一届四次全会暨区委经济工作会提出"1469"发展思路，即"建设先进制造业高地、建设国际陆港枢纽、建设通用航空之都、建设文旅康养新城"，把建设国际陆港枢纽确定为今后一个时期全区 4 大主攻方向之一。

目前，郑州国际陆港第二节点拥有自备铁路专用线 82 公里，编组站占地 110 亩，拥有 18 股调车线，3 股专用线直达国铁上街站与陇海铁路无缝接轨，其中多式联运场站 3 个、面积 9 万平方米，各类仓库 30 座、面积 13 万平方米。集装箱多式联运中心吞吐能力达 350 万吨，年铁路运能达 1500 万吨；建成运营全国最大的 15 万吨氧化铝期货交割库，全省最大的 5 万吨铝锭期货交割库、25 万辆商品汽车中转库。同时谋划海关监管作业场所，占地约 102 亩，项目地块紧邻现有自备铁路规划的延伸线，延伸线建成后将达到 850 米以上，能满足整列装卸条件。项目总投资约 1.8 亿元，总建筑面积 1.5 万平方米。

兰州国际港务区投资开发有限公司

兰州国际港务区投资开发有限公司作为甘肃省国际物流集团有限公司重要的组成部分，由兰州市委、市政府于 2015 年 12 月 1 日批准成立，注册资本 8 亿元，是兰州陆港投资、开发、建设、运营的实施主体，重点经营粮油、木材、有色金属、矿石、农产品等国内国际贸易，主要开展整车进口、多式联运、冷链物流、保税仓储、供应链金融等业务，形成了项目建设、通道运营、国际贸易、冷链物流、整车进口、仓储加工六大主营业务板块。

图 21 - 4　兰州国际港务区俯瞰图

公司自成立至今，先后建成并运营兰州铁路口岸、整车进口口岸、保税物流中心（B 型）、多式联运物流园等核心项目，发挥陆港型国家物流枢纽、国家多式联运示范工程的支撑带动作用，依托国家铁路一级货场、铁路集装箱中心站的功能优势，着力推进"一枢纽两中心三平台"建设。公司先后荣获"国家多式联运示范工程""中国多式联运竞争服务品牌""西部物流百强企业""甘肃省最佳物流企业""甘肃省物流行业突出贡献奖""甘肃先进物流企业奖""全国供应链创新与示范企业""AAAA 级物流企业"等多项殊荣。

甘肃物流集团兰港投公司将按照集团公司党委工作部署，积极融入集团公司"一区三港六园"的发展布局，秉承集团公司"物聚八方、流通全球"经营宗旨和"开放、共享、绿色、智慧"经营理念，始终发扬"敢为人先、守正创新"的企业精神，按照"服务国家战略，助力打造国内大循环的重要支撑点、国内国际双循环的重要链接点、'一带一路'枢纽制高点"发展使命，依托甘肃省经济资源要素禀赋，立足兰州陆港区位、枢纽、交通优势，紧扣六大主营业务，全力打造产权清晰、管理科学、主业突出、特色鲜明、资产雄厚、运行高效、人才集聚的现代化国有企业，为集团公司打造甘肃省港口物流龙头企业以及在全国和"一带一路"沿线有影响力的一流企业集团贡献港投力量！

甘肃（兰州）国际陆港

图 21 – 5　甘肃（兰州）国际陆港

2015 年 12 月，甘肃省政府将兰州陆港确定为全省实施"十三五"规划的标志性工程，定位为服务国家对外开放的重要平台，"一带一路"重要的国际物流中转枢纽、国际贸易物资集散中心。2016 年 11 月，甘肃省政府批复《甘肃（兰州）国际陆港规划（2016—2020）》，2022 年 10 月，兰州陆港型国家物流枢纽（"一带一路"物流中转中心）被省政府评为全省代表性现代物流园区。

近年来，按照"集货、建园、聚产业"的发展思路，依托保税物流中心、多式联运物流园、铁路口岸、整车口岸等多个功能区，甘肃（兰州）国际陆港成功入选首批

23 家国家物流枢纽之一，兰州南亚国际班列公铁联运示范工程和中吉乌公铁联运服务"中欧班列"国内国际双循环多式联运示范工程入选第一批和第四批多式联运示范工程创建项目。作为甘肃省对外开放的重要载体，连续五年被中国物流与采购联合会评为"全国优秀物流园区"，成为国家指定的对尼泊尔开放的三个内陆港之一。兰州陆港型国家物流枢纽入围首批国家物流枢纽建设名单。

兰州陆港在省内率先开辟了中欧、中亚、南亚、中吉乌、西部陆海新通道、陇海大通道 6 个方向国际贸易通道，国际物流通道体系初步形成。先后打通阿拉山口、二连浩特、霍尔果斯等多个口岸通道，可通达欧洲莫斯科、杜伊斯堡、汉堡及中亚阿拉木图、塔什干等 20 个国家 30 多个城市。已累计发运国际货运班列 1171 列，占甘肃省始发国际班列的 50% 以上；累计发运西部陆海新通道国际班列 328 列，占甘肃省发运西部陆海新通道国际班列的 90% 以上，全省龙头地位凸显。中吉乌国际班列双向贯通，在全国率先实现了点到点、重去重回往返运输，走出了一条"发运特色班列、打造品牌线路"的国际班列运营之路。

昆明南亚国际陆港开发有限公司

昆明南亚国际陆港开发有限公司成立于 2011 年，注册资本 1.24 亿元，主要以公铁联运、现代仓储、运输组织等基本物流服务功能为基础，重点开展集拼转运服务、综合仓储配送服务、物流信息服务、综合配套服务、供应链金融服务等业务。截至 2022 年 12 月 31 日，公司资产总额达 23.69 亿元。公司获得 ISO19001 质量管理体系认证，属国家 3A 级物流企业。

图 21-6　昆明南亚国际陆港荣誉及资质

昆明南亚国际陆港开发有限公司开发的昆明南亚国际陆港物流园规划面积 13 平方公里，位于昆明－磨憨国家陆港型（边境口岸型）物流枢纽核心区域，园区内的中国铁路昆明局集团有限公司一级物流节点——桃花村站是泛亚铁路西线、中线的交会点，也是中老铁路出昆明的首站，是昆明连接中国西部进入印度洋与南亚次大陆国家以及中东、西欧、非洲等的国际物流供应链中的主要枢纽节点，是中国"一带一路"南向陆路通道的重要节点。

公铁联运港是昆明南亚国际陆港物流园的一期项目，2021 年 6 月正式开园运营。项目总用地面积约 29 万平方米，占地 450 亩，总建筑面积约 8 万平方米，总投资约 9.5 亿元，是国家交通部区域性节点城市货运枢纽，获得交通部专项补助。公铁联运港建设有物流转运服务区、零担快运服务区、物流信息与综合配套服务区、车辆检修服务区、城乡仓储配送服务区，充分发挥铁路骨干运输的优势，公路灵活多变、快速的特点，为客户提供一票式门到门的运输服务。

南疆国际陆港（库尔勒）有限公司

南疆国际陆港（库尔勒）有限公司成立于 2017 年 3 月 14 日，营业场所位于库尔勒经济技术开发区东环路西侧、鼎兴路南侧，隶属新疆科达建设集团有限公司，主要经营范围：铁路国际物流园的开发、运营、管理，仓储服务，设备及房屋租赁，货运代理及咨询服务，国际多式联运、集运，物业服务，电子商务，仓储、装卸、信息咨询服务，货物称重服务，集装箱堆放、搬运、拆装等。

公司拥有海关监管的保税仓库及出口监管仓库，总投资 5000 万元，占地面积 65.24 亩。其中保税仓库总投资人民币 2700 万元，占地面积 37.26 亩，出口监管仓库总投资 1800 万元，占地面积 27.94 亩；还配备海关联检办公楼、监控设备、大门、安防等设施。保税仓库及出口监管仓库已于 2018 年 2 月 9 日通过乌鲁木齐海关设立申请的许可，2018 年 7 月 26 日取得《保税仓库注册登记证书》及《出口监管仓库注册登记证书》。未来南疆国际陆港（库尔勒）有限公司将继续开展国际贸易业务。

吴中综合保税区

吴中综合保税区前身为吴中出口加工区，于 2005 年 6 月经国务院批准设立，规划面积 3 平方公里。2007 年 8 月，一期（1.38 平方公里）正式封关运作。2015 年 1 月，国务院批准同意吴中出口加工区整合优化为综合保税区。

吴中综合保税区位于中国最具发展潜力的长三角经济圈中心腹地，交通条件十分便捷；毗邻苏州独墅湖高等教育区、苏州国际教育园，能为企业提供高素质专业技术人才和创新研发人才。此外，吴中综保区紧邻经开区吴淞江科技产业园、生物医药产业园等新兴产业发展园区，高科技产业集聚发展。

截止到2022年12月，吴中综合保税区围网范围内共注册企业38家，其中物流仓储企业25家，贸易企业2家，生产型企业11家，行业类别主要是电子信息、医疗器械、新材料等，注册外资7290.6万美元，注册内资8.07亿元人民币。

吴中综合保税区深入贯彻落实国务院关于综保区高水平开放高质量发展的重要部署，紧紧围绕"五大中心"建设方向，助力先进制造业提质增效、电商物流业优化升级，大力发展外贸新业态，持续发力推动创新发展。

安康上港物流有限公司

上港集团是中国最大的港口运营商，连续11年全球港口集装箱吞吐量排名第一，2020年集装箱吞吐量4350万标准箱。上港集团主要业务分为港口装卸、港口物流、港口服务、港口商务四大板块。上港集团物流有限公司是上港集团下属全资子公司，属于港口物流板块，总部在上海，在全国有华东、华南、华北等四大区域公司，拥有完整的供应链管理和强大的多式联运体系。

安康上港物流有限公司成立于2020年1月，是上港集团物流有限公司和安康市恒口示范区投资发展集团有限公司在陕西省安康市设立的合资公司，是安康上港无水港的经营主体，为西北五省的客户提供方便、快捷、低成本的物流解决方案。

恒口示范区投资16亿元建设无水港多式联运中心，作为区域性的综合交通枢纽和物流中心。项目共占地800亩，分为2个片区，分别为铁路物流园500亩和产业园区300亩。其中铁路物流园包括铁路场站250亩，无水港物流园及口岸100亩，钢铁物流园150亩，包含四条铁路支线、堆场作业区、海关大厦及2万平方米的保税仓库。

安康上港物流有限公司利用上港集团在口岸的优势资源，为企业提供多式联运、整车运输、零担运输、专线班车、电商云仓等一体化物流运输解决方案。一是开通安康—上海、安康—武汉、安康—宁波、安康—青岛的海铁联运物流大通道；二是建立空箱调运中心，海运空箱调运到安康，方便出口客户及时装运；三是开通中欧班列"安西欧"，安康经西安直接发运中欧班列，为安康出口到中亚、欧洲提供了新的途径；四是建立安康无水港物流集散中心，构建了安康各区县到"无水港"的集疏运网络；五是建立网络货运平台，集约社会零散物流货运资源，通过大数据进行车货匹配，大大提高了运输货运的组织效率；六是开通无水港物流集散中心始发的物流专线，现已开通安康—广东快运专线、安康—苏沪快运专线，基本实现工作日每天一班，时效缩短到两天；七是推动安康无水港"电商云仓"物流服务，提供电商仓储快递物流解决方案，直接对接各大电商平台，实现"一件代发"。

安康上港物流有限公司将按照"通道+枢纽+网络"现代物流运行体系的要求，不断提升安康上港无水港物流服务能力，强化以无水港为中心进行物流网络建设，建设一体化的智慧交通物流信息平台，实现物流产业链的集聚融合。

开封国际陆港

开封国际陆港铁路专用线项目总投资 4.46 亿元，自陇海铁路开封杏花营站北侧接轨引出，并行陇海铁路向西，上跨九大街，在开封综合保税区南侧、开封综合保税区与陇海铁路之间设国际陆港装卸站。项目规划总占地面积 636 亩，其中杏花营站铺轨 2.369 公里，专用线铺轨 4.68 公里。

开封国际陆港铁路专用线是开封综合保税区物流基地的重要配套设施，对开封市融入国家"一带一路"经济规划，打造亚欧陆桥通道上重要的物流节点，拉动区域经济发展具有重要意义。通过铁路专用线向东可推动陆海相通，实现开封与海上丝绸之路连接，向西可加入郑欧班列，对开封市融入国家"一带一路"经济规划，打造亚欧陆桥通道上重要的物流节点，拉动区域经济发展具有重要意义。项目远景目标是在开封市构建起郑欧班列豫东地区集疏点，形成国家陆上"丝绸之路"新支撑。

南宁综合保税区

南宁综合保税区总规划面积 8.09 平方公里（含海关监管区和配套区）。2015 年 9 月 30 日国务院批复设立南宁综保区，获批面积 2.37 平方公里，2016 年 10 月 18 日南宁综保区一期通过国家验收，2017 年 4 月 13 日封关运营，二期正在建设。南宁综保区围网内分为出口加工区、保税物流区、监管作业区，重点发展电子信息、跨境电商、保税物流。

2022 年，南宁综合保税区外贸进出口总额为 548.66 亿元，同比增长 17.20%，在全国 153 家综保区排名第 29 位。跨境电商交易额 106.11 亿元，同比增长 84.31%。截至 2022 年 12 月底，累计注册企业共 1817 家，网内 139 家（加工贸易 30 家，保税物流 7 家，跨境电商 96 家，其他物流服务企业 4 家，保税研发 2 家），网外 1678 家。

南宁综合保税区积极构建 RCEP 跨境产业链，加快建设国家加工贸易产业园自贸片区；持续推进中国（南宁）跨境电子商务综合试验区核心区建设，加快推进西部陆海新通道建设重点项目——中新南宁国际物流园建设。

湖南怀化国际陆港发展有限公司

湖南怀化国际陆港发展有限公司成立于 2021 年 9 月 6 日，由怀化国际陆港经济开发区管委会全资设立，注册资金 19693 万元，是为落实怀化"对接西部陆海新通道战略门户城市"发展战略而成立的负责建设、运营怀化国际陆港的国有独资公司，是打造国家中西部地区面向东盟的货运集结中心、湖南省对外改革开放的重要平台、怀化实现"商通天下"的重要载体。

怀化国际陆港位于怀化国际陆港经济开发区，总用地规模 33.42 平方公里，规划为"一核引领·两带驱动·七大功能组团"的功能结构。"一核"是以怀化西货站为核心的商贸物流核。"两带"为东西串联的物流发展带和南北串联临港产业发展带。"七大功能组团"为城市生活组团、国际商贸组团、国际商务金融组团、物流组团、临港产业组团、临港服务组团、功能拓展组团。怀化国际陆港是对接 RCEP 和东盟国家的战略平台、武陵山片区高质量发展的重要引擎、内陆地区改革开放的标志性工程。

南宁国际铁路港

南宁国际铁路港位于广西壮族自治区南宁市西南方向的江南区和南宁经济技术开发区，是西部陆海新通道重点培育的铁路物流基地，是中国国家铁路集团有限公司规划建设的一级铁路物流基地，是南宁陆港型国家物流枢纽核心项目之一。项目初期名称为"沙井铁路货运中心"，为适应中新南向通道建设的要求，后更名为"南宁国际铁路物流中心"。2019 年，为适应西部陆海新通道建设形势，正式定名为"南宁国际铁路港"。

南宁国际铁路港总体功能布局包含铁路港、公路港、口岸物流区、冷链物流区、现代综合物流园等十个功能区。截至 2022 年年底，南宁国际铁路港累计完成投资约 62 亿元。自 2018 年开通运营以来，南宁国际铁路港已为 243 家民营企业提供货物装卸、发送、物流总包等多项服务。2018 年合计到发货物 236.4 万吨；2019 年合计到发货物 253.5 万吨；2020 年合计到发货物 269.4 万吨；2021 年合计到发货物 305.2 万吨，较 2018 年增长 29%；2022 年合计到发货物 674.6 万吨，同比增长 120%。随着南宁国际铁路港基础设施建设的不断完善，海关监管作业场所运营服务效率不断提升，以及跨关区"铁路快速通关"模式的启用等，南宁作为西部陆海新通道重要节点城市、中欧（亚）班列沿途经过的主要城市，区位优势日益凸显。

嘉兴综合保税区 B 区

嘉兴综合保税区 B 区位于长三角生态绿色一体化发展示范区先行启动区。2010 年1 月，获国务院批准设立嘉兴出口加工区 B 区，是浙江省内第 4 个出口加工区，2015 年 1 月升格为嘉兴综合保税区 B 区，成为浙江省第一个由出口加工区成功转型为综合保税区的范例，正式封关运行面积为 1.013 平方公里，后期核减为 1.01 平方公里。区内有海关、外汇、税务等相关部门设立专门机构现场办公。2019 年以来，园区坚持做大做强保税加工业务，构建电子信息、光通信和保税物流三大核心产业。园区先后引进浙江物产中大集团、浙江国贸集团下属企业，合作开展"9610""1210"业务。

云南腾晋物流股份有限公司

云南腾晋物流股份有限公司（以下简称"腾晋物流"）于 2009 年成立，2015 年 12月完成混改成为昆明市属国有混合所有制企业，是国家 5A 级物流企业、国家级供应链创新与应用试点企业、全国首批国家级示范物流园区、云南省产业发展"双百"工程重点培育龙头企业。

腾晋物流在 2013 年确立"大通道、大物流、大服务、大贸易"的发展战略，致力于建立效率最高、持续推动产业升级的国际供应链服务体系，倾力打造中国面向南亚、东南亚最具商业价值的国家级供应链核心枢纽平台——腾俊国际陆港。

腾俊国际陆港规划面积 3669 亩，总投资 180 亿元，含 13 个建设项目，已完成 6个，目前在建 1 个，其余 6 个待建。腾俊国际陆港区位优势明显，是昆明商贸服务型国家物流枢纽，也是昆明唯一的国际陆港。于 2016 年 7 月获批成为全国首批国家级示范物流园区，是国家发展改革委"一带一路"重点项目、国家"十四五"规划 102 项重大工程的重大项目。

腾晋物流一直坚持数字化转型，推动数智陆港建设，早在 2017 年便提出了"数字陆港"建设规划，坚持数字创新驱动，梳理出了"1＋X＋Y"的战略发展路径，意在依托腾俊国际陆港的全面数字化转型，将新技术与业务深度融合，打造全球标杆数智陆港。

腾俊国际陆港拥有全球顶尖、国内首创的规划设计及运营模式，建成由多式联运公铁物流中心、智能仓储中心、保税物流中心（B 型）、国际采购供应中心及智慧运营中心（IOC）组成的"五大核心功能区"，集成"物流＋服务＋贸易"三大核心业务板块，构建出物流基础设施为护城河、整合商贸服务功能与数字化系统的新型供应链枢纽商业模型。

未来，腾晋物流将面向瑞丽、磨憨、清水河、河口四个口岸展开布局，至"十四五"期间，将完成全部云南边境口岸物流基地布局，在境外形成 12 个海外物流基地，形成"一心四边境口岸"＋"十二海外物流基地"国际网络，实现东通长江经济带，南达东盟自贸区，西连中缅新通道，北接中欧班列，使腾俊国际陆港成为我国绕过马六甲海峡直通印度洋陆海新通道的国际贸易枢纽，南亚、东南亚各国链接中亚、俄罗斯市场的核心转口贸易中心。

三亚保税物流中心（B 型）

三亚保税物流中心（B 型）于 2022 年 2 月 25 日正式封关运营，是海南首个保税物流中心。截至 2022 年年底，三亚 B 保入驻企业进出区货物 65 票，跨境电商货物出区货物 134 票，进出口贸易总值约 2011 万元。

园区占地面积 4.9 万平方米，建筑面积约 2.5 万平方米，可提供 1.8 万平方米仓储面积。包含进境鲜活、冰鲜产品转运中心、大宗商品海关监管区、跨境电商园区、航材保税区等功能区域，可满足不同类型业务需求。自封关运营以来，三亚 B 保出台了一系列招商优惠措施，积极促进进出口业务发展。目前，已入驻海程邦达、海岛胜意 2 家报关物流企业；博士眼镜、中伟机免 2 家跨境电商企业，并与麦哲伦公司开展物流仓储项目合作，库区租赁面积共 7000 平方米。

2023 年，三亚 B 保将以跨境电商销售业务、跨境电商公共服务仓为主营业务模式。开展跨境电商销售业务，建立跨境电商平台开展线上线下销售运营模式；开展跨境电商公共服务仓业务，以中小型跨境电商企业为服务目标，专门为入驻企业提供全流程、全方位的仓储管理、物流操作服务。

永州陆港枢纽投资发展集团有限公司

永州陆港枢纽投资发展集团有限公司于 2023 年 2 月注册成立，注册资本 10 亿元，位于湖南省永州市冷水滩区。集团承担永州陆港的开发、建设、运营。

永州陆港项目是湖南省 2022 年重点建设项目之一、承担全市"新通道、新平台、新动能"战略使命和任务。项目坐拥洛湛、湘桂铁路，紧邻二广、永零高速，直通湘江千吨级港口与机场，规划范围 13.3 平方公里。

永州陆港规划形成"一轴一带，一核三圈"的空间格局和两纵三横的干道网络。以水汲江大道为依托形成产业发展轴，串联各个产业功能组团；以芦洪江为依托形成区域景观风光带；以永州北货站为核心，以产业功能为基础构建启动区圈层、综合保税及引致产业圈层、智慧家居产业圈层三大功能空间，布局综合物流区、综合保税区、综合商务区、引致产业园、湿地公园和居住配套区、智慧家居产业园、拓展区等多个功能板块。

株洲中车物流有限公司

株洲中车物流有限公司成立于2011年5月，由中车株洲电力机车有限公司、中车株洲电力机车研究所有限公司、中车株洲电机有限公司、中车长江车辆有限公司共同出资3亿元组建。

图21-7 株洲中车物流有限公司

公司位于株洲市石峰区轨道产业园，总投资额36360万元，总规划面积573亩，目前拥有仓储库房10万平方米、露天料场3.1万平方米、海关监管区1.2万平方米。

公司获评国家5A物流企业、中国仓储服务金牌企业、中国五星级仓库、3A级信用企业，获得木材防疫处理资质、进出口贸易资质、大型物件运输资质，获评2021年湖南省物流行业综合实力20强、湖南省物流行业先进集体、湖南省制造业与物流业联动融合发展优秀企业，通过ISO19001质量体系认证、ISO14001环境管理体系认证、ISO45001职业健康安全管理体系认证。

公司主要经营业务为国际货运业务、铁路运输业务、公路运输业务、仓储服务、供应链服务业务和包装业务。2019年7月4日随着中欧（株洲）国际货运班列的开通，株洲中车物流基地升级为国际物流平台，成为中国中车、"株洲·中国动力谷"第一个铁路口岸。公司将利用独特的区位优势，积极响应国家关于构建交通物流融合发展新体系的战略，推动区域性交通物流融合发展，在"一带一路"业务开展、构建物流信息互联共享体系、提升仓储配送智能化水平、发展高效便捷物流新模式、营造开放共赢的物流发展环境等方面做出贡献。公司计划在"十四五"期间通过组织实施，以高效先进的、富有国际竞争力的物流与供应链管理体系成为"国内知名系统物流服务方案解决商"。

福建陆地港集团

福建陆地港集团是国家 5A 级物流企业、全国先进物流企业。集团以综合物流服务、临港园区建设、供应链服务为主营核心业务，以推动临港商贸发展、促进第三产业发展为己任，致力于成为国内陆港建设运营的排头兵。

图 21 - 8　泉州晋江国际陆地港

2009 年，集团投建并运营晋江陆地港。以创新的"超港口"模式，汇集海陆空铁邮多式联运资源，晋江陆地港为企业搭建起多元化的通关服务平台以及内连外通的现代化国际物流大通道。晋江陆地港先后落地了国际陆港、保税物流、国际快件、跨境电商、国际邮件、冷链物流、产业园等功能，构建了完整的外贸及跨境物流服务场景，形成了以"国际陆港口岸""跨境服务口岸"双口岸并行的服务体系，并在此基础上搭建产业供应链服务平台，面向产业集群端提供一站式、定制化的产业供应链服务。经过十年的高速发展，晋江陆地港成为国内第二大陆地港、全国口岸服务功能最齐全的平台。2017 年，晋江陆地港获得海关总署支持，获批关区代码 3726。2019 年获联合国贸易简化与电子业务中心（UN/CEFACT）批准国际代码"CNJJD"，晋江陆地港升级成为国际港口。

乌兰察布·二连浩特国家物流枢纽园区

乌兰察布、二连浩特两市位于中蒙俄国际物流大通道前沿地区，既方便对接京津冀国内大市场，又是国际开放口岸门户，具有独特的联动发展和功能互促发展区位优势。两市共同打造乌兰察布·二连浩特国家物流枢纽园区，于2022年3月17日挂牌成立，是内蒙古自治区唯一一家跨盟市开发区。

园区建设集商贸服务、物流服务、落地加工产业服务于一体，构建三位一体综合交通体系（"铁路港+公路港+航空港"）+口岸功能+产业经济的"一园六区"发展格局。做强"一黑一白"陆港型枢纽，即综合物流园片区煤炭矿石仓选配功能区（"一黑"陆港型）、七苏木片区中欧班列铁路物流枢纽功能区（"一白"陆港型），做大北方陆港片区公路物流枢纽功能区（商贸服务型）、临空产业园片区国际航空物流功能区（空港型）、北方家居产业园片区进出口资源木材精深加工贸易功能区（生产服务型）、二连浩特边境经济合作区（陆上边境口岸型）。

园区占地共计66.75平方公里，园区正常经营企业36家，2022年全年完成工业生产总值53.72亿元，同比增长12%。

衡阳国际物流港项目

衡阳国际物流港项目位于衡阳市珠晖区东阳半岛，汇聚机场、铁路、公路和水运。规划用地4582亩，总投资约180亿元，分两期建设：一期用地面积2182亩，总投资约78亿元，主要建设综合服务区（总部产业园、现代物流园、物流大数据中心、物流金融结算中心）、港口码头区、海关监管中心、铁路专线和片区路网等；二期用地2400亩，总投资约102亿元，主要建设公铁联运区、冷链物流区、区域性期货交割库、现代智能制造产业聚集区及配套设施等。

衡阳国际物流港项目致力于打造"两中心、三功能"的国家级物流示范园区，即打造中南地区区域物流服务组织中心和区域供应链服务中心；实现公铁水多式联运功能，区域辐射、城市配送集中组织服务功能，产业供应链物流服务集成组织及口岸物流服务功能。项目将聚集人流、物流、资金流和信息流，发挥协作长株潭、衔接粤桂赣、对接长三角、辐射大东盟的枢纽作用。

中新南宁国际物流园

中新南宁国际物流园由世界集装箱班轮龙头企业新加坡太平船务（PIL）在南宁投

资建设，是广西参与"一带一路"和西部陆海新通道建设的标志性重大项目之一。项目规划面积 3903 亩，分三期建设，一期规划 1064 亩，计划建设跨境电商保税物流产业集群、智慧物流园、医药物流园；二期规划 1525 亩，计划建设东盟多式联运联盟创新基地、中国－东盟特色商品汇聚中心、物流供应链基地等；三期规划 1314 亩，总投资约 100 亿元人民币。项目致力于打造集产、储、运、展、物贸融合及物流金融于一体，具有东盟特色的立体高效、服务创新的综合型国际性物流产业园区。

中新南宁国际物流园自 2018 年启动建设以来，已吸引普洛斯、ESR（易商）、万纬、复兴国药、百世快递等国内外龙头企业入驻，引进外企 3 家，外资 1.5 亿美元，累计完成投资 78 亿元，已建成并投入运营的物流项目 8 个。2020 年 8 月—2023 年 8 月，中新南宁国际物流园累计货运量超 320 万吨，为推动广西成为面向东盟的重要货物枢纽中心提供了有力支撑。

银川商贸服务型国家物流枢纽

2022 年 11 月，以银川公路铁路运输物流服务中心为主体申报的商贸服务型国家物流枢纽（以下简称"枢纽"）获得了国家发展改革委批准，成为宁夏唯一获批建设的国家物流枢纽。2023 年获批交通部货运枢纽补链强链城市项目支持，通过了交通部专家组第三批多式联运示范工程的验收。近年来，枢纽加快完善商贸物流集成服务、供应链物流运作组织、区域分拨及配送组织、铁路干线物流组织、多式联运转运、国际物流服务 6 项基本功能，以及冷链物流分销分拨、应急物流与物资储备 2 项延伸功能，打造宁蒙陕甘毗邻地区核心商贸物流枢纽、链接"一带一路"国际多式联运枢纽、大宗物资及生产资料供应链组织枢纽和宁夏开放型枢纽经济新增长极。

枢纽地处银川市主城区西南方向，包兰铁路与多条高速公路、国省干道在此交会。枢纽占地面积约 7.39 平方公里，现有企业 62 家。

衡阳陆港建设投资有限公司

衡阳陆港建设投资有限公司成立于 2021 年 9 月 24 日，注册资金为 30 亿元，为衡阳市城市建设发展集团有限公司全资子公司，公司注册地址为湖南省衡阳市珠晖区东阳渡街道新华社区创业路 1 号。公司经营范围为以自有资金从事投资活动、工程施工、房地产开发经营、港口经营、物业管理、普通货物仓储服务、停车场服务、城市绿化管理、园区管理服务、市政设施管理、非居住房地产租赁、土地使用权租赁等。

目前，公司主要负责衡阳陆港枢纽项目建设及招商运营工作。项目位于珠晖区东阳半岛，蒸湘南路以东，107 国道以西，绿岛大道以北，湘江以南。规划用地面积约 4582 亩，总投资约 180 亿元。分为两期建设：一期用地面积约 2182 亩，总投资约 78 亿元，主要建设综合服务区、港口码头区、铁路专线、片区路网等；二期用地面积约 2400 亩，总投资约 102 亿元，主要建设公铁联运区、冷链物流区、配套设施等。

呼和浩特综合保税区

呼和浩特综合保税区位于内蒙古自治区政治、经济和文化中心、我国北方沿边地区重要的中心城市呼和浩特。呼和浩特综合保税区前身为呼和浩特出口加工区，2020 年 3 月，海关总署批复同意呼和浩特综合保税区 0.88 平方公里规划范围内的软硬件设施通过验收，于当年 5 月正式封关运行至今。目前，呼和浩特综合保税区注册企业共有 43 家。产业涉及电子信息、光伏材料、食品包装、一般贸易、保税物流、跨境电商、检验检测、融资租赁等领域。

呼和浩特综合保税区位于"一带一路"倡议重要节点城市——呼和浩特市区西侧，距离高速入口 4.5 公里，距白塔机场 29 公里，距离最近的铁路枢纽铁通物流园 8.2 公里，毗邻 110 国道，拥有便利的交通条件。综保区南侧为京包铁路、北侧紧邻金海高架桥、西侧为在建三环快速路，陆路交通方便快捷。

园区将坚持稳中求进的总基调，持续强化招商引资工作，推动在谈项目落地，预计 2024 年全年进出口总值突破 100 亿元。

内蒙古赤峰商贸服务物流园区

内蒙古赤峰商贸服务物流园区成立于 2021 年，由赤峰红山物流园、赤峰商贸物流城、赤峰和美工贸园和赤峰保税物流中心组成。园区总体规划面积 88 平方公里，累计完成投入资金 523.5 亿元，入驻企业及个体工商户 5772 余家。

赤峰红山物流园位于赤峰市红山区桥北街道辖区，于 2006 年启动建设，规划面积 11.43 平方公里，建成区面积 10 平方公里，累计完成投资 340 亿元。已成为国家示范物流园区、国家电子商务示范基地、自治区级服务业集聚区、自治区级现代化综合物流园区、自治区级小型微型企业创业创新示范基地，2017 年至 2020 年连续四年被评为"全国优秀物流园区"。

赤峰国际陆港建有和国铁接轨的铁路到发线 3 条，加长仓库 1 万平方米，集装箱堆场 3 万平方米，年货物吞吐量达 300 万吨以上。

赤峰保税物流中心于 2013 年 8 月 8 日经国务院同意，海关总署、财政部、国家税务总局、国家外汇管理局批准设立；2015 年 1 月 1 日正式封关运营，是内蒙古自治区首家 B 型保税物流中心。

赤峰国际快件监管中心，2023 年 4 月 6 日正式开通运营，可面向全国开展文件、个人物品和货物三类快件业务，是蒙东地区首个集进出口快件通关、仓储、装卸、分理、物流信息综合处理于一体的现代化国际快件集散基地。

中欧班列赤峰集货中心占地面积 150 亩，依托该中心，赤峰市于 2022 年 4 月 6 日首发开行了中欧班列（赤峰号）。

2019 年 12 月 15 日国务院批准设立中国（赤峰）跨境电子商务综合试验区，2020 年 1 月 17 日，经国务院同意，商务部、发展改革委、财政部、海关总署、税务总局、市场监管总局批准赤峰市为跨境电子商务零售进口试点城市。

2022 年 4 月 6 日，中欧班列（赤峰号）顺利开行，成功打通连接中蒙俄经济重要走廊。推动建设蒙东中欧班列（赤峰）集结中心，发挥赤峰国家物流枢纽节点作用，加快融入中欧国际铁路联运大通道建设，以中欧班列（赤峰号）为品牌，不断聚集东四盟市及周边省市的国际物流业务。

2018 年国家发展改革委和交通运输部印发了《国家物流枢纽布局和建设规划》，将赤峰市列为商贸服务型国家物流枢纽承载城市。

中国铁路呼和浩特局集团有限公司
呼和浩特货运中心沙良物流园

中国铁路呼和浩特局集团有限公司呼和浩特货运中心沙良物流园（以下简称沙良物流园）是中国铁路总公司规划设计的 31 个一级物流基地之一。项目于 2014 年年底由中国铁路总公司立项，2015 年 4 月正式开工建设。物流园工程总投资合计 16.7 亿元，建成蒙西地区功能最全（军事运输、铁路运输、公路运输、仓储、装卸、包装、流通加工、配送、信息服务）、规模最大的公铁联运物流园。2022 年，被评为内蒙古自治区示范物流园区。物流园占地面积 122 万平方米（1830 亩），园区铁路通过沙良站唐包线连接国铁路网。

沙良物流园按照"公铁互动，一体化运作，集约化经营、信息化管理"的思路进行规划，功能规划布局采取"四区一中心"，具体为到发作业区（铁路港）、仓储配送区（仓储港）、流通加工区（公路港）、生活服务区以及信息服务中心（信息港）。

园区主要功能及业务范围包括：国际货运代理，公铁普通货物运输，铁路物流、物流辅助服务，仓储、装卸、搬运服务，货物配载、货运代理服务，运输信息咨询、物业管理服务，自有房屋、机械设备租赁，木材、粮食、钢材、水泥、电器、百货、五金、家电、工艺品、机械设备、金属材料、纺织品、建筑材料、计算机及辅助设备、汽车配件的销售等。

2022年物流园到发货运量491.39万吨，装卸车数139805车，收入69264.65万元。2021年自呼和浩特市纳入国家重点建设的25个商贸型物流枢纽城市以来，园区组织开行中欧班列累计30列，主要是俄罗斯方向，产品涉及电器、轮胎、食品、日用品等，初步建立了开行中欧班列的业务基础。2023年截至目前开行中欧班列17列。

园区秉承"基础、资源、链接、竞优"的八字发展方针以及三步走发展规划，将物流园打造成为立足新发展格局，服务国家物流枢纽网络，强化多式一体化链接，内外成网交织，形成服务呼包鄂乌榆城市群，畅通京津冀，面向蒙俄欧的区域性综合枢纽物流园。

石嘴山保税物流中心（B型）

石嘴山保税物流中心规划占地面积507亩，总投资4.16亿元，分三期建设，其中一期为石嘴山保税物流中心海关特殊监管区；二期为宁夏富海物流有限公司铁路专用线，占地面积125亩，投资1亿元；三期为硅锰、硅铁合金期货交割库、货物分拨仓库、封件车间，占地面积117亩，投资1.06亿元。石嘴山保税物流中心运营主体为宁夏富海物流有限公司，代理周边大型硅锰合金企业进出口贸易，并可提供自境外采购原材料配送至工厂的全程供应链服务。

石嘴山保税物流中心位于宁蒙交界处，地处乌金三角核心地带，"一带一路"倡议要点，东西部合作重要节点，是西部能源东输的主要通道，依托京藏高速、青银高速、110国道、109国道、包兰铁路等公路铁路主干道，连接国家"八纵八横"交通网络，区域周边工业资源密集，重工业发达，物流吞吐量巨大。根据保税物流中心（B型）的功能优势和区域经济的特点，将石嘴山保税物流中心（B型）建成服务中西部地区的进出口贸易公共服务平台及四大运营中心，进口货物集散中心，出口货物分拨中心，保税商品现货、期货交割交易中心，保税商品融资监管中心。

作为石嘴山保税物流中心配套设施，宁夏富海物流有限公司投资1亿元建设了铁路专用线，于2016年9月经兰州铁路局批准，已于2019年5月竣工并投入使用。专用线共3条，其中2条轨长850米承运整列的集装箱和散货，另外一条轨长400米，承运危化品，并设有配套30000平方米普通货场及危化品装卸、存储堆场。

宁夏富海物流有限公司多式联运示范项目

宁夏富海物流有限公司多式联运示范项目于2017年10月获得交通运输部批准，即宁夏回族自治区"东部沿海－宁蒙地区（石嘴山）－中阿国家"集装箱公铁海多式联运示范工程，项目围绕石嘴山市陆港经济及宁蒙地区特色产业，强化口岸带动生产性物流业发展，依托"互联网＋工业"、"互联网＋特色农业"、大宗矿产品交易、保税仓储等功能区块，开展"一港三线"的多式联运工程，多渠道拓展国际物流通道，全力打造辐射宁北、蒙西地区物流业桥头堡，形成区域生产性物流中心、宁夏现代物流创新发展示范区。

乌拉特国际陆港

为助力巴彦淖尔市全面融入国家"一带一路"发展战略和"中蒙俄经济走廊"建设，切实落实市委、市政府"发展壮大泛口岸经济"和乌拉特后旗委、政府"搭上中欧班列快车，以金浩特铁路专用线为基础，打造对外开放铁路港样板，向扩大开放要活力"等精神，内蒙古金浩特物流有限公司在已经建成运营的一期项目金浩特呼和温都尔铁路专用线基础上，积极推进乌拉特后旗公铁物流枢纽中心（国际陆路港）项目的建设。

内蒙古金浩特物流有限公司成立于 2014 年 7 月，注册资本金 10000 万元。公司位于乌拉特后旗青山工业园区，距杭锦后旗蒙海工业园区约 5 公里。公司经营范围包括海关监管货物仓储服务，公共铁路运输，保税物流中心经营，国内、国际货物运输代理等。金浩特物流园区海关监管场所申建工作于 2022 年年底全面启动，2023 年 5 月 12 日经呼和浩特海关实地验收通过。

乌拉特后旗国际陆路港一期项目包括海关监管场所、商品展示交易中心及综合服务中心等，估算投资 1.29 亿元。二期项目依托功能日渐完善的国际陆路港常态化运行的中欧班列，推进"班列＋口岸"模式，建设国家粮食进口指定口岸；推进"班列＋园区"模式，建设进出口农产品深加工园区；依托"中蒙俄经济走廊"建设，着力发展仓储服务和物流配送（跨境电商）等。二期项目预计投资 4.2 亿元，力争在 2025 年前建成。

2022 年 1 月乌拉特后旗工业园区开行首列中欧班列"乌拉特号"，并进入图定计划（8205、8206），已实现常态化运行。中欧班列"乌拉特号"发行线路主要有三条，线路一通过阿拉山口（霍尔果斯）向南发往德国、土耳其；线路二通过阿拉山口（霍尔果斯）向北发往俄罗斯；线路三通过二连浩特发往俄罗斯。2023 年计划全年到发中欧班列 35 列以上，力争实现货运贸易产值突破 8 亿元。

临策铁路呼和温都尔铁路专用线于 2020 年 8 月按照国标 IV 级标准建成，线路总长 3.309 公里，并配套完成"两线三站台"建设。为进一步提升班列运载承接能力，全面强化桥头堡基础支撑，计划年内完成金浩特物流园区"三线四站台"扩建工程，届时将实现长度为 1050 米三线并行，站台硬化面积达到 10 万平方米，年吞吐量将达到 600 万吨。

南昌向塘铁路口岸开发有限责任公司

南昌向塘铁路口岸开发有限责任公司成立于 2017 年 3 月，为南昌县政府下属国有独资企业南昌县城市建投投资发展有限公司的全资子公司，注册资本金为 2 亿元人民币。业务涵盖公共铁路运输、政府投资项目代建管理、保税物流中心经营、房地产开发经营、国营贸易管理货物的进出口、出口监管仓库经营、海关监管货物仓储服务、商品汽车及冷链仓储经营等。

公司始终坚持以口岸运营为核心，国际联运和产业经营为重心的"一核多翼"发展战略，紧紧围绕南昌国际陆港"建设大平台、构建大通道、形成大枢纽、发展大产业"的经营思路，依托南昌铁路口岸交通区位优势和物流枢纽资源，奋力将南昌国际陆港新城建设成为江西省、南昌市发展临港产业的"新引擎"、城市建设的"新高地"、对外开放的"新名片"。2021 年 11 月，公司作为牵头企业，助力南昌国际陆港成功申报"十四五"首批陆港型国家物流枢纽。2023 年 6 月，公司作为牵头企业，助力南昌国际陆港成功申报南昌国家骨干冷链物流基地。2023 年 7 月，公司获评中国集装箱行业协会第一批四星级多式联运经营人。

历经 6 年蓬勃发展，截至 2023 年 10 月，公司总资产超过 60 亿元。业务板块"三轮驱动"的高质量发展新格局逐步形成：在口岸运营方面，公司拥有现代化、多功能、全要素的铁路运输类海关监管作业场所，年作业量可达 15 万标箱，为陆港企业提供方便快捷、货通全球的物流大通道；在国际联运方面，公司陆续开通 11 条中欧（亚）班列线路和 12 条铁海联运班列线路，常态化开行 2 条中欧（亚）班列线路和 6 条铁海联运班列线路，着力构造通江达海、辐射全球的国际运贸服务大网络；在产业经营方面，公司旗下南昌向塘标准化冷库、综合贸易产业中心、电商物流服务中心、标准化厂房、商品汽车基地等一批优质产业项目，总物业面积达 60 余万平方米，集聚冷链物流、口岸贸易、跨境电商、商业零售、人才公寓等大业态。

未来，公司将积极助力南昌国际陆港融入国家"一带一路"和"江西内陆开放型经济试验区"发展战略，充分发挥南昌国际陆港新城发展建设主力军作用，坚持以通道促贸易、以贸易聚产业，积极探索建设运营差异化发展之路，奋力将南昌向塘国际陆港新城建设成为面向国际、服务江西、辐射华中的国内国际双循环的重要支点。

湘南国际物流园

湘南国际物流园于 2008 年 11 月经郴州市人民政府批准成立，园区控规面积 17.89 平方公里。目前，园区已拥有郴州铁路口岸、郴州公路口岸、郴州国际快件（监管）中心、郴州跨境电商运营中心、郴州进口肉类指定监管场地、粤港澳直通车、五定班列、公铁海联运等开放平台，常态化运行了郴长欧国际班列、湘粤非铁海联运班列等国际物流通道，加大与广州港、盐田港、蛇口港等国际港口的深度合作，实现集装箱空柜在郴州陆港的归集，大大提高本地货物的物流时效，让郴州产品通江达海和国际产品进入郴州的路径更广阔。园区现有入园企业 685 家，其中物流企业 320 家（国家 5A 级物流企业 2 家、国家 4A 级 6 家、国家 3A 级 6 家）。2017—2022 年连续六年被评为"全国优秀物流园"，2019 年第三届国际物流创新展览会园区被授予"对接粤港澳大湾区物流产业承载基地"称号，已列入中国（湖南）自由贸易试验区协同联动区、中国（郴州）跨境电子商务综合试验区。

物流园的区位、交通及产业优势明显，基础设施完备，各类项目建设持续推进、平台效应日渐凸显、开放能级持续放大以及核心竞争力不断增强，已成为推动落实郴州开放崛起和经济高质量发展的重要一环。当前，园区正聚力打造郴州国际陆港，以"千亿国际陆港、湘粤赣开放新区"为目标定位，按照"口岸 + 平台经济 + 国际化专业市场集群 + 产业园区 + 产业新城"五大功能布局，实现郴长欧国际班列、湘粤非铁海联运班列常态化开行，推进郴州国际陆港综合信息平台的开放使用，推动湘粤港"跨境一锁"改革创新，加大与广州港、盐田港、蛇口港等国际港口的深入合作，加快推动郴州融入中非、中欧、RCEP 新通道"经济圈"，重点建设以郴长欧国际班列、湘粤非铁海联运通道为基础的国家二级铁路物流基地，配套建设郴州国际陆港综合服务平台、中欧国际合作中心、电子口岸（外贸公共服务平台）指挥中心等基础设施，打造中非有色金属集散中心、跨境电商产业园、进出口木材集散中心、跨境产贸城、公共型农产品冷链物流中心等项目。努力将郴州打造成"一带一路"国际大通道重要商贸枢纽和中部地区对接粤港澳大湾区的第一门户，着力提升郴州国际化水平，加快建成现代化郴州！

宝鸡港务区

建设宝鸡港务区是宝鸡市委、市政府落实习近平总书记来陕西省考察重要讲话重要指示精神，加速融入共建"一带一路"大格局，提升生产服务型国家物流枢纽和全国性综合交通枢纽地位，推动外向型经济高质量发展的重要举措。

宝鸡港务区筹建于2019年4月，由港务新城、空港新城、综合保税区三个组团构成，宝鸡港务区除负责统筹三组团协同发展外，具体负责开发港务新城组团。港务新城西起陆港大桥、东至阳平镇大帐寺村、南至渭河北河提、北至西宝中线，面积约8.6平方公里，建设用地约11000亩，重点打造公铁联运核心区、现代物流发展区、临港制造工业区、科技创新服务区、产城融合生活区、渭河生态休闲区六大功能板块。

图21-9　宝鸡港务区

按照"三年打基础、五年大变化、十年大发展"的目标，到2025年，宝鸡陆港枢纽建成运营，宝鸡机场建成投用，综合保税区做大做强，中欧、中亚、东南亚班列常态化运行，与西安国际港务区联动发展渠道畅通，"通道＋枢纽＋网络"的现代物流运行体系基本形成，力争货物吞吐量达到200万吨，进出口贸易总额超过50亿元。到2030年，力争区域生产总值突破100亿元，进出口总额达到150亿元左右，加速人才聚集，持续吸引人口，成为宝鸡现代服务业发展聚集区、创新发展示范区和对外开放先导区，服务周边、引领发展的实力显著增强。到2035年，现代物流总体格局基本成熟，宝鸡港务区成为关中平原城市群极具活力的经济增长极和产业集聚新高地。

荆门国际内陆港建设投资有限公司

荆门国际内陆港建设投资有限公司成立于2018年4月，注册资本1亿元，是荆门市交通旅游投资集团有限公司全额出资成立的子公司。公司主要承担投资、建设铁路场站、公路场站，建设与运营商业综合配套设施；承办水运、陆运、空运进出口货物及过境货物的国际运输业务代理（订舱、托运、仓储、包装），国际多式联运、集运（含集装箱拼箱）及相关业务咨询等。

园区位于荆门市中西部，是湖北省委、省政府立足湖北省情，结合荆门实际提出的重大战略，既可以充分发挥荆门地理区位优势和经济增长潜力，推动荆门建设成为湖北省"区域性增长极"；也可以打通湖北中部出海通道，有效对接"一带一路"；还可以快速对接武汉、襄阳、宜昌自贸区，实现资源共享、联动发展，带动和促进江汉平原、鄂中片区外向型经济的发展，进一步放大湖北自贸区效应、促进区域协调发展，对于湖北"建成支点、走在前列"具有十分重要的支撑作用。

项目于 2018 年正式启动建设，计划到 2025 年，工程设施及信息平台全部建成，示范线路稳定运行，多式联运信息化水平全面提升，多式联运效率、成本显著优化，经济效益和社会效益显著。开港运营后多式联运量年平均增长率达到 6%—10%，示范线路能耗及碳排放量降低 30% 以上。

总体目标：打造一个集物流产业园、综合保税区、临港产业园、疏港铁路疏港公路、运营信息化建设于一体的多式联运软硬件平台，建立一种新型的一体化公铁水联运运输组织和运营管理模式，形成一批具有示范性的公铁水多式联运线路。

银川综合保税区

银川综合保税区（以下简称"综保区"）于 2012 年 9 月 10 日由国务院批准设立，是宁夏建设内陆开放型经济试验区的重要平台。综保区位于河东国际机场南侧 1 公里，东临银西高铁，北接银川河东国际机场，西连银昆高速，南靠太中银铁路，实际管理范围 6.1 平方公里，可用土地面积 8999.148 亩。

图 21-10 银川综合保税区

封关运营以来，银川综合保税区紧扣"引领全区、面向全国、融入世界"的总体定位，坚持以"扩大开放功能、创新联动发展"为主线，全面深化对外开放合作，形成区域特色鲜明、内外开放联动、贸易便利化程度高的对外开放新平台。累计实现进出口贸易额757.15亿元，招商引资到位资金62.44亿元，外贸加工企业累计上缴关税超5亿元，缴纳地方税3618万元。

近年来，综保区利用保税加工、保税物流、保税服务的功能定位和"先行先试"的政策优势，充分发挥开放引领和辐射带动两大作用，重点发展大宗农产品进出口加工、绿色食品、电子信息、跨境电商以及其他新业态等产业，全面提升商业配套服务、开放政策辐射和开放型经济服务水平，着力推动建设面向"一带一路"共建国家国际货物集疏运中转基地、西北有一定影响力的保税加工与保税物流基地和辐射宁夏全域的外贸综合服务平台。

内蒙古华易物流集团有限公司

内蒙古华易物流集团有限公司（以下简称"华易集团"）是呼和浩特陆港型国家物流枢纽的投资建设运营单位与企业联盟牵头单位，承担运营情况、监测数据报送等工作。华易集团起源于矿业、物流园区投资开发与管理运营，依托物流枢纽区位、场站优势、联盟交易、产业聚集等优势，打造嘉和大宗陆港物流园区项目和呼和浩特陆港型国家物流枢纽主体。

图 21－11　嘉和大宗陆港物流园区俯瞰图

嘉和大宗陆港物流园区前身托克托嘉和煤炭综合物流园区，位于托克托县103省道59公里处，是呼和浩特市托克托县重点招商引资项目，总规划占地2万亩，始建于2009年，规划总投资50亿元。园区累计入驻煤炭企业近百家，煤炭年吞吐量达4000

万吨，累计完成投资 15 亿元，建设面积 3300 亩。2023 年 7 月，园区成为呼和浩特陆港型国家物流枢纽重要组成部分。截至目前，园区运营单位年度收入约 1.5 亿元，园区整体年度利税 2 亿元，吸纳就业 2000 人，带动城镇就业近 2 万人次，社会公益物资捐助百余万元。

未来，华易集团围绕呼市国家陆港托克托片区物流枢纽功能区划布局，以物流基础设施专业化、规范化，物流作业专业化、集约化为原则，打造大宗物流总部基地，建设国家级陆港偏好型产业集群；建设"嘉和大宗物流网络货运平台"打造陆港平台经济；建设数字化低碳物流园区，打造绿电微电网系统；打造国家级物流枢纽陆港与能源供应保障基地；新大宗物流供应链建设，构建呼包鄂榆乌一体化采运销服务。

延安陆港型国家物流枢纽和骨干冷链物流基地

延安陆港型国家物流枢纽于 2020 年 10 月获批，是全国物流基础设施网络的重要节点，呈现"一枢纽、两片区"空间布局，包括李渠片区和青化砭片区，总规划面积 3507.15 亩，其中李渠片区 1285.65 亩，作为存量片区借助延安货运北站，已经基本形成以煤炭集疏运、油品输转为主，以石油物资配件、农特产品、汽车配件、集装箱等线上线下业务为辅的综合型物流经营体系，成为区域物流业发展的领跑者。现已建成仓储物流分拨中心（占地面积约 59.81 亩，总投资约 1.13 亿元）、省市级盐业等民用物资储备库；引进中国邮政、圆通速递等快递物流行业龙头企业，截至目前入驻企业 5 家，仓储利用率达 100%，带动就业 600 余人。依托延安首个保税仓的建成投运，现已搭建进口贸易平台，设立延安市进口冷链食品集中监管仓，实现进口货源零突破（进口西班牙红酒 2040 瓶，已销售 1453 瓶，销售额达 21.86 万元）。青化砭片区占地 2221.5 亩，目前园区配套基础设施建设项目已接近尾声；库容为 1300 万立方米孙台水库为水源地，26 公里供水管网已全部铺设完成，日供水量达到 5000 立方米；垃圾场和污水处理厂正在加快推进。

延安国家骨干冷链物流基地由两大片区组成，共占地 1232 亩，以延安农业投资建设（集团）有限公司牵头发起成立"1＋3＋N"企业联盟作为建设运营主体。主体部分洛川片区占地面积 944 亩，已建成了陕果集团 3 万吨自动化冰温立体气调库、洛川苹果现代智慧物流中心（一期）、华大物流分拣中心及西部农资城等项目，其中陕果集团 3 万吨自动化冰温立体气调库项目占地 142 亩，总投资 4 亿元，是目前国内最先进、最智能的保鲜水果气调库；功能互补区南泥湾片区占地面积 288 亩，目前正在建设南泥湾冷链物流园区项目，占地约 60 亩，总建筑面积 2.41 万平方米，总投资 8000 万元，主要建设果蔬冷库，设计年存储销售时令果品、蔬菜等农副产品 13000 吨，建成后将成为延安最大的苹果分拣加工中心。

附　录

中国陆港发展报告 2023—2024

附录一　陆港大事记

1. 2021 年 2 月，中共中央、国务院印发《国家综合立体交通网规划纲要》，加快建设交通强国，构建现代化高质量国家综合立体交通网，支撑现代化经济体系和社会主义现代化强国建设。规划期为 2021—2035 年，远景展望到 21 世纪中叶。

2. 2021 年 9 月，海关总署公布《国家"十四五"口岸发展规划》，部署 11 项主要任务、4 项重点工程和 5 项重大举措，为"十四五"期间我国口岸发展制定详尽的任务清单，明确具体实施规划。

3. 2021 年 12 月 3 日，中老铁路正式开通运营，国际物流"黄金通道"的作用不断凸显。

4. 2021 年 12 月，我国首部陆港工具书《中国陆港发展报告（2020）》出版。

5. 2022 年 1 月，国家发展改革委印发《"十四五"现代流通体系建设规划》，对"十四五"时期现代流通体系建设作出全面部署。

6. 2022 年 6 月 30 日，财政部、交通运输部发布《关于支持国家综合货运枢纽补链强链的通知》，自 2022 年起，用 3 年左右时间集中力量支持 30 个左右城市（含城市群中的城市）实施国家综合货运枢纽补链强链。

7. 2022 年 7 月 12 日，习近平总书记在考察乌鲁木齐国际陆港区时指出，随着共建"一带一路"深入推进，新疆不再是边远地带，而是一个核心区、一个枢纽地带，你们做的是具有历史意义的事情，已经取得很好的成绩，再接再厉，前途光明。

8. 2022 年 10 月，习近平总书记在二十大报告中提出，必须完整、准确、全面贯彻新发展理念，坚持社会主义市场经济改革方向，坚持高水平对外开放，加快构建以国内大循环为主体、国内国际双循环相互促进的新发展格局。推动共建"一带一路"高质量发展。

9. 2023 年 5 月 18 日至 19 日，中国 – 中亚峰会在中国西安举行。六国元首共同签署了《中国 – 中亚峰会西安宣言》，在中国同中亚国家关系发展史上具有重要里程碑意义。

10. 2023 年 6 月 2 日，《区域全面经济伙伴关系协定》（RCEP）对菲律宾正式生效，标志着RCEP对东盟10国和澳大利亚、中国、日本、韩国、新西兰等15个签署国全面生效。

11. 2023年9月，《多式联运货物分类与代码》和《多式联运运载单元标识》（GB/T 42933－2023）两项国家标准发布，并于当年12月1日正式实施。

12. 2023年10月，交通运输部、国家发展改革委发布19个国家多式联运示范工程项目。

13. 2023年10月，我国首个陆港行业团体标准《陆港分类与评估指标》（标准号：T/CADZ 0002－2023）正式对外发布。

14. 2023年10月18日，第三届"一带一路"国际合作高峰论坛在北京举行。国家主席习近平出席开幕式并发表主旨演讲。习近平宣布中国支持高质量共建"一带一路"的八项行动，强调中方愿同各方深化"一带一路"合作伙伴关系，推动共建"一带一路"进入高质量发展的新阶段，为实现世界各国的现代化作出不懈努力。

15. 2023年10月16日至18日，"中国陆港50人"在第十届中国国际陆港与枢纽经济发展峰会上揭晓，38位同志成为"中国陆港50人"，陆港十年发展迈向新征程。

16. 2023年10月31日，中国（新疆）自贸试验区获批设立，成为我国第22个自贸试验区。也是我国西北沿边地区首个自贸试验区。

17. 2023年12月，《跨境电子商务海外仓运营管理要求》发布并实施，填补了该领域国家标准的空白。

18. 2024年2月23日，中央财经委员会第四次会议上，习近平总书记强调，物流是实体经济的"筋络"，联接生产和消费、内贸和外贸，必须有效降低全社会物流成本，增强产业核心竞争力，提高经济运行效率。2024年《政府工作报告》提出实施降低社会物流成本行动、加快形成绿色低碳供应链等，为2024年陆港物流发展指明了重要方向。

19. 2024年，红海危机影响持续，全球供应链中断风险加剧，国际航运受重创。3月以来，中国出口海运价格不断上涨，对中国供应链和贸易造成巨大挑战，中欧班列需求大幅增长，为保障全球产供链稳定发挥重要作用。

20. 2024年6月6日，中吉乌铁路项目三国政府间协定签字仪式在北京举行。三国政府间协定的签署，为中吉乌铁路项目建设提供坚实的法律基础，标志着中吉乌铁路正由设想变为现实。

附录二　全国陆港基本情况统计

（截至 2023 年 8 月）

序号	省区市	陆港名称	时间		投资金额（亿元）	园区性质	规划总面积（亩）
			规划	运营			
1	北京	北京平谷国际陆港	2008 年	2010 年	5.45	国有	126
2		北京通州物流产业园区（含通州口岸）	2002 年	2003 年	10	国有	7556
3		北京外运陆运公司（丰台口岸）	1994 年			国有	549
4		北京亦庄保税物流中心（B 型）		2011 年	90	国有	300
5	河北	石家庄内陆港		2003 年	1.6	国有	300
6		石家庄国际陆港（河北陆港集团）		2018 年	52	国有	22500
7		邯郸国际陆港		2011 年	11.4	国有	635
8		武安保税物流中心（B 型）		2014 年	26.3	国有	1600
9		邢台内陆港	2010 年	2013 年	10	国有	140
10		保定陆港物流产业园		2009 年	0.5	民营	57
11		张家口内陆港	2010 年	2011 年	5.24	国有	300
12		承德内陆港物流产业聚集区		2011 年	10.72	国有	7500
13		衡水内陆港	2013 年	2014 年	6.6	国有	2600
14		衡水国际陆港（河北陆港集团）	2020 年		37	民营	4388
15		青岛保税港区邯郸（鸡泽）功能区		2016 年	25	国有	9750

续　表

序号	省区市	陆港名称	时间		投资金额（亿元）	园区性质	规划总面积（亩）
			规划	运营			
16	河北	正定国际物流园	2009 年	2010 年	12.6	国有	1500
17		定州国际陆港（河北陆港集团）	2020 年		20.6	民营	2000
18		京津保国际智慧港		2020 年	22	民营	710
19		辛集保税物流中心（B型）		2019 年	6	国有	390
20	天津	蓟州保税物流中心（B型）		2009 年	6.9	国有	455
21		天津陆路港物流装备产业园	2009 年			国有	14775
22	山西	大同国际陆港（华远国际陆港集团）	2017 年	2018 年	56		6707
23		侯马宝特无水港	2017 年	2019 年	1.26	合资	1100
24		五台陆港	2020 年	2021 年	21	民营	2000
25		方略保税国际陆港	2018 年	2020 年	56.34	民营	3000
26		朔州枢纽型内陆港综合物流园	2017 年	2018 年	17	民营	
27		中鼎物流园	2016 年	2018 年	60	国有	4000
28		山东港口集团中铁集介休无水港	2019 年	2019 年		国有	100.5
29		山西能投蔡家崖无水港	2019 年	2019 年	8.8	国有	600
30		晋北铁路物流园	2019 年	2021 年	23	国有	2500
31		孝义现代物流园无水港	2019 年	2019 年	10	国有	1174
32		阳泉国际陆港（河北陆港集团）	2020 年		5	民营	800
33		长治陆港国际物流园区（华远国际陆港集团）		2022 年	22.26	国有	1788
34		兰花国际物流园区		2009 年	30	国有	2000

续 表

序号	省区市	陆港名称	时间		投资金额（亿元）	园区性质	规划总面积（亩）
			规划	运营			
35		北方陆港国际物流园	2015 年	2017 年	11.35	国有	3000
36		呼和浩特铁通物流园	2003 年	2006 年	1.2	民营	705
37		沙良物流园	2014 年	2015 年	16.7	国有	1830
38		乌兰察布万益综合物流园区	2015 年	2017 年	9.7	国有	2000
39		乌兰察布综合物流产业园区（兴和县）	2011 年	2017 年	16	国有	19440
40		七苏木国际物流园区		2016 年	9.76	国有	28000
41		赤峰国际陆港（红山物流园）	2006 年	2012 年	1.13	国有	450
42		包头国际陆港物流园区	2009 年	2011 年	12	国有	2000
43		九原（国际）物流园区多式联运中心	2014 年	2019 年	2.4	国有	24
44		二连浩特公路口岸汇通进口物流园	2011 年	2018 年	9.86	国有	709
45	内蒙古	二连浩特铁路国际物流园	2010 年	2017 年	30	国有	10350
46		巴彦淖尔陆港（现代农畜产品物流园区）	2016 年	2017 年	1	国有	103
47		阿拉善国际陆港	2015 年	2019 年	1.87	国有	675
48		乌海国际陆港	2014 年	2017 年	0.78	民营	330
49		科尔沁工业园区陆港保税物流园	2015 年	2015 年	0.1	国有	40.5
50		蒙东国际物流港	2018 年	2021 年	32	国有	7050
51		蒙俄国际物流港（多伦内陆港）	2022 年			国有	1386.74
52		乌拉特后旗国际陆路港	2022 年	2023 年	7.5	民营	1000
53		甘其毛都国际陆港区	2023 年			国有	6900
54		盘锦港通辽内陆港	2010 年	2017 年	2.6	国有	225
55		鄂尔多斯空港物流园区		2009 年		国有	38100
56		包头市保税物流中心（B型）		2019 年	1.9	国有	192

序号	省区市	陆港名称	时间		投资金额（亿元）	园区性质	规划总面积（亩）
			规划	运营			
57	辽宁	沈阳国际陆港	2018 年		500	国有	27000
58		营口港法库内陆港	2011 年		10	国有	450
59		东北（铁岭）国际陆港	2018 年	2022 年	0.6	国有	150
60		沈阳东站陆港		2014 年	1.5	国有	84
61		鞍山陆港	2021 年	2025 年	50.4	国有	2700
62		辽宁西柳国际易货贸易园区	2022 年		5	国有	99
63		沈阳综合保税区近海园区	2011 年	2011 年	23	国有	3328
64		铁岭保税物流中心（B 型）		2016 年		国有	150
65	吉林	通化国际内陆港务区		2016 年	53	国有	450
66		长春国际陆港		2015 年	202	民企	81000
67		四平内陆港		2016 年	100	国有	1800
68		珲春国际港	2019 年		10	国有	1275
69		吉林市保税物流中心（B 型）		2017 年	2.8	国有	114
70		延吉国际空港经济开发区保税物流中心（B 型）	2018 年	2019 年	4.27	国有	200.4
71	黑龙江	哈尔滨国际陆港	2016 年	2018 年	7.35	国有	540
72		齐齐哈尔国际陆港	2020 年	2023 年	6.2	国有	4140
73		黑河保税物流中心（B 型）	2017 年	2020 年	5.1	民营	450
74		牡丹江保税物流中心（B 型）	2017 年	2019 年	5.3	国有	720
75		黑河月星中俄跨境物流枢纽	2019 年		30	民营	1500
76		营口港绥化陆港（北林物流内陆港）	2012 年		4.2	国有	300

续 表

序号	省区市	陆港名称	时间		投资金额（亿元）	园区性质	规划总面积（亩）
			规划	运营			
77	黑龙江	牡丹江陆港物流园区	2020 年		23	国有	1224
78		绥芬河国际综合物流园区	2020 年	2021 年	4	国有	272
79		绥芬河广域国际物流园区	2023 年		3	国有	1459
80		齐齐哈尔国际物流园区	2020 年		7.2	国有	1336
81		绥芬河富民铁路互市贸易物流园区	2020 年	2020 年	0.8	国有	61
82		东宁互市贸易物流园区	2020 年	2021 年	2	国有	210
83		黑河国际综合物流园区	2021 年	2023 年	7.2	国有	1245
84		同江公铁换装联运物流园区	2021 年	2025 年	8.54	国有	1530
85		中农批冷链（牡丹江）东北亚国际物流产业园	2019 年	2021 年	21	国有	1200
86		哈尔滨国际空港物流园区	2021 年	2025 年	3.9	国有	225
87	上海	上海西北物流园区（保税物流中心）		2010 年		国有	203
88		虹桥商务区保税物流中心		2019 年		国有	78.6
89	江苏	徐州淮海国际陆港	2019 年	2020 年	425	国有	45000
90		苏州工业园综合保税区	2007 年	2009 年	0.7	国有	7920
91		江苏（苏州）国际铁路物流中心			51.32	国有	3331
92		常熟国际物流园	2007 年			国有	1817.1
93		徐州空港物流园	2017 年			国有	1593.75
94		连云港徐圩新区综合物流园	2010 年	2012 年		国有	1514.4
95		江苏万发国际物流园		2014 年	4.5	国有	191.85

续　表

序号	省区市	陆港名称	时间		投资金额（亿元）	园区性质	规划总面积（亩）
			规划	运营			
96	江苏	常熟国际贸易物流港	2018年				1106.55
97		江苏海安商贸物流产业园		2013年		国有	16200
98		新沂保税物流中心（B型）（新沂北盟物流园内）	2017年	2019年	12	私企	425.25
99		南京空港保税物流中心（B型）		2020年		国有	303
100		靖江保税物流中心（B型）	2018年	2020年	3.86	国有	246.3
101	浙江	台州智慧陆港新区	2021年		54	国有	1700
102		丽水无水港	2013年	2017年	2	国有	83
103		浙西铁路物流园区	2020年		12.02	国有	640
104		金华无水港	2002年	2003年	0.1	国有	93
105		衢州无水港	2006年	2009年	1.2	国有	190
106		义乌国际陆港		2014年	134.15	国有	2500
107		萧山无水港	2012年	2013年	5	国有	200
108		绍兴无水港		2002年	0.2	国有	120
109		慈溪无水港		2006年	6	国有	1000
110		柯桥无水港	2008年	2010年	4	国有	110
111		永康无水港	2014年	2015年	0.1	股份	45
112		绍兴轻纺数字物流港	2022年		48	国有	468
113		金华华东国际联运港	2021年	2022年	130	国有	5031
114		江山无水港	2019年	2019年	2.8	民营	
115		义乌（苏溪）国际枢纽港项目	2020年		27.67	国有	1039
116		杭州保税物流中心（B型）	2009年	2011年	5	国有	381.75
117		湖州保税物流中心（B型）	2018年			国有	152
118		湖州德清保税物流中心（B型）		2021年	3.3	国有	120
119		宁波栎社保税物流中心（B型）		2009年		国有	247

续　表

序号	省区市	陆港名称	时间		投资金额（亿元）	园区性质	规划总面积（亩）
			规划	运营			
120	安徽	合肥国际内陆港	2017 年	2018 年	10	国有	449
121		蚌埠（皖北）铁路无水港	2013 年	2014 年	0.51	国有	53
122		淮北青龙山铁路无水港	2015 年	2020 年	1	国有	550
123		亳州港多式联运综合物流园	2023 年		25	国有	1500
124		黄淮海（宿州）国际陆港	2021 年	2022 年	300	国有	6266
125		安徽（阜阳）铁路国际物流港	2022 年		60	国有	5000
126		宁波舟山港宣城国际陆港		2022 年	5	国有	292
127		合肥空港保税物流中心（B 型）		2018 年	2.6	国有	175
128		安徽皖东南保税物流中心（B 型）	2017 年	2019 年	2.78	民营	159.53
129		铜陵（皖中南）保税物流中心（B 型）		2020 年	2.35	国有	101.64
130		皖江江南保税物流中心（B 型）		2023 年	3.5	国有	202
131		安庆综合保税区		2020 年		特殊区域	3345
132	福建	福建泉州晋江陆地港		2009 年	70	民营	2500
133		龙岩陆地港	2013 年		1.2	国有	123
134		三明陆地港	2012 年		20	国有	979
135		福建武夷山陆地港		2010 年	50	民营	1500
136		福建翔孚国际物流园		2015 年	18	民营	516
137		莆田国际陆港	2022 年	2022 年	0.15	国有	52.5
138		宁德陆港		2020 年	6.12	国有	320
139		平潭金井跨境电商物流园		2020 年	10	国有	198
140		建宁（闽赣）国际陆港	2019 年	2023 年	21	股份	1000
141		厦门火炬（翔安）保税物流中心	2008 年	2009 年	2.8	国有	512.25

续　表

序号	省区市	陆港名称	时间		投资金额（亿元）	园区性质	规划总面积（亩）
			规划	运营			
142	江西	南昌向塘国际陆港	2020 年		115.5	国有	50730
143		赣州国际陆港	2014 年	2014 年	100	国有	5500
144		鹰潭无水港		2008 年	1	国有	200
145		上饶国际陆港	2008 年	2009 年	0.35	国有	249
146		吉安陆地港		2014 年	3	国有	250
147		鹰潭市现代物流园区		2012 年	40	国有	10135
148		萍乡赣西国际陆港	2020 年		39.2	国有	2165
149		赣闽国际陆港	2022 年	2024 年	10	国有	450
150		瑞金国际陆港	2022 年	2025 年	11	国有	1500
151		鹰潭国际陆港		2022	16.8	国有	20100
152		龙南保税物流中心		2018 年	1.59	国有	154
153	山东	临沂国际陆港	2019 年		191	国有	39900
154		聊城冠州国际陆港	2020 年		65	国有	3380
155		阳信县陆港物流园区	2019 年		10	国有	200
156		枣庄内陆港	2018 年	2019 年	1	国有	250
157		济宁内陆港	2016 年	2019 年	5.2	国有	235
158		鲁中国际陆港	2020 年		38	国有	32310
159		港汇国际物流园	2020 年	2021 年	20.5	股份	1200
160		德州内陆港	2013 年	2016 年	1	民营	156
161		青岛国际陆港	2016 年	2017 年	50	国有	90000
162		济南国际内陆港	2018 年		300	国有	85500
163		滨州（博兴）内陆港	2019 年	2020 年	0.89	合资	79
164		兖州国际陆港	2018 年	2020 年	20	国有	2850
165		潍坊国际陆港	2016 年	2019 年	8.36	民营	690
166		菏泽陆港（产业新城）	2019 年	2025 年	50	国有	55500
167		泰安陆港		2019 年	10	国有	750
168		菏泽广源陆港	2020 年	2022 年	6	国有	348.97
169		泰山内陆港			5.37	国有	1000
170		青州国际陆港	2016 年	2017 年	4.5	国有	528

续　表

序号	省区市	陆港名称	时间		投资金额（亿元）	园区性质	规划总面积（亩）
			规划	运营			
171	山东	山东高速临空综合保税物流园	2019 年	2022 年	4.385	国有	125.2
172		鲁西国际陆港	2022 年	2023 年	2.558	国有	94
173		烟台福山回里保税物流中心（B 型）		2020 年		民营	657
174		鲁中运达保税物流中心（B 型）		2015 年	16.8	国有	604.5
175	河南	郑州国际陆港	2013 年	2016 年	22.3	国有	600
176		郑州上街中部陆港	2019 年		180	国有	23088
177		郑州国际陆港航空港片区	2022 年		508.5	国有	83778
178		开封国际陆港	2019 年		5	国有	636
179		东方红（洛阳）国际陆港	2017 年	2017 年	10	国有	2738
180		南阳国际陆港	2018 年	2020 年	15	国有	1500
181		西峡县公铁联运物流园	2019 年		56	国有	3450
182		商丘国际陆港	2020 年	2023 年	45	国有	2390
183		鹤壁国际陆港	2010 年	2011 年	6	民营	336
184		平顶山国际物流产业新城（原平顶山国际陆港）	2020 年		50	国有	18186
185		万庄安阳物流园		2019 年	30	民营	3105
186		安阳象道无水港	2019 年		12	民营	883
187		新乡国际陆港	2017 年	2018 年	17.8	国有	7500
188		巩义无水港		2019 年		股份	300
189		濮阳无水港	2018 年		20.2	国有	300
190		濮阳台前无水港		2022 年	50	国有	7500
191		豫中陆路口岸综合物流港	2020 年	2023 年	26	国有	1240
192		三门峡铁路综合枢纽物流园	2020 年	2022 年	26	国有	2107

序号	省区市	陆港名称	时间		投资金额（亿元）	园区性质	规划总面积（亩）
			规划	运营			
193	河南	信阳金牛物流产业集聚区		2011 年	52.4	国有	21540
194		兰考国际陆港	2023 年		34	国有	3540.45
195		宝武焦作现代综合物流园		2019 年	25	国有	1000
196		河南德众保税物流园		2014 年	15	国有	1500
197		焦作市内陆港	2022 年	2023 年	1	国有	400
198		濮阳工业园区濮东铁路无水港集装箱物流园	2019 年		9	民营	600
199		郑东集装箱中心无水港		2023 年		国有	
200		河南商丘保税物流中心（B 型）	2016 年	2017 年	3	国有	199.5
201		河南民权保税物流中心（B 型）	2019 年	2020 年		国有	375.09
202		河南许昌保税物流中心（B 型）	2020 年	2021 年		国有	150
203	湖北	汉口北商贸物流枢纽区	2012 年	2020 年	400	国有	75000
204		汉口北国际多式联运物流港	2020 年	2021 年	30	国有	1080
205		武汉汉欧国际综合物流园	2016 年	2023 年	8.6	国有	215
206		咸宁国际陆港（河北陆港集团）	2022 年		40	民营	5000
207		潜江无水港	2019 年		2	股份	100
208		襄阳国际陆港	2015 年	2017 年	5.1	国有	421
209		荆门国际内陆港	2018 年	2022 年	18.12	国有	21000
210		武汉东西湖保税物流中心（武汉新港空港综合保税区）	2008 年	2009 年	56	国有	740
211		吴家山铁路物流基地（武汉铁路集装箱中心站）	2009 年	2010 年	7.06	国有	2019
212		仙桃保税物流中心（B 型）		2019 年		国有	354

| 序号 | 省区市 | 陆港名称 | 时间 | | 投资金额（亿元） | 园区性质 | 规划总面积（亩） |
			规划	运营			
213	湖南	长沙国际铁路港	2015 年	2018 年	47	国有	1279
214		中南国际陆港集装箱拼箱基地	2020 年	2022 年	4.3	国有	178
215		怀化国际陆港	2019 年	2021 年	98	国有	4500
216		衡阳铁路口岸综合物流园	2014 年	2018 年	7	民营	655
217		郴州湘南国际物流园（无水港）	2008 年	2022 年	200	国有	39570
218		娄底湘中国际物流园	2014 年	2016 年	120	国有	2500
219		湖南金霞现代物流园		2009 年	110	国有	78450
220		永州国际陆港	2021 年		500	国有	9900
221		株洲中车物流基地	2018 年	2018 年	3.6	国有	572
222	广东	广州国际港（广州铁路集装箱中心站）		2021 年	76	国有	2593
223		梅州国际无水港（松棚铁路物流基地）	2017 年	2023 年	5.65	国有	1011
224		韶关无水港		2015 年	15	国有	4448
225		佛山国际陆地港	2019 年	2023 年	15	合资	198
226		鹤山珠西国际陆港（原名鹤山国际陆港）	2020 年		4.73	国有	1000
227		廉江陆港物流产业园区	2020 年		20	国有	2728
228		广东（石龙）铁路国际物流基地		2015 年	23	国有	1576
229		中欧班列融合创新产业园（广东广物）	2023 年		10	国有	174
230		中国南部物流枢纽园区		2019 年	73	国有	1500
231		盐田国际平湖南内陆港（平湖南铁路物流园）		2022 年	64	国有	1350
232		国通物流城	2004 年	2005 年	22	混和所有	2300
233		广州东部公铁联运枢纽		2023 年		国有	13710
234		中山保税物流中心（B 型）	2008 年	2010 年		国有	777

序号	省区市	陆港名称	时间		投资金额（亿元）	园区性质	规划总面积（亩）
			规划	运营			
235	广东	深圳机场物流园（深圳机场保税物流中心）	2009 年	2010 年		国有	626.13
236	广西	南宁国际铁路港	2018 年		130	国有	8140
237		中新南宁国际物流园	2018 年	2020 年	100	合资	4273
238		南宁国际综合物流园	2008 年	2010 年	25	国有	5490
239		南丹陆港保税物流园区	2020 年		21.02	国有	2724.7
240		柳州铁路港	2019 年		142.91	国有	11000
241		河池无水港	2011 年		30	民营	3000
242		桂林苏桥无水港	2020 年		10	民营	1200
243		玉林国际陆港	2021 年				555.13
244		广西崇左（东盟）国际物流园		2012 年	30	民营	2200
245	海南	三亚保税物流中心（B型）	2020 年	2021 年		国有	73.64
246	重庆	重庆国际物流枢纽园区（重庆铁路口岸）		2010 年	120	国有	53250
247		重庆东盟国际物流园	2014 年	2017 年	38	国有	1100
248		重庆两路寸滩保税港区（果园港）		2019 年	500	国有	12555
249		重庆公路物流基地		2011 年	100	国有	18000
250		重庆（万盛）内陆无水港	2022 年		200	国有	27450
251		大足国际商贸物流园	2022 年		100	国有	4586
252		荣昌川南渝西综合物流园		2022 年	2.5	国有	390
253		秀山（武陵）现代物流园区		2014 年	98	国有	9000
254		泸州港务荣昌无水港		2015 年	15	国有	80

续　表

序号	省区市	陆港名称	时间		投资金额（亿元）	园区性质	规划总面积（亩）
			规划	运营			
255	四川	成都国际铁路港		2013 年	500	国有	47550
256		西南（自贡）国际陆港	2020 年		360	国有	61110
257		德阳国际铁路物流港	2017 年		95	合资	10700
258		西部铁路物流园（四川威斯腾物流有限公司）	2013 年	2014 年	30	国有	2000
259		秦巴（达州）国际无水港	2020 年		260	国有	38400
260		广安无水港	2019 年		60	国有	3000
261		峨眉山市无水港（燕岗货运站无水港）	2021 年				
262		雅安市无水港凤鸣物流园	2019 年		4	国有	202.76
263		内江国际物流港	2020 年		50	国有	18750
264		广元国际铁路物流园	2021 年		24	国有	810
265		攀枝花国际铁路物流港	2023 年				
266		眉山国际铁路港	2022 年	2022 年	115	国有	10180
267		南充现代物流园	2012 年		320	国有	18240
268		成都空港保税物流中心（B 型）		2014 年		国有	135
269		天府新区成都片区保税物流中心（B 型）	2018 年	2019 年	5	国有	199.5
270		成都高新综合保税区	2010 年	2011 年		特殊区域	7020
271	贵州	贵阳改貌铁路口岸	2018 年	2021 年	5.18	国有	2403
272		清镇陆海国际物流港	2020 年		40	国有	2000
273		贵州铁投都拉营国际陆海通物流港（贵阳国际陆港）	2018 年	2021 年	25	国有	910
274		贵州昌明国际陆港	2015 年	2018 年	15	国有	3800
275		福泉无水港（国际陆港）	2015 年	2022 年	5	国有	430
276		贵州毕节国际内陆港	2016 年		63	国有	6860
277		贵州东部陆港	2016 年	2017 年	2.2	股份	262

续　表

序号	省区市	陆港名称	时间		投资金额（亿元）	园区性质	规划总面积（亩）
			规划	运营			
278	贵州	黔东南州陆港	2014 年	2017 年	3.5	股份	94
279		贵州黔北现代物流新城	2016 年		152	国有	9400
280		贵州（安顺）国际商旅陆港		2018 年	23	国有	15000
281		贵州（麻尾）国际物流内陆港	2021 年		24	国有	493.50
282		六盘水（钟山）智慧型公铁多式联运陆港（贵州西部陆港）	2022 年		10	国有	1200
283	云南	滇西祥云国际物流港	2018 年		160	合资	24420
284		昆明南亚国际陆港物流园	2014 年	2020 年	72.29	国有	19500
285		昆明宝象万吨冷链港	2019 年		25	国有	700
286		腾俊国际陆港	2012 年	2019 年	90.6	民营	3669
287		磨憨口岸国际物流园	2014 年		9.98	国有	618
288		瑞丽国际陆港（新城）	2020 年		6.12	国有	72600
289		昆明高新保税物流产业园			90	国有	2800
290		大理沧龙综合物流园	2022 年		1.5	国有	77
291	陕西	西安国际港务区	2008 年	2010 年	900	国有	180000
292		宝鸡港务区		2019 年	31.6	国有	137100
293		延安高新区现代物流园区	2020 年	2022 年	12	国有	60
294		商洛陆港（商山物流园）	2009 年	2015 年	11	国有	800
295		靖边现代综合物流园区（西北国际陆港）	2012 年	2020 年	300	国有	30000
296		榆林陆港口岸海荣物流园区	2016 年	2021 年	10.35	民营	1500
297		安康上港无水港		2020 年	16	国有	800
298		榆林象道现代物流园	2017 年	2019 年	45	国有	5600
299		延安陆港型国家物流枢纽（李渠片区）	2020 年			国有	1285.65

续　表

序号	省区市	陆港名称	时间		投资金额（亿元）	园区性质	规划总面积（亩）
			规划	运营			
300	陕西	延安陆港型国家物流枢纽（青化砭片区）	2020 年			国有	2221.5
301		渭南国际现代物流港	2021 年		50	国有	2500
302	甘肃	巨龙农业物流港	2013 年		18.4	民营	850
303		甘肃（兰州）国际陆港		2016 年	367	国有	109500
304		兰州新区中川北站物流园		2014 年	20	国有	12000
305		甘肃（天水）国际陆港	2017 年		167.4	民营	27195
306		甘肃（武威）国际陆港	2016 年		43	国有	22800
307		甘肃（岷州）国际陆港	2018 年		83.4	国有	18750
308		酒泉国际港务区	2021 年		200	国有	5100
309		嘉峪关国际港务区	2014 年		140	国有	31500
310	青海	格尔木陆港	2020 年		141.1	国有	16425
311		青海双寨丝绸之路（国际）物流城	2016 年		96.98	国有	2160
312		青海物产曹家堡保税物流园		2016 年		国有	520
313	宁夏	银川国际公铁物流港	2009 年	2020 年	0.76	国有	123
314		灵武陆港物流园区	2008 年	2019 年	3.04	民营	1300
315		银川陆港物流中心金桥物流园区		2008 年	0.05	民营	344
316		中卫国际陆港		2017 年	1	民营	1701
317		惠农陆港口岸		2009 年	0.1	民营	90
318		石嘴山保税物流中心（B型）（富海物流）	2016 年	2019 年	4.16	民营	507
319	新疆	霍尔果斯公铁联运国际物流园	2022 年	2025 年	55	国有	3000
320		南疆国际陆港（库尔勒）	2013 年	2018 年	0.5	国有	65.24
321		乌鲁木齐国际陆港区		2018 年		国有	100500
322		哈密国际陆港	2020 年		50	国有	9225

续　表

序号	省区市	陆港名称	时间		投资金额（亿元）	园区性质	规划总面积（亩）
			规划	运营			
323		霍尔果斯国际陆港		2022 年	1.7	国有	278.8
324	新疆	吐尔尕特口岸物流园	2020 年		2	国有	7500
325		奎屯保税物流中心（B 型）	2013 年	2014 年	3.5	国有	1009
326	西藏	西藏领峰物流园	2019 年		35	国有	1126.6

（截至 2023 年 8 月，中国开发区协会陆港分会不完全整理）

附录三　我国保税物流中心（B型）情况分布统计

（截至 2023 年 12 月 31 日）

序号	省区市	项目名称
1	北京	北京亦庄保税物流中心
2	天津	天津经济技术开发区保税物流中心
3		蓟州保税物流中心
4	河北	河北武安保税物流中心
5		唐山港京唐港区保税物流中心
6		辛集保税物流中心
7		石家庄国际陆港保税物流中心
8	山西	山西方略保税物流中心
9		山西兰花保税物流中心
10		大同国际陆港保税物流中心
11	内蒙古	巴彦淖尔市保税物流中心
12		包头市保税物流中心
13		七苏木保税物流中心
14		赤峰保税物流中心
15	辽宁	营口港保税物流中心
16		盘锦港保税物流中心
17		铁岭保税物流中心
18		锦州港保税物流中心
19	吉林	吉林市保税物流中心
20		延吉国际空港经济开发区保税物流中心
21	黑龙江	黑河保税物流中心
22		牡丹江保税物流中心

续　表

序号	省区市	项目名称
23	上海	上海西北物流园区保税物流中心
24		虹桥商务区保税物流中心
25	江苏	连云港保税物流中心
26		徐州保税物流中心
27		如皋港保税物流中心
28		大丰港保税物流中心
29		江苏海安保税物流中心
30		新沂保税物流中心
31		靖江保税物流中心
32		南京空港保税物流中心
33	浙江	杭州保税物流中心
34		义乌保税物流中心
35		湖州保税物流中心
36		湖州德清保税物流中心
37		宁波栎社保税物流中心
38		宁波镇海保税物流中心
39	安徽	蚌埠（皖北）保税物流中心
40		合肥空港保税物流中心
41		安徽皖东南保税物流中心
42		铜陵（皖中南）保税物流中心
43		皖江江南保税物流中心
44	福建	厦门火炬（翔安）保税物流中心
45		漳州台商投资区保税物流中心
46		泉州石湖港保税物流中心
47		翔福保税物流中心
48	江西	龙南保税物流中心
49	山东	青岛西海岸新区保税物流中心
50		烟台福山回里保税物流中心
51		菏泽内陆港保税物流中心
52		鲁中运达保税物流中心
53		青岛保税港区诸城功能区保税物流中心

续 表

序号	省区市	项目名称
54	河南	河南德众保税物流中心
55		河南商丘保税物流中心
56		河南民权保税物流中心
57		河南许昌保税物流中心
58	湖北	宜昌三峡保税物流中心
59		仙桃保税物流中心
60		荆门保税物流中心
61	湖南	长沙金霞保税物流中心
62		株洲铜塘湾保税物流中心
63	广东	佛山国通保税物流中心
64		东莞保税物流中心
65		东莞清溪保税物流中心
66		深圳机场保税物流中心
67		中山保税物流中心
68		湛江保税物流中心
69		江门大广海湾保税物流中心
70	广西	防城港保税物流中心
71		柳州保税物流中心
72	海南	三亚市保税物流中心
73	重庆	重庆铁路保税物流中心
74		重庆南彭公路保税物流中心
75		重庆果园保税物流中心
76	四川	成都空港保税物流中心
77		天府新区成都片区保税物流中心
78		南充保税物流中心
79	云南	昆明高新保税物流中心
80		腾俊国际陆港保税物流中心
81	甘肃	武威保税物流中心
82	青海	青海曹家堡保税物流中心
83	宁夏	石嘴山保税物流中心
84	新疆	奎屯保税物流中心

（资料来源：海关总署）

附录四 全国海关特殊监管区域
分布及名单统计

（截至 2023 年 12 月 31 日）

序号	省区市	名称
1	北京	北京天竺综合保税区
2		北京大兴国际机场综合保税区
3		北京中关村综合保税区
4	天津	天津东疆综合保税区
5		天津滨海新区综合保税区
6		天津港综合保税区
7		天津泰达综合保税区
8		天津临港综合保税区
9	河北	曹妃甸综合保税区
10		秦皇岛综合保税区
11		廊坊综合保税区
12		石家庄综合保税区
13		雄安综合保税区
14	山西	太原武宿综合保税区
15	内蒙古	呼和浩特综合保税区
16		鄂尔多斯综合保税区
17		满洲里综合保税区
18	辽宁	大连大窑湾综合保税区
19		大连湾里综合保税区
20		大连保税区
21		营口综合保税区
22		沈阳综合保税区

续　表

序号	省区市	名称
23	吉林	长春兴隆综合保税区
24		珲春综合保税区
25	黑龙江	绥芬河综合保税区
26		哈尔滨综合保税区
27	上海	洋山特殊综合保税区
28		上海浦东机场综合保税区
29		上海外高桥港综合保税区
30		上海外高桥保税区
31		松江综合保税区
32		金桥综合保税区
33		青浦综合保税区
34		漕河泾综合保税区
35		奉贤综合保税区
36		嘉定综合保税区
37	江苏	张家港保税港区
38		苏州工业园综合保税区
39		昆山综合保税区
40		苏州高新技术产业开发区综合保税区
41		无锡高新区综合保税区
42		盐城综合保税区
43		淮安综合保税区
44		南京综合保税区
45		连云港综合保税区
46		镇江综合保税区
47		常州综合保税区
48		吴中综合保税区
49		吴江综合保税区
50		扬州综合保税区
51		常熟综合保税区
52		武进综合保税区

序号	省区市	名称
53	江苏	泰州综合保税区
54		南通综合保税区
55		太仓港综合保税区
56		江阴综合保税区
57		徐州综合保税区
58	浙江	宁波梅山综合保税区
59		宁波保税区
60		宁波北仑港综合保税区
61		宁波前湾综合保税区
62		舟山港综合保税区
63		杭州综合保税区
64		嘉兴综合保税区
65		金义综合保税区
66		温州综合保税区
67		义乌综合保税区
68		绍兴综合保税区
69		台州综合保税区
70	安徽	芜湖综合保税区
71		合肥经济技术开发区综合保税区
72		合肥综合保税区
73		马鞍山综合保税区
74		安庆综合保税区
75	福建	厦门海沧港综合保税区
76		泉州综合保税区
77		厦门象屿综合保税区
78		福州长乐国际机场综合保税区
79		福州综合保税区
80		福州江阴港综合保税区
81	江西	九江综合保税区
82		南昌综合保税区

续 表

序号	省区市	名称
83	江西	赣州综合保税区
84		井冈山综合保税区
85		上饶综合保税区
86	山东	潍坊综合保税区
87		济南综合保税区
88		东营综合保税区
89		章锦综合保税区
90		淄博综合保税区
91		青岛前湾综合保税区
92		烟台综合保税区
93		威海综合保税区
94		青岛胶州湾综合保税区
95		青岛西海岸综合保税区
96		临沂综合保税区
97		日照综合保税区
98		青岛即墨综合保税区
99		青岛空港综合保税区
100	河南	郑州新郑综合保税区
101		郑州经开综合保税区
102		南阳卧龙综合保税区
103		洛阳综合保税区
104		开封综合保税区
105	湖北	武汉东湖综合保税区
106		武汉经开综合保税区
107		武汉新港空港综合保税区
108		宜昌综合保税区
109		襄阳综合保税区
110		黄石棋盘洲综合保税区
111	湖南	衡阳综合保税区
112		郴州综合保税区

序号	省区市	名称
113	湖南	湘潭综合保税区
114		岳阳城陵矶综合保税区
115		长沙黄花综合保税区
116	广东	广州南沙综合保税区
117		广州白云机场综合保税区
118		深圳前海综合保税区
119		深圳盐田综合保税区
120		福田保税区
121		深圳坪山综合保税区
122		广州黄埔综合保税区
123		东莞虎门港综合保税区
124		珠海保税区
125		珠澳跨境工业区珠海园区
126		珠海高栏港综合保税区
127		汕头综合保税区
128		梅州综合保税区
129		湛江综合保税区
130		广州知识城综合保税区
131		佛山综合保税区
132	广西	钦州综合保税区
133		广西凭祥综合保税区
134		北海综合保税区
135		南宁综合保税区
136		梧州综合保税区
137	海南	海南洋浦保税港区
138		海口综合保税区
139		海口空港综合保税区
140	重庆	重庆西永综合保税区
141		重庆两路果园港综合保税区
142		重庆江津综合保税区

续　表

序号	省区市	名称
143	重庆	重庆涪陵综合保税区
144		重庆万州综合保税区
145		重庆永川综合保税区
146	四川	成都高新综合保税区
147		成都高新西园综合保税区
148		绵阳综合保税区
149		成都国际铁路港综合保税区
150		泸州综合保税区
151		宜宾综合保税区
152	贵州	贵阳综合保税区
153		贵安综合保税区
154		遵义综合保税区
155	云南	昆明综合保税区
156		红河综合保税区
157	陕西	西安综合保税区
158		西安关中综合保税区
159		西安高新综合保税区
160		西安航空基地综合保税区
161		宝鸡综合保税区
162		陕西西咸空港综合保税区
163		陕西杨凌综合保税区
164	甘肃	兰州新区综合保税区
165	宁夏	银川综合保税区
166	新疆	阿拉山口综合保税区
167		乌鲁木齐综合保税区
168		霍尔果斯综合保税区
169		喀什综合保税区
170	青海	西宁综合保税区
171	西藏	拉萨综合保税区

（资料来源：海关总署）

附录五　我国跨境电商综试区基本情况统计

（截至 2023 年 12 月 31 日）

序号	省区市	名称	获批时间	批次
1	浙江省	中国（杭州）跨境电子商务综合试验区	2015 年 3 月 7 日	第一批
2		中国（宁波）跨境电子商务综合试验区	2016 年 1 月 6 日	第二批
3		中国（义乌）跨境电子商务综合试验区	2018 年 7 月 24 日	第三批
4		中国（温州）跨境电子商务综合试验区	2019 年 12 月 24 日	第四批
5		中国（绍兴）跨境电子商务综合试验区		
6		中国（湖州）跨境电子商务综合试验区	2020 年 4 月 27 日	第五批
7		中国（嘉兴）跨境电子商务综合试验区		
8		中国（衢州）跨境电子商务综合试验区		
9		中国（台州）跨境电子商务综合试验区		
10		中国（丽水）跨境电子商务综合试验区		
11		中国（金华）跨境电子商务综合试验区	2022 年 1 月 22 日	第六批
12		中国（舟山）跨境电子商务综合试验区		
13	河南省	中国（郑州）跨境电子商务综合试验区	2016 年 1 月 6 日	第二批
14		中国（洛阳）跨境电子商务综合试验区	2019 年 12 月 24 日	第四批
15		中国（南阳）跨境电子商务综合试验区	2020 年 4 月 27 日	第五批
16		中国（焦作）跨境电子商务综合试验区	2022 年 11 月 14 日	第七批
17		中国（许昌）跨境电子商务综合试验区		
18	天津市	中国（天津）跨境电子商务综合试验区	2016 年 1 月 6 日	第二批
19	上海市	中国（上海）跨境电子商务综合试验区	2016 年 1 月 6 日	第二批
20	重庆市	中国（重庆）跨境电子商务综合试验区	2016 年 1 月 6 日	第二批
21	安徽省	中国（合肥）跨境电子商务综合试验区	2016 年 1 月 6 日	第二批
22		中国（芜湖）跨境电子商务综合试验区	2019 年 12 月 24 日	第四批

序号	省区市	名称	获批时间	批次
23	安徽省	中国（安庆）跨境电子商务综合试验区	2020 年 4 月 27 日	第五批
24		中国（马鞍山）跨境电子商务综合试验区	2022 年 1 月 22 日	第六批
25		中国（宣城）跨境电子商务综合试验区	2022 年 1 月 22 日	第六批
26		中国（蚌埠）跨境电子商务综合试验区	2022 年 11 月 14 日	第七批
27	广东省	中国（广州）跨境电子商务综合试验区	2016 年 1 月 6 日	第二批
28		中国（深圳）跨境电子商务综合试验区	2016 年 1 月 6 日	第二批
29		中国（珠海）跨境电子商务综合试验区	2018 年 7 月 24 日	第三批
30		中国（东莞）跨境电子商务综合试验区	2018 年 7 月 24 日	第三批
31		中国（汕头）跨境电子商务综合试验区	2019 年 12 月 24 日	第四批
32		中国（佛山）跨境电子商务综合试验区		
33		中国（梅州）跨境电子商务综合试验区	2020 年 4 月 27 日	第五批
34		中国（惠州）跨境电子商务综合试验区		
35		中国（中山）跨境电子商务综合试验区		
36		中国（江门）跨境电子商务综合试验区		
37		中国（湛江）跨境电子商务综合试验区		
38		中国（茂名）跨境电子商务综合试验区		
39		中国（肇庆）跨境电子商务综合试验区		
40		中国（韶关）跨境电子商务综合试验区	2022 年 1 月 22 日	第六批
41		中国（汕尾）跨境电子商务综合试验区		
42		中国（河源）跨境电子商务综合试验区		
43		中国（阳江）跨境电子商务综合试验区		
44		中国（清远）跨境电子商务综合试验区		
45		中国（潮州）跨境电子商务综合试验区		
46		中国（揭阳）跨境电子商务综合试验区		
47		中国（云浮）跨境电子商务综合试验区		
48	四川省	中国（成都）跨境电子商务综合试验区	2016 年 1 月 6 日	第二批
49		中国（泸州）跨境电子商务综合试验区	2019 年 12 月 24 日	第四批
50		中国（德阳）跨境电子商务综合试验区	2020 年 4 月 27 日	第五批
51		中国（绵阳）跨境电子商务综合试验区		
52		中国（南充）跨境电子商务综合试验区	2022 年 1 月 22 日	第六批

续　表

序号	省区市	名称	获批时间	批次
53	四川省	中国（眉山）跨境电子商务综合试验区	2022 年 1 月 22 日	第六批
54		中国（宜宾）跨境电子商务综合试验区	2022 年 11 月 14 日	第七批
55		中国（达州）跨境电子商务综合试验区		
56	辽宁省	中国（大连）跨境电子商务综合试验区	2016 年 1 月 6 日	第二批
57		中国（沈阳）跨境电子商务综合试验区	2018 年 7 月 24 日	第三批
58		中国（抚顺）跨境电子商务综合试验区	2019 年 12 月 24 日	第四批
59		中国（营口）跨境电子商务综合试验区	2020 年 4 月 27 日	第五批
60		中国（盘锦）跨境电子商务综合试验区		
61		中国（鞍山）跨境电子商务综合试验区	2022 年 11 月 14 日	第七批
62	山东省	中国（青岛）跨境电子商务综合试验区	2016 年 1 月 6 日	第二批
63		中国（威海）跨境电子商务综合试验区	2018 年 7 月 24 日	第三批
64		中国（济南）跨境电子商务综合试验区	2019 年 12 月 24 日	第四批
65		中国（烟台）跨境电子商务综合试验区		
66		中国（东营）跨境电子商务综合试验区	2020 年 4 月 27 日	第五批
67		中国（潍坊）跨境电子商务综合试验区		
68		中国（临沂）跨境电子商务综合试验区		
69		中国（淄博）跨境电子商务综合试验区	2022 年 1 月 22 日	第六批
70		中国（日照）跨境电子商务综合试验区		
71		中国（枣庄）跨境电子商务综合试验区	2022 年 11 月 14 日	第七批
72		中国（济宁）跨境电子商务综合试验区		
73		中国（泰安）跨境电子商务综合试验区		
74		中国（德州）跨境电子商务综合试验区		
75		中国（聊城）跨境电子商务综合试验区		
76		中国（滨州）跨境电子商务综合试验区		
77		中国（菏泽）跨境电子商务综合试验区		
78	江苏省	中国（苏州）跨境电子商务综合试验区	2016 年 1 月 6 日	第二批
79		中国（南京）跨境电子商务综合试验区	2018 年 7 月 24 日	第三批
80		中国（无锡）跨境电子商务综合试验区		
81		中国（徐州）跨境电子商务综合试验区	2019 年 12 月 24 日	第四批
82		中国（南通）跨境电子商务综合试验区		

续 表

序号	省区市	名称	获批时间	批次
83	江苏省	中国（常州）跨境电子商务综合试验区	2020 年 4 月 27 日	第五批
84		中国（连云港）跨境电子商务综合试验区		
85		中国（淮安）跨境电子商务综合试验区		
86		中国（盐城）跨境电子商务综合试验区		
87		中国（宿迁）跨境电子商务综合试验区		
88		中国（扬州）跨境电子商务综合试验区	2022 年 1 月 22 日	第六批
89		中国（镇江）跨境电子商务综合试验区		
90		中国（泰州）跨境电子商务综合试验区		
91	北京市	中国（北京）跨境电子商务综合试验区	2018 年 7 月 24 日	第三批
92	内蒙古自治区	中国（呼和浩特）跨境电子商务综合试验区	2018 年 7 月 24 日	第三批
93		中国（赤峰）跨境电子商务综合试验区	2019 年 12 月 24 日	第四批
94		中国（满洲里）跨境电子商务综合试验区	2020 年 4 月 27 日	第五批
95		中国（鄂尔多斯）跨境电子商务综合试验区	2022 年 1 月 22 日	第六批
96		中国（包头）跨境电子商务综合试验区	2022 年 11 月 14 日	第七批
97	吉林省	中国（长春）跨境电子商务综合试验区	2018 年 7 月 24 日	第三批
98		中国（珲春）跨境电子商务综合试验区	2019 年 12 月 24 日	第四批
99		中国（吉林）跨境电子商务综合试验区	2020 年 4 月 27 日	第五批
100		中国（延吉）跨境电子商务综合试验区	2022 年 11 月 14 日	第七批
101	黑龙江省	中国（哈尔滨）跨境电子商务综合试验区	2018 年 7 月 24 日	第三批
102		中国（绥芬河）跨境电子商务综合试验区	2019 年 12 月 24 日	第四批
103		中国（黑河）跨境电子商务综合试验区	2020 年 4 月 27 日	第五批
104		中国（同江）跨境电子商务综合试验区	2022 年 11 月 14 日	第七批
105	江西省	中国（南昌）跨境电子商务综合试验区	2018 年 7 月 24 日	第三批
106		中国（赣州）跨境电子商务综合试验区	2019 年 12 月 24 日	第四批
107		中国（九江）跨境电子商务综合试验区	2020 年 4 月 27 日	第五批
108		中国（景德镇）跨境电子商务综合试验区	2022 年 1 月 22 日	第六批
109		中国（上饶）跨境电子商务综合试验区	2022 年 1 月 22 日	第六批
110		中国（萍乡）跨境电子商务综合试验区	2022 年 11 月 14 日	第七批
111		中国（新余）跨境电子商务综合试验区		
112		中国（宜春）跨境电子商务综合试验区		
113		中国（吉安）跨境电子商务综合试验区		

续　表

序号	省区市	名称	获批时间	批次
114	湖北省	中国（武汉）跨境电子商务综合试验区	2018 年 7 月 24 日	第三批
115		中国（黄石）跨境电子商务综合试验区	2019 年 12 月 24 日	第四批
116		中国（宜昌）跨境电子商务综合试验区	2020 年 4 月 27 日	第五批
117		中国（襄阳）跨境电子商务综合试验区	2022 年 1 月 22 日	第六批
118	湖南省	中国（长沙）跨境电子商务综合试验区	2018 年 7 月 24 日	第三批
119		中国（岳阳）跨境电子商务综合试验区	2019 年 12 月 24 日	第四批
120		中国（湘潭）跨境电子商务综合试验区	2020 年 4 月 27 日	第五批
121		中国（郴州）跨境电子商务综合试验区		
122		中国（衡阳）跨境电子商务综合试验区	2022 年 11 月 14 日	第七批
123		中国（株洲）跨境电子商务综合试验区		
124	广西壮族自治区	中国（南宁）跨境电子商务综合试验区	2018 年 7 月 24 日	第三批
125		中国（崇左）跨境电子商务综合试验区	2020 年 4 月 27 日	第五批
126		中国（柳州）跨境电子商务综合试验区	2022 年 11 月 14 日	第七批
127		中国（贺州）跨境电子商务综合试验区		
128	海南省	中国（海口）跨境电子商务综合试验区	2018 年 7 月 24 日	第三批
129		中国（三亚）跨境电子商务综合试验区	2020 年 4 月 27 日	第五批
130	贵州省	中国（贵阳）跨境电子商务综合试验区	2018 年 7 月 24 日	第三批
131		中国（遵义）跨境电子商务综合试验区	2020 年 4 月 27 日	第五批
132		中国（铜仁）跨境电子商务综合试验区	2022 年 11 月 14 日	第七批
133	云南省	中国（昆明）跨境电子商务综合试验区	2018 年 7 月 24 日	第三批
134		中国（德宏）跨境电子商务综合试验区	2020 年 4 月 27 日	第五批
135		中国（红河）跨境电子商务综合试验区	2022 年 1 月 22 日	第六批
136		中国（大理）跨境电子商务综合试验区	2022 年 11 月 14 日	第七批
137	陕西省	中国（西安）跨境电子商务综合试验区	2018 年 7 月 24 日	第三批
138		中国（延安）跨境电子商务综合试验区	2020 年 4 月 27 日	第五批
139		中国（宝鸡）跨境电子商务综合试验区	2022 年 1 月 22 日	第六批
140	甘肃省	中国（兰州）跨境电子商务综合试验区	2018 年 7 月 24 日	第三批
141		中国（天水）跨境电子商务综合试验区	2020 年 4 月 27 日	第五批
142	福建省	中国（厦门）跨境电子商务综合试验区	2018 年 7 月 24 日	第三批
143		中国（福州）跨境电子商务综合试验区	2019 年 12 月 24 日	第四批
144		中国（泉州）跨境电子商务综合试验区		

续　表

序号	省区市	名称	获批时间	批次
145	福建省	中国（漳州）跨境电子商务综合试验区	2020 年 4 月 27 日	第五批
146		中国（莆田）跨境电子商务综合试验区		
147		中国（龙岩）跨境电子商务综合试验区		
148		中国（南平）跨境电子商务综合试验区	2022 年 11 月 14 日	第七批
149		中国（宁德）跨境电子商务综合试验区		
150	河北省	中国（唐山）跨境电子商务综合试验区	2018 年 7 月 24 日	第三批
151		中国（石家庄）跨境电子商务综合试验区	2019 年 12 月 24 日	第四批
152		中国（雄安新区）跨境电子商务综合试验区	2020 年 4 月 27 日	第五批
153		中国（廊坊）跨境电子商务综合试验区	2022 年 11 月 14 日	第七批
154		中国（沧州）跨境电子商务综合试验区		
155	山西省	中国（太原）跨境电子商务综合试验区	2019 年 12 月 24 日	第四批
156		中国（大同）跨境电子商务综合试验区	2020 年 4 月 27 日	第五批
157		中国（运城）跨境电子商务综合试验区	2022 年 11 月 14 日	第七批
158	青海省	中国（海东）跨境电子商务综合试验区	2019 年 12 月 24 日	第四批
159		中国（西宁）跨境电子商务综合试验区	2020 年 4 月 27 日	第五批
160	宁夏回族自治区	中国（银川）跨境电子商务综合试验区	2019 年 12 月 24 日	第四批
161	新疆维吾尔自治区	中国（乌鲁木齐）跨境电子商务综合试验区	2020 年 4 月 27 日	第五批
162		中国（喀什）跨境电子商务综合试验区	2022 年 1 月 22 日	第六批
163		中国（阿拉山口）跨境电子商务综合试验区		
164		中国（伊犁）跨境电子商务综合试验区	2022 年 11 月 14 日	第七批
165	西藏自治区	中国（拉萨）跨境电子商务综合试验区	2022 年 11 月 14 日	第七批

附录六 全国口岸一览表

（截至 2023 年 5 月 31 日）

序号	省区市	数量	水运口岸	航空口岸	铁路口岸	公路口岸
1	北京	2		北京	北京	
2	天津	3	天津、渤中	天津		
3	河北	4	秦皇岛、唐山、黄骅	石家庄		
4	山西	3		太原、大同、运城		
5	内蒙古	20		呼和浩特、海拉尔、满洲里、鄂尔多斯、包头、二连浩特	二连浩特、满洲里	珠恩嘎达布其、满洲里、二连浩特、阿尔山、阿日哈沙特、额布都格、甘其毛都、满都拉、策克、黑山头、室韦、乌力吉
6	辽宁	13	大连、营口、丹东、庄河、葫芦岛、旅顺新港、锦州、长兴岛、盘锦	沈阳、大连	丹东	丹东

续 表

序号	省区市	数量	水运口岸	航空口岸	铁路口岸	公路口岸
7	吉林	16		长春、延吉	集安、图们、珲春	珲春、集安、圈河、临江、开山屯、三合、南坪、长白、古城里、沙坨子、双目峰
8	黑龙江	27	哈尔滨、富锦、佳木斯、同江、黑河、漠河、呼玛、逊克、抚远、孙吴、萝北、嘉荫、饶河	哈尔滨、佳木斯、齐齐哈尔、牡丹江	绥芬河、哈尔滨、同江	绥芬河、东宁、密山、虎林、黑河、黑瞎子岛、黑河（索道）
9	上海	3	上海	上海	上海	
10	江苏	26	连云港、张家港、南通、南京、镇江、江阴、扬州、泰州、太仓、常州、如皋、靖江、大丰、如东、启东、盐城	南京、盐城、徐州、常州、淮安、无锡、扬泰、南通、连云港		
11	浙江	10	温州、宁波、舟山、台州、嘉兴	杭州、宁波、温州、义乌、舟山		
12	安徽	7	芜湖、铜陵、安庆、池州、马鞍山	合肥、黄山		
13	福建	11	福州、厦门、泉州、宁德、莆田、平潭	厦门、福州、泉州、武夷山		
14	江西	2	九江	南昌		

续　表

序号	省区市	数量	水运口岸	航空口岸	铁路口岸	公路口岸
15	山东	18	青岛、烟台、威海、龙口、石岛、日照、东营、蓬莱、莱州、龙眼、潍坊、董家口、滨州	青岛、济南、烟台、威海、临沂		
16	河南	3		郑州、洛阳	郑州	
17	湖北	5	武汉、黄石	武汉、宜昌、恩施		
18	湖南	3	城陵矶	长沙、张家界		
19	广东	57	广州、湛江、汕头、汕尾、九州、广海、蛇口、莲花山、赤湾、惠州、妈湾、盐田、茂名、阳江、大亚湾、珠海、潮州、万山、南沙、潮阳、虎门、新会、深圳、大铲、揭阳、湾仔、三埠、江门、肇庆、南海、斗门、鹤山、中山、容奇、高明、新塘	广州、深圳、揭阳、湛江、梅州	深圳、广州、东莞、广深港	文锦渡、拱北、沙头角、皇岗、罗湖、横琴、湾、珠澳工业区、深圳、福田、港珠澳、莲塘、青茂
20	海南	8	海口、三亚、八所、洋浦、清澜	三亚、海口、博鳌		
21	广西	18	防城港、北海、钦州、梧州、柳州、贵港	南宁、桂林、北海	凭祥	友谊关、东兴、水口、龙邦、平孟、爱店、峒中、硕龙
22	四川	1		成都		
23	重庆	3	重庆	重庆、万州		

右上角：续表

序号	省区市	数量	水运口岸	航空口岸	铁路口岸	公路口岸
24	贵州	2		贵阳、遵义		
25	云南	21	思茅、景洪、关累	昆明、西双版纳、丽江、芒市	河口、磨憨	瑞丽、磨憨、打洛、河口、天保、都龙、勐康、金水河、畹町、腾冲、孟定、田蓬
26	西藏	5		拉萨		吉隆、普兰、樟木、里孜
27	陕西	1		西安		
28	甘肃	3		兰州、敦煌		马鬃山
29	新疆	19		乌鲁木齐、喀什、伊宁	阿拉山口、霍尔果斯	红其拉甫、霍尔果斯、巴克图、伊尔克什坦、吉木乃、卡拉苏、都拉塔、吐尔尕特、塔克什肯、老爷庙、红山嘴、乌拉斯台、木扎尔特、阿黑土别克
30	宁夏	1		银川		
31	青海	1		西宁		
合计		316	130	83	21	82

附录七 我国自贸区基本情况统计

（截至 2023 年 12 月 31 日）

序号	名称	设立时间	实施范围（km²）	涵盖片区数量	涵盖片区名称	功能定位
1	中国（上海）自由贸易试验区	2013 年	240.22	8 个	上海市外高桥保税区、外高桥保税物流园区、上海浦东机场综合保税区、张江高科技片区、金桥开发片区、洋山保税港区、陆家嘴金融贸易区、临港新片区	上海市外高桥保税区：做大做强酒类、钟表、汽车、工程机械、机床、医疗器械、生物医药、健康产品、化妆品、文化产品十大专业贸易平台。其中文化贸易平台被文化部授予全国首个"国家对外文化贸易基地"。外高桥保税物流园区：依托"区区联动""进区退税""等政策功能优势，保税物流园区与外高桥保税区相辅相成，联动发展，是现代国际物流发展的重要基地。上海浦东机场综合保税区：实行保税物流区域与机场西货运区一体化运作，充分发挥亚太航空复合枢纽空港发展的先导优势，是上海临空服务产业发展的先导区。已引进包括电子产品、医疗器械、高档消费品等全球知名跨国公司空运分拨中心以及百多个融资租赁项目，逐步形成空运亚太分拨中心、融资租赁、快件转运中心、高端消费品保税展销等临空功能服务产业链。张江高科技片区：是上海贯彻落实创新型国家战略的核心基地。推动上海自贸试验区建设与张江国家自主创新示范区建设深度联动，提升张江园区经济、发展"四新"经济、科技创新等公共服务平台、科技金融、人才高地和综合环境优化等重点领域开展探索创新。

续　表

序号	名称	设立时间	实施范围（km²）	涵盖片区数量	涵盖片区名称	功能定位
1	中国（上海）自由贸易试验区	2013年	240.22	8个	上海市外高桥保税区、外高桥保税物流园区、上海浦东机场综合保税区、张江高科技片区、金桥开发片区、洋山保税港区、陆家嘴金融贸易片区、临港新片区	金桥开发片区：上海的先进制造业核心功能区、生产性服务业集聚区、战略性新兴产业先行和生态工业示范区。以创新政府管理和金融制度、打造贸易便利化营商环境，培育新兴产业为重点，提升经济发展活力和创新能力。洋山保税港区：主要发展和提供集装箱港口增值、进出口贸易、出口加工、保税物流、采购配送、航运市场等产业和服务功能。陆家嘴金融贸易区：上海国际金融中心的核心区域、上海国际航运中心的高端服务区、上海国际贸易中心的现代商贸集聚区。与总部经济等现代服务业发展相适应的制度规则相衔接的金融制度体系，探索建立与国际通行规则相衔接的金融制度安排，持续推进投资贸易便利化、贸易自由化、金融国际化和监管制度创新，加快形成更加国际化、市场化、法治化的营商环境。临港新片区：对标国际上公认的竞争力最强的自由贸易园区，在适用自由贸易试验区各项开放创新措施的基础上，实施具有较强国际市场竞争力的开放政策和制度，加大开放型经济的风险压力测试，实现新片区与境外之间的投资经营便利、货物自由进出、资金流动便利、人员自由执业、信息快捷联通。城市运行等公共服务领域，加强各类基础设施建设管理，提升高品质国际化的城市服务功能，打造开放创新、智慧生态、产城融合、宜业宜居的现代化新城。 （注：2019年7月，在实施范围120.72平方公里基础上，国务院批准增设中国（上海）自由贸易试验区临港新片区，规划范围119.5平方公里）

续表

序号	名称	设立时间	实施范围（km²）	涵盖片区数量	涵盖片区名称	功能定位
2	中国（广东）自由贸易试验区	2014年	116.2	3个	广州南沙新区片区、深圳前海蛇口片区、珠海横琴新区片区	广州南沙新区片区：重点发展航运物流、特色金融、国际商贸、高端制造等产业、建设以生产性服务业为主导的现代产业新高地和具有世界先进水平的综合服务枢纽。深圳前海蛇口片区：重点发展金融、现代物流、信息服务、科技服务等战略性新兴服务业，建设我国金融业对外开放试验示范窗口、世界服务贸易重要基地和国际性枢纽港。珠海横琴新区片区：珠海横琴新区片区重点发展旅游休闲健康、商务金融服务、文化科教和高新技术等产业，建设文化教育开放先导区和国际商务服务休闲旅游基地，打造促进澳门经济适度多元发展新载体。
3	中国（天津）自由贸易试验区	2014年	119.9	3个	天津港片区、天津机场片区、滨海新区中心商务片区	天津港片区：重点发展航运物流、国际贸易、融资租赁等现代服务业。天津机场片区：重点发展航空航天、装备制造、新一代信息技术等高端制造业和研发设计、航空物流等生产性服务业。滨海新区中心商务片区：重点发展以金融创新为主的现代服务业。
4	中国（福建）自由贸易试验区	2014年	118.04	3个	厦门片区、福州片区、平潭片区	厦门片区：重点建设两岸新兴产业和现代服务业合作示范区、东南国际航运中心、两岸区域性金融服务中心。福州片区：重点建设先进制造业基地、21世纪海上丝绸之路沿线国家和地区交流合作的重要平台、两岸服务贸易与金融创新合作示范区。平潭片区：重点建设两岸共同家园和国际旅游岛，在投资贸易和资金人员往来方面实施更加自由便利的措施。

续 表

序号	名称	设立时间	实施范围（km²）	涵盖片区数量	涵盖片区名称	功能定位
5	中国（辽宁）自由贸易试验区	2017年3月	119.89	3个	大连片区、沈阳片区、营口片区	沈阳片区：重点发展装备制造、汽车及零部件、航空装备等先进制造业和金融、科技、物流等现代服务业，提升国家新型工业化示范城市、东北地区科技创新中心发展水平，建设具有国际竞争力的先进装备制造业基地。大连片区：重点发展港航物流、金融商贸、先进装备制造、高新技术、循环经济、航运服务等产业，推动东北亚国际航运中心、国际物流中心建设进程，形成面向东北亚开放合作的战略高地。营口片区：重点发展商贸物流、跨境电商、高端装备制造等战略性新兴产业，高新技术产业基地，构建国际海铁联运大通道的重要枢纽。
6	中国（浙江）自由贸易试验区	2017年、2020年8月扩展区域	239.45	4个	舟山片区、宁波片区、杭州片区、金义片区	舟山片区：聚焦大宗商品配置基地建设，重点发展油气储运、加工、贸易、交易及海事服务等全产业链，积极发展化工新材料、能源金融、矿石中转、农产品贸易、航空、健康旅游、临港制造等产业。宁波片区：聚焦大宗商品资源配置建设，重点发展油气全产业链、大宗商品贸易、新型国际贸易、跨境电子商务、航运服务、智能制造等产业。杭州片区：聚焦数字经济，重点发展数字贸易、跨境电子商务、数字服务贸易、智能制造、总部经济、人工智能、金融科技、数字识别（安防）、临空高端服务、保税贸易等产业。金义片区：聚焦新型国际贸易，重点发展数字贸易、信息物流、高端制造、跨境电子商务、保税展贸、国际商务、贸易金融、现代物流、高端制造，推进"标准+"等市场赋能。（注：2020年8月，国务院批准浙江自贸试验区在原119.95平方公里上扩展区域。扩展区域范围119.5平方公里，涵盖宁波、杭州、金义三个片区）

续　表

序号	名称	设立时间	实施范围（km²）	涵盖片区数量	涵盖片区名称	功能定位
7	中国（河南）自由贸易试验区	2016 年	119.77	3 个	郑州片区、开封片区、洛阳片区	郑州片区：重点发展智能终端、高端装备及汽车制造、生物医药等先进制造业以及现代物流、国际商贸、跨境电商、服务外包、创意设计、商务会展、动漫游戏等现代服务业。开封片区：重点发展服务外包、医疗旅游、创意设计、文化传媒、文化金融、艺术品交易、现代物流等现代服务业，提升装备制造、农副产品加工国际合作及贸易能力。洛阳片区：重点发展装备制造、机器人、新材料等高端制造以及研发设计、电子商务、服务外包、国际文化旅游、文化创意、文化展示等现代服务业，打造国际智能制造合作示范区。
8	中国（湖北）自由贸易试验区	2017 年	119.96	3 个	武汉片区、襄阳片区、宜昌片区	武汉片区：重点发展新一代信息技术、生命健康、智能制造等战略性新兴产业和国际商贸、金融服务、现代物流、检验检测、研发设计、信息服务、专业服务等现代服务业。襄阳片区：重点发展高端装备制造、新能源汽车、大数据、云计算、商贸物流、检验检测等产业。宜昌片区：重点发展先进制造、生物医药、电子信息、新材料等高新产业及研发设计、总部经济、电子商务等现代服务业。
9	中国（重庆）自由贸易试验区	2017 年	119.98	3 个	两江片区、西永片区、果园港片区	两江片区：着力打造高端产业与高端要素集聚区，重点发展电子核心部件、云计算、生物医药等新兴产业及总部贸易、服务贸易、电子商务、展示交易、仓储分拨、专业分拨、融资租赁、研发设计等现代服务业，推进金融业开放创新，加快实施创新驱动发展战略，增强物流、技术、资本、人才等要素资源的集聚辐射能力。西永片区：着力打造加工贸易转型升级示范区，重点发展电子信息、智能装备制造业及保税物流中转分拨等生产性服务业，优化加工贸易发展模式。果园港片区：着力打造多式联运物流转运中心，重点发展国际中转、集拼分拨等服务业，探索先进制造业创新发展。

续 表

序号	名称	设立时间	实施范围（km²）	涵盖片区数量	涵盖片区名称	功能定位
10	中国（四川）自由贸易试验区	2017 年	119.99	3 个	成都青白江铁路港片区，成都天府新区片区，川南临港片区	成都青白江铁路港片区：重点发展国际商品集散转运、分拨展示、保税物流仓储、国际货代、整车进口、特色金融等口岸服务业和信息服务、科技服务、会展服务等现代服务业，打造内陆地区联通丝绸之路经济带的西向国际贸易大通道重要支点。成都天府新区片区：重点发展现代服务业、高端制造业、高新技术、临空经济、口岸服务等产业，建设国家重要的现代高端、商贸物流中心和国际性航空集聚区、创新驱动发展引领区，开放型金融产业创新高地，打造西部地区门户城市开放高地。川南临港片区：重点发展航运物流、港口贸易、教育医疗等现代服务业，以及装备制造、现代医药、食品饮料等先进制造和特色优势产业，建设成为重要区域性综合交通枢纽和成渝城市群南向开放、辐射滇黔的重要门户。
11	中国（陕西）自由贸易试验区	2017 年	119.95	3 个	中心片区，西安国际港务区片区，杨凌示范区片区	中心片区：重点发展战略性新兴产业和高新技术产业，着力发展高端制造、航空物流、贸易金融等产业，推进服务贸易促进体系建设，拓展科技、教育、文化、旅游、健康医疗等人文交流高地，打造面向"一带一路"的高端产业高地和人文交流高地。西安国际港务区片区：重点发展国际贸易、现代物流、金融服务、旅游会展、电子商务等产业，建设"一带一路"国际中转内陆港和人文交流新平台。杨凌示范区片区：以农业科技创新、示范推广为重点，通过全面扩大农业国际合作交流，打造"一带一路"现代农业国际合作中心。

续　表

序号	名称	设立时间	实施范围（km²）	涵盖片区数量	涵盖片区名称	功能定位
12	中国（海南）自由贸易试验区	2018 年	3.54 万（陆地面积）	1 个	海南岛全岛	发展旅游业、现代服务业、高新技术产业为主导，科学安排海南岛产业布局。因发展需要需设海关特殊监管区域，在海关增设海关特殊监管区域，主要开展国际投资贸易、保税物流、保税维修等业务。
13	中国（山东）自由贸易试验区	2019 年	119.98	3 个	济南片区、青岛片区、烟台片区	济南片区：重点发展人工智能、产业金融、医疗康养、文化产业、信息技术等产业，开展开放型经济新体制综合试点试验，建设全国重要的区域性经济中心、物流中心和科技创新中心。青岛片区：重点发展现代海洋、国际贸易、航运物流、现代金融、先进制造等产业，打造东北亚国际航运枢纽、东部沿海重要的创新中心、海洋经济发展示范区，助力青岛打造我国沿海重要中心城市。烟台片区：重点发展高端装备制造、新材料、新一代信息技术、节能环保、生物医药和生产性服务业，打造中韩贸易和投资合作先行区、海洋智能制造基地、国家科技成果和国际技术转移转化示范区。
14	中国（江苏）自由贸易试验区	2019 年	119.97	3 个	南京片区、苏州片区、连云港片区	南京片区：建设具有国际影响力的自主创新先导区、现代产业示范区和对外开放合作重要平台。苏州片区：建设世界一流高科技产业园区，打造全方位开放高地、国际化创新高地、高端化产业高地、现代化治理高地。连云港片区：建设亚欧重要国际交通枢纽，集聚优质要素的开放门户，"一带一路"共建国家交流合作平台。

续 表

序号	名称	设立时间	实施范围（km²）	涵盖片区数量	涵盖片区名称	功能定位
15	中国（广西）自由贸易试验区	2019 年	119.99	3 个	南宁片区、钦州港片区、崇左片区	南宁片区：重点发展现代金融服务业、智慧物流、数字经济、文化传媒等现代服务业，大力发展新兴制造产业，打造面向东盟开放门户核心区和国际陆海贸易新通道重要节点。 钦州港片区：重点发展港航物流、国际贸易、绿色化工、新能源汽车关键零部件、电子信息、生物医药等产业，打造国际陆海贸易新通道门户港和向海经济集聚区。 崇左片区：重点发展跨境贸易、跨境物流、跨境金融、跨境旅游和跨境劳务合作，打造跨境产业合作示范区，构建国际陆海贸易新通道陆路门户。
16	中国（河北）自由贸易试验区	2019 年	119.97	4 个	雄安片区、正定片区、曹妃甸片区、大兴机场片区	雄安片区：重点发展新一代信息技术、现代生命科学和生物科技、高端现代服务业等产业，建设高端高新产业开放发展引领区、数字商务发展示范区、金融创新先行区。 正定片区：重点发展临空产业、生物医药、国际物流、高端装备制造业等产业，建设航空产业开放发展集聚区、生物医药产业开放创新引领区、综合物流枢纽。 曹妃甸片区：重点发展国际大宗商品贸易、港航服务业、能源储备、高端装备制造等产业，建设东北亚经济合作引领区、临港经济创新示范区。 大兴机场片区：重点发展航空物流、航空科技、融资租赁等产业，建设国际交往中心功能承载区、国家航空科技创新引领区、京津冀协同发展示范区。

续　表

序号	名称	设立时间	实施范围（km²）	涵盖片区数量	涵盖片区名称	功能定位
17	中国（云南）自由贸易试验区	2019年8月	119.86	3个	昆明片区、红河片区、德宏片区	昆明片区：加强与空港经济区联动发展，重点发展高端制造，航空物流、数字经济，总部经济等产业，建设面向南亚东南亚的互联互通枢纽，信息物流中心和文化教育中心。红河片区：加强与红河综合保税区、蒙自经济技术开发区联动发展，重点发展加工及贸易，大健康服务，跨境旅游，跨境电商等产业，全力打造面向东盟的加工制造基地，商贸物流中心和中越经济走廊创新合作示范区。德宏片区：重点发展跨境电商，跨境产能合作，跨境金融等产业，打造沿边开放先行区，中缅经济走廊的门户枢纽。
18	中国（黑龙江）自由贸易试验区	2019年8月	119.85	3个	哈尔滨片区、黑河片区、绥芬河片区	哈尔滨片区：重点发展新一代信息技术、新材料、高端装备、生物医药等战略性新兴产业、科技、金融、文化旅游等现代服务业和寒地冰雪经济，重点建设对俄及东北亚全面合作的承载高地和联通国内、辐射欧亚的国家物流枢纽，打造全面振兴全方位振兴的增长极和示范区。黑河片区：重点发展跨境能源资源综合加工利用、绿色食品、商贸物流、旅游康养、沿边金融等产业，建设跨境产业集聚区和边境城市合作示范区，打造沿边口岸物流枢纽和中俄交流合作重要基地。绥芬河片区：重点发展木材、粮食、清洁能源等进口加工业和面向国际陆海通道的陆上物流枢纽，重点建设商品进出口储运中心和集散中心和面向国际商贸金融现代物流等服务业，打造沿边口岸型国家物流枢纽，打造中俄战略合作及东北亚开放合作的重要平台。

续　表

序号	名称	设立时间	实施范围（km²）	涵盖片区数量	涵盖片区名称	功能定位
19	中国（北京）自由贸易试验区	2020年	119.68	3个	科技创新片区、国际商务服务片区、高端产业片区	科技创新片区：重点发展新一代信息技术、生物与健康、科技服务等产业，打造数字经济试验区，全球创业投资中心，全球科技体制改革先行示范区。国际商务服务片区：重点发展数字贸易、文化贸易、商务会展、医疗健康、国际寄递物流、跨境金融等产业，打造临空经济创新引领示范区。高端产业片区：重点发展商务服务、国际金融、文化创意、生物技术和国际大健康等产业，建设科技成果转移承接载地，战略性新兴产业集聚区和国际高端功能机构集聚区。
20	中国（安徽）自由贸易试验区	2020年	119.86	3个	合肥片区、芜湖片区、蚌埠片区	合肥片区：重点发展高端制造、集成电路、人工智能、新型显示、量子信息、科技金融、跨境电商等产业，打造具有全球影响力的综合性国家科学中心和产业创新中心引领区。芜湖片区：重点发展智能网联汽车、智慧家电、航空、机器人、航运服务、跨境电商等产业，打造战略性新兴产业先导区、江海联运国际物流枢纽区。蚌埠片区：重点发展硅基新材料、生物基新材料、新能源等产业，打造世界级硅基和生物基制造业中心、皖北地区科技创新和开放发展引领区。
21	中国（湖南）自由贸易试验区	2020年	119.76	3个	长沙片区、岳阳片区、郴州片区	长沙片区：重点对接"一带一路"建设，突出临空经济，重点发展高端装备制造、新一代信息技术、生物医药、电子商务、农业科技等产业，打造全球高端装备制造业基地、内陆地区高端现代服务业中心、中非经贸深度合作先行区和中部地区崛起增长极。岳阳片区：重点对接长江经济带发展战略，突出临港经济，重点发展航运物流、电子商务、新一代信息技术等产业，打造长江中游现代服务业中心、内陆临港经济示范区。郴州片区：重点对接粤港澳大湾区建设，突出湘粤港澳直通，重点发展有色金属加工、现代物流等产业，打造内陆地区承接产业转移和加工贸易转型升级重要平台以及湘粤港澳合作示范区。

序号	名称	设立时间	实施范围（km²）	涵盖片区数量	涵盖片区名称	功能定位
22	中国（新疆）自由贸易试验区	2023 年	179. 66	3 个	乌鲁木齐片区、喀什片区、霍尔果斯片区	乌鲁木齐片区：重点发展国际贸易、现代物流、先进制造业、纺织服装业及生物医药、新能源、新材料、软件和信息技术服务等新兴产业，积极发展科技教育、金融创新、会展经济等现代服务业，打造与中亚等周边国家交流合作的重要平台。喀什片区：重点发展农副产品精深加工、纺织服装制造、电子产品组装等劳动密集型产业，大力推动进口资源落地加工，积极培育商品加工集散基地、电商等现代服务业，打造连通中亚、南亚等市场的商品加工集散基地。霍尔果斯片区：重点发展跨境物流、跨境旅游、金融服务、展览展示等现代服务业，做大做强特色医药、电子信息、新材料等产业，打造跨境经贸投资合作新样板。

附录八 进境冰鲜水产品指定监管场地名单

（截至 2023 年 12 月 31 日）

序号	关区		指定监管场地名称	邮政地址	经营单位名称	场所/场地编码	所在口岸区域
	直属海关	主管（隶属）海关					
1	北京海关	首都机场海关	首都机场海关查验中心	北京市顺义区保汇二街15号院	北京综合保税区开发管理有限公司	CNBJS01S001	首都国际机场
2	北京海关	天竺海关	北京天竺综保区指定监管场地	北京市顺义区金岸中路7号院	北京天保佳畅物流有限公司	CNBJS01S008	
3	天津海关	天津东疆海关	天津东疆港大冷链进境冰鲜水产品指定监管场地	天津东疆保税港区邯郸道601号	天津东疆港大冷链商品交易市场有限公司	CNDJG02S613	天津新港
4	天津海关	天津滨海机场海关	天津航空口岸大通关基地进境冰鲜水产品指定监管场地	天津空港物流区通澜路59号	天津航空物流发展有限公司	CNTSN02S665	天津滨海国际机场

续 表

序号	关区		指定监管场地名称	邮政地址	经营单位名称	场所/场地编码	所在口岸区域
	直属海关	主管（隶属）海关					
5	太原海关	武宿海关	太原武宿综合保税区进境冰鲜水产品指定监管场地	山西综改示范区云街19号武宿综合保税区1号路9号	太原武宿综合保税区口岸运营服务中心有限公司	CNTYU05S112	
6	呼和浩特海关	鄂尔多斯海关	鄂尔多斯航空口岸综合性指定监管场地（冰鲜水产品）	鄂尔多斯市伊金霍洛旗布尔台格乡曼赖高庙村	鄂尔多斯伊金霍洛国际机场有限公司	CNORD070135	鄂尔多斯航空口岸
7	大连海关	大连周水子机场海关	大连国际机场海关监管一级库	辽宁省大连市甘井子区迎客路路100号	大连国际机场集团有限公司	CNDLC090088	大连周水子国际机场
8	沈阳海关	沈阳桃仙机场海关	沈阳空港物流有限公司海关监管作业场所	沈阳市浑南新区桃仙镇桃仙国际机场	沈阳空港物流有限公司	CNSHE080027	沈阳桃仙国际机场
9	长春海关	珲春海关	珲春兴阳水产进境冰鲜水产品指定监管场地	吉林省延边州珲春市珲春出口加工区	珲春兴阳水产有限公司	CNHCG15S006	
10	哈尔滨海关	哈尔滨太平机场海关	哈尔滨机场货运海关监管作业场所	哈尔滨太平国际机场空港五路	黑龙江省机场管理集团有限公司货运销售分公司	CNHRB190125	哈尔滨太平国际机场

续　表

序号	关区		指定监管场地名称	邮政地址	经营单位名称	场所/场地编码	所在口岸区域
	直属海关	主管（隶属）海关					
11	哈尔滨海关	同江海关	同江丰林达海关监管仓库	同江市工业街经济开发区	同江丰林达出口贸易有限公司	CNTOJ19S083	同江（水运）
12	哈尔滨海关	绥芬河海关	绥芬河鑫东燕进境冰鲜水产品指定监管场地	绥芬河市边境经济合作区	绥芬河市鑫东燕经济贸易有限公司	CNSFH19S061	绥芬河（公路、铁路）
13	哈尔滨海关	抚远海关	抚远进境冰鲜水产品指定监管场地	抚远市正阳路241号	抚远江海港国际仓储有限公司	CNFUY19S062	抚远（水运）
14	哈尔滨海关	饶河海关	饶河新阳进境冰鲜水产品指定监管场地	黑龙江省饶河县饶河镇新阳北路2号	饶河县互贸区服务中心	CNROH19S063	饶河（水运）
15	哈尔滨海关	虎林海关	虎林吉祥进境冰鲜水产品指定监管场地	虎林吉祥口岸	虎林市商务局服务管理站	CNHUL19S064	虎林（公路）
16	上海海关	浦东国际机场海关	上海机场浦虹国际物流有限公司冷链查验点	上海市浦东机场航油路25号	上海机场浦虹国际物流有限公司	CNPVG22S050	
17	上海海关	青浦海关	上海西郊国际农产品交易有限公司查验点	上海市青浦区华新府中路1288号	上海西郊国际农产品交易有限公司	CNQGP22S050	

续　表

序号	关区		指定监管场地名称	邮政地址	经营单位名称	场所/场地编码	所在口岸区域
	直属海关	主管（隶属）海关					
18	南京海关	南京禄口机场海关	南京禄口国际机场国际货运中心	江苏省南京市南京禄口国际机场国际货运中心	东部机场集团有限公司	CNNKG230011	南京禄口国际机场
19	南京海关	徐州海关	徐州市观音国际机场有限公司	江苏省徐州市睢宁县双沟镇104国道	徐州市观音国际机场有限公司	CNFAX230004	徐州观音国际机场
20	南京海关	常州海关	常州机场物流有限公司空运货站	江苏省常州市新北区罗溪镇西村村	常州国际机场物流有限公司	CNCZX230037	常州奔牛国际机场
21	南京海关	无锡海关	江苏省无锡市苏南硕放国际机场进境冰鲜水产品指定监管场地	江苏省无锡市新区空港七路1号	无锡空港物流有限公司	CNWUX230001	无锡硕放国际机场
22	南京海关	太仓海关	太仓港进境冰鲜水产品指定监管场地	江苏省太仓市兴港路2号	太仓港口岸集中查验服务中心有限公司	CNTAC230019	太仓港
23	杭州海关	舟山海关	舟山港综合保税区进境冰鲜水产品指定监管场地	舟山港综合保税区内	舟山海洋产业发展股份有限公司	CNZOS29S064	
24	杭州海关	杭州萧山机场海关	杭州萧山国际机场航空物流有限公司监管场所	杭州萧山国际机场内	杭州萧山国际机场航空物流有限公司	CNHGH290077	杭州萧山国际机场

续 表

序号	关区		指定监管场地名称	邮政地址	经管单位名称	场所/场地编码	所在口岸区域
	直属海关	主管（隶属）海关					
25	杭州海关	温州海关	温州航空货站有限公司龙湾机场海关监管作业场所	浙江省温州市龙湾国际机场	温州航空货站有限公司	CNWNZ290311	温州市龙湾国际机场
26	杭州海关	义乌海关	浙江省义乌市进境冰鲜水产品指定监管场地	浙江省义乌市城西街道西站大道800号	义乌市陆港铁路口岸发展有限公司	CNYIU290323	
27	宁波海关	宁波机场海关	宁波栎社国际机场货运区	宁波栎社国际机场货运区	宁波机场集团有限公司	CNNGB310207	宁波栎社国际机场
28	合肥海关	合肥新桥机场海关	合肥空港进境指定监管场地	安徽省合肥市合肥新桥国际机场南工作区玉兰花路8号	合肥周合堆大兴农产品国际物流园有限责任公司	CNHFE33S003	合肥新桥国际机场
29	福州海关	福州长乐机场海关	福州国际航空港有限公司海关监管仓库	福州长乐国际机场货运站	元翔（福州）国际航空港有限公司	CNFOC350172	福州长乐国际机场
30	福州海关	平潭海关	福建省平潭口岸金井港区进口冰鲜水产品指定监管场地	福建平潭综合实验区金井湾片区	平潭综合实验区港务发展有限公司	CNPTU350145	平潭港金井港区

续　表

序号	关区		指定监管场地名称	邮政地址	经营单位名称	场所/场地编码	所在口岸区域
	直属海关	主管（隶属）海关					
31	厦门海关	泉州海关	福建港闽台农市场有限公司进境冰鲜水产品指定监管场地	福建省泉州市南安市石井镇延平大道1号	福建闽台农产品市场有限公司	CNSIJ370247	泉州港
32	厦门海关	东渡海关	厦门万翔冷链物流中心	福建省厦门市湖里区高崎北路427-429号	厦门万翔物流管理有限公司	CNXAM370252	厦门港
33	厦门海关	厦门机场海关	厦门高崎机场进境冰鲜水产品指定监管场地	福建省厦门市湖里区高崎北路427-429号	厦门万翔物流管理有限公司	CNXAM37S047	厦门高崎国际机场
34	厦门海关	邮轮港海关	厦门港东渡港区国际邮轮中心码头进境冰鲜水产品指定监管场地	厦门市湖里区东港路2号	厦门和平码头有限公司	CNXAM370251	厦门港东渡港区
35	南昌海关	南昌昌北机场海关	南昌昌北国际机场进境冰鲜水产品指定监管场地	江西省南昌市新建区昌北国际机场国际货站	江西空港航空地面服务有限公司	CNKHN400058	南昌昌北国际机场
36	青岛海关	荣成海关	荣成泰广进出口有限公司	荣成市凭海东路189号	荣成泰广进出口有限公司	CNSHD42S101	

续　表

序号	关区		指定监管场地名称	邮政地址	经营单位名称	场所/场地编码	所在口岸区域
	直属海关	主管（隶属）海关					
37	青岛海关	威海海关	威海金琳水产有限公司进境冰鲜水产品查验场	山东省威海市青岛南路391－1号	威海金琳水产有限公司	CNWEI42S101	
38	青岛海关	荣成海关	石岛集团有限公司第一冷藏厂	荣成市石岛管理区渔贸路18号	石岛集团有限公司第一冷藏厂	CNSHD420314	石岛港
39	青岛海关	烟台海关	烟台蓬莱国际机场货站仓库B区	烟台蓬莱国际机场空港一路5号机场货站	烟台国际机场集团货运销售有限公司	CNYAT420003	烟台蓬莱国际机场
40	青岛海关	烟台海关	烟台综合保区综合性指定监管场地	山东省烟台市芝罘区环海路89号出口加工区C4.5.6.7小区	烟台保税港区海华国际冷链物流有限公司	CNYAT42S403	
41	青岛海关	青岛流亭机场海关	青岛胶东国际机场进境冰鲜水产品指定监管场地	山东省青岛市胶州市胶东街道前店口村	青岛胶东国际机场集团有限公司	CNTAO420321	青岛胶东国际机场
42	济南海关	济南机场海关	山东机场有限公司监管仓库	山东省济南市历城区济南遥墙国际机场空港北路	济南国际机场股份有限公司	CNTNA430201	济南遥墙国际机场

序号	关区		指定监管场地名称	邮政地址	经营单位名称	场所/场地编码	所在口岸区域
	直属海关	主管（隶属）海关					
43	郑州海关	郑州机场海关	郑州新郑国际机场进境冰鲜水产品指定监管场地	郑州新郑国际机场	河南航空货运发展有限公司	CNCGO460006	郑州新郑国际机场
44	武汉海关	武汉天河机场海关	武汉天河机场监管作业场所	湖北省武汉市天河机场北货运区镇六路	湖北空港航空地面服务有限公司	CNWUH470061	武汉天河国际机场
45	长沙海关	长沙黄花机场海关	长沙黄花国际空港国际货运站	湖南省长沙市长沙县黄花镇机场大道长沙黄花国际机场空港国际货运站	湖南空港实业股份有限公司	CNCSX491014 CNCSX491067	长沙黄花国际机场
46	长沙海关	张家界海关	张家界荷花机场进境冰鲜水产品指定监管场地	湖南省张家界市永定区南庄坪办事处三眼桥居委会张家界荷花机场内	湖南空港实业股份有限公司张家界分公司	CNDYG491052	张家界荷花国际机场
47	广州海关	广州白云机场海关	广州白云机场新运进境冰鲜水产品指定监管场地	广州白云国际机场空港北二工作区二路物流特殊商品集中查验场	广州新运国际货运代理有限公司	CNCAN51S004	广州白云国际机场

续　表

序号	关区		指定监管场地名称	邮政地址	经营单位名称	场所/场地编码	所在口岸区域
	直属海关	主管（隶属）海关					
48	广州海关	广州白云机场海关	广州白云机场国际航空货运站	广州新白云国际机场北出口大道西空港北物流园区内	广州白云国际物流有限公司	CNCAN510136	广州白云国际机场
49	深圳海关	深圳湾海关	深圳湾口岸货运进出境海关监管现场	广东省深圳市南山区东滨路1号	市口岸办	CNSNZ53S004	深圳湾（公路）
50	深圳海关	文锦渡海关	文锦渡口岸货运进出境海关监管现场	广东省深圳市罗湖区沿河南路1188号	市口岸办	CNSNZ53S008	文锦渡（公路）
51	深圳海关	深圳宝安机场海关	深圳机场国际货站	广东省深圳市宝安区航站四路国际货站	市口岸办	CNSZX530124	深圳宝安国际机场
52	汕头海关	潮汕机场海关	揭阳潮汕机场海关监管仓库	广东省揭阳市空港经济区登岗镇揭阳潮汕机场云湖路航空货站	广东省机场管理集团公司	CNSTG601055	揭阳潮汕国际机场
53	南宁海关	东兴海关	东兴边民互市贸易区海关监管作业场	广西壮族自治区防城港市东兴市冲卜路66号	广西北投建设投资有限公司	CNDOX720060	东兴（公路）

续 表

序号	关区		指定监管场地名称	邮政地址	经营单位名称	场所/场地编码	所在口岸区域
	直属海关	主管（隶属）海关					
54	南宁海关	南宁吴圩机场海关	南宁吴圩机场新货运海关监管仓	南宁吴圩国际机场T2航站区空港北三路货运站内	广西民航产业发展有限公司	CNNNG720122	南宁吴圩国际机场
55	南宁海关	东兴海关	东兴公路口岸（北仑二桥）进境冰鲜水产品指定监管场地	广西壮族自治区防城港市东兴口岸二桥综合服务区	东兴市城市建设投资有限责任公司	CNDOX720259	东兴公路口岸（北仑河二桥）
56	重庆海关	重庆江北机场海关	重庆江北机场国际快件监管中心	重庆市渝北区机场西五路2号	重庆空港航空地面服务有限公司	CNCKG800032	重庆江北国际机场
57	重庆海关	重庆江北机场海关	重庆江北国际机场进境冰鲜水产品定监管场地	重庆市江北国际机场国际货运站机场北二路20号	重庆空港航空地面服务有限公司	CNCKG80S001	重庆江北国际机场
58	成都海关	成都双流机场海关	成都双流国际机场进口冰鲜水产品定监管场地	成都市双流区西航港街道航枢大道489号	成都双流国际机场航空地面服务有限公司	CNCDU790046	成都双流国际机场
59	成都海关	成都双流机场海关	成都天府国际机场进境冰鲜水产品定监管场地	四川省成都市东部新区天府国际机场宾朗街12号（天府国际机场货站）	四川省机场集团航空地面服务有限公司	CNCDU790047	成都天府国际机场

续 表

序号	关区		指定监管场地名称	邮政地址	经营单位名称	场所/场地编码	所在口岸区域
	直属海关	主管（隶属）海关					
60	贵阳海关	贵阳龙洞堡机场海关	贵阳龙洞堡国际机场进境冰鲜水产品指定监管场地	贵州省贵阳市南明区龙洞堡国际机场（三期）国际货运中心	贵州航空港物流产业发展有限公司	CNKWE830018	贵阳龙洞堡国际机场
61	昆明海关	畹町海关	瑞丽市畹町进口冰鲜水产品指定监管场地	瑞丽市畹町经济开发区和平街拱桥巷2号	瑞丽市畹町经济开发区海丰有限责任公司	CNWAN86S005	
62	昆明海关	河口海关	河口北山边民互市市场	云南省红河州河口县北山边民互市市场	河口滇越贸易物流有限责任公司	CNHKM860140	河口（公路）
63	昆明海关	天保海关	天保口岸边民互市市场	云南省文山州麻栗坡县天保镇天保口岸	麻栗坡农旅开发投资集团有限责任公司	CNTBO860167	天保（公路）
64	昆明海关	勐腊海关	磨憨中汇国际商贸物流中心	云南省西双版纳州勐腊县磨憨经济开发区紫薇路57号	西双版纳中劲投资有限责任公司	CNMHN868602	磨憨（公路）
65	昆明海关	勐腊海关	磨憨铁路口岸进境冰鲜水产品指定监管场地	勐腊县磨憨镇尚勇村磨憨火车站	滇南铁路有限责任公司	CNMHN860195	磨憨（铁路）

续表

序号	关区		指定监管场地名称	邮政地址	经营单位名称	场所/场地编码	所在口岸区域
	直属海关	主管（隶属）海关					
66	兰州海关	兰州中川机场海关	兰州中川国际机场监管作业场所	兰州市永登县中川镇中川机场货运国际部	甘肃省民航航空物流有限责任公司	CNHLW950021	兰州中川国际机场
67	乌鲁木齐	吉木乃海关	吉木乃县宏泰商贸海关监管场所	新疆阿勒泰地区吉木乃县边境街北十六区 16－043 号	吉木乃县宏泰商贸有限责任公司	CNJEM940168	
68	乌鲁木齐	乌鲁木齐地窝堡机场海关	新疆机场集团进出口监管仓库	乌鲁木齐迎宾路 46 号	新疆机场（集团）有限责任公司	CNURC940036	乌鲁木齐地窝堡国际机场
69	乌鲁木齐	阿拉山口海关	阿拉山口进境冰鲜水产品指定监管场地	新疆维吾尔自治区博尔塔拉蒙古自治州阿拉山口综合保税区综三路 11 号	阿拉山口综合保税区金港开发有限责任公司	CNAKI04S015	阿拉山口（公路、铁路）
70	乌鲁木齐	喀什海关	喀什航空口岸综合性指定监管场地（冰鲜水产品）	喀什综合保税区 E－03 地块	喀什综保国际物流供应链有限公司	CNKHG94S005	喀什航空口岸

（资料来源：海关总署）

附录九 进境粮食指定监管场地名单

（截至 2023 年 12 月 31 日）

序号	关区		指定监管场地名称	邮政地址	经营单位名称	类型	进口品种	场所（场地）海关编码	所在口岸区域
	直属海关	主管（隶属）海关							
1	天津海关	天津临港海关	天津临港佳悦粮油进境粮食指定监管场地	天津市滨海新区临港经济区渤海三十七路5号	天津临港佳悦粮油码头有限公司	A		CNDGN02S619	天津新港
2	天津海关	天津新港海关	天津港第一港埠有限公司进境粮食指定监管场地	天津市滨海新区塘沽新港二号路2750号	天津港第一港埠有限公司	A		CNTXG020051	天津新港
3	天津海关	天津临港海关	天津临港港务集团进境粮食指定监管场地	天津市滨海新区临港经济区浑河道529号	天津临港港务集团有限公司	A		CNDGN02S620	天津新港
4	天津海关	天津新港海关	天津港第四港埠公司进境粮食指定监管场地	天津市滨海新区塘沽新港二号路2750号	天津港第四港埠有限公司	A		CNTXG020448	天津新港

续表

序号	关区		指定监管场地名称	邮政地址	经营单位名称	类型	进口品种	场所（场地）海关编码	所在口岸区域
	直属海关	主管（隶属）海关							
5	天津海关	天津新港海关	新港北疆进境粮食指定监管场地	天津市滨海新区塘沽新港二号路2750号	天津港第四港埠有限公司	A		CNTXG020448	天津新港
6	天津海关	天津新港海关	天津港进境粮食指定监管场地	天津市塘沽区东海路6199号	天津港国际物流发展有限公司	B	高粱、玉米、芝麻、木薯干、大豆、小麦、大麦、杂粮等	CNTXG020444	天津新港
7	石家庄海关	京唐港海关	京唐港杂货码头进境粮食指定监管场地	唐山市海港开发区9号路	唐山港集团股份有限公司	A		CNTGS040165	唐山港京唐港区
8	石家庄海关	秦皇岛海关	秦皇岛港杂货码头进境粮食指定监管场地	秦皇岛市海港区滨海路35号	秦皇岛港股份有限公司	A		CNSHP040121	秦皇岛港
9	石家庄海关	黄骅港海关	黄骅港冀海码头进境粮食指定监管场地	沧州市渤海新区黄骅港综合港区一港池西岸线南端	河北冀海港务有限公司	A		CNHUH040175	黄骅港
10	石家庄海关	曹妃甸海关	曹妃甸港区进境粮食指定监管场地	曹妃甸综合保税区保税道与宁海路西南侧	曹妃甸保税进出口集团有限公司	B	大豆、玉米、大麦、小麦、杂粮	CNCFD04S006	唐山港曹妃甸港区

序号	关区		指定监管场地名称	邮政地址	经营单位名称	类型	进口品种	场所（场地）海关编码	所在口岸区域
	直属海关	主管（隶属）海关							
11	石家庄海关	京唐港海关	唐山港京唐港区集装箱进境粮食指定监管场地	河北省唐山市唐山港京唐港区 21# － 22 #泊位	津唐国际集装箱码头有限公司	B	木薯干、大豆、玉米、大麦、小麦、杂粮（含高粱、燕麦、豌豆、绿豆、红小豆等）	CNJTG040176	唐山港京唐港区
12	呼和浩特海关	二连海关	二连浩特进境粮食指定监管场地	二连浩特市友谊路北 2051 号	二连浩特市金古源粮油有限公司	C		CNERC070036	二连浩特（公路）
13	满洲里海关	满洲里车站海关	满洲里铁路口岸进境粮食指定监管场地	内蒙古自治区满洲里市外环路满洲里站铁路货场东区装卸一车间	哈铁局满洲里车站	C		CNMLX06S008	满洲里（铁路）
14	满洲里海关	满洲里车站海关	满洲里铁路口岸内蒙古伊泰生态农业有限公司进境粮食指定监管场地	内蒙古呼伦贝尔市满洲里市国际物流产业园区	内蒙古伊泰生态农业有限公司	C	小麦、玉米、水稻、大豆、油菜籽、亚麻籽、荞麦、燕麦等	CNMLX06S040	满洲里（铁路）
15	大连海关	北良港海关	大连北良港码头进境粮食指定监管场地	辽宁省大连市开发区海青区柳柴沟（北良港区）	中国华粮物流集团北良有限公司	A		CNDYW090108	大连港北良港区

续　表

序号	关区		指定监管场地名称	邮政地址	经管单位名称	类型	进口品种	场所（场地）海关编码	所在口岸区域
	直属海关	主管（隶属）海关							
16	大连海关	大窑湾海关	大连港散粮码头进境粮食指定监管场地	辽宁省大连市开发区大窑湾港区大港洋路1号	辽宁港口股份有限公司	A		CNDYW09085	大连港大窑湾港区
17	大连海关	大窑湾海关	大连港集装箱码头进境粮食指定监管场地	辽宁省大连市保税区保税港区港六路32-1号	大港集装箱发展有限公司	B		CNDYW09084	大连港大窑湾港区
18	大连海关	大东港海关	丹东港粮食码头进境粮食指定监管场地	辽宁省丹东市观海路189-8号	丹东港集团有限公司	A		CNDDG09S004	丹东港大东港区
19	大连海关	鲅鱼圈海关	营口港中储码头进境粮食指定监管场地	辽宁省营口辽东湾新区荣兴港纬四路	中储粮营口储运有限责任公司	A		CNBYQ09S002	营口港鲅鱼圈港区
20	大连海关	鲅鱼圈海关	营口港粮食公司码头进境粮食指定监管场地	辽宁省营口市鲅鱼圈三号门内	营口港粮食分公司	A		CNBYQ09S003	营口港鲅鱼圈港区
21	大连海关	盘锦海关	盘锦港进境粮食指定监管场地	辽宁省盘锦辽东湾新区盘锦港区	中储粮（盘锦）物流有限公司	A	大豆、玉米、高粱、大麦、小麦、油菜籽	CNPAJ09S001	盘锦港

续 表

序号	关区 直属海关	主管（隶属）海关	指定监管场地名称	邮政地址	经管单位名称	类型	进口品种	场所（场地）海关编码	所在口岸区域
22	沈阳海关	锦州海关	锦州港粮食码头进境粮食指定监管场地	锦州经济技术开发区锦港大街一段1号	锦州港股份有限公司	A		CNJNZ080023	
23	长春海关	珲春海关	圈河口岸进境粮食指定监管场地	吉林省延边州珲春市珲春国际合作示范区通关服务中心货场	珲春国际合作示范区通关服务中心	C		CNHCG150041	圈河（公路）
24	长春海关	珲春海关	珲春口岸进境粮食指定监管场地	吉林省延边州珲春市珲春国际合作示范区通关服务中心货场	珲春国际合作示范区通关服务中心	C		CNHCG150041	珲春（公路、铁路）
25	长春海关	延吉海关	古城里口岸进境粮食指定监管场地	吉林省延边州和龙市崇善镇古城里海关	和龙市龙运口岸服务有限公司	C		CNGCL150028	古城里（公路）
26	哈尔滨海关	绥芬河海关	绥芬河铁路口岸进境粮食指定监管场地	绥芬河市站前路36号	哈尔滨铁路局绥芬河站	C		CNSFH19S054	绥芬河（铁路）
27	哈尔滨海关	绥芬河海关	绥芬河公路口岸进境粮食指定监管场地	绥芬河市乌苏里大街254号	绥芬河市口岸办	C		CNSFH19S055	绥芬河（公路）

续表

关区								
序号	直属海关	主管（隶属）海关	指定监管场地名称	邮政地址	经营单位名称	类型	进口品种	场所（场地）海关编码	所在口岸区域
28	哈尔滨海关	黑河海关	黑河口岸进境粮食指定监管场地	黑河市海兰街 1 号	黑河鸿运港航有限公司	C		CNHEK19052	黑河（水运）
29	哈尔滨海关	东宁海关	东宁口岸进境粮食指定监管场地	黑龙江省牡丹江市东宁市三岔口镇	东宁长城仓储有限责任公司	C		CNDON19044	东宁（公路）
30	哈尔滨海关	密山海关	密山口岸进境粮食指定监管场地	密山市永固路 339 号	密山市大华经济贸易有限公司	C	农业"走出去"返销粮	CNMIS19117	密山（公路）
31	哈尔滨海关	同江海关	同江口岸进境粮食指定监管场地	佳木斯同江市横江口	同江港务局	C		CNTOJ19039	同江（水运）
32	哈尔滨海关	抚远海关	抚远口岸进境粮食指定监管场地	抚远市正阳路 241 号	抚远江海港国际仓储有限公司	C		CNFUY19056	抚远（水运）
33	哈尔滨海关	萝北海关	萝北口岸进境粮食指定监管场地	萝北县名山镇	萝北县兴萝物流有限公司	C		CNLBB19057	萝北（水运）
34	哈尔滨海关	虎林海关	虎林口岸进境粮食指定监管场地	虎林吉祥口岸	虎林市商务局服务管理站	C		CNHUL19058	虎林（公路）
35	哈尔滨海关	逊克海关	逊克口岸进境粮食指定监管场地	逊克县奇克镇荣街 135 号	逊克县港务局	C		CNXUK19059	逊克（水运）
36	上海海关	浦东海关	外高桥良友码头进境粮食指定监管场地	上海浦东新区东靖路 5755 号	上海良友（集团）有限公司	A		CNSGH220328	外高桥港良友码头

续 表

序号	关区		指定监管场地名称	邮政地址	经营单位名称	类型	进口品种	场所（场地）海关编码	所在口岸区域
	直属海关	主管（隶属）海关							
37	上海海关	青浦海关	洋山港西郊国际进境粮食指定监管场地	上海市青浦区华新府中路1288号	上海西郊国际农产品交易有限公司	B		CNQGP22S050	
38	上海海关	洋山海关	洋山港深水港进境粮食指定监管场地	芦潮港镇顺通路8号	上海深水港国际物流有限公司	B		CNYSA22S053	洋山港
39	上海海关	外高桥港区海关	外高桥依飞进境粮食指定监管场地	浦东新区杨高北一路16号	上海外高桥依飞集装箱储运有限公司	B		CNWIG22S050	
40	上海海关	外高桥港区海关	上港冷链进境粮食指定监管场地	上海浦东新区港建路1565号	上港集团冷链物流有限公司	B	木薯干、大豆、玉米、小麦、杂粮	CNWIG220540	上海港港外高桥港区
41	南京海关	新生圩海关	南京港（集团）有限公司新生圩港务分公司进境粮食指定监管场地	江苏省南京市栖霞区新港大道1号	南京港（集团）有限公司新生圩港务分公司	A		CNNJG231922	南京港
42	南京海关	新生圩海关	南京港龙潭集装箱码头进境粮食指定监管场地	江苏省南京市栖霞区龙潭大道9号	南京港龙潭集装箱装卸有限公司	B		CNNJG231010	南京港

续 表

序号	关区		指定监管场地名称	邮政地址	经管单位名称	类型	进口品种	场所（场地）海关编码	所在口岸区域
	直属海关	主管（隶属）海关							
43	南京海关	张家港海关	张家港港东海进境粮食指定监管场地	江苏省苏州市张家港市金港镇南京路1号	中粮东海粮油工业（张家港）有限公司	A		CNZJG230033	张家港港
44	南京海关	张家港海关	张家港港江海进境粮食指定监管场地	江苏省苏州市张家港市金港镇宝岛路1号	江海粮油（张家港）产业有限公司	A		CNZJG230030	张家港港
45	南京海关	镇江海关	镇江港中储进境粮食指定监管场地	江苏省镇江市谏壁镇粮山村	中央储备粮镇江直属库有限公司	A		CNZHE230019	镇江港
46	南京海关	镇江海关	镇江港务码头进境粮食指定监管场地	江苏省镇江新区大港临江路4号	镇江港务集团大港分公司	A		CNZHE230012	镇江港
47	南京海关	镇江海关	镇江港润华进境粮食指定监管场地	江苏省扬中市西来桥镇幸福北路2号	江苏润华物流有限公司	A		CNZHE230008	镇江港
48	南京海关	盐城海关	大丰港北港一号码头进境粮食指定监管场地	江苏省盐城市大丰港中央大道12号港务公司大楼	大丰海港港口有限责任公司	A		CNDFG230522	大丰港
49	南京海关	泰州海关	泰州港永安进境粮食指定监管场地	江苏省泰州市高港区永安洲镇育才路1号	泰州永安港务有限公司	A		CNTZU230015	泰州港

续 表

序号	关区		指定监管场地名称	邮政地址	经营单位名称	类型	进口品种	场所（场地）海关编码	所在口岸区域
	直属海关	主管（隶属）海关							
50	南京海关	泰州海关	泰州港过船进境粮食指定监管场地	江苏省泰兴市经济开发区疏港路2号	泰州市过船港务有限公司	A		CNTZU230012	泰州港
51	南京海关	泰州海关	泰州港永安二期进境粮食指定监管场地	江苏省泰州市高港区永安洲镇育才路1号	泰州永安港务有限公司	A		CNTZU230015	泰州港
52	南京海关	靖江海关	靖江港龙威进境粮食指定监管场地	江苏省靖江经济开发区新港园区安宁村岳兴怀埭160号	靖江龙威粮油港务有限公司	A		CNTSI230007	靖江港
53	南京海关	连云港海关	连云港港东泰进境粮食指定监管场地	江苏省连云港市连云区大港路99号	江苏连云港港口股份有限公司	A		CNLYG230034	连云港港
54	南京海关	连云港海关	连云港港新东润进境粮食指定监管场地	江苏省连云港市连云区庙岭港区	连云港港东粮码头有限公司	A		CNLYG232305	连云港港
55	南京海关	连云港海关	连云港港新海湾进境粮食指定监管场地	江苏省连云港市赣榆区柘汪镇响石村	连云港新海湾码头有限公司	A	木薯干	CNLYG232303	连云港港
56	南京海关	连云港海关	连云港港新东方货柜进境粮食指定监管场地	江苏省连云港市连云区庙岭港区	连云港新东方国际货柜码头有限公司	B		CNLYG230022	连云港港

续 表

序号	关区		指定监管场地名称	邮政地址	经营单位名称	类型	进口品种	场所（场地）海关编码	所在口岸区域
	直属海关	主管（隶属）海关							
57	南京海关	连云港海关	连云港新东方集装箱进境粮食指定监管场地	江苏省连云港市连云区庙岭港区	连云港新东方集装箱码头有限公司	B		CNLYG230026	连云港港
58	南京海关	连云港海关	连云港新圩港进境粮食指定监管场地	江苏省连云港市中山东路 99 号	江苏连云港港口股份有限公司	A	木薯干	CNLYG230668	连云港港
59	南京海关	连云港海关	连云港东联进境粮食指定监管场地	江苏省连云港市徐圩新区海堤 1 号	连云港新圩港码头有限公司	A	木薯干	CNLYG230035	连云港港
60	南京海关	江阴海关	江阴港中粮进境粮食指定监管场地	江苏省江阴市萧山路 1 号	中粮麦芽（江阴）有限公司	A		CNJIA230016	江阴港
61	南京海关	江阴海关	江阴港苏南进境粮食指定监管场地	江苏省江阴市滨江西路 2 号	江阴苏南国际集装箱码头有限公司	B		CNJIA230017	江阴港
62	南京海关	南通海关	南通港华粮进境粮食指定监管场地	江苏省南通市崇川区任港路 62 号	中国华粮物流集团南通粮油接运有限责任公司	A		CNNTG230040	南通港
63	南京海关	南通海关	南通港嘉达进境粮食指定监管场地	江苏省南通市开发区通富南路 2 号	嘉达港务南通有限公司	A		CNNTG230024	南通港

续　表

序号	关区 直属海关	关区 主管(隶属)海关	指定监管场地名称	邮政地址	经营单位名称	类型	进口品种	场所(场地)海关编码	所在口岸区域
64	南京海关	南通海关	南通港一德进境粮食指定监管场地	江苏省南通市经济技术开发区海堡路111号(通常汽渡西侧)	南通一德物流有限公司	A		CNNTG230008	南通港
65	南京海关	太仓海关	太仓港现代进境粮食指定监管场地	江苏省太仓市浮桥镇通港东路1号	苏州现代货箱码头有限公司	B		CNTAC230013	太仓港
66	南京海关	常州海关	常州港录安进境粮食指定监管场地	江苏省常州市新北区春江镇录安洲港区大道18号	常州录安洲长江码头有限公司	A		CNCZX230035	常州港
67	南京海关	如皋海关	如皋进境粮食指定监管场地	江苏省如皋市长江镇环岛西路	如皋苏中国际集装箱码头有限公司	B	大豆、大麦、小麦、高粱、玉米等粮食饲料	CNRUG230041	如皋港
68	南京海关	南通海关	南通港通海港区通海港口公司进境粮食指定监管场地	江苏省南通港通海港区南通海港口有限公司一期码头	南通港海口有限公司	B	木薯干、大豆、玉米、小麦、大麦、杂粮	CNNTG230001	南通港
69	杭州海关	舟山海关	舟山港老塘山进境粮食指定监管场地	浙江省舟山市定海区双桥街道临港二路7号老塘山三期	宁波舟山港舟山港务有限公司	A		CNZOS290280	舟山港
70	宁波海关	大榭海关	宁波港金光进境粮食指定监管场地	宁波经济技术开发区黄河北路1号	宁波金光粮油码头有限公司	A		CNNBO310107	宁波港

续　表

| 序号 | 关区 | | 指定监管场地名称 | 邮政地址 | 经营单位名称 | 类型 | 进口品种 | 场所（场地）海关编码 | 所在口岸区域 |
	直属海关	主管（隶属）海关							
71	宁波海关	大榭海关	宁波港大亚进境粮食指定监管场地	宁波市北仑区北极星路 2 号	宁波大亚中创国际物流有限公司	B		CNNBO310205	宁波港
72	合肥海关	芜湖海关	芜湖港朱家桥进境粮食指定监管场地	安徽省芜湖市鸠江区武夷山路 1 号集装箱码头	芜湖港务有限责任公司	B		CNWHI330105	芜湖港
73	合肥海关	安庆海关	安庆港进境粮食指定监管场地	安徽省安庆市广济圩路 11 号	安庆港有限公司	B		CNAQG330108	安庆港
74	福州海关	榕城海关	福州港松下进境粮食指定监管场地	福建省福州市长乐区松下镇牛头湾	福州松下码头有限公司	A		CNFQX350043	福州港牛头湾港区
75	福州海关	莆田海关	莆田港秀屿进境粮食指定监管场地	福建省莆田市秀屿区东庄镇莆头村	莆田秀屿港口有限公司	A		CNPUT350026	莆田港秀屿港区
76	福州海关	榕城海关	福州港江阴港区进境粮食指定监管场地	福建省福清市江阴镇新江路 1 号	福州新港国际集装箱码头有限公司	A、B	油菜籽、木薯干、大豆、小麦、玉米、杂粮（含荞麦、高粱、燕麦、豌豆、绿豆、红小豆等）	CNFZH350042	福州港江阴港区

续 表

序号	关区		指定监管场地名称	邮政地址	经营单位名称	类型	进口品种	场所（场地）海关编码	所在口岸区域
	直属海关	主管（隶属）海关							
77	厦门海关	泉州海关	泉州港肖厝进境粮食指定监管场地	福建省泉州市泉港区南埔镇沙格村福建肖厝港物流有限责任公司	福建肖厝港物流有限责任公司	A		CNXCU370196	泉州港
78	厦门海关	海沧海关	厦门海隆进境粮食指定监管场地	福建省厦门市海沧区沧江路98号	厦门海隆码头有限公司	A		CNXAM370158	厦门港
79	厦门海关	东渡海关	厦门港海天进境粮食指定监管场地	福建省厦门市自贸区厦门片区象屿路8号	厦门集装箱码头集团有限公司	B		CNXAM370226	厦门港
80	厦门海关	海沧海关	厦门海沧进境粮食指定监管场地	福建省厦门市海沧区角嵩路1698号	厦门海投物流有限公司	B		CNXAM370250	厦门港
81	厦门海关	漳州海关	漳州招银港综合码头进境粮食指定监管场地	福建省漳州招商局经济技术开发区成功大道黄山路25号	漳州招商局码头有限公司	A		CNZZU370230	厦门港
82	厦门海关	漳州海关	漳州招银港区7-9号泊位进境粮食指定监管场地	福建省漳州招商局经济技术开发区成功大道黄山路26号	漳州招商局码头有限公司	A		CNZZU370116	漳州港

续 表

序号	关区		指定监管场地名称	邮政地址	经管单位名称	类型	进口品种	场所（场地）海关编码	所在口岸区域
	直属海关	主管（隶属）海关							
83	南昌海关	九江海关	九江港进境粮食指定监管场地	九江市城西港区港城大道 68 号滨港路 1 号	上港集团九江港务有限公司	B		CNJIU400052	九江港
84	青岛海关	青岛大港海关	青岛港大港进境粮食指定监管场地	青岛市北区港青路	青岛港国际股份有限公司大港分公司	A		CNQGD420132	青岛港
85	青岛海关	黄岛海关	青岛前湾港进境粮食指定监管场地	青岛经济技术开发区前湾港内	青岛前湾港集装箱码头有限责任公司	B		CNQGD42S301	青岛港
86	青岛海关	黄岛海关	青岛港国际进境粮食指定监管场地	青岛黄岛区前湾港经三路 3 号	青岛港国际股份有限公司物流分公司	B		CNQGD42S302	青岛港
87	青岛海关	董家口港海关	董家口码头进境粮食指定监管场地	青岛市黄岛区泊里镇董家口港区港润大道 88 号	青岛港国际股份有限公司董家口分公司	A		CNQIN420305	董家口港
88	青岛海关	烟台海关	烟台港 41、42 号泊位进境粮食指定监管场地	山东省烟台市芝罘区烟台港三突堤南路 41、42 泊位	烟台港股份有限公司	A		CNYAT420297	烟台港

续 表

序号	关区		指定监管场地名称	邮政地址	经营单位名称	类型	进口品种	场所（场地）海关编码	所在口岸区域
	直属海关	主管（隶属）海关							
89	青岛海关	日照海关	日照港裕廊码头进境粮食指定监管场地	山东省日照市海滨五路南首	日照港裕廊股份有限公司	A		CNRZH420073	日照港
90	青岛海关	日照海关	日照港集发进境粮食指定监管场地	山东省日照市东港区上海路海滨五路东001幢（日照港生产调度楼）	日照港集装箱发展有限公司	B		CNRZH420073	日照港
91	青岛海关	日照海关	日照港岚山进境粮食指定监管场地	日照市岚山区圣岚路1号	日照港集团岚山港务有限公司	A		CNLSN420065	日照港
92	青岛海关	龙口海关	龙口港进境粮食指定监管场地	龙口市环海中路1899号	龙口港集团有限公司	A	木薯干、大豆、玉米、杂粮	CNLKU420306	龙口港
93	济南海关	潍坊海关	潍坊综合保税区进境粮食指定监管场地	潍坊滨海经济开发区辽河西七街00237号	潍坊保税物流有限公司	B	玉米、小麦	CNWEF43S021	
94	济南海关	潍坊海关	潍坊港进境粮食指定监管场地	山东省潍坊市滨海经济技术开发区沿海公路港公路与沿海公路一期十字路口东2000米路南	山东省港口集团潍坊港有限公司	A	玉米	CNWEF431010	潍坊港

序号	关区		指定监管场地名称	邮政地址	经营单位名称	类型	进口品种	场所（场地）海关编码	所在口岸区域
	直属海关	主管（隶属）海关							
95	郑州海关	郑州车站海关	郑州铁路东站进境粮食指定监管场地	河南省郑州市经济技术开发区经北四路156号	郑州良运粮食口岸发展有限公司	D	大豆、绿豆、小麦、芝麻、亚麻籽、其他杂粮	CNCGZ460047	郑州（铁路）
96	武汉海关	武汉新港海关	武汉阳逻港进境粮食指定监管场地	湖北省武汉市新洲区阳逻经济开发区平江西路特8号	武汉国际集装箱有限公司	B		CNWHG470003	武汉港
97	武汉海关	武汉新港海关	武汉阳逻新港进境粮食指定监管场地	湖北省武汉市新洲区阳逻经济开发区平江西路特9号	武汉港集装箱有限公司	B		CNWHG470034	
98	武汉海关	黄石海关	黄石港口岸棋盘洲港区进境粮食指定监管场地	湖北省黄石市黄石新港（物流）工业园区管委会新港大道特1号	黄石新港港口股份有限公司	B	大豆、玉米、高粱、小麦、大麦	CNHSI470056	黄石港
99	长沙海关	岳阳海关	岳阳城陵矶新港进境粮食指定监管场地	湖南省岳阳市临港新区城陵矶新港	岳阳城陵矶新港有限公司	B		CNYYA491016	岳阳城陵矶新港

续　表

序号	关区		指定监管场地名称	邮政地址	经营单位名称	类型	进口品种	场所（场地）海关编码	所在口岸区域
	直属海关	主管（隶属）海关							
100	广州海关	南沙海关	南沙粮食通用码头进境粮食指定监管场地	广州市南沙区万顷沙龙穴岛南沙粮食通用码头	广州港股份有限公司南沙粮食通用码头分公司	A		CNGZG510200	广州港南沙港区南沙粮食及通用码头
101	广州海关	南沙海关	南沙港二期码头进境粮食指定监管场地	广州市南沙区万顷沙镇龙穴岛龙穴大道	广州南沙港集装箱码头有限公司	B		CNGGZ510121	广州港南沙港区南沙港二期码头
102	广州海关	肇庆海关	肇庆三榕港码头进境粮食指定监管场地	肇庆市端州八路西三榕峡口东	肇庆港务有限公司	B		CNGGZ510084	肇庆三榕港码头
103	广州海关	番禺海关	番禺莲花山货运港进境粮食指定监管场地	番禺区石楼镇港前路5号	广州市番禺莲花山番港货运有限公司	B		CNPNY510150	广州港莲花山港区莲花山港货运码头
104	广州海关	佛山海关驻三水办事处	佛山三水港码头进境粮食指定监管场地	佛山市三水区西南街道进港大道1号	佛山三水中外运货运港口有限公司	B	小麦、大豆、玉米、大麦、其他杂粮	CNSJQ510082	佛山三水港码头

续　表

序号	关区		指定监管场地名称	邮政地址	经营单位名称	类型	进口品种	场所（场地）海关编码	所在口岸区域
	直属海关	主管（隶属）海关							
105	深圳海关	蛇口海关	蛇口招商港务码头进境粮食指定监管场地	广东省深圳市南山区蛇口港湾三路 3 号	招商局港口集团股份有限公司	A		CNSHK530111	蛇口港
106	深圳海关	蛇口海关	蛇口集装箱码头进境粮食指定监管场地	广东省深圳市南山区西港路 4 号	招商局港口集团股份有限公司	B		CNSHK530196	蛇口港
107	深圳海关	蛇口海关	深圳赤湾码头进境粮食指定监管场地	广东省深圳市南山区右炮台路 7 号赤湾六号车	招商局港口集团股份有限公司	A		CNCWN530071	赤湾港
108	深圳海关	蛇口海关	赤湾集装箱码头进境粮食指定监管场地	广东省深圳市南山区右炮台路 7 号（赤湾集箱码头）	招商局港口集团股份有限公司	B		CNSHK530197	赤湾港
109	深圳海关	大鹏海关	盐田港码头进境粮食指定监管场地	广东省深圳市盐田区进港一路盐田国际集装箱码头	盐田国际集装箱码头有限公司	B		CNYTN530200	盐田港
110	拱北海关	中山港海关	中山港中外运进境粮食指定监管场地	中山市火炬开发区沿江东一路 17 号	中山中外运仓码有限公司	B		CNZSN570112	中山港

续表

序号	关区		指定监管场地名称	邮政地址	经营单位名称	类型	进口品种	场所（场地）海关编码	所在口岸区域
	直属海关	主管（隶属）海关							
111	汕头海关	广澳海关	汕头广澳码头进境粮食指定监管场地	广东省汕头市濠江区南端广澳港内	广东汕头招商局港口集团有限公司	A、B	大米、玉米、燕麦及其他粮食等	CNSTYG601040	汕头港
112	黄埔海关	新沙海关	广州港新沙港区进境粮食指定监管场地	东莞市麻涌镇新沙港区	广州港新沙港务有限公司	A		CNGZG520615	广州港新沙港区
113	黄埔海关	黄埔新港海关	广州新港港务公司进境粮食指定监管场地	广州市经济技术开发区宝石路1号	广州港股份有限公司新港港务分公司	A		CNGZG521820	广州港黄埔港区
114	黄埔海关	黄埔老港海关	广州黄埔港务公司进境粮食指定监管场地	广州市黄埔区港前路400号	广州港股份有限公司黄埔港务分公司	A、B		CNGZG520613	广州港黄埔港区
115	黄埔海关	黄埔新港海关	黄埔集司码头进境粮食指定监管场地	广州经济技术开发区黄埔新港路1号	广州集装箱码头有限公司	B		CNGGZ521813	广州港黄埔港区
116	黄埔海关	黄埔新港海关	黄埔东江仓码头进境粮食指定监管场地	广州经济技术开发区东江大道66、68号	广东中外运东江仓码头有限公司	B		CNGGZ521818	广州港黄埔港区

续　表

序号	关区		指定监管场地名称	邮政地址	经管单位名称	类型	进口品种	场所（场地）海关编码	所在口岸区域
	直属海关	主管（隶属）海关							
117	黄埔海关	黄埔新港海关	黄埔东江口码头进境粮食指定监管场地	广州经济技术开发区东江大道188号	广州港东江口码头有限公司	B		CNGGZ51819	广州港黄埔港区
118	黄埔海关	黄埔老港海关	黄埔外运仓码头进境粮食指定监管场地	广州市黄埔区港前路713号	广东中外运黄埔仓码有限公司	B		CNGGZ51804	广州港黄埔港区
119	黄埔海关	黄埔老港海关	黄埔广裕码头进境粮食指定监管场地	广州市黄埔区庙沙围	广州广裕仓码有限公司	B		CNGGZ51835	广州港黄埔港区
120	黄埔海关	新沙海关	虎门港深赤湾进境粮食指定监管场地	东莞市虎门港麻涌港区2#－5#泊位	东莞深赤湾港务有限公司	A		CNHMN521810	虎门港麻涌作业区
121	黄埔海关	沙田海关	虎门港宏业进境粮食指定监管场地	东莞市虎门镇沙角管理区河仔村	东莞市虎门货柜码头有限公司	B		CNHMN520611	虎门港沙角作业区
122	黄埔海关	沙田海关	虎门港海腾进境粮食指定监管场地	东莞市沙田镇福禄沙村	东莞海腾港务有限公司	A	木薯干	CNSTI521829	虎门港沙田作业区
123	江门海关	新会海关	新会港江门天马码头进境粮食指定监管场地	广东省江门市新会区今古洲江裕路天马港区	广东新会港国际货运码头有限公司	A、B	木薯干	CNXIN680007	新会港

续 表

序号	关区		指定监管场地名称	邮政地址	经管单位名称	类型	进口品种	场所（场地）海关编码	所在口岸区域
	直属海关	主管（隶属）海关							
124	江门海关	阳江海关	阳江良港码头进境粮食指定监管场地	广东省阳江市江城区平冈镇大槐村委会第四地段之五	阳江良港码头有限公司	A		CNYJI68018	阳江港
125	湛江海关	霞山海关	湛江港霞山港区进境粮食指定监管场地	广东省湛江市霞山区友谊路1号	湛江港（集团）股份有限公司	A		CNZNG670116	湛江港
126	湛江海关	霞山海关	湛江港宝满集装箱进境粮食指定监管场地	湛江市霞山区宝港大道3号	湛江港国际集装箱码头有限公司	B		CNZNG670119	湛江港
127	湛江海关	茂名海关	茂名港博贺新港区广港码头进境粮食指定监管场地	茂名市滨海新区电城镇茂名港大道南侧	茂名广港码头有限公司	A	油菜籽、大豆、玉米、小麦、大麦	CNDBX670127	茂名港
128	南宁海关	防城海关	广西防城港码头进境粮食指定监管场地	广西壮族自治区防城港市港口区东港大道1号	北部湾港防城港码头有限公司	A		CNFAN720139	防城港
129	南宁海关	钦州港海关	广西钦州港中粮码头进境粮食指定监管场地	广西钦州市钦州港建港路39号	中粮油脂（钦州）有限公司	A		CNQZH720134	钦州港

续　表

序号	关区		指定监管场地名称	邮政地址	经营单位名称	类型	进口品种	场所（场地）海关编码	所在口岸区域
	直属海关	主管（隶属）海关							
130	南宁海关	钦州港海关	广西钦州港勒沟作业区进境粮食指定监管场地	广西钦州市钦州港勒沟西大街 11 号库场队	北部湾港钦州码头有限公司	A		CNQZH720045	钦州港
131	南宁海关	钦州港海关	广西钦州港大榄平码头进境粮食指定监管场地	广西钦州市钦州保税港区港务集团大楼北部湾港钦州码头有限公司综合部	北部湾港钦州码头有限公司	A		CNQZH72S030	钦州港
132	南宁海关	北海海关	北海港铁山港码头进境粮食指定监管场地	广西壮族自治区北海市铁山港区金港大道 1 号	北部湾港股份有限公司	A		CNSTB720126	北海港
133	南宁海关	梧州海关	梧州港李家庄码头进境粮食指定监管场地	广西梧州市西江四路李家庄 10 号	广西梧州中外运仓码有限公司	B		CNWUZ720042	梧州港（内河）
134	南宁海关	水口海关	广西水口口岸进境粮食指定监管场地	广西龙州县龙州镇康平街 028 号	龙州县口岸办公室	C		CNSKO720149	水口（公路）
135	南宁海关	贵港海关	贵港罗泊湾作业区进境粮食指定监管场地	广西壮族自治区贵港市南平路 33 号	广西贵港北港国际集装箱码头有限公司	B	小麦、高粱、玉米、大麦、燕麦、大豆、豌豆、木薯干	CNUG720150	贵港（内河）

续 表

序号	关区		指定监管场地名称	邮政地址	经营单位名称	类型	进口品种	场所（场地）海关编码	所在口岸区域
	直属海关	主管（隶属）海关							
136	南宁海关	东兴海关	东兴公路口岸（北仑二桥）进境粮食指定监管场地	东兴友谊大道二桥货场	东兴市城市建设投资有限责任公司	C	木薯干、大豆、玉米、小麦、大麦、杂粮（含高粱、荞麦、燕麦、豌豆、绿豆、红小豆等）	CNDOX720259	东兴（公路）
137	海口海关	洋浦经济开发区海关	海南洋浦港进境粮食指定监管场地	海南省洋浦经济开发区苦浦路9号	国投裕廊洋浦港有限公司	A、B		CNYPG64S007	洋浦港
138	重庆海关	重庆港海关	重庆港果园港区进境粮食指定监管场地	重庆市江北区福港大道41号	重庆果园港国际物流枢纽建设发展有限公司	B	木薯干、大豆、玉米、小麦、大麦、杂粮（含高粱、荞麦、燕麦、豌豆、绿豆、红小豆等）	CNCHQ800043	重庆港果园港区
139	成都海关	泸州海关	泸州港进境粮食指定监管场地	四川省泸州市龙马潭区高坝工业园区集装箱码头	泸州港务有限责任公司	B		CNCDU790030	
140	成都海关	宜宾海关	宜宾港进境粮食指定监管场地	四川省宜宾市翠屏区沙坪街道宜宾港大道1号	四川宜宾港（集团）有限公司	B		CNCDU790040	

续 表

序号	关区 直属海关	关区 主管（隶属）海关	指定监管场地名称	邮政地址	经营单位名称	类型	进口品种	场所（场地）海关编码	所在口岸区域
141	成都海关	青白江海关	成都铁路场站进境粮食指定监管场地	四川省成都市青白江区香岛大道1509号	成都国际陆港运营有限公司	D	小麦、大麦、玉米、绿豆、高粱、大豆及其他粮食杂粮	CNCTU790045	
142	昆明海关	瑞丽海关	瑞丽口岸联检中心进境粮食指定监管场地	云南省德宏州瑞丽市姐告联检中心	瑞丽市宝玉物业管理有限公司	C		CNRUI860145	瑞丽（公路）
143	昆明海关	瑞丽海关	瑞丽利民边民市区进境粮食指定监管场地	云南省德宏州瑞丽市勐卯镇弄莫二社	利民集团瑞丽市利民边民市市交易有限公司	C		CNRUI860151	瑞丽（公路）
144	昆明海关	畹町海关	畹町边民互市区进境粮食指定监管场地	云南省德宏州瑞丽市畹町镇经济开发区民主街51号	瑞丽市远达储运物流有限公司	C		CNWAN86S008	
145	昆明海关	天保海关	天保口岸进境粮食指定监管场地	云南省文山州麻栗坡县天保镇天保口岸查验货场	麻栗坡县天保农场有限责任公司	C	木薯干	CNTB0860142	天保（公路）

续 表

序号	关区		指定监管场地名称	邮政地址	经营单位名称	类型	进口品种	场所（场地）海关编码	所在口岸区域
	直属海关	主管（隶属）海关							
146	昆明海关	勐腊海关	磨憨口岸锦亿进境粮食指定监管场地	云南省西双版纳州磨憨经济开发区磨木村旁	磨憨锦亿进出口贸易有限责任公司	C		CNMHN86S005	
147	昆明海关	孟定海关	孟定口岸南大进境粮食指定监管场地	云南省临沧市耿马县孟定镇南大货场	临沧南大进出口有限责任公司	C		CNMDN86O183	孟定清水河
148	昆明海关	河口海关	河口口岸北山货场进境粮食指定监管场地	云南省红河州河口县河口北山山国际货场	河口滇越货场物流有限责任公司	C		CNHKM86O139	河口（公路）
149	昆明海关	腾冲海关	腾冲猴桥进境粮食指定监管场地	云南省保山市腾冲市猴桥镇下街查验货场	腾冲市贸兴进出口贸易有限公司	C		CNTCH86O124	腾冲猴桥（公路）
150	昆明海关	勐腊海关	磨憨铁路口岸进境粮食指定监管场地	勐腊县磨憨镇尚勇村磨憨火车站	滇南铁路有限责任公司	D	木薯干、玉米、杂粮（含高粱、荞麦、燕麦、豌豆、绿豆、红小豆等）	CNMHN86O195	磨憨（铁路）
151	西安海关	西安车站海关	西安铁路口岸进境粮食指定监管场地	西安综保区口岸作业区	西安国际陆港保税物流投资建设有限公司	C		CNSIA900024	

续 表

序号	关区		指定监管场地名称	邮政地址	经营单位名称	类型	进口品种	场所（场地）海关编码	所在口岸区域
	直属海关	主管（隶属）海关							
152	兰州海关	金城海关	兰州铁路中川北站进境粮食指定监管场地	甘肃省兰州新区中川镇中川北站物流园	兰州新区商贸物流投资集团有限公司	D	小麦、大麦、玉米、杂粮、亚麻籽、葵花籽、大豆、杂豆	CNLAZ950019	
153	乌鲁木齐海关	阿拉山口海关	阿拉山口铁路 3 号线进境粮食指定监管场地	阿拉山口铁路换装区 3 号线换装场地	中国铁路乌鲁木齐局集团有限公司阿拉山口站	C		CNAKI04S010	阿拉山口（公路、铁路）
154	乌鲁木齐海关	阿拉山口海关	阿拉山口铁路 5 号线进境粮食指定监管场地	阿拉山口铁路换装区 5 号线换装场地	中国铁路乌鲁木齐局集团有限公司阿拉山口站	C		CNAKI04S011	阿拉山口（公路、铁路）
155	乌鲁木齐海关	阿拉山口海关	阿拉山口铁路 6 号线进境粮食指定监管场地	阿拉山口铁路换装区 6 号线换装场地	中国铁路乌鲁木齐局集团有限公司阿拉山口站	C		CNAKI04S012	阿拉山口（公路、铁路）
156	乌鲁木齐海关	阿拉山口海关	阿拉山口地平线进境粮食指定监管场地	阿拉山口综合保税区粮食进口专用换装线	阿拉山口地平线石油天然气股份有限公司	C		CNAKI04S013	阿拉山口（公路、铁路）

续 表

序号	关区		指定监管场地名称	邮政地址	经营单位名称	类型	进口品种	场所（场地）海关编码	所在口岸区域
	直属海关	主管（隶属）海关							
157	乌鲁木齐海关	塔城海关	巴克图口岸进境粮食指定监管场地	新疆塔城地区塔城市文化南路 997 号	塔城储绿粮油集团面粉加工有限公司中心粮库	C		CNBKT05S005	
158	乌鲁木齐海关	霍尔果斯海关	霍尔果斯铁路换 3 线进境粮食指定监管场地	新疆伊犁州霍尔果斯六十二团六连霍尔果斯火车站	中国铁路乌鲁木齐局集团有限公司霍尔果斯站	C		CNHRS02S008	霍尔果斯（公路、铁路）
159	乌鲁木齐海关	霍尔果斯海关	霍尔果斯铁路口岸进境粮食指定监管场地	新疆伊犁州霍尔果斯六十二团六连霍尔果斯火车站	中国铁路乌鲁木齐局集团有限公司霍尔果斯站	C		CNHRS02S009	霍尔果斯（公路、铁路）

备注：A：水运散装；B：水运集装箱；C：边境陆运；D：铁路集装箱
（资料来源：海关总署）

附录十 进境肉类指定监管场地名单

（截至 2023 年 12 月 31 日）

序号	关区		指定监管场地名称	邮政地址	经营单位名称	场所/场地编码	所在口岸区域
	直属海关	主管（隶属）海关					
1	北京海关	首都机场海关	首都机场海关查验中心	北京市顺义区保税二街 15 号院	北京京竺综合保税区开发管理有限公司	CNBJS01S001	首都国际机场
2	北京海关	平谷海关	北京平谷国际陆港进口肉类指定查验场	北京市平谷区马坊镇陆港路一号院	北京冷链在线电子商务有限公司	CNBJS01S006	
3	北京海关	天竺海关	北京天竺综合保税区指定监管场地	北京市顺义区金岸中路 7 号院	北京天保佳畅物流有限公司	CNBJS01S008	
4	天津海关	天津新港海关	泰达行（天津）冷链物流有限公司	天津港集装箱物流中心吉运五道 181 号	泰达行（天津）冷链物流有限公司	CNTXG02S605	天津新港
5	天津海关	天津新港海关	天津港强集团有限公司	天津港保税区海滨九路 187 号	天津港强集团有限公司	CNTXG02S608	天津新港

续 表

序号	关区		指定监管场地名称	邮政地址	经营单位名称	场所/场地编码	所在口岸区域
	直属海关	主管（隶属）海关					
6	天津海关	北塘海关	中农批（天津）国际冻品交易市场有限公司	天津市滨海新区经济区望海中心渔港南道 200 号	中农批（天津）国际冻品交易市场有限公司	CNTGG02S616	
7	天津海关	北塘海关	天津金三国际物流有限公司	天津市滨海新区经济区悦海中心渔港北道 198 号	天津金三国际物流有限公司	CNTGG02S617	
8	天津海关	静海海关	天津海吉星农产品物流有限公司	天津市静海区国际贸易物流园徐良路 1 号	天津海吉星农产品物流有限公司	CNTXG02S611	
9	天津海关	天津东疆海关	天津东疆港大冷链商品交易市场有限公司	天津东疆保税港区邯郸道 601 号	天津东疆港大冷链商品交易市场有限公司	CNDJG02S613	天津新港
10	天津海关	天津东疆海关	天津港首农食品进出口贸易有限公司	天津自贸区（东疆保税港区）陕西道 1069 号	天津港首农食品进出口贸易有限公司	CNDJG02S614	天津新港
11	天津海关	天津新港海关	天津港国际物流发展有限公司进境肉类指定监管场地	天津市滨海新区塘沽跃进路 1299 号	天津港国际物流发展有限公司	CNTXG02S62	天津新港

续　表

序号	关区		指定监管场地名称	邮政地址	经营单位名称	场所/场地编码	所在口岸区域
	直属海关	主管（隶属）海关					
12	天津海关	天津东疆海关	华锐全日物流股份有限公司进口肉类指定监管场地	天津自贸试验区（东疆保税港区）重庆道966号	华锐全日物流股份有限公司	CNDJG02S661	天津新港
13	天津海关	天津滨海机场海关	天津空港口岸大通关基地进境肉类指定监管场地	天津空港物流加工区西澜路59号	天津航空物流发展有限公司	CNTSN02S665	天津滨海国际机场
14	石家庄海关	曹妃甸海关	曹妃甸综保区肉类指定口岸查验检疫场地	曹妃甸综合保税区冷链物流监管中心	唐山曹妃甸综保投资有限公司	CNCFD04S003	唐山港曹妃甸港区
15	石家庄海关	正定海关	辛集进境肉类指定监管场地	河北省辛集市妍园路与古城大街交叉口南行100米路西	辛集市豪威物流管理有限公司	CNSJZ04S004	
16	太原海关	大同海关	大同进口肉类指定监管场地	山西省大同市开发区国际陆港	大同国际陆港港务有限公司	CNDAT05S303	
17	呼和浩特海关	二连海关	二连浩特进口肉类指定监管场地	二连浩特市中央大道西乌拉街北	二连浩特市汇通国际物流有限责任公司	CNERC070037	二连浩特（公路）
18	呼和浩特海关	包头海关	满都拉进口肉类指定监管场地	包头市达茂联合旗满都拉镇额尔登敖包嘎查乌根达来浩特乌苏	达茂旗松布尔物业服务有限责任公司	CNMDL07S016	满都拉

续 表

序号	关区		指定监管地名称	邮政地址	经营单位名称	场所/场地编码	所在口岸区域
	直属海关	主管(隶属)海关					
19	呼和浩特海关	额济纳海关	策克进口肉类指定监管场地	阿拉善盟策克口岸经济开发区巴彦茶尔街	额济纳旗蒙元综合服务有限公司	CNCEK07S017	策克
20	大连海关	大窑湾海关	大连毅都冷链一期进口肉类指定监管场地	辽宁省大连保税区物流园区A025	大连港毅都冷链有限公司	CNDYW09S002	大连港大窑湾港区
21	大连海关	大窑湾海关	金山冷库	辽宁省大连经济技术开发区大孤山西路51号	大连经济技术开发区金山水产有限公司	CNDYW09062	大连港大窑湾港区
22	大连海关	大窑湾海关	恒浦(大连)国际物流有限公司	辽宁省大连市保税物流园区IVB-2-2	恒浦(大连)国际物流有限公司	CNDYW09S003	大连港大窑湾港区
23	大连海关	大窑湾海关	大连獐子岛中央冷藏物流有限公司	辽宁省大连市保税物流园区振港路3-1号	大连獐子岛中央冷藏物流有限公司	CNDYW09S005	大连港大窑湾港区
24	大连海关	大窑湾海关	大连港毅都冷链有限公司二期	辽宁省大连市保税园区物流港六路12号	大连港毅都冷链有限公司	CNDYW090083	大连港大窑湾港区
25	大连海关	鲅鱼圈海关	营口港盖州物流有限公司冷鲜库查验场地	辽宁省盖州市西海工业园区	营口港盖州物流有限公司	CNBYQ090064	营口港鲅鱼圈港区

续　表

序号	关区		指定监管场地名称	邮政地址	经营单位名称	场所/场地编码	所在口岸区域
	直属海关	主管(隶属)海关					
26	沈阳海关	辽中海关	沈阳桃仙机场冷链查验中心进口肉类指定监管场地	沈阳市浑南新区浑南东路300号	毅都(沈阳)冷链物流发展有限公司	CNSHY08047	
27	长春海关	兴隆海关	长春兴隆综合保税区进口肉类监管场地	吉林省长春市机场大路7299号长春兴隆综合保税区	长春兴隆通供应链管理有限公司	CNCGC15S005	
28	哈尔滨海关	齐齐哈尔海关	齐齐哈尔进口肉类指定监管场地	黑龙江省齐齐哈尔市昂昂溪区三间房国际贸易物流产业区	齐齐哈尔诚鹤畜产有限公司	CNNDG19S066	
29	哈尔滨海关	冰城海关	哈尔滨综合保税区进境肉类指定监管场地	哈尔滨市香坊区华茂大道9号	哈尔滨综合保税集团有限公司	CNHRB19S146	哈尔滨铁路口岸
30	哈尔滨海关	绥芬河海关	绥芬河昂全进出口贸易有限公司进境肉类指定监管场地	绥芬河市301国道北绥芬河综合保税区内	绥芬河市昂全进出口贸易有限公司	CNSFH19S147	
31	上海海关	洋山海关	上海洋山保税港区物流服务有限公司冷链查验场点	洋山保税港区顺运路389号	上海洋山保税区物流服务有限公司	CNYSA22S054	洋山港

续　表

| 序号 | 关区 | | 指定监管场地名称 | 邮政地址 | 经营单位名称 | 场所/场地编码 | 所在口岸区域 |
	直属海关	主管（隶属）海关					
32	上海海关	外高桥港区海关	中外运普菲斯物流（上海）有限公司冷链查验点	上海市浦东新区明港路 99 号	中外运普菲斯物流（上海）有限公司	CNWIG22S051	
33	上海海关	外高桥港区海关	上港集团外高桥冷链物流中心	上海市浦东新区港建路 1565 号	上港集团冷链物流有限公司	CNWIG220540	外高桥港
34	上海海关	崇明海关	上海长兴润稼农产品批发市场冷链查验点	上海市崇明区长兴岛兴坤路 188 号	上海长兴润稼农产品批发市场	CNCGM22S050	
35	上海海关	浦东国际机场海关	上海机场浦虹国际物流有限公司冷链查验点	浦东新区航油路 25 号	上海机场浦虹国际物流有限公司	CNPVG22S050	
36	上海海关	青浦海关	上海西郊国际农产品交易有限公司查验点	上海市青浦区府中路 1288 号	上海西郊国际农产品交易有限公司	CNQGP22S050	
37	上海海关	青浦海关	上海青浦综合保税区名联进境肉类指定监管场地	上海市青浦区北青公路 8228 号二区 22 号	上海名联供应链管理有限公司	CNQGP22S052	
38	南京海关	金陵海关	万纬冷链物流有限公司	江苏省南京市南京经济技术开发区疏港路 1 号龙潭物流基地金港路 1 号	南京万纬冷链物流有限公司	CNNJG23S022	

续 表

序号	关区		指定监管场地名称	邮政地址	经营单位名称	场所/场地编码	所在口岸区域
	直属海关	主管（隶属）海关					
39	南京海关	连云港海关	连云港外贸冷库有限责任公司进口肉类指定监管场地	江苏省连云港市连云区中山路482号	连云港外贸冷库有限责任公司	CNLYG23S012	
40	南京海关	连云港海关	江苏天缘物流集团有限公司进口肉类指定监管场地	江苏省连云港开发区十一小区（庐山路西、珠江路北侧）	江苏天缘物流集团有限公司	CNLYG230031	
41	南京海关	镇江海关	镇江港国际集装箱码头进境肉类指定监管场地	江苏省镇江市新区大港临江西路	镇江港国际集装箱码头有限公司	CNZHE230028	镇江港
42	南京海关	金港海关	张家港保税港区港务有限公司	江苏省张家港市张家港保税港物流园区（西区）南京路55号	张家港保税港区港务有限公司	CNZJG23S009	
43	南京海关	太仓海关	太仓华商冷藏物流有限公司冷库进境肉类指定监管场地	江苏省太仓市太仓港港口开发区达港路12号	太仓华商冷藏物流有限公司	CNTAC23S005	
44	南京海关	徐州海关	徐州淮海国际陆港内河港双楼港作业片区进境肉类指定监管场地	江苏省徐州双楼港物流园区临港大道1号	宏康物流发展有限公司	CNXZH232301	

续　表

序号	关区		指定监管场地名称	邮政地址	经营单位名称	场所/场地编码	所在口岸区域
	直属海关	主管（隶属）海关					
45	南京海关	南通海关	江苏海安保税物流中心（B型）进境肉类指定监管场地	江苏省海安市城东镇铁联路9号	江苏省海安商贸物流集团有限公司	CNNTG23S001	
46	南京海关	盐城海关	盐城港大丰港区进境肉类指定监管场地	江苏省盐城市大丰区大丰港经济开发区上海港路169号	江苏大丰港保税物流中心管理有限公司	CNDFG23S527	盐城港大丰港区
47	南京海关	江阴海关	江阴苏南国际集装箱码头进境肉类指定监管场地	江阴市苏港路8号苏南国际集装箱码头有限公司	江阴市保税物流中心有限公司	CNJIA23O017	江阴港
48	杭州海关	温州海关	温州状元岙港区进口肉类指定监管场地	浙江省温州市洞头区温州状元岙码头	温州港集团有限公司	CNWZO29O343	温州港
49	杭州海关	舟山海关	舟山港综合保税区进口肉类指定监管场地	舟山港综合保税区内	舟山海洋产业发展股份有限公司	CNZOS29S061	
50	杭州海关	义乌海关	义乌铁路口岸进口肉类指定查验场	义乌市西站大道800号	义乌市陆港铁路口岸发展有限公司	CNYIU29O323	

续　表

序号	关区		指定监管场地名称	邮政地址	经营单位名称	场所/场地编码	所在口岸区域
	直属海关	主管（隶属）海关					
51	杭州海关	金华海关	金义综合保税区进境肉类指定监管场地	浙江省金华市孝顺镇金义综合保税区北侧金义综合保税区进口肉类指定查验场	金华市金义综合保税区建设发展有限公司	CNJHA29S001	
52	杭州海关	钱江海关	杭州进口肉类指定监管场地	浙江省杭州市综合保税区 17 号大街与18 号大街交叉口	杭州综合保税区冷链管理有限公司	CNHAZ29S013	
53	宁波海关	北仑海关	宁波兴港进口肉类指定监管场地	宁波北仑第二通道199 号	宁波兴港冷链物流有限公司	CNNB0310203	宁波港
54	宁波海关	北仑海关	宁波万纬进口肉类指定监管场地	宁波市北仑区霞浦街道万泉河路 89 号	宁波万纬冷链物流有限公司	CNNB031S023	宁波港
55	宁波海关	宁波保税区海关	中外运物流（宁波）进口肉类指定监管场地	宁波保税区南区九龙山路 1 号	中外运物流宁波有限公司	CNNB031S024	宁波港
56	宁波海关	梅山海关	浙江蓝雪食品进口肉类指定监管场地	宁波梅山保税港港通路121 号	浙江蓝雪食品有限公司	CNNB031S021	宁波港
57	合肥海关	马鞍山海关	马鞍山郑蒲港进口肉类指定监管场地	安徽省马鞍山市郑蒲港综合保税区综保三路 74 号	马鞍山瑞泰保税物流有限公司	CNMAA33S001	马鞍山港

续 表

序号	关区		指定监管场地名称	邮政地址	经营单位名称	场所/场地编码	所在口岸区域
	直属海关	主管（隶属）海关					
58	合肥海关	芜湖海关	芜湖港进口肉类指定监管场地	安徽省芜湖市鸠江区长江路鸠港二路	安徽江海通供应链管理有限公司	CNWHI33S004	芜湖港
59	合肥海关	合肥新桥机场海关	合肥新桥国际机场进境肉类指定监管场地	安徽省合肥市经济技术开发区北区玉兰路路8号	合肥海恒国际物流有限公司	CNHFI33S007	
60	福州海关	榕城海关	福建省福州港口岸江阴港区福州新港国际集装箱码头进境肉类指定监管场地	福建省福清市江阴镇新江路	福州新港国际集箱码头有限公司	CNFZH35004Z	福州港江阴港区
61	福州海关	榕城海关	福建丰大集团有限公司进境肉类指定监管场地	福建省福州市福清市城头镇元洪国际食品产业园滨海大道1号	福建丰大集团有限公司	CNFQX350230	
62	厦门海关	东渡海关	厦门万翔物流管理有限公司	福建省厦门市湖里区高崎北路427-429号	厦门万翔物流管理有限公司	CNXAM370252	
63	厦门海关	海沧海关	中盛冷链存查一体库	福建省厦门市中国（福建）自由贸易试验区厦门片区（海沧保税港区）石澳路26号	厦门中远海运冷链物流有限公司	CNXAM370236	厦门港

续　表

序号	关区		指定监管场地名称	邮政地址	经营单位名称	场所/场地编码	所在口岸区域
	直属海关	主管（隶属）海关					
64	厦门海关	海沧海关	厦门万纬海投冷链存查一体库	福建省厦门市中国（福建）自由贸易试验区厦门片区（海沧保税港区）柯井路18号	厦门万纬海投冷链物流有限公司	CNXAM370238	
65	厦门海关	泉州海关	福建闽台农产品市场有限公司	福建省泉州市南安市石井镇延平大道1号	福建闽台农产品市场有限公司	CNSIJ370247	
66	南昌海关	九江海关	九江进口肉类指定监管场地	江西省九江市浔阳区城东工业基地1号地（滨江东路99号）	九江市新雪域置业有限公司	CNJIU40S503	
67	南昌海关	赣州海关	赣州进口肉类指定监管场地	江西省赣州市南康区龙岭镇	赣州市南康区口岸发展有限责任公司	CNGZH402012	赣州港
68	青岛海关	黄岛海关	青岛联合华通贸易有限公司	青岛保税港区澶大华路2号	青岛联合华通贸易有限公司	CNQGD42S101	
69	青岛海关	黄岛海关	青岛师帅冷链物流股份有限公司	青岛市黄岛区红石崖街道小股社区西	青岛师帅冷链物流股份有限公司	CNQGD42S102	

续 表

序号	关区		指定监管场地名称	邮政地址	经营单位名称	场所/场地编码	所在口岸区域
	直属海关	主管（隶属）海关					
70	青岛海关	黄岛海关	青岛港怡之航冷链物流有限公司	青岛市黄岛区前湾港纬三路	青岛港怡之航冷链物流有限公司	CNQGD42S103	
71	青岛海关	胶州海关	青岛天驰仓储有限公司（进口肉查验场查验平台）	青岛胶州市李哥庄镇魏家屯村	青岛天驰仓储有限公司	CNJZH42S101	
72	青岛海关	胶州海关	青岛冠宇生态农业有限公司（进口肉查验场查验平台）	山东省青岛市胶州市里岔镇赵家庄村	青岛冠宇生态农业有限公司	CNJZH42S102	
73	青岛海关	烟台海关	烟台龙大食品有限公司（进口肉一体化查验平台）	莱阳市龙旺庄街道办事处纪格庄村	烟台龙大食品有限公司	CNYAT42S102	
74	青岛海关	威海海关	威海金琳水产有限公司进境肉类查验场	山东省威海市青岛南路391－1号	威海金琳水产有限公司	CNWEI42S101	
75	青岛海关	荣成海关	石岛港口岸新作业区	荣成市石岛管理区海港路19号	石岛新港港务股份有限公司	CNSHD420314	石岛港
76	青岛海关	荣成海关	荣成泰广进出口有限公司	荣成市凭海东路189号	荣成泰广进出口有限公司	CNSHD42S101	

续 表

序号	关区		指定监管场地名称	邮政地址	经营单位名称	场所/场地编码	所在口岸区域
	直属海关	主管（隶属）海关					
77	青岛海关	日照海关	山东日照石臼港进口肉类指定监管场地	山东省日照市东港区西城街道两城工业园金银一路北侧	山东海派冷链物流有限公司	CNRZH42S101	
78	青岛海关	黄岛海关	青岛鲁海丰食品集团物流有限公司	山东省青岛市经济技术开发区通河路532号	青岛鲁海丰食品集团物流有限公司	CNQGD42S104	
79	青岛海关	黄岛海关	青岛保税港区国际冷链物流交易中心有限公司	山东省青岛市保税港区物流园区前湾港路68号2号冷库（A）	青岛保税港区国际冷链物流交易中心有限公司	CNQGD42S105	
80	青岛海关	董家口港海关	青岛鲁海丰董家口进口肉类指定监管场地	青岛市黄岛区琅琊镇窝湾村前中心路1号	青岛鲁海丰冷链物流有限公司	CNQGD42S106	
81	青岛海关	临沂海关	临沂综合保税区进境肉类指定监管场地	山东省临沂市河东区临工路100号临沂综合保税区内沂河二路1号	临沂城美国际物流有限公司	CNLYI42S101	
82	青岛海关	烟台海关	烟台综合保税区综合性指定监管场地	山东省烟台市芝罘区环海路89号出口加工区CA.5.6.7小区	烟台保税港区海华国际冷链物流有限公司	CNYAT42S403	

续　表

序号	关区		指定监管场地名称	邮政地址	经营单位名称	场所/场地编码	所在口岸区域
	直属海关	主管（隶属）海关					
83	青岛海关	即墨海关	青岛东方鼎信进境肉类指定监管场地	山东省青岛市即墨区大信镇福信路98号	青岛东方鼎信实业有限公司	CNJMO42SS01	
84	青岛海关	青岛胶东机场海关	青岛胶东国际机场进境肉类指定监管场地	山东省青岛市胶州市胶东街道前店口村	青岛国际机场集团有限公司	CNTAO42O321	青岛胶东国际机场
85	济南海关	泉城海关	济南维尔康进口肉类指定监管场地	山东省济南市历城区工业北路303号	济南维尔康实业集团有限公司	CNTNA43S003	
86	济南海关	潍坊海关	潍坊综合保税区进口肉类指定监管场地	山东省潍坊市奎文区潍坊综合保税区高五路2号	山东中沃优达物流有限公司	CNWEF43S017	
87	济南海关	滨州海关	阳信进境肉类指定监管场地	山东省滨州市阳信县工业三路以南与内环东路以西交会处	山东金诺国际冷链物流产业园有限公司	CABIN43S001	
88	郑州海关	新郑海关	河南省郑州市航空港区进境肉类指定监管场地	郑州航空港经济综合实验区龙中北四路	郑州新郑综合保税区仁宏投资管理有限公司	CNZGZ46S001	

续表

序号	关区		指定监管场地名称	邮政地址	经营单位名称	场所/场地编码	所在口岸区域
	直属海关	主管（隶属）海关					
89	郑州海关	漯河海关	河南漯河进口肉类指定监管场地	漯河市衡山路与赣江路交叉口	河南双汇投资发展股份有限公司	CNZGZ46S241	
90	郑州海关	焦作海关	河南省焦作市孟州进口肉类指定监管场地	河南省焦作市孟州市常付路139号	河南德众保税物流中心有限公司	CNZGZ46S003	
91	武汉海关	武汉新港海关	武汉阳逻港进口肉类指定监管场地	湖北省武汉市阳逻经济开发区平江西路266号	武汉新港阳逻港保税园区开发管理有限公司	CNWHG47S001	
92	武汉海关	武昌海关	武汉东湖综保区进口肉类指定监管场地	湖北省武汉东湖新技术开发区光谷三路777号	武汉金宇综合保税发展有限公司	CNNHN47S006	
93	武汉海关	武汉天河机场海关	武汉天河国际机场进境肉类指定监管场地	湖北省武汉天河机场北货运区货运三道	湖北机场集团航空物流有限公司	CNWUH470061	武汉天河国际机场
94	长沙海关	岳阳海关	湖南岳阳城陵矶进口肉类指定监管场地	湖南省岳阳市临港新区城陵矶新港	岳阳海仑国际物流发展有限公司	CNYYA491016	岳阳城陵矶

续 表

序号	关区		指定监管场地名称	邮政地址	经营单位名称	场所/场地编码	所在口岸区域
	直属海关	主管（隶属）海关					
95	长沙海关	星沙海关	湖南红星进口肉类查验场	湖南省长沙市望城区丁字湾街道兴城社区金云村	湖南红星北盛冷冻食品有限公司	CNCSH49S304	
96	长沙海关	郴州海关	郴州进口肉类查验场	郴州市国庆南路延伸段91号	郴州市义捷现代物流有限公司	CNCNZ49S305	
97	广州海关	南沙海关	南沙港中可诚进口肉类指定监管场地	广州市南沙区万顷沙镇龙穴岛龙穴大道	广州中可诚贸易有限公司	CNGGZ510121	广州港南沙港区南沙港二期码头
98	广州海关	南沙海关	南沙合捷进口肉类指定监管场地	广州市南沙区龙穴岛龙穴大道	广东合捷国际供应链有限公司	CNNSA51S002	
99	广州海关	番禺海关	番禺新昌进口肉类指定监管场地	番禺区小罗新村南街1号	广州市番禺区新昌冷库	CNPNY51S002	
100	广州海关	广州白云机场海关	广州白云机场新运进境肉类指定监管场地	广州白云国际机场空港北工作区空港北二路特殊商品集中查验场	广州新运国际货运代理有限公司	CNCAN51S004	广州白云国际机场
101	广州海关	南沙海关	南沙港海新冷链查验中心进口肉类指定监管场地	广州市南沙区龙穴岛龙穴大道中125号	广州海新冷冻仓储有限公司	CNNSA510223	

续表

序号	关区		指定监管场地名称	邮政地址	经营单位名称	场所/场地编码	所在口岸区域
	直属海关	主管（隶属）海关					
102	广州海关	南沙海关	普福南沙新垦物流园进口肉类指定监管场地	广州市南沙区万顷沙镇粤海大道九涌段出口加工区	广东云鹰冷链食品有限公司	CNNSA51S004	
103	广州海关	南沙海关	广州南沙国际冷链进境肉类指定监管场地	广东省广州市南沙区龙穴街龙穴大道南 41 号	广州南沙国际冷链有限公司	CNNSA510013	广州港南沙港区
104	深圳海关	蛇口海关	招商局国际冷链（深圳）有限公司华南冷库	广东省深圳市南山区港湾大道南康路 3 号	招商局国际冷链（深圳）有限公司	CNSNZ53S024	
105	深圳海关	蛇口海关	招商局国际冷链（深圳）有限公司前海保税港区冷库	广东省深圳市南山区临海大道 53 号前海湾保税港区	招商局国际冷链（深圳）有限公司	CNSNZ53S031	
106	深圳海关	大鹏海关	深圳市保惠物流有限公司保惠冷库	广东省深圳市盐田区盐田路 3 号	深圳市保惠物流有限公司	CNSNZ53S025	
107	深圳海关	大鹏海关	深圳市瑞源冷链服务有限公司瑞源冷库	广东省深圳市盐田区东海道 439 号/439 号东门	深圳市瑞源冷链服务有限公司	CNSNZ53S026	
108	深圳海关	大鹏海关	深圳盐田港进境肉类指定监管场地	广东省深圳市盐田区深盐路 1020 号	盐田国际集装箱码头有限公司	CNSNZ53S037	盐田港

续 表

序号	关区 直属海关	关区 主管(隶属)海关	指定监管场地名称	邮政地址	经营单位名称	场所/场地编码	所在口岸区域
109	深圳海关	深圳宝安机场海关	深圳宝安国际机场进境肉类指定监管场地	深圳市宝安区福永街道航站四路2039号深圳宝安国际机场国际货站	深圳机场国际货站有限公司	CNSZX530124	深圳宝安国际机场
110	拱北海关	湾仔海关	湾仔口岸进口肉类监管场地	珠海市南屏镇洪湾西域码头	珠海保税区高盛冷链物流有限公司	CNZUH570105	西域码头(原二类口岸装卸点)
111	汕头海关	饶平海关	潮州港三百门码头进口肉类指定监管场地	广东省潮州市饶平县海山镇三百门港	潮州港三百门港务有限公司	CNSBM601015	潮州港
112	黄埔海关	沙田海关	东莞(国际)货柜码头	东莞市沙田镇港口大道益水路路国际码头	东莞(国际)货柜码头有限公司	CNHMN521816	虎门港沙田作业区
113	黄埔海关	黄埔新港海关	广州鼎丰水产品食品开发有限公司	广州市经济技术开发区明珠路19号	广州鼎丰水产品食品开发有限公司	CNGGZS2S021	广州港黄埔港区
114	湛江海关	霞海海关	湛江虹宝进口肉类指定监管场地	湛江市麻章经济开发试验区金园路东侧2号	广东虹宝水产开发股份有限公司	CNZNG67S701	
115	湛江海关	霞海海关	湛江南方进口肉类指定监管场地	广东省湛江市赤坎区东盛路6号	湛江南方水产市场经营管理有限公司	CNZNG67S702	

序号	关区		指定监管场地名称	邮政地址	经管单位名称	场所/场地编码	所在口岸区域
	直属海关	主管（隶属）海关					
116	南宁海关	钦州港海关	钦州港口岸大榄坪南作业区进境肉类指定监管场地	广西钦州港口岸大榄坪南作业区4号泊位后方查验区内	广西北部湾国际集装箱码头有限公司	CNQZH720266	钦州港
117	海口海关	洋浦经济开发区海关	洋浦进口肉类指定监管场地	海南省洋浦保税港区内泓洋路 D15A 区内	海南雷马国际贸易有限公司	CNYPG64S005	洋浦港
118	海口海关	马村港海关	海口中铁保税冷链进境肉类指定监管场地	海南省澄迈县老城经济开发区南一环路69号	海南中铁保税冷链物流有限公司	CNMAC64S002	
119	重庆海关	重庆港海关	重庆果园港进境肉类指定监管场地	重庆市江北区福港大道42号	重庆果园港国际物流枢纽建设发展有限公司	CNCHQ800043	重庆港果园港区
120	重庆海关	重庆江北机场海关	重庆江北国际机场进境肉类指定监管场地	重庆市江北国际机场货运站机场北二路20号	重庆空港航空地面服务有限公司	CNCKG80S001	重庆江北国际机场
121	重庆海关	渝州海关	重庆铁路场站进境肉类指定监管场地	重庆市沙坪坝区土主街道月台路12号	重庆铁路口岸物流开发有限责任公司	CNCQJ800030	
122	成都海关	青白江海关	成都铁路场站进口肉类指定监管场地	四川省成都市青白江区香岛大道1509号	成都现代物流投资发展有限公司	CNCTU790045	

续 表

序号	关区		指定监管场地名称	邮政地址	经管单位名称	场所/场地编码	所在口岸区域
	直属海关	主管（隶属）海关					
123	成都海关	泸州海关	四川川南临港片区进口肉类指定监管场地	四川省泸州市龙马潭区高坝工业园区集装箱码头	泸州运新供应链管理有限公司	CNCDU79O0030	
124	成都海关	成都双流机场海关	成都双流国际机场进口肉类指定监管场地	成都市双流区航空枢大道 489 号新机场货运站	成都双流国际机场航空地面服务有限公司	CNCDU79O0046	成都双流国际机场
125	昆明海关	西双版纳海关	景洪港（关累码头）进口肉类指定监管场地	云南省西双版纳州勐腊县关累港	勐腊新洋源商贸有限公司	CNJHG860129	关累港
126	西安海关	西安车站海关	西安国际陆港保税物流进口肉类指定监管场地	西安国际港务区港务大道 88 号	西安国际陆港保税物流投资建设有限公司	CNSIA90S005	
127	西安海关	西安咸阳机场海关	西安咸阳国际机场进口肉类指定监管场地	咸阳市渭城区空港东二路与空港南一路交会处	陕西空港冷链发展有限责任公司	CNSIA90S006	西安咸阳国际机场
128	兰州海关	金城海关	兰州新区综合保税区进口肉类指定监管场地	兰州新区祁连山大道 2888 号	兰州新区综合保税区开发建设有限公司	CNLAZ95S003	

续表

序号	关区		指定监管场地名称	邮政地址	经营单位名称	场所/场地编码	所在口岸区域
	直属海关	主管（隶属）海关					
129	兰州海关	金昌海关	武威进口肉类指定监管场地	甘肃（武威）国际陆港中心区 B 区	甘肃（武威）国际陆港口岸发展有限公司	CNLAZ950021	
130	乌鲁木齐海关	阿勒泰海关	塔克什肯进口肉类指定监管场地	新疆阿勒泰地区青河县塔克什肯镇中蒙路 2 号	青河县清能进出口贸易有限公司	CNTKK940163	塔克什肯（公路）
131	乌鲁木齐海关	哈密海关	老爷庙进口肉类指定监管场地	新疆哈密市巴里坤县哈密三塘湖镇口岸区	新疆国惠通国际贸易股份有限公司	CNLYM940156	老爷庙（公路）
132	乌鲁木齐海关	乌昌海关	乌鲁木齐国际陆港区进口肉类指定监管场地	新疆乌鲁木齐经济技术开发区（头屯河区）金阳路 416 号	新疆国际陆港有限责任公司	CNURM940155	
133	乌鲁木齐海关	阿拉山口海关	阿拉山口进口肉类指定监管场地	新疆博州阿拉山口市综合保税区园区综三路 11 号	阿拉山口综合保税区金港开发有限责任公司	CNAKI04S014	阿拉山口（公路、铁路）
134	乌鲁木齐海关	塔城海关	巴克图进口肉类指定监管场地	新疆塔城地区城市杜别克街道文化南路 303 号	新疆永盛国际物流有限责任公司	CNBKT940039	巴克图（公路）

续 表

序号	关区		指定监管场地名称	邮政地址	经营单位名称	场所/场地编码	所在口岸区域
	直属海关	主管（隶属）海关					
135	乌鲁木齐海关	霍尔果斯海关	霍尔果斯进口肉类指定监管场地	新疆伊犁州霍尔果斯市铁路口岸联运换装场场内大道 69－70 号	霍尔果斯天淦轩商贸有限公司	CNHRS940162	霍尔果斯（公路、铁路）
136	乌鲁木齐海关	吉木乃海关	吉木乃进口肉类指定监管场地	新疆阿勒泰地区吉木乃县边境街北 16 区 16－034 号	吉木乃县宏泰商贸有限责任公司	CNJEM940168	
137	乌鲁木齐海关	喀什海关	喀什航空口岸综合性指定监管场地（肉类）	喀什综合保税区 E－03 地块	喀什综保国际物流供应链有限公司	CNKHG94S005	喀什航空口岸
138	乌鲁木齐海关	伊尔克什坦海关	伊尔克什坦口岸进境肉类指定监管场地	新疆维吾尔自治区克孜勒苏柯尔克孜自治州乌恰县工业园区托云路 10 号	克州伊尔克什坦口岸园区伟燃低温仓储有限公司	CNYRK940186	伊尔克什坦公路口岸

（资料来源：海关总署）

附录十一　进境食用水生动物指定监管场地名单

序号	关区		指定监管场地名称	邮政地址	经营单位名称	允许进境类别	场所/场地编码	所在口岸区域
	直属海关	主管（隶属）海关						
1	北京海关	首都机场海关	首都机场进境食用水生动物指定监管场地	北京市顺义区保汇二街15号院	北京天竺综合保税区开发管理有限公司	鱼类、甲壳类、软体类	CNBJS01S001	首都国际机场
2	北京海关	北京大兴国际机场海关	北京大兴国际机场进境食用水生动物指定监管场地	北京大兴国际机场货邮一路海关查验中心	首都机场集团有限公司		CNBJS01S981	北京大兴国际机场
3	天津海关	天津滨海国际机场海关	天津空港口岸大通关基地进境食用水生动物指定监管场地	天津空港物流区通澜路59号	天津航空物流发展有限公司		CNTSN02S665	天津滨海国际机场
4	呼和浩特海关	鄂尔多斯海关	鄂尔多斯航空口岸综合性指定监管场地（食用水生动物）	鄂尔多斯市伊金霍洛旗布尔台格乡曼赖苗村	鄂尔多斯伊金霍洛国际机场有限公司		CNORD070135	鄂尔多斯航空口岸

续　表

序号	关区		指定监管场地名称	邮政地址	经营单位名称	允许进境类别	场所/场地编码	所在口岸区域
	直属海关	主管（隶属）海关						
5	大连海关	大连周水子机场海关	大连国际机场进境食用水生动物指定监管场地	辽宁省大连市甘井子区迎客路100号	大连国际机场集团有限公司货运有限公司	鱼类、甲壳类、软体类	CNDLC090088	大连周水子国际机场
6	大连海关	大东港海关	丹东港进境食用水生动物指定监管场地	辽宁省丹东市观海路189－8号	丹东港集团有限公司	鱼类、甲壳类、软体类	CNDDG090018	丹东港大东港区
7	大连海关	旅顺海关	旅顺新港进境食用水生动物指定监管场地	辽宁省大连市旅顺经济开发区兴港路24号	大连港旅顺港务有限公司	鱼类、甲壳类、软体类	CNLSH090022	旅顺新港
8	沈阳海关	沈阳桃仙机场海关	沈阳桃仙国际机场进境食用水生动物指定监管场地	沈阳市浑南新区桃仙镇桃仙机场	沈阳空港物流有限公司	鱼类、甲壳类、软体类	CNSHE080027	沈阳桃仙国际机场
9	长春海关	珲春海关	吉林珲春口岸进境食用水生动物指定监管场地	吉林省延边州珲春市合作区太阳村长岭子口岸	珲春市口岸办公室	鱼类、甲壳类、软体类	CNHCG15S005	珲春（公路）
10	长春海关	珲春海关	吉林珲春圈河口岸进境食用水生动物指定监管场地	吉林省延边州珲春市敬信镇圈河村圈河口岸	珲春市口岸办公室	鱼类、甲壳类、软体类	CNHCG15S004	珲春圈河（公路）

续　表

序号	关区		指定监管场地名称	邮政地址	经营单位名称	允许进境类别	场所/场地编码	所在口岸区域
	直属海关	主管（隶属）海关						
11	长春海关	珲春海关	珲春通关服务中心进境食用水生动物指定监管场地	吉林省珲春市边境经济合作区近海街777号	珲春合作区通关服务有限公司		CNHCG150041	
12	哈尔滨海关	东宁海关	东宁口岸进境食用水生动物指定监管场地	黑龙江省牡丹江市东宁市三岔口镇	东宁长城仓储有限责任公司	鱼类、甲壳类、软体类	CNDON190044	东宁（公路）
13	哈尔滨海关	绥芬河海关	绥芬河公路口岸进境食用水生动物指定监管场地	绥芬河市高级中学北800米	绥芬河市合益物流有限公司	鱼类、甲壳类、软体类	CNSFH19S051	绥芬河（公路）
14	哈尔滨海关	抚远海关	抚远进境食用水生动物指定监管场地	抚远市正阳路241号	抚远江海港国际仓储有限公司	鱼类、甲壳类、软体类	CNHUY19S052	抚远（水运）
15	哈尔滨海关	哈尔滨太平机场海关	哈尔滨太平国际机场进境食用水生动物指定监管场地	哈尔滨太平国际机场机场货运二期	哈尔滨新港园区物业管理有限公司		CNHRB19S168	哈尔滨太平国际机场
16	上海海关	浦东机场海关	上海浦东机场浦虹进境食用水生动物指定监管场地	上海市浦东机场航油路25号	上海机场浦虹国际物流有限公司	鱼类、甲壳类、软体类	CNPVG22S050	

续　表

序号	关区		指定监管场地名称	邮政地址	经营单位名称	允许进境类别	场所/场地编码	所在口岸区域
	直属海关	主管（隶属）海关						
17	上海海关	崇明海关	上海长兴岛进境食用水生动物指定监管场地	上海市长兴岛长兴镇渔港环路377弄1号	上海长兴岛港渔港有限公司	鱼类、甲壳类、软体类	CNCGM220472	横沙渔港
18	上海海关	浦东海关	华辰优宝园进口食品产业园进境食用水生动物指定监管场地	上海市祝桥镇物流大道655弄	上海华辰通达物流有限公司		CNSGH22S051	
19	南京海关	无锡海关	苏南硕放国际机场进境食用水生动物指定监管场地	江苏省无锡市新区空港七路1号	无锡空港物流有限公司	鱼类、甲壳类、软体类	CNWUX230001	苏南硕放国际机场
20	南京海关	南京禄口机场海关	南京禄口国际机场进境食用水生动物指定监管场地	江苏省南京市南京禄口国际机场国际货运中心	东部机场集团有限公司	鱼类、甲壳类、软体类	CNNKG230011	南京禄口国际机场
21	南京海关	徐州海关	徐州观音国际机场进境食用水生动物指定监管场地	江苏省徐州市睢宁县双沟镇104国道	徐州市观音国际机场有限公司	鱼类、甲壳类、软体类	CNFAX230004	徐州观音国际机场
22	南京海关	连云港海关	连云港新东方集箱码头进境食用水生动物指定监管场地	江苏省连云港市连云区庙岭港区	连云港新东方集箱码头有限公司	鱼类、甲壳类、软体类	CNLYG230026	连云港

续 表

序号	关区		指定监管场地名称	邮政地址	经营单位名称	允许进境类别	场所/场地编码	所在口岸区域
	直属海关	主管（隶属）海关						
23	南京海关	常州海关	常州国际机场进境食用水生动物指定场地	江苏省常州市新北区罗溪镇西村村	常州国际机场物流有限公司	鱼类、甲壳类、软体类	CNCZX230037	常州奔牛国际机场
24	南京海关	太仓海关	苏州现代货箱码头进境食用水生动物指定场地	江苏省太仓市浮桥镇通港东路1号	苏州现代货箱码头有限公司	鱼类、甲壳类、软体类	CNTAC230013	太仓港
25	杭州海关	杭州萧山机场海关	杭州萧山国际机场进境食用水生动物指定监管场地	杭州萧山国际机场内	杭州萧山国际机场航空物流有限公司	鱼类、甲壳类、软体类	CNHGH290077	杭州萧山国际机场
26	杭州海关	温州海关	温州龙湾国际机场进境食用水生动物指定监管场地	浙江省温州市龙湾国际机场	温州航空货站有限公司	鱼类、甲壳类、软体类	CNWNZ290311	温州市龙湾国际机场
27	杭州海关	舟山海关	舟山沈家门港区进境食用水生动物指定监管场地	浙江省舟山市朱家尖西南涂围垦区域	舟山市普陀合贸物流中心有限公司	鱼类、甲壳类、软体类	CNZOS290347	舟山港
28	杭州海关	台州海关	台州港大麦屿港区进境食用水生动物指定监管场地	浙江省台州市玉环市大麦屿街道兴港路与玉大线交叉口	浙江大麦屿港口开发建设有限公司		CNDMY290362	台州港大麦屿港区

续表

序号	关区		指定监管场名称	邮政地址	经营单位名称	允许进境类别	场所/场地编码	所在口岸区域
	直属海关	主管（隶属）海关						
29	宁波海关	宁波机场海关	宁波栎社国际机场进境食用水生动物指定监管场地	宁波栎社国际机场货运区	宁波机场集团有限公司	鱼类、甲壳类、软体类	CNNGB310207	宁波栎社国际机场
30	宁波海关	象山海关	宁波石浦港区进境食用水生动物指定监管场地	象山县石浦镇新港区域	宁波环石浦港投资开发有限公司	鱼类、甲壳类、软体类	CNXSP310151	宁波港
31	合肥海关	合肥新桥机场海关	合肥新桥国际机场进境食用水生动物指定监管场地	安徽省合肥市合肥新桥国际机场南工作区玉兰花路8号	合肥周谷堆大兴农产品国际物流园有限责任公司	鱼类、甲壳类、软体类	CNHFE33S005	合肥新桥国际机场
32	福州海关	福州长乐机场海关	福州长乐国际机场进境食用水生动物指定监管场地	福州长乐国际机场货运站	元翔（福州）国际航空港有限公司	鱼类、甲壳类、软体类	CNFOC350172	福州长乐国际机场
33	福州海关	平潭海关	福建省平潭港口岸金井港区进境食用水生动物指定监管场地	平潭县北厝镇吉钓路1号	平潭综合实验区港务发展有限公司	鱼类、甲壳类、软体类、棘皮类	CNPTJ350145	平潭港金井港区
34	厦门海关	东山海关	漳州东山港进境食用水生动物指定监管场地	福建省漳州市东山县铜陵镇大沃街水仙宫1号	漳州市东山港兴码头有限公司	鱼类、甲壳类、软体类	CNDSN370195	漳州港

续　表

序号	关区		指定监管地名称	邮政地址	经营单位名称	允许进境类别	场所/场地编码	所在口岸区域
	直属海关	主管(隶属)海关						
35	厦门海关	泉州海关	泉州晋江国际机场进境食用水生动物指定监管场地	福建省泉州市晋江市和平路118号	泉州机场航空物流发展有限公司	鱼类、甲壳类、软体类	CNJJN370233	泉州晋江国际机场
36	厦门海关	厦门机场海关	厦门高崎国际机场进境食用水生动物指定监管场地	福建省厦门市湖里区埭辽路22号	厦门航空有限公司	鱼类、甲壳类、软体类	CNXAM370220	厦门高崎国际机场
37	厦门海关	邮轮海关	厦门港东渡港区国际邮轮中心码头进境食用水生动物指定监管场地	厦门市湖里区东港路2号	厦门和平码头有限公司	从中国台湾进境石斑鱼、龙胆鱼、青斑鱼、甲鱼等	CNXAM370251	厦门港东渡港区
38	南昌海关	南昌昌北机场海关	南昌昌北国际机场进境食用水生动物指定监管场地	江西省南昌市新建区昌北国际机场国际货站	江西经港航空地面服务有限公司		CNKHN400058	南昌昌北国际机场
39	青岛海关	青岛大港海关	青岛中外运集装箱仓码进境食用水生动物指定监管场地	青岛市北北区港华路	青岛中外运集装箱仓码有限公司	鱼类、甲壳类、软体类	CNQGD420170	青岛港
40	青岛海关	黄岛海关	青岛前湾港鲁海丰进境食用水生动物指定监管场地	青岛市黄岛区九龙山路1596号	青岛鲁海丰食品集团有限公司	鱼类、甲壳类、软体类	CNQGD42S401	

续　表

序号	关区		指定监管场地名称	邮政地址	经营单位名称	允许进境类别	场所/场地编码	所在口岸区域
	直属海关	主管（隶属）海关						
41	青岛海关	荣成海关	山东荣成龙眼港进境食用水生动物指定查验场地	荣成市成山镇西霞口社区海港路7号	荣成市西霞口集团	鱼类、甲壳类、软体类	CNLGY420319	龙眼港
42	青岛海关	威海海关	山东威海港进境食用水生动物查验场	威海市经济技术开发区海埠路288号	山东威海港发展有限公司	鱼类、甲壳类、软体类	CNWEI420298	威海港
43	青岛海关	荣成海关	山东荣成石岛新港进境食用水生动物指定监管场地	荣成市石岛管理区海港路19号	石岛新港港务股份有限公司	鱼类、甲壳类、软体类	CNSHD420314	石岛港
44	青岛海关	威海海关	山东威海机场进境食用水生动物指定监管场地	威海文登区大水泊镇机场路18号国际机场货运仓库区	威海市航空服务有限公司	鱼类、甲壳类、软体类	CNWEH42S401	山东威海国际机场
45	青岛海关	烟台海关	烟台蓬莱国际机场进境食用水生动物指定监管场地	烟台蓬莱国际机场空港一路5号机场货站	烟台国际机场集团货运销售有限公司	鱼类、甲壳类、软体类	CNYAT420299	烟台蓬莱国际机场
46	青岛海关	烟台海关	烟台芝罘湾港区进境食用水生动物指定监管场地	烟台市芝罘区北马路155号	烟台港股份有限公司	鱼类、甲壳类、软体类	CNYAT42S402	烟台港

序号	关区		指定监管场地名称	邮政地址	经营单位名称	允许进境类别	场所/场地编码	所在口岸区域
	直属海关	主管（隶属）海关						
47	青岛海关	烟台海关	烟台综保区综合性指定监管场地	山东省烟台市芝罘区环海路89号	杰仕（烟台）供应链管理有限公司	甲壳类、软体类	CNYAT42S403	
48	青岛海关	日照海关	日照中盛进境食用水生动物指定监管场地	山东省日照市海滨二路与上海路交会处	山东中盛幸福电子商务有限公司	甲壳类、软体类	CNRZH420219	日照港
49	青岛海关	青岛流亭机场海关	青岛胶东国际机场进境食用水生动物指定监管场地	山东省青岛市胶州市顺港一路8号	青岛国际机场集团	甲壳类、软体类、棘皮类	CNTAO420321	青岛胶东国际机场
50	济南海关	济南机场海关	济南机场进境食用水生动物指定监管场地	山东省济南市历城区济南遥墙国际机场空港北路	济南国际机场股份有限公司	鱼类、甲壳类、软体类	CNTNA430201	济南遥墙国际机场
51	郑州海关	郑州机场海关	郑州新郑国际机场进境食用水生动物指定监管场地	郑州新郑国际机场	河南航空货运发展有限公司	鱼类、甲壳类、软体类	CNCGO460006	郑州新郑国际机场
52	武汉海关	武汉天河机场海关	武汉天河国际机场进境食用水生动物指定监管场地	湖北省武汉市天河机场北货运区横六路	湖北机场集团航空物流有限公司	鱼类、甲壳类、软体类	CNWUH470061	武汉天河国际机场
53	武汉海关	鄂州海关	鄂州花湖机场进境食用水生动物指定监管场地	鄂州花湖机场国际货运区	鄂州临空集团有限公司	鱼类、甲壳类、软体类	CNEZH470063	鄂州花湖机场

续　表

序号	关区		指定监管场地名称	邮政地址	经营单位名称	允许进境类别	场所/场地编码	所在口岸区域
	直属海关	主管（隶属）海关						
54	长沙海关	长沙黄花机场海关	长沙黄花国际机场进境食用水生动物指定监管场地	湖南省长沙市长沙县黄花镇机场大道长沙黄花国际机场空港国际货运站	湖南空港实业股份有限公司	鱼类、甲壳类、软体类	CNCSX491014 CNCSX491067	长沙黄花国际机场
55	长沙海关	长沙黄花机场海关	长沙黄花综合保税区进境食用水生动物指定监管场地	长沙黄花综合保税区监管仓库北面	长沙海嘉建设有限公司	鱼类、甲壳类、软体类	CNCSX49S306	长沙黄花国际机场
56	长沙海关	张家界海关	张家界荷花国际机场进境食用水生动物指定监管场地	湖南省张家界市永定区南庄坪办事处三眼桥居委会荷花机场内	湖南空港实业股份有限公司张家界分公司	鱼类、甲壳类、软体类、鲸皮类	CNDYG491052	张家界荷花国际机场
57	广州海关	广州白云机场海关	广州白云机场新运进境食用水生动物指定监管场地	广州白云国际机场北工作区空港商品北二路特殊监管集中查验场	广州新运国际货运代理有限公司	鱼类、甲壳类、软体类	CNCAN51S004	广州白云国际机场
58	广州海关	广州白云机场海关	广州白云机场联邦快递亚太转运中心进境食用水生动物指定监管场地	广州市花都区花东镇联邦大道777号	联邦快递（中国）有限公司广州分公司	鱼类、甲壳类、软体类	CNCAN510003	广州白云国际机场
59	深圳海关	深圳湾海关	深圳湾口岸进境食用水生动物指定监管场地	广东省深圳市南山区东滨路1号	市口岸办	鱼类、甲壳类、软体类	CNSNZ53S004	深圳湾（公路）

续　表

序号	关区		指定监管场地名称	邮政地址	经营单位名称	允许进境类别	场所/场地编码	所在口岸区域
	直属海关	主管（隶属）海关						
60	深圳海关	文锦渡海关	文锦渡口岸进境食用水生动物指定监管场地	广东省深圳市罗湖区沿河南路1188号	市口岸办	鱼类、甲壳类、软体类	CNSNZ53S008	文锦渡（公路）
61	深圳海关	深圳宝安机场海关	深圳机场口岸进境食用水生动物指定监管场地	广东省深圳市宝安区航站四路国际货站	深圳机场国际货站有限公司	鱼类、甲壳类、软体类	CNSZX530124	深圳宝安国际机场
62	拱北海关	菁茂海关	珠澳跨境工业区专用口岸进境食用水生动物指定监管场地	珠海市珠澳跨境工业区珠海园区5-2地益源大厦七层北边	珠海达明仓储有限公司	鱼类、甲壳类、软体类	CNZHU57S020	珠澳跨境工业区专用口岸
63	汕头海关	潮汕机场海关	揭阳潮汕机场进境食用水生动物指定监管场地	广东省揭阳市空港经济区登岗镇揭阳潮汕机场云湖路航空货运站	广东省机场管理集团公司	鱼类、甲壳类、软体类	CNSTG601055	揭阳潮汕国际机场
64	南宁海关	南宁吴圩机场海关	南宁吴圩机场进境食用水生动物查验场	南宁吴圩国际机场T2航站区空港北三路货运站内	广西民航产业发展有限公司南宁航空物流分公司	鱼类、甲壳类、软体类	CNNNG72S022	南宁吴圩国际机场
65	南宁海关	东兴海关	广西东兴边民互市贸易进境食用水生动物指定监管场地	广西壮族自治区防城港市东兴边民互市贸易区内	广西北投建设投资有限公司	鱼类、甲壳类、软体类、棘皮类	CNDOX720060	东兴（公路）

续　表

序号	关区		指定监管场地名称	邮政地址	经营单位名称	允许进境类别	场所/场地编码	所在口岸区域
	直属海关	主管（隶属）海关						
66	南宁海关	友谊关海关	广西凭祥弄尧通道进境食用水生动物指定监管场地	广西壮族自治区凭祥市友谊镇卡凤村弄尧屯	凭祥市国际贸易开发集团有限公司		CNYYG720271	友谊关公路口岸弄尧通道
67	南宁海关	东兴海关	东兴公路口岸（北仑河二桥）进境食用水生动物指定监管场地	广西壮族自治区防城港市东兴口岸二桥综合服务区	东兴市城市建设投资有限责任公司		CNDOX720259	东兴公路口岸（北仑河二桥）
68	海口海关	三亚机场海关	三亚凤凰机场进境食用水生动物指定监管场地	海南省三亚市天涯区三亚凤凰国际机场	三亚凤凰国际机场货运有限公司	鱼类、甲壳类、软体类	CNSYX640098	三亚凤凰国际机场
69	重庆海关	重庆江北机场海关	重庆江北国际机场进境食用水生动物指定监管场地	重庆江北国际机场国际货运机场北二路20号	重庆空港航空地面服务有限公司		CNCKG80S001	重庆江北国际机场
70	成都海关	成都双流机场海关	成都双流国际机场进境食用水生动物指定监管场地	成都双流物流园区航枢大道489号	成都双流国际机场航空地面服务有限公司	鱼类、甲壳类、软体类	CNCDU790046	成都双流国际机场
71	成都海关	成都双流机场海关	成都天府国际机场进境食用水生动物指定监管场地	四川省成都市东部新区成都天府国际机场宾朋街12号（天府国际机场货站）	四川省机场集团航空地面服务有限公司		CNCDU790047	成都天府国际机场

序号	关区		指定监管场地名称	邮政地址	经营单位名称	允许进境类别	场所/场地编码	所在口岸区域
	直属海关	主管（隶属）海关						
72	贵阳海关	贵阳龙洞堡机场海关	贵阳龙洞堡国际机场进境食用水生动物指定监管场地	贵州省贵阳市南明区龙洞堡国际机场（三期）国际货运中心	贵州航空港物流产业发展有限公司		CNKWE830018	贵阳龙洞堡国际机场
73	昆明海关	昆明长水机场海关	昆明长水机场东方航空进境食用水生动物指定监管场地	云南省昆明市长水机场	东方航空物流股份有限公司云南分公司	鱼类、甲壳类、软体类	CNKMG86O170	昆明长水国际机场
74	昆明海关	昆明长水机场海关	昆明长水机场云南空港进境食用水生动物指定监管场地	云南省昆明市长水机场	云南空港物流股份有限公司	鱼类、甲壳类、软体类	CNKMG86O168	昆明长水国际机场
75	昆明海关	畹町海关	畹町口岸广发进境食用水生动物指定监管场地	云南省德宏州瑞丽市畹町经济开发区民主街 3 号附 2 号	瑞丽市畹町经济开发区广发贸易有限公司	鱼类、甲壳类、软体类	CNWAN86S006	
76	西安海关	西安咸阳国际机场海关	西安咸阳国际机场进境食用水生动物指定监管场地	陕西省西安咸阳空港新城空港西三路 006 号	西部机场集团航空物流有限公司	鱼类、甲壳类、软体类	CNSIA900027	西安咸阳国际机场
77	乌鲁木齐海关	喀什海关	喀什航空口岸综合性指定监管场地（食用水生动物）	喀什综合保税区 E － 03 地块	喀什综保国际物流供应链有限公司	鱼类、甲壳类、软体类	CNKHG94S005	喀什航空口岸

附录十二 进境水果指定监管场地名单

（截至 2023 年 12 月 31 日）

序号	关区		指定监管场地名称	邮政地址	经营单位名称	场所（场地）海关编码	所在口岸区域
	直属海关	主管（隶属）海关					
1	北京海关	首都机场海关	首都机场进境水果指定监管场地	北京市顺义区保汇二街15号院	北京天竺综合保税区开发管理有限公司	CNBJS01S001	首都国际机场
2	天津海关	天津新港海关	天津港国际物流进境水果指定监管场地	滨海新区塘沽跃进路3016号	天津港国际物流发展有限公司	CNTXG020444	天津新港
3	天津海关	天津新港海关	天津港强集团进境水果指定监管场地	天津港保税区海滨九路187号	天津港强集团有限公司	CNTXG02S608	天津新港
4	天津海关	天津东疆海关	天津东疆港大冷链进境水果指定监管场地	天津东疆保税港区邯郸道601号	天津东疆港大冷链商品交易市场有限公司	CNDJG02S613	天津新港

续 表

序号	关区		指定监管场所名称	邮政地址	经营单位名称	场所（场地）海关编码	所在口岸区域
	直属海关	主管（隶属）海关					
5	天津海关	天津东疆海关	天津东疆首农食品进境水果指定监管场地	天津自贸区（东疆保税港区）陕西道1069号	天津港首农食品进出口贸易有限公司	CNDJG02S614	天津新港
6	天津海关	天津滨海机场海关	天津航空口岸大通关基地进境水果指定监管场地	天津空港物流区通澜路59号	天津航空物流发展有限公司	CNTSN02S665	天津滨海国际机场
7	石家庄海关	秦皇岛海关	河北秦皇岛港进境水果指定监管场地	秦皇岛市海港区友谊路71号	河北中运投资集团有限公司	CNSHP04S007	
8	石家庄海关	曹妃甸海关	唐山港曹妃甸港区进境水果指定监管场地	河北省唐山市曹妃甸综合保税区保税港道与宁海路交叉冷链物流监管中心院内	唐山曹妃甸综保投资有限公司	CNCFD04S005	唐山港曹妃甸港区
9	太原海关	武宿海关	太原武宿综合保税区进境水果指定监管场地	山西综改示范区庆云街19号太原武宿综合保税区1号路9号	太原武宿综合保税区口岸运营服务中心有限公司	CNTYU05S111	
10	呼和浩特海关	鄂尔多斯海关	鄂尔多斯航空口岸综合性指定监管场地（水果）	鄂尔多斯市伊金霍洛旗布尔台格乡曼赖庙村	鄂尔多斯伊金霍洛国际机场有限公司	CNORD070135	鄂尔多斯航空口岸

序号	关区		指定监管场地名称	邮政地址	经营单位名称	场所（场地）海关编码	所在口岸区域
	直属海关	主管（隶属）海关					
11	大连海关	大窑湾海关	大连港毅都冷链进境水果指定监管场地	辽宁省大连市保税区物流园区港六路12号	大连港毅都冷链有限公司	CNDYW09083	大连港大窑湾港区
12	大连海关	大连周水子机场海关	大连周水子国际机场进境水果指定监管产地	辽宁省大连市甘井子区迎客路100号	大连国际机场集团有限公司货运公司	CNDLC09088	大连周水子国际机场
13	大连海关	大窑湾海关	大连港毅都冷链有限公司进境水果指定监管场地	辽宁省大连市保税区大窑湾15#码头泊位后方场地	大连港毅都冷链有限公司	CNDYW09063	大连港大窑湾港区
14	沈阳海关	沈阳桃仙机场海关	沈阳桃仙国际机场进境水果指定监管场地	沈阳市浑南新区桃仙镇桃仙机场	沈阳空港物流有限公司	CNSHE080027	沈阳桃仙国际机场
15	上海海关	外高桥港区海关	上海外高桥畅兴进境水果指定监管场地	浦东新区港建路600号	上海外高桥畅兴国际物流有限公司	CNWIG22S053	
16	上海海关	青浦海关	上海洋山港西郊国农进境水果指定监管地	上海市青浦区华新府中路1288号	上海西郊国际农产品交易有限公司	CNQGP22S050	

续　表

序号	关区		指定监管场地名称	邮政地址	经营单位名称	场所（场地）海关编码	所在口岸区域
	直属海关	主管（隶属）海关					
17	上海海关	洋山海关	上海洋山港深水港物流进境水果指定监管场地	芦潮港镇顺通路8号	上海深水港国际物流有限公司	CNYSA22S053	洋山港
18	上海海关	洋山海关	上海港（临港作业区）进境水果指定监管场地	上海浦东新区层林路58号	上海临港产业区港口发展有限公司	CNSGH220454	上海港洋山港区
19	上海海关	外高桥海关	上港冷链进境水果指定监管场地	上海浦东新区港建路1565号	上港集团冷链物流有限公司	CNWIG220540	上海港外高桥港区
20	南京海关	南京禄口机场海关	南京禄口国际机场进境水果指定监管场地	江苏省南京市南京禄口国际机场国际货运中心	东部机场集团有限公司	CNNKG230011	南京禄口国际机场
21	南京海关	新生圩海关	南京港龙潭进境水果指定监管场地	江苏省南京市栖霞区龙潭大道9号	南京港龙潭集装箱有限公司	CNNJG231010	南京港
22	南京海关	连云港海关	连云港外贸进境水果指定监管场地	江苏省连云港市连云区中山中路482号	连云港外贸冷库有限责任公司	CNLYG23S012	
23	南京海关	连云港海关	连云港雅仕进境水果指定监管场地	江苏省连云港市连云港经济技术开发区东朱山路8号	江苏雅仕保鲜产业有限公司	CNLYG23S025	

续 表

序号	关区		指定监管场地名称	邮政地址	经营单位名称	场所（场地）海关编码	所在口岸区域
	直属海关	主管（隶属）海关					
24	南京海关	太仓海关	苏州现代货箱码头进境水果指定监管场地	江苏省太仓市浮桥镇通港东路 1 号	苏州现代货箱码头有限公司	CNTAC230013	太仓港
25	南京海关	徐州海关	江苏省徐州市徐州观音国际机场进境水果指定监管场地	徐州市唯宁县双沟镇观音机场内	徐州市观音国际机场有限公司	CNFAX230004	徐州观音国际机场
26	南京海关	盐城海关	盐城港大丰港区进境水果指定监管场地	江苏省盐城市大丰区丰港经济开发区上海港路 169 号	江苏大丰港保税物流中心管理有限公司	CNDFG230527	盐城港大丰港区
27	杭州海关	义乌海关	浙江省义乌市义乌机场进境水果指定监管场地	浙江省义乌市北苑街道民航路 201 号	浙江省义乌机场管理有限公司	CNYIU290291	义乌机场
28	杭州海关	温州海关	温州市状元岙进境水果指定监管场地	浙江省温州市洞头区温州状元岙码头	温州港集团有限公司	CNWZO290343	温州港
29	杭州海关	杭州萧山机场海关	杭州萧山国际机场进境水果指定监管场地	杭州萧山国际机场内	杭州萧山国际机场航空物流有限公司	CNHGH290077	杭州萧山国际机场
30	杭州海关	舟山海关	舟山市沈家门港区进境水果指定监管场地	浙江省舟山市朱家尖西南涂围垦区域	舟山市普陀台贸物流中心有限公司	CNZOS290347	舟山港

续表

序号	关区		指定监管场所名称	邮政地址	经营单位名称	场所（场地）海关编码	所在口岸区域
	直属海关	主管（隶属）海关					
31	杭州海关	台州海关	台州港大麦屿港区进境水果指定监管场地	浙江省台州市玉环市大麦屿港区海峡两岸商品交易物流中心	浙江大麦屿港口开发建设有限公司	CNDMY290362	台州港
32	宁波海关	北仑海关	宁波港进境水果指定监管场地	宁波北仑第二通道199号	宁波兴港冷链物流有限公司	CNNBO310203	宁波港
33	宁波海关	宁波机场海关	宁波栎社国际机场进境水果指定监管场地	宁波栎社国际机场货运区	宁波机场集团有限公司	CNNGB310207	宁波栎社国际机场
34	合肥海关	铜陵海关	安徽铜陵进境水果指定监管场地	安徽省铜陵市郊区滨江大道南段859号	铜陵金建投建设发展有限公司	CNTOL330111	铜陵港
35	合肥海关	合肥新桥机场海关	合肥新桥国际机场进境水果指定监管场地	安徽省合肥市合肥新桥国际机场南工作区玉兰花路8号	合肥周谷堆大兴农产品国际物流有限责任公司	CNHFE33S003	合肥新桥国际机场
36	合肥海关	黄山海关	安徽省黄山市黄山屯溪国际机场进境水果指定监管场地	安徽省黄山市屯溪区龙井路8号	黄山徽州浪漫红文化旅游发展有限公司	CNTXN33S001	黄山屯溪国际机场
37	福州海关	平潭海关	福建省平潭口岸金井港区进境水果指定监管场地	福建省福州市平潭综合实验区金井片区吉钓路1号	平潭综合实验区港务发展有限公司	CNPTJ350145	平潭港口岸金井港区

续 表

序号	关区		指定监管场地名称	邮政地址	经营单位名称	场所（场地）海关编码	所在口岸区域
	直属海关	主管（隶属）海关					
38	福州海关	马尾海关	福州港（马尾）进境水果指定监管场地	马尾罗星东路3号	福州青州集装箱码头有限公司	CNMAW350020	福州港闽江口内港区
39	福州海关	榕城海关	福州港（福清）江阴港区进境水果指定监管场地	福建省福清市江阴镇新江路1号	福州新港国际集装箱码头有限公司	CNFZH350042	福州港口岸江阴港区
40	福州海关	福州长乐机场海关	福州长乐国际机场进境水果指定监管场地	福州长乐国际机场货运站	元翔（福州）国际航空港有限公司	CNFOC350172	福州长乐国际机场
41	厦门海关	东渡海关	厦门港同益码头进境水果指定监管场地	福建省厦门市湖滨北路2号	厦门同益码头有限公司	CNXAM370227	厦门港
42	厦门海关	厦门邮轮港海关	厦门港国际邮轮码头进境水果指定监管场地	福建省厦门市湖里区东港路2号	厦门和平码头有限公司	CNXAM370251	厦门港
43	厦门海关	东渡海关	厦门市海天码头进境水果指定监管场地	福建省厦门市自贸区厦门片区象屿路8号	厦门集装箱码头集团有限公司	CNXAM370226	厦门港

续　表

序号	关区		指定监管场地名称	邮政地址	经营单位名称	场所（场地）海关编码	所在口岸区域
	直属海关	主管（隶属）海关					
44	厦门海关	海沧海关	厦门海沧港远海进境水果指定监管场地	福建省厦门市海沧区港南路 288 号	厦门远海集装箱码头有限公司	CNXAM370224	厦门港
45	厦门海关	厦门机场海关	厦门高崎机场厦航进境水果指定监管场地	福建省厦门市湖里区埭辽路 22 号	厦门航空有限公司	CNXAM370220	厦门高崎国际机场
46	厦门海关	厦门机场海关	厦门高崎机场元翔进境水果指定监管场地	福建省厦门市湖里区翔云一路 42 号	元翔空运货服（厦门）有限公司	CNXAM370218	厦门高崎国际机场
47	南昌海关	南昌昌北机场海关	南昌昌北国际机场进境水果指定监管场地	江西省南昌市新建区昌北国际机场国际货站	江西空港地面服务有限公司	CNKHN400058	南昌昌北国际机场
48	青岛海关	即墨海关	青岛港东方鼎信进境水果指定监管场地	山东省青岛市即墨区大信镇福信路 98 号	青岛东方鼎信实业有限公司	CNJMO42S501	
49	青岛海关	黄岛海关	青岛港怡之航进境水果指定监管场地	山东省青岛市西海岸经济新区保税港区纬 3 路	青岛港怡之航冷链物流有限公司	CNQGD42S103	

续　表

序号	关区		指定监管场地名称	邮政地址	经管单位名称	场所（场地）海关编码	所在口岸区域
	直属海关	主管（隶属）海关					
50	青岛海关	青岛流亭机场海关	青岛胶东国际机场进境水果指定监管场地	山东省青岛市胶州市顺港一路8号	青岛国际机场集团	CNTAO420321	青岛胶东国际机场
51	济南海关	济南机场海关	济南遥墙机场进境水果指定监管场地	山东省济南市历城区济南遥墙国际机场空港北路	济南国际机场股份有限公司	CNTNA430201	济南遥墙国际机场
52	郑州海关	郑州机场海关	郑州新郑国际机场进境水果指定监管场地	郑州新郑国际机场	河南航空货运发展有限公司	CNCGO460006	郑州新郑国际机场
53	武汉海关	武汉天河机场海关	武汉天河国际机场进境水果指定监管场地	湖北省武汉市天河机场北货运区横六路	湖北机场集团航空物流有限公司	CNWUH470061	武汉天河国际机场
54	长沙海关	长沙黄花机场海关	湖南长沙黄花国际机场进境水果指定监管场地	湖南省长沙市黄花镇长沙黄花国际机场内	湖南空港实业股份有限公司	CNCSX491014 CNCSX491067	长沙黄花国际机场
55	长沙海关	张家界海关	湖南张家界荷花国际机场进境水果指定监管场地	湖南省张家界市永定区荷花庄坪办事处三眼桥居委会荷花机场内	湖南空港实业股份有限公司张家界分公司	CNDYG491052	张家界荷花国际机场

续　表

序号	关区		指定监管场地名称	邮政地址	经营单位名称	场所（场地）海关编码	所在口岸区域
	直属海关	主管（隶属）海关					
56	长沙海关	岳阳海关	岳阳城陵矶进境水果指定监管场地	湖南岳阳城陵矶口岸（城陵矶国际集装箱港区）	岳阳市海仓国际物流发展有限公司	CNYYA49I016	城陵矶水运口岸
57	广州海关	广州白云机场海关	广州白云机场新运进境水果指定监管场地	广州白云国际机场北工作区空港北二路海关特殊商品集中查验场	广州新运国际货运代理有限公司	CNCAN51S004	广州白云国际机场
58	广州海关	南沙海关	广州市南沙港海港集装箱码头进境水果指定监管场地	广州市南沙区万顷沙镇龙穴岛龙穴大道	广州南沙海港集装箱码头有限公司	CNGGZ510121	广州港口岸南沙港区南沙港二期码头
59	广州海关	佛山海关驻顺德办事处	顺德北滘港进境水果指定监管场地	佛山市顺德区北滘镇工业园港前路路南8号	佛山市顺德区北滘港货运联营有限公司	CNBIJ510098	佛山顺德北滘港货运码头
60	广州海关	佛山海关驻南海办事处	南海九江码头进境水果指定监管场地	佛山市南海区九江镇沙口上街63号	佛山中外运仓码有限公司	CNJUJ510090	佛山南海九江码头
61	广州海关	佛山海关驻南海办事处	南海三山港进境水果指定监管场地	佛山市南海区三山港经济开发区	南海国际货柜码头有限公司	CNNHS510088	佛山南海港口岸三山港
62	广州海关	佛山海关驻高明办事处	高明珠江码头进境水果指定监管场地	佛山市高明区沿江路11号	高明珠江货运码头有限公司	CNGOM510118	佛山高明珠江码头

续 表

序号	关区		指定监管场地名称	邮政地址	经营单位名称	场所（场地）海关编码	所在口岸区域
	直属海关	主管（隶属）海关					
63	广州海关	南沙海关	广东省广州市南沙港海新进境水果港指定监管场地	南沙区龙穴岛龙穴大道中 125 号	广州海新冷冻仓储有限公司	CNNSA510223	
64	广州海关	南沙海关	广州南沙国际冷链进境水果指定监管场地	广东省广州市南沙区龙穴街龙穴大道南 11 号	广州南沙国际冷链有限公司	CNNSA510013	广州港南沙港区南沙港三期码头
65	深圳海关	深圳宝安机场海关	深圳宝安国际机场进境水果指定监管场地	广东省深圳市宝安区航站四路国际货站	深圳市机场（集团）有限公司	CNSZX530124	深圳宝安国际机场
66	深圳海关	文锦渡海关	文锦渡口岸进境水果指定监管场地	广东省深圳市罗湖区沿河南路 1188 号	市口岸办	CNSNZ53S008	文锦渡（公路）
67	深圳海关	深圳湾海关	深圳湾口岸进境水果指定监管场地	广东省深圳市南山区东滨路 1 号	市口岸办	CNSNZ53S004	深圳湾（公路）
68	深圳海关	大铲湾湾海关	大铲湾口岸进境水果指定监管场地	广东省深圳市宝安区金港大道西 100 米	深圳市大铲湾港口投资发展有限公司	CNSNZ530198	大铲湾港
69	深圳海关	大鹏海关	盐田集装箱码头进境水果指定监管场地	广东省深圳市盐田区进港一路盐田国际集装箱码头	盐田国际集装箱码头有限公司	CNYTN530200	盐田港

续表

序号	关区		指定监管场地名称	邮政地址	经营单位名称	场所（场地）海关编码	所在口岸区域
	直属海关	主管（隶属）海关					
70	深圳海关	大鹏海关	深圳盐田港进境水果指定监管场地	广东省深圳市盐田区深盐路 1020 号	盐田国际集装箱码头有限公司	CNSNZS037	盐田港
71	深圳海关	蛇口海关	蛇口集装箱码头进境水果指定监管场地	广东省深圳市南山区西港路 4 号（蛇口集装箱码头）	招商局港口集团股份有限公司	CNSHK530196	蛇口港
72	深圳海关	蛇口海关	赤湾集装箱码头进境水果指定监管场地	广东省深圳市南山区右炮台路 7 号（赤湾集装箱码头）	招商局港口集团股份有限公司	CNSHK530197	赤湾港
73	深圳海关	蛇口海关	妈湾集装箱码头进境水果指定监管场地	广东省深圳市南山区妈湾大道 1007 号（妈湾集装箱码头）	招商局港口集团股份有限公司	CNSHK530905	妈湾港
74	拱北海关	中山港海关	中山神湾码头进境水果指定监管场地	中山市神湾镇海港村神湾路 161 号	中山市神湾港货运联营管有限公司	CNSNW570119	中山港神湾港区
75	拱北海关	斗门海关	斗门新环码头进境水果指定监管场地	珠海市斗门区白蕉新环村斗门港路 8 号	珠海斗门珠船集装箱码头有限公司	CNDOU570123	新环码头（原二类口岸装卸点）
76	拱北海关	高栏海关	高栏国际货柜码头进境水果指定监管场地	珠海市南水镇高栏经济开发区环岛西路 733 号	珠海国际货柜码头（高栏）有限公司	CNZUH570142	珠海港

续 表

序号	关区		指定监管场地名称	邮政地址	经营单位名称	场所（场地）海关编码	所在口岸区域
	直属海关	主管（隶属）海关					
77	汕头海关	汕头港海关	汕头国集码头进境水果指定监管场地	广东省汕头市中山东路珠池港区 7#，8 #泊位	汕头国际集装箱码头有限公司	CNSTG601018	汕头港
78	汕头海关	广澳海关	汕头广澳港区进境水果指定监管场地	广东省汕头市濠江区广澳村广达大道 36 号广澳港区	汕头招商局港口集团有限公司	CNSTG601040	汕头港
79	汕头海关	潮汕机场海关	揭阳潮汕机场进境水果指定监管场地	广东省揭阳市空港经济区登岗镇揭阳潮汕机场云湖路航空货运站	广东省机场管理集团公司	CNSTG601055	揭阳潮汕国际机场
80	黄埔海关	沙田海关	东莞（国际）货柜进境水果指定监管场地	东莞市沙田镇港口大道水益路国际码头	东莞（国际）货柜码头有限公司	CNHMN521816	虎门港沙田作业区
81	黄埔海关	沙田海关	东莞港进境水果指定监管场地	东莞市港口大道（沙田段）虎门港港前路二期码头	东莞港集装箱码头有限公司	CNHMN521812	虎门港沙田作业区
82	湛江海关	霞山海关	湛江港宝满港区集装箱码头进境水果指定监管场地	湛江市霞山区宝港大道 3 号	湛江港国际集装箱码头有限公司	CNZNG670119	湛江港

续　表

序号	关区		指定监管场地名称	邮政地址	经营单位名称	场所（场地）海关编码	所在口岸区域
	直属海关	主管（隶属）海关					
83	南宁海关	友谊关海关	凭祥友谊关口岸进境水果指定监管场地	广西凭祥综合保税区申报中心	广西凭祥综合保税区开发投资有限公司	CNYYG72S028	友谊关（公路）
84	南宁海关	友谊关海关	凭祥浦寨进境水果指定监管场地	广西壮族自治区凭祥市友谊镇卡凤村	凭祥市国际贸易开发有限责任公司	CNYYG720130	友谊关（公路）
85	南宁海关	桂林海关	桂林两江国际机场进境水果指定监管场地	广西桂林市临桂区桂林两江国际机场货站	广西民航产业发展有限公司	CNKWL720117	桂林两江国际机场
86	南宁海关	防城海关	广西防城港进境水果指定监管场地	广西壮族自治区防城港市港口区东港区大道1号	北部湾港防城港码头有限公司	CNFAN720139	防城港
87	南宁海关	东兴海关	广西东兴口岸进境水果指定监管场地	广西壮族自治区防城港市东兴市冲卜路66号	广西北投建设投资有限公司	CNDOX720060	东兴（公路）
88	南宁海关	龙邦海关	广西龙邦口岸进境水果指定监管场地	广西壮族自治区百色市靖西市龙邦镇万生隆大道1号	广西靖西万生隆投资有限公司	CNLGB720148	龙邦（公路）
89	南宁海关	水口海关	广西水口口岸进境水果指定监管场地	广西壮族自治区崇左市龙州县水口镇新街	龙州县边境贸易服务中心	CNSKO720127	水口（公路）

续 表

序号	关区		指定监管场地名称	邮政地址	经营单位名称	场所（场地）海关编码	所在口岸区域
	直属海关	主管（隶属）海关					
90	南宁海关	友谊关海关	广西凭祥弄通道进境水果指定监管场地	广西壮族自治区凭祥市友谊镇卡凤村弄尧屯	凭祥市国际贸易开发有限责任公司	CNYYG722008	友谊关（公路）
91	南宁海关	凭祥海关	广西凭祥（铁路）口岸进境水果指定监管场地	广西省凭祥市凭祥镇大象路	中国铁路南宁局集团有限公司	CNPIN720151	凭祥（铁路）
92	南宁海关	东兴海关	东兴公路口岸（北仑河二桥）进境水果指定监管场地	广西壮族自治区防城港市东兴市东兴口岸二桥综合服务区海关监管作业场所	东兴市城市建设投资有限责任公司	CNDOX720259	东兴（公路）
93	南宁海关	钦州港海关	钦州港口岸大榄坪南作业区进境水果指定监管场地	广西钦州保税港区4泊位后方	广西北部湾国际集装箱码头有限公司	CNQZH720266	钦州港
94	南宁海关	南宁吴圩机场海关	南宁吴圩国际机场进境水果指定监管场地	广西南宁市江南区南宁吴圩国际机场T2航站区空港北三路	广西民航产业发展有限公司	CNNIN720276	南宁吴圩国际机场
95	海口海关	八所海关	海南八所港进境水果指定监管场地	海南省东方市八所镇解放西路106号	海南八所港务有限责任公司	CNBSP640055	八所港

续表

序号	关区		指定监管场地名称	邮政地址	经营单位名称	场所（场地）海关编码	所在口岸区域
	直属海关	主管（隶属）海关					
96	海口海关	洋浦经济开发区海关	洋浦国际集装箱码头进境水果指定监管场地	海南省儋州市洋浦经济开发区洋浦大道10号洋浦国际集装箱码头	洋浦国际集装箱码头有限公司	CNYPG64090	洋浦港
97	重庆海关	重庆江北机场海关	重庆江北国际机场进境水果指定监管场地	重庆市渝北区机场西五路2号	重庆空港航空地面服务有限公司	CNCKG800032	重庆江北国际机场
98	重庆海关	重庆港海关	重庆港果园港区进境水果指定监管场地	重庆市江北区福港大道41号	重庆果园港国际物流枢纽建设发展有限公司	CNCHQ800043	重庆港果园港区
99	成都海关	成都双流机场海关	成都双流国际机场进境水果指定监管场地	成都双流物流园区航枢纽大道489号	成都双流国际机场航空地面服务有限公司	CNCDU79046	成都双流国际机场
100	成都海关	成都双流机场海关	成都天府国际机场进境水果指定监管场地	四川省成都市东部新区天府国际机场宾明街12号（天府国际机场货站）	四川省机场集团航空地面服务有限公司	CNCDU79047	成都天府国际机场

续　表

序号	关区		指定监管场地名称	邮政地址	经营单位名称	场所（场地）海关编码	所在口岸区域
	直属海关	主管（隶属）海关					
101	贵阳海关	贵阳龙洞堡机场海关	贵阳龙洞堡国际机场进境水果指定监管场地	贵州省贵阳市南明区龙洞堡国际机场（三期）国际货运中心	贵州航空港物流产业发展有限公司	CNKWE830018	贵阳龙洞堡国际机场
102	昆明海关	昆明长水机场海关	昆明长水机场东航进境水果指定监管场地	云南省昆明市东方航空物流股份有限公司云南分公司	东方航空物流股份有限公司云南分公司	CNKMG860170	昆明长水国际机场
103	昆明海关	昆明长水机场海关	昆明长水机场云南空港进境水果指定监管场地	云南省昆明市云南空港物流有限公司	云南空港物流有限公司	CMKMG860168	昆明长水国际机场
104	昆明海关	河口海关	云南河口口岸进境水果指定监管场地	云南省红河州河口县河口北山国际货场	河口滇越货场物流有限责任公司	CNHKM860139	河口（公路）
105	昆明海关	天保海关	云南天保口岸进境水果指定监管场地	云南省文山州麻栗坡县天保镇天保口岸	麻栗坡县拓丰物流中心	CNTBO860167	天保（公路）
106	昆明海关	打洛海关	云南打洛口岸进境水果指定监管场地	云南省西双版纳州勐海县打洛镇打洛查验货场	勐海县城乡建设投资开发有限公司	CNDLO860182	打洛（公路）

续　表

序号	关区		指定监管场地名称	邮政地址	经营单位名称	场所（场地）海关编码	所在口岸区域
	直属海关	主管（隶属）海关					
107	昆明海关	勐腊海关	云南磨憨口岸进境水果指定监管场地	云南省西双版纳州勐腊县磨憨经济开发区磨木村劳	磨憨金孔雀交通运输有限责任公司	CNMHN860136	磨憨（公路）
108	昆明海关	勐腊海关	磨憨铁路口岸进境水果指定监管场地	勐腊县磨憨镇尚勇村磨憨镇火车站	滇南铁路有限责任公司	CNMHN860195	磨憨铁路口岸
109	昆明海关	章凤海关	云南章凤口岸进境水果指定监管场地	云南省德宏州陇川县章凤口岸边民互市交易市场	陇川友邦商贸有限公司	CNZHF860149	章凤（原二类口岸）
110	昆明海关	畹町海关	瑞丽畹町口岸进境水果指定监管场地	云南省德宏州瑞丽市畹町经济开发区民主街137号	瑞丽市畹町长合商贸有限公司	CNWAN86S007	
111	昆明海关	腾冲海关	腾冲市猴桥口岸进境水果指定监管场地	云南省保山市腾冲市猴桥镇金鑫经贸有限公司	腾冲县金鑫经贸有限公司	CNTCH86S002	
112	西安海关	西安咸阳机场海关	西安咸阳国际机场进境水果指定监管场地	陕西省西咸新区空港新城空港西三路006号	西部机场集团航空物流有限公司	CNSIA900027	西安咸阳国际机场
113	兰州海关	兰州中川机场海关	兰州中川机场进境水果指定监管场地	兰州市永登县中川镇中川机场货运国际部	甘肃省民航空运物流有限责任公司	CNLHW950021	兰州中川国际机场

续 表

序号	关区		指定监管场地名称	邮政地址	经营单位名称	场所（场地）海关编码	所在口岸区域
	直属海关	主管（隶属）海关					
114	乌鲁木齐海关	伊尔克什坦海关	新疆伊尔克什坦进境水果指定监管场地	伊尔克什坦口岸常州工业园区	伊尔克什坦口岸华欣水果监管库有限公司	CNYRK940165	伊尔克什坦（公路）
115	乌鲁木齐海关	霍尔果斯海关	新疆霍尔果斯进境水果指定监管场地	新疆伊犁州霍尔果斯市工业园区宁波路1号	霍尔果斯金亿国际贸易（集团）有限公司	CNHRS940103	霍尔果斯（公路、铁路）
116	乌鲁木齐海关	阿拉山口海关	新疆阿拉山口进境水果指定监管场地	阿拉山口综合保税区东环路	阿拉山口综合保税区金港开发有限责任公司	CNAKI04S008	阿拉山口（公路、铁路）
117	乌鲁木齐海关	乌鲁木齐地窝堡机场海关	乌鲁木齐机场进境水果指定监管场地	乌鲁木齐迎宾路46号	新疆机场（集团）有限责任公司	CNURC940036	乌鲁木齐地窝堡国际机场
118	乌鲁木齐海关	红其拉甫海关	红其拉甫进境水果指定监管场地	塔什库尔干县喀拉苏路	新建华盈泰国际贸易有限公司	CNKJP940143	红其拉甫（公路）
119	乌鲁木齐海关	喀什海关	喀什航空口岸综合性指定监管场地（水果）	喀什综合保税区E-03地块	喀什综保国际物流供应链有限公司	CNKHG94S005	喀什航空口岸

（资料来源：海关总署）

附录十三 进境原木指定监管场地名单（A 类）

（截至 2022 年 12 月 30 日）

序号	直属海关	主管海关（隶属海关）	类型	功能区	指定监管场地名称	经营单位名称	邮政地址	场所（场地）编码	所处口岸区域
1	石家庄海关	曹妃甸海关	A 类	除害处理区	唐山曹妃甸文丰码头有限公司件杂货码头水路运输类海关监管作业场所	唐山曹妃甸文丰码头有限公司	中国（河北）自由贸易试验区曹妃甸片区唐山市曹妃甸工业区装备制造产业园区文丰码头港区内	CNCFD040144	曹妃甸港区
2	大连海关	大连长兴岛海关	A 类	除害处理区	辽宁长兴岛进境原木指定监管场地	大连长兴岛港口有限公司	辽宁省大连市长兴岛经济区新港村1号	CNDAI09S008	大连长兴岛港区
3	南京海关	太仓海关	A 类	除害处理区	太仓港太仓国际码头进境原木指定监管场地	太仓国际集装箱码头有限公司	太仓港经济开发区北环路1号	CNTAC230020	太仓港
4	南京海关	盐城海关	A 类	除害处理区	大丰港通用码头进境原木指定监管场地	大丰海港港口有限公司	盐城市大丰港经济开发区中港通用码头	CNDFG230520	大丰港区

续　表

序号	直属海关	主管海关（隶属海关）	类型	功能区	指定监管场地名称	经营单位名称	邮政地址	场所（场地）编码	所处口岸区域
5	福州海关	莆田海关	A类	除害处理区	福建省莆田港口岸秀屿港区进境原木指定监管场地	莆田港务集团有限公司	福建省莆田市秀屿区东庄镇莆头村	CNPUT35028	莆田港秀屿港区
6	青岛海关	日照海关	A类	除害处理区	山东岚山进境原木检疫处理区	日照港集团岚山港务有限公司	山东省日照市岚山区圣岚路1号	CNLSN42065	日照港
7		日照海关	A类	除害处理区	山东日照岚桥港进境原木检疫处理区	山东日照岚桥港有限公司	山东省日照市岚山区滨海路66号	CNLSN42202	日照港
1	呼和浩特海关	二连海关	A类	检疫加工区	恒利达货场（828830宽轨线）	内蒙古呼铁对外经济技术合作集团有限责任公司二连分公司	二连浩特市迎宾路2号	CNERC07S015	二连铁路口岸
2	满洲里海关	满洲里车站海关	A类	检疫加工区	中国铁路哈尔滨局集团有限公司满洲里进境原木指定监管场地（第二机械换装货场）	中国铁路哈尔滨局集团有限公司满洲里站	满洲里市南区一道街铁路车站	CNMLX06S008	满洲里铁路口岸
3		满洲里车站海关	A类	检疫加工区	满洲里四方运输有限责任公司进境原木指定监管场地	满洲里四方运输有限责任公司	满洲里市北区一道街俄罗斯风情园1号楼四方公司	CNMLX06S009	满洲里铁路口岸
4		满洲里车站海关	A类	检疫加工区	满洲里铁福经济发展有限责任公司进境原木指定监管场地	满洲里铁福经济发展有限责任公司	满洲里市合作区东二道街木材转运站院内	CNMLX06S010	满洲里铁路口岸

续　表

序号	直属海关	主管海关（隶属海关）	类型	功能区	指定监管场地名称	经营单位名称	邮政地址	场所（场地）编码	所处口岸区域
5	哈尔滨海关	抚远海关	A类	检疫加工区	抚远口岸进境原木指定监管场地	抚远江海港国际仓储有限公司	抚远市通江镇茅吉塔深水港	CNFUY19S141	抚远口岸
6		饶河海关	A类	检疫加工区	饶河口岸进境原木指定监管场地	饶河县经济合作促进局	双鸭山市饶河县饶河口岸	CNROH19S142	饶河口岸
7		绥芬河海关	A类	检疫加工区	绥芬河口岸进境原木指定监管场地	黑龙江绥东试验区发展运营（集团）有限公司	绥芬河市南外环路南森联园区内	CNSFH19S143	
8		同江海关	A类	检疫加工区	同江口岸进境原木指定监管场地	同江龙航港务有限公司	同江市横江口德通码头	CNTOJ19S144	同江西港口岸
9		萝北海关	A类	检疫加工区	萝北口岸进境原木指定监管场地	萝北县兴萝物流有限公司	萝北县名山镇沿江街	CNLUB19S145	萝北口岸
10	乌鲁木齐海关	阿拉山口海关	A类	检疫加工区	阿拉山口口岸进境原木指定监管场地	中国铁路乌鲁木齐局集团公司阿拉山口站	新疆维吾尔自治区博尔塔拉蒙古自治州阿拉山口市铁路换装区	CNALK04S015	阿拉山口口岸

（资料来源：海关总署）

附录十四 进境原木指定监管场地名单（B类）

（截至 2022 年 12 月 30 日）

序号	直属海关	主管海关（隶属海关）	类型	指定监管场地名称	经营单位名称	邮政地址	场所（场地）编码	所处口岸区域
1	天津海关	天津新港海关	B类	天津港国际物流发展有限公司进境原木指定监管场地	天津港国际物流发展有限公司	天津市滨海新区塘沽跃进路 3016 号	CNTXG020444	天津新港
2		天津新港海关	B类	天津港集装箱码头有限公司进境原木指定监管场地	天津港集装箱码头有限公司	天津市滨海新区新港四号路 4380 号	CNTXG020443	天津新港
3		天津东疆海关	B类	天津港兴东物流有限公司进境原木指定监管场地	天津港兴东物流有限公司	天津东疆保税港区陕西道 1316 号	CNDJG02S663	天津东疆港
4		天津东疆海关	B类	天津港太平洋国际集装箱码头有限公司进境原木指定监管场地	天津港太平洋国际集装箱码头有限公司	天津自贸试验区（东疆保税港区）美洲路 3889 号	CNDJG02S664	天津东疆港

续 表

序号	直属海关	主管海关（隶属海关）	类型	指定监管场地名称	经营单位名称	邮政地址	场所（场地）编码	所处口岸区域
5	大连海关	大窑湾海关	B类	大连集发港口物流有限公司进境原木指定监管场地	大连集发港口物流有限公司	辽宁省大连保税区港一号路东侧集装箱码头S街街区	CNDYW09S064	大连港大窑湾港区
6		大窑湾海关	B类	大连耐卓木业进境原木指定监管场地	大连耐卓木业有限公司	大保税区振港路2-3号	CNDYW09S065	大连港大窑湾港区
7	上海海关	外高桥港区海关	B类	上港集团冷链物流有限公司	上港集团冷链物流有限公司	浦东新区港建路1699号	CNWIG220540	外高桥港区
8		洋山海关	B类	上海洋山港冠东码头进境原木指定监管场地	上海冠东国际集装箱码头有限公司	小洋山岛冠东码头	CNYSA22S056	洋山港区
9		洋山海关	B类	上海洋山港盛东码头进境原木指定监管场地	上海盛东国际集装箱码头有限公司	小洋山岛盛东码头	CNYSA22S055	洋山港区
10		洋山海关	B类	上海洋山港尚东码头进境原木指定监管场地	上海国际港务（集团）股份有限公司尚东集装箱码头分公司	小洋山岛尚东码头	CNYSA22S057	洋山港区
11		外高桥港区海关	B类	上港物流有限公司浦东分公司查验场站	上港集团	浦东新区港城路1728号	CNWIG220047	外高桥港区
12		洋山海关	B类	上海洋山港深水港物流进境原木指定监管场地	上海深水港国际物流有限公司	芦潮港镇顺通路8号	CNYSA22S053	洋山港区

续 表

序号	直属海关	主管海关（隶属海关）	类型	指定监管场地名称	经营单位名称	邮政地址	场所（场地）编码	所处口岸区域
13		连云港海关	B类	连云港新东方集装箱码头进境原木指定监管场地	连云港新东方集装箱码头有限公司	江苏省连云港市连云区庙岭港区连云港新东方集装箱码头有限公司	CNLYG230132	连云港
14		连云港海关	B类	连云港新东方国际货柜码头进境原木指定监管场地	连云港新东方国际货柜码头有限公司	江苏省连云港市连云区庙岭港区连云港新东方国际货柜码头有限公司	CNLYG230026	连云港
15	南京海关	连云港海关	B类	新龙港港口进境原木指定监管场地	江苏新龙港港口有限公司	江苏省连云港市灌云县临港产业区黄海路18号	CNLYG232302	连云港
16		连云港海关	B类	赣榆港新海湾进境原木指定监管场地	连云港新海湾码头有限公司	连云港市赣榆区柘汪镇响石村	CNLYG232303	连云港
17		太仓海关	B类	太仓港万方码头进境原木指定监管场地	太仓万方国际码头有限公司	江苏省太仓市璜泾镇万方国际码头	CNTAC230009	太仓港
18		太仓海关	B类	太仓港鑫海码头进境原木指定监管场地	太仓鑫海港口开发有限公司	太仓港口开发区华苏路9号	CNTAC230052	太仓港
19		太仓海关	B类	太仓港正和国际集装箱码头进境原木指定监管场地	太仓正和国际集装箱码头有限公司	太仓港口开发区兴港路1号	CNTAC230019	太仓港

续　表

序号	直属海关	主管海关（隶属海关）	类型	指定监管场地名称	经营单位名称	邮政地址	场所（场地）编码	所处口岸区域
20		张家港海关	B 类	张家港永嘉集装箱码头有限公司进境原木指定监管场地	张家港永嘉集装箱码头有限公司	江苏苏州张家港金港镇江海北路底	CNZJG230015	张家港港
21		张家港海关	B 类	张家港港务集团有限公司进境原木指定监管场地	张家港港务集团有限公司	张家港市金港镇长江中路 252 号	CNZJG230016	张家港港
22		张家港海关	B 类	张家港锦隆重件码头有限公司进境原木指定监管场地	张家港锦隆重件码头有限公司	张家港市金港镇长山村	CNZJG230032	张家港港
23	南京海关	张家港海关	B 类	张家港永恒码头有限公司进境原木指定监管场地	张家港永恒码头有限公司	张家港市沿江开发区大新渡泾港东侧	CNZJG230008	张家港港
24		如皋海关	B 类	如皋港苏中国际码头进境原木指定监管场地	如皋苏中国际集装箱码头有限公司	如皋市疏港路 38 号	CNRUG230041	如皋港
25		常熟海关	B 类	常熟港兴华港口进境原木指定监管场地	常熟兴华港口有限公司	江苏省常熟市碧溪镇兴华大道一路 1 号	CNCGS230021	常熟港
26		常熟海关	B 类	常熟港长江港务进境原木指定监管场地	常熟长江港务有限公司	江苏省常熟市常熟经济开发区兴港路 36 号 2 幢	CNCGS230011	常熟港

续 表

序号	直属海关	主管海关（隶属海关）	类型	指定监管场地名称	经营单位名称	邮政地址	场所（场地）编码	所处口岸区域
27	南京海关	靖江海关	B类	靖江盈利港务有限公司杂散货码头	靖江盈利港务有限公司	江苏省靖江市经济开发区新港园区六助港路1号	CNTSI230010	靖江港
28		扬州海关	B类	江都港扬州远扬进境原木指定监管场地	扬州远扬国际码头有限公司	江苏省扬州市江都区沿江开发区三果路	CNYZH230014	江都港
29		扬州海关	B类	扬州港扬州远扬进境原木指定监管场地	扬州远扬国际码头有限公司	江苏省扬州市扬子江路南端长江边	CNYZH230011	扬州港
30		常州海关	B类	常州录安洲长江码头有限公司码头	常州录安洲长江码头有限公司	常州市新北区春江镇录安洲港区大道18号	CNCZX230035	常州港
31		常州海关	B类	常州新长江港口有限公司码头	常州新长江港口有限公司	常州市新北区春江镇常州港区	CNCZX230030	常州港
32		镇江海关	B类	镇江港江苏新民洲港务进境原木指定监管场地	江苏新民洲港务有限公司	江苏省镇江市京口区新民洲临港产业园青春路58号	CNZHE230013	镇江港
33	杭州海关	嘉兴海关	B类	嘉兴市乍浦港口经营有限公司进境原木指定监管场地	嘉兴市乍浦港口经营有限公司	浙江省嘉兴市平湖市乍浦镇三期围堤内	CNZPU290375	嘉兴港
34		舟山海关	B类	宁波舟山港金塘大浦口集装箱码头进境原木指定监管场地	舟山甬舟集装箱码头有限公司	浙江省舟山市定海区金塘镇大浦村	CNZOS290310	宁波舟山港

续 表

序号	直属海关	主管海关（隶属海关）	类型	指定监管场地名称	经营单位名称	邮政地址	场所（场地）编码	所处口岸区域
35	杭州海关	湖州海关	B 类	安吉上港进境原木指定监管场地	安吉上港国际港务有限公司	浙江省湖州市安吉县递铺街道马家村马家渡自然村 38 号	CNHZH290351	
36	宁波海关	北仑海关	B 类	宁波北仑三集司进境原木指定监管场地	宁波北仑第三集装箱码头有限公司	浙江省宁波市北仑区白峰集翔路 8 号	CNNBO310196	宁波北仑港区
37		大榭海关	B 类	宁波大榭集装箱码头有限公司进境原木指定监管场地	宁波大榭集装箱码头有限公司	浙江省宁波大榭开发区招商码头	CNNBO310106	宁波大榭港区
38		梅山海关	B 类	宁波梅山码头进境原木指定监管场地	宁波梅山岛国际集箱码头有限公司	浙江省宁波市梅山保税港区盐田大道 365 号	CNNBO310135	宁波梅山港区
39		大榭海关	B 类	宁波大亚中创进境原木指定监管场地	宁波大亚中创国际物流有限公司	浙江省宁波市北仑区北极星路 2 号	CNNBO310205	
40	福州海关	榕城海关	B 类	福州港口岸江阴港区福州新港国际集装箱码头有限公司进境原木指定监管场地	福州新港国际集装箱码头有限公司	福建省福清市江阴镇新江公路 1 号	CNFZH350042	福州港口岸江阴港区
41		马尾海关	B 类	福州港（马尾）福州青州集装箱码头有限公司进境原木指定监管场地	福州青州集装箱码头有限公司	福州市马尾区罗星东路 3 号	CNMAW350020	福州港闽江口内港区（马尾港）

续 表

序号	直属海关	主管海关（隶属海关）	类型	指定监管场地名称	经营单位名称	邮政地址	场所（场地）编码	所处口岸区域
42	厦门海关	东渡海关	B类	厦门集装箱码头集团有限公司海天码头监管场所	厦门集装箱码头集团有限公司	厦门市自贸区厦门片区象屿路8号	CNXAM370226	厦门港
43		海沧海关	B类	海沧保税港区东集中查验区	厦门港海沧集装箱查验服务有限公司	中国（福建）自由贸易试验区厦门片区（保税港区）建港路海润码头综合楼3楼	CNXAM37S250	厦门港
44		海沧海关	B类	海沧保税港区西集中查验区	厦门港海沧集装箱查验服务有限公司	中国（福建）自由贸易试验区厦门片区（保税港区）港南路268-5号	CNXAM37S251	厦门港
45		海沧海关	B类	厦门远海集装箱码头	厦门远海集装箱码头有限公司	厦门市海沧港区14号-17号泊位	CNXAM370224	厦门港
46		海沧海关	B类	达达堆场	厦门达达集装箱服务有限公司	中国（福建）自由贸易试验区厦门片区温盾村宁坑社501-6号103	CNXAM370243	厦门港
47		海沧海关	B类	海投物流综合监管场	厦门海投物流有限公司	厦门市海沧区建港路111号	CNXAM370242	厦门港
48		漳州海关	B类	招银港开发综合码头	漳州招商局码头有限公司	漳州市招商局经济技术开发区成功大道	CNZZU370230	漳州港

续　表

序号	直属海关	主管海关（隶属海关）	类型	指定监管场地名称	经营单位名称	邮政地址	场所（场地）编码	所处口岸区域
49	青岛海关	董家口港海关	B 类	山东董家口港进境原木指定监管场地	青岛港国际股份有限公司董家口分公司	山东省青岛市黄岛区泊里镇董家口港区中心路中巴货场	CNQIN420305	董家口港
50		黄岛海关	B 类	山东青岛港国际物流进境原木指定监管场地	青岛港国际物流有限公司	山东省青岛市黄岛区北港二三期	CNQGD42S701	青岛港
51		黄岛海关	B 类	山东青岛港前湾联合集装箱码头进境原木指定监管场地	青岛港前湾联合集装箱码头有限公司	山东省青岛市保税港区同江路567号	CNQGD420057	青岛港
52		蓬莱海关	B 类	山东蓬莱港进境原木指定监管场地	烟台港集团蓬莱港有限公司	山东省蓬莱经济开发区哈尔滨路1号	CNPLI420077	蓬莱港
53	济南海关	潍坊海关	B 类	潍坊港区散货码头进境原木指定监管场地	潍坊港区散货码头有限公司	潍坊滨海经济开发区央子街办以北25公里处	CNWEF431003	潍坊港
54	武汉海关	武汉新港海关	B 类	武汉港武港集箱进境原木指定监管场地	武汉港集装箱有限公司	湖北省武汉市新洲区平江西路9号	CNWHG470034	武汉港
55		武汉新港海关	B 类	武汉阳逻港进境原木指定监管场地	武汉国际集装箱有限公司	湖北省武汉市新洲区平江西路特8号	CNWHG470003	武汉港
56	长沙海关	岳阳海关	B 类	岳阳城陵矶进境原木指定监管场地	湖南省岳阳市新港区湖南城陵矶国际集装箱港	岳阳城陵矶新港有限公司	CNYYA491016	城陵矶港

续　表

序号	直属海关	主管海关（隶属海关）	类型	指定监管场地名称	经营单位名称	邮政地址	场所（场地）编码	所处口岸区域
57		佛山海关驻顺德办事处	B类	佛山顺德勤流港进境原木指定监管场地	佛山市顺德区勒流港货运码头有限公司	广东省佛山市顺德区勒流街道黄连工业大道勒流港	CNSUD510099	佛山顺德勤流港货运码头
58		佛山海关驻顺德办事处	B类	佛山顺德北滘港进境原木指定监管场地	佛山市顺德区北滘港货运联营有限公司	广东省佛山市顺德区北滘镇工业园港前路南8号	CNBIJ510098	佛山顺德北滘港货运码头
59	广州海关	佛山海关驻顺德办事处	B类	佛山顺德新港进境原木指定监管场地	广东颐德港口有限公司	广东省佛山市顺德区杏坛镇南华村委会临港路1号	CNSUD510222	佛山顺德新港
60		佛山海关驻南海办事处	B类	佛山南海三山港进境原木指定监管场地	南海国际货柜码头有限公司	佛山市南海区桂城街道三山大道1号	CNNHS510088	佛山南海港口岸三山港
61		南沙海关	B类	广州南沙港二期码头进境原木指定监管场地	广州南沙海集装箱码头有限公司	广州市南沙区龙穴大道南9号	CNGGZ510121	广州港南沙港区 南沙港二期码头
62	深圳海关	蛇口海关	B类	蛇口集装箱码头进境原木指定监管场地	招商局港口集团股份有限公司	广东省深圳市南山区西港路4号（蛇口集装箱码头）	CNSHK530196	蛇口集装箱码头
63		蛇口海关	B类	赤湾集装箱码头进境原木指定监管场地	招商局港口集团股份有限公司	广东省深圳市南山区右炮台路7号（赤湾集装箱码头）	CNSHK530197	赤湾集装箱码头

续 表

序号	直属海关	主管海关（隶属海关）	类型	指定监管场地名称	经营单位名称	邮政地址	场所（场地）编码	所处口岸区域
64	深圳海关	蛇口海关	B 类	妈湾集装箱码头进境原木指定监管场地	招商局港口集团股份有限公司	广东省深圳市南山区妈湾大道 1007 号（妈湾集装箱码头）	CNSHK530905	妈湾集装箱码头
65		大鹏海关	B 类	盐田港盐田国际进境原木指定监管场地	盐田国际集装箱码头有限公司	广东省深圳市盐田区进港一路盐田国际集装箱码头	CNYTN530200	盐田国际集装箱码头
66		惠州港海关	B 类	惠州国际集装箱码头进境原木指定监管场地	惠州国际集装箱码头有限公司	广东省惠州市大亚湾荃湾综合港区疏港大道 69 号	CNDAY530195	惠州国际集装箱码头
67	拱北海关	中山港海关	B 类	中山港国际货柜码头进境原木指定监管场地	中山港货运联营有限公司	广东省中山市火炬开发区沿江东一路 5 号	CNZSN570111	中山港国际货柜码头
68		中山港海关	B 类	中山市神湾港码头进境原木指定监管场地	中山市神湾港货运联营有限公司	中山市神湾镇海港村神港路 161 号	CNSNW570119	中山市神湾港码头
69	汕头海关	广澳海关	B 类	汕头港广澳港区进境原木指定监管场地	汕头招商局港口集团有限公司	广东省汕头市濠江区广达大道港口大楼	CNSTG601039	汕头港广澳港区
70		沙田海关	B 类	东莞（国际）货柜码头进境原木指定监管场地	东莞（国际）货柜码头有限公司	东莞（国际）货柜码头有限公司	CNHMN521816	虎门港沙田作业区
71	黄埔海关	黄埔老港海关	B 类	广州港股份有限公司黄埔港务分公司大码头进境原木指定监管场地	广州港股份有限公司黄埔港务分公司	广州市黄埔区港前路 400 号	CNGZG520613	广州港黄埔港区

续 表

序号	直属海关	主管海关（隶属海关）	类型	指定监管场地名称	经营单位名称	邮政地址	场所（场地）编码	所处口岸区域
72		黄埔老港海关	B 类	广东中外运黄埔仓码头进境原木指定监管场地	广东中外运黄埔仓码头有限公司	广州市黄埔区港前路 713 号	CNGGZ521804	广州港黄埔港区
73		黄埔老港海关	B 类	广裕码头进境原木指定监管场地	广州广裕仓码有限公司	广州市黄埔区庙沙围	CNGGZ521835	广州港黄埔港区
74		黄埔新港海关	B 类	广州集装码头进境原木指定监管场地	广州集装码头有限公司	广州经济技术开发区黄埔新港路 1 号	CNGGZ521813	广州港黄埔港区
75	黄埔海关	沙田海关	B 类	东莞港集装箱港务有限公司 7、8 号泊位进境原木指定监管场地	东莞港集装箱港务有限公司	东莞港集装箱港务有限公司	CNHMN521812	虎门港沙田作业区
76		沙田海关	B 类	东莞港国际集装箱码头有限公司 5、6 号泊位进境原木指定监管场地	东莞港国际集装箱码头有限公司	东莞港国际集装箱码头有限公司	CNHMN521811	虎门港沙田作业区
77		沙田海关	B 类	东莞港三期集装箱码头有限公司 9、10 号泊位进境原木指定监管场地	东莞港三期集装箱码头有限公司	东莞市沙田镇港口大道东莞港三期码头	CNHMN522002	虎门港沙田作业区
78	江门海关	外海海关	B 类	江门高新港进境原木指定监管场地	江门高新港务发展有限公司	江门市江海区连海路 433 号	CNWIH680061	江门高新港公共码头
79		新会海关	B 类	新会港进境原木指定监管场地	新会港国际货运码头有限公司	广东省江门市新会区江裕路 2 号	CNXIN680007	新会港

续 表

序号	直属海关	主管海关（隶属海关）	类型	指定监管场地名称	经营单位名称	邮政地址	场所（场地）编码	所处口岸区域
80	江门海关	台山海关	B类	台山公益港进境原木指定监管场地	台山市公益港有限公司	广东省江门市台山市大江镇公益人民路1号	CNTSG680015	台山公益港码头
81	南宁海关	钦州港海关	B类	广西钦州港大榄坪南作业区进境原木指定监管场地	北部湾港钦州码头有限公司	广西钦州市钦南区钦州港口岸大榄坪南作业区内	CNQZH720266	钦州港
82	海口海关	洋浦经济开发区海关	B类	洋浦国际集装箱码头进境原木指定监管场地	洋浦国际集装箱码头有限公司	海南省儋州市洋浦经济开发区洋浦大道10号	CNYPG640090	洋浦港小铲滩码头作业区

（资料来源：海关总署）

附录十五 进境植物种种苗指定监管场地名单

（截至 2023 年 12 月 6 日）

序号	关区		指定监管场地名称	邮政地址	经营单位名称	场所/场地编码	所在口岸区域
	直属海关	主管（隶属）海关					
1	北京海关	首都机场海关	首都机场海关查验中心	北京市顺义区保汇二街15号院	北京综合保税区开发管理有限公司	CNBJS01S001	首都国际机场
2	北京海关	天竺海关	北京天竺综保区指定监管场地	北京市顺义区金岸中路7号院	北京天保畅物流有限公司	CNBJS01S008	首都国际机场
3	北京海关	北京大兴国际机场海关	北京大兴国际机场进境植物种种苗指定监管场地	北京大兴国际机场货邮一路海关查验中心	首都机场集团有限公司	CNBJS01S981	北京大兴国际机场
4	天津海关	天津新港海关	天津港强集团有限公司	天津港保税区海滨九路187号	天津港强集团有限公司	CNTXG02S608	天津新港
5	天津海关	天津滨海机场海关	天津航空口岸大通关基地进境植物种种苗指定监管场地	天津空港物流区通澜路59号	天津航空物流发展有限公司	CNTSN02S665	天津滨海国际机场

续 表

序号	关区		指定监管场所名称	邮政地址	经营单位名称	场所/场地编码	所在口岸区域
	直属海关	主管（隶属）海关					
6	大连海关	大连周水子机场海关	辽宁省大连市国际机场种苗指定监管场地	辽宁省大连市甘井子区迎客路 100 号	大连国际机场集团有限公司	CNDLC090088	大连周水子国际机场
7	大连海关	大窑湾海关	辽宁省大连港毅都冷链二期种苗指定监管场地	辽宁省大连市保税区物流园区港六路 12 号	大连港毅都冷链有限公司	CNDYW090083	大连港大窑湾港区
8	哈尔滨海关	哈尔滨太平机场海关	哈尔滨太平国际机场进境植物种苗指定监管场地	黑龙江省哈尔滨市太平国际机场空港 5 路	黑龙江省机场管理集团有限公司货运售分公司	CNHRB190125	哈尔滨太平国际机场
9	上海海关	洋山海关	上海浓水港国际物流有限公司查验点	芦潮港镇顺通路 8 号	上海浓水港国际物流有限公司	CNYSA22S053	洋山港
10	上海海关	外高桥港区海关	上港集团冷链物流进境植物种苗指定监管场地	浦东新区港建路 1565 号	上港集团冷链物流有限公司	CNWIG220540	外高桥港
11	上海海关	浦东机场海关	东方航空物流进境植物种苗指定监管场地	河滨西路 1577 号	中国东方航空公司	CNPVG220481	浦东国际机场
12	上海海关	浦东机场海关	浦东国际机场西区进境植物种苗指定监管场地	河滨西路 501 号	机场集团有限公司	CNPVG220292	浦东国际机场
13	南京海关	南京禄口机场海关	南京禄口国际机场国际货运中心	南京禄口国际机场国际货运中心	东部机场集团有限公司	CNNKG230011	南京禄口国际机场

续　表

序号	关区		指定监管场地名称	邮政地址	经营单位名称	场所/场地编码	所在口岸区域
	直属海关	主管（隶属）海关					
14	南京海关	连云港港海关	连云港新东方集装箱码头	江苏省连云港市连云区庙岭港区	连云港新东方集装箱码头有限公司	CNLYG230026	
15	南京海关	连云港港海关	连云港外贸冷库有限责任公司	江苏省连云港市连云区中山中路482号	连云港外贸冷库有限责任公司	CNLYG23S012	
16	杭州海关	杭州萧山机场海关	杭州萧山国际机场航空物流有限公司监管场所	浙江省杭州市萧山区翔飞路杭州萧山国际机场航空货站B区	杭州萧山国际机场航空物流有限公司	CNHGH290077	杭州萧山国际机场
17	宁波海关	大榭海关	大亚中创	宁波市北仑区北星路2号	宁波大亚中创国际物流有限公司	CNNBO310205	宁波港
18	宁波海关	梅山海关	*浙江省宁波市梅山进口罗汉松种苗类指定监管场地	宁波市梅山岛梅兴码头西侧	宁波梅山保税港区物流有限公司	CNNBO310209	宁波港
19	福州海关	福州长乐机场海关	福州国际航空港有限公司海关监管仓库	福州长乐国际机场货运站	元翔（福州）国际航空港有限公司	CNFOC350172	福州长乐国际机场
20	福州海关	马尾海关	福州青州集装箱码头有限公司	马尾罗星东路3号	福州青州集装箱码头有限公司	CNMAW350020	福州港闽江口内港区
21	福州海关	榕城海关	福州新港国际集装箱码头有限公司海关监管码头	福建省福清市江阴镇新江路1号	福州新港国际集装箱码头有限公司	CNFZH350042	福州港江阴港区

续 表

序号	关区		指定监管场地名称	邮政地址	经营单位名称	场所/场地编码	所在口岸区域
	直属海关	主管（隶属）海关					
22	福州海关	平潭海关	福建省平潭口岸金井港区进境种苗指定监管场地	福建省福州市平潭综合实验区金井片区吉钓路 1 号	平潭综合实验区港务发展有限公司	CNPTJ350145	平潭港金井港区
23	厦门海关	东渡海关	*厦门集装箱码头集团有限公司海天码头监管场所	中国（福建）自由贸易试验区厦门片区象屿路 8 号	厦门集装箱码头集团有限公司	CNXAM370226	厦门港
24	厦门海关	厦门机场海关	厦门航空有限公司货运监管仓库	福建省厦门市湖里区墩辽路 22 号	厦门航空有限公司	CNXAM370220	厦门高崎国际机场
25	厦门海关	厦门机场海关	元翔货服国际进港仓库	福建省厦门市湖里区翔云一路 42 号	元翔空运货服（厦门）有限公司	CNXAM370218	厦门高崎国际机场
26	青岛海关	青岛大港海关	青岛中外运集装箱码头有限公司	山东省青岛市市北区港华路	青岛中外运集装仓码有限公司	CNQGD420170	青岛港
27	青岛海关	烟台海关	烟台国际集装箱码头有限公司监管作业场所	山东省烟台市芝罘区港湾大道 158 号	烟台国际集装箱码头有限公司	CNYAT420286	烟台港
28	青岛海关	青岛流亭机场海关	青岛胶东国际机场进境植物种苗指定监管场地	山东省青岛市胶州市顺港一路 8 号	青岛国际机场集团	CNTAO420321	青岛胶东国际机场
29	武汉海关	武汉天河机场海关	武汉天河机场监管作业场所	武汉天河机场北货区 C3 国际库	湖北空港航空地面服务有限公司	CNWUH470061	武汉天河国际机场

续 表

序号	关区		指定监管场地名称	邮政地址	经营单位名称	场所/场地编码	所在口岸区域
	直属海关	主管（隶属）海关					
30	广州海关	番禺海关	＊广州市番禺区莲花山港	广州市番禺区石楼镇港前路5号	广州市番禺莲花山番港货运有限公司	CNPNY510150	广州港莲花山港区莲花山港货运码头
31	广州海关	佛山海关驻顺德办事处	＊佛山市顺德区勒流流货柜码头	佛山市顺德区勒流港货柜码头	佛山市顺德勒流流货柜码头有限公司	CNSUD510099	佛山顺德勒流港货运码头
32	广州海关	佛山海关驻南海办事处	＊佛山市南海区三山港	广东省佛山市南海区桂城街道三山大道1号	南海国际货柜码头有限公司	CNNHS510088	佛山海港三山港
33	广州海关	广州白云机场海关	广州白云机场新运进境植物种苗指定监管场地	广州白云国际机场北工作区空港北二路特殊商品集中查验场	广州新运国际货运代理有限公司	CNCAN51S004	广州白云国际机场
34	广州海关	南沙海关	南沙港进境植物种苗指定监管场地	广州市南沙区龙穴大道南9号	广州南沙海港集装箱码头有限公司	CNGGZ510121	广州港南沙港区南沙港二期码头
35	广州海关	南沙海关	广州南沙国际冷链进境植物种苗指定监管场地	广东省广州市南沙区龙穴街龙穴大道南11号	广州南沙国际冷链有限公司	CNNSA510013	广州港南沙港区南沙港三期码头
36	深圳海关	蛇口海关	＊蛇口集装箱码头	广东省深圳市南山区西港路4号	蛇口集装箱码头有限公司	CNSHK530196	蛇口港
37	深圳海关	蛇口海关	＊赤湾集装箱码头	广东省深圳市南山区右炮台路7号	赤湾集装箱码头有限公司	CNSHK530197	赤湾港

续　表

序号	关区		指定监管场地名称	邮政地址	经营单位名称	场所/场地编码	所在口岸区域
	直属海关	主管（隶属）海关					
38	深圳海关	蛇口海关	*广东省深圳市妈湾集装箱码头进境植物种苗指定监管场地	广东省深圳市南山区妈湾大道 1007 号	招商局港口集团股份有限公司	CNSHK530905	妈湾港
39	深圳海关	大鹏海关	盐田国际集装箱码头进境植物种苗指定监管场地	广东省深圳市盐田区进港一路盐田国际集装箱码头	盐田国际集装箱码头有限公司	CNYTN530200	盐田港国际集装箱码头
40	拱北海关	湾仔海关	广东省珠海市洪湾港进境植物种苗指定监管场地	广东省珠海市香洲区南屏镇洪湾港区	珠海国际货柜码头（洪湾）有限公司	CNZUH570128	洪湾港
41	汕头海关	广澳海关	汕头招商局港口集团有限公司广澳港区	广东省汕头市濠江区广澳湾内	汕头招商局港口集团有限公司	CNSTG601039	汕头港
42	黄埔海关	黄埔新港海关	广州集装箱码头	广州经济技术开发区黄埔新港路 1 号	广州集装箱码头有限公司	CNGGZ521813	广州港黄埔港区
43	南宁海关	东兴海关	东兴公路口岸（北仑河二桥）进境植物种苗指定监管场地	广西壮族自治区防城港市东兴口岸二桥综合服务区	东兴市城市建设投资有限责任公司	CNDOX720259	东兴公路口岸（北仑河二桥）
44	海口海关	三亚机场海关	三亚凤凰国际机场进境植物种苗指定监管场地	海南省三亚市天涯区凤凰路 578 号	三亚凤凰国际机场货运有限公司	CNSYX640098	三亚凤凰国际机场

续 表

序号	关区		指定监管场地名称	邮政地址	经营单位名称	场所/场地编码	所在口岸区域
	直属海关	主管（隶属）海关					
45	成都海关	成都双流机场海关	成都双流国际机场货站	成都双流区航枢大道489号	成都双流国际机场航空地面服务有限公司	CNCDU790046	成都双流国际机场
46	成都海关	成都双流机场海关	成都天府国际机场进境植物种苗指定监管场地	四川省成都市东部新区天府国际机场宾朗街12号（天府国际机场货站）	四川省机场集团航空空地面服务有限公司	CNCDU790047	成都天府国际机场
47	昆明海关	瑞丽海关	瑞丽市口岸联检中心查验货场	云南省德宏州瑞丽市姐告联检中心	瑞丽市宝玉珠宝街管理有限公司	CNRUI860145	瑞丽（公路）
48	昆明海关	勐腊海关	*磨憨口岸国际物流中心	云南省西双版纳州勐腊县磨憨经济开发区磨木村旁	磨憨金孔雀交通运输有限责任公司	CNMHN860136	磨憨（公路）
49	昆明海关	昆明长水机场海关	东航物流云南分公司海关监管作业场所	云南省昆明市东方航空物流有限公司云南分公司	东方航空物流股份有限公司云南分公司	CNKMG860170	昆明长水国际机场
50	昆明海关	昆明长水机场海关	云南空港物流海关监管作业场所	云南省昆明市云南空港物流有限公司	云南空港物流股份有限公司	CMKMG860168	昆明长水国际机场
51	西安海关	西安咸阳机场海关	西安咸阳国际机场进境植物种苗指定监管场地	陕西省西咸新区空港新城空港西三路西006号	西部机场集团航空物流有限公司	CNSIA900027	西安咸阳国际机场

续　表

序号	关区		指定监管场地名称	邮政地址	经营单位名称	场所/场地编码	所在口岸区域
	直属海关	主管（隶属）海关					
52	兰州海关	兰州中川机场海关	兰州中川国际机场监管作业场所	甘肃省兰州新区空港路16号	甘肃省民航航空物流有限责任公司	CNLHW950021	兰州中川国际机场
53	贵阳海关	贵阳龙洞堡机场海关	贵阳龙洞堡国际机场进境植物种苗指定监管场地	贵州省贵阳市南明区龙洞堡国际机场（三期）国际货运中心	贵州航空港物流产业发展有限公司	CNKWE830018	贵阳龙洞堡国际机场
54	乌鲁木齐海关	阿拉山口海关	阿拉山口进境种苗指定监管场地	新疆博州阿拉山口市综合保税区园区综三路11号	阿拉山口综合保税区金港开发有限责任公司	CNAKI04S009	阿拉山口（公路、铁路）

备注：标＊场地为可承接进口罗汉松监管业务的特定监管场地。

（资料来源：海关总署）

附录十六 2021 年至 2023 年我国陆港部分相关政策一览表

发布时间	发布单位	文件名称	文件号	相关内容
2023 年 12 月 27 日	财政部、生态环境部、商务部、海关总署、税务总局	《关于在有条件的自由贸易试验区和自由贸易港试点有关进口税收政策措施的公告》	财政部、生态环境部、商务部、海关总署、税务总局公告 2023 年第 75 号	对暂时出境修理、暂时进境修理、暂时进境货物的税收政策进行了具体规定。
2023 年 12 月 11 日	国务院办公厅	《关于加快内外贸一体化发展的若干措施》	国办发〔2023〕42 号	促进内外贸标准衔接。促进内外贸检验认证衔接。促进内外贸监管衔接。推进内外贸产品同线同标同质。支持外贸企业拓展国内市场。支持内外贸企业拓展国际市场。发挥平台交流对接作用。加强知识产权保护。完善内外贸信用体系。提升内外贸一体化物流便利性。强化内外贸人才支撑。深化内外贸一体化试点。培育内外贸一体化企业。培育内外贸融合发展产业集群。加快内外贸品牌建设。

续　表

发布时间	发布单位	文件名称	文件号	相关内容
2023年12月7日	国务院	《全面对接国际高标准经贸规则推进中国（上海）自由贸易试验区高水平制度型开放总体方案》	国发〔2023〕23号	加快服务贸易扩大开放，鼓励金融机构和支付服务提供者率先推出电子支付系统国际先进标准，开展数字身份跨境认证与电子识别。提升货物贸易自由化便利化水平，对符合条件的自境外智时准入进行修理的货物实施保税，复运出境的免征关税。转为内销的货物须照章征收关税。试点在洋山特殊综合保税区开展数字港一体化管理，允许在洋山特殊综合保税区开展加工、取消货物堆存期限限制。在符合监管条件前提下，经外高桥港区、浦东国际机场等上海其他口岸进出洋山特殊综合保税区的货物，试点适用海关一线径予开放行政策。率先实施海高标准数字贸易规则，支持上海自贸试验区参考联合国国际贸易法委员会电子可转让记录示范法，推动电子仓单、电子提单、电子发票等数据应用。
2023年12月7日	交通运输部	《交通运输部关于发布〈综合货运枢纽设计规范〉等18项交通运输行业标准的公告》	交通运输部公告2023年第59号	发布了综合货运枢纽设计规范等18项交通运输行业标准编号、主要内容及实施日期。
2023年10月31日	国务院	《中国（新疆）自由贸易试验区总体方案》	国发〔2023〕17号	努力打造促进中西部地区高质量发展的示范样板，构建新疆融入国内国际双循环的重要枢纽，服务"一带一路"核心区建设，助力创建亚欧黄金通道和我国向西开放的桥头堡，为共建中国—中亚命运共同体作出积极贡献。赋予自贸试验区更大改革自主权，充分发挥新疆"五口通八国、一路连欧亚"的区位优势，深入开展差别化改革探索，培育壮大新疆特色优势产业，优势产业，努力建成营商环境优良、投资贸易便利、要素资源共享、管理协同高效、辐射带动作用突出的高标准自由贸易园区。

续 表

发布时间	发布单位	文件名称	文件号	相关内容
2023年10月23日	国务院	《国务院关于在上海市创建"丝路电商"合作先行区方案的批复》	国函〔2023〕115号	同意《关于在上海市创建"丝路电商"合作先行区的方案》，在上海市建设"丝路电商"合作先行区。发挥上海在改革开放中的突破攻坚作用，鼓励先行先试，对接国际高标准经贸规则，探索体制机制创新，扩大电子商务领域对外开放，打造数字经济国际合作新高地，在服务共建"一带一路"高质量发展中发挥重要作用。
2023年10月5日	国务院	《国务院关于推动内蒙古高质量发展奋力书写中国式现代化新篇章的意见》	国发〔2023〕16号	强化开放大通道建设。加快建设以满洲里口岸为节点，外接俄蒙至欧洲的向北开放东通道，秦皇岛港和东北地区、内连大连港，以二连浩特口岸为节点，以中蒙中线铁路为支撑，内连天津港和京津冀，外接俄蒙至欧洲的向北开放中通道，完善货物物流贸易和生产加工功能。提升满洲里、二连浩特中欧班列口岸服务能力，推进内蒙古平行开行中欧班列扩容提质，研究将往蒙古国班列纳入图定线路。提升乌兰察布中欧班列集散能力。加快推进中俄中线铁路升级改造可行性研究，协同推进乌兰察布至乌兰巴托至乌兰乌德跨境铁路通道升级改造。推进甘其毛都、策克等口岸跨境铁路前期研究和建设工作。统筹推进"智慧口岸""数字国门"试点建设，提升口岸通关保障能力。加快发展开放型经济。支持按程序申请设立中国（内

续　表

发布时间	发布单位	文件名称	文件号	相关内容
2023 年 10 月 5 日	国务院	《国务院关于推动内蒙古高质量发展奋力书写中国式现代化新篇章的意见》	国发〔2023〕16 号	蒙古）自由贸易试验区。加快满洲里、二连浩特互市贸易区加工、投资、贸易一体化发展。研究优化边境口岸行政区划设置，乌兰察布与二连浩特等地区增强内生发展动力。推进满洲里与扎赉诺尔、促进口岸和腹地联动发展。进一步务实产业基础，促进综合保税区高质量发展。支持内蒙古同新加坡等国拓展经贸合作。加强区域协作互动。积极融入京津冀协同发展，深化京蒙协作，探索推动内蒙古与北京开展对口合作。支持与天津、河北、辽宁等省市开展港口资源共享和内陆港合作。加强与张家口、承德、大同、忻州、榆林、石嘴山等毗邻地区生态环境防联治。基础设施互联互通、公共服务合作共享。研究在满洲里、二连浩特、甘其毛都、策克等沿边地区整合若干沿边产业园区。中央预算内投资对沿边开放基础设施建设等给予相应支持，打造沿边沿边开放新高地。
2023 年 9 月 1 日	交通运输部、国家邮政局	《交通运输部 国家邮政局关于开展交通强国邮政专项试点工作的通知》	交规划函〔2023〕363 号	拟通过 1～2 年时间取得相对完善的系统性成果，培育若干具有引领示范作用的试点项目，形成一批可复制、可推广的先进经验和典型成果，出台一批政策规划、标准规范，进一步完善体制机制，在交通强国建设试点中实现邮政领域的突破。

续 表

发布时间	发布单位	文件名称	文件号	相关内容
2023年8月29日	国务院	《河套深港科技创新合作区深圳园区发展规划》	国发〔2023〕12号	到2025年，基本建立高效的深港科技创新协同机制，深港科技创新开放合作取得积极成效。皇岗口岸整体完成重建，跨境基础设施互联互通，实现运转高效的通关查验模式创新。深圳园区监管模式运作成熟，与香港园区基本实现要素流动畅通，创新链条融通、人员交流顺通。
2023年8月24日	交通运输部等8部门	《交通运输部 商务部 海关总署 国家金融监督管理总局 国家铁路局 中国民用航空局 国家邮政局 中国国家铁路集团有限公司关于加快推进多式联运"一单制""一箱制"发展的意见》	交运发〔2023〕116号	加快推进多式联运数据开放。支持多式联运信息集成服务发展。推广应用标准化电子运单。加快国际多式联运提单推广应用。推动国际多式联运电子提单发展。探索赋予多式联运物权凭证功能。探索发展多式联运"一单制"金融保险服务。优化多式联运"一单制"通关监管。完善"中途不换箱"合作机制。优化"全程不开箱"流程管理。提升"一箱到底""一箱制"服务能力。
2023年8月3日	中央财办等9部门	《中央财办等部门关于推动农村流通高质量发展的指导意见》	中财办发〔2023〕7号	到2025年，农村现代流通体系建设取得阶段性成效，基本建成设施完善、集约共享、安全高效、双向顺畅的农村现代商贸网络、物流网络、产地冷链网络，流通企业数字化转型稳步推进，新业态新模式加快发展，农村消费环境明显改善。到2035年，建成双向协同、高效顺畅的农村现代流通体系，商贸、物流、交通、农业、供销深度融合，城乡市场紧密衔接，商品和资源要素流动更加顺畅，工业品"下行"和农产品"上行"形成良性循环。

续表

发布时间	发布单位	文件名称	文件号	相关内容
2023年8月14日	商务部等9部门办公厅	《商务部等9部门办公厅（室）关于印发〈县域商业三年行动计划（2023—2025年）〉的通知》	商办流通函〔2023〕419号	加强农村物流基础设施建设。建设改造县级物流配送中心和乡镇快递物流站点，根据实际需要，配备自动分拣设备、立体货架、新能源配送车、智能取件终端等设施设备，提高物流配送效率，增强服务能力。加强农村物流资源整合，鼓励邮政、供销、商贸流通等主体市场化合作，整合各类物流资源，在电商快递下乡和农产品进城等双向配送服务，实现风险共担、利益共享，将其作为重点支持方向。总结共建共享模式，加快在中西部配送偏远地区推广落地。积极发展即时零售，加快中西部偏远地区推广落地。鼓励电商平台、大型商贸流通企业在具备条件的县城，依托自建物流、第三方物流体系，对接本地零散的商超、便利店，精准匹配周边消费订单需求，为居民提供高效便捷的到家服务。
2023年7月25日	国务院	《国务院关于进一步优化外商投资环境加大吸引外商投资力度的意见》	国发〔2023〕11号	加大重点领域引进外资力度。发挥服务业扩大开放综合试点示范引领带动作用。拓宽吸引外资渠道。支持外商投资企业梯度转移。完善外资项目建设推进机制。
2023年7月28日	国家发展改革委等8部门	《国家发展改革委等部门关于实施促进民营经济发展近期若干举措的通知》	发改体改〔2023〕1054号	持续确保出口企业正常出口退税平均办理时间在6个工作日内，将办理时间一类、二类出口企业正常出口退（免）税的平均时间压缩在3个工作日内政策延续实施至2024年年底。更新发布国别（地区）投资税收指南，帮助民营企业更好防范跨境投资税收风险。

续 表

发布时间	发布单位	文件名称	文件号	相关内容
2023年7月31日	国务院办公厅	《国务院办公厅转发国家发展改革委关于恢复和扩大消费措施的通知》	国办函〔2023〕70号	完善农村电子商务和快递物流配送体系。大力发展农村直播电商、即时零售，推动电商平台和企业全面向农村的产品和服务供给。完善县乡村三级快递物流配送体系，加快提升电商、快递进农村综合水平。支持县级物流配送中心、乡镇物流站点建设改造，整合邮政、快递、电商等资源，推行集约化配送，鼓励农村客运邮代快件。建设村级寄递物流综合服务站，在有条件的乡村布设智能快件箱，增加农村零售网点密度，逐步降低物流配送成本。
2023年7月28日	国家发展改革委	《国家发展改革委发布2023年国家物流枢纽建设名单》		临汾陆港型国家物流枢纽、呼和浩特陆港型国家物流枢纽、哈尔滨滨海生产服务（陆港型）国家物流枢纽、徐州陆港型国家物流枢纽、鹰潭陆港型国家物流枢纽、潍坊陆港型国家物流枢纽、哈密陆港型国家物流枢纽等30个国家物流枢纽入选。
2023年7月20日	国家发展改革委等13部门	《关于促进汽车消费的若干措施》	发改就业〔2023〕1017号	加快培育二手车市场。各地落实取消二手车限迁、便利二手车交易登记等政策措施，提高二手车领域非保密、非隐私信息向社会开放，完善信用体系。合理增加对二手车平台企业的抽检频率，抽检结果向社会公开。加强出口退税的政策辅导和服务，支持鼓励达到相关质量要求的二手车出口。

续　表

发布时间	发布单位	文件名称	文件号	相关内容
2023年7月18日	交通运输部、国家邮政局	《交通运输部 国家邮政局关于开展交通强国邮政专项试点工作的通知》	交规划函〔2023〕363号	枢纽建设。建设依托综合交通运输体系的全球性国际邮政快递枢纽集群，区域性国际邮政快递枢纽、全国性邮政快递核心枢纽。打造具有全球竞争力的邮政快递集聚区建设。智能化寄递物流集聚区、电商园区、工业园区服务需求的快递物流配套仓储设施。打造"寄递枢纽＋关联产业"快递经济区。城市寄递末端公共服务体系建设。建设标准化快递公共服务网点。农村寄递物流体系建设。建设县级寄递公共配送中心、村级寄递综合服务站，完善共同分拣、共同运输，共同收投模式。加强农村邮政快递与寄递运营、供销、电商等领域寄递基础设施和服务网络共享。构建应急寄递预警机制，建设邮政快递应急保障设施。
2023年7月14日	中共中央、国务院	《中共中央 国务院关于促进民营经济发展壮大的意见》		持续破除市场准入壁垒。全面落实公平竞争政策制度。完善社会信用激励约束机制。完善市场化常态化债务风险处置机制。完善融资支持政策制度。强化人才和用工需求保障。完善支持政策直达快享机制。强化政策沟通和预期引导。
2023年7月10日	国务院	《国务院关于做好自由贸易试验区第七批改革试点经验复制推广工作的通知》	国函〔2023〕56号	投资贸易便利化领域："工程建设项目审批统一化、标准化、信息化""出口货物检验检疫证书'云签发'平台""航空货运电子信息化"等3项；政府管理创新领域："水路政务危险货物'谎报瞒报四步稽查法'""海事政务闭环管理""国际航行船舶'模块化'

续　表

发布时间	发布单位	文件名称	文件号	相关内容
2023年7月10日	国务院	《国务院关于做好自由贸易试验区第七批改革试点经验复制推广工作的通知》	国函〔2023〕56号	检查机制" "应用电子劳动合同信息便捷办理人力资源社会保障业务" "医药招采价格调控机制" 等5项；金融开放创新领域："跨境人民币全程电子缴税" "对外承包工程类优质跨境人民币结算业务便利化" "证券、期货、基金境外金融职业资格认可机制" "动产质押融资业务模式" "科创自贸数据融资新模式" "知识产权质押融资质量" 等6项；产业高质量发展领域："制造业智能化转型市场化升级新模式" "健康医疗大数据应用" "专利导航助力产业创新协同新模式" "专利开放许可新模式" "深化知识产权服务业聚集发展改革" 等5项；知识产权保护领域："知识产权纠纷调解优先机制" "知识产权类案件'简案快办'" "专利侵权纠纷'先行裁驳、另行请求'" "裁决模式" 等3项。
2023年6月29日	国务院	《关于在有条件的自由贸易试验区和自由贸易港对接国际高标准推进制度型开放的若干措施》	国发〔2023〕9号	支持试点地区开展重点行业再制造产品进口试点。相关进口产品不适用我国禁止或限制旧品进口的相关措施，但应符合国家对同等新品的全部适用安全环保性能等方面（包括但不限于质量特性、安全环保性能等方面）和再制造产品有关规定，并在显著位置标注"再制造产品"字样。试点地区根据自身实际提出试点方案，明确相关进口产品清单及适用的具体标准、要求、评定程序和监管措施；有关部门应在收到试点方案后6个月内共同研究作出决定。有关部门加强监督、管理和检验，严防以再制造产品的名义进口洋垃圾和旧品。

续　表

发布时间	发布单位	文件名称	文件号	相关内容
2023 年 6 月 13 日	国家发展改革委、工业和信息化部、财政部、中国人民银行	《国家发展改革委等部门关于做好 2023 年降成本重点工作的通知》	发改运行〔2023〕645 号	完善现代物流体系。加强国家物流枢纽、国家骨干冷链物流基地布局建设，提高现代物流规模化、网络化、组织化、集约化发展水平。调整优化运输结构，实施国家综合货运枢纽补链强链，推动多式联运方式一体化融合。深入实施多式联运"一单制"，提升铁水联运发展水平，加快研究推进多式联运"一单制"。提升港口集装箱铁水联运量同比增长 15% 左右。推动 2023 年港口集装箱铁水联运量同比增长 15% 左右。继续执行公路通行费相关政策。深化高速公路差异化收费。严格落实鲜活农产品运输"绿色通道"政策。
2023 年 4 月 25 日	国务院办公厅	《国务院办公厅关于推动外贸稳规模优结构的意见》	国办发〔2023〕10 号	1. 优化重点展会供采对接。2. 便利跨境商务人员往来。3. 加强拓市场服务保障。4. 培育汽车出口优势。5. 提升大型成套设备企业的国际合作水平。6. 扩大先进技术设备进口。7. 用足用好中央财政资金政策作用。8. 加大出口信贷支持。9. 更好发挥出口信用保险作用。10. 优化跨境结算服务。11. 稳定和提升加工贸易。12. 完善边境贸易支持政策。13. 推进贸易数字化。14. 发展绿色贸易。15. 推动跨境电商健康持续创新发展。
2023 年 4 月 15 日	财政部、海关总署、国家税务总局	《关于 2023 年中国进出口商品交易会展期内销售的进口展品税收优惠政策的通知》	财关税〔2023〕5 号	对 2023 年举办的广交会在商务部确定的展期内销售的免税额度内的进口展品免征进口关税、进口环节增值税和消费税。对每个展商的展期内销售的超出免税额度的展品，以及展期内未销售且在展期结束后又不复运出境的展品，按照国家有关规定照章征税。对享受政策的展期内销售进口展品，海关不再按特定减免税货物实施后续监管。

续　表

发布时间	发布单位	文件名称	文件号	相关内容
2023年3月20日	交通运输部办公厅、财政部办公厅	《交通运输部办公厅　财政部办公厅关于做好2023年国家综合货运枢纽补强链申报工作的通知》	交办规划函〔2023〕363号	推动国家综合货运枢纽补强链城市扩面提质，与首批支持城市连线成网，互相促进，分布更加平衡合理。聚焦国家综合立体交通网主骨架6条主轴和西部陆海走廊、大陆桥走廊、沿边通道及其辐射范围，拓展枢纽辐射空间和辐区域交通资源配置能力，加强对尚未覆盖区域的支持，促进区域协调发展，进一步增强南北互动、东西交融。鼓励产业关联度高、货运化行需求明显、通道连接紧密的城市依托全国跨省群跨省联合申报，注重发挥城市各自比较优势，形成综合货运枢纽体系建设合力。
2023年3月18日	海关总署、财政部、税务总局	《关于增加海南离岛免税购物"担保即提"和"即购即提"提货方式的公告》	海关总署、财政部、税务总局公告〔2023〕25号	离岛旅客凭有效身份证件或行证件和离岛信息在海南离岛免税商店（不含网上销售窗口）购买免税品时，除在机场、火车站、码头指定区域提货以及可选择邮寄送达或岛内居民返岛提取方式外，可对单价值超过5万元（含）的免税品选择"担保即提"提货方式，可对单价不超过2万元（不含）且在本公告附件清单内的免税品选择"即购即提"提货方式。使用"担保即提""即购即提"方式购买的离岛免税品属于消费者个人使用的最终商品，应一次性携带离岛，不得再次销售。

续 表

发布时间	发布单位	文件名称	文件号	相关内容
2023年1月31日	交通运输部、自然资源部、海关总署、国家铁路局、中国国家铁路集团有限公司	《推进铁水联运高质量发展行动方案（2023—2025年）》	交水发〔2023〕11号	到2025年，长江干线主要港口铁路进港全覆盖，沿海主要港口铁路运进港率达到90%左右，全国主要港口集装箱铁水联运量达到1400万标箱，年均增长率超过15%；京津冀及周边地区、长三角地区、粤港澳大湾区等沿海主要港口利用疏港水路、铁路、封闭式皮带廊道、新能源汽车运输大宗货物的比例达到80%，发展大宗物资公铁水联运高质量发展。重点实施主要港口重要集疏运铁路及"最后一公里"畅通工程，配足到发线、调车线、装卸线等铁路设施，实现铁路深入码头堆场。建好用好铁水联运的铁路场站、堆场、道路等配套设施，推进铁路港站与港区堆场"无缝衔接"。结合国家物流枢纽、国家综合货运枢纽、铁路物流基地等，推动铁水联运铁路货运场站布局优化调整，实施一批铁路内陆场站建设和扩能改造项目，满足业务办理需求。挖掘联程铁路货运潜能、统筹高铁快运，客车与货车普速列车，统筹国家铁路、地方铁路等运输能力；推动铁水联运"散改集"运输。推动铁水联运"一单制"。
2023年2月8日	国家发展改革委办公厅、国家统计局办公室	《国家发展改革委办公厅 国家统计局办公室关于加强物流统计监测工作的通知》	发改办运行〔2023〕87号	优化完善统计指标体系。依托国家骨干冷链物流基地、产销冷链集配中心、龙头冷链物流企业、冷链物流平台企业等，加强行业日常运行监测和分析研判。优化物流景气指标，扩充完善运价样本，为各地区开展工作提供业务指导和技术支持。充分发挥有关行业组织、研究机构、重点企业积极性，创新编制仓储、大宗物资流等领域相关指数，服务行业发展需要。各地区统计部门要在相关制度建设和业务规范上加强指导。

续　表

发布时间	发布单位	文件名称	文件号	相关内容
2023年2月13日	中国人民银行、交通运输部、中国银行保险监督管理委员会	《中国人民银行　交通运输部　中国银行保险监督管理委员会关于进一步做好交通物流领域金融支持与服务的通知》	银发〔2023〕32号	创新丰富符合交通物流行业需求特点的信贷产品。优化交通物流专项再贷款政策安排。将道路货物专用运输车、道路货物运输经营者、道路危险货物运输企业、道路货物运输站场经营者、中小微物流仓储业（以物流、仓储、配送为主业的独立法人企业）补充纳入交通物流专项再贷款政策支持范围（申请条件见附件）。交通物流专项再贷款申请专项贷款资金，于贷款发放后次月10日（遇节假日顺延）前提交申请材料。优化交通物流领域债券融资功能，提升债券融资便利度。发挥好债券市场融资功能，有力支持合国家发展规划重大交通物流项目投资建设。支持汽车金融公司、金融租赁公司等非银行金融机构发行货运债券、金融债券。鼓励道路水路货物运输（含港口）、物流仓储配送（含快递）等信用类债券筹集资金。中国银行间市场交易商协会、银行间市场要在疫情及经济恢复阶段持续对相关企业债券发行注册、登记托管等环节绿色通道，做好债券发行服务，优化办理流程，对债券融资交易费用能免尽免，降低发债融资成本，提升便利度。

续　表

发布时间	发布单位	文件名称	文件号	相关内容
2023 年 2 月 10 日	商务部等 17 部门	《商务部等 17 部门关于服务构建新发展格局推动边（跨）境经济合作区高质量发展若干措施的通知》	商资发〔2023〕18 号	加强与口岸相关开放平台的联动。加强在边（跨）境经济合作区内建设综合保税仓库等保税监管场所，指导有序建设保税仓库等相关工作。支持有条件的增值税一般纳税人资格试点相关工作。支持有条件的边（跨）境经济合作区所在口岸申请设立中药材等指定进口口岸。支持边（跨）境经济合作区加强境与边境口岸、内陆主要交通枢纽节点的系统对接，建设货物换装作业、报关、检查、查验等综合配套服务平台和设施，设立境外分销和服务网络，物流配送中心等，增强对边境地区产业链供应链和企业跨国经营的服务保障能力。
2023 年 2 月 6 日	中共中央、国务院	《质量强国建设纲要》		到 2025 年，质量整体水平进一步全面提高，中国品牌影响力稳步提升，人民群众质量获得感、满意度更显增强，质量推动经济社会发展的作用更加突出，质量强国建设取得阶段性成效。经济发展质量效益明显提升。产业质量竞争力持续增强。产品、工程、服务质量水平显著提升。品牌建设取得更大进展。质量基础设施更加现代高效。质量治理体系更加完善。到2035 年，质量强国建设基础更加牢固，先进质量文化蔚然成风，质量和品牌综合实力达到更高水平。

续　表

发布时间	发布单位	文件名称	文件号	相关内容
2022年12月13日	商务部等10部门	《商务部等10部门关于支持国家级经济开发区创新提升更好发挥示范作用若干措施的通知》	商资函〔2022〕549号	探索从国家级经开区选派符合条件的干部赴驻外使领馆经商机构工作，拓宽对外交流渠道。充分利用现有资金渠道，支持国家级经开区举办各类招商引资活动，打造国际合作新载体，提升服务集约化、专业化、智能化水平，促进相关向型产业发展。鼓励国家级经开区内符合条件的企业用好自由贸易"两头在外"政策，按规定开展"高新技术产业技术应用试点"。优先支持其申报"智能制造标准应用试点""高新技术产业标准化试点示范"。鼓励国家级经开区之间探索建立产业链供应链跨区域互信制度。鼓励重点企业信息制度，海地方政府对纳税信用良好的企业，子以复工复产，保障原材料、海关通关、物流运输等方面的支持政策，成品等运输畅通。
2022年12月26日	交通运输部	《关于落实新型冠状病毒感染"乙类乙管"总体方案做好交通运输疫情防控和服务保障工作的通知》	交应急明电〔2022〕359号	一是加强从业人员和乘客个人防护。二是加强运输组织和服务保障。三是同步废止和制定有关指南。
2022年12月15日	国务院办公厅	《国务院办公厅关于印发"十四五"现代物流发展规划的通知》	国办发〔2022〕17号	到2025年，基本建成供需适配、内外联通、安全高效、智慧绿色的现代物流体系，物流服务质量效率明显提升，企业竞争力显著增强，安全绿色运行体系基本形成，"通道+枢纽+网络"运行体系基本形成，安全绿色

续　表

发布时间	发布单位	文件名称	文件号	相关内容
2022 年 12 月 15 日	国务院办公厅	《国务院办公厅关于印发"十四五"现代物流发展规划的通知》	国办发〔2022〕17 号	发展水平大幅提高，现代物流发展制度环境更加完善。展望 2035 年，现代物流体系更加完善，通达全球的物流服务网络更加健全，对区域协调发展和实体经济高质量发展的支撑引领更加有力。该规划作出六方面工作安排，包括加快物流枢纽组织资源整合建设、构建国内国际物流大通道、完善现代物流服务体系、延伸物流价值链条、强化现代物流对社会民生的服务保障、提升现代物流安全应急能力；提出三方面发展任务，包括加快培育现代物流转型升级新动能、深度挖掘现代物流重点领域潜力、强化现代物流发展支撑机制；从优化营商环境、创新体制机制、强化政策支持、深化国际合作、加强组织实施等方面，对加强实施保障提出明确要求。
2022 年 12 月 14 日	中共中央、国务院	《扩大内需战略规划纲要（2022—2035 年）》		支撑畅通国内经济循环。进一步推进各种要素组合有机衔接和循环流转，形成产品服务增加、社会财富积聚、人民福祉增加、国家实力增强的良性国内经济循环。以强大的国内经济循环为支撑、着力推进高水平对外开放，打造国际高端要素资源"引力场"，使国内和国际市场更好联通，以国际循环提升国内大循环效率和水平，实现国内国际双循环互促共进。

续 表

发布时间	发布单位	文件名称	文件号	相关内容
2022年11月14日	国务院	《国务院关于同意在廊坊等33个城市和地区设立跨境电子商务综合试验区的批复》	国函〔2022〕126号	同意在廊坊市、沧州市、运城市、包头市、鞍山市、延吉市、同江市、蚌埠市、南平市、宁德市、萍乡市、新余市、宜春市、吉安市、枣庄市、济宁市、泰安市、德州市、聊城市、滨州市、菏泽市、焦作市、许昌市、衡阳市、株洲市、柳州市、贺州市、宜宾市、达州市、大理白族自治州、铜仁市、拉萨市、伊犁哈萨克自治州等33个城市和地区设立跨境电子商务综合试验区。
2022年11月18日	国家发展改革委	《国家发展改革委发布2022年国家物流枢纽建设名单》		将大同陆港型国家物流枢纽、长春陆港型国家物流枢纽、郑州陆港型国家物流枢纽、酒泉陆港型国家物流枢纽、库尔勒陆港型国家物流枢纽、昆明-磨憨陆港型（陆上边境口岸型）国家物流枢纽等25个国家物流枢纽纳入2022年度建设名单。
2022年11月15日	交通运输部	《公路水路进口高风险非冷链集装箱货物预防性消毒工作指南（第三版）》	交运明电〔2022〕321号	承运单位需确保运输进口高风险非冷链集装箱货物的车辆、船舶、集装箱等运输工具及及容器的清洁和定期消毒，重点加强集装箱内壁及门把手等高频接触部位的预防性消毒工作。从事进口高风险非冷链集装货物运输的运输工具及容器运输一批货物之前和之后，均要对运输作业人员可能接触的部位进行彻底消毒。对承运单位负责组织或委托消毒单位，在装运前，对装载进口高风险非冷链集装箱货物的车辆船舶等运载运输工具和集装箱内壁组织实施消毒。

续　表

发布时间	发布单位	文件名称	文件号	相关内容
2022年10月25日	国家发展改革委	《关于以制造业为重点促进外资扩增量稳存量提质量的若干政策措施》	发改外资〔2022〕1586号	高标准落实外资准入后国民待遇。加强货运物流保通保畅。充分发挥国务院物流保通保畅工作领导小组作用，加强部门协同和省际联动，高效统筹安全稳定、供应链安全稳定。各地方要加强与外贸外资企业及其上下游关联企业的主动对接，坚持一事一协调，保障外商投资等企业生产物资和产品运输通畅。
2022年10月24日	交通运输部	《交通运输智慧物流标准体系建设指南》	交科技发〔2022〕97号	交通运输智慧物流标准是聚焦物流运输与配送环节，以物联网、大数据、云计算、区块链等信息技术为手段，链接设施、云网、货物、设备、人员、信息等要素，实现全面感知、精准识别、实时跟踪、智能决策的技术、服务和管理要求。交通运输智慧物流相关的国家标准和行业标准，不包括交通运输业中与智慧物流主体自主制定的团体标准和企业标准。
2022年10月17日	交通运输部、国家铁路局、中国民用航空局、国家邮政局	《交通运输部 国家铁路局 中国民用航空局 国家邮政局关于加快建设国家综合立体交通网主骨架的意见》	交规划发〔2022〕108号	完善多式联运。充分发挥各种运输方式比较优势，加快发展多式联运，提高组合运率。推动各种运输方式信息共享、标准衔接、市场一体化。加快发展联程联运，加强各方式间运营信息、运力安排等协同衔接，推进一站式购票、一票（证）通行。加快货运组织结构调整，大力发展大宗货物、集装箱铁水联运和江海联运，推动集装箱、标准化托盘、周转箱（筐）等在不同运输方式间共享共用，加快推进多式联运、多程联运"一单制"。鼓励传统运输企业向联程联运、多式联运经营人转型。

续 表

发布时间	发布单位	文件名称	文件号	相关内容
2022年9月27日	交通运输部办公厅	《交通强国建设试点工作管理办法（试行）》	交办规划〔2022〕61号	申报试点应具备以下条件：一是试点任务应符合《交通强国建设纲要》《国家综合立体交通网规划纲要》，以及相关中长期规划、五年发展规划、专项规划要求，明确工作导向，强化引领作用，提升质量成效。打造一流设施、一流技术、一流管理、一流服务。二是试点任务应具备较好基础，有一定的创新性，代表性、示范性，通过先行先试能够在部分领域实现率先突破，形成良好带动示范效应。三是特殊任务需在申报材料中着重阐明申报理由。
2022年10月10日	交通运输部办公厅、国家邮政局办公室	《关于公布第三批农村物流服务品牌并组织开展第四批农村物流服务品牌的通知》	交办运函〔2022〕1475号	适应农村物流发展特点，促进物流网络共建共享共用，提高资源利用效率，是推进农村物流集约化发展的有效路径。各地交通运输主管部门和邮政管理部门要主动加强与商务、农业农村、供销等相关部门的沟通协作，因地制宜建设"多站合一"的乡镇客货邮综合服务站、"一点多能"的村级物流共同配送服务点，结合实际探索农村客车邮件快件捎带、农村货运班线利用沿途取送及循环配送等方式，高效集约建设农村物流服务体系。面向农村经济发展、产业振兴、生活改善等市场需求，全面提升服务保障能力，是发展农村物流的根本性要求。各地交通运输主管部门和邮政管理部门要立足本区域农业产业化、资源开发、产业扶贫、产业生产加工、商贸流通等重大需求，引导推动农村物流与农产品生产市场升级等供应链融通，积极探索农产品生产"种植基地+生产加工+商贸流通+物流运输"等供应链协同发展模式，不断拓展农村物流服务功能。服务范围和服务链条，增强农村物流可持续发展能力，加快促进农村地区一二三产业融合发展。

续　表

发布时间	发布单位	文件名称	文件号	相关内容
2022年9月27日	商务部	《商务部关于印发支持外贸稳定发展若干政策措施的通知》	商贸发〔2022〕152号	一是保生产保履约，支持优势产品开拓国际市场。各地方强化资金防疫、用能、用工、物流等方面保障，必要时全力帮助支付。二是积极支持各行业参加各类展会抓订单。三是办好第132届中国进出口商品交易会（广交会）线上展。四是发挥外贸创新平台作用。抓紧新设一批市场采购贸易方式试点，进口贸易促进创新示范区，跨境电子商务综合试验区。五是发挥跨境电商海外仓发展的政策作用。出台进一步支持跨境电商稳外贸措施。六是进一步促进贸易畅通。
2022年9月15日	交通运输部办公厅	《智能冷藏集装箱终端设备技术指南》	交办水函〔2022〕1377号	提出智能冷藏集装箱系统构成和功能要求，明确智能冷藏集装箱终端设备的技术要求，配套提出智能冷藏集装箱终端设备的环境试验方法。通过基于智能冷藏集装箱终端设备的业务流程描述，指导智能冷藏集装箱终端设备的合理有效使用，增强对冷藏集装箱全程管控能力，提高服务水平。
2022年9月13日	国务院办公厅	《国务院办公厅关于印发全国一体化政务大数据体系建设指南的通知》	国办函〔2022〕102号	到2025年，全国一体化政务大数据体系更加完备，政务数据管理更加高效，政务数据资源全部纳入目录管理，政务数据质量显著提升，"一数一源、多源校核"等数据保障治理机制健全，政务数据标准规范、安全保障体系实现有序流通，政务支撑数字政府建设。政务数据资源进一步完善，有效配置、高效流通，数据共享融合应用水平大幅提升，大数据分析应用能力显著增强，推动经济社会可持续高质量发展。

续 表

发布时间	发布单位	文件名称	文件号	相关内容
2022年9月7日	国务院办公厅	《国务院办公厅关于进一步优化营商环境降低市场主体制度性交易成本的意见》	国办发〔2022〕30号	推动降低物流服务收费。强化口岸、货场、专用线等货运领域收费监管，依法规范船代公司、货代公司等收费行为。明确铁路、公路、水路、航空等运输环节的口岸物流作业时限及流程，加快推动大宗货物和集装箱中长距离海运输"公转铁""公转水"等多式联运改革，推进运输载工具和相关标准证标准化，在确保安全规范的前提下，推动建立集装箱、托盘等标准化装载器具循环共用体系。2022年11月底前，开展不少于100个多式联运示范工程建设，减少企业重复投入，持续降低综合运价水平。
2022年9月1日	国务院办公厅	《国务院办公厅关于进一步加强商品过度包装治理的通知》	国办发〔2022〕29号	一是加强包装领域技术创新。二是防范商品生产环节过度包装。三是避免销售过度包装商品。四是推进商品交付环节包装减量化。五是加强包装废弃物回收和处置。
2022年7月13日	国家发展改革委、交通运输部	《国家公路网规划》	发改基础〔2022〕1033号	保持国家高速公路网布局和框架总体稳定，优化部分路线走向，避让生态保护区域和环境敏感区，补充连接城区人口10万以上市县、重要陆路边境口岸；以国家综合立体交通网"6轴7廊8通道"主骨架为重点，强化城市群及重点城市城市间的通道能力；补强城市群内部城际通道、临边快速通道，增设都市圈环线、增加提高路网效率和韧性的部分路线。以既有普通国道网为主体，优化路线走向，强化顺直连接，改善城市过境线路，避让生态保护区域和环境敏感区域；补充接县级节点，陆路边境口岸、重要景区和交通枢纽等，补强地市间通道，沿边沿海公路及并行线；增加提高路网效率和韧性的部分路线。

续　表

发布时间	发布单位	文件名称	文件号	相关内容
2022年7月11日	国务院办公厅	《国务院办公厅关于同意建立数字经济发展部际联席会议制度的函》	国办函〔2022〕63号	各成员单位要按照职责分工，认真落实联席会议确定的各项任务和议定事项，主动研究提出事关经济发展的政策措施，积极提出工作建议，加强沟通协调，根据工作需要指导地方对口部门落实工作措施，推进相关工作任务，及时通报有关地方，部门通过联席会议办公室要充分发挥有关专家的作用，及时向各成员单位通报对会议定事项的督促落实、通报工作进展情况。
2022年6月30日	财政部、交通运输部	《关于支持国家综合货运枢纽补链强链的通知》	财建〔2022〕219号	自2022年起，用3年左右时间集中力量支持30个左右城市（含城市群中的城市）实施国家综合货运枢纽补链强链，促使综合货运枢纽在运能利用效率、运输服务质量、运营机制可持续等三方面明显提升，在提高循环效率、增强循环动能，降低循环成本中发挥积极作用，从而形成资金流、信息流、商贸供应链等多方面集聚效应，更好服务重点产业链发展，辐射带动区域经济高质量发展，东部城市做优做强，中部城市巩固提高，西部城市打基础立长远。
2022年6月2日	交通运输部办公厅	《基于区块链的进口干散货进出港业务电子平台建设指南》	交办水函〔2022〕827号	提出基于区块链技术的进口干散货进出港业务电子平台的建设架构，明确提单、提货单等单证及其他业务流转信息上链的数据格式及交互要求等。通过进口干散货单证及业务流转信息上链，实现收货人、货运代理、国际海运承运人、港口企业、船舶代理、海关等节点在线流转办理，提升数字化服务水平。

续 表

发布时间	发布单位	文件名称	文件号	相关内容
2022年6月8日	交通运输部安全委员会	《交通运输部安全委关于扎实做好夏季危险货物港口作业安全工作的通知》	交安委明电〔2022〕13号	突出重大危险源管控。港口企业要按照《港口危险货物重大危险源监督管理办法》，开展危险源辨识评估，登记备案，堆场、仓库等港口重大危险源辨识备案措施。要按照《落实大型油气储存基地安全风险管控管理制度和安全技术措施。《落实大型油气储存基地安全风险管控措施施工方案》，6月底前完成大型油品储罐"一库一策"同题隐患整改，全部配备并完成切断使用雷电预警、气体检测、视频监控等"四个系统"，2022年底前基本建成企业安全风险智能化管控平台。
2022年5月31日	国务院	《国务院关于印发扎实稳住经济一揽子政策措施的通知》	国发〔2022〕12号	完善交通物流保通保畅政策。加快推进重大外资项目积极吸引外商投资。统筹加大对物流枢纽和物流企业的支持力度。加快宁波舟山大宗商品储运基地建设。开展大宗商品储运基地整体布局规划研究。2022年，中央财政安排50亿元左右，择优支持全国性重点枢纽城市，提升枢纽的货物集散、仓储、中转运输、应急保障能力，引导加快推进多式联运融合发展，降低综合货运成本。2022年，中央财政在服务业发展资金中安排约25亿元支持加快农产品供应链体系建设。安排约38亿元支持实施县域商业建设行动。加快1000亿元交通物流专项再贷款政策落地，支持交通物流等企业融资。加大结构性货币政策工具对稳定供应链的支持。在农产品主产区和特色农产品优势区支持建设一批田头小型冷藏保鲜设施，推动建设一批产销冷链集配中心。

续　表

发布时间	发布单位	文件名称	文件号	相关内容
2022 年 5 月 10 日	财政部办公厅、商务部办公厅	《关于支持加快农产品供应链体系建设 进一步促进冷链物流发展的通知》	财办建〔2022〕36 号	在集散地、销地支持农产品批发市场冷链流通基础设施改造升级，鼓励建设公共冷库、中央厨房等设施，加快绿色、高效、低碳冷藏设施应用，完善物流集散、加工配送、质量安全等功能，增强流通主渠道冷链服务能力。推广可循环标准化周转箱，促进农产品冷链物流各环节有序衔接。推动建设移动冷库等末端冷链配送站点，鼓励冷链物流终端配送效率。支持农产品供应链体系建设的补助资金，适当用于支持农产品市场保供工作。
2022 年 5 月 17 日	国务院办公厅	《国务院办公厅关于推动外贸保稳提质的意见》	国办发〔2022〕18 号	加强外贸企业生产经营保障。促进外贸货运物运输保通保畅。增强海运物流服务稳外贸功能。推动跨境电商加快发展提质增效。加大出口信用保险支持。加大进出口信贷支持。进一步加强对中小微外贸企业金融支持。加快提升外贸应对汇率结算能力。持续优化跨境贸易人民币结算环境。促进沿边贸易用好线上渠道扩大贸易成交。鼓励创新、绿色、高附加值产品开拓国际市场。加强进口促进平台培育建设。支持加工贸易稳定发展。

续　表

发布时间	发布单位	文件名称	文件号	相关内容
2022年5月10日	交通运输部办公厅	《交通运输部办公厅关于开展冷藏集装箱港航服务提升行动的通知》	交办水函〔2022〕675号	推进基于物联网的冷藏集装箱发展。推广集成传感、无线通信、自动定位等技术的物联网工作机的应用，实现对冷藏集装箱温湿度、冷机工作模式和通电状态等信息的自动化采集与传输，逐步实现冷藏集装箱及货物等要素全程可视化。推动基于区块链的冷藏集装箱电子放货。推广应用港航冷藏集装箱货物电子放货平台，国际班枢纽海港实现冷藏集装箱货物全程单证无接触办理，实现物流信息一站式查询，条件的其他港口国际集装箱班轮公司区块链电子放货平台对接，推动港航作业单证电子化，逐步实现港口电子放货。提升冷藏集装箱航道联运服务质量。鼓励冷藏集装箱道路水路联运企业、港口企业、货代等企业信息上链电子放货平台，逐步开展物流依托区块链电子运单，推动实现冷藏集装箱道路水路运全过程温湿度、位置等信息实时监控，拓展完善物流服务功能，提升全程运输服务质量。
2022年5月10日	国家发展改革委、工业和信息化部、财政部、人民银行	《国家发展改革委等部门关于做好2022年降成本重点工作的通知》	发改运行〔2022〕672号	完善现代物流体系。完善综合立体交通网络，推进国家物流枢纽、国家骨干冷链物流基地、综合货运枢纽（物流园区）建设，完善港站枢纽集疏运体系。建立健全"通道＋枢纽＋网络"的现代物流运行体系，促进物流与制造、商贸、农业等产业融合发展，加快物流等产业升级和业态模式创新，在更高程度、更大流设施设备升级和业态模式创新，在更高程度、更大

续　表

发布时间	发布单位	文件名称	文件号	相关内容
2022年5月10日	国家发展改革委、工业和信息化部、财政部、人民银行	《国家发展改革委等部门关于做好2022年降成本重点工作的通知》	发改运行〔2022〕672号	范围，更深层次推动物流提质增效降本。调整优化运输结构。深化运输结构调整示范区建设。大力发展多式联运，加快发展运输示范工程提质扩面。推动集装箱铁水联运和内河集装箱运输发展，提升江海联运服务水平。规范降低物流收费。深化高速公路差异化收费。严格落实鲜活农产品运输"绿色通道"政策，对整车合法装载运输全国统一《鲜活农产品品种目录》内产品的车辆，免收车辆通行费。减并港口收费项目，定向降低沿海港口引航费，完善拖轮收费收费政策。降低国际物流成本。深化通关便利化改革，加快国际物流体系建设，助力外贸降低成本，提效率。鼓励外贸企业与航运企业签订长期协议，引导各地方，进出口商协会组织中小微外贸企业与航运企业进行直客对接。引导企业通过中欧班列扩大向西出口。
2022年5月10日	商务部等14部门	《商务部等14部门关于开展内外贸一体化试点的通知》	商建函〔2022〕114号	引导支持企业提升研发设计、生产制造、品牌营销、渠道网络等能力，培育内外贸一体化经营企业。加快数字化发展，实现生产到消费端全链路直连，提高企业柔性生产和智能制造能力，更好适配市场需求。培育汇聚优质内外贸商品服务的商圈、步行街，加快建设国际消费中心城市，满足消费者多层次、高品质消费需求。发挥自由贸易试验区等高水平对外开放平台的示范引领作用，对标高标准国际经贸规则推进高水平制度型开放，促进内外贸融合发展。

续 表

发布时间	发布单位	文件名称	文件号	相关内容
2022年4月25日	国务院办公厅	《国务院办公厅关于进一步释放消费潜力促进消费持续恢复的意见》	国办发〔2022〕9号	加快健全消费品流通体系。进一步完善电子商务体系和快递物流配送体系，加强疫情防控措施跨区域相互衔接，畅通物流大通道，加快构建覆盖全球、安全可靠、高效畅通的流通网络。支持智能快件箱（信包箱）、快递服务站进社区，加强末端环节及配套设施建设。加快发展冷链物流，完善国家骨干冷链物流基地设施条件，培育一批专业化生鲜冷链物流龙头企业。大力推广标准化冷藏车，推动实现全程"不倒托""不倒箱"。健全进口冷链食品检验检测制度，加快区块链技术在冷链物流智慧监测追溯建设中的应用，推动全链条闭环管理。针对进口物品等可能引发的输入性疫情，严格排查入境、仓储、加工、运输、销售等环节，建立健全进口冻品集中监管制度，筑牢疫情外防输入防线。果蔬等农产品的单元化包装，加
2022年4月20日	交通运输部办公厅	《交通运输部办公厅关于充分发挥12328热线作用更好服务物流保通保畅有关工作的通知》	交运明电〔2022〕91号	建立热点政策迅速反应和知识库高效动态更新机制，及时将物流保通保畅相关政策知识导入本地知识库。各地交通运输主管部门要落实好诉举报业务办理工单、首接承办单位要负责制，对涉及多个承办单位办理的工单，加强沟通协调，落实办理责任，提升办理效率。

续　表

发布时间	发布单位	文件名称	文件号	相关内容
2022 年 4 月 20 日	税务总局等十部门	《税务总局等十部门关于进一步加大出口退税支持力度 促进外贸平稳发展的通知》	税总货劳发〔2022〕36 号	强化出口信用保险与出口退税政策衔接。为支持加工贸易企业发展，进一步减轻企业负担，对出口产品征退税率不一致、因征退税率原因而多转出的增值税进项税额，允许企业转入进项税额予以抵扣。大力推广出口业务"非接触"办理。积极推行出口退税备案单证电子化。
2022 年 4 月 11 日	交通运输部、国家铁路局、中国民用航空局、国家邮政局、中国国家铁路集团有限公司	《关于加快推进冷链物流运输高质量发展的实施意见》	交运运发〔2022〕49 号	优化枢纽港站冷链设施布局。结合国家冷链物流骨干通道网络建设，依托农产品优势产区、重要集散地和主要销区所在地货运枢纽、主要港口、铁路物流基地、枢纽机场，统筹冷链设施规划布局，推动铁路专用线进入物流园区、港口码头、完善干支衔接、区域分拨、仓储配送等冷链运输服务功能。提升冷链运输支撑保障能力。完善产销冷链运输设施网络。支持有条件的县级物流中心和乡镇冷链运输服务站拓展冷链物流服务功能，为农产品产地预冷、冷藏保鲜、移动仓储、低温分拣等设施设备提供运营场所，改善农产品产地"最初一公里"冷链物流设施条件。加强冷链运输技术管理，冷链运输车辆应当按规定配备符合标准要求的制冷和温度监测设备，并保持功能良好。推广应用及冷藏集装箱、托盘、保温箱、蓄冷箱等运载器具，提高带板运输比例。依托多式联运冷链物流示范工程，积极推进冷链物流多式联运发展。

续　表

发布时间	发布单位	文件名称	文件号	相关内容
2022年4月11日	国务院办公厅	《国务院应对新型冠状病毒感染肺炎疫情联防联控机制关于切实做好货运物流保通保畅工作的通知》	国办发明电〔2022〕3号	各地区和有关部门要迅速启动部省站三级调度，路警联动，区域协调保通保畅工作机制，加强路网监测调度，及时解决路网阻断堵塞等问题，确保交通主干线畅通。依托周边物流园区（枢纽场站、快速园区）、高速公路服务区等，加快设立启用物资中转调运站接驳点或成分拨场地，并及时向社会公告；对需跨省域设立的，相邻省份要给予支持。根据本地疫情防控形势和重点物资运输需求，建立健全重点物资运输车辆做好通行证制度，交通运输部要会同有关部门各地做到统一格式，全国互认；充分发挥区域统筹协调机制作用，加快推进京津冀、长三角、珠三角、东北三省，成渝等重点区域货运物流保通保畅协同联动。
2022年4月10日	中共中央、国务院	《中共中央　国务院关于加快建设全国统一大市场的意见》		持续推动国内市场高效畅通和规模拓展。加快营造稳定公平透明可预期的营商环境。进一步降低市场交易成本。促进科技创新和产业升级。培育参与国际竞争合作新优势。
2022年4月7日	国家发展改革委办公厅、银保监会办公厅	《国家发展改革委办公厅　银保监会办公厅关于加强信用信息共享应用推进融资信用服务平台网络建设的通知》	发改办财金〔2022〕299号	国家公共信用信息中心要按照《实施方案》要求，加快与有关部门系统对接，实现"总对总"信息的机制化、高质量共享，并及时与地方平台共享。国家公共信用信息中心要强化国家平台功能和服务能力建设，扩大公共信用综合评价覆盖面。

续 表

发布时间	发布单位	文件名称	文件号	相关内容
2022 年 3 月 29 日	中共中央办公厅、国务院办公厅	《关于推进社会信用体系建设高质量发展促进形成新发展格局的意见》		立足经济社会发展全局，整体布局，突出重点，有序推进各地区各领域信用建设。积极探索创新，运用信用理念和方式解决约束经济社会运行的难点、堵点、痛点问题。推动社会信用体系建设全面纳入法治轨道、规范完善各环节信用措施，切实保护各类主体合法权益。充分调动各领域各类主体积极性创造性，发挥征信市场积极作用，更好发挥政府组织协调、示范引领、监督管理作用，形成推进社会信用体系建设高质量发展合力。
2022 年 3 月 17 日	交通运输部	《交通强国建设评价指标体系》	交规划发〔2022〕7号	我国综合交通运输体系覆盖范围广，区域间、城乡间、行业间发展不平衡。综合考虑，交通强国建设评价指标体系按照 1 个国家综合指标、5 个行业指标和 31 个省域指标进行设置。国家综合指标：聚焦综合交通运输，注重国际横向比较，设置国家综合指标，科学定位我国交通运输发展水平、科学引导行业、省域层面的指标设置；行业指标：在国家综合指标框架下，设置铁路、公路、水运、民航、邮政 5 个行业层面指标，充分体现行业特点；省域指标：在全国家综合指标框架下，设置 31 个省域层面指标，既包括"共性指标"，以评价省域发展水平和进行横向比较，又设置"个性指标"，以体现省域差异化特点。

续　表

发布时间	发布单位	文件名称	文件号	相关内容
2022年3月15日	交通运输部、公安部、商务部	《城市绿色货运配送示范工程管理办法》	交运发〔2022〕32号	申报示范工程的城市，原则上应当同时满足以下条件。一是城市规模。地级及以上城市，优先考虑直辖市、省会城市和计划单列市。二是物流基础。物流枢纽站场等基础设施条件较好，信息化水平较高，物流需求旺盛，城市配送、甩挂运输、冷链物流等重点领域发展潜力大。三是政策环境。城市人民政府及相关管理部门关于城市货运配送基础设施建设、便利通行政策、新能源及清洁能源车辆推广等方面有具体、明确的支持政策。
2022年3月14日	交通运输部、国家发展改革委	《交通运输部　国家发展改革委关于印发〈多式联运示范工程管理办法（暂行）〉的通知》	交运发〔2022〕30号	加强多式联运示范工程管理的规范化、制度化，不断提升多式联运发展水平，更好服务加快建设交通强国等国家战略实施。
2022年2月18日	国家发展改革委等12部门	《关于印发促进工业经济平稳增长的若干政策的通知》	发改产业〔2022〕273号	鼓励具备跨境金融服务能力的金融机构在依法合规、风险可控前提下，加大对传统外贸企业、跨境电商和物流企业建设和使用海外仓的金融支持。多措并举支持制造业引进外资，加大对制造业重大外资项目要素保障力度，便利外籍人员及其家属来华，推动早签约、早投产、早达产；加快修订《鼓励外商投资产业目录》，引导外资更多投向高端制造领域；出台支持外资研发中心创新发展政策举措，提升产业技术水平和创新效能。全面贯彻落实外商投资法，保障外资企业和内资企业同等适用各级政府出台的支持政策。

续　表

发布时间	发布单位	文件名称	文件号	相关内容
2022年2月14日	国务院	《国务院关于印发"十四五"国家应急体系规划的通知》	国发〔2021〕36号	到2025年，应急管理体系和能力现代化建设取得重大进展，形成统一指挥、专常兼备、反应灵敏、上下联动的中国特色应急管理体制，建成统一领导、权责一致、权威高效的国家应急能力体系，防范化解重大安全风险体制机制不断健全，应急救援力量水平和综合保障能力大幅提升，安全生产、综合防灾减灾形势趋稳向好，自然灾害防御水平明显提升，全社会防范应对处置灾害事故能力显著增强。到2035年，建立与基本实现现代化相适应的中国特色大国应急体系，全面实现依法应急、科学应急、智慧应急，形成共建共治共享的应急管理新格局。
2022年2月8日	国务院	《国务院关于同意在鄂尔多斯等27个城市和地区设立跨境电子商务综合试验区的批复》	国函〔2022〕8号	同意在鄂尔多斯市、扬州市、镇江市、泰州市、金华市、舟山市、马鞍山市、宣城市、景德镇市、上饶市、淄博市、日照市、韶关市、汕尾市、河源市、阳江市、清远市、潮州市、揭阳市、云浮市、南充市、眉山市、红河哈尼族彝族自治州、宝鸡市、喀什地区、阿拉山口市27个城市和地区设立跨境电子商务综合试验区，名称分别为中国（城市或地区名）跨境电子商务综合试验区，具体实施方案由所在地省级人民政府分别负责印发。

续　表

发布时间	发布单位	文件名称	文件号	相关内容
2022年1月24日	国家发展改革委	《国家发展改革委关于印发〈"十四五"现代流通体系建设规划〉的通知》	发改经贸〔2022〕78号	统筹推进现代流通体系硬件和软件建设，培育壮大现代流通企业，提升现代流通治理水平，全面形成现代流通发展新优势，提高流通效率，降低流通成本，为构建以国内大循环为主体、国内国际双循环相互促进的新发展格局提供有力支撑。到2025年，现代流通体系加快建设，商品和资源要素流动更加顺畅，商贸、物流设施更加完善，国内外流通网络建设和服务体系更加健全，流通业态模式更加丰富多元，流通市场主体更具活力，交通承载能力和金融信用支撑能力明显增强，应急保障能力和绿色发展水平显著提升，流通成本持续下降、效率明显提高，对畅通国民经济循环的基础性、先导性、战略性作用显著提升。
2022年1月24日	交通运输部、科学技术部	《交通领域科技创新中长期发展规划纲要（2021—2035年）》	交科技发〔2022〕11号	研究综合交通运输理论与技术。研究综合交通网络协调理论，提升综合交通通道规划建设。城市综合交通枢纽一体化规划建设，综合交通基础设施项目建设协同优化等理论水平。开展交通系统理论与技术研究，掌握交通基础设施韧性评估与风险防控基础理论方法，突破交通基础设施韧性提升，区域综合交通网络协调运营与服务，城市综合交通协同管控等关键技术。研发干线铁路、城际铁路、市域（郊）铁路、城市轨道交通融合规划建设等技术及一体化运营服务标准。突破国家重大战略通道建设技术。开展江海直连海通道、西部陆海新通道，运河连通等重大基础设施建设规划建设技术研究，突破长江越山隧道、超大桥径桥梁、

续　表

发布时间	发布单位	文件名称	文件号	相关内容
2022年1月24日	交通运输部、科学技术部	《交通领域科技创新中长期发展规划纲要（2021—2035年）》	交科技发〔2022〕11号	悬浮隧道、高坝通航船闸、省水船闸、高速（重载）铁路、空（海）事系统等关键地质、水文、气候等自然环境条件下交通基础设施可靠性设计和智能建造技术水平。加快智慧物流技术应用。推动多制式多栖化智慧物流发展，开展多式联运智能协同与集成，大型物流枢纽智能感知及互联、智能监测监控与分析评价、物流系统应急反应处置等技术研究，研发应用智能仓储和快速装卸、智能分拣与投递、智能快速安检和音简处理、通用寄递编码等技术和设备，推动道路货运行业运行监测分析技术研发，构建全国多式联运公共信息平台，实现物流全程可视化、可追溯。推进城市地下智慧物流发展，攻克高载荷轻量化载具维护等技术。壮大供应链服务、冷链物流、即时直递、无人机（车）物流递送等物流新业态新模式。
2022年1月24日	国家发展改革委、商务部	《国家发展改革委 商务部关于深圳建设中国特色社会主义先行示范区放宽市场准入若干特别措施的意见》	发改体改〔2022〕135号	放宽数据要素交易和跨境数据业务等相关领域市场准入。优化5G、物联网等新一代信息技术应用方式。提升农产品供应链金融支持能力。提升贸易跨境结算便利度。统一构建海陆空全空间无人系统同步应用平台。

续 表

发布时间	发布单位	文件名称	文件号	相关内容
2022年1月24日	商务部、国家发展改革委等	《商务部等6部门关于高质量实施〈区域全面经济伙伴关系协定〉（RCEP）的指导意见》	商国际发〔2022〕10号	通过高质量实施RCEP，以更高水平开放促进更深层次改革。将把握RCEP发展机遇与各地方发展战略紧密对接，推动地方高质量发展。引导鼓励企业以RCEP实施为契机，进一步提升贸易投资发展水平，扩大国际合作，提升质量标准，促进产业升级，增强参与国际市场竞争力。
2022年1月21日	交通运输部	《绿色交通"十四五"发展规划》	交规划发〔2021〕104号	持续优化调整运输结构。加快推进港口集疏运铁路、物流园区及大型工矿企业长距离货物运输"公转铁""公转水"。推进港口、大型工矿企业大宗货物主要采用铁路、水运、封闭式皮带廊道、新能源和清洁能源汽车等绿色运输方式。统筹江海直达和江海直达运输，积极推进干散货、集装箱江海直达运输，提高水水中转货运量。提高综合货运组织效率。深入推进多式联运发展，推进综合货运枢纽建设，推动铁水、公铁、公水、空陆等联运发展。推进多式联运示范工程建设，加快培育一批具有全球影响力的多式联运龙头企业。探索推广应用集装箱模块化汽车列车运输，提高公铁联运占比。推动城市建筑材料及生活物资等采用铁水联运、新能源货运等绿色运输方式。继续开展城市绿色货运配送示范工程建设，鼓励共同配送、集中配送、分时配送等集约化配送模式发展。引导网络平台道路货物运输规范发展，有效降低空驶率。

续　表

发布时间	发布单位	文件名称	文件号	相关内容
2022年1月20日	国务院办公厅	《国务院办公厅关于加快推进电子证照扩大应用领域和全国互通互认的意见》	国办发〔2022〕3号	2022年底前，全国一体化政务服务平台电子证照共享服务体系基本建立，电子证照制发机制健全，企业和群众常用证照基本实现电子化，与实体证照同步制发和应用，在全国范围内标准统一、互通互认；电子证照在政务服务领域广泛应用，社会化应用取得积极进展，"减证便民"取得明显成效。到2025年，电子证照应用领域更加广泛，支撑政务服务规则更加健全，规范化、标准化、便利化取得显著成效，进一步方便企业和群众办事。
2022年1月18日	国务院	《国务院关于印发"十四五"现代综合交通运输体系发展规划的通知》	国发〔2021〕27号	到2025年，综合交通运输基本实现一体化融合发展，智能化、绿色化取得实质性突破，综合能力、服务品质、运行效率和整体效益显著提升，交通运输发展向世界一流水平迈进。设施网络更加完善。国家综合立体交通网主骨架能力利用率显著提高。以"八纵八横"高速铁路主通道为主骨架，以高速铁路区域连接线衔接，以部分兼顾干线功能的城际铁路为补充，主要采用250公里及以上时速标准的高速铁路网对50万人口以上城市覆盖率达到95%以上，普速铁路瓶颈路段基本消除。7条首都放射线，11条南北纵线，18条东西横线，以及地区环线、并行线、联络线等组成的国家高速公路网的主线基本贯通，普通国道质量进一步提高。布局完善、功能完备的现代化机场体系基本形成。港口码头专业化、现代化水平显著提升，内河高等级航道网建设取得重要进展。综合交通枢纽组织

续 表

发布时间	发布单位	文件名称	文件号	相关内容
2022年1月18日	国务院	《国务院关于印发"十四五"现代综合交通运输体系发展规划的通知》	国发〔2021〕27号	乘换装效率进一步提高。重点城市群一体化交通网络,都市圈1小时通勤网加快形成,沿边国道基本贯通,运输服务质量稳步提升,客运"一站式"、货运"一单制"服务更加普及,定制化、个性化、专业化运输服务产品更加丰富,城市交通拥堵和"停车难"问题持续缓解,农村和边远地区运输服务更有保障,具备条件的建制村实现快递服务全覆盖。面向全球的国际运输服务质量稳步提高,中欧班列列服务质量稳步提高。
2022年1月7日	国务院办公厅	《国务院办公厅关于印发推进多式联运发展优化调整运输结构工作方案(2021—2025年)的通知》	国办发〔2021〕54号	到2025年,多式联运发展水平明显提升,基本形成大宗货物及集装箱中长距离运输以铁路和水路为主的发展格局,全国铁路和水路货运量比2020年分别增长10%和12%左右,集装箱铁水联运量年均增长15%以上。重点区域运输结构显著优化,京津冀及周边地区、长三角地区、粤港澳大湾区等沿海主要港口利用疏港铁路、水路、封闭式皮带廊道、新能源汽车运输大宗货物的比例力争达到80%;晋陕蒙煤炭主产区大型工矿企业中长距离运输(运距500公里以上)的煤炭和焦炭中,铁路运输比例达到90%。深入开展多式联运示范工程建设,到2025年示范工程企业运营线路基本覆盖国家综合立体交通网主骨架。鼓励海口航运、铁路货运、航空寄递、货代企业及平台型企业等加快向多式联运经营人转型。

续　表

发布时间	发布单位	文件名称	文件号	相关内容
2022年1月4日	中共中央、国务院	《中共中央 国务院关于做好2022年全面推进乡村振兴重点工作的意见》		加强县域商业体系建设。实施县域商业建设行动，促进农村消费扩容提质升级。加快农村物流快递网点布局，实施"快递进村"工程，鼓励发展"多站合一"的乡镇客货邮综合服务站，推进县乡村物流共同配送。支持县乡村邮快件融合发展。支持大型流通企业以县城和中心村为重点下沉供应链。加快实施"互联网＋"农产品出村进城工程，推动建立长期稳定的产销对接关系。推动冷链物流服务网络向农村延伸，整县推进农产品产地仓储保鲜冷链物流设施建设，促进县域产销合作开展网络销服务流通网络建设。支持供销合作社开展流通服务网络建设提升行动。支持供销合作社建设县域集采集配中心。
2021年12月20日	商务部等22部门	《"十四五"国内贸易发展规划》		积极发展智慧商圈、智慧商店和智慧餐厅，打造沉浸式、体验式、交互式消费场景。推动商品市场创新发展，建立重点市场联系机制。培育商品市场特色突出、产业链供应链服务功能强大、线上线下融合发展的商品市场示范基地。开展电子商务创建示范和国家"网络市场监管与服务示范区"创建活动。推进电子商务创新发展，促进线上线下协调发展，培育一批线上的电子商务主体。培育更多"小而美"网络品牌。加快推广无接触式交易、店仓一体、中央厨房、产业带等新模式，推动社交电商、直播电商等新业态健康发展。与旅游、文化、体育、健康等产业深度融合，与发展制造型流通企业和流通型制造生产企业。

续　表

发布时间	发布单位	文件名称	文件号	相关内容
2021年12月30日	国务院联防联控机制综合组交通管控与运输保障专班	《国务院联防联控机制综合组交通管控与运输保障专班关于切实做好西安等地区应对新冠肺炎疫情交通管控与运输保障工作的通知》		一是科学实施道路交通管控。二是保障应急物资运输畅通高效。三是保障重点人员出行安全便捷。四是着力提升城市配送及末端投递能力。五是做好滞留人员集中转运工作。六是强化24小时值班值守。
2022年12月29日	国务院办公厅	《加强信用信息共享应用促进中小微企业融资实施方案》	国办发〔2021〕52号	健全信息共享网络。扩大信息共享范围。优化信息共享方式。优化信用信息服务。完善信用评价体系。强化风险监测处置。规范信息管理使用。加强信息安全保障。
2022年1月11日	国务院办公厅	《国务院办公厅关于做好跨周期调节进一步稳外贸的意见》	国办发〔2021〕57号	进一步发挥海外仓带动作用。做好大宗商品进口工作。挖掘消费品进口潜力。缓解国际物流压力。新培育一批外贸创新发展试点。稳定加工贸易发展。提升贸易自由化便利化水平。加快推进贸易双循环企业。巩固提升出口信用保险作业。持续培育发展短期险项下的保单单据资业。抓实抓好外贸信贷投放。提升外贸企业应对汇率风险能力。积极稳妥推进人民币跨境贸易结算。进一步稳定外贸领域就业。

发布时间	发布单位	文件名称	文件号	相关内容
2021 年 12 月 22 日	交通运输部	《数字交通"十四五"发展规划》	交规划发〔2021〕102 号	到 2025 年，"交通设施数字感知，信息网络广泛覆盖，运输服务便捷智能，行业治理在线协同，技术应用创新活跃，网络安全保障有力"的数字交通体系深入推进，"一脑、五网、两体系"的发展格局基本建成，交通新基建取得重要进展，有行业数字化、网络化、智能化水平显著提升，有力支撑交通运输行业高质量发展和交通强国建设。交通设施数字感知。信息网络广泛覆盖。运输服务便捷智能。行业治理在线协同。技术应用创新活跃。
2021 年 1 月 27 日	国务院	《国务院关于印发"十四五"市场监管现代化规划的通知》	国发〔2021〕30 号	一是深化市场主体准入准营退出制度改革。深入推进"证照分离"改革。加快提升市场主体登记规范化水平。持续优化企业开办服务。畅通市场主体退出机制。二是增强市场主体发展活力。促进新设市场各类市场主体可持续发展。精准扶持小微企业和个体工商户健康发展。为市场主体减费降负。三是增强市场主体创新动能。构建知识产权大保护发展格局。完善企业创新服务体系。优化适应新经济发展的监管机制。四是提升公正监管水平。持续提升"双随机、一公开"监管权威性公正性。依法规范监管执法行为。

续　表

发布时间	发布单位	文件名称	文件号	相关内容
2021年12月12日	国务院办公厅	《国务院办公厅关于印发"十四五"冷链物流发展规划的通知》	国办发〔2021〕46号	到2025年，初步形成衔接产地销地、覆盖城市乡村，联通国内国际的冷链物流网络，基本建成符合我国情和产业结构特点，适应经济社会发展需要的冷链物流体系，支撑冷链产品跨季节供需，对国民经济和社会发展的支撑保障作用显著增强。依托农产品优势产区、重要集散地和主销区，布局建设100个左右国家骨干冷链物流基地；建设一批产销冷链集配中心；精细化、多元化、品质化冷链服务能力显著增强，形成一批具有较强国际竞争力的综合性龙头企业。展望2035年，全面建成现代冷链物流体系，设施网络、技术装备、服务质量达到世界先进水平，行业监管和治理能力基本实现现代化，有力支撑现代化经济体系建设，有效满足人民日益增长的美好生活需要。
2021年11月29日	国家发展改革委	《国家发展改革委发布"十四五"首批国家物流枢纽建设名单》		发布了石家庄陆港型国家物流枢纽、合肥陆港型国家物流枢纽、武汉陆港型国家物流枢纽、南昌陆港型国家物流枢纽、衡阳陆港型国家物流枢纽、安阳陆港型国家物流枢纽、拉萨陆港型国家物流枢纽等25个国家陆港型国家物流枢纽建设名单。

续　表

发布时间	发布单位	文件名称	文件号	相关内容
2021年11月25日	国务院	《国务院关于开展营商环境创新试点工作的意见》	国发〔2021〕24号	进一步破除区域分割和地方保护等不合理限制。健全更加开放透明、规范高效的市场主体准入和退出机制。持续提升投资和建设便利度。更好支持市场主体创新发展。持续提升跨境贸易便利化水平。优化外商投资和国际人才服务管理。维护公平竞争秩序。进一步加强和创新监管。依法保护各类市场主体产权和合法权益。优化经常性涉企服务。
2021年11月25日	国务院应对新型冠状病毒感染肺炎疫情联防联控机制	《国务院应对新型冠状病毒感染肺炎疫情联防联控机制关于加强口岸城市新冠肺炎疫情防控工作的通知》	国办发明电〔2021〕14号	一是完善口岸城市疫情防控机制。二是健全疫情监测预警体系。三是落实边境管控措施。四是加强高风险岗位人员防控。五是严格入境人员流动管控。六是加强进口冷链食品等风险防范。七是提升疫情防控和处置能力。八是做好民生保障工作。九是加强组织实施和监督检查。
2021年11月23日	商务部	《"十四五"对外贸易高质量发展规划》		货物贸易规模优势稳固，国际市场份额稳定，进口规模持续扩大，外贸主体数量稳中有增。服务贸易规模稳步增长，出口增速高于全球平均增速。进口与出口、货物贸易与服务贸易、贸易与双向投资、贸易与产业发展更加协调。贸易业态模式创新活力充分释放，数字化水平快速提升。贸易自由化便利化达到更高水平，高标准自由贸易区网络稳步构建，多双边和区域经贸合作更加紧密，与全球贸易伙伴关系更加牢固。

续 表

发布时间	发布单位	文件名称	文件号	相关内容
2021年11月22日	国务院办公厅	《国务院办公厅关于进一步加大对中小企业纾困帮扶力度的通知》	国办发〔2021〕45号	一是加大纾困资金支持力度。二是进一步推进减税降费。三是灵活精准运用多种金融政策工具。四是推动缓解成本上涨压力。五是加强用电保障。六是支持企业稳岗扩岗。七是保障中小企业款项支付。八是着力扩大市场需求。九是全面压实责任。
2021年11月18日	交通运输部	《综合运输服务"十四五"发展规划》	交运发〔2021〕111号	到2025年,"全国123出行交通圈"(都市区1小时通勤、城市群2小时通达、主要城市3小时覆盖)和"全球123快货物流圈"(国内1天送达、周边国家2天送达、全球主要城市3天送达)加快构建,多层次、高品质的旅客出行服务系统初步建立,一体化的货运物流国际物流供应链体系不断完善,运输结构进一步优化,运输装备水平大幅提高,绿色化、数字化发展水平明显著提升,安全应急保障体系更加健全,治理能力进一步增强,服务支撑经济社会发展能力进一步增强。国际物流供应链服务体系更加完善,国际海运连接度持续领先,中欧班列全程时效性显著提高,国际航空运输能力不断增强,国际道路运输便利化程度明显提升,全球联通和送达能力显著提高。

续　表

发布时间	发布单位	文件名称	文件号	相关内容
2021年11月15日	交通运输部、国家标准化管理委员会、国家铁路局、中国民用航空局、国家邮政局	《交通运输标准化"十四五"发展规划》	文科技发〔2021〕106号	智能集装箱、交换箱等运载单元设备标准；公铁两用挂车、航空集装器运输车等专用载运工具标准；智能空轨集疏运系统、专用铁路机车专用载运设备标准车引车、商品车装卸移动站台车等换装转运设备标准。农产品寄递服务及包装要求；医药冷链寄递、乡镇运输服务站运营服务规范；航空货运分级分类安检、电子货运、智能转运、物联网航空货物跟踪技术要求；智能集空陆联运操作规范；滚装运输、驮背运输等多式联运操作规范；多式联运信息交换规范等。利用中国与东盟、中东欧国家交通部长会议等工作机制，推动国家沟通化国际交流合作。加强与"一带一路"共建国家标准互信认。依托亚太港口服务组织（APSN）等平台，以区块链港航应用为重点，推动港航数字化标准国际合作。支持有关企业和科研单位举办标准国际化论坛，开展国际合作研究和援外培训，提升国际影响力。加强铁路装备、智能集装箱、自动驾驶、疏浚装备、起重装备、快递物流等领域国际标准技术储备，向国际标准化组织（ISO）和国际电工委员会（IEC）等提交国际标准提案不少于40项，加大力度推动国际标准立项。在工程建设、铁路装备、疏浚装备、自动化码头、水运工程计量等领域，推动与"一带一路"共建国家有关机构开展标准国际交流与合作，打造一批高水平国际标准研究机构。

续　表

发布时间	发布单位	文件名称	文件号	相关内容
2021年11月3日	交通运输部等11部门	《关于加强货车司机权益保障工作的意见》	交运发〔2021〕94号	严格规范公正文明执法。畅通货车司机投诉举报渠道。简化货车司机办证手续。优化调整货车禁运行政策。改善货车司机停车休息条件。规范网络货运新业态经营行为。推进货车司机参加社会保险。合理引导货运市场供给。
2021年10月26日	商务部、中央网信办、发展改革委	《"十四五"电子商务发展规划》		电子商务与一二三产业加速融合，全面促进产业链供应链数字化改造，成为助力传统产业转型升级和乡村振兴的重要力量。电子商务深度链接国内国际市场，企业国际化水平显著提升，统筹全球资源能力进一步增强，"丝路电商"带动电子商务国际合作持续走深走实。电子商务法治化、精细化、智能化治理能力显著增强。电子商务成为经济社会全面数字化转型的重要引擎，成为就业创业的重要渠道，成为居民收入增长的重要来源，在更好满足人民美好生活需要方面发挥重要作用。
2021年10月26日	国务院	《国务院关于印发2030年前碳达峰行动方案的通知》	国发〔2021〕23号	将碳达峰贯穿于经济社会发展全过程和各方面，重点实施能源绿色低碳转型行动、节能降碳增效行动、工业领域碳达峰行动、城乡建设碳达峰行动、交通运输绿色低碳行动、循环经济助力降碳行动、绿色低碳科技创新行动、碳汇能力巩固提升行动、绿色低碳全民行动、各地区梯次有序碳达峰行动等"碳达峰十大行动"。

续　表

发布时间	发布单位	文件名称	文件号	相关内容
2021年10月22日	商务部	《"十四五"利用外资发展规划》		支持外商投资企业发展研发设计、金融服务、现代物流、供应链管理、信息服务等生产性服务业和医疗、健康、养老、育幼、旅游、家政等生活性服务业，增加优质服务供给。支持外商投资企业设立全球和区域地区总部、研发总部，参与承担国家科技计划项目，促进全球高端要素资源集聚。鼓励设立采购中心、结算中心等各类功能性机构，搭建外资企业与高等院校交流平台，鼓励外资企业与高等院校交流合作，培养符合产业发展企业和企业经营需要的人才。
2021年10月19日	商务部等24部门	《"十四五"服务贸易发展规划》		积极探索数据贸易，建立数据资源产权、交易流通等基础制度和标准规范，逐步形成较为成熟的数据贸易模式。提升数字贸易公共服务能力，建立数字贸易统计监测体系。加强国家数字服务出口基地建设。布局数字贸易示范区。加强数字贸易领域多双边合作。推动数字技术与服务贸易深度融合，运用数字化手段，创新服务供给方式，打破传统服务贸易可贸易性限制，降低交易成本，提升交易效率和服务可贸易性。大力发展智慧物流、线上支付、在线教育、远程医疗、数字金融与保险、智能体育等领域，积极支持旅游、运输、建筑等行业开展数字化改造，支持签发区块链电子提单。

续　表

发布时间	发布单位	文件名称	文件号	相关内容
2021年10月13日	国务院办公厅	《国务院办公厅关于同意建立推动道路货运行业高质量发展部际联席会议制度的函》	国办函〔2021〕94号	研究制定营造公平竞争市场环境、推动道路货运行业高质量发展的有关政策，形成工作合力，共同推动各项措施落地；协调完善道路货运基础设施体系，推广先进车辆技术装备和运输组织模式，提升道路货运集约化发展水平；组织清理涉及道路货运行业的不合理约束性规定、规范日常执法行为；完善常态化协同联动处罚机制，严厉打击车匪路霸和偷货偷油等违法犯罪活动执法机制，严厉打击车匪路霸和偷货偷油等违法犯罪活动相关工作；畅通投诉举报渠道并指导监督规范性的带有普遍性、堵点、难点问题；加强道路货运市场运行监测分析，促进信息互通共享，引导运力投放与货运需求合理匹配，强化舆论引导和形势研判，提高行业治理和应急处置能力；完成党中央、国务院交办的其他事项。
2021年10月13日	交通运输部办公厅	《交通运输部办公厅关于进一步加强公路服务区货车停放服务工作的通知》	交办公路函〔2021〕1578号	科学调整货车停车位比例。加强停车位改扩建。加强危货车辆停放引导。加强车位信息发布服务。
2021年10月10日	中共中央、国务院	《国家标准化发展纲要》	国发〔2021〕30号	到2025年，实现标准供给由政府主导向政府与市场并重转变，标准运用由产业与贸易为主向经济社会全域转变，标准化工作由数量规模型向质量效益型转变，标准化发展由国内驱动向国内国际相互促进转变。标准更加有效推动国家综合竞争力提升，促进经济社会高质量发展，在构建新发展格局中发挥更大作用。

续　表

发布时间	发布单位	文件名称	文件号	相关内容
2021年9月29日	交通运输部办公厅 国家发展改革委办公厅	《交通运输部办公厅 国家发展改革委办公厅关于组织开展第四批多式联运示范工程申报工作的通知》	交办运〔2021〕58号	服务支撑国家重大战略的项目。能够有效支撑共建"一带一路"、长江经济带和京津冀协同发展等国家重大战略实施，符合《交通强国建设纲要》和《国家综合立体交通网规划纲要》规划布局的支持方向。运输结构调整重点地区综合货运枢纽及集疏运体系完善、铁路专用线建设推进有力，管理和运营水平较高，公路货物运输向铁路和水路转移效果显著的项目。优先支持国家物流枢纽范围内运作水平较高的多式联运项目，促进铁路、公路、水路、民航等不同运输方式之间，以及干线运通间、干线与区域等不同运输组织网络相互衔接，实现干线运输高效衔接，推动运输组织模式创新的项目。研发重大技术装备的项目。推动多式联运信息互联共享的项目。应用多式联运"一单制"的项目。
2021年9月29日	交通运输部办公厅	《基于区块链的进口集装箱电子放货平台建设指南》	交办水函〔2021〕1525号	提出基于区块链技术的进口集装箱电子放货平台的建设架构，明确提货单、海运单、设备交接单等集装箱单证上链的数据格式，交互要求等。通过进口集装箱提货单、海运单、设备交接单等单证上链，在平台内实现在国际海运承运人（以下简称承运人）、货主（国内进口商，下同）、港口企业、海关、货主（国内进口商，下同）、货运代理（以下简称货代）、船舶代理（以下简称船代）等节点间流转办理，深化数据共享和业务协同。

续 表

发布时间	发布单位	文件名称	文件号	相关内容
2021年8月31日	交通运输部	《交通运输领域新型基础设施建设行动方案（2021—2025年）》	交规划发〔2021〕82号	推动货运枢纽（物流园区）智能化建设。以高效衔接为导向，建设智能仓储等设施，推广智能安检、装卸、拣选等装备。推进多式联运信息采集交换，实现电子货运单证"一单制"。推广应用第三方物流信息平台，实现多种运输方式全过程的智能调度、高效运转、精准匹配，提供跨区域的全程物流信息服务。
2021年9月22日	中共中央、国务院	《中共中央 国务院关于完整准确全面贯彻新发展理念做好碳达峰碳中和工作的意见》	国发〔2021〕33号	到2025年，绿色低碳循环发展的经济体系初步形成，重点行业能源利用效率大幅提升。单位国内生产总值能耗比2020年下降13.5%；单位国内生产总值二氧化碳排放比2020年下降18%；非化石能源消费比重达到20%左右，森林覆盖率达到24.1%，森林蓄积量达到180亿立方米，为实现碳达峰、碳中和奠定坚实基础。到2030年，经济社会发展全面绿色转型取得显著成效，重点耗能行业能源利用效率达到国际先进水平。单位国内生产总值二氧化碳排放比2005年下降65%以上；非化石能源消费比重达到25%左右，风电、太阳能发电总装机容量达到12亿千瓦以上，二氧化碳排放量达到峰值并实现稳中有降。到2060年，绿色低碳循环发展的经济体系和清洁安全高效的能源体系全面建立，能源利用效率达到国际先进水平，非化石能源消费比重达到80%以上，碳中和目标顺利实现，生态文明建设取得丰硕成果，开创人与自然和谐共生新境界。

续 表

发布时间	发布单位	文件名称	文件号	相关内容
2021 年 9 月 3 日	国务院	《国务院印发关于推进自由贸易试验区贸易投资便利化改革创新若干措施的通知》	国发〔2021〕12 号	支持自贸试验区所在地培育进口贸易促进创新示范区、综合利用提高便利化水平、创新贸易模式、提升公共服务等多种手段、推动进口领域监管制度、商业模式、配套服务等多方面创新。出台保税维修相关管理规定。支持自贸保税维修业务。由自贸试验区所在地省级人民政府进行综合评估，自主支持开展，对所支持项目的监管等事项承担主体责任。交通运输管理部门支持自贸试验区试点以铁路运输为主的多式联运"一单制"改革，鼓励自贸试验区制定并推行标准化多式联运单等单证。加强自贸试验区内现有期货产品国际交易平台建设，发挥自贸试验区在交割仓库、仓储物流、金融服务等方面的功能，提升大宗商品期货市场对外开放水平。
2021 年 8 月 26 日	海关总署、发展改革委、财政部、交通运输部、商务部、卫生健康委、市场监管总局、税务总局、铁路局、民航局	《关于进一步深化跨境贸易便利化改革优化口岸营商环境的通知》	署岸发〔2021〕85 号	推进海关全业务领域一体化。紧扣高质量发展推进海关业务一体化改革，由通关环节与流程的全国一体化拓展到海关全业务领域一体化，积极推动全业务领域跨区域协同治理与发展。优化收费公示制度和收费服务模式。推进口岸物流单证全流程无纸化。加快多式联运发展。提升国际物流供给能力。

续 表

发布时间	发布单位	文件名称	文件号	相关内容
2021 年 8 月 20 日	交通运输部、农业农村部	《交通运输部 农业农村部关于全力做好农业生产物资运输服务保障工作的通知》	交运明电〔2021〕209 号	各地农业农村、交通运输主管部门要依托农资产品、交通运输行业协会、组织相关企业进行运输供需对接，大型运输企业、生产流通企业进行运输供需对接，详细了解当前农业生产物资运输需求，摸清重点物资的布局、数量、运输路线、运输需求，认真梳理运输存在的问题，精准做好农业生产物资运输服务保障工作。各地交通运输主管部门要指导道路运输企业强化应急运力储备，加强调度指挥，及时保障。对于疫情中高风险区域相关部门和单位提出的农业生产物资运输需求，相关地区交通运输主管部门要采取针对性保障措施，建立对接机制，实施"点对点"支持，一事一处理，全力保障农业生产物资运输。
2021 年 8 月 20 日	国务院办公厅	《国务院办公厅关于加快农村寄递物流体系建设的意见》	国办发〔2021〕29 号	健全县、乡、村寄递服务体系，补齐农村寄递物流基础设施短板，推动农村地区流通体系建设，促进群众就业创业，更好满足农村生产生活和消费升级需求，为全面推进乡村振兴、畅通国内大循环作出重要贡献。到 2025 年，基本形成开放惠民、安全高效、双向畅通的农村寄递物流体系，实现乡乡有网点、村村有服务，农产品运得出去，便民惠民，农村寄递物流供给能力和服务质量显著提高，寄递服务能力基本覆盖。

610 中国陆港发展报告2023—2024

续表

发布时间	发布单位	文件名称	文件号	相关内容
2021年8月17日	国家发展改革委	《国家发展改革委关于印发〈"十四五"推进西部陆海新通道高质量建设实施方案〉的通知》	发改基础〔2021〕1197号	到2025年，基本建成经济、高效、便捷、绿色、安全的西部陆海新通道。东中西三条通路持续强化，通道、港口和物流枢纽运营更加高效，对沿线经济和产业发展带动作用明显。以铁路为骨干、高等级公路为补充的干线运输能力大幅提升，铁海联运班列达到2000列。通道物流运营组织中心一大市场初步建立，多式联运"一单制"取得新进展，通关便利化水平和物流效率大幅提升。
2021年8月10日	国家发展改革委、自然资源部、生态环境部、交通运输部、水利部、国家能源局	《关于加强投资数据资源共享持续深化投资审批"一网通办"的指导意见》	发改投资〔2021〕1119号	拓展环评审批信息共享区域。加大自然资源和交通运输、水利领域审批信息共享力度。完善纵横贯通的审批数据共享机制。
2021年8月6日	财政部、自然资源部、住房城乡建设部、交通运输部、海关总署、市场监管总局、邮政局	《商务部等9部门关于印发〈商贸物流高质量发展专项行动计划(2021—2025年)〉的通知》		到2025年，初步建立畅通高效、协同共享、融合开放的现代商贸物流体系，培育一批有品牌影响力和国际竞争力的商贸物流企业，商贸物流标准化、数字化、智能化、绿色化水平显著提高，商贸物流网络更加健全，区域商贸物流一体化加快推进，新模式新业态加快发展，商贸服务业和国际贸易物流成本进一步下降。加强商贸物流网络与国家综合运输大通道衔接，提升全国性、区域性商贸物流节点城市集聚辐射能力。促进区域冷链物流一体化，加强冷链物流标准化水平。布局建设一批国家骨干冷链物流基地。

续 表

发布时间	发布单位	文件名称	文件号	相关内容
2021年8月2日	交通运输部办公厅	《交通运输部关于转送吉林省推进农村物流高质量发展有关文件的通知》	交办运函〔2021〕1144号	以客运站为节点，拓展客运站物流服务功能，完善物流设施设备，推动"客货邮同站"发展，使客运站转型升级为集客运服务、物流服务等多种功能为一体的服务平台；依托建制村100%通客车的运输网络资源，以客运线路和车辆为载体，推进农村客运、邮政快递、农村物流等既有运输网络融合发展，实现资源共享；推动行业整合，实现信息共享。畅通企业之间物流信息资源的高效流通，农村消费品下乡双向流通渠道，满足农村产品出村进城和农资、农资品下乡"最初最后一公里"物流需求，增加农民收入。
2021年7月20日	国务院办公厅	《全国深化"放管服"改革着力培育和激发市场主体活力电视电话会议重点任务分工方案》	国办发〔2021〕25号	继续围绕市场主体关切，科学精准实施宏观政策，落实好常态化财政资金直达机制和货币政策直达工具，并强化全链条监控。充分调动企事业单位和社会力量的积极性，在水、电、气、热、交通、电信等基础设施方面增加供给，提升服务质量和水平，为市场主体经营发展创造好的条件。保障好基本民生，尽力而为、量力而行，重点加强义务教育、基本医疗、基本住房等业保障、完善失业保障，灵活就业人员基本权益保障，逐步提高保障水平，织密织牢社会保障制度"安全网"。重视企业合理诉求，加强帮扶支持，让市场主体安心发展、更好发展。优化政策落地机制，用好现代信息技术，努力使"人找政策"变为"政策找人"，推动惠企政策应享尽享、快速兑现。

续　表

发布时间	发布单位	文件名称	文件号	相关内容
2021年7月9日	国务院办公厅	《国务院办公厅关于加快发展外贸新业态新模式的意见》	国办发〔2021〕24号	到2025年，外贸新业态新模式发展的体制机制和政策体系更为完善，营商环境更为优化，形成一批具有国际竞争力的行业龙头企业和产业集群，产业价值链水平进一步提升，对外贸易和国民经济的带动作用进一步增强。到2035年，外贸新业态发展更加健全，贸易自由化便利化程度达到世界先进水平，为贸易高质量发展提供强大动能，为基本实现社会主义现代化提供强劲支撑。扎实推进跨境电子商务综合试验区建设。培育一批优秀海外仓企业、智能化发展、多元化服务、本地化经营等方面表现突出的优秀海外仓企业。依托海外仓建立覆盖全球的新型外贸物流网络，推出一批具有国际影响力的国家、行业等标准。
2021年6月30日	商务部	《"十四五"商务发展规划》		促进流通智能化、集约化、标准化发展，以流通方式创新推动消费和产业升级。支持实体商业升级，积极发展智慧商店，推动实体商业运用5G、虚拟现实、人工智能、大数据等信息技术优化服务体验，支持传统销售场所向消费、体验、社交综合场景转变。加快物流配送等设施智能化改造，智能化升级。促进商贸流通与一、二产业数字化融合。创建全国供应链创新与应用示范城市、示范企业。加强商贸流通标准体系建设，形成各层级标准标准衔接的标准框架，加强相关行业领域标准制修订，开展国家级服务业标准化商贸流通专项试点，强化标准应用实施。

续 表

发布时间	发布单位	文件名称	文件号	相关内容
2021年6月7日	国家发展改革委	《城乡冷链和国家物流枢纽建设中央预算内投资专项管理办法》	发改经贸规〔2021〕817号	重点支持已纳入年度建设名单的国家物流枢纽、国家骨干冷链物流基地内的公共性、基础性联运转运设施项目，包括多式联运式转运设施项目、高标准公共仓储设施新建、改扩建及智能化改造项目、保税仓储设施项目、公共物流信息平台和信息化提升项目等。重点支持服务于屠宰肉类屠宰加工及流通的冷链物流设施项目（不含屠宰加工生产线等设施），公共冷库新建、改扩建、智能化改造及相关配套设施项目。按照党中央、国务院决策部署，需要支持的其他物流基础设施项目。
2021年6月15日	交通运输部、发展改革委、财政部	《全面推广高速公路差异化收费实施方案》	交公路函〔2021〕228号	分路段差异化收费。分时段差异化收费。分车型（类）差异化收费。分出入口差异化收费。分方向差异化收费。分支付方式差异化收费。
2021年6月7日	国家发展改革委、交通运输部	《成渝地区双城经济圈综合交通运输发展规划》	发改基础〔2021〕829号	到2025年，以补短板、强弱项为重点，着力构建多种运输方式无缝衔接的综合立体交通网络。一体衔接联通勤通网络总体形成。对外运输大通道、城际交通主骨架、都市圈通勤网基本完善。到2035年，以一体化发展为重点，全面建成设施互联互通、运行智能安全、服务优质高效的现代化综合交通运输体系，全面实现对外放通道欧达海、立体互联达全球、运输组织水平、成都国际门户枢纽联通全球，运输互联，重庆、创新能力、体制机制一体化合作引领先。

续　表

发布时间	发布单位	文件名称	文件号	相关内容
2021年6月3日	国务院	《国务院关于深化"证照分离"改革进一步激发市场主体发展活力的通知》	国发〔2021〕7号	自2021年7月1日起，在全国范围内实施涉企经营许可事项全覆盖清单管理，按照直接取消审批、审批改为备案、实行告知承诺、优化审批服务等四种方式分类推进审批制度改革，同时在自由贸易试验区进一步加大改革力度，力争2022年年底前建立简约高效、公正透明、宽进严管的行业准入准营规则，大幅提高市场主体办事的便利度和可预期性。
2021年5月26日	国家发展改革委、中央网信办、工业和信息化部、国家能源局	《全国一体化大数据中心协同创新体系算力枢纽实施方案》	发改高技〔2021〕709号	根据能源结构、产业布局、市场发展、气候环境等，在京津冀、长三角、粤港澳大湾区、成渝，以及贵州、甘肃、内蒙古、宁夏等地布局建设全国一体化算力网络国家枢纽节点，发展数据中心集群，引导数据中心集约化、规模化、绿色化发展。国家枢纽节点之间进一步打通网络传输通道，加快实施"东数西算"工程，提升跨区域算力调度水平。同时，加强云算力服务、数据流通、数据应用、安全保障等方面的探索实践，发挥示范和带动作用。国家枢纽节点以外的地区，统筹省内数据中心布局，与国家枢纽节点加强衔接、参与国家算力之间算力分级联动调度，开展区域力与算法、数据、应用资源的一体化协同创新。
2021年5月12日	国务院	《国务院关于同意在河南省开展跨境电子商务零售进口药品试点的批复》	国函〔2021〕51号	同意在河南省开展跨境电子商务零售进口药品试点，试点期为自批复之日起3年，请认真组织实施，按照《关于跨境电子商务零售进出口商品有关监管事宜的公告》（海关总署公告2018年第194号）规定的通关管理要求开展自业务，在通关环节不验核进口药品备化

续　表

发布时间	发布单位	文件名称	文件号	相关内容
2021年5月12日	国务院	《国务院关于同意在河南省开展跨境电子商务零售进口药品试点的批复》	国函〔2021〕51号	品通关单，参照执行跨境电商零售进口相关税收政策，相关交易纳入年度交易总额管理，适用跨境电商零售进口商品单次、年度交易限值相关规定，在交易限值内，关税税率暂设为0%，进口环节增值税、消费税暂按应纳税额的70%征收。
2021年4月23日	中共中央、国务院	《中共中央　国务院关于新时代推动中部地区高质量发展的意见》		到2025年，中部地区质量变革、效率变革、动力变革取得突破性进展，投入产出效益大幅提高，综合实力、内生动力和竞争力进一步增强。创新能力大幅提升，研发经费投入占地区生产总值比重达到全国平均水平。常住人口城镇化率年均提高1个百分点以上，分工合理、优势互补，各具特色的协调发展格局基本形成。绿色发展深入推进，单位地区生产总值能耗降幅达到全国平均水平，单位地区生产总值二氧化碳排放达到全国平均水平，资源节约型、环境友好型发展方式普遍建立。开放水平再上新台阶，内陆开放型经济新体制基本形成。共享发展基本实现，居民人均可支配收入与经济增长基本同步，居民人均公共卫生等重大突发事件应对公共卫生水平，统筹应对公共卫生等重大突发事件能力显著提高，人民群众获得感、幸福感、安全感明显增强。

续　表

发布时间	发布单位	文件名称	文件号	相关内容
2021年4月23日	中共中央、国务院	《中共中央 国务院关于支持浦东新区高水平改革开放打造社会主义现代化建设引领区的意见》		到2035年，浦东现代化经济体系全面构建，现代化城区全面建成，现代化治理全面实现，城市发展能级和国际竞争力跃居世界前列。到2050年，浦东建设成为在全球具有强大吸引力、创造力、竞争力、影响力的城市重要承载区，城市治理能力和治理效能的全球典范，社会主义现代化强国的璀璨明珠。
2021年4月19日	商务部等20部门	《商务部等20部门关于推进海南自由贸易港贸易自由化便利化若干措施的通知》	商自贸发〔2021〕58号	在洋浦保税港区内先行试点经"一线"进出口原油和成品油，不实行企业资格和数量管理，进出"二线"按进出口规定管理。在洋浦保税港区内先行试点经出"一线"进口食糖不纳入关税配额总量管理，进出"二线"按现行规定管理。在实施"一线"放开、"二线"管住，进入"一线"原则上取消自动进口许可证进口许可证进口管理，由海南自由贸易港在做好统计监管的前提下自行管理，进入"二线"按现行管理。在实施"一线"放开、"二线"管住管理措施，由海南自由贸易港取消机电进口许可证管理措施，进入"二线"在安全环保的前提下自行管理，进入"二线"按现行规定管理。
2021年4月7日	国务院	《粮食流通管理条例》	国令第740号	在中华人民共和国境内从事粮食的收购、销售、储存、运输、加工、进出口等经营活动（以下统称粮食经营活动），应当遵守本条例。

续　表

发布时间	发布单位	文件名称	文件号	相关内容
2021年4月1日	交通运输部办公厅、发展改革委办公厅、工业和信息化部办公厅、农业农村部办公厅、商务部办公厅、市场监管总局办公厅、邮政局办公室、中华全国供销合作总社办公厅	《关于做好标准化物流周转箱推广应用有关工作的通知》	交办运〔2021〕30号	推动健全完善物流周转箱标准体系。加快制定发布果蔬类周转箱（600mm×400mm模数）尺寸系列、循环共用管理规范等国家标准，发挥标准规范引领作用，面向果蔬产品流通领域加大标准化物流周转箱推广应用力度。持续健全完善农副产品、商超配送、邮政快递等领域周转箱相关标准，加大标准贯彻力度，促进标准规范的有效实施，推进各物流领域周转箱的循环共用。开展物流周转箱绿色产品认证。
2021年3月30日	交通运输部办公厅	《交通运输部办公厅关于加快推广应用道路运输电子证照提升数字化服务与监管能力的通知》	交办运〔2021〕25号	完成全国道路运输电子证照部级系统（以下简称部级系统）开发，系统上线试运行，完成全国各省电子证照管理信息系统（以下简称运政系统）等相关系统的对接联网与业务协同。完成全国道路运输省级电子证照省级系统（以下简称省级电子证照系统）基础软件开发。完成至少5个省份省级电子证照系统联网，推进与运政系统的对接联网与业务协同。完成全国各省份省级电子证照系统的部署和安装，实现与运政系统等相关系统的对接联网与业务协同。完成全国道路运输电子证照系统建设，在全国范围内实现道路运输电子证照实时交互共享和互信互认。

续表

发布时间	发布单位	文件名称	文件号	相关内容
2021年3月29日	国务院办公厅	《国务院办公厅转发国家发展改革委等单位关于进一步做好铁路规划建设工作意见的通知》	国办函〔2021〕27号	综合考虑铁路与公路、水运、民航、城市交通等关系，加强与国土空间规划、区域发展规划分层分类，形成网络互接，科学编制铁路发展规划，网络骨架、通道功能等。主要明确铁路规划体系，确定基础设施空间布局，功能互补的规划体系。加快推动铁路进港口、物流园区及中长途货物运输向铁路转移，为铁路长远发展留出空间，推动大宗货物运输向铁路转移，推动大型工矿企业转移。
2021年3月24日	中共中央、国务院	《关于进一步深化税收征管改革的意见》	国发〔2021〕10号	到2022年，在税务执法规范性、税费服务便捷性、税务监管精准性上取得重要进展。到2023年，基本建成"无风险不打扰、有违法要追究、全过程强智控"的税务执法新体系，实现从经验式执法向科学精确执法转变；基本建成"线下服务无死角、线上服务不打烊、定制服务广覆盖"的税费服务新体系，实现从无差别服务向精细化、智能化、个性化服务转变；基本建成以"双随机、一公开"监管和"互联网＋监管"为基本手段、以重点监管为补充、以"信用＋风险"监管为基础的税务监管新体系，实现从"以票管税"向"以数治税"分类精准监管转变。到2025年，深化税收征管制度改革取得显著成效，基本建成功能强大的智慧税务，形成国内一流的智能化行政应用系统，全方位提高税务执法、服务、监管能力。

续 表

发布时间	发布单位	文件名称	文件号	相关内容
2021年3月8日	交通运输部办公厅	《交通运输部办公厅关于做好进口电商货物港航"畅行工程"有关工作的通知》	交办水函〔2021〕294号	实施基于区块链技术的进口电商货物港航"畅行工程",是建设人民满意交通、促进港航高质量发展的重要抓手,也是积极应对全球新冠疫情、持续优化营商环境的有效举措。积极应用港航区块链电子放货平台,实现主要进口电商货物港航单证平均办理时间由2天缩短至4小时以内,全程无接触。
2021年2月24日	中共中央、国务院	《国家综合立体交通网规划纲要》	国发〔2021〕8号	到2035年,基本建成便捷顺畅、经济高效、绿色集约、智能先进、安全可靠的现代化高质量国家综合立体交通网,实现国际国内互联互通、全国主要城市立体畅达、县级节点有效覆盖,有力支撑"全国123出行交通圈"(都市区1小时通勤、城市群2小时通达、全国主要城市3小时通达)和"全球123快货物流圈"(国内1天送达、周边国家2天送达、全球主要城市3天送达)。交通基础设施质量、智能化水平居世界前列。交通运输全面适应人民日益增长的美好生活需要,有力保障国家安全,支撑我国基本实现社会主义现代化。到21世纪中叶,全面建成现代化高质量国家综合立体交通网,拥有世界一流的交通基础设施体系、交通运输供需有效平衡、服务优质均等、安全有力保障、智能绿色可靠,实现数字化、网络化、智能化,出行安全便捷舒适,物流高效经济可靠,实现"人享其行、物优其流",全面建成交通强国,为全面建成社会主义现代化强国当好先行。

续表

发布时间	发布单位	文件名称	文件号	相关内容
2022年1月19日	国务院办公厅	《国务院办公厅关于促进内外贸一体化发展的意见》	国办发〔2021〕59号	到2025年，内外贸法律法规、监管体制、经营资质、质量标准、检验检疫、认证认可等衔接更加有效，市场主体内外贸一体化发展水平进一步提升，内外联通网络更加完善，政府管理服务更加优化，内外贸一体化调控体系更加健全，实现内外贸高效运行、融合发展。
2021年1月12日	国务院	《国务院关于印发"十四五"数字经济发展规划的通知》	国发〔2021〕29号	到2025年，数字经济迈向全面扩展期，数字经济核心产业增加值占GDP比重达到10%，数字化创新引领发展能力大幅提升，智能化水平明显增强，数字技术与实体经济融合取得显著成效，数字经济治理体系更加完善，我国数字经济竞争力稳步迈上新台阶。产业数字化转型初步建立。数据要素市场初步建立，数字产业化水平显著提升。数字经济治理体系更加加普惠均等。数字化公共服务更加完善。
2021年1月5日	交通运输部办公厅 公安部办公厅 商务部办公厅	《交通运输部办公厅 公安部办公厅 商务部办公厅关于组织开展第三批城市绿色货运配送示范工程申报工作的通知》	交办运函〔2021〕2122号	申报绿色货运配送示范工程的城市，原则上应当同时满足以下条件：一是城市规模。地级及以上城市，优先考虑直辖市、省会城市和计划单列市。二是区位条件。优先支持《国家综合立体交通网规划纲要》中确定的国家综合交通枢纽城市。三是物流基础。城市物流需求旺盛，货运枢纽场站等基础设施条件较好，物流信息化水平较高，城市配送、多式联运、甩挂运输、冷链物流等重点领域基础条件较好，发展潜力大。四是政策环境。城市人民政府及相关管理部门对推动城市物流配送发展，新能源配送车辆推广，货运配送便利通行，培育龙头企业等方面有针对性较强的支持政策。

附录十七 陆港分类与评估指标

前言 ……………………………………………………………… 622

陆港分类与评估指标 …………………………………………… 623

陆港评估指标释义 ……………………………………………… 630

参考文献 ………………………………………………………… 632

前　言

本文件按照 GB/T 1.1—2020《标准化工作导则　第 1 部分：标准化文件的结构和起草规则》的规定起草。

本文件由中国开发区协会提出并归口。

本文件起草单位：中国开发区协会陆港分会、深圳市平方科技股份有限公司、交通运输部科学研究院、成都国际陆港运营有限公司、合肥国际内陆港发展有限公司、苏州工业园区航港物流有限公司、奎屯新亚科工贸有限公司、山西鑫东港物流有限公司、中建投物流有限公司、冠县土地发展集团有限公司。

本文件主要起草人员：朱长波、李怀仁、田春林、汪健、郑维清、张向辉、柴凤伟、李志辉、张娜、王明文、赵昕、聂婷婷、刘颖、李京翰、易铁兵、张好启、吴雪瑾、杜保新、穆映州、段英南、刘元祥。

陆港分类与评估指标

1 范围

本文件规定了陆港的分类依据、陆港类型与评估指标。

本文件适用于陆港的分类及评估实施，也适用于陆港的规划建设与运营服务。

2 规范性引用文件

下列文件中的内容通过文中的规范性引用而构成本文件必不可少的条款。其中，注日期的引用文件，仅该日期对应的版本适用于本文件；不注日期的引用文件，其最新版本（包括所有的修改单）适用于本文件。

JT/T 1213 陆港设施设备配置与运营技术规范

3 术语和定义

JT/T1 213 界定的以及下列术语和定义适用于本文件。

3.1 口岸 port

经国务院批准，设在港口、机场、车站或入境通道，由法定机构实施查验、检验，允许人员、货物、物品和交通工具直接出入国（关）境的特定区域。

3.2 陆港 land port

依托铁路、公路等陆路交通，以提供货物集散和口岸服务为基础，可聚合商贸物流、生产加工等功能的物流组织区域。

［来源：JT/T 1213—2018，3.2，有修改。］

3.3 标准集装箱换算单位（以下简称标准箱）TEU

以 GB/T 1413 中 C 型箱型的公称长度为标准，作为各型集装箱的换算单位。

［来源：GB/T 12419—2005，3.1。］

4 陆港分类

4.1 分类依据

依据陆港所依托的主要交通设施类型进行分类。

4.2 陆港类型

4.2.1 多式联运型陆港

多式联运型陆港应同时符合以下要求：

a）依托铁路专用线、铁路货运场站，开展多式联运；

b）具备货物集散、仓储配送、中转分拨等功能，实现不同运输方式之间的高效换装与衔接；

c）具备口岸服务功能；

d）具备与多式联运作业配套的信息服务功能。

4.2.2 公路型陆港

公路型陆港应同时符合以下要求：

a）依托公路货运场站，具有公路运输装备和仓储设施，开展道路货物运输；

b）具备货物集散、仓储配送、中转分拨等功能；

c）具备口岸服务功能；

d）具备与道路货运作业配套的信息服务功能。

5 陆港评估指标

5.1 指标设置

依据陆港类型，按照设施设备、口岸服务、信息化、配套服务、运行管理、高质量发展等六个方面设置评估指标。

5.2 等级划分

两种类型的陆港按照不同评估指标分为 AAAAA、AAAA、AAA、AA、A 五个等级。AAAAA 级最高，依次降低。

5.3 评估指标

5.3.1 多式联运型陆港

多式联运型陆港评估指标见表 1。

表1 多式联运型陆港评估指标

评估指标		级别				
		AAAAA 级	AAAA 级	AAA 级	AA 级	A 级
设施设备	陆港核心区运营面积/m²	≥500000	≥300000	≥200000	≥130000	≥100000
	仓储面积/m²	≥100000	≥30000	≥10000	—	—
	海关监管仓库面积/m²	≥20000	≥5000	≥3000	—	—
	保税仓库	有	—	—	—	—

续　表

评估指标		级别				
		AAAAA 级	AAAA 级	AAA 级	AA 级	A 级
设施设备	集装箱堆场面积/m²	≥50000	≥30000	≥10000	—	—
	依托铁路物流中心等级	一级	二级及以上	三级及以上	—	—
	单条铁路装卸线有效长度/m	≥850	≥550	≥400	—	—
	拥有铁路专用线条数/条	≥3	≥2	≥1		
	装卸设备总起重能力/t	≥400	≥200	≥100	≥50	≥30
口岸服务	依托海关监管区类型	综合保税区/保税物流中心（B型）	保税监管场所/海关监管作业场所			
	海关指定监管场地类型（进境肉类、冰鲜水产品、粮食、水果、食用水生动物、植物种苗、原木、其他进境高风险动植物及其产品指定监管场地）	≥2 项	≥1 项	—	—	—
信息化	信息系统	物流经营业务全部实现信息化管理，功能完备			物流经营业务实现部分信息化管理，功能比较完备	
	信息互联互通	陆港与海关及相关企业实现信息数据的互联互通		陆港与海关及相关企业实现部分信息数据的互联互通	—	
	电子单证使用率	≥90%	≥70%		≥50%	
配套服务	辅助配套服务（餐饮、住宿、停车、汽修、加油加气充电、集装箱维修、保险理赔、法律咨询及工商、税务、财政、银行等）	≥5 项	≥4 项	≥3 项	≥2 项	≥1 项

评估指标		级别				
		AAAAA 级	AAAA 级	AAA 级	AA 级	A 级
配套服务	增值服务（简单加工、商品展示、转口贸易、出口退税、仓单质押、提单质押）	≥3 项	≥2 项		≥1 项	
运行管理	散杂货吞吐量/万吨/年	≥500	≥300	≥100	—	—
	集装箱吞吐量/万 TEU/年	≥20	≥10	≥5	≥3	≥1
	散杂货进出口量/万吨/年	≥100	≥50	—	—	—
	集装箱进出口量/万 TEU/年	≥10	≥5	≥2.5		
	班列营收/元	≥3 亿	≥1 亿	≥5000 万	≥3000 万	≥1000 万
	业务辐射面	省外业务量占比≥20%	省外业务量占比≥10%	省内业务为主		
	管理制度（运营管理、入驻企业管理、安全与应急管理、统计管理、信息管理、节能环保）	有健全的经营、作业、财务、统计、安全、技术等机构和相应的管理制度				
	专业人员持证上岗率	≥80%	≥70%	≥50%	≥30%	≥10%
高质量发展	创新工艺、研发设施设备；获得专利、软著等知识产权；参与团体、行业、国家标准规范制订	≥5 项	≥3 项	≥2 项	≥1 项	
	陆港内新能源装卸设备占比	≥50%	≥30%	≥20%	—	—
	充换电站建设、光伏发电等利用新清能源情况	有	—	—	—	—
	政策性试点示范（国家级、区域级及省级）	≥2 项	≥1 项	—	—	—

5.3.2　公路型陆港

公路型陆港评估指标见表2。

表2　　　　　　　　　　　　　　公路型陆港评估指标

评估指标		级别				
		AAAAA 级	AAAA 级	AAA 级	AA 级	A 级
设施设备	陆港核心区运营面积/m²	≥200000	≥130000	≥80000	≥33000	≥13000
	仓储面积/m²	≥50000	≥20000	≥5000		
	海关监管仓库面积/m²	≥10000	≥3000	≥1000	—	—
	保税仓库	有				
	集装箱堆场面积/m²	≥30000	≥10000	≥5000		
	自有/租用货运车辆/辆	≥100	≥50	≥20		
	装卸设备总起重能力/t	≥200	≥100	≥50	≥30	
	距离干线公路（高速路与国省道）出入口距离/km	≤5			≤10	≤20
口岸服务	依托海关监管区类型	综合保税区/保税物流中心（B型）	保税监管场所/海关监管作业场所			
	海关指定监管场地类型（进境肉类、冰鲜水产品、粮食、水果、食用水生动物、植物种苗、原木、其他进境高风险动植物及其产品指定监管场地）	≥2 项	≥1 项	—	—	—
信息化建设	信息系统	物流经营业务全部信息化管理，功能完备			物流经营业务部分信息化管理，功能比较完备	
	信息互联互通	陆港与海关及相关企业实现信息数据的互联互通	陆港与海关及相关企业实现部分信息数据的互联互通		—	
	电子单证使用率	≥90%	≥70%		≥50%	

评估指标		级别				
		AAAAA 级	AAAA 级	AAA 级	AA 级	A 级
配套服务	综合配套服务（餐饮、住宿、停车、汽修、加油加气充电、保险理赔、法律咨询及工商、税务、财政、银行等）	≥5 项	≥4 项	≥3 项	≥2 项	≥1 项
	增值服务（简单加工、商品展示、转口贸易、出口退税、仓单质押、提单质押、物流金融等）	≥3 项	≥2 项		≥1 项	
运行管理	散杂货吞吐量/万吨/年	≥300	≥100	≥50	—	—
	集装箱吞吐量/万 TEU/年	≥10	≥5	≥3	≥1	≥0.5
	集装箱进出口量/万 TEU/年	≥5	≥2.5	≥1.5	—	—
	业务辐射面	省外			省内	
	陆港年物流营业收入/元	≥1 亿	≥5000 万	≥3000 万	≥1000 万	≥500 万
	网络货运平台资质	有		—	—	—
	管理制度（运营管理、入驻企业管理、安全与应急管理、统计管理、信息管理、节能环保）	有健全的经营、作业、财务、统计、安全、技术等机构和相应的管理制度				
	专业人员持证上岗率	≥80%	≥70%	≥50%	≥30%	≥10%
高质量发展	创新工艺、研发设施设备；获得专利、软著等知识产权；参与团体、行业、国家标准规范制订	≥4 项	≥3 项	≥2 项	≥1 项	
	陆港内新能源装卸设备占比	≥50%	≥30%	≥20%	—	—

续 表

评估指标		级别				
		AAAAA 级	**AAAA 级**	**AAA 级**	**AA 级**	**A 级**
高质量发展	充换电站建设、光伏发电等新利用清能源情况	有		—	—	—
	政策性试点示范（国家级、区域级及省级）	≥2 项	≥1 项	—	—	—

5.4 评估实施

陆港评估工作可由陆港行业组织设立评估机构组织实施，实施时可根据本文件制定实施细则。

陆港评估指标释义

陆港评估指标解释说明如下：

a）陆港核心区运营面积/m²：考核期内，陆港内已投入运营使用的物流设施总占地面积，包括铁路装卸线（专用线）、道路、库房、堆场、雨棚、月台、货车停车场、装卸搬运场地、信息服务用地、流通加工场所，以及生活配套和商务配套用地。计量单位：m²。

b）仓储面积/m²：考核期内，陆港内可用于保管、储存货物的建筑物及其场所（包括各类库房）的占地面积。计量单位：m²。

c）集装箱堆场面积/m²：考核期内，陆港拥有的集装箱堆场占地面积。计量单位：m²。

d）依托铁路物流中心等级：陆港依托的铁路物流中心等级，分为一级、二级和三级。

e）单条铁路装卸线有效长度/m：考核期内，由陆港经营实体、园区入驻企业或者其他相关单位管理的，与国家铁路或者其他铁路线路接轨的岔线及其总有效长度。计量单位：m。

f）装卸设备总起重能力/t：考核期内，陆港内所有装卸设备的起重能力之和。计量单位：t。

g）海关监管区：陆港所依托运行的海关监管区类，包括海关特殊监管区域、保税监管场所、海关监管作业场所以及其他有海关监管业务的场所和地点。

h）海关指定监管场地：指符合海关监管作业场所（场地）的设置规范，满足动植物疫病疫情防控需要，对特定进境高风险动植物及其产品实施查验、检验、检疫的监管作业场地，包括：进境肉类指定监管场地、进境冰鲜水产品指定监管场地、进境粮食指定监管场地、进境水果指定监管场地、进境食用水生动物指定监管场地、进境植物种苗指定监管场地、进境原木指定监管场地、其他进境高风险动植物及其产品指定监管场地。

i）信息系统：考核期内，陆港物流经营业务信息化管理程度。

j）电子单证使用率：考核期内，陆港内电子单证占所有单证的比例。

k）散杂货吞吐量/万吨/年：考核期内，陆港发出和到达的散杂货数量的总和。计量单位：万吨/年。

l）集装箱吞吐量/万 TEU/年：考核期内，进出陆港的集装箱数量的总和。计量单位：万 TEU/年。

m）业务辐射面：考核期内，陆港业务辐射省内外情况。

n）陆港内新能源装卸设备占比：考核期内，陆港内新能源装卸设备数量占所有装卸设备数量的比例。

参考文献

［1］国家质检总局 . 国家对外开放口岸出入境检验检疫设施建设管理规定，2007.

［2］国家质检总局 . 质检系统检验检疫机构能力建设基本要求（试行），2010.

［3］海关总署 . 中华人民共和国海关监管区管理暂行办法，2016.

附录十八　我国口岸设施设置的法理依据

国际陆港建设发展，离不开国际贸易供应链（外循环），更离不开口岸设施，这些都与国际陆港工程建设紧密相关。本文从我国口岸设施设置的法理依据为起点，摘录解读专业名词、法规依据和条款、执法机构、职责分工以及执法位置和条件，系统梳理口岸项目相关法律法规，搭建起口岸建设法律框架。

一、法律依据及其中与口岸建设有关的条款

1. 中华人民共和国国务院令第 175 号《国际航行船舶进出中华人民共和国口岸检查办法》

第一条　为了加强对国际航行船舶进出中华人民共和国口岸的管理，便利船舶进出口岸，提高口岸效能，制定本办法。

第二条　进出中华人民共和国口岸的国际航行船舶（以下简称船舶）及其所载船员、旅客、货物和其他物品，由本办法第三条规定的机关依照本办法实施检查；但是，法律另有特别规定的，或者国务院另有特别规定的，从其规定。

第三条　中华人民共和国港务监督机构（以下简称港务监督机构）、中华人民共和国海关（以下简称海关）、中华人民共和国边防检查机关（以下简称边防检查机关）、中华人民共和国国境卫生检疫机关（以下简称卫生检疫机关）和中华人民共和国动植物检疫机关（以下简称动植物检疫机关）是负责对船舶进出中华人民共和国口岸实施检查的机关（以下统称检查机关）。

第四条　检查机关依照有关法律、行政法规的规定实施检查并对违法行为进行处理。

港务监督机构负责召集有其他检查机关参加的船舶进出口岸检查联席会议，研究、解决船舶进出口岸检查的有关问题。

第十条　卫生检疫机关对船舶实施电讯检疫。持有卫生证书的船舶，其船方或其代理人可以向卫生检疫机关申请电讯检疫。

对来自疫区的船舶，载有检疫传染病染疫人、疑似检疫传染病染疫人、非意外伤

害而死亡且死因不明尸体的船舶，未持有卫生证书或者证书过期或者卫生状况不符合要求的船舶，卫生检疫机关应当在锚地实施检疫。

第十一条　动植物检疫机关对来自动植物疫区的船舶和船舶装载的动植物、动植物产品及其他检疫物，可以在锚地实施检疫。

2.《中华人民共和国海关法》（2013 修正）

第二条　中华人民共和国海关是国家的进出关境（以下简称进出境）监督管理机关。海关依照本法和其他有关法律、行政法规，监管进出境的运输工具、货物、行李物品、邮递物品和其他物品（以下简称进出境运输工具、货物、物品），征收关税和其他税、费，查缉走私，并编制海关统计和办理其他海关业务。

第三条　国务院设立海关总署，统一管理全国海关。

国家在对外开放的口岸和海关监管业务集中的地点设立海关。海关的隶属关系，不受行政区划的限制。

海关依法独立行使职权，向海关总署负责。

第五条　国家实行联合缉私、统一处理、综合治理的缉私体制。海关负责组织、协调、管理查缉走私工作。有关规定由国务院另行制定。

各有关行政执法部门查获的走私案件，应当给予行政处罚的，移送海关依法处理；涉嫌犯罪的，应当移送海关侦查走私犯罪公安机构、地方公安机关依据案件管辖分工和法定程序办理。

第六条　海关可以行使下列权力：

（一）检查进出境运输工具，查验进出境货物、物品；对违反本法或者其他有关法律、行政法规的，可以扣留。

（二）查阅进出境人员的证件；查问违反本法或者其他有关法律、行政法规的嫌疑人，调查其违法行为。

（三）查阅、复制与进出境运输工具、货物、物品有关的合同、发票、帐册、单据、记录、文件、业务函电、录音录像制品和其他资料；对其中与违反本法或者其他有关法律、行政法规的进出境运输工具、货物、物品有牵连的，可以扣留。

（四）在海关监管区和海关附近沿海沿边规定地区，检查有走私嫌疑的运输工具和有藏匿走私货物、物品嫌疑的场所，检查走私嫌疑人的身体；对有走私嫌疑的运输工具、货物、物品和走私犯罪嫌疑人，经直属海关关长或者其授权的隶属海关关长批准，可以扣留；对走私犯罪嫌疑人，扣留时间不超过二十四小时，在特殊情况下可以延长至四十八小时。

在海关监管区和海关附近沿海沿边规定地区以外，海关在调查走私案件时，对有走私嫌疑的运输工具和除公民住处以外的有藏匿走私货物、物品嫌疑的场所，经直属海关关长或者其授权的隶属海关关长批准，可以进行检查，有关当事人应当到场；当事人未到场的，在有见证人在场的情况下，可以径行检查；对其中有证据证明有走私嫌疑的运输工具、货物、物品，可以扣留。

海关附近沿海沿边规定地区的范围，由海关总署和国务院公安部门会同有关省级人民政府确定。

（八）法律、行政法规规定由海关行使的其他权力。

第七条　各地方、各部门应当支持海关依法行使职权，不得非法干预海关的执法活动。

第八条　进出境运输工具、货物、物品，必须通过设立海关的地点进境或者出境。在特殊情况下，需要经过未设立海关的地点临时进境或者出境的，必须经国务院或者国务院授权的机关批准，并依照本法规定办理海关手续。

第十六条　进出境船舶、火车、航空器到达和驶离时间、停留地点、停留期间更换地点以及装卸货物、物品时间，运输工具负责人或者有关交通运输部门应当事先通知海关。

第十七条　运输工具装卸进出境货物、物品或者上下进出境旅客，应当接受海关监管。

货物、物品装卸完毕，运输工具负责人应当向海关递交反映实际装卸情况的交接单据和记录。

上下进出境运输工具的人员携带物品的，应当向海关如实申报，并接受海关检查。

第二十三条　进口货物自进境起到办结海关手续止，出口货物自向海关申报起到出境止，过境、转运和通运货物自进境起到出境止，应当接受海关监管。

第二十八条　进出口货物应当接受海关查验。海关查验货物时，进口货物的收货人、出口货物的发货人应当到场，并负责搬移货物，开拆和重封货物的包装。海关认为必要时，可以径行开验、复验或者提取货样。

第三十二条　经营保税货物的储存、加工、装配、展示、运输、寄售业务和经营免税商店，应当符合海关监管要求，经海关批准，并办理注册手续。

第三十七条　海关监管货物，未经海关许可，不得开拆、提取、交付、发运、调换、改装、抵押、质押、留置、转让、更换标记、移作他用或者进行其他处置。

海关加施的封志，任何人不得擅自开启或者损毁。

人民法院判决、裁定或者有关行政执法部门决定处理海关监管货物的，应当责令当事人办结海关手续。

第三十八条　经营海关监管货物仓储业务的企业，应当经海关注册，并按照海关规定，办理收存、交付手续。

在海关监管区外存放海关监管货物，应当经海关同意，并接受海关监管。

第四十六条 个人携带进出境的行李物品、邮寄进出境的物品，应当以自用、合理数量为限，并接受海关监管。

第四十八条 进出境邮袋的装卸、转运和过境，应当接受海关监管。邮政企业应当向海关递交邮件路单。

邮政企业应当将开拆及封发国际邮袋的时间事先通知海关，海关应当按时派员到场监管查验。

第四十九条 邮运进出境的物品，经海关查验放行后，有关经营单位方可投递或者交付。

3. 中华人民共和国国务院令第 182 号《中华人民共和国出境入境边防检查条例》

第二条 出境、入境边防检查工作由公安部主管。

第三条 中华人民共和国在对外开放的港口、航空港、车站和边境通道等口岸设立出境入境边防检查站（以下简称边防检查站）。

第四条 边防检查站为维护国家主权、安全和社会秩序，履行下列职责：

（一）对出境、入境的人员及其行李物品、交通运输工具及其载运的货物实施边防检查；

（二）按照国家有关规定对出境、入境的交通运输工具进行监护；

（三）对口岸的限定区域进行警戒，维护出境、入境秩序；

（四）执行主管机关赋予的和其他法律、行政法规规定的任务。

第七条 出境、入境的人员必须按照规定填写出境、入境登记卡，向边防检查站交验本人的有效护照或者其他出境、入境证件（以下简称出境、入境证件），经查验核准后，方可出境、入境。

第九条 对交通运输工具的随行服务员工出境、入境的边防检查、管理，适用本条例的规定。但是，中华人民共和国与有关国家或者地区订有协议的，按照协议办理。

第十三条 中华人民共和国与毗邻国家（地区）接壤地区的双方公务人员、边境居民临时出境、入境的边防检查，双方订有协议的，按照协议执行；没有协议的，适用本条例的规定。

毗邻国家的边境居民按照协议临时入境的，限于在协议规定范围内活动；需要到协议规定范围以外活动的，应当事先办理入境手续。

第十四条 边防检查站认为必要时，可以对出境、入境的人员进行人身检查。人身检查应当由两名与受检查人同性别的边防检查人员进行。

第十六条 出境、入境的交通运输工具离、抵口岸时，必须接受边防检查。对交通运输工具的入境检查，在最先抵达的口岸进行；出境检查，在最后离开的口岸进行。

在特殊情况下，经主管机关批准，对交通运输工具的入境、出境检查，也可以在特许的地点进行。

第十七条　交通运输工具的负责人或者有关交通运输部门，应当事先将出境、入境的船舶、航空器、火车离、抵口岸的时间、停留地点和载运人员、货物情况，向有关的边防检查站报告。

交通运输工具抵达口岸时，船长、机长或者其代理人必须向边防检查站申报员工和旅客的名单；列车长及其他交通运输工具的负责人必须申报员工和旅客的人数。

第十八条　对交通运输工具实施边防检查时，其负责人或者代理人应当到场协助边防检查人员进行检查。

第十九条　出境、入境的交通运输工具在中国境内必须按照规定的路线、航线行驶。外国船舶未经许可不得在非对外开放的港口停靠。

出境的交通运输工具自出境检查后到出境前，入境的交通运输工具自入境后到入境检查前，未经边防检查站许可，不得上下人员、装卸物品。

第二十七条　边防检查站根据维护国家安全和社会秩序的需要，可以对出境、入境人员携带的行李物品和交通运输工具载运的货物进行重点检查。

第二十八条　出境、入境的人员和交通运输工具不得携带、载运法律、行政法规规定的危害国家安全和社会秩序的违禁物品；携带、载运违禁物品的，边防检查站应当扣留违禁物品，对携带人、载运违禁物品的交通运输工具负责人依照有关法律、行政法规的规定处理。

第二十九条　任何人不得非法携带属于国家秘密的文件、资料和其他物品出境；非法携带属于国家秘密的文件、资料和其他物品的，边防检查站应当予以收缴，对携带人依照有关法律、行政法规规定处理。

第三十条　出境、入境的人员携带或者托运枪支、弹药，必须遵守有关法律、行政法规的规定，向边防检查站办理携带或者托运手续；未经许可，不得携带、托运枪支、弹药出境、入境。

4. 《中华人民共和国国境卫生检疫法》

第二条　在中华人民共和国国际通航的港口、机场以及陆地边境和国界江河的口岸（以下简称国境口岸），设立国境卫生检疫机关，依照本法规定实施传染病检疫、监测和卫生监督。

第四条　入境、出境的人员、交通工具、运输设备以及可能传播检疫传染病的行李、货物、邮包等物品，都应当接受检疫，经国境卫生检疫机关许可，方准入境或者出境。具体办法由本法实施细则规定。

第七条　入境的交通工具和人员，必须在最先到达的国境口岸的指定地点接受检疫。除引航员外，未经国境卫生检疫机关许可，任何人不准上下交通工具，不准装卸行李、货物、邮包等物品。具体办法由本法实施细则规定。

第八条 出境的交通工具和人员，必须在最后离开的国境口岸接受检疫。

第十二条 国境卫生检疫机关对检疫传染病染疫人必须立即将其隔离，隔离期限根据医学检查结果确定；对检疫传染病染疫嫌疑人应当将其留验，留验期限根据该传染病的潜伏期确定。

因患检疫传染病而死亡的尸体，必须就近火化。

第十三条 接受入境检疫的交通工具有下列情形之一的，应当实施消毒、除鼠、除虫或者其他卫生处理：

（一）来自检疫传染病疫区的；

（二）被检疫传染病污染的；

（三）发现有与人类健康有关的啮齿动物或者病媒昆虫的。

如果外国交通工具的负责人拒绝接受卫生处理，除有特殊情况外，准许该交通工具在国境卫生检疫机关的监督下，立即离开中华人民共和国国境。

第十四条 国境卫生检疫机关对来自疫区的、被检疫传染病污染的或者可能成为检疫传染病传播媒介的行李、货物、邮包等物品，应当进行卫生检查，实施消毒、除鼠、除虫或者其他卫生处理。

入境、出境的尸体、骸骨的托运人或者其代理人，必须向国境卫生检疫机关申报，经卫生检查合格后，方准运进或者运出。

第十八条 国境卫生检疫机关根据国家规定的卫生标准，对国境口岸的卫生状况和停留在国境口岸的入境、出境的交通工具的卫生状况实施卫生监督：

（一）监督和指导有关人员对啮齿动物、病媒昆虫的防除；

（二）检查和检验食品、饮用水及其储存、供应、运输设施；

（三）监督从事食品、饮用水供应的从业人员的健康状况，检查其健康证明书；

（四）监督和检查垃圾、废物、污水、粪便、压舱水的处理。

第十九条 国境卫生检疫机关设立国境口岸卫生监督员，执行国境卫生检疫机关交给的任务。

国境口岸卫生监督员在执行任务时，有权对国境口岸和入境、出境的交通工具进行卫生监督和技术指导，对卫生状况不良和可能引起传染病传播的因素提出改进意见，协同有关部门采取必要的措施，进行卫生处理。

5.《中华人民共和国进出境动植物检疫法》

第二条 进出境的动植物、动植物产品和其他检疫物，装载动植物、动植物产品和其他检疫物的装载容器、包装物，以及来自动植物疫区的运输工具，依照本法规定实施检疫。

第三条　国务院设立动植物检疫机关（以下简称国家动植物检疫机关），统一管理全国进出境动植物检疫工作。国家动植物检疫机关在对外开放的口岸和进出境动植物检疫业务集中的地点设立的口岸动植物检疫机关，依照本法规定实施进出境动植物检疫。

贸易性动物产品出境的检疫机关，由国务院根据情况规定。

国务院农业行政主管部门主管全国进出境动植物检疫工作。

第四条　口岸动植物检疫机关在实施检疫时可以行使下列职权：

（一）依照本法规定登船、登车、登机实施检疫；

（二）进入港口、机场、车站、邮局以及检疫物的存放、加工、养殖、种植场所实施检疫，并依照规定采样；

（三）根据检疫需要，进入有关生产、仓库等场所，进行疫情监测、调查和检疫监督管理；

（四）查阅、复制、摘录与检疫物有关的运行日志、货运单、合同、发票及其他单证。

第七条　国家动植物检疫机关和口岸动植物检疫机关对进出境动植物、动植物产品的生产、加工、存放过程，实行检疫监督制度。

第八条　口岸动植物检疫机关在港口、机场、车站、邮局执行检疫任务时，海关、交通、民航、铁路、邮电等有关部门应当配合。

第十条　输入动物、动物产品、植物种子、种苗及其他繁殖材料的，必须事先提出申请，办理检疫审批手续。

第十三条　装载动物的运输工具抵达口岸时，口岸动植物检疫机关应当采取现场预防措施，对上下运输工具或者接近动物的人员、装载动物的运输工具和被污染的场地作防疫消毒处理。

第十四条　输入动植物、动植物产品和其他检疫物，应当在进境口岸实施检疫。未经口岸动植物检疫机关同意，不得卸离运输工具。

输入动植物，需隔离检疫的，在口岸动植物检疫机关指定的隔离场所检疫。

因口岸条件限制等原因，可以由国家动植物检疫机关决定将动植物、动植物产品和其他检疫物运往指定地点检疫。在运输、装卸过程中，货主或者其代理人应当采取防疫措施。指定的存放、加工和隔离饲养或者隔离种植的场所，应当符合动植物检疫和防疫的规定。

第三十四条　来自动植物疫区的船舶、飞机、火车抵达口岸时，由口岸动植物检疫机关实施检疫。发现有本法第十八条规定的名录所列的病虫害的，作不准带离运输工具、除害、封存或者销毁处理。

第三十五条 进境的车辆，由口岸动植物检疫机关作防疫消毒处理。

6.《中华人民共和国进出口商品检验法》及《中华人民共和国进出口商品检验法实施条例》

2005 年 8 月 31 日中华人民共和国国务院令第 447 号公布

根据 2013 年 7 月 18 日《国务院关于废止和修改部分行政法规的决定》第一次修订

根据 2016 年 2 月 6 日《国务院关于修改部分行政法规的决定》第二次修订

根据 2017 年 3 月 1 日《国务院关于修改和废止部分行政法规的决定》第三次修订

根据 2019 年 3 月 2 日《国务院关于修改部分行政法规的决定》第四次修订

根据 2022 年 3 月 29 日《国务院关于修改和废止部分行政法规的决定》第五次修订

第二条 海关总署主管全国进出口商品检验工作。

海关总署设在省、自治区、直辖市以及进出口商品的口岸、集散地的出入境检验检疫机构及其分支机构（以下简称出入境检验检疫机构），管理所负责地区的进出口商品检验工作。

第三条 海关总署应当依照商检法第四条规定，制定、调整必须实施检验的进出口商品目录（以下简称目录）并公布实施。

第四条 出入境检验检疫机构对列入目录的进出口商品以及法律、行政法规规定须经出入境检验检疫机构检验的其他进出口商品实施检验（以下称法定检验）。

出入境检验检疫机构对法定检验以外的进出口商品，根据国家规定实施抽查检验。

第五条 进出口药品的质量检验、计量器具的量值检定、锅炉压力容器的安全监督检验、船舶（包括海上平台、主要船用设备及材料）和集装箱的规范检验、飞机（包括飞机发动机、机载设备）的适航检验以及核承压设备的安全检验等项目，由有关法律、行政法规规定的机构实施检验。

第六条 进出境的样品、礼品、暂时进出境的货物以及其他非贸易性物品，免予检验。但是，法律、行政法规另有规定的除外。

列入目录的进出口商品符合国家规定的免予检验条件的，由收货人、发货人或者生产企业申请，经海关总署审查批准，出入境检验检疫机构免予检验。

免予检验的具体办法，由海关总署商有关部门制定。

第七条 法定检验的进出口商品，由出入境检验检疫机构依照商检法第七条规定实施检验。

海关总署根据进出口商品检验工作的实际需要和国际标准，可以制定进出口商品检验方法的技术规范和行业标准。

进出口商品检验依照或者参照的技术规范、标准以及检验方法的技术规范和标准，应当至少在实施之日 6 个月前公布；在紧急情况下，应当不迟于实施之日公布。

第八条 出入境检验检疫机构根据便利对外贸易的需要，对进出口企业实施分类管理，并按照根据国际通行的合格评定程序确定的检验监管方式，对进出口商品实施检验。

第九条 出入境检验检疫机构对进出口商品实施检验的内容，包括是否符合安全、卫生、健康、环境保护、防止欺诈等要求以及相关的品质、数量、重量等项目。

第十条 出入境检验检疫机构依照商检法的规定，对实施许可制度和国家规定必须经过认证的进出口商品实行验证管理，查验单证，核对证货是否相符。

实行验证管理的进出口商品目录，由海关总署商有关部门后制定、调整并公布。

第十一条 进出口商品的收货人或者发货人可以自行办理报检手续，也可以委托代理报检企业办理报检手续；采用快件方式进出口商品的，收货人或者发货人应当委托出入境快件运营企业办理报检手续。

第十二条 进出口商品的收货人或者发货人办理报检手续，应当依法向出入境检验检疫机构备案。

第十六条 法定检验的进口商品的收货人应当持合同、发票、装箱单、提单等必要的凭证和相关批准文件，向报关地的出入境检验检疫机构报检；通关放行后 20 日内，收货人应当依照本条例第十八条的规定，向出入境检验检疫机构申请检验。法定检验的进口商品未经检验的，不准销售，不准使用。

进口实行验证管理的商品，收货人应当向报关地的出入境检验检疫机构申请验证。出入境检验检疫机构按照海关总署的规定实施验证。

第十七条 法定检验的进口商品、实行验证管理的进口商品，海关按照规定办理海关通关手续。

第十八条 法定检验的进口商品应当在收货人报检时申报的目的地检验。

大宗散装商品、易腐烂变质商品、可用作原料的固体废物以及已发生残损、短缺的商品，应当在卸货口岸检验。

对前两款规定的进口商品，海关总署可以根据便利对外贸易和进出口商品检验工作的需要，指定在其他地点检验。

第十九条 除法律、行政法规另有规定外，法定检验的进口商品经检验，涉及人身财产安全、健康、环境保护项目不合格的，由出入境检验检疫机构责令当事人销毁，或者出具退货处理通知单，办理退运手续；其他项目不合格的，可以在出入境检验检疫机构的监督下进行技术处理，经重新检验合格的，方可销售或者使用。当事人申请出入境检验检疫机构出证的，出入境检验检疫机构应当及时出证。

出入境检验检疫机构对检验不合格的进口成套设备及其材料，签发不准安装使用通知书。经技术处理，并经出入境检验检疫机构重新检验合格的，方可安装使用。

第二十四条　法定检验的出口商品的发货人应当在海关总署统一规定的地点和期限内，持合同等必要的凭证和相关批准文件向出入境检验检疫机构报检。法定检验的出口商品未经检验或者经检验不合格的，不准出口。

出口商品应当在商品的生产地检验。海关总署可以根据便利对外贸易和进出口商品检验工作的需要，指定在其他地点检验。

出口实行验证管理的商品，发货人应当向出入境检验检疫机构申请验证。出入境检验检疫机构按照海关总署的规定实施验证。

第二十五条　在商品生产地检验的出口商品需要在口岸换证出口的，由商品生产地的出入境检验检疫机构按照规定签发检验换证凭单。发货人应当在规定的期限内持检验换证凭单和必要的凭证，向口岸出入境检验检疫机构申请查验。经查验合格的，由口岸出入境检验检疫机构签发货物通关单。

第三十一条　出入境检验检疫机构根据便利对外贸易的需要，可以对列入目录的出口商品进行出厂前的质量监督管理和检验。

出入境检验检疫机构进行出厂前的质量监督管理和检验的内容，包括对生产企业的质量保证工作进行监督检查，对出口商品进行出厂前的检验。

第三十二条　国家对进出口食品生产企业实施卫生注册登记管理。获得卫生注册登记的出口食品生产企业，方可生产、加工、储存出口食品。获得卫生注册登记的进出口食品生产企业生产的食品，方可进口或者出口。

实施卫生注册登记管理的进口食品生产企业，应当按照规定向海关总署申请卫生注册登记。

实施卫生注册登记管理的出口食品生产企业，应当按照规定向出入境检验检疫机构申请卫生注册登记。

出口食品生产企业需要在国外卫生注册的，依照本条第三款规定进行卫生注册登记后，由海关总署统一对外办理。

第三十四条　出入境检验检疫机构按照有关规定对检验的进出口商品抽取样品。验余的样品，出入境检验检疫机构应当通知有关单位在规定的期限内领回；逾期不领回的，由出入境检验检疫机构处理。

第三十六条　海关总署或者出入境检验检疫机构根据进出口商品检验工作的需要，可以指定符合规定资质条件的国内外检测机构承担出入境检验检疫机构委托的进出口商品检测。被指定的检测机构经检查不符合规定要求的，海关总署或者出入境检验检疫机构可以取消指定。

第四十条　出入境检验检疫机构依照有关法律、行政法规的规定，签发出口货物普惠制原产地证明、区域性优惠原产地证明、专用原产地证明。

出口货物一般原产地证明的签发，依照有关法律、行政法规的规定执行。

7.《进出口商品抽查检验管理办法》

（2002 年 12 月 31 日国家质量监督检验检疫总局令第 39 号公布　根据 2018 年 4 月 28 日海关总署令第 238 号《海关总署关于修改部分规章的决定》第一次修正　根据 2023 年 5 月 15 日海关总署令第 263 号《海关总署关于修改部分规章的决定》第二次修正）

第二条　本办法所称的进出口商品是指按照《商检法》及其实施条例规定必须实施检验的进出口商品以外的进出口商品。

第三条　抽查检验重点是涉及安全、卫生、环境保护，国内外消费者投诉较多，退货数量较大，发生过较大质量事故以及国内外有新的特殊技术要求的进出口商品。

第六条　进出口商品抽查检验项目的合格评定依据是国家技术规范的强制性要求或者海关总署指定的其它相关技术要求。

第七条　海关实施进出口商品抽查检验，不得向被抽查单位收取检验费用，所需费用列入海关年度抽查检验专项业务预算。

第八条　各有关部门应当支持海关的抽查检验工作。被抽查单位对抽查检验应当予以配合，不得阻挠，并应当提供必要的工作条件。海关按照便利外贸的原则，科学组织实施抽查检验工作；不得随意扩大抽查商品种类和范围，否则企业有权拒绝抽查。

第十条　海关总署制定并下达进出口商品抽查检验计划，包括商品名称、检验依据、抽样要求、检测项目、判定依据、实施时间等，必要时可对抽查检验计划予以调整，或者下达专项进出口商品抽查检验计划。

第十一条　主管海关可以根据海关总署抽查检验计划，经过必要调查，结合所辖地区相关进出口商品实际情况，制订具体实施方案。

第十二条　主管海关应当按照海关总署关于抽查检验工作的统一部署和要求，认真组织实施所辖地区的抽查检验。

第十三条　实施现场抽查检验时，应当有 2 名以上（含 2 名）人员参加。

第十四条　对实施抽查检验的进口商品，海关可以在进口商品的卸货口岸、到达站或者收用货单位所在地进行抽样；对实施抽查检验的出口商品，海关可以在出口商品的生产单位、货物集散地或者发运口岸进行抽样。

第十五条　抽取的进出口商品的样品，由被抽查单位无偿提供。样品应当随机抽取，并应当具有一定的代表性。样品及备用样品的数量不得超过抽样要求和检验的合理需要。

第十七条　对不便携带的被封样品，抽查检验人员可以要求被抽查单位在规定的期限内邮寄或者送至指定地点，被抽查单位无正当理由不得拒绝。

第十九条　承担抽查检验的检测单位应当具备相应的检测资质条件和能力。检测单位应当严格按照规定的标准进行检测，未经许可严禁将所检项目进行分包，并对检测数据负有保密义务。

第二十条　检测单位接受样品后应当对样品数量、状况与抽样单上记录的符合性进行检查，并在规定的时间内完成样品的检测工作，所检样品的原始记录应当妥善保存。

第二十一条　检测报告中的检测依据、检测项目必须与抽查检验的要求相一致。检测报告应当内容齐全，数据准确，结论明确。检测单位应当在规定的时限内将检测报告送达海关。

第二十二条　验余的样品，检测单位应当在规定的时间内通知被抽查单位领回；逾期不领回的，由海关做出处理。

第二十三条　主管海关在完成抽查检验任务后，应当在规定的时间内上报抽查结果，并将抽查情况及结果等有关资料进行立卷归档，未经同意，不得擅自将抽查结果及有关材料对外泄露。

第三十一条　本办法自 2003 年 2 月 1 日起施行。原国家进出口商品检验局 1994 年 4 月 5 日发布的《进出口商品抽查检验管理办法》同时废止。

8. 海关总署公告 2021 年第 4 号（关于修订《海关监管作业场所（场地）设置规范》《海关监管作业场所（场地）监控摄像头设置规范》和《海关指定监管场地管理规范》的公告）

《海关监管作业场所（场地）设置规范》

一、根据《中华人民共和国海关监管区管理暂行办法》的相关规定，制定本规范。

二、本规范的海关监管作业场所（场地）划分为：

（一）监管作业场所，包括水路运输类海关监管作业场所、公路运输类海关监管作业场所、航空运输类海关监管作业场所、铁路运输类海关监管作业场所、快递类海关监管作业场所等。

（二）集中作业场地，包括旅客通关作业场地、邮检作业场地等。

三、海关监管作业场所（场地）内的功能区划分为：

（一）口岸前置拦截作业区，包括车体及轮胎消毒场所、核生化监测处置场所、指定检疫车位、指定检疫廊桥或指定检疫机位、检疫锚地或泊位、指定检疫轨道等。具体设置要求详见《海关口岸前置拦截作业区设置规范》。

（二）查验作业区，该功能区以查验为主，配套设置必要的储存区、暂时存放区、扣检区、技术整改区等。海关监管作业场所（场地）涉及运营进口汽车、普通食品、进口冷链食品、进境食用水生动物、进境水果、进境木材、进境粮食、进境种苗、供港澳鲜活产品、血液等特殊物品、集装箱/厢式货车承载货物等业务，以及有公路口岸客车进出境的，相应的查验作业区具体设置要求详见《海关监管作业场所（场地）查验作业区设置规范》。

（三）检疫处理区，该功能区以检疫处理和卫生处理为主，配套设置必要的查验区、存放区等。包括进境原木检疫处理区、进境大型苗木检疫处理场等，具体设置要求详见《海关监管作业场所（场地）检疫处理区设置规范》。

四、海关监管作业场所（场地）设置规范的适用原则：

（一）以水路、航空、铁路、公路运输方式办理货物进出境的海关监管作业场所，应当适用本规范中对应的运输方式海关监管作业场所设置规范。

（二）以快递方式办理货物进出境业务的海关监管作业场所，应当优先适用本规范中快递类海关监管作业场所设置规范。

（三）旅客通关作业场地、邮检作业场地等集中作业场地，应当适用本规范中对应的海关集中作业场地设置规范。

（四）海关监管作业场所（场地）内的功能区，应在满足上述对应海关监管作业场所（场地）设置规范要求的基础上，同时满足对应功能区的设置规范的要求。

（五）开展跨境电子商务直购进口或跨境电子商务一般出口业务的监管作业场所应按照快递类海关监管作业场所或者邮检作业场地规范设置。

五、2个及以上海关监管作业场所（场地）设置在同一区域内的，在满足海关监管要求的前提下，可以设置统一的隔离围网（墙）和通道出入卡口；同一区域内各海关监管作业场所（场地）之间应当建立隔离设施以及设置区分标识。

六、设置在同一口岸监管区内的海关监管作业场所（场地），在满足开展海关监管作业要求的条件下，可根据实际情况共同使用有关的技术用房。

七、海关监管作业场所（场地）应建立满足海关监管要求的监控摄像头及相应系统，符合《海关监管作业场所（场地）监控摄像头设置规范》。

八、从事保税货物进出、装卸、储存、集拼、暂时存放等有关活动的作业场所，不适用本规范。

九、法律法规对有关场所、场地或区域的设置另有规定的，从其规定。

十、海关实施本规范的规定不妨碍其他部门依法履行其职责。

《海关指定监管场地管理规范》

第一条 根据《海关法》、《进出境动植物检疫法》及其实施条例、《进出口商品检验法》及其实施条例、《食品安全法》及其实施条例等法律、法规的相关规定，制定本规范。

第二条 指定监管场地是指符合海关监管作业场所（场地）的设置规范，满足动植物疫病疫情防控需要，对特定进境高风险动植物及其产品实施查验、检验、检疫的监管作业场地（以下简称"指定监管场地"）。

第三条 指定监管场地包括：

（一）进境肉类指定监管场地；

（二）进境冰鲜水产品指定监管场地；

（三）进境粮食指定监管场地；

（四）进境水果指定监管场地；

（五）进境食用水生动物指定监管场地；

（六）进境植物种苗指定监管场地；

（七）进境原木指定监管场地；

（八）其他进境高风险动植物及其产品指定监管场地。

第四条 指定监管场地原则上应当设在第一进境口岸监管区内。

在同一开放口岸范围内申请设立不同类型指定监管场地的，原则上应当在集中或相邻的区域内统一规划建设，设立为综合性指定监管场地，海关实行集约化监管。

第五条 拟设立指定监管场地的有关单位或企业，应当事先提请省级人民政府（以下简称"地方政府"）组织开展可行性评估和立项；地方政府牵头建立国门生物安全、食品安全保障机制和重大动物疫病、重大植物疫情、重大食品安全事件等突发事件的应急处理工作机制，以及检疫风险的联防联控制度。

第六条 申请经营指定监管场地的单位（以下简称"申请单位"）应当按照海关相关规定建设指定监管场地。

第七条 海关总署口岸监管司负责监督管理、指导协调和组织实施全国海关指定监管场地规范管理工作。

直属海关口岸监管部门负责监督管理、指导协调和组织实施本关区指定监管场地规范管理工作。

隶属海关负责实施本辖区指定监管场地日常规范管理和监督检查工作。

第八条 法律法规对有关作业场所（场地）、区域的设置另有规定的，从其规定。

第九条 海关实施本规范不妨碍其他部门依法履行其职责。

二、 法规解读

在上位法律文件《国际航行船舶进出中华人民共和国口岸检查办法》、《中华人民共和国海关法》（2013 修正）、《中华人民共和国出境入境边防检查条例》、《中华人民共和国国境卫生检疫法》、《中华人民共和国进出境动植物检疫法》、《中华人民共和国进出口商品检验法》确定了执法机构和职责分工，并对执法区域工作内容进行了限定，对于执法场所条件应满足《国家口岸查验基础设施建设标准》和总署 2021 年 4 号公告要求，并将其作为设施建设法律规范基础。

《中华人民共和国海关法》明确海关是国家的进出关境监督管理机关，其职责依照本法和其他有关法律、行政法规，监管进出境的运输工具、货物、行李物品、邮递物品和其他物品（以下简称进出境运输工具、货物、物品），征收关税和其他税、费，查缉走私，并编制海关统计和办理其他海关业务，工作范围覆盖货物及人员，监管阶段涵盖进口货物自进境起到办结海关手续止，出口货物自向海关申报起到出境止，设置区域在对外开放的口岸和海关监管业务集中的地点设立海关等内容。

《中华人民共和国出境入境边防检查条例》设立位置在对外开放的港口、航空港、车站和边境通道等口岸，职责涵盖对出境、入境的人员及其行李物品、交通运输工具及其载运的货物实施边防检查；按照国家有关规定对出境、入境的交通运输工具进行监护；对口岸的限定区域进行警戒，维护出境、入境秩序。

《中华人民共和国国境卫生检疫法》在中华人民共和国国际通航的港口、机场以及陆地边境和国界江河的口岸（以下简称国境口岸），设立国境卫生检疫机关，依照本法规定实施传染病检疫、监测和卫生监督。入境、出境的人员、交通工具、运输设备以及可能传播检疫传染病的行李、货物、邮包等物品进行检疫。

《中华人民共和国进出境动植物检疫法》。国家动植物检疫机关在对外开放的口岸和进出境动植物检疫业务集中的地点设立的口岸动植物检疫机关，依照本法规定登船、登车、登机实施检疫；进入港口、机场、车站、邮局以及检疫物的存放、加工、养殖、种植场所实施检疫，并依照规定采样；根据检疫需要，进入有关生产、仓库等场所，进行疫情监测、调查和检疫监督管理；查阅、复制、摘录与检疫物有关的运行日志、货运单、合同、发票及其他单证。

《中华人民共和国进出口商品检验法》及《中华人民共和国进出口商品检验法实施条例》海关总署设在省、自治区、直辖市以及进出口商品的口岸、集散地的出入境检验检疫机构及其分支机构（以下简称出入境检验检疫机构），管理所负责地区的进出口商品检验工作。

进出口商品抽查检验管理办法中明确海关实施进出口商品抽查检验。各有关部门应当支持海关的抽查检验工作。被抽查单位对抽查检验应当予以配合，不得阻挠，并应当提供必要的工作条件。

《国家口岸查验基础设施建设标准》中对各执法机构所需场所规模及要求进行了规范，总署 2021 年 4 号公告中对于机构改革后海关执法场所场地要求进行进一步明确，根据法规解读应确保项目中机构设立依据充分，且机构场所建设标准满足规范。

1. 机构改革及业务调整

口岸执法机构随口岸发展阶段性重点变化和要求进行机构改革和业务调整。

根据《国务院关于部委管理的国家局设置的通知》（国发〔1998〕6号），国家出入境检验检疫局于1998年在国务院机构改革中组建。由原来的中国商品检验局（以下简称商检），中华人民共和国卫生检疫局（以下简称卫检），中国动植物检疫局（以下简称动植检）三个机构组建而成。

2001年4月30日国发〔2001〕13号《国家出入境检验检疫局机构调整通知》，将国家质量技术监督局、中华人民共和国国家出入境检验检疫局合并，组建中华人民共和国国家质量监督检验检疫总局，正部级，为国务院直属机构。

2018年3月，根据第十三届全国人民代表大会第一次会议批准的国务院机构改革方案，将国家质量监督检验检疫总局的职责整合，组建中华人民共和国国家市场监督管理总局；将国家质量监督检验检疫总局的出入境检验检疫管理职责和队伍划入海关总署；将国家质量监督检验检疫总局的原产地地理标志管理职责整合，重新组建中华人民共和国国家知识产权局；不再保留中华人民共和国国家质量监督检验检疫总局。

改革后海关总署属内部门增加卫生检疫司、动植检疫司和商品检验司。

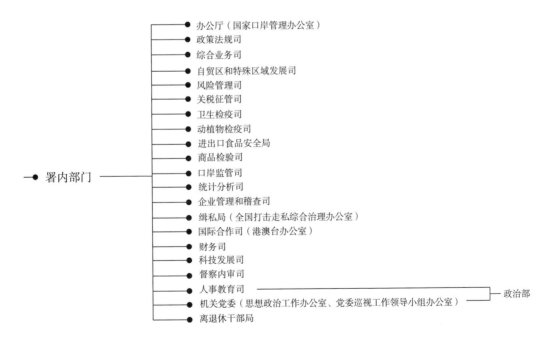

2. 管理职责摘录

口岸工程是系统性工程，具有参与主体多的特性，明确口岸执法机构的职责、分工是协调多主体，推动工程顺利进行的重要环节。

进出中华人民共和国口岸的国际航行船舶（飞机、火车、汽车等运输工具）及其所载船员（驾驶员、飞行员及机组成员）、旅客、货物和其他物品（行李），均必须在口岸接受执法职能部门的检查。

口岸法职能部门包括：港务监督机构、海关、海关出入境检验检疫机构、边防检查机关等是负责对船舶（飞机、火车、汽车等运输工具）进出中华人民共和国口岸实施检查的机关。

职能部门的法权关系：港务监督机构是联合执法的召集人。

海关是国家的进出关境（以下简称进出境）监督管理机关；监管进出境的运输工具、货物、行李物品、邮递物品和其他物品（以下简称进出境运输工具、货物、物品）。

在对外开放的港口、航空港、车站和边境通道等口岸设立出入境边防检查站（以下简称边防检查站），可以对出境、入境人员携带的行李物品和交通运输工具载运的货物进行重点检查。

海关总署主管全国进出口商品检验工作。

海关总署设在省、自治区、直辖市以及进出口商品的口岸、集散地的出入境检验检疫机构及其分支机构（以下简称出入境检验检疫机构），管理所负责地区的进出口商品检验工作。

被抽查单位对抽查检验应当予以配合，不得阻挠，并应当提供必要的工作条件。

海关查验货物时，进口货物的收货人、出口货物的发货人应当到场，并负责搬移货物，开拆和重封货物的包装。海关认为必要时，可以径行开验、复验或者提取货样。

经营保税货物的储存、加工、装配、展示、运输、寄售业务和经营免税商店，应当符合海关监管要求，经海关批准，并办理注册手续。

海关监管货物，未经海关许可，不得抵押、质押。

3. 执法位置及条件

口岸设施应满足口岸执法机构的执法位置和条件要求。

a. 出入境检验检疫机构（卫生检疫机关）对船舶实施电讯检疫，卫生状况不符合要求的船舶卫生检疫机关应当在锚地实施检疫。（既运输工具停靠泊位实施检疫，从建设工程角度，有条件的口岸，应当设置检疫泊位）

b. 出入境检验检疫机构（动植物检疫机关），可以在锚地实施检疫。（应当设置检疫泊位）

c. 进出境运输工具、货物、物品，必须通过设立海关的地点进境或者出境。在特殊情况下，需要经过未设立海关的地点临时进境或者出境的，必须经国务院或者国务院授权的机关批准，并依照本法规定办理海关手续。（临时口岸需要申报、审批）

d. 在海关监管区外存放海关监管货物，应当经海关同意，并接受海关监管（可以申请）。

e. 邮件海关要驻场监管查验业务用房。

f. 在对外开放的港口、航空港、车站和边境通道等口岸设立出入境边防检查站（以下简称边防检查站）。

g. 边防检查站应设置人身检查用房。

h. 对交通运输工具的入境检查，在最先抵达的口岸进行；出境检查，在最后离开的口岸进行。

i. 进出境交通运输工具及运载的人员、货物、物品，应当依托信息平台进行预申报。

j. 口岸应设置国境卫生检疫机关用房。

k. 应为国境卫生检疫机关设置行李、货物、邮包消杀空间。

l. 入境的交通工具和人员，必须在最先到达的国境口岸的指定地点接受检疫。

（李志辉　魏凡昊）

参考文献

［1］ BERESFORD A K C, DUBEY R C. Handbook on the management and operation of dry ports ［M］. Geneva: UN Trade and Development, 1990.

［2］ UN Trade and Development. Building capacity to manage risks and enhance resilience: A guidebook for ports ［EB/OL］. ［2024 – 09 – 23］. https://unctad. org/publication/building – capacity – manage – risks – and – enhance – resilience – guidebook – ports.

［3］ BLASCHE G. Convention on the contract for the international carriage of goods by Road – CMR: An introduction ［J］. LLM International Business and Commercial Law, 1975, 3: 24.

［4］ 刘力真, 种芳, 叶青, 等. 国内陆港分类编码标准对比分析 ［J］. 物流科技, 2020, 43 （10）: 83 – 86.

［5］ 中国经济信息网. 港口科技. 万字长文解读我国港口团体标准现状、问题和发展方向 ［EB/OL］. （2022 – 08 – 26）［2024 – 09 – 23］. https://www. cei. cn/default-site/s/article/2022/08/26/4b4ff607 – 82ce54d0 – 0182 – d9105909 – 224b _ 2022. html? referCode = sxq0b&columnId = 4028c7ca – 37115425 – 0137 – 11560fd7 – 006e.

［6］ 刘晓雷. "一带一路" 战略下陆港建设的问题与对策 ［J］. 中国发展观察, 2015 （5）: 28 – 31.

［7］ 中华人民共和国交通运输部. 2023 年运输结构调整暨多式联运发展现场推进会资料 ［EB/OL］. （2023 – 11 – 16）［2024 – 09 – 23］. https://www. mot. gov. cn/jiaotongyaowen/202311/t20231116_ 3946292. html#: ~ : text = 11% E6% 9C% 8814% E6% 97% A5% EF% BC% 8C,% E8% BF% 90% E8% BE% 93% E6% 9C% 8D% E5% 8A% A1% E5% 92% 8C% E4% BF% 9D% E9% 9A% 9C% E3% 80% 82.

［8］ 央广网. 中欧班列累计开行突破 4 万列 合计货值超过 2000 亿美元 ［EB/OL］. （2021 – 06 – 20）［2024 – 09 – 23］. https://baijiahao. baidu. com/s? id = 1703077615 064421163&wfr = spider&for = pc.

［9］ 环球网. 外交部: 中欧班列已成亚欧大陆的 "钢铁驼队" ［EB/OL］. （2023 –

04 - 27）［2024 - 09 - 23］. https：//3w. huanqiu. com/a/c36dc8/4CfAR129rkG.

［10］郑州市人民政府. 郑欧班列"越跑越快"助力中原更加出彩［EB/OL］. （2021 - 05 - 10）［2024 - 09 - 23］. https：//www. henan. gov. cn/2021/05 - 10/2141694. html.

［11］河南省国资委. 2021 年中欧班列（郑州）开行稳步增长［EB/OL］.（2022 - 01 - 17）［2024 - 09 - 23］. http：//www. sasac. gov. cn/n4470048/n22624391/n22624432/n22624476/n22624500/c22758118/content. html.

［12］西安发布. 中欧班列长安号 2020 年开行 3720 列 核心指标稳居全国第一［EB/OL］.（2021 - 01 - 19）［2024 - 09 - 23］. https：//baijiahao. baidu. com/s？id = 1689296284710825319&wfr = spider&for = pc.

［13］西安发布. 全国第一！2022 年中欧班列长安号开行量首次突破 4600 列［EB/OL］.（2023 - 01 - 25）［2024 - 09 - 23］. https：//baijiahao. baidu. com/s？id = 1755973313308843161&wfr = spider&for = pc.

［14］陕西省发展和改革委员会. 2022 年陕西"一带一路"建设十大亮点［EB/OL］.（2023 - 01 - 19）［2024 - 09 - 23］. https：//www. yidaiyilu. gov. cn/p/303333. html.

［15］2022 年中欧班列长安号开行量首次突破 4600 列［N］. 陕西日报，2023 - 01 - 06（A01）.

［16］新华社. 中国首条中欧班列线路 2020 年开行超 2600 班［EB/OL］.（2021 - 01 - 20）［2024 - 09 - 23］. https：//baijiahao. baidu. com/s？id = 1689372138997341517&wfr = spider&for = pc.

［17］青白江区人民政府. 61！8000！13000！见证成都中欧班列八年巨变［EB/OL］.（2021 - 08 - 03）［2024 - 09 - 23］. http：//www. qbj. gov. cn/qbjq/c137772/2021 - 05/06/content_24de5c6c363242afa83e88fb050deb7a. shtml.

［18］锦观新闻. 2022 年成都中欧班列累计开行量占全国开行总量约 20%［EB/OL］.（2023 - 03 - 17）［2024 - 09 - 23］. https：//baijiahao. baidu. com/s？id = 1760612082802252261&wfr = spider&for = pc.

［19］天山网. 乌鲁木齐国际陆港区开出第 6500 列中欧班列的背后［EB/OL］.（2023 - 02 - 06）［2024 - 09 - 23］. https：//www. ts. cn/xwzx/jjxw/202302/t20230206_11476824. shtml

［20］中国一带一路网［EB/OL］.［2024 - 09 - 23］. https：//www. yidaiyilu. gov. cn/country.

［21］世界银行集团. 全球经济展望［EB/OL］.［2024 - 09 - 23］. https：//www. shihang. org/zh/publication/global - economic - prospects.

深圳市平方科技股份有限公司
SHENZHEN PINGFANG SCIENCE&TECHNOLOGY CO.,LTD.

证券代码：831254

深圳市平方科技股份有限公司

AI赋能智慧港口

2005年成立于在广东省深圳市，作为一家全球领先的物流智能化信息系统专业供应商，平方科技为港口、铁路、海关等客户提供智能闸口、智能装卸、智能理货、智慧堆场、集卡车辆管理、铁路箱车管理等解决方案，通过AI、大数据、5G等前沿技术赋能港口、铁路、海关智能化信息化。目前全球排名前20名的集装箱码头超过50%采用了平方科技的智能化解决方案，产品广泛应用超过30个国家的港口、铁路及边境口岸。目前公司在北京、上海、江苏、青岛、大连、重庆、新疆、湖南、香港等地设有分支机构，平方科技秉承"以客户为中心、高效、专业"的理念为全球客户提供优秀的产品和服务。

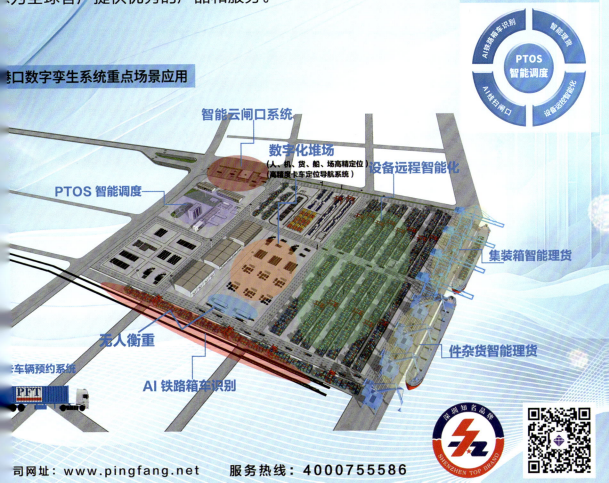

网址：www.pingfang.net　　服务热线：4000755586

做物流新价值的发现者和创造者
致力于打造"一带一路"高端物流智库

新物流的"思想库"

新物流的"生产工厂"

新物流的"头脑风暴中心"

我们以全球的视野为客户提供最佳的新物流**思想、策略、方法、路径、政策、招商、资本**等全生命周期的解决方案，为客户在**优化提升城市物流环境，融入国内国际双循环体系**提供**专业化、特色化且前瞻**的方案成果，帮助客户实现**长期价值回报**和**可持续健康发展**，在**"一带一路"**物流体系建设发挥重大作用

11年
2013—2024

80⁺
专业团队

20⁺
国际陆港案例

400⁺
企业资源库

500⁺
项目案例

20⁺
国家级项目

300⁺
专家资源库

 1+2+3+N 服务体系

一案 提供项目**整体解决方案**，明确战略定位，清晰发展路径，集群产业布局，运用产业政策，实施产业招商，落地产业导入。

两库 由**"专家资源库"**和**"企业资源库"**构成，支撑项目落地，布局在供应链、铁路物流、保税物流、口岸通关、多式联运、冷链、医药、汽车、航空、跨境电商等15个领域，分别构建超过300人的行业顶级专家资源库。

三会 由**"专家研讨会""考察培训会""招商推介会"**构成项目"三会"体系，确保项目规划建设运营准确性，覆盖产品服务全周期，推动价值落地。

多专题 **《周边城市竞合关系》《三年行动计划》《招商引资"两图一表"》《运营及保障机制研究》《空间布局规划研究》《市场需求与规模预测》《对外通道研究》《国际班列开行研究》**等，围绕"一案"开展方向性专题研究。

中智物流智库
ZHONGZHI LOGISTICS THINKTANK

"一带一路"高端物流智库

5+5 产品与服务

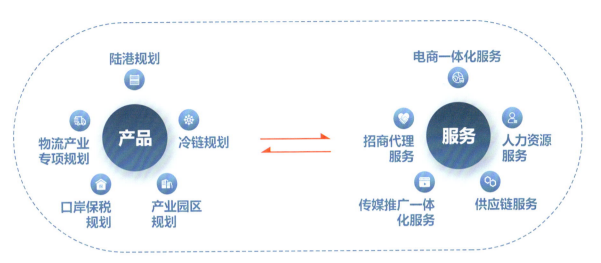

陆港规划　　　　　　　电商一体化服务

物流产业专项规划　产品　冷链规划　　招商代理服务　服务　人力资源服务

口岸保税规划　产业园区规划　　传媒推广一体化服务　供应链服务

典型案例

国际陆港

- 成都国际铁路港大港区总体规划
- 石家庄国际陆港总体规划
- 德阳国际铁路港产业规划
- 淄博国际陆港总体规划
- 徐州淮海国际陆港产业规划
- 自贡国际陆港总体规划
- 衡水国际陆港产业规划

口岸保税

- 天府机场综合保税区产业规划
- 雄安综合保税区重点产业培育发展路径
- 四川省口岸发展行动计划
- 泸州市口岸十四五规划
- 德阳保税物流中心（B型）规划

物流园区

- 蜀道物流集团智慧公路物流港可行性研究
- 成都天府机场国际空港物流园区发展规划
- 宜宾象鼻公铁物流园产业发展规划
- 淮北智慧零碳物流产业园可行性研究
- 眉山高新铁路物流园区可行性研究

著作权

建设国际陆港功能（设施）体系的四大基本要素

枢纽经济理论引导下国际陆港的概念与功能

国际班列开行三要素

实现多式联运"一单制"的基本四要素

"一站式"多式联运枢纽的概念

保税物流中心（B型）选址五大重要因素

城市物流评价指标体系

物流园区评价指标体系

物流企业运营数据统计全过程

冷链物流园区选址五大重要因素

冷链节点设施空间功能布局六大原则

大宗物流园区选址影响因素

航空经济五要素

地址：成都市高新区名都路166号嘉煜金融科技中心1幢1单元13A楼03号
电话：028-6526-1105　191-6036-6535
网址：www.czztz.com

全球领先的**安全查验解决方案供应商**

　　同方威视技术股份有限公司(简称"同方威视")是全球领先的安全查验解决方案供应商。公司创建于1997年,源于清华大学。同方威视立足于自主创新,紧贴客户需求,为全球170余个国家和地区的客户提供安检查验领域先进的创新技术、品质卓越的产品以及综合的安检查验解决方案和服务。

　　同方威视系列安检查验产品及服务已进入海关、民航、铁路、公路、城市轨道交通、邮政物流、公安司法、环保、核电、辐照质检、冶金、金融、重大活动赛事等众多领域,助力客户保护国境安全和人民生命财产安全,得到世界各国用户的广泛认可。威视已成为国际业界的知名品牌。

　　作为一家负责任的中国高科技企业,同方威视立足安全领域,致力于成为安检查验行业的全球市场领导者,以持续的创新科技提升客户价值,努力创造出更多先进的安检查验产品、解决方案和服务回馈社会,让国家更安全!让世界更安全!

产品销往 **170**+ 国家和地区

300+ 安检产品

Ⓟ **3800**+ 授权专利

Ⓡ **40**+ 家海内外分支机构

3+ 项国家级技术创新奖

11 年全球货物车辆检查系统市场占有率连续保持第一

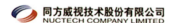

同方威视技术股份有限公司
NUCTECH COMPANY LIMITED

地　　址:北京市海淀区双清路同方大厦A座2层
邮政编码:100084
电　　话:(8610)62780909
传　　真:(8610)62788896

www.nuctech.com

同方威视官方微信

联系方式